Eberhard Eichenhofer

Sozialrecht

10., neubearbeitete Auflage

Mohr Siebeck

Eberhard Eichenhofer, geb. 1950; Professor für Bürgerliches Recht und Sozialrecht in Jena; seit 2016 pensioniert.

1. Auflage 1995
2., neubearbeitete Auflage 1997
3., bearbeitete Auflage 2000
4., bearbeitete Auflage 2003
5., bearbeitete Auflage 2004
6., neubearbeitete Auflage 2007
7., neubearbeitete Auflage 2010
8., neubearbeitete Auflage 2012
9., neubearbeitete Auflage 2015
10., neubearbeitete Auflage 2017

ISBN 978-3-16-155319-6

Die Deutsche Nationalbibliothek verzeichnet diese Publikation in der Deutschen National-bibliographie; detaillierte bibliographische Daten sind im Internet über *http://dnb.dnb.de* abrufbar.

Für Philipp und Johannes

Vorwort zur 10. Auflage

Dieses Buch steht in der Tradition des 1971 von Georg Wannagat in diesem Verlag erst- und einmalig aufgelegten „Lehrbuchs des Sozialversicherungsrechts". Dieses Werk des damaligen Präsidenten des Bundessozialgerichts sorgte nach dem Zweiten Weltkrieg für die neuerliche Verankerung des Sozialrechts als akademisches Fach an den juristischen Fakultäten der Universitäten. Dieser Appell fand in den 1970er Jahren Gehör und wurde praktisch befolgt. Vielerorts und in stattlicher Zahl entstanden Professuren und Institute für das Sozialrecht. Dies war Georg Wannagats persönlichem Engagement und seiner intellektuellen Ausstrahlung zu verdanken.

Seit Jahren ist unverkennbar eine Rückentwicklung im Gang. Sie müsste bei allen Verantwortlichen wie in der Sozialversicherung und Sozialgerichtsbarkeit zu tiefer Besorgnis Anlass geben. Getrieben von „Sparanstrengungen" und „Profilschärfungen" und getreu der BWLer Maxime für jeglichen „sozialverträglichen Personalabbau": last in, first out! schließen die Universitäten allerorten sozialrechtliche Lehrstühle – ganz so, als ob das Sozialrecht in den vergangenen Jahrzehnten an praktischer Bedeutung verloren und nicht gerade umgekehrt erheblich gewonnen hätte! Es scheint, als ob der akademische Betrieb das Wissen von Sozialrecht für unwichtig hält, weil ihm selbst inzwischen das Wissen um Sozialrecht abhanden gekommen ist.

Vielerorts treten an die Stelle akademisch geprägter Wissenschaftler(innen) „Expert(inn)en" und „Spezialist(inn)en" – die vielerlei bieten, sich aber im Detail verlieren und den Gesamtzusammenhang des Faches als Teil der gesamten Rechtsordnung nicht mehr wahrnehmen: „Universitäten", welche das Sozialrecht in seiner Breite verwerfen, entfliehen der Welt des Rechts von heute und verfehlen damit ihren angestammten Auftrag, sich dieser Welt in ihrer gesamten Weite, Breite und Tiefe anzunehmen. Durch ihr demonstratives Desinteresse am Sozialrecht verlieren die Universitäten an Profil und treten den Weg in ihre gesellschaftspolitische Bedeutungslosigkeit an. Solche Weltflucht schadet den Universitäten, weil sie damit ein zentrales Rechtsgebiet der Gegenwart missachten und damit vortrefflich das überlieferte Bild von dem der Welt entrückten „Elfenbeinturm" bestätigen. Darunter leidet auch die Sozialrechtspraxis, muss sie fortan doch eines wissenschaftlich geschulten Nachwuchses und der Stimme der Rechtswissenschaft entraten. Sozialrecht droht darüber zum unreflektierten Insel- und Expertenwissen zu verkommen, mit fatalen Folgen für Rechtskultur und -wissenschaft!

Unter diesen Vorzeichen wird hiermit das 1995 erstmals aufgelegte Lehrbuch Sozialrecht erneut der Öffentlichkeit vorgestellt. Es zeichnet – wie die Vorauflagen – jene, für die sozialstaatliche Substanz der auf dem GG beruhenden Rechtsordnung zentrale Materie in ihrer Vielfalt und wirtschaftlichen, sozialen, historischen Grundlagen nach und bestimmt ihren Standort im zeitgenössischen Recht, welches wie kaum je früher maßgeblich im Dienst des sozialen Rechts steht.

Berlin, 5. Januar 2017　　　　　　　　　　　Eberhard Eichenhofer

Vorwort zur 1. Auflage

Das Sozialrecht ist seit jeher die Domäne des Praktikers und Spezialisten. Nur selten wird es zusammenhängend und komprimiert dargestellt. Dieses Buch sucht, das Sozialrecht als ein geschlossenes Rechtsgebiet in seinen Eigenheiten und Grundstrukturen sichtbar zu machen. Es soll dem Außenstehenden – Studenten, Spezialisten anderer Gebiete oder Nicht-Juristen – den Zugang zu einem Gebiet ebnen, ohne dessen Kenntnis weder das Recht noch die es regelnde Gesellschaft im Ausgang des 20. Jahrhunderts verstanden werden können. Das Buch möchte das Sozialrecht als internationales und interdisziplinäres Gebiet zeichnen, als internationales, weil es in allen Staaten der Welt Sozialrecht gibt, und als interdisziplinäres, weil es auch Gegenstand weiterer Wissenschaften ist und weil es schließlich auch zu vielen anderen Rechtsgebieten mannigfaltige Querverbindungen aufweist.

Osnabrück, den 5. Januar 1995   Eberhard Eichenhofer

Inhaltsverzeichnis

A. Grundlagen

B. System des Sozialrechts

Abkürzungsverzeichnis

a. A.	anderer Ansicht
a. F.	alte Fassung
Abb.	Abbildung
ABl.	Amtsblatt
AcP	Archiv für die civilistische Praxis
AEUV	Vertrag über die Arbeitsweise der EU
AFBG	Gesetz zur Förderung der beruflichen Aufstiegsfortbildung
AFG	Arbeitsförderungsgesetz
AG	Aktiengesellschaft
Alt.	Alternative
Anm.	Anmerkung
AP	Arbeitsrechtliche Praxis
ArGV	Verordnung über die Arbeitsgenehmigung für ausländische Arbeitnehmer
Art.	Artikel
ASU	Arbeitsmedizin Sozialmedizin Umweltmedizin (Zeitschrift)
ASVG	Allgemeines Sozialversicherungsgesetz (Österreich)
AuB	Arbeit und Beruf
AufenthG	Aufenthaltsgesetz
Aufl.	Auflage
AÜG	Arbeitnehmerüberlassungsgesetz
AuR	Arbeit und Recht (Zeitschrift)
AVG	Angestelltenversicherungsgesetz
BA	Bundesagentur für Arbeit
BABl.	Bundesarbeitsblatt
BAföG	Bundesausbildungsförderungsgesetz
BAG	Bundesarbeitsgericht
BAGE	Entscheidungssammlung des Bundesarbeitsgerichts
BayLSG	Bayerisches Landessozialgericht
BayVGH	Bayerischer Verwaltungsgerichtshof
BB Beilage	Betriebsberater – Beilage
BBesG	Bundesbesoldungsgesetz
BBiG	Berufsbildungsgesetz
Bd.	Band
BDSG	Bundesdatenschutzgesetz
BeckOK GG	Beck'scher Onlinekommentar zum Grundgesetz
BEG	Bundesentschädigungsgesetz
BetrAVG	Gesetz über die betriebliche Altersversorgung

BFHE	Entscheidungen des Bundesfinanzhofs
BG	Berufsgenossenschaft
BGB	Bürgerliches Gesetzbuch
BGBl.	Bundesgesetzblatt
BGE	Entscheidungen des Bundesgerichts (Schweiz)
BGHZ	Entscheidungen des Bundesgerichtshofs in Zivilsachen
BKGG	Bundeskindergeldgesetz
BKK	Betriebskrankenkasse
BKVO	Berufskrankheitenverordnung
Bley/Kreikebohm/ Marschner	Sozialrecht, 2007 (9. Aufl.)
BMinG	Bundesministergesetz
BMWA	Bundesministerium für Wirtschaft und Arbeit
BSG	Bundessozialgericht
BSGE	Entscheidungen des Bundessozialgerichts
BSHG	Bundessozialhilfegesetz
BT-Drucks.	Bundestagsdrucksache
BVerfG	Bundesverfassungsgericht
BVerfGE	Entscheidungen des Bundesverfassungsgerichts
BVerwG	Bundesverwaltungsgericht
BVerwGE	Entscheidungen des Bundesverwaltungsgerichts
BVFG	Gesetz über die Angelegenheiten der Vertriebenen und Flüchtlinge
BVG	Bundesversorgungsgesetz
Cons. Const.	Conseil Constitutionnel
d.h.	das heißt
DAngVers	Die Angestelltenversicherung (Zeitschrift)
DB	Der Betrieb (Zeitschrift)
DDR	Deutsche Demokratische Republik
Denkschrift 60 Jahre BSG	Masuch/Spellbrink/Becker/Leibfried (Hg.), Grundlagen und Herausforderungen des Sozialstaats. Denkschrift 60 Jahre Bundessozialgericht. Eigenheiten und Zukunft von Sozialpolitik und Sozialrecht, Band 1, 2014
ders.	derselbe
Die BG	Die Berufsgenossenschaft (Zeitschrift)
dies.	dieselben
DJT	Deutscher Juristentag
DJZ	Deutsche Juristenzeitung
DLRG	Deutsche Lebensrettungsgesellschaft
DM	Deutsche Mark
DNotZ	Deutsche Notarzeitschrift
DOK	Die Ortskrankenkasse
DöV	Die öffentliche Verwaltung
DRdA	Das Recht der Arbeit (Zeitschrift, Österreich)
DRV	Deutsche Rentenversicherung
DVBl.	Deutsches Verwaltungsblatt
ebd.	ebenda
EBM	Einheitlicher Bewertungsmaßstab
ecolex	Entscheidungssammlung
ed.	Editor (Herausgeber)

EFG	Entscheidungen der Finanzgerichte
EFZG	Entgeltfortzahlungsgesetz
EGMR	Europäischer Gerichtshof für Menschenrechte
EGBGB	Einführungsgesetz zum Bürgerlichen Gesetzbuch
EinlALR	Einleitung zum Allgemeinen Landrecht
EKD	Evangelische Kirche in Deutschland
EP	Entgeltpunkt
Erl.	Erläuterungen
Erlenkämper/Fichte	Sozialrecht, 2008 (6. Aufl.)
EStG	Einkommensteuergesetz
EU	Europäische Union
EuGH Slg.	Entscheidungen des Europäischen Gerichtshofs
EuGRZ	Europäische Grundrechtszeitschrift
EuSozR	Europäisches Sozialrecht
EUV	Vertrag über die Europäische Union
EuZA	Europäische Zeitschrift für Arbeitsrecht
EuZW	Europäische Zeitschrift für Wirtschaftsrecht
EVS	Einkommens- und Verbrauchsstichprobe
EWG	Europäische Wirtschaftsgemeinschaft
EWR	Europäischer Wirtschaftsraum
EzA	Entscheidungssammlung zum Arbeitsrecht
f./ff.	folgend/folgende
FamFG	Gesetz über das Verfahren in Familiensachen und in den Angelegenheiten der freiwilligen Gerichtsbarkeit
FamRZ	Zeitschrift für das gesamte Familienrecht
FEVS	Fürsorgerechtliche Entscheidungen der Verwaltungs- und Sozialgerichte
FNA	Forschungsnetzwerk Alterssicherung
FPR	Familie, Partnerschaft und Recht (Zeitschrift)
FreizügG/EU	Freizügigkeitsgesetz EU
FG	Finanzgericht
FRG	Fremdrentengesetz
FS	Festschrift
FS Eichenhofer	Stamatia Devetzi/Constanze Janda (Hg.), Freiheit – Gerechtigkeit – Sozial(es) Recht, Festschrift für Eberhard Eichenhofer, 2015
FS Höland	Wolfhard Kothe/Nadine Absenger (Hg.), Menschenrechte und Solidarität im internationalen Diskurs, Festschrift für Armin Höland, 2015
FS Kothe	Ulrich Faber/Kerstin Feldhoff/Katja Nebe/Kristina Schmidt/ Ursula Waßer (Hg.), Gesellschaftliche Bewegungen – Recht unter Beobachtung und in Aktion, Festschrift für Wolfhard Kothe, 2016
Fuchs/Preis	Fuchs/Preis, Sozialversicherungsrecht, 2009 (2. Aufl.)
GSP	Gesundheit und Sozialpolitik (Zeitschrift)
GG	Grundgesetz
GK-SGB	Gemeinschaftskommentar zum Sozialgesetzbuch
GKV-WSG	Gesetz zur Stärkung des Wettbewerbs in der gesetzlichen Krankenversicherung
GmbH	Gesellschaft mit beschränkter Haftung
GMG	Gesundheitsmodernisierungsgesetz
GmS-OGB	Gemeinsamer Senat der Obersten Gerichtshöfe des Bundes
GRV	Gesetzliche Rentenversicherung

GVG	Gesellschaft für Versicherungswissenschaft und -gestaltung e.V.
h. M.	herrschende Meinung
Hg.	Herausgeber
HS-KV	Schulin (Hg.), Handbuch des Sozialversicherungsrechts – Krankenversicherungsrecht, Bd. 1, 1994
HS-UV	Schulin (Hg.), Handbuch des Sozialversicherungsrechts – Unfallversicherung, Bd. 2, 1996
HS-RV	Schulin (Hg.), Handbuch des Sozialversicherungsrechts – Rentenversicherung, Bd. 3, 1999
HS-PV	Schulin (Hg.), Handbuch des Sozialversicherungsrechts – Pflegeversicherungsrecht, Bd. 4, 1997
i. d. F.	in der Fassung
i. S. d.	im Sinne des
IAO	Internationale Arbeitsorganisation
IfSG	Infektionsschutzgesetz
ILO	International Labour Organisation
InfAuslR	Informationsdienst zum Ausländerrecht
IPR	Internationales Privatrecht
ISR	Internationales Sozialrecht
JuS	Juristische Schulung (Zeitschrift)
JWG	Jugendwohlfahrtsgesetz
JZ	Juristenzeitung
KassKomm	Leitherer (Hg.), Kasseler Kommentar Sozialversicherungsrecht, Loseblattwerk
KG	Kommanditgesellschaft
KJHG	Kinder- und Jugendhilfegesetz
KOM	Mitteilungen der Europäischen Kommission
Krauskopf-SozKV	Krauskopf, Soziale Krankenversicherung, Pflegeversicherung, Loseblattwerk
Kreßel/ Wollenschläger	Leitfaden zum Sozialversicherungsrecht, 1996 (2. Aufl.)
KritV	Kritische Vierteljahresschrift für Gesetzgebung und Rechtswissenschaft
KrV	Die Krankenversicherung (Zeitschrift)
KSchG	Kündigungsschutzgesetz
KSVG	Künstlersozialversicherungsgesetz
KV	Krankenversicherung
KVG	Krankenversicherungsgesetz
LAG	Gesetz über den Lastenausgleich
LPartG	Lebenspartnerschaftsgesetz
LSG	Landessozialgericht
LVA	Landesversicherungsanstalt
M	Mark (Zahlungsmittel der DDR)
MdE	Minderung der Erwerbsfähigkeit
MedR	Medizinrecht
MedSach	Der medizinische Sachverständige
MiLohnG	Mindestlohngesetz

MittLVA	Mitteilungen der Landesversicherungsanstalt
Mrd.	Milliarden
MRK	Menschenrechtskonvention der Vereinten Nationen
MS	Maschinenschrift
Muckel/Ogorek	Sozialrecht, 2011 (4. Aufl.)
MünchArbR	Münchener Handbuch zum Arbeitsrecht
MVZ	Medinzinisches Versorgungszentrum
NdsVBl.	Niedersächsische Verwaltungsblätter
NDV	Nachrichtendienst des Deutschen Vereins für öffentliche und private Fürsorge
NedJ	Nederlandse jurisprudentie
NJW	Neue Juristische Wochenschrift
NJW-RR	Neue Juristische Wochenschrift – Rechtsprechungs-Report
Nrn.	Nummern
NS	Nationalsozialismus
NVwZ	Neue Zeitschrift für Verwaltungsrecht
NZA	Neue Zeitschrift für Arbeits- und Sozialrecht
NZS	Neue Zeitschrift für Sozialrecht
öD	öffentlicher Dienst
OECD	Organization for Economic Co-operation and Development
OEG	Opferentschädigungsgesetz
OGH SSV NF	Entscheidungen des Obersten Gerichtshofes (Österreich) in Sozialrechtssachen, neue Folge
OHG	Offene Handelsgesellschaft
OVG	Oberverwaltungsgericht
P	Pacific Reporter
p.	page
PflegeV	Pflegeversicherung
PflVG	Pflichtversicherungsgesetz
Pieters/Zaglmayer	Pieters/Zaglmayer, Social Security Cases in Europe, 2006
PSV	Pensionssicherungsverein
PsychThG	Psychotherapeutengesetz
RBEG	Regelbedarfs-Ermittlungsgesetz
RdA	Recht der Arbeit
RFV	Reichsfürsorgepflichtverordnung
RGBl.	Reichsgesetzblatt
RGZ	Entscheidungen des Reichsgerichts in Zivilsachen
RHG	Reichshaftpflichtgesetz
RL	Richtlinie
Rn.	Randnummer
RsDE	Beiträge zum Recht der sozialen Dienste und Einrichtungen
Rspr.	Rechtsprechung
RÜG	Rentenüberleitungsgesetz
RV	Rentenversicherung
RVO	Reichsversicherungsordnung
S.	Seite
SDSRV	Schriftenreihe des Deutschen Sozialrechtsverbandes
SF	Sozialer Fortschritt (Zeitschrift)

SG	Sozialgericht
SGb	Die Sozialgerichtsbarkeit (Zeitschrift)
SGB	Sozialgesetzbuch
SGB-AT	Sozialgesetzbuch Allgemeiner Teil
SGG	Sozialgerichtsgesetz
SJZ	Schweizerische Juristenzeitung
SozR	Sozialrecht (Entscheidungssammlung)
SozSich	Soziale Sicherheit (Zeitschrift)
SozVers	Sozialversicherung (Zeitschrift)
SR	Soziales Recht (Zeitschrift)
SRH	von Maydell/Ruland/Becker (Hg.), Sozialrechtshandbuch,2012 (5. Aufl.)
StGB	Strafgesetzbuch
StuW	Steuer und Wirtschaft (Zeitschrift)
SVA	Sozialversicherungsabkommen
SVG	Soldatenversorgungsgesetz
TAG	Tagesbetreuungsausbaugesetz
ThAGSGBXII	Thüringer Ausführungsgesetz zum SGB XII
TVG	Tarifvertragsgesetz
Tz.	Textziffer
u.a.	unter anderem
Übk.	Übereinkommen
UN-BRK	UN-Behindertenrechtskonvention
UNO	United Nations Organization
UnterhVG	Unterhaltsvorschussgesetz
USG	Gesetz über die Sicherung des Unterhalts der zum Wehrdienst einberufenen Wehrpflichtigen und ihrer Angehörigen
UV	Unfallversicherung
UWG	Gesetz über den unlauteren Wettbewerb
v.	von
VDR	Verband der Deutschen Rentenversicherungsträger
VersAusglG	Versorgungsausgleichsgesetz
VersR	Versicherungsrecht (Zeitschrift)
VG	Verwaltungsgericht
VGH	Verwaltungsgerichtshof
vgl.	vergleiche
VO	Verordnung
VOE	Verbrechensopferentschädigung
VSSR	Vierteljahresschrift für Sozialrecht
VVaG	Versicherungsverein auf Gegenseitigkeit
VVDStRL	Veröffentlichungen der Vereinigung deutscher Staatsrechtslehrer
VVG	Versicherungsvertragsgesetz
VwGH	(österreichischer) Verwaltungsgerichtshof
VwGO	Verwaltungsgerichtsordnung
VwVfG	Verwaltungsverfahrensgesetz
Wannagat	Lehrbuch des Sozialversicherungsrechts, Bd.1, 1965
WHO	World Health Organization (Weltgesundheitsorganisation)
WM	Wertpapier-Mitteilungen
WoFG	Wohnraumförderungsgesetz

WoGG	Wohngeldgesetz
WRP	Wettbewerb in Recht und Praxis
WRV	Weimarer Reichsverfassung
WSI	Wirtschafts- und sozialwissenschaftliches Institut des DGB
WzS	Wege zur Sozialversicherung (Zeitschrift)
z.B.	zum Beispiel
ZAR	Zeitschrift für Ausländerrecht
ZAS	Zeitschrift für Arbeits- und Sozialrecht
ZDG	Zivildienstgesetz
ZESAR	Zeitschrift für Europäisches Arbeits- und Sozialrecht
ZfJ	Zentralblatt für Jugendrecht
ZfS	Zentralblatt für Sozialversicherung, Sozialhilfe und Versorgung
ZfSH/SGB	Zeitschrift für Sozialhilfe und Sozialgesetzbuch
ZG	Zeitschrift für Gesetzgebung
ZgS	Zeitschrift für die gesamte Staatswissenschaft
ZIAS	Zeitschrift für ausländisches und internationales Arbeits- und Sozialrecht
ZJJ	Zeitschrift für Jugendkriminalität und Jugendhilfe
ZPO	Zivilprozessordnung
ZRP	Zeitschrift für Rechtspolitik
ZSR	Zeitschrift für Sozialreform
ZTR	Zeitschrift für Tarifrecht
ZVersWiss	Zeitschrift für die gesamte Versicherungswissenschaft

A. Grundlagen

Würde des Menschen

Nichts mehr davon, ich bitt' euch.
Zu essen gebt ihm, zu wohnen;
Habt ihr die Blöße bedeckt,
Gibt sich die Würde von selbst.

Friedrich Schiller (Jena, 1795)

§ 1 Begriff, Gegenstand und System

Lit.: *Axer*, Soziale Gleichheit, VVDStRL68 (2009), 177 ff.; *Davy*, Soziale Gleichheit, VVDStRL (2009), 122 ff.; *Eichenhofer*, Sozialrecht und soziale Gerechtigkeit,
JZ 2005, 209; *ders.*, Soziales Recht – Bemerkungen zur Begriffsgeschichte, SR 2012,
76; *ders.*, Sozialrecht und Sozialphilosophie, VSSR 2016, 233; *Haerendel* (Hg.), Gerechtigkeit im Sozialstaat, 2012; *Heinig*, Der Sozialstaat im Dienst der Freiheit,
2008; *Leisner*, Existenzsicherung im öffentlichen Recht, 2007; *Miller*, Grundsätze
sozialer Gerechtigkeit, 2008; *Nussberger*, Soziale Gleichheit – Voraussetzung oder
Aufgabe des Staates?, DVBl 2008, 1081; *Piazolo*, Solidarität. Deutungen zu einem
Leitprinzip der Europäischen Union, 2004; *Radbruch*, Vom individualistischen zum
sozialen Recht (1931), in ders., Der Mensch im Recht, 1957, 35; *Rawls*, Gerechtigkeit
als Fairneß, 1977; *Reich*, Individual Rights and Social Welfare: The Emerging Legal
Issues, 74 (1965) The Yale Law Journal, 1245; *Titmuss*, Social Policy, 1974; *Zacher*,
Zur Anatomie des Sozialrechts, SGb 1982, 329; *ders.*, Sozialrecht und Gerechtigkeit,
in ders., Abhandlungen zum Sozialrecht, 1993, 308.

a) Begriff

Der Begriff „Sozialrecht" ist missverständlich, mehrdeutig und schillernd.   **1**
Er könnte dahin missverstanden werden, „Sozialrecht" regele das soziale
Zusammenleben. Im rechtswissenschaftlichen Sprachgebrauch sind für „Sozialrecht" **drei** Weisen im Gebrauch: Die dem **sozialen Gedanken** – Schutz
des Schwächeren – verpflichteten Teile des Rechts,[1] ein **drittes Teilgebiet**
neben Privat- und öffentlichem Recht[2] oder ein **eigenes Rechtsgebiet**, das die
Sozialleistungen zum Gegenstand hat.

Der Begriff schillert, denn er weist neben systematischen auch rechtsphi-
losophische Gehalte auf: Dem auf Privatautonomie, Freiheit wie Rechtsgleichheit gründenden „individualistischen Recht" wird ein die Abhängig-
keiten und daraus erwachsende Pflichten betonendes „soziales Recht" oder

---

[1] *Radbruch*, Vom individualistischen zum sozialen Recht, in ders. (Hg.), Der Mensch
im Recht, 1957, 35.
[2] *Eichenhofer*, SR 2012, 76 ff.; *Kaskel*, DJZ 1918, 541 ff.; *von Gierke*, Die soziale Aufgabe des Privatrechts, 1889; *Gurvitch*, L'idée du droit social, 1932.

„Sozialrecht" entgegengesetzt.[3] Recht diene danach primär dem sozialen Ausgleich.

2   Im Folgenden wird „Sozialrecht" als Rechtsgebiet verstanden, das die Sozialleistungen zum Gegenstand hat. „Sozialrecht" regelt nicht das soziale **Zusammenleben** schlechthin; dieses regelt das **gesamte Recht**.[4] „Sozialrecht" deckt sich auch nicht mit dem am sozialen Gedanken ausgerichteten Teil des Rechts; den Schwächeren schützen zahlreiche Rechtsgebiete.[5]

3   Die dem sozialen Gedanken verpflichteten Einzelregelungen sollen „**soziales Recht**" genannt werden. **Beispiele** dafür finden sich im Schuldner-, Mieter- oder Verbraucherschutz als „soziales Zivilrecht",[6] dem Arbeitnehmerschutz durch Arbeitsrecht als „soziales Privatrecht" oder dem auf Resozialisierung von Straftätern ausgerichteten Strafrecht, das die Geldstrafe nach Tagessätzen bemisst („soziales Strafrecht"). Die Freistellung der Geringverdiener von der Einkommensteuer, die unterschiedliche Besteuerung von Verkäufen lebenswichtiger (z.B. Grundnahrungsmittel) und sonstiger Güter, sowie der mit steigendem Einkommen relativ wie absolut wachsende, progressive Einkommensteuertarif stehen für ein „soziales Steuerrecht";[7] Prozesskosten- und Beratungshilfe, Unpfändbarkeitsanordnungen für lebensnotwendige Sachen und der Existenzsicherung dienende Forderungen prägt „soziales Prozessrecht" aus.

„Soziales Recht" bringt soziale Prinzipien bei der Regelung von Materien zur Geltung, die nicht als Ganze den Schutz des Schwächeren bezwecken: Das Zivilrecht regelt den Rechtsgüterschutz wie Leistungsaustausch, die Ehe und Familie und das Erbrecht, das Strafrecht die Sanktionierung von Verbrechen und Vergehen, das Steuerrecht die Beschaffung von Mitteln für staatliche Auf- und Ausgaben und das Prozessrecht die Rechtsdurchsetzung. „Soziales Recht" verbürgt bei Verwirklichung der genannten Ziele **zugleich** soziale Belange und wirkt so als Korrektiv bei Verwirklichung nicht-„sozialer" Anliegen von Recht.

4   Im Unterschied dazu ist dem Rechtsgebiet **Sozialrecht** der Schutz des Schwachen **Leitmotiv**[8]. Im Gegensatz zu allen anderen Rechtsgebieten wur-

---

[3] *Duguit*, Le droit social, le droit individuel et la transformation de l'état, 1908 (dazu *Grimm*, Solidarität als Rechtsprinzip, 1973); *Radbruch*, Vom individualistischen zum sozialen Recht, in ders. (Hg.), Der Mensch im Recht, 1957, 35 (dazu *Eichenhofer*, ZSR 1983, 393); zur Begriffsgeschichte: *Schmid*, Sozialrecht und Recht der sozialen Sicherheit, 1981.

[4] *Zacher*, Grundtypen des Sozialrechts, in ders. (Hg.), Abhandlungen zum Sozialrecht, 1993, 257; *Leisner*, Existenzsicherung im öffentlichen Recht, 2007.

[5] *von Hippel*, Der Schutz des Schwächeren, 1982; *Heinig*, Der Sozialstaat im Dienst der Freiheit, 2008.

[6] *Neuner*, Privatrecht und Sozialstaat, 1998, 237 ff.; *Däubler*, Der Schutz des Existenzminimums als Aufgabe des Zivilrechts, in Bub/Knieper/Metz/Winter (Hg.), Zivilrecht im Sozialstaat, Festschrift für Derleder, 2005, 39 ff.; *Eichenhofer*, JuS 1996, 857.

[7] *Lehner*, Einkommensteuerrecht und Sozialhilferecht, 1993.

[8] *Wannagat*, Lehrbuch des Sozialversicherungsrechts, Bd. 1, 1965, 170.

de das Sozialrecht geschaffen und ist deshalb geradewegs dazu bestimmt, den **Schwachen** zu **schützen**. Der **soziale Gedanke** ist **Grund** und **Grenze** des **Sozialrechts**. Das Sozialrecht ist daher ein **Teilgebiet** des sozialen Rechts, das seinerseits ein Teilgebiet des Rechts ist (vgl. Abb. 1).

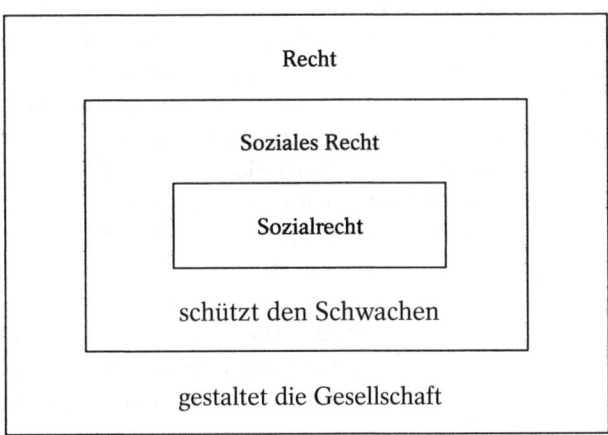

Abb. 1

b) Gegenstand

Der in Deutschland[9] verbreitete Sprachgebrauch ging von dem 1970 be- **5** gonnenen, heute fast völlig abgeschlossenen Versuch aus, sämtliche Rechtsregeln über Sozialleistungen in einem Gesetzbuch – dem Sozialgesetzbuch (SGB) – zusammenzufassen und es damit als systematische Einheit zu kodifizieren (vgl. dazu unten Rn. 167 ff.).[10] Deren einleitende Bestimmung lautet (vgl. § 1 I SGB I): „Das Recht des Sozialgesetzbuches soll zur Verwirklichung sozialer Gerechtigkeit und sozialer Sicherheit Sozialleistungen ... gestalten". **Sozialleistungen** beruhen auf individuellen Rechtsansprüchen. Deren Regelungsimpuls ist die **soziale Gerechtigkeit** und deren Regelungsziel die Verwirklichung **sozialer Sicherheit**. Sozialrecht verdeutlicht, dass Sozialleistungen im Recht ihren Grund und ihre Grenze finden. Sie folgen also eigenen Gesetzmäßigkeiten und sind nicht als Akte politischer Opportunität oder Willkür abzutun.[11]

---

[9] Andernorts ist das Pendant zum deutschen „Sozialrecht" – social law, diritto sociale oder derecho social – nicht geläufig oder anders gedeutet: „droit social" meint Arbeits- und Sozialrecht (vgl. *Schmid*, Sozialrecht und Recht der sozialen Sicherheit, 1981, 52 ff.; *Weidner*, JZ 1959, 698 ff.).

[10] Der „formelle" Sozialrechtsbegriff vgl. *Zacher*, Was ist Sozialrecht?, in ders. (Hg.), Abhandlungen zum Sozialrecht, 1993, 249 ff.

[11] *Reich*, Individual Rights and social Welfare: The Emerging Legal Issues 74 (1965) The Yale Law Journal, 1245.

6 Sozialleistungen werden in § 11 SGB I nicht definiert, indes als Oberbegriff für Dienst-, Sach- und Geldleistungen exemplifiziert. Der Begriff kann aus §§ 2–10 SGB I erschlossen werden. Sozialleistungen sind die von einem öffentlichen Träger dem einzelnen geschuldeten Geld-, Dienst- oder Sachleistungen. Die Rechtsgründe für solche Leistungspflichten enthalten §§ 3–10 SGB I; sie begründen zwar keine Leistungsansprüche (vgl. § 2 SGB I), wohl aber soziale Rechte auf Bildungs- und Arbeitsförderung, Sozialversicherung (= Kranken-, Pflege-, Unfall-, Rentenversicherung), soziale Entschädigung (z.B. Leistungen der Soldatenversorgung oder Gewaltopferentschädigung), Familienleistungen (Kinder- oder Elterngeld), Wohngeld, Jugend- und Sozialhilfe oder Teilhabe behinderter Menschen.[12] Die sozialen Rechte schaffen Leitperspektiven für Sozialleistungsansprüche und strukturieren das Sozialrecht. Der Begriff „Sozialleistungen" ist auf die Zuwendungen öffentlicher Träger beschränkt; nicht umfasst sind die sozial motivierten Leistungen Privater (Suppenküchen, Kleiderspenden, Müttergenesungswerk) oder der Arbeitgeber (Betriebsrenten, Ferienplätze oder Kindergärten). Gegenstand des **Sozialrechts** ist daher[13] das **Recht** der öffentlichen Leistungsverwaltung als Teil des **besonderen Verwaltungsrechts**.[14]

7 Sozialrechtliche Regelungen erstreben „**soziale Gerechtigkeit**". Der Begriff ist unklar und umstritten. Skeptiker sehen darin eine „nichtssagende Formel"[15] – ja die Anmaßung zur Korrektur der Verteilungsergebnisse des Marktes.[16] Andere entdecken darin das Rechts- und Sittengebot der Brüderlichkeit[17] oder **Solidarität**[18] – als Ausdruck gegenseitiger Verbundenheit der Menschen und wechselseitiger Verantwortlichkeit im Füreinander-Einstehen.[19]

Soziale Gerechtigkeit ist ein Gebot der Sozialstaatlichkeit (Art. 20, 28 GG),[20] welches den Staat zu aktiver Sozialgestaltung ermächtigt wie anhält.

---

[12] Vgl. dazu *Eichenhofer*, SGb 2011, 301, 511; *Frommann*, VSSR 2010, 27, 51.

[13] Ausnahmen: Subventions- oder Beamtenrecht.

[14] Andere Gesamtdarstellungen bei *Kokemoor*, Sozialrecht, 2014 (6. Aufl.); *Igl/Welti*, Sozialrecht, 2007, (8. Aufl.); *Muckel/Ogorek*, Sozialrecht, 2011 (4. Aufl.); *Fuchs/Preis*, Sozialversicherungsrecht, 2009 (2. Aufl.); *Frings*, Sozialrecht für die soziale Arbeit, 2011; *Waltermann*, Sozialrecht, 2014 (11. Aufl.); *Bley/Kreikebohm/Marschner*, Sozialrecht, 2007 (9. Aufl.).

[15] *von Hayek*, Der Atavismus „sozialer Gerechtigkeit", in ders. (Hg.), Wissenschaft und Sozialismus, 2004, 197.

[16] *Ders.*, Die Verfassung der Freiheit, 1971, 366 ff.

[17] *Miller*, Grundsätze sozialer Gerechtigkeit, 2008; *Zacher*, Sozialrecht und Gerechtigkeit, in ders. (Hg.), Abhandlungen zum Sozialrecht, 1993, 308 ff.; vgl. auch *Titmuss*, Social Policy, 1974, 26: Sozialpolitik ist „action- or problem-oriented", „a positive instrument of change", „an unpredictable, incalculable part of the whole political process".

[18] *Piazolo*, Solidarität. Deutungen zu einem Leitprinzip der Europäischen Union, 2004; *Supiot*, FS Höland, 167.

[19] *Wannagat*, Sozialethische Aspekte des Sozialrechts, in Brandt/Gollwitzer/Henschel (Hg.), Ein Richter, ein Bürger, ein Christ. Festschrift für Helmut Simons, 1987, 773, 787 ff.

[20] Vgl. BT-Drucks. 7/868.

Dieser Auftrag kommt dem Staat auf Grund einer Arbeits-, Leistungs-, Markt- und Tauschgesellschaft zu, die Leistung fordert und belohnt und im Privatrecht ihren Niederschlag und Ausdruck findet. In der Leistungsgesellschaft sind jedoch diejenigen schutzlos, welche aktuell nichts leisten können. Die Inkaufnahme solcher Hilfslosigkeit widerspräche den Idealen von Gleichheit und Menschenrechten – deren Schutz so nach dem Sozialstaat verlangt.

Soziale Gerechtigkeit wird in § 1 I 2 SGB I präzisiert. Sozialrecht hat „ein menschenwürdiges Dasein zu sichern, gleiche Voraussetzungen für die freie Entfaltung der Persönlichkeit … zu schaffen, die Familie zu schützen und zu fördern, den Erwerb des Lebensunterhalts durch eine frei gewählte Tätigkeit zu ermöglichen und besondere Belastungen des Lebens … abzuwenden oder auszugleichen". Hierin äußert sich das allgemeine Anliegen der Gerechtigkeit, jedem das ihm Gemäße zuzuwenden.[21]

Das Ziel von Sozialrecht wird in einer „funktionalen Theorie des Sozialstaats" formuliert.[22] Demnach schafft der Staat den Rahmen zur Entfaltung individueller Freiheit; er hat dafür Menschenwürde, Handlungsfreiheit, Familie und Erwerbsfreiheit (Art. 1, 2, 6, 12 GG) durch die Bereitstellung von Sozialleistungen zu sichern. Die in §§ 3–10 SGB I enthaltene Aufzählung von sozialen Rechten und Institutionen zeigt, dass Sozialrecht[23] der Bedarfs- (§§ 7 ff. SGB I), Chancen- (§§ 3, 6, 10 SGB I) wie Leistungsgerechtigkeit (§§ 4 f. SGB I) und somit unterschiedlichen Leitbildern von Gerechtigkeit verpflichtet ist. Soziale Gerechtigkeit verlangt nach deren Kombination und Bündelung als „komplexe Gleichheit".[24] Soziale Gerechtigkeit unterstellt die wechselseitige Verbundenheit der Menschen, woraus ein Füreinander-Einstehen-Müssen namentlich der Leistungsfähigen gegenüber den Bedürftigen folgt.[25] Das Sozialrecht beruht auf der kommunitaristischen Annahme, alle

---

[21] Iustitia est constans ac perpetua voluntas ius suum quique tribuens = Gerechtigkeit ist der unwandelbare und dauerhafte Wille, jedem das Seine zu gewähren (Satz 1 der Institutionen des Gaius); *Behrends/Knütel/Kupisch/Seiler*, Corpus iuris civilis, die Institutionen, 1993, 1; vgl. ferner *Kaufmann*, Rechtsphilosophie in der Nach-Neuzeit, 1992 (2. Aufl.), 40: „Im Grunde wird sich Recht immer nur dadurch legitimieren lassen, daß es einem jedem das ihm als Person Zustehende gewährt: Das suum iustum".

[22] *Höffe*, Politische Gerechtigkeit, 1987, 469 ff.; *Eichenhofer*, JZ 2005, 209; *Kramer*, Soziale Gerechtigkeit – Inhalt und Grenzen, 1992, 102 ff.; *Haerendel* (Hg.), Gerechtigkeit im Sozialstaat, 2012; *Rawls*, Gerechtigkeit als Fairneß, 1977, 25, 37, 39, 57, 65, 100, 104 ff., er hält eine Gesellschaftsordnung für gerecht, welche den am schlechtesten Gestellten gegenüber gerechtfertigt werden kann.

[23] *Zacher*, Sozialrecht und Gerechtigkeit, in ders. (Hg.), Abhandlungen zum Sozialrecht, 1993, 308 ff.

[24] *Walzer*, Komplexe Gerechtigkeit, in Krebs (Hg.), Gleichheit oder Gerechtigkeit, 2000, 172.

[25] *Gilbert*, Welfare Justice, 1995; *Goodin*, Reasons for Welfare, 1988; *Kersting*, Theorien der sozialen Gerechtigkeit, 2000; *Margalit*, Politik der Würde, 1997; *T. H. Marshall*, Citizenship and Social Class, 1950; *Sen*, Inequality Reexamined, 1992.

Leistungsfähigkeit verpflichte zur Hilfe für Bedürftige: „die Stärke des Volkes misst sich am Wohl der Schwachen".[26]

8   Sozialrecht hat „**soziale Sicherheit**" zu verwirklichen. Dieser Begriff ist weltweit verbreitet.[27] 1935 unter dem US-Präsidenten Franklin D. Roosevelt geprägt,[28] wurde er während des 2. Weltkrieges als Kriegsziel der Alliierten in der Atlantik-Charta (1941) als „freedom from fear and want" (= Freiheit von Furcht und Not) proklamiert, fand Eingang in die Präambel der MRK und die Übereinkünfte der IAO (vgl. unten Rn. 75) und kennzeichnet wesentliche Partien des Sozialrechts von Europarat und EU (vgl. unten Rn. 78 f., 86).

Der Begriff verheißt Daseinssicherung jenseits des Marktes (Dekommodifizierung)[29] bei Bedürftigkeit und Einkommen bei Eintritt sozialer Risiken (Krankheit, Erwerbsunfähigkeit, Unfall, Alter, Tod des Elternteils oder Ehegatten) oder Opfern für die Allgemeinheit sowie die Förderung des einzelnen und seiner Familie: „So lebt der moderne Mensch nicht nur im Staat, sondern auch vom Staat".[30] Der Staat, der soziale Sicherheit zu verwirklichen hat, wird zum Garanten der Daseinssicherung für seine Bewohner.

9   Soziale Sicherheit steht **nicht** primär im Dienste sozialer **Gleichheit,** sondern der individuellen Freiheit zu einer selbstbestimmten auf Arbeit gründenden Lebensführung[31]. Soziale Ungleichheit ist für alle differenzierten, auf Individualfreiheiten gründenden Gesellschaften die Voraussetzung und Folge ihrer **Existenz.**[32] Ein Staat, der umfassend Gleichheit schaffen wollte, müsste sämtliche Freiheiten beseitigen.[33] Denn Freiheit setzt Unterschiede unter den Menschen voraus und diese führen zu Ungleichheiten. Soziale Sicherheit schützt in einer auf Tauschverkehr beruhenden Wirtschaft alle, die darin ihren Lebensunterhalt aus eigener Kraft nicht bestreiten könnten. Sie schützt also primär die Freiheit.

---

[26] Präambel der Schweizer Bundesverfassung.

[27] *Kaufmann*, Sicherheit als soziologisches und sozialpolitisches Problem, 1973 (2. Aufl.); *Schmid*, Sozialrecht und Recht der sozialen Sicherheit, 1981, 43.

[28] *Eichenhofer*, SGb 1984, 563 ff.; *ders.*, Recht der sozialen Sicherheit in den USA, 1990, 16 f., 54 ff.

[29] *Esping-Andersen*, The Three Worlds of Welfare Capitalism, 1990.

[30] *Forsthoff*, Verfassungsprobleme des Sozialstaats, in ders. (Hg.), Rechtsstaatlichkeit und Sozialstaatlichkeit, 1968, 145, 149; *Heclo*, Modern social politics in Britain and Sweden, 1974, 1 ff.

[31] *Herbert Ehrenberg/Anke Fuchs*, Sozialstaat und Freiheit, Frankfurt/Main 1980, 29 ff.

[32] *Davy*, Soziale Gleichheit, VVDStRL 68 (2009), 122 ff.; *Axer*, Soziale Gleichheit, VVDStRL 68 (2009), 177 ff.; *Nussberger*, DVBl 2008, 1081; *Harry Fankfurter*, Gleichheit, 2016

[33] *Dahrendorf*, Über den Ursprung der Ungleichheit unter den Menschen, 1966 (2. Aufl.); *Pojman/Westmoreland*, Equality, 1997.

Soziale Sicherheit und Sozialrecht beruhen auf der Annahme,[34] dass jeder Erwachsene seinen Lebensunterhalt durch Teilnahme am Tauschverkehr – Kauf von Lebensmitteln, Anmietung von Wohnraum –, namentlich durch Ausübung einer Erwerbstätigkeit zu sichern hat. Der Sozialstaat beruht auf der Arbeitsgesellschaft und formt diese[35]. Leistungen sozialer Sicherheit sollen diejenigen zur Bestreitung des Lebensunterhalts befähigen, welche aus anerkennenswerten Gründen keine Erwerbstätigkeit ausüben können: Kranke, Erwerbsunfähige, Alte, Arbeitslose, Unfall-, Kriegs- oder Verbrechensopfer, Studenten, Erzieher von Kleinkindern. Soziale Sicherheit bedeutet darüber hinaus, dass jedermann von der Gesellschaft in Gestalt von Grundsicherung, Sozial- oder Jugendhilfe eine **Mindestsicherung** erhält, aber der Gesellschaft **Arbeit** schuldet.

Soziale Sicherheit schafft damit für jedermann Daseinssicherheit als Basis jeder Freiheit und sichert Teilhabe (Inklusion).[36] Die Bedarfsdeckung hängt nicht mehr von Erwerbstätigkeit ab, sondern ist auch gesichert, falls der einzelne dazu nicht mehr imstande ist.[37] „Sozialrecht" ist der juristische Ausdruck von Sozialpolitik. Diese bestimmt T. H. Marshall[38] als „the use of ‚political power' to supersede, supplement or modify operations of the economic system in order to achieve results which the economic system would not achieve on its own". Dies geschieht zur Verwirklichung **sozialer Gleichheit**, die elementare **soziale Ungleichheiten** ausschließt.[39]

c) System

Das Sozialrecht schützt den Schwachen und bildet Gerechtigkeit als „komplexe Gleichheit" aus. **Sozialrecht** ist ein Inbegriff **sozialer Rechte**: Wer deshalb vom Sozialrecht spricht, kann und darf über die sozialen Rechte nicht schweigen. Die unterschiedlichen sozialen Rechte werden im System des Sozialrechts dargestellt. Manche Sozialleistungen werden **einseitig** gewährt, andere aufgrund einer **Gegenleistung**. Manche Sozialleistungen – wie Heil-

10

---

[34] *Kramer*, Soziale Gerechtigkeit, 1992, 104 ff.; *Heinig*, Menschenwürde und Sozialstaat, in Bahr/Heinig (Hg.), Menschenwürde in der sakulären Verfassungsordnung, 2006, 251 ff.; *Häberle*, Die Menschenwürde als Grundlage der staatlichen Gemeinschaft, in Isensee/Kirchhof (Hg.), Handbuch des Staatsrechts, 2004 (3. Aufl.), Bd. II § 22–60, 72–74; *Zacher*, SGb 1982, 329 ff.
[35] *Eichenhofer*, FS Höland, 261.
[36] *Ackerman/Alstott*, The Stakeholder Society, 1999.
[37] Giddens formuliert zu Recht: "Welfare institutions should be understood as risk management systems"; *ders.*, Beyond Left and Right – The Future of Radical Politics, 1994, 137.
[38] *Ders.*, Social Policy in the Twentieth Century, 1975, 15.
[39] *Zacher*, Sozialstaat und Prosperität, in Bauer (Hg.), Wirtschaft im offenen Verfassungsstaat, Festschrift für Reiner Schmidt, 2006, 305 ff.; *Davy*, Soziale Gleichheit, VVDStRL 68 (2009), 122 ff.; *Axer*, Soziale Gleichheit, VVDStRL 68 (2009), 177 ff.; *Burzan*, Soziale Ungleichheit, 2011 (4. Aufl.); *Nussberger*, DVBl 2008, 1081 ff.

behandlung – sind auf den **individuell-konkreten**, andere – etwa Kindergeld
– den **typisierend-abstrakten** Bedarf des Empfängers gerichtet. Unter den
Sozialleistungen bestehen folglich Unterschiede in der Leistungsbestimmung. Diese wurden in dem überkommenen[40] Systematisierungsversuch in
der Trias (Sozial-) **Fürsorge**, (Sozial-) **Versorgung** und (Sozial-) **Versicherung** (vgl. Abb. 2) zum Ausdruck gebracht.

Trias der Sozialleistungszweige

	konkret	abstrakt
einseitig	Fürsorge	Versorgung
gegenleistungsabhängig	Versicherung	Versicherung

Abb. 2

11   Diese Zuordnung beruhte auf dem Sozialrecht der ersten Hälfte des 20.
Jahrhunderts. Es kannte die kommunale **Sozialfürsorge**, eine vom Staat getragene **Kriegsopferversorgung** und eine in Kranken-, Renten-, Arbeitslo-
sen- und Unfallversicherung gegliederte **Sozialversicherung**. Diese war von
Arbeitnehmern und Arbeitgebern getragen und dem Risikoausgleich verpflichtet. Wegen der weiteren Ausdifferenzierung des Sozialrechts in der
zweiten Hälfte des 20. Jahrhunderts (vgl. unten Rn. 48, 51) wird diese Trias
dem heutigen Sozialrecht nicht mehr gerecht. Ferner sind die Bezeichnungen
Versicherung, Versorgung und Fürsorge mehrdeutig (Versorgung ist auch
Beamtenversorgung) und sprachlich missglückt (der Begriff Fürsorge evo-
ziert die Objektstellung des Empfängers).

12   Mit dem SGB wurde eine neue Systematik[41] entwickelt. Sie erlaubt die
Zusammenschau aller heutigen Sozialleistungszweige. Sie untergliedert das
Sozialrecht in vier, sich nach Leistungsgrund, Institutionen, Leistungsinhalt
und Träger unterscheidende Teilgebiete: **Vorsorge**, **Entschädigung**, **Förderung** und **Hilfe**. Der Leistungsgrund bezeichnet den Leistungszweck; die
Institution kennzeichnet den Leistungszweig, der Leistungsinhalt wird in
typisierend-abstrakt oder individuell-konkret unterschieden und der Träger
wird danach differenziert, ob er über ein Sondervermögen mit eigener Ab-
gabenhoheit verfügt oder aus dem Steueraufkommen finanziert wird und
Staat oder Gemeinde ist (vgl. Abb. 3).

---

[40] *Bogs*, Grundfragen des Rechts der sozialen Sicherheit und seiner Reform, 1955,
15 ff.; *Wannagat*, Lehrbuch des Sozialversicherungsrechts, Bd. 1, 1965, 1 ff.
[41] *Zacher*, Grundtypen des Sozialrechts, in: ders. (Hg.), Abhandlungen zum Sozialrecht, 1993, 257 ff.; vgl. ferner *Igl/Welti*, Sozialrecht, 2007 (8. Aufl.), § 2; *Waltermann*,
Sozialrecht, 2014 (11. Aufl.), Rn. 76 ff.

d) Definition

Sozialrecht kann definiert werden als Inbegriff aller Rechtsregeln, welche   **13**
– die Gewährung öffentlicher Dienst-, Sach- oder Geldleistungen an Private
  aufgrund von Vorsorge, zum Ausgleich eines Nachteils, zur Förderung
  von Berufsbildung oder Arbeitsaufnahme oder bei Bedürftigkeit oder
– Sozialversicherung (Renten-, Kranken-, Pflege-, Unfall- oder Arbeitslosenversicherung), soziale Entschädigung (Kriegsopfer-, Gewaltopferentschädigung, Ausgleich von Impfschäden und Fälle der sogenannten unechten Unfallversicherung), soziale Förderung (Familienleistungsausgleich,
  Ausbildungsförderung, Arbeitsförderung, Rehabilitation) oder soziale
  Hilfen (Sozialhilfe, Grundsicherung, Kriegsopferfürsorge, Jugendhilfe,
  Unterhaltsvorschuss) normieren (Abb. 3).

Die erste Definition ist intensional, die letzte extensional.[42]

System des Sozialrechts

	Leistungsgrund	Institutionen	Leistungsinhalt	Träger
Vorsorge	Eintritt sozialen Risikos	Renten-, Kranken-, Pflege-, Unfall- und Arbeitslosenversicherung	abstrakt*	Sonder-vermögen
Entschädi-gung	Ausgleich von Sonderopfer für Allgemeinheit	Versorgungs-verwaltung, unechte Unfall-versicherung	abstrakt*	Staat
Förderung	Chancen-gleichheit	Familienleistungs-ausgleich, Ausbildungs- und Arbeitsförderung	abstrakt*	Staat
Hilfe	Sicherung des Existenz-minimums	Sozialhilfe, Grundsicherung, Jugendhilfe, Unterhalts-vorschuss	konkret	Staat und Gemeinde

* Dienst- und Sachleistung: konkret

Abb. 3

---

[42] „intensional" bestimmt ein Definiens durch seine Eigenschaften; eine „extensio-
nale" Definition bestimmt das Definiens dagegen durch Aufzählung sämtlicher ihm unter-
fallenden Merkmalsgruppen; Beispiel: „Frucht" – intensional: „süß und saftig schme-
ckende Erzeugnisse von Pflanzen", und extensional: „Äpfel, Birnen, Bananen, Orangen,
Erdbeeren etc.".

e) Ausblick auf die weitere Darstellung

14   Im Folgenden werden die Grundlagen (A) und das System des Sozialrechts
(B) behandelt. Es werden in diesem die allgemeinen Grundsätze des Sozial-
rechts (I), die soziale Vorsorge (II), Entschädigung (III), Förderung (IV) und
Hilfe (V) dargelegt.

§ 2 Geschichte des Sozialrechts

Lit.: *Becker/Hockerts/Tenfelde* (Hg.), Sozialstaat Deutschland, Geschichte und
Gegenwart, 2010; *Benöhr* (Hg.), Arbeitsvermittlung und Arbeitslosenversorgung in
der neueren deutschen Rechtsgeschichte, 1991; *Beveridge*, Social Insurance and Al-
lied Services, 1942 (reprinted 1974); *Bogs*, Die Sozialversicherung in der Weimarer
Demokratie, 1981; *Bundesministerium für Arbeit und Sozialordnung und Bundesarchiv* (Hg.), Geschichte der Sozialpolitik in Deutschland seit 1945, ab 2001, 11
Bde.; *Carius*, Projekt: Einheitssozialversicherung. Entstehung der einheitlichen Sozialversicherung in der SBZ/DDR von 1945 bis 1952 am Beispiel Thüringens, 2008;
Eichenhofer, Recht der sozialen Sicherheit in den USA, 1990; *ders.*, Geschichte des
Sozialstaats in Europa – Von der „sozialen Frage" bis zur Globalisierung, 2007; *Fischer*, Armut in der Geschichte, 1982; *Geremek*, Geschichte der Armut, 1988; *Hentschel*, Geschichte der deutschen Sozialpolitik 1880–1980, 1983; *Hockerts*, Sozialpolitische Entscheidungen im Nachkriegsdeutschland, 1980; *Hoffmann*, Sozialpolitische Neuordnung in der SBZ/DDR. Der Umbau der Sozialversicherung 1945–1956,
1996; *Köhler/Zacher* (Hg.), Ein Jahrhundert Sozialversicherung in der Bundesrepublik Deutschland, Frankreich, Großbritannien, Österreich und der Schweiz, 1981;
dies., Beiträge zu Geschichte und aktueller Situation der Sozialversicherung, 1983;
Mikesic, Sozialrecht als wissenschaftliche Disziplin, 2002; *Reidegeld,* Staatliche Sozialpolitik in Deutschland, 2006 (2. Aufl.); *von Miquel* (Hg.), Sozialversicherung in
Diktatur und Demokratie, 2007; *Ritter*, Der Sozialstaat, Entstehung und Entwicklung im internationalen Vergleich, 2010 (3. Aufl.); *Sachße/Tennstedt*, Geschichte der
Armenfürsorge in Deutschland, 1980–1998, 3 Bände; *Schewe, Dieter*, Geschichte
der sozialen und privaten Versicherung im Mittelalter in den Gilden Europas, 2000;
Schmidt, Sozialpolitik der DDR, 2004; *ders.*, Der deutsche Sozialstaat: Geschichte
und Gegenwart, 2012; *Stolleis*, Geschichte des Sozialrechts in Deutschland, 2003;
Tennstedt, Sozialgeschichte der Sozialpolitik in Deutschland, 1981; *Hänlein/
Tennstedt*, Geschichte des Sozialrechts, in von Maydell/Ruland/Becker (Hg.), Sozialrechtshandbuch, 2012 (5. Aufl.), § 2; *Zacher* (Hg.), Bedingungen für die Entstehung und Entwicklung von Sozialversicherung, 1979.

15   Das Sozialrecht ist ein **neues** Rechtsgebiet – Antwort des 20. auf die soziale Frage des 19. Jahrhunderts. Damals entstand soziale Vorsorge als heute
wichtigster Zweig des Sozialrechts; sie ist über ein Jahrhundert alt. Soziale
Entschädigung und soziale Hilfen bestehen seit Jahrhunderten. Verglichen
mit dem Straf- oder Zivilrecht hat das Sozialrecht jedoch eine **kurze Geschichte**. Es entstand dennoch nicht voraussetzungslos, sondern ging aus

Einrichtungen hervor, die in Antike, Mittelalter oder früherer Neuzeit entwickelt waren. Das gegenwärtige Sozialrecht hat deshalb eine Vor- (a), Ent-
stehungs- (b) und Entwicklungsgeschichte (c).

a) Vorgeschichte des Sozialrechts

Das Sozialrecht ging aus Einrichtungen hervor, die seit alters zum Schutz   **16**
der Schwachen geschaffen wurden. Die Hilfe wurde primär als Dienst- oder
Sachleistung erbracht. Anders als heute war sie nicht von Rechts wegen geschuldet; es bestand aber die **religiös** und **moralisch** begründete Pflicht zur
Hilfeleistung. Derartige Einrichtungen gab es bereits in der Antike (aa). Im
Mittelalter wuchs ihre Bedeutung (bb). In der frühen Neuzeit wurden sie
grundlegend reformiert und im 18. und frühen 19. Jahrhundert fortentwickelt (cc).

aa) Antike – rudimentäre Ansätze von Wohlfahrt

In den Stadtkulturen der Antike[1] in Athen und Rom fanden sich erste   **17**
Ansätze wohlfahrtsstaatlicher Einrichtungen. Arme, Gebrechliche, Kranke
und Alte erhielten von der Gemeinde **Nahrungsmittelhilfe** (frumentatio);
unter Kaiser Augustus bezog sie ein Drittel der Einwohner. Sie wurden aus
Spenden und Wohlfahrtssteuern finanziert. Die Städte kannten die unter
öffentlicher Aufsicht stehenden Krankenkassen und Begräbnisgesellschaf-
ten, die Hilfe bei Erkrankung und im Todesfall gewährten, und leisteten
schließlich Unterstützungen an Kriegsverwundete sowie Hinterbliebene von
Kriegstoten.

bb) Mittelalter – Entstehung der Armenpflege

Mit Zerfall des römischen Reiches und der Anerkennung der Kirche unter   **18**
Kaiser Konstantin wuchsen in der Spätantike zunehmend der **Kirche** wohl-
fahrtspflegerische Aufgaben zu. Das Christentum verpflichtete jeden Menschen zur Nächstenliebe.[2] Dem Geringsten zu helfen, ist elementares christ-
liches Gebot.[3] Demgemäß entwickelten sich während des Mittelalters **Kir-**

---

[1] *Peters*, Die Geschichte der sozialen Versicherung, 1978 (3. Aufl.), 15 ff.; *Wannagat*,
Lehrbuch des Sozialversicherungsrecht, Bd. 1, 1965, 40 ff.
[2] *Matthäus* 7, 12: „Alles nun, was ihr wollt, daß euch die Leute tun sollen, das tut ihr
ihnen auch."; 22, 37: „Du sollst lieben Gott, deinen HERRN, von ganzem Herzen, von
ganzer Seele und von ganzem Gemüte. Dies ist das vornehmste und größte Gebot. Das
andere aber ist ihm gleich: ‚Du sollst deinen Nächsten lieben wie dich selbst.'".
[3] Vgl. etwa *Matthäus* 25, 40: „Was ihr getan habt einem unter diesen meinen geringsten Brüdern, das habt ihr mir getan."; *Galater* 6, 2: „Einer trage des andern Last, so
werdet ihr das Gesetz Christi erfüllen."; vgl. 2. *Thessalonicher* 3, 10 f.: „Wer nicht arbei-

chengemeinden und **Klöster** zu Zufluchtsstätten für Arme, Kranke, Gebrechliche, Alte, Witwen und Waisen.[4] Im Hochmittelalter entstand eine besondere Wertschätzung für die Armen, die in Bettelorden (Franz von Assisi) ihren Ausdruck fand. Akte demonstrativer Barmherzigkeit mehrten sich; Vermächtnisse für wohltätige Zwecke wurden ausgesetzt; der Kirche fiel mancher Nachlass mit der Auflage zu, diesen für Bedürftige zu verwenden. Die Kirchen schufen eigene Einrichtungen für Hilfebedürftige: **Asyle** und **Hospitäler** (hospitale pauperum). Sie nahmen Kranke, Gebrechliche, Alte, Waisen und Witwen auf. Bedürftige erhielten Almosen aus dem Spendenaufkommen der Kirche.

19   Im Spätmittelalter[5] entstanden die **Zünfte** als eigene Unterstützungseinrichtungen für Handwerker („Zunftbüchsen"). Ähnlich schlossen sich Handwerksgesellen in Gesellenbruderschaften zusammen, die in Notlagen Unterstützung gewährten. Selbständige Bergleute – Inhaber von Schürfrechten zur Mineraliengewinnung – gründeten ab dem 13. Jahrhundert **Knappschaften**.[6] Diese erbrachten bei Unfällen Leistungen an die Bergleute und bei unfallbedingtem Tod an deren Hinterbliebene. Die Knappschaft bildete so den „Vorläufer der Sozialversicherung".[7] Am Ende des Mittelalters waren Kirchengemeinden („Kirchspiele") und Klöster, Zünfte, Knappschaften und Gesellenbruderschaften die wesentlichen Träger der Unterstützung.

cc) Neuzeit – Rationalisierung und Säkularisierung der Armenpflege

20   Die sich in Reformation, Humanismus und der Ausbildung des souveränen Territorialstaats äußernde Neuzeit kündigte sich im Spätmittelalter an. Im 14. Jahrhundert löste sich die agrarisch geprägte mittelalterliche Gesellschaft auf. Wanderungsbewegungen setzten ein. „Stadtluft macht frei!" war Wahlspruch der Epoche. In ganz Europa wanderten viele Menschen vom Land in die **Stadt**, die ihnen Schutz und Hilfe bot. Diese reichten aber nicht mehr zu, weil sich Landstreicherei und Bettelei verbreiteten.

21   Dies gab Anlass zu einer **Rationalisierung** der **Armenpflege**.[8] Sie verlangte nach systematisierender, d.h. verallgemeinernder rechtlicher Ord-

ten will, der soll auch nicht essen. Trotzdem haben wir gehört, dass einige von euch ein ungeordnetes Leben führen, nicht arbeiten und sich nur herumtreiben.".
    [4] *Fischer*, Armut in der Geschichte, 1982, 10ff.; *Geremek*, Geschichte der Armut, 1988, 29ff.
    [5] *Peters*, Die Geschichte der sozialen Versicherung, 1978 (3. Aufl.), 22ff.; *Schewe*, Geschichte der sozialen und privaten Versicherung, 2000.
    [6] *Dapprich*, SGb 1982, 514ff.
    [7] *Wannagat*, Lehrbuch des Sozialversicherungsrechts, Bd.1, 1965, 45; vgl. *Lingelbach* (Hg.), Die Henneberger Bergordnung von 1566, 2002, 94; *Schewe*, Geschichte der sozialen und Privaten Versicherung im Mittelalter in den Gilden Europas, 2000, 110ff.
    [8] *Eichenhofer*, Geschichte des Sozialstaats in Europa, 2007, 20ff.; *Fischer*, Armut in der Geschichte, 1982, 33ff.; *Geremek*, Geschichte der Armut, 1988, 155ff.

nung. Schon 1349 erließ der König von England „The Ordinance of Labourers" als allgemeines Bettelverbot; sie begründete für Arbeitsfähige die Arbeitspflicht und bestimmte, dass hilfebedürftigen Arbeitsunfähigen an ihrem Heimatort zu helfen sei. Im Kaiserlichen Edikt von 1531 untersagte Kaiser Karl V. Betteln und Landstreicherei und verfügte, dass Kranken und Gebrechlichen die Hilfe ihrer Stadtgemeinde zuteil werde. In den französischen Städten entstanden Anfang des 15. Jahrhunderts Kranken- und Armenhäuser – „hôpitaux généraux". Ende des 16. Jahrhunderts entwickelte sich in England unter Königin **Elisabeth I.** ein auch für ganz Europa vorbildliches Armenwesen.[9] In allen Gemeinden waren Armenfürsorger zu bestellen, die Armensteuern erheben und daraus die Bedürftigen unterstützen sollten. Armenpflege diente zunehmend der Disziplinierung Arbeitsfähiger. Nur die Arbeitsunfähigen sollten Leistungen der Armenpflege erhalten. Besonders in protestantischen Gegenden übernahm nach der Reformation, welche die Klöster auflöste, zunehmend die **Stadtgemeinde** die Armenpflege; sie wurde so Teil der Gemeindepolitik.

Im 18. und 19. Jahrhundert wurde die Armenpflege differenziert und zunehmend zentralisiert.[10] Die Armut war auch in jener Epoche Lebensschicksal für viele. Zunehmend wurde die Gemeinde zum Unterstützungsverband; in den Städten entstanden eigene Armenverwaltungen. Sie unterschieden zwischen arbeitsunfähigen und arbeitsfähigen Armen. Erstere waren unverschuldet arm; letztere sollten durch Arbeit ihre Armut überwinden. Dem von Amsterdam gegebenen Vorbild folgend, wurden im 17. Jahrhundert in vielen Städten eigene Arbeitshäuser – häufig in Verbindung mit den Gefängnissen[11]– errichtet. Darin wurden die Arbeitsfähigen untergebracht und zur Arbeit angehalten. Das Allgemeine Landrecht für die preußischen Staaten (ALR) von 1794[12] trug dem **Staat** auf, für die Verpflegung derer zu sorgen, die ihren Unterhalt nicht selbst erzielen und ihn auch nicht von anderen erhalten konnten. Der Staat übernahm damit die Letztverantwortung für die Armenpflege; die Hauptlast lag freilich nach wie vor bei den Gemeinden. Denn der Staat beaufsichtigte sie lediglich; des Weiteren sorgte er für seine Soldaten (Rn. 417).

Aus der kommunalen Armenpflege erwuchsen Hindernisse für die **Mobilität**. Denn Bedürftige konnten Hilfe lediglich von ihrer Gemeinde erhalten; **22**

23

---

[9] *Leonard*, The Early History of English Poor Relief, 1900; *Webb*, English Local Government from the revolution to the municipal corporations act, Vol. 7: English Poor Law History, Part 1: The Old Poor Law, London 1927.
[10] *Reidegeld*, Staatliche Sozialpolitik in Deutschland, 2006 (2. Aufl.); *Schmidt*, Sozialpolitik in Deutschland, 2005 (3. Aufl.); *Ritter*, Der Sozialstaat – Entstehung und Entwicklung im internationalen Vergleich, 2010 (3. Aufl.), 30 ff.
[11] *Wesel*, Geschichte des Rechts in Europa, 2010, 359–363.
[12] Vgl. II. Teil VII. Titel §§ 18, 122–130; XIX. Titel §§ 1, 9 ff., 16, 32 ff. ALR.

es galt das Heimat-Prinzip. Adam Smith[13] sah darin das „vielleicht größte Übel in der englischen Wirtschaftspolitik" – und dieses war ebenso auf dem Kontinent festzustellen. Während des 19. Jahrhunderts wurde daher die Armenpflege nach dem Heimatprinzip allmählich durch das Prinzip ersetzt, dass Bedürftige Hilfe von der Gemeinde erhalten, in der sie vor Eintritt der Notlage ihren **„Unterstützungs-Wohnsitz"** hatten. Dies führte dazu, dass die Gemeinden den Arbeitsunfähigen und Gebrechlichen den Gebietszugang versagten.

b) Entstehung des Sozialrechts

24   Das zeitgenössische Sozialrecht entstand gegen Ende des 19. Jahrhunderts. Beschränkte sich die Armenpflege noch auf die Hilfegewährung an Arbeitsunfähige und die Aktivierung Arbeitsfähiger, wurde mit Schaffung der **Sozialversicherung** die rasch wachsende Arbeiterschaft – später auch viele Selbständige – in ein System umfassender öffentlicher Vorsorge einbezogen. Sozialpolitik beschränkte sich seither nicht mehr auf Randgruppen der Gesellschaft, sondern bezog wirtschaftlich Aktive in den Kreis der Gesicherten ein. Die Sozialversicherung sollte die Versicherten bei Verwirklichung sozialer Risiken – Krankheit, Unfall, Erwerbsunfähigkeit, Alter und Ernährertod – vor Bedürftigkeit und damit der Beanspruchung von Armenpflege bewahren. Diesen Risiken sind die Erwerbstätigen in der Arbeitsgesellschaft ausgesetzt.

Die Sozialversicherung entstand aus wirtschafts-, sozial- und ideengeschichtlichen Voraussetzungen. Sie lassen sich in vielen Staaten nachweisen (aa). Deutschland führte als erster Staat die Sozialversicherung ein. Diesem Beispiel folgten viele Staaten nach (bb). Auch andere Staaten haben neue Rechtsinstitutionen des Sozialrechts hervorgebracht, deren „Erfindungen" später von Deutschland rezipiert wurden (cc).

aa) *Wirtschafts-, sozial- und ideengeschichtliche Entstehungsbedingungen für die Sozialversicherung*

25   Errichtung wie Verbreitung der Sozialversicherung erklären sich aus wirtschaftlichen Bedingungen[14]. Im 18. Jahrhundert entfalteten sich Naturwissenschaft und Technik; sie ermöglichten die Maschinenarbeit und industrielle Gütererzeugung. Im 19. Jahrhundert begann die **Industrie** mit dem Fa-

---

[13] *Smith*, Der Wohlstand der Nationen (1776), I. Buch, 10. Kapitel.
[14] *Fischer*, Wirtschaftliche Bedingungen und Faktoren bei der Entstehung und Entwicklung von Sozialversicherung, in Zacher (Hg.), 1979, 91; *Hentschel*, Geschichte der deutschen Sozialpolitik, 1983, 13 ff.; *Köhler*, Entstehung von Sozialversicherung. Ein Zwischenbericht, in Zacher (Hg.), 1979, 19 ff.

brikbetrieb die vordem vorherrschende Landwirtschaft, den Handel sowie die Manufaktur zu verdrängen. Dies wurde möglich, nachdem die Französische Revolution mit der auf Privatautonomie sowie Rechtsgleichheit beruhenden Privatrechtsordnung den Rahmen für industrielles Wirtschaften geschaffen hatte. Dies setzte die Gewerbefreiheit voraus, welche nach Abschaffung des Zunftzwanges und der Bauernbefreiung – Aufhebung der Gebietsuntertänigkeit des einzelnen – verwirklicht wurde.

Diese Bedingungen führten zu einer **Massenwanderung**[15] vom Land in die   **26**
Städte, wo neue Arbeitsplätze entstanden. Um diese konkurrierten allerdings viele. Ein strenger Wettbewerb unter Industrieunternehmen verbunden mit der Notwendigkeit, durch Sparen Investitionen und Industrieproduktion zu ermöglichen, zeitigten niedrige Löhne. Armut und Not wurden zum Massenschicksal der Arbeiter. Der Lohn reichte kaum für die Daseinssicherung der Arbeiter, geschweige denn für Kranke, Gebrechliche, Opfer von Arbeitsunfällen, Alte, Witwen oder Waisen. So kam mit der Industrialisierung die „**soziale Frage**" auf, wie das Massenelend der Industriearbeiterschaft des 19. Jahrhunderts überwunden werden könnte. Deutschland führte in den 1880er Jahren die Sozialversicherung ein. Wenige seiner Nachbarstaaten folgten noch vor dem 1. Weltkrieg – allerdings nur punktuell.[16]

Ihre weltweite Verbreitung fand die Sozialversicherung unter dem Eindruck der Weltwirtschaftskrise der frühen 1930er Jahre nach dem Zweiten   **27**
Weltkrieg. Die vielerorts gesammelten Erfahrungen der Verelendung der Arbeitsunfähigen und Verarmung der Arbeitenden infolge sinkender Produktivität machte die Sozialversicherung nötig. Denn sie sichert Nachfrage und stützt damit die Produktivität einer Volkswirtschaft.

Eine auf Individualisierung, Kapitalakkumulation und Kommerzialisierung beruhende Geldwirtschaft veränderte tiefgreifend das soziale Leben.   **28**
Nach Aufhebung von Zunftzwang und Bauernbefreiung waren Zunft und Hof als hergebrachte Solidarverbände entfallen. Solche „**Befreiung**" beseitigte nicht nur die vordem damit verknüpften **Bindungen**, sondern auch den **Schutz**. Die Familie als ein alle Generationen umfassender Solidarverband wurde durch die Eltern und Kind(er) umschließende Kleinfamilie abgelöst. Die durchschnittliche Lebenserwartung stieg dank medizinischen Fortschritts. Alter wurde zur eigenen Lebensform. Seit Mitte des 19. Jahrhunderts bezogen – beginnend mit Frankreich[17]– ältere Menschen ihren Lebensunterhalt aus den von Privatversicherungen gezahlten Renten und die Rentner wurden zur eigenen gesellschaftlichen Gruppe.

---

15 *Gruner*, Soziale Bedingungen und sozialpolitische Konzeptionen der Sozialversicherung aus der Sicht der Sozialgeschichte, in Zacher (Hg.), 1979, 103 ff.; *Alber*, Die Entwicklung sozialer Sicherungssysteme im Licht empirischer Analysen, ebd., 123 ff.

16 *Eichenhofer*, Geschichte des Sozialstaats in Europa, 2007, 37 ff.

17 *Netter*, Les retraites en France avant le XXe siècle, Droit social 1963, 358 ff.

29   Die Industrialisierung machte die Zeitlichkeit menschlichen Daseins bewusst. Investitionen als Vorgriffe auf die Zukunft und deren Finanzierung
verlangen nach Planung. Das **Versicherungswesen** – im 13. Jahrhundert entstanden, um den Risiken des Sach- und Vermögensverlusts im Seehandel zu
begegnen – erschloss sich im 19. Jahrhundert in Gestalt der Haftpflicht-,
Lebens- und Krankenversicherung neue Aufgaben beim Schutz der Lebensrisiken. Die Versicherung soll die Gleichheit und reale Vervollkommnung
des Menschen sichern. Für Condorcet war klar: Ungleichheiten, die aus Vermögen, den Lebensrisiken Alter und Krankheit und den Bildungschancen
erwachsen, gefährden die Republik. Diese müsse solche Gefahren durch die
„soziale Kunst" (art social) überwinden.[18] In der Industrialisierung bildete
sich die Arbeiterschaft heraus; sie organisierte sich in Gewerkschaften. Diese vertraten deren berufliche Interessen und wirkten zugleich als Versiche-
rungsvereine auf Gegenseitigkeit (Hilfskassen, mutualités, friendly socie-
ties), welche den einzelnen in den „Wechselfällen des Lebens" = Arbeitsunfall, Krankheit, Erwerbsunfähigkeit, Alter, Ernährertod schützten.[19] Sozial
verantwortliche Unternehmen begründeten Hilfseinrichtungen für ihre Arbeiter – nicht zuletzt, um sie für sich zu gewinnen.

30   Ob der **Staat** für die Sicherung der Daseinsgrundlagen der Arbeitsfähigen
für deren Arbeitsunfähigkeit „**vorzusorgen**"[20] habe, verstand sich im 19.
Jahrhundert nicht von selbst; dieses Ansinnen lief dem damals vorherr-
schenden liberalen Verständnis der Staatsaufgaben sogar zuwider. Dass die
Gesellschaft allen Bürgern Unterhalt schulde – sei es durch die Bereitstellung von Arbeit, sei es von Mitteln der Daseinssicherung –, war freilich eine
Forderung der Jakobiner aus dem Jahre 1793! Dem bürgerlich-liberalen
Staatsverständnis des 19. Jahrhunderts entsprach sie hingegen nicht. Denn
– um mit Ferdinand Lassalle zu sprechen[21]: „Die Bourgeoisie […] (fasse,
E. E.) … den sittlichen Staatszweck so auf: er bestehe ausschließlich und allein darin, die persönliche Freiheit des einzelnen und sein Eigentum zu
schützen. Dies ist eine Nachtwächteridee …, weil sie sich den Staat nur unter
dem Bilde eines Nachtwächters denken kann, dessen ganze Funktion darin
besteht, Raub und Einbruch zu verhüten."

31   Es kommt hinzu, dass im 19. Jahrhundert die Armenpflege selbst ins Zwie-
licht geriet. Der britische Schriftsteller und Prediger Thomas R. Malthus
fand Zuspruch mit der Ansicht, die Armenpflege erhöhe die Zahl der Ar-

---

[18] *Caritat de Condorcet*, Esquisse d'un Tableau Historique des Progrès de l'Esprit Hu-
main, Paris (1792), 1988.
[19] *Koch*, Geschichte der Versicherungswissenschaft in Deutschland, 1998; *Stolleis*, Industrielle Revolution und Sozialversicherung, in Ruland (Hg.), Verfassung, Theorie und
Praxis des Sozialstaats, Festschrift für Hans F. Zacher zum 70. Geburtstag, 1998, 1081.
[20] Nicht zufällig lautet das französische Wort für Wohlfahrtsstaat: „L'état providence":
der „vorausschauende Staat"!
[21] *Lassalle*, Arbeiterprogramm (1892), 1973, 42.

men, weil sie ihnen die ungehemmte Fortpflanzung ermögliche. Malthusens Kritik galt dem zwischen 1795 und 1834 geltenden englischen Armenrecht, das ein Grundeinkommen für Bedürftige ohne Arbeitsobliegenheit vorsah.[22] Seine dem **Sozialdarwinismus** verpflichtete Forderung, die Armenhilfe deshalb abzuschaffen, fand manche Unterstützung in der Öffentlichkeit. Dagegen fand in Staaten, in denen die bürgerlich-liberale Tradition schwächer entwickelt war, weil obrigkeitlich-autoritäre Traditionen fortwirkten, die bereits im Absolutismus aufgekommene Forderung nach politischer Daseinssicherung in einer gerechten gesellschaftlichen Ordnung – „guter Policey" – eine große Resonanz.

bb) Entstehung der Sozialversicherung in Deutschland

Im 19. Jahrhundert wandelte sich Deutschland von einer kleinstaatlich   32
zersplitterten, agrarischen, ständischen Gesellschaft zur Industriegesellschaft, die 1871 ihre nationale und staatliche Einheit erlangte.[23] Die Bevölkerung wuchs rasch und stetig; die Verstädterung setzte ein; damit entstanden kollektive Lebensformen. Eine wachsende Zahl von Menschen war als Industriearbeiter tätig. Die massenhafte Verelendung der Industriearbeiterschaft – zu Beginn des Jahrhunderts zunächst in Großbritannien und Westeuropa ausgebrochen – zeigte sich nun auch in Deutschland.

Als Reaktion entstand die Arbeiterbewegung. Sie entwickelte unter dem Einfluss von Karl Marx und Friedrich Engels ein revolutionäres Programm. Mitte des 19. Jahrhunderts sprachen sich führende Repräsentanten des deutschen Geisteslebens – Georg Friedrich Hegel, Robert von Mohl oder Lorenz von Stein – dafür aus, dass der Staat befriedend, ausgleichend und sozial gestaltend wirken sollte. Diese Forderung erhob auch Ferdinand Lassalle – Gegenspieler Bismarcks und Repräsentant der deutschen Sozialdemokratie. Er zielte auf die **Integration** des **Arbeiterstandes** in die **Gesellschaft** durch eine staatliche und rechtliche Ordnung von größerer Gleichheit und sozialer Gerechtigkeit. Auch die Kirchen (Kolping, Ketteler, Innere Mission) plädierten für staatliche Maßnahmen zur Linderung des Elends der Arbeiterschaft.

Mitte des 19. Jahrhunderts entwickelte sich das öffentliche Gesundheits-   33
wesen.[24] Parallel dazu wurden Hilfskassen von Arbeitern in Eigeninitiative

---

[22] *Eichenhofer*, Geschichte des Sozialstaats in Europa, 2007, 37 ff.; zu dieser Forderung: *Engler*, Bürger, ohne Arbeit: Für eine radikale Neugestaltung der Gesellschaft, 2005, 152, 158 ff.; *Widerquist/Noguera/Vanderborght/De Wispelaere* (Hg.), Basic Income. An Anthology of Contemporary Research, 2013.
[23] *Nipperdey*, Deutsche Geschichte 1800–1866, 1987; *Peters*, Die Geschichte der sozialen Versicherung, 1978 (3. Aufl.), 41 ff.
[24] *Ritter*, Der Sozialstaat. Entstehung und Entwicklung im internationalen Vergleich,

gebildet oder von Unternehmern ins Leben gerufen.[25] Seither erlaubte die
preußische Gewerbeordnung den Gemeinden, die Versicherungspflicht für
die gemeindlichen Hilfskassen einzuführen. 1854 wurde in Preußen für Bergleute die Versicherungspflicht in der Knappschaft begründet. 1871 erging
das Reichshaftpflichtgesetz. Es begründete eine Gefährdungshaftung für
den Unternehmer, falls ein Arbeiter beim Umgang mit der Maschine einen
Personenschaden erlitt. In den 1870er Jahren forderten Industrielle wie In-
tellektuelle aus dem „Verein für Socialpolitik" („Kathedersozialisten") die
Einführung einer staatlichen Invaliden-, Alters-, Unfall- und Krankenversicherung. Auch die preußische Ministerialbürokratie drängte auf eine tief-
greifende Sozialreform. Die Sozialversicherung schuf die dem technischen
Zeitalter kongeniale Sozialtechnik.

34   Ausgangs der 1870er Jahre[26] geriet das Deutsche Reich in eine schwere
Krise („Gründerkrise"). Die nach Herstellung der nationalen Einheit zunächst erblühende Wirtschaft geriet in eine Schwächephase. Politische Kri-
sen spitzten sich zu: Schutzzoll, Kulturkampf, Stärkung der Sozialdemokratie – die Reichsregierung sah sich einer wachsenden Zahl innenpolitischer
Gegner gegenüber. 1878 verübte ein Anarchist ein Attentat auf den Kaiser.
Der Täter wurde gefasst, er trug ein Mitgliedsbuch der Sozialdemokratie bei
sich. Dies nahm die Reichsregierung zum Anlass, die Sozialdemokratie zu
verbieten (Sozialistengesetz). Wenige Jahre später proklamierte Kaiser Wilhelm I. am 17. November 1881vor dem Deutschen Reichstag:[27]

„Wir, Wilhelm, von Gottes Gnaden Deutscher Kaiser, König von Preußen u.s.w.,
thun kund und fügen hiermit zu wissen:
[…]

2010 (3. Aufl.), 60 ff.; *Zöllner*, Landesbericht Deutschland, in Köhler/Zacher (Hg.), Ein
Jahrhundert Sozialversicherung, 1981, 45 ff.
   [25] *Virchow*, Die öffentliche Gesundheitspflege, Die medicinische Reform 1848, 21 f.,
37 f., 45 ff., 53 ff.; *ders.*, Der Armenarzt, Die medicinische Reform 1848, 125 ff., 161 f.;
ders., Die Volkskrankheiten, Die medicinische Reform 1849, 269 f.
   [26] *Schmidt*, Der deusche Sozialstaat, 2012, 10 ff.; *Ayaß*, Sozialdemokratische Arbeiterbewegung und Sozialversicherung bis zur Jahrhundertwende, in Becker/Hockerts/Ten-
felde (Hg.), Sozialstaat in Deutschland, 2010, 17; *Hattenhauer*, Die geistesgeschichtlichen
Grundlagen des deutschen Rechts, 1983 (3. Aufl.), 243 ff.; *ders.*, Europäische Rechtsgeschichte, 2004 (4. Aufl.), 730 ff.; *Stolleis*, Die Sozialversicherung Bismarcks. Politisch institutionelle Bedingungen ihrer Entstehung, in Zacher (Hg.), Bedingungen für die Entstehung und Entwicklung von Sozialversicherung, 1979, 387 ff.; *Vogel*, Bismarcks Arbeiterversicherung, 1951; zum „Kathedersozialismus": vgl. *Wagner*, Finanzwissenschaft und
Staatssozialismus, 1887.
   [27] Erste Kaiserliche Botschaft zur sozialen Frage. Verhandlungen des Reichstags, 5.
Legislaturperiode, I. Session 1881/82, Bd. 1, 1; vgl. auch Denkschrift Theodor Lohmanns
vom 8. September 1883 über Grundfragen für ein Gesetz betr. Alters-Invaliditätsversi-
cherung für Arbeiter; in Quellensammlung zur Geschichte der Deutschen Sozialpolitik,
Bd. 6, 2004, S. 62 ff.; Rede Otto von Bismarcks vom 18. Mai 1889 im Reichstag, ebd.,
S. 666.

Schon im Februar dieses Jahres haben Wir Unsere Überzeugung aussprechen lassen, daß die Heilung der sozialen Schäden nicht ausschließlich im Wege der Repression sozialdemokratischer Ausschreitungen, sondern gleichmäßig auf dem der positiven Förderung des Wohles der Arbeiter zu suchen sein werde. Wir halten es für Unsere Kaiserliche Pflicht, dem Reichstage diese Aufgabe von neuem ans Herz zu legen, und würden Wir mit um so größerer Befriedigung auf alle Erfolge, mit denen Gott Unsere Regierung sichtlich gesegnet hat, zurückblicken, wenn es Uns gelänge, dereinst das Bewußtsein mitzunehmen, dem Vaterlande neue und dauernde Bürgschaften seines inneren Friedens und den Hilfsbedürftigen größere Sicherheit und Ergiebigkeit des Beistandes, auf den sie Anspruch haben, zu hinterlassen. In Unseren darauf gerichteten Bestrebungen sind Wir der Zustimmung aller verbündeten Regierungen gewiß und vertrauen auf die Unterstützung des Reichstages ohne Unterschied der Parteistellungen.

In diesem Sinne wird zunächst der von den verbündeten Regierungen in der vorigen Session vorgelegte Entwurf eines Gesetzes über die Versicherung der Arbeiter gegen Betriebsunfälle mit Rücksicht auf die im Reichstag stattgehabten Verhandlungen über denselben einer Umarbeitung unterzogen, um die erneute Berathung desselben vorzubereiten. Ergänzend wird ihm eine Vorlage zur Seite treten, welche sich eine gleichmäßige Organisation des gewerblichen Krankenkassenwesens zur Aufgabe stellt. Aber auch diejenigen, welche durch Alter oder Invalidität erwerbsunfähig werden, haben der Gesammtheit gegenüber einen begründeten Anspruch auf ein höheres Maß staatlicher Fürsorge, als ihnen bisher hat zutheil werden können.

Für diese Fürsorge die rechten Mittel und Wege zu finden, ist eine schwierige, aber auch eine der höchsten Aufgaben jedes Gemeinwesens, welches auf den sittlichen Fundamenten des christlichen Volkslebens steht. Der engere Anschluß an die realen Kräfte dieses Volkslebens und das Zusammenfassen der letzteren in der Form korporativer Genossenschaften unter staatlichen Schutz und staatlicher Förderung werden, wie Wir hoffen, die Lösung auch von Aufgaben möglich machen, denen die Staatsgewalt allein in gleichem Umfange nicht gewachsen sein würde. Immerhin aber wird auf diesem Wege das Ziel nicht ohne die Aufwendung erheblicher Mittel zu erreichen sein."

Die „**Kaiserliche Botschaft**" richtete die deutsche Sozialpolitik neu aus: **35** Der sozialen Notlage der Arbeiterschaft („Heilung der sozialen Schäden") kann nicht allein durch staatliche Verbote der Arbeiterbewegung begegnet werden, sondern bedarf zugleich staatlicher Hilfe zur Verbesserung der sozialen Lage der Arbeiterschaft. Diese Maßnahmen seien notwendig zur Festigung des sozialen Friedens („Bürgschaften seines inneren Friedens"). Gegenstand der Hilfe soll der obligatorische Versicherungsschutz bei Unfällen, Krankheit, im Alter und bei Invalidität werden. Diese Versicherung soll statt als Staatseinrichtung als Selbstverwaltungskörperschaft unter Beteiligung von Arbeitern und Unternehmern zu organisieren sein. Es sollte sichtbar werden: Der Staat schützt nicht nur die besser gestellten höheren Kreise, sondern auch die Arbeiterschaft. Nicht mehr Ideale, sondern materielle Interessen binden den Bürger an den Staat. Angesichts von Massenwanderung und Verstädterung greife das Heimat-Prinzip der Armenfürsorge nicht mehr; diese war auch außerstande, sich sämtlicher aus Unfällen, Krankheit,

Alter, Saison- und Kurzarbeit wie Arbeitslosigkeit resultierender Notlagen anzunehmen.[28]

36   Der Botschaft folgten Taten: 1883 wurde die Krankenversicherung, 1884 die Unfallversicherung und 1889 die Alters- und Invalidenversicherung geschaffen. Die Rentenversicherungen schufen Heil- und Krankenanstalten und förderten damit die Gesundheit und verbesserten die medizinische Versorgung der Arbeiterschaft. Dies wurde vielen Staaten zum Vorbild. Weshalb schuf Deutschland als erster Staat die Sozialversicherung?[29] Dies erklärt sich zunächst aus der politischen **Instabilität** des Reiches. Das ein Jahrzehnt zuvor errichtete Gemeinwesen war innerlich ungefestigt und konnte daher die Konflikte mit seinen innenpolitischen Gegnern nicht mit der für ältere, gefestigte Nationalstaaten typischen Gelassenheit bestehen. Die Sozialversicherung sollte die Industriearbeiterschaft – welche die Grundlagen für die Prosperität des neuen Staates schuf – an das Reich binden. Ferner war dort die liberale Tradition schwächer als in anderen Staaten ausgebildet. Seit alters beschränkte sich der Staat in Deutschland nicht darauf, dem Wirken der Freien und Gleichen einen äußeren Rahmen zu schaffen, sondern betrieb stets auch die aktive Gestaltung der sozialen Ordnung.[30] Außerdem fehlte Deutschland die revolutionäre Tradition; grundlegende Veränderungen – auch die Durchsetzung liberaler Prinzipien anfangs des 19. Jahrhunderts – gingen auf Reformen zurück. Der Staat war seit jeher Garant der bestehenden sozialen und wirtschaftlichen Ordnung. In der Sozialversicherung äußerte sich erneut die deutsche Tradition der „**Reform** von **oben**". Ende des 19. Jahrhunderts entstanden zahlreiche öffentliche Einrichtungen: Wasserversorgung und Abwasserrohre, Elektro-, Telefon- und Gasleitungen, Wohnungs- und Straßenbau, Eisen- und Straßenbahnen und Bäder. Darin prägte sich die moderne technikbasierte Dienstleistungsgesellschaft erstmals aus; zu ihr gehörte auch die Sozialversicherung.

---

[28] *Ritter*, Sozialversicherung in Deutschland und England, 1983, 28–36.

[29] *Ritter*, Der Sozialstaat. Entstehung und Entwicklung im internationalen Vergleich, 2010 (3. Aufl.), 60 ff.; *Stolleis*, Die Sozialversicherung Bismarcks. Politisch institutionelle Bedingungen ihrer Entstehung, in Zacher (Hg.), Bedingungen für die Entstehung und Entwicklung von Sozialversicherung, 1979, 387 ff.; *Zöllner*, Landesbericht Deutschland, in Köhler/Zacher (Hg.), Ein Jahrhundert Sozialversicherung, 1981, 45 ff.; *Heclo*, Modern Social Politics in Britain and Sweden, 1974, Sozialpolitik wird dort als „place of technology" (68) definiert; 301 ff.: auch in Großbritannien und Schweden war die Bürokratie für die Entwicklung der Sozialpolitik wesentlich.

[30] *Maier*, Die ältere deutsche Staats- und Verwaltungslehre, 1980 (2. Aufl.).

*cc) Weitere sozialpolitische Erfindungen in anderen Staaten –
internationale Verbreitung der Sozialversicherung im 20. Jahrhundert*

Namentlich die deutsche Unfallversicherung wurde vor dem 1. Weltkrieg   **37**
von einigen Nachbarstaaten (Österreich-Ungarn, Luxemburg, Belgien, Niederlande) übernommen.[31] Andere suchten nach eigenen Antworten auf die
soziale Frage und brachten dabei neue, eigenständige Gestaltungen hervor.
Sie standen zu der Sozialversicherung in Konkurrenz, erstreckten deren
Techniken auf neue Aufgabenfelder oder bestimmten deren Aufgabe und
Inhalt neu. So führte in den 1890er Jahren Dänemark eine aus allgemeinen
Steuermitteln aufgebrachte, an alle Einwohner zu zahlende Volksrente und
die Krankenversicherung ein. Noch vor dem 1. Weltkrieg schuf Großbritannien die erste öffentliche obligatorische Arbeitslosenversicherung.[32] Diesem
Beispiel folgten nach dem 1. Weltkrieg Italien (1919) und Deutschland
(1927), wogegen andere Staaten freiwillige Arbeitslosenversicherungen öffentlich subventionierten. In den 1920er Jahren entstand in Belgien und
Frankreich zunächst auf freiwilliger Grundlage der Familienleistungsausgleich.[33] Familien mit unterhaltsberechtigten Kindern sollten unterstützt
werden, um der von der katholischen Soziallehre nach familiengerechter
Entlohnung erhobenen Forderung zu genügen. Anfang der 1930er Jahre
wurde der Familienleistungsausgleich in Belgien, Frankreich und Italien eingeführt.

Nach dem 1. Weltkrieg führten die Nachfolgestaaten der österreichisch-un-   **38**
garischen Monarchie (Österreich, Ungarn, Tschechoslowakei) sowie die
Staaten, die deren Gebietsteile aufnahmen (Polen, Rumänien, Jugoslawien,
Italien), die überkommene Sozialversicherung fort. Desgleichen galt die Sozialversicherung grundsätzlich in den vormals zu Deutschland gehörenden,
indes durch den Versailler Vertrag abgetrennten Landstrichen in Frankreich
(Elsaß-Lothringen) sowie Polen (Ostoberschlesien, Provinz Posen) und Dan-
zig fort. Die Geltung der Sozialversicherung auf den vormals zu Österreich-Ungarn oder Deutschland gehörenden Teil eines Landes zu begrenzen,
war auf Dauer nicht möglich. Deshalb gingen die genannten Länder in den
1920er bis 1930er Jahren dazu über, die Sozialversicherung auf das gesamte
Staatsgebiet auszuweiten.[34]

---

[31] *Zacher/Köhler*, SGb 1981, 420ff.; *Rimlinger*, The Emergence of Social Insurance:
European Experience before 1914, in Köhler/Zacher (Hg.), Beiträge zur Geschichte und
aktueller Situation der Sozialversicherung, 1983, 111ff.; *Eichenhofer*, Geschichte des Sozialstaats in Europa, 2007, 45ff.

[32] *Ogus*, Landesbericht Großbritannien, in Köhler/Zacher (Hg.), Ein Jahrhundert Sozialversicherung, 1981, 269, 327ff.

[33] *Saint-Jours*, Landesbericht Frankreich, in Köhler/Zacher (Hg.), 1981, 181, 231.

[34] *Nef*, Die Entwicklung zwischen den beiden Weltkriegen, in Köhler/Zacher (Hg.),
Beiräge zu Geschichte und aktueller Situation der Sozialversicherung, 1983, 125ff.; *Ritter*, Der Sozialstaat. Entstehung und Entwicklung im internationalen Vergleich, 2010

39   Einen weiteren Auftrieb erhielt die Sozialversicherung während der Weltwirtschaftskrise (1929–1935).[35] Infolge des abrupten Verfalls der Aktien an
der Börse von New York, kam es in den frühen 1930er Jahren in allen Industriestaaten zum wirtschaftlichen Zusammenbruch: Der internationale Handel nahm im Zeichen des Protektionismus ab, die Produktivität sank
drastisch, die Preise verfielen und Millionen von Menschen verloren die Arbeit. In Deutschland ergriff Adolf Hitler die Macht; in den USA errang Franklin D. Roosevelt im Herbst 1932 einen überwältigenden Wahlsieg. Binnen
kurzer Zeit reformierte er die amerikanische Wirtschafts- und Sozialordnung grundlegend. Unter seiner Präsidentschaft erging im Jahre 1935 der
Social Security Act. Dieser begründete die Versicherungspflicht für alle abhängig Beschäftigten in der Renten- sowie Arbeitslosenversicherung. Roosevelt engagierte sich während des 2. Weltkrieges für die internationale Verbreitung der sozialen Sicherheit; deren Einführung oder Vertiefung in allen
Ländern wurde Kriegsziel der Alliierten (vgl. oben Rn. 8), weil in der mo-
dernen Industriegesellschaft Demokratie und Bürgerfreiheiten nur bewahrt
werden könnten, wenn auch soziale Sicherheit gewährleistet sei.

40   Einen weiteren wichtigen Impuls erhielt die Entwicklung des Sozialrechts
durch **William Beveridge**. Er entwickelte zu Beginn des 20. Jahrhunderts die
Arbeitslosenversicherung in Großbritannien. Des Weiteren verfasste er Anfang der 1940er Jahre einen weltweit beachteten Bericht „Social Insurance
and Allied Services".[36] Darin plädierte er für die Einführung der Sozialversicherung als Menschenrecht und sprach sich für ein Sozialleistungssystem
aus, das alle Personen gegen die anerkannten sozialen Risiken durch gleiche,
bedarfsdeckende Leistungen sichere und durch einkommensproportionale
Beiträge finanziert werde (Gebote der universality, comprehensiveness and
adequacy).

41   In der unmittelbaren Nachkriegszeit wurden diese Ideen wirkmächtig. Im
Zuge des wirtschaftlichen Wiederaufbaus wurde in vielen Staaten die Sozialversicherung auf- und ausgebaut und zum System des Sozialrechts fortentwickelt. Seit der Entkolonialisierung (1960) nehmen daran auch die Entwicklungsländer teil (vgl. unten Rn. 104 ff.).

(3. Aufl.), 87 ff.; *Saint-Jours*, Landesbericht Frankreich, in Köhler/Zacher (Hg.), 1981,
181, 225 ff.

[35] *Eichenhofer*, Recht der sozialen Sicherheit in den USA, 1990, 52 ff., 73 ff.

[36] *Beveridge*, Social Insurance and Allied Services, 1942, reprinted 1974; zu Beveridge: *Harris*, William Beveridge, 1977; *Asa Briggs*, The Welfare State in historical perspective, 2 (1961) European Journal of Sociology, 221 et seq.

c) Entwicklung deutschen Sozialrechts

aa) Aufbau der Sozialversicherung in Deutschland

Die Krankenversicherung baute auf den nach 1850 entstandenen Kran- **42**
kenkassen auf. Das Gesetz begründete für alle Industriearbeiter die Versicherungspflicht und erhob die vormals privaten Hilfskassen zu öffentlich-rechtlichen Körperschaften. Die Beiträge zu dieser Unterstützungskasse trugen die Arbeitnehmer zu 2/3 und die Arbeitgeber zu 1/3. Die Ausgaben
wurden überwiegend für den Lohnersatz (90 %) und nur wenig für die ge-
sundheitliche Betreuung (10 %) verwendet.[37]

Die Unfallversicherung wurde als Alternative zur Gefährdungshaftung **43**
auf alle Industrieunternehmen erstreckt. Diese war in den 1870er Jahren
durch das Reichshaftpflichtgesetz zunächst für die von Eisenbahnen ausgelösten Schädigungen eingeführt worden. Die Unfallversicherung beruht auf
der öffentlich-rechtlichen Sicherung durch selbständige Träger (Berufsgenossenschaften). Die von Bismarck erstrebte Betrauung einer staatlichen
Anstalt misslang.

Die Invaliden- und Altersversicherung sah bei Vollendung des 70. Lebensjahres Renten vor, welche sich anfangs auf einen Unterhaltszuschuss beschränkten. Außerdem wurden Leistungen bei Invalidität gewährt. Diese
wurde als eine unter 1/6 der durchschnittlichen Erwerbsfähigkeit liegende
bestimmt. Arbeitgeber und Arbeitnehmer kamen für die Kosten durch zu
gleichen Teilen gezahlte Beiträge auf. Das Reich gewährte einen Zuschuss.
Träger der Versicherung wurden die Landesversicherungsanstalten.

Die folgenden Jahrzehnte[38] führten zu einer Expansion der Sicherung. Vor **44**
dem 1. Weltkrieg entstand der Hartmann-Bund als Interessenvertretung der
Ärzte (1900). 1913 wurden erstmals zwischen Krankenkassen und Ärzte-
verbänden die Bedingungen der Leistungsgewährung an Krankenversicher-
te vertraglich vereinbart. Die Unfallversicherungsträger schlossen sich zu
einem Hauptverband zusammen. Im Angestelltenversicherungsgesetz
(1913) wurde die Rentenversicherung auf die Angestellten erstreckt und dafür ein eigener Träger (Reichsversicherungsanstalt für Angestellte) errichtet.
Schon vor dem 1. Weltkrieg galt die Sozialgesetzgebung als unübersichtlich.

---

[37] *Schmidt*, Der deutsche Sozialstaat, 2012; *Erdmann*, Die Entwicklung der deutschen
Sozialgesetzgebung, 1957 (2. Aufl.); *Haerendel*, Die Anfänge der gesetzlichen Rentenversicherung in Deutschland. Die Invaliditäts- und Altersversicherung von 1889 im Spannungsfeld von Reichsverwaltung, Bundesrat und Parlament, 2001; *Tennstedt*, in Denkschrift 60 Jahre BSG, 73 ff.; *Zöllner*, Landesbericht Deutschland, in Köhler/Zacher (Hg.),
Ein Jahrhundert Sozialversicherung, 1981, 45, 83 ff., 92 ff.; *Wannagat*, Lehrbuch des Sozialversicherungsrechts, Bd. 1, 1965, 61 ff.
[38] *Hänlein/Tennstedt*, in SRH, § 2 Rn. 15 ff.; *Manes*, Sozialversicherung, 1912, 3. Aufl.;
Stier-Somlo, Recht der Arbeiterversicherung, 1906; *Wannagat*, Lehrbuch des Sozialversicherungsrechts, Bd. 1, 1965, 76 ff.

Deshalb wurde die Kodifikation der Bestimmungen für alle Zweige der Arbeitersozialversicherung gefordert. Diese Bemühungen mündeten in die Reichsversicherungsordnung (RVO) von 1911,[39] die zur Vereinheitlichung der Versicherungsaufsicht führte.

bb) Seit 1918: Erweiterung des sozialrechtlichen Schutzes

45   Mit dem 1. Weltkrieg erweiterte sich die sozialrechtliche Thematik. Krieg und Nachkriegszeit warfen neue soziale Fragen auf, die in der Folgezeit bearbeitet werden sollten.[40] Das Fürsorgerecht wurde durch eine Notverordnung des Reichspräsidenten (1924) (Rn. 533) harmonisiert; Fürsorgeempfänger verloren nicht mehr ihre Bürgerrechte.[41] In der Krankenversicherung entstand zu Beginn der 1930er Jahre das Kassenarztrecht. In der Unfallversicherung wurden Wegeunfall (1925) und Berufskrankheiten als weitere Versicherungsfälle eingeführt. Erste Ansätze einer unechten Unfallversicherung kamen auf. Die Rentenversicherung wurde kriegs- und inflationsbedingt vom Kapitaldeckungs- auf das Umlageverfahren umgestellt.

46   Der Krieg warf die Problematik auf, wie Kriegsbeschädigte und die Hinterbliebenen der Kriegstoten zu sichern sind. Hieraus ist die **Kriegsopfer**versorgung entstanden. Die nach dem 1. Weltkrieg einsetzende massenhafte Arbeitslosigkeit führte zur Ausweitung der Erwerbslosenfürsorge. Sie war zunächst den Gemeinden auferlegt; an deren Kosten beteiligten sich jedoch Reich (1/2) und Länder (1/3). Nachdem Mitte der 1920er Jahre die Arbeitnehmer und Arbeitgeber an der Finanzierung dieser Fürsorge beteiligt wurden, schuf das Reich 1927 die **Arbeitsvermittlung** und **Arbeitslosenversicherung** als neuen Zweig der Sozialversicherung.[42] Das Sozialrecht als wissenschaftliche Disziplin entwickelte sich an mehreren Universitäten aus dem Versicherungs-, Polizei- und Gewerbe- oder dem kollektiven Arbeitsrecht.[43]

47   Die Sozialversicherung wurde im **Nationalsozialismus** (1933–1945) fortgeführt.[44] Allerdings kam es zur **Diskriminierung** Oppositioneller und zum

---

[39] *Fuchs*, Die Reichsversicherungsordnung als erste sozialrechtliche Kodifikation, in Helmholz/Mikat/Müller/Stolleis (Hg.), Grundlagen des Rechts, Festschrift für Peter Landau, 2000, 883.
[40] *Bogs*, Die Sozialversicherung in der Weimarer Republik, 1981; *Hänlein/Tennstedt*, in SRH, § 2 Rn. 24 ff.; vgl. zur Entwicklung des Sozialrechts als akademische Disziplin *Stolleis*, Geschichte des öffentlichen Rechts in Deutschland, Bd. 3 (1999), 216 ff.
[41] *Büttner*, Weimar. Die überforderte Republik, 1918–1933, 2008, 369 ff.
[42] *Benöhr* (Hg.), Arbeitsvermittlung und Arbeitslosenversorgung in der neueren deutschen Rechtsgeschichte, 1991.
[43] *Mikesic*, Sozialrecht als wissenschaftliche Disziplin, 2002.
[44] *Aly*, Hitlers Volksstaat, 2007; *von Miguel*, Sozialversicherung in Diktatur und Demokratie, 2007, 188 ff.; *Hänlein/Tennstedt*, in SRH, § 2 Rn. 52 ff.; *von Miquel*, in Denkschrift 60 Jahre BSG, 119 ff.; *Stolleis*, Sozialversicherung und Interventionsstaat 1881–1981, in Deutscher Sozialgerichtsverband, 100 Jahre Deutsche Sozialversicherung, 1982, 60 ff.; *Schmidt*, Der deutsche Sozialstaat, 2012, 12 ff.; *Wannagat*, Lehrbuch des Sozial-

Ausschluss von Juden aus der Sozialversicherung. Außerdem wurde die das Sozialversicherungsrecht kennzeichnende Selbstverwaltung der Versicherten abgeschafft und durch eine Leitung und Organisation nach dem **Führerprinzip** ersetzt. Sozialdarwinistische[45] und eugenische[46] Lehren wurden wirkmächtig. „Asoziale" wurden geächtet, kriminalisiert und ermordet[47] und das Gesundheitswesen in den Dienst „rassischer" Ziele gestellt.[48] Behinderte Menschen galten als „unnützlich"; schwer behinderte Menschen – vor allem Kinder – wurden ermordet. Die Sozialgesetzgebung für die „Volksgenossen" wurde weiter ausgebaut. So wurden 1938 selbständige Handwerker und weitere Gruppen von Selbständigen in die Sozialversicherung und 1941 die Rentner in die Krankenversicherung einbezogen. Außerdem erhielten Mütter Einkommensersatz bei Geburt eines Kindes.

cc) Nach 1945: Sozialrecht im Zeichen der sozialen Sicherheit

Nach 1945 nahm die Sozialgesetzgebung einen erheblichen Aufschwung.[49]   **48** Neben der Fortentwicklung der Sozialversicherung schufen Krieg und Kriegsfolgen zahlreiche Anlässe für weitere Sozialgesetze. Schon vor Gründung der Bundesrepublik geschah die umfassende Einbeziehung der Kriegsopfer in das Wirtschaftsleben. Außerdem wurden Verfolgte und Vertriebene entschädigt. In der Krankenversicherung wuchs der Anteil der Dienstleistungen an den Gesamtaufwendungen zulasten von Einkommensersatz. Die Gesetzgebung verpflichtete den Arbeitgeber zur Lohnfortzahlung im Krankheitsfall zunächst für Angestellte – später für alle Arbeitnehmer (1969). Neben der Unfallversicherung entstand die soziale Entschädigung. Die Rentenversicherung erfuhr 1957 eine grundlegende Neuorientierung. Um die Rentner am Wirtschaftswunder zu beteiligen, sollten die Renten den

---

versicherungsrechts, Bd.1, 1965, 87ff.; *Zöllner*, Landesbericht Deutschland, in Köhler/ Zacher (Hg.), Ein Jahrhundert Sozialversicherung, 1981, 45, 127ff.

[45] Leben heiße Überleben im „Kampf ums Dasein", in dem sich der Stärkere duchsetze und der Schwache unterliege.

[46] Anschauung, dass menschliche Eigenschaften unter den verschiedenen Ethnien („Rassen") unterschiedlich ausgebildet seien.

[47] *Ayaß*, „Asoziale" im Nationalsozialismus, 1995.

[48] *Stolleis*, Geschichte des Sozialrechts in Deutschland, 2003, 184ff.

[49] *Achinger* u.a., Neuordnung der sozialen Leistungen, 1955; *Bartholomäi* (Hg.), Sozialpolitik nach 1945, 1977; *Bogs*, Grundfragen des Rechts der sozialen Sicherheit und seiner Reform, 1995; *Bundesministerium für Arbeit und Sozialordnung und Bundesarchiv* (Hg.), Geschichte der Sozialpolitik in Deutschland seit 1945, 11 Bde., seit 2001; *Hockerts*, Sozialpolitische Entscheidungen im Nachkriegsdeutschland, 1980; *ders.*, in Denkschrift 60 Jahre BSG, 139ff.; *Hänlein/Tennstedt*, in SRH, § 2 Rn. 75ff.; *Zacher*, 40 Jahre Sozialstaat – Schwerpunkte der rechtlichen Ordnung, in Zacher/Blüm (Hg.), 40 Jahre Sozialstaat Bundesrepublik Deutschland, 1989, 19ff.; *Schmidt*, Der deutsche Sozialstaat, 38ff.; *Zacher*, Grundlagen der Sozialpolitik in der Bundesrepublik Deutschland, in Bundesministerium für Arbeit und Sozialordnung und Bundesarchiv (Hg.), Geschichte der Sozialpolitik in Deutschland seit 1945, Bd. 1 (Grundlagen der Sozialpolitik), 2001, 333ff.

Lebensstandard sichern und die Rentner so an den wirtschaftlichen Zuwächsen der Erwerbstätigen teilhaben. In den späten 1960er Jahren entwickelte sich das Recht sozialer Förderung (Kindergeld, Ausbildungsförderung, Arbeitsförderung). Seit 1970 werden die verschiedenen Sozialgesetze
in einer Kodifikation – dem Sozialgesetzbuch – zusammengeführt (vgl. unten Rn. 167 ff.).

dd) Deutsche Teilung und Wiedervereinigung im Sozialrecht

49   Deutschlands gemeinsame Geschichte des Sozialrechts nahm in den Jahrzehnten der deutschen Teilung (1949–1990) in West und Ost unterschiedliche
Entwicklungen. Schon unmittelbar nach 1945 trennten sich die Wege. Mit
Entstehung von zwei Staaten in Deutschland (1949) entwickelten sich darin
auch zwei unterschiedliche Systeme sozialer Sicherung. Während in den
Westzonen die überkommene, organisatorisch **gegliederte** Sozialversicherung ausgebaut wurde, schuf die Sowjetzone unter maßgeblichem Einfluss
der sowjetischen Besatzungsmacht und insoweit durchaus internationalen
Leitbildern (Beveridge) jener Jahre verpflichtet für alle Zweige der Sozialversicherung ein organisatorisch **einheitliches** System. Die Krankenversicherung wurde durch den öffentlichen Gesundheitsdienst abgelöst.

50   Die **DDR**[50] begriff die soziale Sicherheit als Teil der Wirtschaftspolitik, die
insgesamt soziale Sicherheit gewährleisten sollte. Die Arbeitslosenversicherung wurde nicht mehr aufgebaut; es bestand die gemeindliche Erwerbslosenfürsorge fort. Stattdessen hatten die zwischen 1945 und 1952 verstaatlichten
Betriebe Arbeitslose einzustellen. Wohnraummieten waren gesetzlich begrenzt; statt eines Wohnungsmarktes bestand Wohnraumzuteilung. Grundstücke wurden verstaatlicht; der Wohnungsbestand ging in kommunale Verwaltung oder Trägerschaft über. Nahrungsmittelpreise waren staatlich festgesetzt. Schritt für Schritt wurde die gesamte Wirtschaft durch Pläne gelenkt
und auf sozialpolitische Ziele verpflichtet. Daher waren Grundnahrungsmittel und Mieten billig, weil hoch subventioniert, und für jedermann war – jedenfalls einfache – Arbeit vorhanden. Solche Sicherheit wurde durch eine
geringe Auswahl an Nahrungsmitteln, beengte oder unmoderne Wohnver-
hältnisse und ein hohes Maß unproduktiver und unattraktiver Arbeitsplätze
erkauft.

---

[50] *Carius*, Projekt: Einheitsversicherung, 2008; *Hockerts*, Drei Wege deutscher Sozialstaatlichkeit, in Ruland/Maydell/Papier (Hg.), Verfassung, Theorie und Praxis des Sozialstaats, Festschrift für Zacher, 1998, 267; *Hoffmann*, Sozialpolitische Neuordnung in der
SBZ/DDR, 1996; *Lohmann*, Deutsche Demokratische Republik, in Zacher (Hg.), Alterssicherung im Rechtsvergleich, 1991, 193; *Schmähl* (Hg.), Sozialpolitik im Prozeß der deutschen Vereinigung, 1992; *Schmidt*, Sozialpolitik der DDR, 2004; *ders.*, Der deutsche Sozialstaat, 2012, 49 ff.

In dieser sozialpolitisch voll in Dienst genommenen Wirtschaftspolitik hatte die soziale Sicherheit die Renten für Alte und Erwerbsunfähige bereitzustellen sowie die medizinische Betreuung der Bevölkerung zu sichern. Die Rente für die Erwerbstätigen belief sich auf einen niedrigen Betrag, weil die Beitragsbemessungsgrenze auf dem Stand der 1950er Jahre (600 M pro Monat) eingefroren wurde, wogegen die Durchschnittseinkommen bald über diese anstiegen. Höhere Renten sahen nur die Zusatz- und Sonderversorgungen für Staatsbedienstete vor. Die Rente deckte für die Mehrheit der Versicherten nur noch das Existenzminimum. 1971 wurde daher die freiwillige Zusatzversicherung eingeführt, um Ersatz für die höheren Anteile am Einkommen zu gewährleisten.

Hingegen erschienen Arbeitslosen- und Unfallversicherung entbehrlich. Es galt ein Recht auf Arbeit, weswegen die Betriebe leistungsgeminderte Arbeitnehmer zu beschäftigen hatten. Die Sozialfürsorge hatte ebenfalls eine nur geringe Bedeutung, weil den Betrieben zahlreiche Aufgaben der sozialen Betreuung auferlegt waren. Sozialfürsorge stand so in der Nähe zur klassischen Armenpolizei: mehr der Kontrolle und Bekämpfung „Asozialer"[51] als deren Hilfe und Förderung verpflichtet.

Die **Bundesrepublik Deutschland**[52] übernahm die gewachsene Organisation der Sozialversicherung, entwickelte aber vielfältig deren Inhalt fort. Die Rentenreform 1957 sicherte den Rentnern die Teilhabe am steigenden Durchschnittseinkommen der Beitragszahler. Für nicht in die Rentenversicherung einbezogene Selbständige entstanden eigene, berufsständische Sicherungen für Alter und Invalidität. Die gesetzliche Krankenversicherung entwickelte sich zu einem leistungsfähigen, kostspieligen System gesundheitlicher Versorgung fort, das einem starken Wettbewerb zur privaten Krankenversicherung ausgesetzt wurde. Die Arbeitslosenversicherung wurde zu aktiver Arbeitsmarktpolitik verpflichtet, die soziale Entschädigung für Kriegsopfer ausgebaut und eine solche für Gewaltopfer geschaffen. Desgleichen wurden staatliche Subventionen für die Wohnungsversorgung Einkommensschwacher, Stipendien für Studenten aus Familien mit geringem

51

---

[51] *Korzilius*, „Asoziale" und „Parasiten" im Recht der SBZ/DDR, 2005; *Windmüller*, Ohne Zwang kann der Humanismus nicht existieren … „Asoziale" in der DDR, 2006; *Hirsch*, Der Typus des „sozial desintegrierten" Straftäters in Kriminologie und Strafrecht der DDR, 2008.

[52] *Bundesministerium für Arbeit und Sozialordnung und Bundesarchiv* (Hg.), Geschichte der Sozialpolitik in Deutschland seit 1945, 11 Bde., seit 2001; *Nullmeier*, in Denkschrift 60 Jahre BSG, 181; *Schmidt*, in Denkschrift 60 Jahre BSG, 221; *Stolleis*, Historische Grundlagen der Sozialpolitik in der Bundesrepublik Deutschland, in Bundesministerium für Arbeit und Sozialordnung und Bundesarchiv (Hg.), Geschichte der Sozialpolitik in Deutschland seit 1945, 2001, 199ff.; *Zacher*, Grundlagen der Sozialpolitik in der Bundesrepublik Deutschland, in Bundesministerium für Arbeit und Sozialordnung und Bundesarchiv (Hg.), Geschichte der Sozialpolitik in Deutschland seit 1945, Bd.1 (Grundlagen der Sozialpolitik), 2001, 333.

Einkommen sowie das Kindergeld für jedermann eingeführt. Die Sozialhilfe entstand als System differenzierter bedürftigkeitsabhängiger Sozialleistungen mit Rechtsanspruch. Die Sozialpolitik verstand sich als Korrektur der Wirtschaftspolitik. Stand diese im Dienste wirtschaftlicher Ziele – namentlich der rationellen Nutzung von Ressourcen und Entfaltung wirtschaftlichen Wachstums –, diente jene der Wirtschaftspolitik fremden Zielen: Sicherung der Daseinsgrundlagen derer, die im marktwirtschaftlichen Prozess ihre Bedarfe nicht angemessen befriedigen können.

52   Die Wiedervereinigung beider deutscher Staaten vollzog sich in zwei Etappen.[53] Zunächst wurde zum 1. Juli 1990 zwischen der Bundesrepublik Deutschland und der DDR eine „Währungs-, Wirtschafts- und Sozialunion" begründet. Sie führte die DM in der DDR als Zahlungsmittel ein. Damit ging die Gewerbefreiheit (Wirtschaftsunion) unter Übernahme des westdeutschen Arbeits- und Sozialrechts (Sozialunion) einher. Die zweite Etappe bildete der zwischen beiden deutschen Regierungen ausgehandelte Einigungsvertrag. Er legte die Modalitäten der zum 3. Oktober 1990 vollzogenen Wiedervereinigung fest, namentlich die Rechtsangleichung zwischen Ost- und Westdeutschland. Darin wurde bestimmt, wie das Sozialrecht der Bundesrepublik in das „Beitrittsgebiet" überführt wird. Für die nach dem Recht der DDR erworbenen Anrechte trifft das Rentenüberleitungsgesetz (RÜG) die Bestimmungen. Die Zusatz- und Sonderversorgungen wurden eingestellt und darin begründete Rechte in die Rentenversicherung überführt.

§ 3 Wirtschaftliche Bedeutung und Zukunft des Sozialrechts

Lit.: *Achinger*, Sozialpolitik als Gesellschaftspolitik, 1979 (3. Aufl.); *Bäcker u. a.*, Sozialpolitik und soziale Lage in Deutschland, Bd. 1, 2010 (5. Aufl.), Bd. 2, 2010 (5. Aufl.); *Breyer/Buchholz*, Ökonomie des Sozialstaats, 2001 (2. Aufl.); *Bundesministerium für Gesundheit und soziale Sicherung* (Hg.), Nachhaltigkeit in der Finanzierung der sozialen Sicherungssysteme, 2003; *Döring*, Die Zukunft der Alterssicherung, 2002; *Eichenhofer*, Sozialer Schutz unter den Bedingungen der Globalisierung, 2009; *Hauser*, Zukunft des Sozialstaats, in von Maydell/Ruland/Becker (Hg.), Sozialrechtshandbuch, 2012 (5. Aufl.), § 5; *International Labour Office (ILO)* (Ed.), Social Security and the rule of Law, 2011; *Mackenroth*, Die Reform der Sozialpolitik durch einen deutschen Sozialplan, in Albrecht (Hg.), Die Berliner Wirtschaft zwischen Ost und West, 1952, 39, 56; *Metzler*, Der deutsche Sozialstaat, 2003; *Miegel/ Wahl*, Solidarische Grundsicherung – private Vorsorge, 1999; *Reinhard* (Hg.), Demographischer Wandel und Alterssicherung, 2001; *Schmähl*, Ökonomische Grundlagen sozialer Sicherung, in von Maydell/Ruland/Becker (Hg.), Sozialrechtshandbuch, 2012 (5. Aufl.), § 4; *Schmidt*, Sozialpolitik in Deutschland, 2005 (3. Aufl.), 261 ff.; *World Bank*, Averting the Old Age Crisis, 1994.

---

[53] *Ritter*, Eine Vereinigungskrise?, Archiv für Sozialgeschichte 2007, 163 ff.; *ders.*, DRV 2007, 696.

Sozialrecht regelt Sozialleistungen und ermöglicht so den **Transfer** von   53
Geld wie die Bereitstellung von Diensten wie Sachen. Werden diese aufgrund sozialer Vorsorge erbracht, regelt Sozialrecht das **Geben** wie **Nehmen.** Werden Sozialleistungen zwecks sozialer Entschädigung, Förderung
oder Hilfe gewährt, normiert Sozialrecht das Geben und Steuerrecht das
Nehmen. Sozialrecht bestimmt den Transfer von Einkommen sowie die Bereitstellung von Diensten und Sachen. Darin liegt dessen elementare wirtschaftliche Bedeutung. Es fragt sich daher: Welche **gesamtwirtschaftlichen**
Wirkungen entfaltet es (a), welche **wirtschaftliche** Bedeutung haben dessen
Zweige (b) und wie steht es um dessen wirtschaftliche **Zukunft** (c)?

a) Gesamtwirtschaftliche Wirkungen

Das Sozialrecht organisiert die Umverteilung innerhalb der Bevölkerung   54
wie der Solidarverbände. Innerhalb der Bevölkerung beruht sie auf steuerlicher Belastung und sozialrechtlicher Gewährung. Steuerrecht bestimmt,
wer wie wann und wie viel Steuern zahlt und damit auch zur Finanzierung
der Sozialausgaben beiträgt. Bei **indirekter Besteuerung** werden Verkehrs-
vorgänge zur Finanzierung herangezogen, bei **direkter Besteuerung** gilt die
Belastung hingegen der wirtschaftlichen Leistungsfähigkeit des einzelnen.
Für diese ist die progressive Besteuerung typisch: mit steigendem Einkommen steigt der Steuersatz und damit auch der Anteil der Steuern am Einkommen des Steuerpflichtigen.

Umverteilung in Solidarverbänden belastet die Beitragspflichtigen nach
deren Leistungsfähigkeit und erkennt Leistungen nach der Bedürftigkeit der
Berechtigten zu. Die Bedürftigkeit kann individuell-konkret oder generell-abstrakt bestimmt werden. Die individuell-konkrete Bestimmung prägt
die Dienst- und Sachleistungen, die generell-abstrakte Bestimmung die
Geldleistungen. Im Unterschied zur progressiv belastenden direkten Besteuerung wirkt die Belastung in Solidarverbänden linear. Denn der Beitragssatz
ist **konstant,** dagegen richtet sich der Steuersatz variabel nach dem Einkommen – bei der Sozialversicherung bleibt die Abgaben**quote** also **konstant,**
wogegen sie bei **progressiver** Besteuerung **steigt.**

Durch diesen Transfer wurden in Deutschland 2013 812,2 Mrd. € aufge-   55
bracht und ausgegeben.[1] Deutschlands Sozialleistungsquote (= Anteil der
Sozialausgaben am Bruttosozialprodukt = Gesamtheit aller am Markt erbrachten Wirtschaftsleistungen) beläuft sich damit auf 29,7 %.[2] Damit nimmt
Deutschland zwar eine Spitzenstellung unter den Staaten ein. Namentlich
die Sozialleistungsquoten wichtiger **Handelspartner** (USA, Japan, Großbri-

---

[1] *Bundesministerium für Arbeit und Soziales* (Hg.), Sozialbudget 2013, Stand Juli
2014, 6.
[2] Ebd.

tannien, Kanada oder die Schweiz) liegen zum Teil beträchtlich unter dem deutschen Niveau.[3] Eine ähnliche oder höhere Sozialleistungsquote kennen jedoch Nachbarstaaten und Handelspartner Deutschlands, namentlich Dänemark, Frankreich, Italien, die Niederlande, Österreich oder Schweden.

56   Angesichts ihrer Größe sind die Sozialleistungen für jede entwickelte Volkswirtschaft inzwischen zum Standort-Faktor geworden. Denn aller **Sozialaufwand** einer Volkswirtschaft in einem gegebenen Zeitabschnitt muss aus dem wirtschaftlichen Ertrag des unmittelbar vorangegangenen Zeitabschnitts aufgebracht werden – einerlei, ob er aus Beiträgen, Steuern oder Kapitalerträgen finanziert wird.[4] Es kann deshalb an Sozialleistungen nur **verteilt** werden, was unmittelbar **zuvor erwirtschaftet** worden ist. Sozialpolitik ist daher auf die wirtschaftliche Leistungsfähigkeit eines Gemeinwesens angewiesen. Dies ist nicht neu, sondern war schon immer so!

57   Für die Sozialpolitik gilt aber auch umgekehrt: Die wirtschaftliche Leistungsfähigkeit einer **Volkswirtschaft** wird von der **Sozialpolitik** gefördert. Sie ist nicht nur Last, sondern begründet zugleich die Nachfrage und fördert damit wirtschaftliche Aktivitäten. Sozialpolitik setzt Anreize und bedeutet eine Investition.[5] Geldleistungen befähigen die Leistungsempfänger zur Nachfrage von Waren und Diensten. Sozialpolitik fördert damit Produktion und Arbeit und trägt somit zur Einkommenserzielung bei. Soweit Dienst- und Sachleistungen zu erbringen sind, sichern Sozialleistungsträger deren Bezahlung. Sozialrecht schafft Infrastruktur, erstellt „soziales Kapital" und regt auch so wirtschaftliche Aktivitäten an[6] und Sozialpolitik trägt zur Gesunderhaltung und Qualifizierung von Arbeitskräften bei. Sozialpolitik und Sozialrecht sind daher ein integraler Bestandteil jeder marktwirtschaftlichen Ordnung.[7]

Als effiziente und freiheitliche, leistungsfähige und nachfrageorientierte Wirtschaftsordnung schafft die Marktwirtschaft die Voraussetzungen für das Sozialrecht, indem sie sozialrechtliche Umverteilung ermöglicht. Durch den Wettbewerb ermöglicht sie die freie Preisbildung und vergibt Prämien auf Wirtschaftlichkeit, was dem Konsumenten zugutekommt. Marktwirtschaft fördert somit die Tauschgerechtigkeit (iustitia commutativa). Durch

---

[3] *OECD*, Social, Employment and Migration Working Papers No. 124 (2011), p. 17.

[4] *Mackenroth*, Die Reformen der Sozialpolitik durch einen deutschen Sozialplan, in Albrecht (Hg.), Die Berliner Wirtschaft zwischen Ost und West, 1952, 41: „Nun gilt der einfache und klare Satz, daß aller Sozialaufwand immer aus dem Volkseinkommen der laufenden Periode gedeckt werden muß".

[5] *Achinger*, Sozialpolitik als Gesellschaftspolitik, 1979 (3. Aufl.), 53 ff.

[6] *Schmähl*, in SRH, § 4 Rn. 148 ff.

[7] *Eucken*, Die Politik der Wettbewerbsordnung: Sozialpolitik, in Külp/Schreiber (Hg.), Soziale Sicherheit 1971, 35 ff.; *Liefmann-Keil*, Ökonomische Theorie der Sozialpolitik, 1961; *Tietmeyer*, Marktwirtschaft und soziale Idee, in von Maydell/Kannengießer (Hg.), Handbuch Sozialpolitik, 1988, 104; *Zacher*, Sozialrecht und soziale Marktwirtschaft, in ders. (Hg.), Abhandlungen zum Sozialrecht, 1993, 166 ff.

die ihr zugrunde liegende Freiheit eröffnet sie die Offenheit der wirtschaftlichen Entwicklung, die Zulassung neuer Produktionen und Erzeuger und erzwingt das Ausscheiden nicht leistungsfähiger Anbieter vom Markt.

Marktwirtschaft sichert damit die **bestmögliche Versorgung**, und dies ist   58
ein hoher Wert. Sie gewährleistet aber **nicht** die **bestmögliche Verteilung** des Erwirtschafteten, garantiert also nicht die Verteilungsgerechtigkeit (iustitia distributiva).[8] Namentlich gewährleistet die Marktwirtschaft nicht die zentralen Anliegen des Sozialrechts: Sicherung eines menschenwürdigen Daseins für jeden, Gleichheit und soziale Sicherheit für alle.[9] Weil viele Menschen am Marktgeschehen nicht teilnehmen können, blieben sie schutzlos vom marktwirtschaftlichen Prozess der Bedarfsbefriedigung ausgeschlossen, da sie kein Vermögen haben oder ihre Arbeitskraft nicht wertschöpfend einsetzen können. Deshalb macht neben dem Arbeits-, Steuer-, Verbraucherschutz- und Wettbewerbsrecht[10] namentlich das Sozialrecht die Marktwirtschaft „sozial".[11]

Zwischen Marktwirtschaft und Sozialrecht bestehen **Zielkonflikte:**[12]   59
Marktwirtschaft fördert die Produktion, Sozialrecht dagegen die Verteilung. Jene fordert und fördert die Leistungsstarken – dieses schützt den Schwachen (vgl. oben Rn. 4), neigt daher zur Egalisierung und tritt damit in Widerstreit zur Marktwirtschaft, für welche „die Chance der Ungleichheit wichtigste Energiequelle"[13] ist.

Sozialrecht, das notwendig marktwirtschaftliche Ergebnisse korrigiert, läuft Gefahr, die Leistungsfähigkeit der Wirtschaft zu überfordern. Verfechter der Marktwirtschaft unterschätzen hingegen oft die Befriedungs- und leistungsfördernde Wirkung von Sozialrecht. Eine ausgebaute soziale Sicherung deckt viele Bedarfe, läuft aber Gefahr, dass private Hilfsbereitschaft verkümmert. Der Mittellose wird an anonyme Sozialkassen[14] verwiesen. Mitmenschlichkeit – als unmittelbare Hilfe von Mensch zu Mensch – bleibt auf der Strecke, wenn allein der Staat soziale Belange erfüllt. Aber der soziale Staat ist nicht primär Moloch und anonyme Bürokratie; er schafft viel-

---

[8] *Christensen*, Normative Grundmuster im Sozialrecht, in Tomandl (Hg.), Wie schlank kann soziale Sicherheit sein?, 1998, 35 ff.

[9] *Breyer/Buchholz*, Ökonomie als Sozialstaat, 2009 (2. Aufl.), 11 f., 13 f., 91 ff.: Marktversagen; *Zacher*, Sozialrecht und soziale Martkwirtschaft, in ders. (Hg.), Abhandlungen zum Sozialrecht, 1993, 166, 178.

[10] *Kramer*, Soziale Gerechtigkeit – Inhalt und Grenzen, 1992, 104 ff.

[11] Anders *Tietmeyer*, Marktwirtschaft und soziale Idee, in von Maydell/Kannengießer (Hg.), Handbuch Sozialpolitik, 1988, 104, 106 ff.; damit wird der Gerechtigkeitswert der Marktwirtschaft nicht geleugnet, sie ist zwar eine notwendige, aber keine hinreichende Bedingung sozialer Gerechtigkeit.

[12] *Gilbert*, Welfare Justice, 1995; *Goodin*, Reasons for Welfare, 1988; *Sen*, Inequality Reexamined, 1992.

[13] *Zacher*, Sozialrecht und soziale Marktwirtschaft, in ders. (Hg.), Abhandlungen zum Sozialrecht, 1993, 166, 186.

[14] *Haverkate*, Verfassungslehre, 1992, 295 ff.

mehr den Rahmen, in dem mitmenschliches Handeln effektiv werden kann und die Menschen gleich behandelt werden.

aa) Finanzierungsalternative: Kapitaldeckungs- oder Umlageverfahren?

60   Sozialleistungen können im **Kapitaldeckungs-** oder **Umlageverfahren** finanziert werden.[15] Im Kapitaldeckungsverfahren werden sie aus Vermögen und dessen Ertrag finanziert; das Vermögen wird vom Leistungsempfänger durch vorherige Prämienzahlung gebildet. Im Umlageverfahren werden Leistungen hingegen aus Beiträgen der Versicherungspflichtigen oder Steuern erwirtschaftet. Durch **Kapitaldeckung** finanziert sich die **Privatversicherung** und durch das **Umlageverfahren** die **Sozialversicherung**.

61   Das Umlageverfahren beruht auf dem „**Mackenrothschen Gesetz**": Der Sozialaufwand einer Periode kann nur durch Zahlungen derselben Periode finanziert werden.[16] Die Sozialleistungen von heute können nur durch den Transfer von heute und die Sozialleistungen von morgen mittels Transfers von morgen aufgebracht werden. Es gibt also kein kollektives Sparen. Sozialleistungen machen daher einen erheblichen Anteil am Volkseinkommen aus. Würden diese durch Kapitaldeckung finanziert, müssten größte Vermögenswerte gebildet werden;[17] das gesamte Vermögen einer Volkswirtschaft reichte dafür nicht aus. Und selbst wenn solche Ersparnisbildung gelänge, geböte darüber der Staat! Diese Anlage widerspräche jedoch dem ordnungspolitischen Leitbild einer Marktwirtschaft. Das für das Kapitaldeckungsverfahren vorausgesetzte Vermögen könnte wegen seiner schieren Größe unter marktwirtschaftlichen Bedingungen nicht zureichend verwertet werden: Angesichts eines hohen Angebots verfielen die Preise.

62   Das Umlageverfahren bedeutet ein unsicheres Wirtschaften „von der Hand in den Mund". Die Sozialleistungen hängen von der wirtschaftlichen Entwicklung ab: Stagniert sie, entstehen Finanzierungsbedarfe für Sozialleistungen; steigt die Wirtschaftskraft, kommt deren Ausbau in Betracht. Ein auf dem Umlageverfahren beruhendes Sozialleistungssystem kann keine Sicherheit garantieren, weil sein Fortbestand von Leistungsbereitschaft und

---

[15] *Schmähl*, in SRH, § 4 Rn. 58 ff.; *ders.*, Versicherungsgedanke und Sozialversicherung, in ders. (Hg.), Versicherungsprinzip und soziale Sicherung, 1985, 1 ff.; *Meinhold*, Die ordnungspolitische Bedeutung des Versicherungsprinzips in der deutschen Sozialpolitik, ebd., 13 ff.; vgl. auch *Glismann/Horn*, Die Krise des deutschen Systems der staatlichen Alterssicherung, Ordo (Jahrbuch für die Ordnung von Wirtschaft und Gesellschaft) 1995, Bd. 46, 309 ff.

[16] *Mackenroth*, in Albrecht (Hg.), Die Berliner Wirtschaft zwischen Ost und West, 1952; *Schreiber*, Existenzsicherung in der industriellen Gesellschaft, in Külp/Schreiber (Hg.), Soziale Sicherheit 1971, 276 ff.

[17] *Heubeck*, ZVersWiss 1995, 575, 583 ff.; *Schmähl*, Wirtschaftsdienst 1996, 409, 413 ff.

-vermögen künftiger Generationen abhängt („Generationen-Vertrag")[18] Das Umlageverfahren verdeutlicht: Sozialleistungen gewährleisten zentral die **Teilhabe** am wirtschaftlichen Ertrag. Da keine Rücklage gebildet wird, werden so auch politische **Begehrlichkeiten** und die Neigung gezügelt, das Vermögen zweckfremd zu vermindern oder neue Sozialleistungen zu schaffen. Im Umlageverfahren beschränken sich die Sozialleistungsträger deshalb auf das Vorhalten einer die Liquidität der Sozialleistungsträger sichernden Schwankungsreserve.

bb) Auswirkungen des Sozialrechts auf Verbrauch, Ersparnisbildung und Investition, Produktion und Konjunktur

Weil Sozialrecht die Konsumchancen für Berechtigte begründet, weitet es die Konsumnachfrage aus,[19] wirkt so dem **Produktionsrückgang** wegen **Nachfragerückgangs** entgegen und fördert damit das Wirtschaftswachstum. Dieser Vorteil wird mit der Belastung des Ertrages aus wirtschaftlicher Tätigkeit erkauft. Unternehmer wie Arbeitnehmer haben als Steuer- oder Beitragszahler aus ihren Einkünften an Staat oder Solidarverbände Abgaben zu entrichten. Damit steigen die Produktions- und Lohnnebenkosten; gleichzeitig sinkt der Lohnertrag. Dies beeinträchtigt die Wettbewerbsfähigkeit der Unternehmen und schmälert die Nachfrage der Arbeitnehmer und deren Fähigkeit zur Ersparnisbildung.   63

Da die Investitionsquote aber von der **Sparquote** abhängt, kann der sozialrechtliche Transfer die **Kapitalbildung** und damit die Investivkraft einer Wirtschaft schwächen. Dieser Tendenz wirkt jedoch entgegen, dass auch Sozialleistungsempfänger sparen. Ferner beseitigt das Sozialrecht die Bedürftigkeit der Empfänger von Sozialleistungen, weshalb die aktiv Erwerbstätigen keine Leistungen an ihre bedürftigen Familienangehörigen erbringen müssen. Diese so durch das Sozialrecht induzierte Entlastung erleichtert die Ersparnisbildung der aktiv Erwerbstätigen.

Da sozialrechtliche Leistungen durch Abgaben auf den Ertrag wirtschaftlicher Tätigkeit finanziert werden, verteuert Sozialrecht die **Arbeitskraft** und belastet zugleich die **unternehmerische Tätigkeit**. Es begünstigt damit Entstehung und Ausbreitung von „Schwarzarbeit". Da Sozialleistungen Einkommen ohne Arbeit bereitstellen, birgt Sozialrecht auch die Gefahr, Untätigkeit zu prämiieren. Das Sozialleistungssystem muss deshalb Anreize zur Aufnahme von Arbeitstätigkeit auslösen.   64

---

[18] *Breyer*, Leitlinien für eine Systemkorrektur in der Rentenversicherung, in Siebert (Hg.), Sozialpolitik auf dem Prüfstand, 1996, 59 ff.; *Greiner/Graf von derSchulenburg*, Leitlinien für eine Systemkorrektur in der Pflegeversicherung, ebd., 111 ff.; *Midgley*, Social Welfare in Global Context, 1997, 122 ff.
[19] Vgl. dazu wie zum folgenden umfassend *Schmähl*, in SRH, § 4 Rn. 52 ff.

Dieses Anliegen wird in unterschiedlichen Formen gesichert, einmal durch das Gebot, dass bedürftigkeitsabhängige Sozialleistungen unter dem Niveau des Mindesteinkommens aus abhängiger Beschäftigung liegen ("Lohnabstandsgebot", vgl. unten Rn. 556), ferner durch die Befristung von Leistungen – so in der Arbeitslosen- und Rentenversicherung bei der Erwerbsminderungsrente – und Kontrollen der Berechtigung über den Fortbestand eines Sozialleistungstatbestandes (Krankheit, Invalidität, Arbeitslosigkeit) und schließlich durch Anspruchsverlust bei Nichterfüllung von Mitwirkungshandlungen. Im aktivierenden Sozialstaat müssen von staatlichen Hilfen zugleich Anreize zur Selbsthilfe ausgehen.

Das Sozialrecht kann die internationale Wettbewerbsposition für die Unternehmen beeinträchtigen. Denn eine hohe Sozialleistungsquote eines Staates bewirkt hohe Lohnnebenkosten. Die Sozialleistungsquoten steigen jedoch in allen Staaten, allerdings mit Unterschieden. Diese wachsen sich nicht stets zu Wettbewerbsnachteilen aus, falls sie durch eine erhöhte Produktivität – die auch durch eine leistungsfähige sozialrechtliche Ordnung gesteigert wird – sowie durch eine bessere Qualität der Produkte, die deshalb auch einen höheren Preis erzielen, wettgemacht werden.

65   Die Wirtschaft verläuft nicht planmäßig und stetig, sondern in Zyklen und Phasen: Zuwächsen folgen Verluste. Dies wird **Konjunktur** genannt. In einer sich konjunkturell wandelnden Wirtschaft[20] entkoppelt Sozialrecht die Bedarfsdeckung von der Wirtschaftsentwicklung partiell, weil es von der wirtschaftlichen Entwicklung unabhängige Ansprüche auf Transfer begründet. Hohe Arbeitslosigkeit erhöht das Sozialleistungsvolumen; Inflation entwertet Sozialleistungsansprüche. Bei schlechter Wirtschaftslage steigen die Aufwendungen für Sozialleistungen; bei guter Konjunktur sinken sie. Dieser Effekt ist jedoch konjunkturpolitisch erwünscht. Denn bei schleppender Konjunktur wird dadurch Nachfrage stimuliert, wie umgekehrt bei guter Konjunktur Geld dem Konsum entzogen wird.

b) Wirtschaftliche Bedeutung einzelner Sozialleistungszweige

66   Das deutsche Sozialbudget belief sich 2013 auf 812,2 Mrd. €.[21] Der Begriff **"Sozialbudget"** soll Aussagen über Umfang, Struktur und weitere Entwicklung des Systems der sozialen Sicherung erlauben.[22] Er ist jedoch nicht identisch mit dem Inbegriff der **sozialrechtlichen** Leistungen, geht vielmehr darüber hinaus, weil **Funktionsäquivalente** – namentlich beamtenrechtliche

---

[20] Vgl. *Schmähl*, ebd., § 4 Rn. 106 ff.
[21] *Bundesministerium für Arbeit und Soziales* (Hg.), Die Krise des deutschen Systems der staatlichen Alterssicherung, Sozialbudget 2013, Stand Juli 2014, 6.
[22] *Bäcker*, Sozialpolitik und soziale Lage in Deutschland, Bd. 1, 2010 (5. Aufl.), Bd. 2, 2010 (5. Aufl.); näher zum Sozial-Budget: *Molitor*, Soziale Sicherung, 1987, 178 ff.

Versorgungen, Arbeitgeberleistungen, wie die Lohnfortzahlung im Krankheitsfall oder in Ergänzung zu sozialrechtlichen Leistungen – betriebliche Altersversorgung – gewährt werden, ferner sozialpolitisch motivierte Steuererleichterungen (z. B. Kinderfreibeträge bei Einkommensteuer) oder Subventionen (namentlich Sparförderung oder die Objektförderung im sozialen Wohnungsbau) – obgleich diese nicht als sozialrechtlichen Leistungen dem Sozialbudget zugeordnet werden. Dennoch ist dem Sozialbudget eine gewichtige Aussage über die Bedeutung und den Umfang der sozialrechtlichen Leistungen zu entnehmen, da auf diese der weitaus überwiegende Teil des Sozialbudgets entfällt.

Das Sozialbudget ist nach **Funktionen** sowie nach **Institutionen** untergliedert. Die im Sozialbudget aufgenommenen Leistungen entfielen – untergliedert nach **Funktionen** – auf die folgenden Aufgabenfelder in absoluten Zahlen:[23]   67

Im Jahr 2013:

Aufgabenfeld	in Mrd. €
Kinder, Ehegatten und Mutterschaft	86,6
Krankheit und Invalidität	332,1
Arbeitslosigkeit	32,4
Alter und Hinterbliebene	307,3
Sonstige (z. B. Wohngeld)	21,2

Abb. 4

Untergliedert nach **Institutionen** setzte sich das Sozial-Budget für das Jahr 2013 wie folgt zusammen:[24]   68

Institutionen	Umfang in Mrd. €
Sozialleistungen insgesamt	812,2
Rentenversicherung	263,3
Krankenversicherung	192,8
Pflegeversicherung	24,3
Unfallversicherung	12,5
Arbeitsförderung	28,9
Sondersysteme sozialer Vorsorge	27,3
Leistungssysteme des öffentlichen Dienstes	64,7
Leistungssysteme der Arbeitgeber	76,0
Entschädigungssysteme	2,7
Sozialhilfe	29,7

---

[23] *Bundesministerium für Arbeit und Soziales* (Hg.), Sozialbudget 2013, Stand Juli 2014, 6.
[24] Ebd., 9.

38   A. Grundlagen

Institutionen	Umfang in Mrd. €
Grundsicherung für Arbeitssuchende	41,2
Kinder- und Jugendhilfe	30,8
Kindergeld und Familienleistungsausgleich	41,9
Erziehungsgeld	5,3
Ausbildungs- und Aufstiegsförderung	2,6
Wohngeld	1,1
Steuerliche Maßnahmen	28,4

Abb. 5

c) Zukunft des Sozialrechts

69   Das Sozialrecht steht vor gewichtigen ökonomischen, **demographischen** und **technologischen** Herausforderungen.[25] Das wirtschaftliche Wachstum der deutschen Volkswirtschaft stößt an Grenzen. Deutschlands Wohlstand gründete bislang auf seiner Fähigkeit, besser, schneller und wirtschaftlicher als andere die im Ausland auftretenden Bedarfe nach Geräten, Produkten und Fertigungsweisen zu befriedigen. Diese Fähigkeit schwindet, weil andere Volkswirtschaften aufgeholt haben. Wirtschaften vollzieht sich in globalen Märkten: Produktion ist global organisiert und Erzeugnisse oder Dienste werden weltweit nachgefragt. Der globale Wettbewerb verschärft sich – namentlich für Zukunftstechnologien und Produkte.[26]

[25] *Berner*, Der hybride Sozialstaat, 2009; *Breyer*, in Denkschrift 60 Jahre BSG, 711; *Börsch-Supan*, in Denkschrift 60 Jahre BSG, 729; *Buchholz/Wiegand*, in Denkschrift 60 Jahre BSG, 751; *Bundesministerium für Gesundheit und soziale Sicherung* (Hg.), Nachhaltigkeit in der Finanzierung der sozialen Sicherungssysteme, 2003; *Butterwegge*, Krise und Zukunft des Sozialstaats, 2014 (5. Aufl.); *Castel*, Die Krise der Arbeit, 2011; *Deutscher Sozialrechtsverband* (Hg.), Sozialrechtsgeltung in der Zeit, 2007; *Die deutschen Bischöfe* (Hg.), Kommission für gesellschaftliche und soziale Fragen, Das Soziale neu denken, 2003; *Döring* (Hg.), Sozialstaat in der Globalisierung, 1999; *Ebert*, Soziale Gerechtigkeit in der Krise, 2012; *Eichenhofer*, NZS 2007, 57; *ders.*, Sozialer Schutz unter den Bedingungen der Globalisierung, 2009; *Giddens*, Die Frage der sozialen Ungleichheit, 2001; *Hauser*, in SRH, § 5 Rn. 21 ff.; *Kreikebohm/Kolakowski/Kodat/Rodewald* (Hg.), Die rentenpolitische Agenda 2030. Die Zukunftsfähigkeit der gesetzlichen Alterssicherung vor dem Hintergrund gesellschaftlicher Veränderungen, 2016; *Leisering* (Hg.), Die Alten der Welt, 2011; *Lessenich*, Die Neuerfindung des Sozialen, 2009; *Kerschbaumer/Schroeder* (Hg.), Sozialstaat und demographischer Wandel, 2005; *Masuch*, Sozialreformen in Zeiten des globalen Wandels, in Jahrbuch der Juristischen Gesellschaft Bremen, 2009, 45; *Metzler*, Der deutsche Sozialstaat, 2003; *Miegel/Wahl*, Solidarische Grundsicherung, private Vorsorge, 1999; *OECD*, New Orientations for Social Policy, 1994; *Pitschas*, VVDStRL 64 (2005), 109; *Ritter*, Der Sozialstaat. Entstehung und Entwicklung im internationalen Vergleich, 2010 (3. Aufl.), 253; *Ruland*, FS Eichenhofer, 540; *Sarfati/Bonoli* (Ed.), Labour Market and Social Protection Reforms in International Perspective, 2002; *Schmähl*, Wirtschaftsdienst 1996, 409 ff.; *Stolleis*, NJW 1999, 699; *Wallerath*, JZ 2004, 949; *World Bank*, Averting the Old Age Crisis, 1994.

[26] *Eichenhofer*, Sozialer Schutz unter den Bedingungen der Globalisierung, 2009.

Die deutsche **Wohnbevölkerung** altert. Der Anteil der Älteren wird infol-   **70**
ge wachsender Lebenserwartung und sinkender Geburtenraten steigen, und
der Anteil von Kindern und Jugendlichen zurückgehen. Deshalb werden die
Aufwendungen für die **Alters-** und **Gesundheitssicherung** zunehmen und
die Zahl junger Menschen sinken, die aufgrund ihres Lebensalters eine Innovation der wirtschaftlichen Strukturen erwarten lassen, so dass jene nicht
mehr wie bisher in die Beschäftigungsverhältnisse drängen werden. Die Gefahr sozialer Stagnation droht, hervorgerufen durch stagnierende Produktion und Innovation.

Technik ersetzt menschliche Arbeit. An oberster Stelle der sozialen Wer-
teskala steht die Gesundheit. Technik zielt auf die Verbesserung der Lebens-
bedingungen der Menschen. Sie wird künftig die Möglichkeit zur Behandlung von Krankheiten erweitern und so die Lebenserwartung der Menschen
verlängern. Dies wird zu erhöhten Aufwendungen für **Kranken-** und **Rentenversicherung** führen. Die anstelle der Industriegesellschaft tretende wis-
sensbasierte Dienstleistungsgesellschaft stellt hohe Qualifikationsanforde-
rungen an die Arbeitnehmer und bringt neue Arbeitsformen hervor. Die
Anforderungen an **Bildung** und **Arbeit** werden deshalb steigen. Dies alles
führt zur Erhöhung der Transferleistungen; die Aufgaben der sozialen Sicherheit werden also wachsen und gleichzeitig wird die wirtschaftliche Fähigkeit, diese Lasten zu tragen, sinken.[27]

Diese Entwicklung wirft die Frage auf: Was ist zu tun? Oder bescheidener: **71**
Was kann überhaupt getan werden? Ein Weg drängt sich auf: mehr **Eigenvorsorge**! Diese Empfehlung klingt plausibel, ist aber nur begrenzt tauglich.
Denn private Vorsorge will ebenso wie soziale Sicherung finanziert sein.
Auch wenn die Alterssicherung von der Sozialversicherung auf die Privatversicherung umgestellt und jedem aufgegeben würde, eine eigene Prämie
für die eigene Alterssicherung an eine Versicherung zu zahlen, wäre damit
Sicherheit für die Zukunft noch nicht verbürgt. Denn die Ungewissheit, welche das Umlageverfahren angesichts zukunftsoffener Entwicklungen aus-
zeichnet, kennzeichnet auch jede privatversicherungsrechtliche Alternative.
Kapitalmärkte sind volatil. Darüber hinaus können die bestehenden Sicherungen für langfristige Risiken (Erwerbsunfähigkeit, Alter, Krankheit und
Pflegebedürftigkeit) nicht kurzzeitig von der Umlagefinanzierung auf die
Kapitaldeckung umgestellt werden, sondern fordern einen Jahrzehnte wäh-
renden Übergangszeitraum, während dessen die aus der sozialrechtlichen
Sicherung begründeten Erwartungen auf Leistungen befriedigt werden müssen. Angesichts dessen würde in der Phase des Übergangs von der Umlagefinanzierung zur Kapitaldeckung für die Beitrags- und Prämienzahler eine

---

[27] *Castel*, Die Krise der Arbeit, 2011; *Eichhorst/Kaufmann/Konle-Seidl* (Ed.), Bring-
ing the Jobless into Work?, 2008; *Stendahl/Erhag/Devetzi*, A European Work-First Welfare State, 2008.

doppelte Belastung eintreten – nämlich um sozialrechtlich begründete Ansprüche abzugelten und gleichzeitig durch Prämienzahlung die Eigenvorsorge zu begründen. Eine Überforderung! Daher kann und sollte nur eine graduelle und schrittweise Ausweitung der Eigenvorsorge angestrebt werden.

72 Ein anderer Weg geht dahin, die **Leistungen** zu **beschränken**. Aber auch diesem Weg stehen rechtliche, soziale und wirtschaftliche Grenzen entgegen. Eine rechtliche Grenze folgt aus dem Versicherungsgedanken, der alle Vorsorge prägt. Wer jahrzehntelang Beiträge zur Renten-, Kranken-, Pflege- und Arbeitslosenversicherung gezahlt hat, kann nicht bei Eintritt des Versicherungsfalls mit seinem Leistungsbegehren mit der Begründung abgewiesen werden, angesichts begrenzter ökonomischer Mittel sei nun die Leistungskraft der Versicherung erschöpft. Unverhältnismäßige Leistungsbeschränkungen enttäuschen Menschen, die auf den Fortbestand des Systems sozialer Sicherung vertraut haben. Löst ein Staat **Verlassensängste** aus, entfremdet er die Menschen vom Staat und gefährdet sich damit selbst!

73 Eine große und **perfekte** Lösung, welche die angedeuteten Herausforderungen bewältigen könnte, gibt es nicht, im Gegenteil: Das Recht trägt zur Verfestigung tradierter Muster sozialer Sicherheit bei und befördert die Pfadabhängigkeit wohlfahrtsstaatlicher Entwicklung. Politik kann und muss sich um kleine und punktuelle Lösungen bemühen, die für sich genommen die angedeuteten Gefahren begrenzen und so durch Anpassung die soziale Sicherheit fortentwickeln. Derartige Versuche wurden schon seit Jahrzehnten ergriffen.[28] Denn alle Zweige sozialer Sicherung durchliefen schon manche Reform und dies wird sich auch in der Zukunft fortsetzen. Die wichtigsten Schritte auf diesem Wege sind: Erhaltung der natürlichen Lebensgrundlagen; Überwindung der ökologischen Herausforderungen; Erhaltung und Fortentwicklung einer **Arbeitsgesellschaft**, in der die Grundregel (vgl. oben Rn. 9) verwirklicht ist, dass jeder, der arbeiten kann, auch auskömmliche Arbeit finden kann.

Dazu gehört, dass von dem Sozialleistungssystem keine Fehlanreize zur Nichtarbeit ausgehen. Dies entspricht den Bemühungen der EU, durch Begrenzung der Lohnnebenkosten Erwerbsarbeit gegenüber der Inanspruchnahme von Sozialleistungen wirtschaftlich anziehender zu machen (make work pay).[29]

Die Herausforderungen an das Sozialrecht verdeutlichen: Der Sozialstaat ist zukunftsoffen – Ergebnis eines Prozesses und auf Fortentwicklung angelegt! Diese wird nicht nur von den wirtschaftlichen Wandlungen „von außen", sondern auch durch die sozialrechtlichen Entwicklungen selbst „von innen" befördert.[30] Die vergangenen Jahrzehnte zeigten: Der Sozialstaat

---

28 *Eichenhofer,* NZS 2007, 57.
29 KOM (2003) 842 endgültig.
30 *Zacher,* ZgS 134 (1978), 15 ff.; *Davy,* Pfadabhängigkeit in der sozialen Sicherheit,

vermag nicht zu überdauern, wenn ein signifikanter und steigender Anteil der Menschen von ihm abhängig wird. Daher hat der Sozialstaat sich darauf zu konzentrieren, Hilfen zur (Wieder-) Eingliederung sozial oder gesundheitlich Exkludierter in die Erwerbsprozesse zu sichern (**welfare to work**). Dieser Prozess ist durch neue Arbeits- und Arbeitszeitstrukturen zu flankieren.

Denn nur bei einem hohen Beschäftigungsstand kann soziale Sicherheit auf hohem Niveau dauerhaft bereitgestellt und finanziert werden. Dies erfordert ein umweltverträgliches Wachstum, das seinerseits Voraussetzung für die Ausweitung bezahlter Beschäftigung ist. Die durch die demographische Entwicklung angedeuteten Herausforderungen fördern dieses Anliegen. Die relative Abnahme des Anteils jüngerer Menschen an der Gesamtbevölkerung hilft mittelfristig die Arbeitslosigkeit zu lindern und gleichzeitig die gebotenen und nun beschlossenen Voraussetzungen für die Verlängerung der Lebensarbeitszeit (vgl. unten Rn. 321) zu schaffen.[31] Dadurch können die finanziellen Belastungen der Rentenversicherung vermindert werden.

Die Rentenversicherung ist ferner mit dem gestiegenen Wohlstandsniveau abzustimmen; dieses erlaubt eine geringere öffentliche Vorsorge als in der Vergangenheit. Gleichzeitig ist die private Eigenvorsorge zu stärken, die dem Einzelnen die Bestimmung von Ausmaß und Formen der über die öffentliche Vorsorge hinausgehenden Alterssicherung einräumt.[32] Weder ein radikaler Systemwechsel einer völligen Privatisierung der Altersvorsorge, noch der Ersatz der beitragsfinanzierten einkommensproportionalen Rente durch eine für alle Einwohner gleiche Grundrente – oder gar eines bedingungslosen Grundeinkommens für jedermann – kommen als realistische Alternative in Betracht. Denn der Systemwechsel wäre mit Zusatzkosten für die aktive Generation des Übergangs verbunden. Sie hätten die unter dem bisherigen System begründeten Anrechte zwar zu finanzieren, Ansprüche vergleichbaren Ausmaßes von dem System aber nicht zu erwarten; sie würden daher überproportional und damit unter Verletzung der Generationengerechtigkeit belastet.[33] Ein bedingungsloses Grundeinkommen heißt Ausstieg aus der Arbeitsgesellschaft – ein unter Bedingungen der Globalisierung nicht gangbarer Weg.

Statt des radikalen **Systemwechsels** ist aber ein entschiedener **Systemwandel** bereits durch die Gesetzgebung eingeleitet. Die Alterssicherung hat

---

in Deutscher Sozialrechtsverband (Hg.), Sozialrechtsgeltung in der Zeit, 2007, 103 ff.; *Stolleis*, ebd., 153 ff.

[31] *Boecken*, Gutachten zum 62. DJT (1998); dazu *Eichenhofer*, JZ 1998, 808.

[32] Vgl. dazu *Borchert*, Renten vor dem Absturz, 1993; *Miegel/Wahl*, Solidarische Grundsicherung – private Vorsorge, 1999.

[33] *Eichenhofer*, RdA 2003, 264.

sich tiefgreifend gewandelt.[34] So gab die Alterssicherung das Ziel der Lebensstandardsicherung auf und zeigte sich mit der Sicherung eines einkommensproportionalen Altersgrundeinkommens von inzwischen unter 50 % des individuellen Netto-Lohnes nach 40 Versicherungsjahren zufrieden. Denn bei Bestimmung der Leistungshöhe wird künftig der demographische Wandel sowie der Wandel der Arbeit berücksichtigt. In der Krankenversicherung sind alle Rationalisierungsreserven auszuschöpfen, um mehr Wettbewerb auch im europäischen Binnenmarkt zu kostengünstigen Bedingungen zu erlangen.[35] Gleichwohl werden die Ausgaben für das Gesundheitswesen langfristig steigen, weil der medizinische Fortschritt, die Zunahme des Altenanteils und die Wohlstandsentwicklung weitere Steigerungen der Aufwendungen für Gesundheit nach sich ziehen müssen.

§ 4 Internationale Dimensionen des Sozialrechts

Lit.: *Castles/Leibfried/Lewis/Obringer/Pierson* (Ed.), The Oxford Handbook of the welfare state, 2010; *Eichenhofer*, Sozialrecht der Europäischen Union, 2013 (5. Aufl.); *ders.*, Geschichte des Sozialstaats in Europa, 2007; *ders.*, Sozialer Schutz unter den Bedingungen der Globalisierung, 2009; *ders.*, 50 Jahre nach ihrem Beginn – Neue Regeln für die Koordinierung sozialer Sicherheit, 2009; *ders.*, in Denkschrift 60 Jahre BSG, 517; *Esping-Andersen,* The Three Worlds of Welfare Capitalism, 1990; *Fuchs* (Hg.), Nomos-Kommentar zum Europäischen Sozialrecht, 2010 (5. Aufl.); *Gosepath/Schemmel*, in Denkschrift 60 Jahre BSG, 499; *Hanau/Steinmeyer/Wank*, Handbuch des europäischen Arbeits- und Sozialrechts, 2002; *Hauck/Noftz/Eichenhofer*, EU-Sozialrecht, 2010; *Iliopoulos-Strangas*, Soziale Grundrechte in Europa nach Lissabon, 2010; *Janda*, Migranten im Sozialstaat, 2012, *Mikkola*, Social Human Rights of Europe, 2010; *Nußberger*, Sozialstandards im Völkerrecht, 2005; *Pieters* (Ed.), The Social Security Systems of the Member States of the European Union, 2002; *Riedel* (Ed.), Social Security as a Human Right, 2007; *Rödl*, in Denkschrift 60 Jahre BSG, 539; *Schrammel/Winkler,* Europäisches Arbeits- und Sozialrecht, 2010; *Schuler*, Das internationale Sozialrecht der Bundesrepublik Deutschland, 1988; *Schulte*, Supranationales Recht, in von Maydell/Ruland/Becker (Hg.), Sozialrechtshandbuch, 2012 (5. Aufl.), § 33; *Schulz*, Grundlagen und Perspektiven einer europäischen Sozialpolitik, 2003; *van Langendonck* (Ed.), The Right to Social Security, 2007; *Zacher*, Vorfragen zu den Methoden der Sozialrechtsvergleichung, in ders. (Hg.), Abhandlungen zum Sozialrecht, 1993, 329; *ders.*, Horizontaler und vertikaler Sozialrechtsvergleich, ebd., 376; *ders.*, Grundfragen des internationalen Sozialrechts, ebd., 431.

74   Sozialrecht hat **drei internationale** Dimensionen:
Internationale Organisationen – namentlich Internationale Arbeitsorganisation (IAO), Vereinte Nationen (UNO), Europarat oder EU – nehmen auf

---

[34] *Schmähl*, in Eichenhofer/Rische/Schmähl (Hg.), Handbuch der gesetzlichen Rentenversicherung SGB VI, 2012 (2. Aufl.), Kapitel 6.
[35] *Wille/Albring* (Hg.), Reformoptionen im Gesundheitswesen, 1998.

die Sozialgesetzgebung ihrer Mitgliedstaaten gestaltend Einfluss. Solches inter- oder supranational geschaffene Sozialrecht wird „international standardisierendes Sozialrecht"[1] genannt (a). Daneben hat jedes nationale Sozialrecht ein Internationales Sozialrecht, das die Folgen aus der Vielzahl von Sozialrechten für das jeweilige Sozialrecht zu bewältigen hat (b, c). Weil es weltweit viele Sozialrechte gibt, besteht eine eigene wissenschaftliche Disziplin,[2] welche jene vergleichend würdigt. Sie soll wie alle Rechtsvergleichung den rechtswissenschaftlichen Horizont erweitern und einen Überblick über die Rechte geben (d).

a) International standardisierendes Sozialrecht

Schon als die heutige Sozialpolitik[3] im ersten „Zeitalter der Globalisierung" entstand, erkannten Sozialreformer, dass der Erfolg sozialpolitischer Neuerungen in einem Staat davon abhängt, ob diese auch in anderen Staaten eingeführt werden. Andernfalls gerieten sozialpolitisch aktive gegenüber untätigen Staaten wirtschaftlich ins Hintertreffen. Dieses Motiv leitet seitdem international standardisierendes Sozialrecht. Dieses wird heute von der 1919 mit dem Völkerbund gegründeten **IAO** geregelt.[4] Neben der IAO entstanden nach dem 2. Weltkrieg in den Weltregionen internationale Organisationen, die sich gleichfalls die Standardisierung von Sozialrecht zum Ziel setzten. In Westeuropa waren dies der Europarat und eingeschränkt die EWG, weltweit ist dies die UNO,[5] die 1945 an die Stelle des Völkerbundes trat. Das international standardisierende Sozialrecht enthält „Prinzipienerklärungen" und Gesetzgebungsaufträge. **„Prinzipienerklärungen"**[6] proklamieren das Sozialrecht oder einzelne seiner Zweige als soziale Menschenrechte, formen deren Grundsätze und verpflichten die Staaten zur Schaffung und Aufrechterhaltung einzelner sozialrechtlicher Institutionen. **Gesetzgebungsaufträge** regeln dagegen deren Ausgestaltung.

75

---

[1] *Zacher,* Horizontaler und vertikaler Sozialrechtsvergleich, in ders. (Hg.), Abhandlungen zum Sozialrecht, 1993, 376 ff.

[2] *Eichenhofer,* NZS 1997, 97 ff.; *Zacher* (Hg.), Methodische Probleme des Sozialrechtsvergleichs, 1977; *ders.* (Hg.), Sozialrechtsvergleich im Bezugsrahmen internationalen und supranationalen Rechts, 1978.

[3] *Perrin,* Die Ursprünge des internationalen Rechts der sozialen Sicherheit, 1983.

[4] Vgl. dazu *Oetker,* in Richard/Wißmann/Wlotzke/Oetker (Hg.), Münchener Handbuch zum Arbeitsrecht, Bd. 1, 2009, § 10 f.; *Bundesministerium für Arbeit und Sozialordnung* u. a. (Hg.), Weltfriede durch soziale Gerechtigkeit, 75 Jahre Internationale Arbeitsorganisation, 1994.

[5] *Nußberger,* Sozialstandards im Völkerrecht, 2005; *dies.,* in SRH, § 34 Rn. 23.

[6] *Perrin,* Droit Social 1974, 479 ff.

aa) Internationale Prinzipienerklärungen auf dem Gebiet des Sozialrechts

76   Prinzipienerklärungen der **UNO** sind in der Allgemeinen Erklärung der Menschenrechte (MRK) vom 10. Dezember 1948 sowie im Internationalen Pakt für wirtschaftliche, soziale und kulturelle Rechte („Pakt") vom 16. Dezember 1966[7] enthalten. Danach hat „jeder Mensch als Mitglied der Gesellschaft das **Recht auf soziale Sicherheit**" (Art. 22 MRK, 9 Pakt) sowie „das Recht auf einen Lebensstandard, der seine und seiner Familie Gesundheit und Wohl gewährleistet, einschließlich Nahrung, Kleidung, Wohnung, ärztliche Versorgung und notwendige soziale Leistungen" (Art. 25 Nr. 1 MRK, 11 Pakt). Ferner wird den Familien, Müttern und Kindern ein Anspruch auf besonderen sozialen Schutz zuerkannt (Art. 25 Nr. 2 MRK, 10 Pakt).

77   Prinzipienerklärungen der IAO enthalten die **Präambel** der **IAO-Verfassung**[8] sowie die „Deklaration über die Ziele und Aufgaben der Internationalen Arbeitsorganisation" vom 10. Mai 1944[9] (**Deklaration von Philadelphia**). Die IAO bezweckt danach die weltweite Verbesserung der Arbeitsbedingungen, weil „ein allgemeiner und dauernder Friede nur auf der Grundlage der sozialen Gerechtigkeit aufgebaut werden kann". Sie will die Vollbeschäftigung sichern, den Lebensstandard heben, die Sozialversicherung ausbauen, allen Bedürftigen ein Mindesteinkommen und eine umfassende ärztliche Betreuung gewährleisten sowie Mutter und Kind schützen.[10]

78   Für die im Europarat zusammengeschlossenen Staaten enthält die **Europäische Sozialcharta** vom 18. Oktober 1961[11] zahlreiche dem Sozialrecht der Mitgliedstaaten geltende Prinzipienerklärungen. Namentlich das Recht auf soziale Sicherheit (Art. 12), das die Staaten verpflichtet, ein System sozialer Sicherheit einzuführen, beizubehalten, auf einem befriedigenden Stand zu halten und fortzuentwickeln;[12] das Recht auf Fürsorge (Art. 13), das den Staaten aufgibt, jedem Bedürftigen Unterstützung und im Falle von Krankheit Betreuung zu gewähren; das Recht auf Inanspruchnahme sozialer Dienste (Art. 14), das die Staaten zu Auf- oder Ausbau von Sozialarbeit anhält; die Rechte auf Ausbildung und berufliche soziale Wiedereingliederung der

---

[7] Deutsches Zustimmungsgesetz vom 23.11.1973, BGBl. II, S. 1569; *Vedder*, Die allgemeinen UN-Menschenrechtspakte und ihre Verfahren, in Merten/Papier (Hg.), Handbuch der Grundrechte, Bd. VI/2, 2009, § 174 Rn. 100 ff.

[8] *Internationales Arbeitsamt* (Hg.), Verfassung der internationalen Arbeitsorganisation und Geschäftsordnung der Internationalen Arbeitskonferenz, 1997.

[9] *Zacher*, Internationales und Europäisches Sozialrecht, 1976, Nr. 6.

[10] Umfassend zur IAO: *Nußberger*, Sozialstandards im Völkerrecht, 2005; *Nußberger*, in SRH, § 34 Rn. 8 ff.; *Valticos/Potobsky*, International Labour Law, 1995 (2nd ed.).

[11] Deutsches Zustimmungsgesetz vom 19.9.1964, BGBl. II, S. 1261; *Mikkola*, Social Human Rights of Europe, 2010.

[12] Dazu grundlegend: *van Langendonck*, The Right to Social Security, 2007; *Riedel*, Social Security as a Human Right, 2007.

körperlich, geistig und seelisch Behinderten (Art. 15) sowie auf sozialen und wirtschaftlichen Schutz der Familien (Art. 16). Sachverständige überprüfen regelmäßig die Einhaltung dieser Pflichten. Hält ein Vertragsstaat diese nicht ein, kann das Ministerkomitee des Europarats Maßnahmen zur Abhilfe beschließen. Diese Normen wenden sich unmittelbar nur an die Mitgliedstaaten als Gesetzgeber, begründen aber keine Rechtsansprüche für den einzelnen.[13]

Mit ihrer Charta der Grundrechte als Teil des EUV (Art. 6 EUV) hat die   **79** EU erstmals sozialrechtliche Prinzipienerklärungen begründet.[14] Bisher bestand lediglich eine anfangs nicht rechtsverbindliche „Gemeinschaftscharta der sozialen Grundrechte der Arbeitnehmer",[15] die aber nachträglich in Art. 151 AEUV eine Anerkennung erlangte. Art. 151 AEUV begründete für die Mitgliedstaaten lediglich die Pflicht, auf Verbesserung der Lebens- und Arbeitsbedingungen sowie auf Rechtsangleichung hinzuwirken. Darüber hinaus schlossen 11 der 12 der damaligen Mitgliedstaaten 1992 eine Vereinbarung, wonach deren Organe standardisierendes Sozialrecht schaffen könnten.[16] 1995 wurde diese Regelung mit deren Beitritt auf Österreich, Schweden und Finnland erstreckt. Mit den Verträgen von Amsterdam, Nizza und Lissabon wurden die sozialrechtlichen Aufgaben der EU weiter ausgedehnt.[17]

bb) Gesetzgebungsaufträge

Die IAO erteilt Gesetzgebungsaufträge in Übereinkommen oder **Empfeh-**   **80** **lungen**.[18] Sie werden von der Allgemeinen Arbeitskonferenz beschlossen. Das Übereinkommen bedarf der Ratifikation durch den Mitgliedstaat, die Empfehlung hingegen nicht. Hat ein Mitgliedstaat ein Übereinkommen ratifiziert, muss er jährlich dem Internationalen Arbeitsamt über dessen Durchführung berichten; bei dessen Verletzung kann jeder Mitgliedstaat, ein Arbeitgeberverband oder eine Gewerkschaft Beschwerde beim Internationalen Arbeitsamt erheben. Dieses muss die Beanstandung untersuchen und bei einem Verstoß einen Vorschlag zu dessen Ausräumung unterbreiten. Die IAO hat zahlreiche Übereinkommen sozialrechtlichen Inhalts verabschie-

---

[13] *Wengler*, Die Unanwendbarkeit der Europäischen Sozialcharta im Staat, 1969.
[14] *Iliopoulos-Strangas*, Soziale Grundrechte in Europa nach Lissabon, 2010.
[15] Vgl. umfassend zur Entwicklung der EG-Sozialpolitik: *Schulz*, Grundlagen und Perspektiven einer europäischen Sozialpolitik, 2003.
[16] *Kampmeyer*, Protokoll und Abkommen über die Sozialpolitik der Europäischen Union, 1998; vgl. dazu auch *Eichenhofer*, Das dem Vertrag über die Europäische Union angefügte „Protokoll über die Sozialpolitik", in Rengeling (Hg.), Europäisierung des Rechts, 1996, 151.
[17] *Eichenhofer*, Sozialrecht der Europäischen Union, 2013 (5. Aufl.), Rn. 27.
[18] *Valticos/Potobsky*, International Labour Law, 1995 (2nd ed.).

det.[19] Die Rechtsakte gelten den allgemeinen Zielen der Sozialpolitik (Übk. 117), Mindestnormen der sozialen Sicherheit (Übk. 102)[20] sowie Grundsätzen des rechtlichen Schutzes für einzelne soziale Risiken[21] oder besondere Berufsgruppen (insbesondere Seeleute, landwirtschaftliche Arbeiter, Hausgehilfen).

81   Nach Inkrafttreten des **Vertrages** von **Maastricht** konnten zunächst die meisten EG-Staaten ihr Sozialrecht auf Vorschlag der Kommission durch Beschluss des Rates harmonisieren.[22] Seit dem Vertrag von Amsterdam hat die EG eine umfassende eigene Zuständigkeit zur Harmonisierung der Sozialpolitik der Mitgliedstaaten.[23] Die Zuständigkeiten bestehen für die soziale Sicherheit, den sozialen Schutz der Arbeitnehmer und die Modernisierung der Systeme sozialen Schutzes. Voraussetzung für eine Angleichung ist ein Ratsbeschluss. Darüber hinaus verpflichtet sich die EU zur Schaffung sozialer Gerechtigkeit, Vollbeschäftigung und zum sozialen Schutz (Art. 3 III EUV; 145–150, 151 ff. AEUV).[24]

b) Internationales Sozialrecht (ISR)

aa) Was ist ISR?

82   „**Internationales Sozialrecht**" („**ISR**") ist der Teil des Sozialrechts, der die aus dessen Internationalität sich ergebenden Folgen regelt.[25] ISR ist – anders formuliert – für das Sozialrecht, was Internationales Privatrecht (IPR) für das Privatrecht ist: das Teilgebiet des Rechts, welches besteht, weil auf der Welt viele materielle Sozial- und Privatrechte nebeneinander bestehen. Daraus ergeben sich für jedes Sozialrecht zwei elementare Rechtsfragen, deren Antworten das ISR ausmachen: Erstens, für welche sich weltweit ereignenden Sachverhalte beansprucht es Geltung und für welche nicht, weil diese das Sozialrecht eines anderen Staates regelt? Zweitens, entfaltet das inländische Sozialrecht im Ausland und das ausländische Sozialrecht im Inland Wirkungen – und falls ja, welche?

Diese Antworten gibt jedes Recht grundsätzlich selbst. Deshalb ist das **ISR Teil** jedes Sozialrechts. Der Regelungsgegenstand von ISR ist demgemäß die **Bewältigung sämtlicher Folgen** aus der **Internationalität** für das Sozialrecht

---

19 *ILO* (Ed.), International Labour Conventions and Recommendations, 1919–1991, 1992, 2 volumes; *Nußberger*, in SRH, § 34 Rn. 8 ff.
20 *ILO*, Ü 102.
21 Ebd., Ü 117.
22 *Bleckmann*, DVBl 1992, 335; *Däubler*, NZA 1992, 577; *Zuleeg*, EuGRZ 1992, 329.
23 *Eichenhofer*, in Streinz (Hg.), EUV/AEUV, 2017 (3. Aufl.), Erl. zu Art. 151 ff.
24 *Eichenhofer*, Geschichte des Sozialstaats in Europa, 2007.
25 Vgl. zur Begriffsbildung *Eichenhofer*, Internationales Sozialrecht, 1994, Rn. 1 ff.; *von Maydell*, Sach- und Kollisionsnormen im Internationalen Sozialversicherungsrecht, 1967, 15 ff.; *Janda*, Migranten im Sozialstaat, 2012.

des normsetzenden Staates. Unter den EU-Mitgliedstaaten ist das ISR jedoch durch EU-Recht ersetzt (vgl. unten Rn. 86 ff.).

bb) Rechtsquellen des ISR

Noch immer weit verbreitet findet sich die Aussage: Das ISR beruhe auf **83** dem „**Territorialprinzip**".[26] Dieses besagt: Weil die Hoheitsgewalt eines Staates auf sein Staatsgebiet beschränkt ist, gelten auch dessen Gesetze nur für die sich auf dessen Territorium ereignenden Sachverhalte.[27] Könnte ISR aber aus besagtem Prinzip abgeleitet werden, wäre es ziemlich einfach. Das ISR wird nötig, wenn ein Sachverhalt zu mehreren Staaten Bezüge aufweist. Was dann aber gilt, wird vom Territorialprinzip gerade nicht beantwortet. Die Behauptung, das Sozialrecht gelte nur für Inlandssachverhalte, ist deshalb unrichtig. Es wäre ferner methodisch unkorrekt, die Grenzen sozialrechtlichen **Sollens** aus den Grenzen staatlichen **Könnens** abzuleiten.[28] Vor allem aber folgt das ISR nicht aus irgendwelchen allgemeinen Prinzipien, sondern aus konkreten Rechtssätzen (vgl. unten Rn. 98 ff.). Angesichts der Positivität des Sozialrechts und der Regelung seiner internationalen Dimensionen in konkreten Rechtssätzen ist der Rückgriff auf das „Territorialprinzip" falsch, irritierend und überflüssig – und deshalb ganz und gar verfehlt!

cc) Instrumente des ISR

Das ISR ist im Gesetzesrecht, zwischen- und überstaatlichen Normen nie- **84** dergelegt. In § 30 SGB I wird der internationale Geltungsbereich deutscher Sozialgesetze allgemein umrissen. Danach gilt deutsches Sozialrecht – vorbehaltlich zwischen- und überstaatlichen Rechts – für sämtliche Personen, die ihren gewöhnlichen **Aufenthalt** in **Deutschland** haben. Davon finden sich jedoch wichtige Abweichungen. § 30 SGB I formuliert deshalb weder den Regelfall noch ein für das ISR grundlegendes Prinzip. Nach §§ 3 Nr. 1, 4 f. SGB IV gelten die deutschen Vorschriften über Versicherungspflicht und -berechtigung der Sozialversicherung für **Beschäftigte** oder **Selbständige**, die ihrer **Tätigkeit** gewöhnlich im Inland nachgehen. §§ 4 f. SGB IV stellen weiter klar, dass eine Inlandsbeschäftigung auch bei vorübergehender Auslandsbetätigung besteht (Ausstrahlung), wie umgekehrt solche Beschäfti-

---

[26] *Rauscher,* VSSR 10 (1982), 319; *Selb,* Probleme des Territorialprinzips, in Tomandl (Hg.), Auslandsberührungen in der Sozialversicherung, 1980, 17 f.
[27] Klassisch: BSGE 32, 174 f.; 33, 280, 285.
[28] Vgl. *ILO* (Ed.), Social Security for Migrant Workers, 1977, 53 ff.; Begründung: *Eichenhofer,* ISR, Rn. 89, Deutsches Sozialrecht gilt auch für Auslandssachverhalte, z.B. Auslandsmonteur eines im Inland ansässigen Unternehmens erleidet Arbeitsunfall im Ausland; Entschädigung nach deutschem Recht.

gung nicht vorliegt, falls sie im Inland nur vorübergehend ausgeübt wird (Einstrahlung).

85   Dieses im Gesetzesrecht enthaltene ISR wird durch das Abkommensrecht ergänzt oder modifiziert (§§ 6 SGB IV, 30 II SGB I). Deutschland hat mit vielen Staaten sozialrechtliche Abkommen[29] geschlossen, die auf die Regelung zwei- oder mehrseitiger Beziehungen gerichtet sind. Sie können sich gegenständlich auf die soziale Sicherheit (= Kranken-, Renten-, Unfall- und Arbeitslosenversicherung sowie Familienbeihilfen), Versorgung und Sozialhilfe erstrecken. Die für Deutschland wichtigsten Regeln des ISR sind jedoch heute im **Europäischen koordinierenden Sozialrecht** enthalten. Denn dieses verdrängt die bilateralen Verträge; mit zunehmender geographischer Erweiterung der EU dominiert heute das EU-Recht. Das international „harmonisierende" Sozialrecht gleicht die Sozialrechte der Staaten einander an.

c) Das Europäische koordinierende Sozialrecht

aa) Begriff

86   „**Europäisches koordinierendes Sozialrecht**" bezeichnet die von der EU geschaffenen Normen, welche das Sozialrecht der Mitgliedstaaten voneinander abgrenzen oder miteinander verbinden.[30] Das Europäische Sozialrecht unterfällt in das „harmonisierende", „standardisierende" und „koordinierende" Sozialrecht. Jenes gibt den Mitgliedstaaten Grundsätze zur Ausgestaltung ihres Sozialrechts vor (z. B. gleiches Rentenalter, gleiche Rentenformel, gleiche Techniken der Sicherung bei Krankheit in allen Mitgliedstaaten); dieses bezweckt die Sozialrechtsordnungen der Staaten wechselseitig zu verflechten. „Harmonisierung" meint Schaffung einheitlichen „Sachrechts" (= materiellen Rechts), „Koordinierung" dagegen Schaffung einheitlichen ISR. Die zuletzt genannte Umschreibung verdeutlicht, dass auch „Koordinierung" letztlich Harmonisierung bezweckt. Der Unterschied liegt im **Gegenstand**: „Harmonisierung" bezweckt Angleichung von Sachrecht, „Koordinierung" dagegen von ISR.

---

[29] *Fuchs/Preis*, Sozialversicherungsrecht, 2009 (2. Aufl.), § 63; *Petersen*, in SRH, § 35; umfassend *Deutsche Rentenversicherung Bund* (Hg.), SVA – Sozialversicherungsabkommen, 2012 (15. Aufl.).
[30] *Barwig/Schulte* (Hg.), Freizügigkeit und Soziale Sicherheit, 1999; *Devetzi*, Die Kollisionsnormen des europäischen Sozialrechts, 2000; *Eichenhofer*, Sozialrecht der Europäischen Union, 2013 (5. Aufl.); *ders.* (Hg.), 50 Jahre nach ihrem Beginn, 2009; *Fuchs*, Nomos-Kommentar zum Europäischen Sozialrecht, 2013 (6. Aufl.); *Pennings*, Introduction to European Social Security Law, 2003 (4th ed.); *Rodière*, Droit Social de l'Union Européenne, 2008; *Hauck/Noftz/Eichenhofer*, EU-Sozialrecht, 2010; *Schrammel/Winkler*, Europäisches Arbeits- und Sozialrecht, 2010, 19 ff., 285 ff.; *Schuler*, Das Internationale Sozialrecht der Bundesrepublik Deutschland, 1988; *Schulte*, in SRH, § 33; *ders.*, Sozialstaat Europa?, in Haerendel (Hg.), Gerechtigkeit im Sozialstaat, 2012, 153.

Mittels des auf Art. 153 lit. k) AEUV gestützten Verfahrens wird der Annäherungsprozess der Sozialrechtsordnungen der Mitgliedstaaten durch die „offene Methode der Koordinierung" gefördert. Deren Anliegen ist weder die „Koordinierung" der Sachrechte, sondern die Annäherung von deren ökonomischen Wirkungen, noch die „Harmonisierung" der Berechtigungen. Mittels dieser Methode beeinflusst die EU zunehmend die Sozialgesetzgebung der Mitgliedstaaten in der Beschäftigungspolitik, Alterssicherung, dem Gesundheitswesen und der Armutsbekämpfung mit dem Ziel, die Rechtseinheitlichkeit auszuformen und die Gesellschaften der Mitgliedstaaten sozial auszuformen und einander anzunähern.

bb) Rechtsquellen

Das Europäische koordinierende Sozialrecht geht auf das **Primär-** und **Sekundärrecht** zurück. Für das Europäische Sozialrecht sind die Art. 45, 48 AEUV maßgeblich. Art. 45 AEUV gewährleistet allen Arbeitnehmern **Freizügigkeit** als eine von vier Grundfreiheiten.[31] Danach kann jeder EU-Bürger in jedem Mitgliedstaat Arbeit suchen, dazu in jeden Mitgliedstaat einreisen, sich dort ansässig machen und nach Beendigung der Arbeit dort verbleiben (Art. 45 III AEUV). Art. 48 AEUV enthält einen **Rechtsetzungsauftrag**.[32]   **87**

Danach hat der Rat die sozialrechtlichen Folgen der Freizügigkeit mittels Europäischen Sozialrechts zu bewältigen. Nimmt ein Arbeitnehmer Freizügigkeit in Anspruch, wird der Beschäftigungsstaat gewechselt. Dies hat nicht nur den Wechsel des Arbeitsrechts,[33] sondern auch des an die Beschäftigung geknüpften Sozialrechts (= „das Sozialrechtsstatut") zur Folge. Solcher Wechsel ist regelmäßig sozialrechtlich nachteilig: Sozialversicherungsgesetze schlossen die Gewährung von Renten bei Aufenthalt des Berechtigten außerhalb des leistungspflichtigen Staates aus oder binden einen Leistungsanspruch an die Einbeziehung des Versicherten über einen hinreichend langen Zeitraum vor Eintritt des Leistungsfalles in die Versicherung des leistungspflichtigen Staates. Das nach Art. 48 AEUV zu schaffende System sieht folglich die **Zusammenrechnung** von Versicherungszeiten verschiedener Mitgliedstaaten und die **Ausfuhr** von Sozialleistungen vor. Die Regeln sichern die in einem Mitgliedstaat erworbenen Anrechte auch bei Wechsel des Sozialrechtsstatuts.

Der Verpflichtung zur Schaffung des koordinierenden Sozialrechts ist der   **88** Rat unmittelbar nach der EWG-Gründung durch die VO (EWG) Nrn. 3, 4/58

---

[31] Zu diesem Zusammenhang *Cornelissen*, in Eichenhofer (Hg.), 50 Jahre nach ihrem Beginn, 2009, 17 ff.
[32] *Schulte*, Freizügigkeit und Soziale Sicherheit, in Barwig/Schulte (Hg.), Freizügigkeit und Soziale Sicherheit, 1999, 39 ff.
[33] Vgl. Art. 8 Rom I-VO; *Eichenhofer*, EuZA 2012, 140 ff.

nachgekommen. Diese wurden durch die **VO (EWG) 1408/71** und die **VO (EWG) 574/72** abgelöst, welche die Koordination von Systemen „sozialer Sicherheit" der Mitgliedstaaten regeln. VO (EWG) 1408/71 traf substantielle Regelungen, VO (EWG) 574/72 Durchführungsbestimmungen. VO (EWG) 1408/71 ist seit 2010 durch die **VO (EG) 883/2004, 987/2009** ersetzt. Darüber hinaus untersagen Art. 7 II, 12 VO (EU) 492/2011 Diskriminierungen von EU-Bürgern, die Freizügigkeit in Anspruch genommen haben, bei der Gewährung „**sozialer Vergünstigungen**" an die Arbeitnehmer und deren Familienangehörige. Diese Regeln bestimmen im Verhältnis der Mitgliedstaaten das für diese geltende ISR. Das vormals in nationaler Zuständigkeit stehende zwischenstaatliche Recht ist damit vollständig europäisiert; das Europäische koordinierende Sozialrecht tritt an die Stelle nationalen ISR.[34]

cc) Regelungsgegenstände und allgemeine Bestimmungen der VO (EG) 883/2004

89   Die VO (EG) 883/2004 bestimmt den **internationalen Geltungsbereich** der Sozialrechte für die Mitgliedstaaten identisch und sichert die **internationalen Wirkungen** deren Sozialrechts durch Leistungsaushilfe und -ausfuhr, die Zusammenrechnung von Versicherungszeiten und weitere Äquivalenzregeln. Das ISR aller Mitgliedstaaten wird **vereinheitlicht** und Normenmangel wie Normenhäufung werden vermieden.[35] **Normenmangel** träte ein, wenn eine nach den beteiligten Sozialrechten schutzbedürftige Person wegen unterschiedlicher Anknüpfungen schutzlos bliebe – namentlich in einem Staat beschäftigt wäre, dessen soziale Sicherung alle Bewohner erfasst und in einem Staat wohnte, dessen Sicherung alle Beschäftigten einbezieht. Umgekehrt träte **Normenhäufung** ein, wenn jemand in einem Staat beschäftigt wäre, der alle Beschäftigten, und in einem Staat wohnte, der alle Bewohner erfasst. Beide Konsequenzen werden vermieden, wenn unter den Mitgliedstaaten eine **einheitliche** Regelung der **internationalen** Zuständigkeit für die Sozialversicherungszweige besteht.

90   Ein Sozialrecht wirkt zunächst nur für den es setzenden Staat. Krankenversicherungen begründen Ansprüche auf Behandlung durch die in dem Staat jeweils niedergelassenen Ärzte und Krankenhäuser. Die **Sicherung** der **internationalen Wirkungen nationalen Sozialrechts** ist jedoch angesichts internationaler Mobilität geboten. Die in einem Sozialrecht gründenden Erwartungen auf Sicherung bei Eintritt sozialer Risiken sind angesichts internationaler Mobilität nicht auf das Staatsgebiet zu beschränken, sie haben auch zu befriedigen, falls sich das geschützte Risiko im Ausland verwirk-

---

[34] *Eichenhofer,* Sozialrecht der Europäischen Union, 2013 (5. Aufl.), Rn. 84 ff.; vgl. auch § 6 SGB IV.
[35] *Schoukens/Pieters,* in Eichenhofer (Hg.), 50 Jahre nach ihrem Beginn, 2009, 143 ff.

licht, der Gesicherte im Ausland wohnt oder sein Versicherungsleben in mehreren Staaten verbracht hat.

Die VO (EG) 883/2004 wird durch „**allgemeine Bestimmungen**" einge- **91** leitet (vgl. Art. 1–10).[36] Diese bestimmen die **Begriffe** (Art. 1), deren **persönlichen** (Art. 2) und **sachlichen Geltungsbereich** (Art. 3), untersagen jede **Diskriminierung** wegen der Staatsangehörigkeit unter EU-Angehörigen (Art. 4), sehen die allgemeine Tatbestandsgleichstellung in Form einer Äquivalenzregelung (Art. 5)[37] vor, gebieten die Zusammenrechnung von Zeiten (Art. 6) und den grundsätzlichen **Export von Leistungen** (Art. 7) und regeln die Rechtsfolgen bei **Kumulation** von Leistungsansprüchen aufgrund unterschiedlichen nationalen Rechts (Art. 10).

Nach Art. 2 VO (EG) 883/2004 gilt die Verordnung für die soziale Siche- **92** rung der **Staatsangehörigen** der Mitgliedstaaten. Darüber hinaus bezieht VO (EG) Nr. 1231/2010[38] die Angehörigen von Drittstaaten in die Koordination ein. Die VO (EG) 883/2004 gilt für Leistungen „sozialer Sicherheit". Nach Art. 3 VO (EG) 883/2004 rechnen hierzu Leistungen für Krankheit und Mutterschaft, Invalidität, Alter, Hinterbliebene, Arbeitsunfall und Berufskrankheiten, Arbeitslosigkeit sowie Familienleistungen.[39] Nicht zur sozialen Sicherheit gehören dagegen Leistungen der Sozialhilfe, der sozialen Entschädigung sowie von privaten Trägern (namentlich betriebliche Sozialleistungen). Seit 1998 sind auch die vormals ausgeschlossenen Sondersysteme für öffentliche Bedienstete (Beamtenversorgung) wie die berufsständischen Versorgungen einbezogen.[40]

Die genannten Begriffe sind internationale, weil sie auf sozialrechtliche **93** Gestaltungen aller EU-Staaten anzuwenden sind.[41] Diese verknüpfen unterschiedliche Elemente und entziehen sich so einer eindeutigen systematischen Einordnung. Wie schwierig diese Abgrenzung ist, zeigt beispielhaft die Frage,[42] ob die Mindestrente (pensione sociale) des italienischen Rechts[43] als Leistung sozialer Sicherheit oder als Sozialhilfe zu qualifizieren sei. Als Leistung der sozialen Sicherheit wäre sie auch bei Auslandsaufenthalt des

---

[36] Vgl. dazu *Schulte*, in SRH, § 33 Rn. 142 ff.; *Eichenhofer*, Sozialrecht der Europäischen Union, 2013 (5. Aufl.), Rn. 80 ff.; *Jorens/Van Overmeiren*, in Eichenhofer (Hg.), 50 Jahre nach ihrem Beginn, 2008, 105 ff.

[37] Hierzu grundlegend *Eichenhofer*, Internationales Sozialrecht und Internationales Privatrecht, 1987, 247 ff.

[38] ABl. EU vom 29.12.2010 L 344/13.

[39] Vgl. EuGH Slg. 1972, 457 (Frilli); 1979, 2645 (CRAN/Toia); 1981, 229 (Vigier); 1984, 1389 (N. V. Tiel – Utrecht); 1985, 973 (Hoeckx); 1985, 1745.

[40] *Fuchs*, in ders. (Hg.), Nomos-Kommentar EuSozR, 2013 (6. Aufl.), Art. 4 Rn. 6.

[41] Sie entsprechen damit dem „Anknüpfungsgegenstand" in Kollisionsnormen des IPR. Das sind die in der Sprache materiellrechtlicher Systembegriffe umschriebenen Tatbestandsmerkmale von Kollisionsnormen; eingehend: *Devetzi*, Die Kollisionsnormen des europäischen Sozialrechts, 2000.

[42] EuGH Slg. 1983, 1427 (Piscitello).

[43] *Sandri*, Istituzioni di legislazione sociale, 1983, Rn. 106.

Berechtigten zu zahlen (Art. 7 VO (EG) 883/2004), als Leistung der Sozialhilfe könnte sie bei Auslandsaufenthalt dagegen versagt werden. Zugunsten
der Qualifikation als Sozialhilfe spricht, dass die pensione sociale nur an
Bedürftige gewährt und ihr Ertrag aus öffentlichen Mitteln finanziert wird.
Zugunsten ihrer Qualifikation als Leistung sozialer Sicherheit spricht, dass
sie im Alter zu erbringen ist und bei mangelndem sozialversicherungsrechtlichem Schutz Sicherungslücken schließt, der Empfänger also im Alter nicht
Sozialhilfe in Anspruch nehmen muss. Deshalb hat der EuGH die pensione
sociale als Leistung sozialer Sicherheit qualifiziert. Sie ist jedoch als besondere beitragsunabhängige Geldleistung zu bestimmen und deshalb nicht zu
exportieren.[44]

94   Falls ein Arbeitnehmer Leistungsansprüche in mehreren Rechten erworben hat, bestimmt Art. 10 VO (EG) 883/2004, dass diese **nicht** deshalb **ge-
kürzt** werden dürfen, weil nach dem Recht eines anderen Mitgliedstaates
ebenfalls Leistungsansprüche bestehen. Diesen Grundsatz hat der EuGH in
der Rechtssache Petroni[45] zu einem das gesamte EU-Koordinationsrecht leitenden **Grundprinzip** ausgebaut. Ein Arbeitnehmer, der in Italien und in Belgien Versicherungszeiten zurückgelegt hat und aus den belgischen Zeiten
einen Anspruch auf die höchstmögliche belgische Rente erhielt, müsse nicht
hinnehmen, dass von der belgischen Rente der Zahlbetrag der italienischen
Rente abgezogen werde. Der EuGH hat daraus ein Günstigkeitsprinzip abgeleitet: **Europäisches koordinierendes** Sozialrecht wirkt **nie rechtsverkür-
zend**, sondern **stets nur rechtserweiternd**.

95   In den Art. 11–16 VO (EG) 883/2004 finden sich **Kollisionsnormen**.[46] Danach ist das Sozialversicherungsstatut Beschäftigter und Selbständiger
grundsätzlich durch Anknüpfung an den Beschäftigungsort oder Unterneh-
menssitz zu bestimmen. Sonderregeln gelten für Hilfskräfte der EU,[47] Beamte[48] sowie Personen, die gewöhnlich in zwei oder mehr Mitgliedstaaten eine
die soziale Sicherung nach sich ziehende Beschäftigung oder selbständige
Erwerbstätigkeit ausüben (Art. 13 VO (EG) 883/2004). Schließlich ist den
Beteiligten eines Sozialversicherungsverhältnisses (Arbeitnehmer, Arbeitgeber und die betroffenen Sozialverwaltungen) gestattet, Ausnahmen von
den Bestimmungen des Gesetzes zu vereinbaren (Art. 16 VO (EG) 883/2004).

96   Der „**Arbeitsort**" ist der maßgebliche Anknüpfungspunkt für das Sozialrecht. Dieser ist der Ort, wo die versicherungspflichtige Person ihrer geschuldeten Tätigkeit regelmäßig nachgeht. Ein Arbeitsort kann in einem

---

[44] Art. 70 VO (EG) 883/2004.
[45] EuGH Slg. 1975, 1149 (Petroni).
[46] *Devetzi*, Die Kollisionsnormen des europäischen Sozialrechts, 2000; *Eichenhofer*,
Sozialrecht der Europäischen Union, 2013 (5. Aufl.), Rn. 130 ff.
[47] Art. 15 VO (EG) 883/2004.
[48] Art. 11 III lit. b) VO (EG) 883/2004.

Staat aber auch bestehen, ohne dass der Beschäftigte stets und ständig dort tätig würde: Auch bei **Auslandsbetätigung** kann **Inlandsbeschäftigung** wie umgekehrt bei **Inlandsbetätigung** eine **Auslandsbeschäftigung** vorliegen.[49] Das Auseinanderfallen von Betätigungs- und Arbeitsort ist für das Sozialrechtsstatut bei Aus- (§ 4 SGB IV) oder Einstrahlung (§ 5 SGB IV) unschädlich. Beide sind dadurch charakterisiert, dass ein Beschäftigter seine Tätigkeit vorübergehend statt im Gebiet des zuständigen im Gebiet eines anderen Staates verrichtet. Ist die Auslandstätigkeit vorübergehend, verändert sich das Sozialrechtsstatut nicht;[50] ist die Auslandstätigkeit dagegen auf Dauer angelegt, tritt sofort ein Wechsel des Sozialrechtsstatuts ein.

Um die internationalen Wirkungen nationalen Rechts zu sichern, finden **97** sich in der VO (EG) 883/2004 für die unterschiedlichen sozialen Risiken: Krankheit (vgl. Art. 17 ff.), Arbeitsunfall und Berufskrankheiten (vgl. Art. 36 ff.), Invalidität, Alter und Tod (vgl. Art. 44 ff.), Arbeitslosigkeit (vgl. Art. 61 ff.) sowie für Familienleistungen (Art. 67 ff.) verschiedene Äquivalenzregeln.

Grundsätzlich hat ein in einem Staat gegen **Erkrankung** Versicherter Ansprüche auf Leistungen nur gegenüber den im zuständigen Staat niedergelassenen Leistungserbringern. Das Sozialrecht eines Mitgliedstaates wirkte unter diesen Voraussetzungen territorial begrenzt – internationale Wirkungen blieben aus. Diese Regelung wäre einer international mobilen Gesellschaft unzuträglich. Äquivalenzregeln überwinden diese Unzulänglichkeiten.[51] Sie kennt das EU-Sozialrecht für Grenzgänger, bei vorübergehendem Auslandsaufenthalt des Versicherten oder bei nicht hinreichender Behandlungsmöglichkeit im zuständigen Staat. In diesen Fällen stehen ihm und seinen Familienangehörigen Behandlungsleistungen im Wohnstaat aufgrund der Versicherungsmitgliedschaft im Beschäftigungsstaat zu.[52] Desgleichen stehen einem Versicherten bei Erkrankung in einem anderen Mitgliedstaat alle erforderlichen Leistungen für die Akutbehandlung der eingetretenen Erkrankung zu, wenn sich der Versicherte vorübergehend – z. B. wegen Urlaubs, Auslandstätigkeit oder Transitreise – in einem anderen Mitgliedstaat aufhält und dort erkrankt (Art. 19 VO (EG) 883/2004). Schließlich hat ein in einem Staat gegen Krankheit Versicherter Anspruch auf die von der Krankenversicherung eines anderen Mitgliedstaats angebotenen gleichen Leistungen, wenn die angemessene Behandlung im zuständigen Staat nicht rechtzeitig oder überhaupt nicht erhältlich ist (Art. 20 VO (EG)

---

[49] Vgl. auch Art. 12 VO (EG) 883/2004.

[50] *Steinmeyer*, Die Einstrahlung im internationalen Sozialversicherungsrecht, 1981.

[51] Dazu eingehend: *Eichenhofer*, Internationales Sozialrecht und Internationales Privatrecht, 1987, 247 ff.; *ders.*, ISR, Rn. 190 ff.

[52] *Marhold*, in Eichenhofer (Hg.), 50 Jahre nach ihrem Beginn, 2009, 193 ff.; *Windisch-Graetz*, Europäisches Krankenversicherungsrecht, 2003.

54   A. Grundlagen

883/2004).[53] Diese Regeln gelten entsprechend für die Pflegeversicherung (Art. 34 VO (EG) 883/2004).[54]

Noch nicht hinreichend klar zu beantworten ist die Frage, ob wegen der **Dienstleistungs-** und **Warenverkehrsfreiheit** (Art. 23, 49 AEUV) ein allgemeiner Anspruch auf Krankenbehandlung in anderen Mitgliedstaaten besteht. Der EuGH unterwirft in inzwischen ständiger Rechtsprechung die Leistungsansprüche sozialer Sicherheit diesen Grundfreiheiten,[55] billigt jedoch andererseits, die Inanspruchnahme hochwertiger Krankenhausbehandlungen in anderen Mitgliedstaaten von der „Genehmigung" (= vorherige Zustimmung) des Trägers abhängig zu machen.[56] Auf dieser Basis ist die Patientenrichtlinie[57] ergangen, welche die Mitgliedstaaten zur Verwirklichung dieser Prinzipien verpflichtet.

98   Die Koordination der Ansprüche gegen das Risiko des Arbeits**unfalls** folgt ähnlichen Prinzipien wie bei Krankheit einerseits und Alter, Invalidität und Tod andererseits. So ist die Leistungsaushilfe auch bei Arbeitsunfall geschuldet. Die Expositionszeiten im Recht der Berufskrankheiten werden ebenfalls zusammengerechnet. Allerdings gelten für die Lastenverteilung für Leistungen bei Berufskrankheiten andere Grundsätze als bei der Rentenversicherung.[58] Die gesamte Leistung hat der Staat der letzten Beschäftigung zu tragen (Art. 38 VO (EG) 883/2004).

99   Für die Sicherung vor **Alter, Invalidität** und **Tod** sieht das koordinierende Recht die anspruchsbegründende **Zusammenrechnung** von Versicherungszeiten vor:[59] Bei Prüfung der versicherungsrechtlichen Voraussetzungen für einen Rentenanspruch bei Alter, Invalidität und Tod werden die in anderen Mitgliedstaaten verbrachten Versicherungs-, Beschäftigungs- oder Wohnzeiten wie Zeiten nach dem Recht dieses Staates behandelt. Aus den in anderen Mitgliedstaaten verrichteten Tätigkeiten oder Wohnzeiten erwachsen dieselben sozialversicherungsrechtlichen Anrechte wie aus den im zuständigen Staat erbrachten. Die Leistungshöhe bemisst sich nach den im Mitgliedstaat verbrachten Zeiten. Allerdings ist eine Optimierungsberechnung vorzunehmen, welche die höchstmögliche Leistung sichert. Jeder Träger hat die Rente nur aus den unter seinem Recht verbrachten Zeiten zu berechnen; er

---

53 EuGH Slg. 1978, 825 (Pierik I).
54 EuGH Slg. 1998. I-843 (Molenaar); *Eichenhofer*, in HS-PV, § 30; *Sieveking* (Hg.), Soziale Sicherheit bei Pflegebedürftigkeit in der Europäischen Union, 1998.
55 Grundlegend EuGH, Slg. 1998, I-1831 (Decker), I-1931 (Kohll).
56 EuGH, Slg. 2001, I-5473 (Geraets-Smits).
57 RL 2011/24/EU, ABl. V. 4.4.2011 L 88/45.
58 Zu einer möglichen Reform vgl. *Fuchs*, in Eichenhofer (Hg.), Reform des Europäischen koordinierenden Sozialrechts, 1993, 93, 96 f.
59 *Eichenhofer*, in HS-RV, § 76; *Verschueren*, in Eichenhofer (Hg.), 50 Jahre nach ihrem Beginn, 2009, 223.

schuldet den Zahlbetrag, der sich bei Anwendung des dem Versicherten günstigsten Berechnungsmodus ergibt.

Die Leistungen der **Arbeitslosensicherung** hat der Staat der letzten Be- **100** schäftigung zu gewähren, jedoch die von einem Arbeitnehmer in einem anderen Mitgliedstaat verbrachten Versicherungs- und Beschäftigungszeiten bei der Berechnung des Leistungsanspruchs zu berücksichtigen wie wenn sie im zuständigen Staat zurückgelegt worden wären (Art. 61 VO (EG) 883/2004). Der Arbeitslose hat sich während der Arbeitslosigkeit im zuständigen Staat verfügbar zu halten. Art. 64 VO (EG) 883/2004 erlaubt dem Arbeitslosen, sich für drei Monate in einen anderen Mitgliedstaat auf Arbeitssuche zu begeben;[60] diese Zeit kann von der Arbeitsverwaltung des zuständigen Staates bis auf sechs Monate verlängert werden. Von dem Grundsatz, dass der Staat der letzten Beschäftigung zuständig ist, sieht Art. 65 VO (EG) 883/2004 für die in einem anderen Staat als demjenigen der letzten Beschäftigung wohnenden Arbeitnehmer eine Ausnahme vor. Für diese ist der Wohnstaat zuständig; der Berechtigte erhält aber die Leistungen in Höhe des Rechts des Mitgliedstaates der bisherigen Beschäftigung oder Erwerbstätigkeit und kann auch dort seine Verfügbarkeit begründen.[61]

Im internationalen Recht des **Familienleistungsausgleichs** wird das an- **101** wendbare Recht grundsätzlich durch Anknüpfung an den **Beschäftigungsort** eines Elternteils bestimmt. Bei der Leistungsberechtigung sind sämtliche Kinder eines Elternteils zu berücksichtigen, auch die außerhalb des zuständigen Staates wohnenden (Art. 67 VO (EG) 883/2004). Die Rechtsprechung des EuGH erstreckt dieses Prinzip auf andere leistungsbegründende Tatbestandsmerkmale, insbesondere die Arbeitslosigkeit eines Kindes in einem anderen Mitgliedstaat, wenn von dieser der Anspruch auf Kindergeld abhängt.[62] Diese Rechtsprechung wird nun durch die in Art. 5 VO (EG) 883/2004 niedergelegte allgemeine Äquivalenzregelung legitimiert.

Sind beide Elternteile in mehreren Mitgliedstaaten beschäftigt, erwächst aus **doppelter Beschäftigung** eine **doppelte Berechtigung**.[63] Da für Kinder eines Elternpaars jedoch nur einmal Familienleistungen erbracht werden (vgl. unten Rn. 505), sind die Lasten zwischen den verschiedenen Beschäftigungsstaaten zu verteilen. Danach ist der Staat der überwiegenden Beschäftigung vorrangig leistungspflichtig (Art. 68 VO (EG) 883/2004). Übertrifft die Leistung dieses Staates die des anderen, so bewendet es bei der Leistung; übertrifft die Familienleistung des zweiten Beschäftigungsstaates dagegen

---

[60] *Pennings*, in Eichenhofer (Hg.), 50 Jahre nach ihrem Beginn, 2009, 265; die Rechtsprechung des EuGH (EuGH Slg. 1980, 1979 (Testa, Maggio, Vitale)) hat diese Grundsätze jedoch immer wieder bestätigt.
[61] Folgerung aus dem Urteil EuGH Slg. 1986, 1837 (Miethe).
[62] *Devetzi*, in Eichenhofer (Hg.), 50 Jahre nach ihrem Beginn, 2009, 291ff.; EuGH Slg. 1990, I-531 (Bronzino).
[63] Art. 73 VO (EWG) 1408/71; vgl. auch EuGH Slg. 1984, 3741 (Salzano).

diejenige des ersten, schuldet jener die Differenz.[64] Der Vorrang gilt strikt, auch wenn der berechtigte Elternteil des Kindes keinen Antrag auf Familienleistungen stellt.[65]

102   Nach Art. 76 ff. VO (EG) 883/2004 sind die Sozialverwaltungen der Mitgliedstaaten zur wechselseitigen Unterstützung verpflichtet. Sie haben namentlich die ärztlichen Befunde wechselseitig anzuerkennen,[66] jede Amtssprache zuzulassen[67] und sich wechselseitig bei Beitragseinzug und Rückforderungen internationale Amtshilfe zu leisten.[68] Hinsichtlich der Anordnung der cessio legis (vgl. unten Rn. 249 ff.) bei Konkurrenz von sozialrechtlichen und privatrechtlichen Ansprüchen anerkennt jeder Mitgliedstaat die im Sozialrecht des anderen Mitgliedstaats enthaltene Zessionsanordnung zugunsten von dessen Sozialleistungsträgern.[69]

103   Es gilt ferner die strikte **Nichtdiskriminierung** unter EU-Bürgern (Art. 2 EU, 18 AEUV). Für die Gewährung sämtlicher Sozialleistungen gilt deshalb das Gebot der Gleichbehandlung in der „sozialen Sicherheit" (Art. 3 VO (EG) 883/2004). Für den begrifflich viel weiter gefassten Kreis der „sozialen Vergünstigungen für Arbeitnehmer" gilt dieser Grundsatz gemäß Art. 7 II VO (EU) 492/2011. Als soziale Vergünstigungen gelten z. B. Leistungen der Sozialhilfe,[70] öffentliche Stipendien – BAföG,[71] Geburtsdarlehen[72] oder Fahrpreisermäßigungen für Großfamilien bei öffentlichen Bahnen.[73]

d) Internationaler Vergleich von Sozialrecht

104   Obgleich alle Staaten Sozialrecht haben, erfüllt dieses **unterschiedliche wirtschaftliche** und **soziale Funktionen**. In **Entwicklungsländern** sind nur die Minderheit der Industriearbeiter und die Beschäftigten von Handel und öffentlichem Dienst sozial gesichert. Sozialrecht nimmt dort Privilegiencharakter an, sichert die Bessergestellten, verteuert die Produktion und erlegt jedermann die Finanzierung dieser Sicherung auf.[74] Dagegen ist in den entwickelten Ländern die gesamte Bevölkerung in die soziale Sicherung einbezogen. Es bestehen aber konstruktive Unterschiede in der Gestaltung sozia-

---

[64] EuGH Slg. 1980, 1915 (Laterza); 1986, 1401 (Ferraioli).
[65] Art. 76 VO (EWG) 1408/71 i. d. F. der VO (EWG) 3427/89 vom 30.10.1989, ABl. Nr. L 311/1.
[66] EuGH Slg. 1987, 1339 (Rindone).
[67] Art. 82 VO (EG) 883/2004.
[68] Art. 76 VO (EG) 883/2004.
[69] Art. 85 VO (EG) 883/2004.
[70] EuGH Slg. 1984, 3199 (Castelli); 1985, 973 (Hoeckx); 1985, 1873 (Deak).
[71] EuGH Slg. 1974, 773 (Casagrande); 1990, I-4185 (Di Leo).
[72] EuGH Slg. 1982, 33 (Reina/Landeskreditbank Baden-Württemberg).
[73] EuGH Slg.1975, 1085 (Christini).
[74] *Huber/Bogliaccini, Peng/Wong, Cook*, in Castles (Ed.), The Oxford Handbook of the Welfare State, 2012, 644, 656, 671.

ler Sicherheit. Es lassen sich verschiedene Rechtsfamilien unterscheiden: die kontinental-europäische,[75] angelsächsische, skandinavische und die der Entwicklungsländer. Dies soll im Folgenden für die Risiken Alter, Invalidität und Tod (aa) und Krankheit (bb) gezeigt werden.

aa) Sicherung bei Alter, Invalidität und Tod

Es lassen sich drei Formen sozialrechtlicher Alterssicherung unterscheiden:[76] Zwangssparen, Sozialversicherung und Einwohnersicherung. Beim **Zwangssparen** wird ein Teil vom Lohn einbehalten und in Fonds angelegt. Der Ertrag wird bei Eintritt des Sicherungsfalles (Alter, Invalidität oder Tod des Berechtigten) an den Berechtigten oder dessen Hinterbliebene ausgezahlt. Hier decken sich Aufwand und Ertrag.   **105**

In der **Sozialversicherung** werden Beiträge von Beschäftigten erhoben; die Leistung ist jedoch nicht streng beitragsäquivalent; die Proportionalität wird durch den sozialen Ausgleich aufgelockert. Bei der Alterssicherung als **Einwohnersicherung** werden aus allgemeinen Haushaltsmitteln Leistungen an die Berechtigten bei Alter, Invalidität oder Tod erbracht. Die Leistung ist vom Einkommen des Berechtigten unabhängig als Grundsicherung ausgestaltet.

In den **kontinental-europäischen Staaten** dominiert in der Alterssicherung die Sozialversicherung. Die Rente hängt vom zu aktiven Zeiten erzielten Einkommen ab. Die Sicherung ist erwerbsabhängig, bildet also die Einkommensunterschiede während der Erwerbsphase unter den Versicherten in den Leistungen ab. Arbeitgeber und Arbeitnehmer sind in die Verwaltung einbezogen (Korporatismus). Der für die Sozialversicherung charakteristische soziale Ausgleich kann unterschiedlich wahrgenommen werden. Typisch ist die Zuerkennung beitragsloser Zeiten – Zeiten der Nichtbeschäftigung zählen als Versicherungszeiten (Mutterschaft und Kindererziehung, Arbeitslosigkeit, Militärdienst) – oder die gezielte Umverteilung zugunsten der Geringverdiener durch Mindestrenten.

Im **angelsächsischen** wie **skandinavischen Rechtskreis** besteht die Alterssicherung in einer **Einwohnersicherung**. Voraussetzung für den Leistungsanspruch ist, dass der Berechtigte sich hinreichend lang in dem entspre-

---

[75] *Kautto, Palier, Ferrera, Castles*, in Castles (Ed.), The Oxford Handbook of the Welfare State, 2012, 586, 601, 616, 630.

[76] *Becker*, Staat und autonome Träger im Sozialleistungsrecht, 1996; grundlegend: *Clasen*, Comparative Social Policy, 1999; vor allem: *Esping-Andersen*, The Three Worlds of Welfare Capitalism, 1990; *MIRE* (Ed.), Comparing Social Welfare Systems, 1997; *Reinhard* (Hg.), Demographischer Wandel und Alterssicherung, 2001; *Sarfati/Bonoli*, Labour Market and Social Protection Reforms in international perspective, 2002; *VDR* (Hg.), Rentenversicherung im internationalen Vergleich, 2003; *Zacher*, Alterssicherung im Rechtsvergleich, 1991.

chenden Land aufgehalten hat. Die Leistung ist für jedermann gleich hoch. In Großbritannien und in Schweden bestehen daneben zusätzliche staatliche und/oder private Rentensysteme; sie ergänzen die Einwohnersicherung durch einkommensabhängige Zusatzleistungen. Wo die Einwohnersicherung dominiert, erlangen die betrieblichen Altersrenten als Ergänzung große Bedeutung. Der Unterschied zwischen dem angelsächsischen und dem skandinavischen Ansatz liegt nicht in der Struktur, sondern im Niveau: Dort ist der Anspruch auf Armutsvermeidung beschränkt, hier auf Wohlstandsteilhabe gerichtet.

In den **USA** sind alle Erwerbstätigen für Alter, Invalidität und im Hinterbliebenenfall durch die Sozialversicherung gesichert, sie enthält stark egalitäre Elemente. Durch die degressive Bewertung von Einkommen ist die US-Alterssicherung auf Umverteilung zugunsten der Geringverdiener angelegt, soll sämtlichen Erwerbstätigen eine Grundsicherung vermitteln. Um die Sicherung des Lebensstandards im Alter und bei Invalidität für Personen mit überdurchschnittlichem Erwerbseinkommen zu erhalten, bestehen deshalb zahlreiche zusätzliche Sicherungen durch betriebliche Sozialleistungen (das Modell wurde in der Schweiz übernommen!).

In den **Entwicklungsländern** steht die öffentliche Alterssicherung erst am Anfang. Das Zwangssparen dominiert im Commonwealth. Dort wurde die Errichtung von **Provident Funds** in der Tradition des britischen Kolonialreichs verbindlich gemacht. Danach haben Arbeitnehmer einen Teil ihres Einkommens an diesen Fonds abzugeben. Dieser legt die Gelder an und zahlt das Ersparte im Leistungsfall an die Berechtigten aus. Sozialversicherungen bestehen insbesondere in den lateinamerikanischen Staaten, dort freilich beschränkt auf die gehobenen Arbeitnehmerschichten – Industriearbeiterschaft sowie die Bediensteten von Handel und öffentlichem Dienst. Diese wurden in den 1980er Jahren nach dem Vorbild Chiles privatisiert.

bb) Sicherung bei Krankheit

106   Im internationalen Vergleich sind drei Typen der **Krankheitssicherung**[77] verbreitet: Nationaler Gesundheitsdienst sowie Krankenversicherung nach dem Sachleistungs- und nach dem Kostenerstattungsprinzip. Im **nationalen Gesundheitsdienst** hat jeder Einwohner Anspruch auf die unentgeltliche Behandlung durch staatliche Einrichtungen. In der Krankenversicherung nach dem **Sachleistungsprinzip** steht dem Versicherten ein Rechtsanspruch auf unentgeltliche Inanspruchnahme von Leistungen der niedergelassenen

[77] *Alber u.a.*, Westeuropäische Gesundheitssysteme im Vergleich, 1992; *Kötter*, Die Steuerung der ambulanten ärztlichen Versorgung im Recht der gesetzlichen Krankenversicherung, 2000; *Leienbach*, in Boecken/Ruland/Steinmeyer (Hg.), Sozialrecht und Sozialpolitik in Deutschland und Europa, Festschrift für Bernd Baron von Maydell, 2002, 451.

Ärzte oder Krankenhäuser zu; sie werden durch die Krankenversicherungen global finanziert. Bei der Krankenversicherung nach dem **Kostenerstattungsprinzip** nimmt der Versicherte ärztliche Leistungen als Privater in Anspruch und die Versicherung erstattet deren Kosten ganz oder teilweise.

In **Mittel- und Westeuropa** dominiert die Krankenversicherung. Allerdings ist nicht einheitlich geregelt, ob Krankenversicherung nach dem Sachleistungs- oder dem Kostenerstattungsprinzip gewährt wird. In Deutschland und Österreich gilt das Sachleistungsprinzip, in Frankreich, Belgien, Luxemburg und der Schweiz dagegen das Kostenerstattungsprinzip.

Im **angelsächsischen und skandinavischen** Rechtskreis dominiert der nationale Gesundheitsdienst, desgleichen in Süd-, Mittel- und Osteuropa. Die Ärzte sind entweder bei staatlichen Krankenhäusern angestellt oder können für ihre Tätigkeit einen einheitlichen Satz pro Patienten liquidieren. Es besteht eine freie Arztwahl; der Zugang zu ärztlichen Tätigkeiten ist jedoch durch staatliche Einflussnahme begrenzt und reguliert. Knappheit – politisch gewollt – kennzeichnet das System.

In den **USA** besteht eine öffentliche Krankenversicherung nur für die Rentner. Außerdem haben die Sozialhilfeempfänger Anspruch auf unentgeltliche Behandlung durch Arzte und Krankenhäuser auf Kosten des Staates. Für die aktiv Beschäftigten bestehen jedoch in der Regel privatrechtliche Sicherungen; sie sind seit 2010 verpflichtend. Diese können ihrerseits auf dem Sachleistungsprinzip (Health Maintenance Organisations) oder auf dem Kostenerstattungsprinzip (private in Arbeitsverhältnis gründende Gruppenversicherung) beruhen.

In den **Entwicklungsländern** steht der Aufbau einer sozialen Krankensicherung erst am Anfang. Es gibt nur einige Staaten Westafrikas, die gemäß französischer Traditionen Krankensicherung nach dem Kostenerstattungsprinzip organisieren. Im Übrigen bemühen sich die Entwicklungsländer, nationale Gesundheitsdienste zur Sicherstellung der Primärversorgung (Primary Health Care) zu organisieren. Diese Systeme entfalten aber eine nur regionale Wirksamkeit.

§ 5 Verfassung und Sozialrecht

Lit.: *von Arnauld/Musil*, Strukturfragen des Sozialverfassungsrechts, 2009; *Becker*, Transfergerechtigkeit und Verfassung, 2001; *Böckenförde*, Die sozialen Grundrechte im Verfassungsgefüge, in Böckenförde/Jekewitz/Ramm (Hg.), Soziale Grundrechte, 5. Rechtspolitischer Kongreß der SPD, 1981, 7; *Brunner*, Die Problematik der sozialen Grundrechte, 1971; *Butzer*, Fremdlasten in der Sozialversicherung, 2001; *Eichenhofer*, Soziale Menschenrechte im Völker-, Europa- und deutschen Recht, 2012; *ders.*, Der soziale Rechtsstaat ein Staat sozialer Rechte, DVBl. 2016, 78; *Forsthoff* (Hg.), Rechtsstaatlichkeit und Sozialstaatlichkeit, 1968; *Häberle*, Grundrechte im Leistungsstaat, VVDStRL 30 (1972), 44 ff.; *Heinig*, Der Sozialstaat im Dienst der Freiheit, 2007; *ders.*, in Denkschrift 60 Jahre BSG, 333; *F. Kirchhof*, Die Entwicklung des Sozialverfassungsrechts, NZS 2015, 1; *Papier*, Der Einfluss des Verfassungsrechts auf das Sozialrecht, in von Maydell/Ruland/Becker (Hg.), Sozialrechtshandbuch, 2012 (5. Aufl.), § 3; *Rolfs*, Das Versicherungsprinzip im Sozialversicherungsrecht, 2000; *Schlenker*, Soziales Rückschrittsverbot und Grundgesetz, 1986; *Spieker*, Der Sozialstaat, 2012; *Voßkuhle/Gerberding*, in Denkschrift 60 Jahre BSG, 283; *Wallrabenstein*, Versicherung im Sozialstaat, 2009; *Zacher*, Das soziale Staatsziel, in Isensee/Kirchhof (Hg.), Handbuch des Staatsrechts, Bd. II, 2004 (3. Aufl.), § 28.

a) Möglichkeiten der Aufnahme des Sozialrechts in die Verfassung

107   Sozialrecht ist für die Menschen von existentieller Bedeutung und für die entwickelten Staaten von erheblicher Tragweite. Sozialgesetzgebung und Sozialverwaltung machen daher einen maßgebenden Teil staatlichen Handelns aus. Deswegen drängt sich die Frage auf: Findet – und wenn ja: wie findet das Sozialrecht Ausdruck in den Verfassungen? Auf diese Frage geben die Staaten unterschiedliche Antworten.

108   In den Verfassungen der USA (1787) und Großbritanniens[1] hat das Sozialrecht **keinen Niederschlag** gefunden. In den aus dem 19. Jahrhundert überkommenen Verfassungen[2] erscheint das Sozialrecht nur, soweit darin für einzelne sozialrechtliche Materien Gesetzgebungszuständigkeiten vorgesehen sind. Viele der aus dem 20. Jahrhundert stammenden Verfassungen enthalten dagegen sozialrechtliche Garantien als **soziale Grundrechte** (aa), **Prinzipienerklärungen** (bb) oder **Staatszielbestimmungen** (cc).

aa) Soziale Grundrechte

109   Erstmals in der Jakobiner Verfassung vom 24. Juni 1793 wurden soziale Grundrechte formuliert. In deren Art. 21 heißt es: „Die öffentliche Armenpflege ist eine heilige Pflicht. Die Gesellschaft schuldet allen unverschuldet in Not geratenen Bürgern Unterstützung, sei es durch Bereitstellung von Arbeit, sei es durch Gewährleistung der Daseinssicherung für Arbeitsunfähige".[3] Soziale Grundrechte gewähren dem Einzelnen Ansprüche auf staatliche Leistungen oder Teilhabe an Handlungsmöglichkeiten.[4]

---

[1] Das keine geschriebene und kodifizierte Verfassung kennt, sondern dessen Verfassung auf Traditionen und Einzelgesetzen von grundlegendem staatsrechtlichem Rang beruht, *Loewenstein*, Staatsrecht und Staatspraxis von Großbritannien, 1967.

[2] Etwa der Schweiz, vgl. aber nur Art. 41 der Schweizerischen Bundes-Verfassung (1999) – soziale Staatsziele: Soziale Sicherheit, Gesundheit, Familienschutz, Arbeit, Wohnung, Bildung und Erziehung.

[3] Les secours publics sont une dette sacrée. La société doit la subsistance aux citoyens malheureux, soit en leur procurant du travail, soit en assurant les moyens d'exister à ceux qui sont hors d'état de travailler.

[4] Vgl. generell zu den sozialen Grundrechten: *Böckenförde*, Die sozialen Grundrech-

Soziale Grundrechte sollen das Recht auf Existenz bekräftigen, Gleichheit fördern und durch staatliche Leistungen die faktischen Voraussetzungen für den Gebrauch der Menschenrechte für jedermann sichern. Die sozialen Grundrechte sind als Rechte auf Arbeit, Bildung, Gesundheit Wohnung, soziale Sicherung[5] und Familienförderung ausgebildet. So proklamieren etwa die Verfassungen Dänemarks,[6] Frankreichs[7] und Italiens[8] ein Recht auf Arbeit. Die Verfassungen Irlands[9] und Portugals[10] geben dem Staat die Verwirklichung einzelner sozialpolitischer Ziele auf. Die italienische Verfassung[11] verpflichtet den Staat zur Familienförderung. Sie sind vor allem in Art. 22–27 der MRK und dem 1966 Pakt über die wirtschaftlichen, sozialen und kulturellen Rechte verankert.[12]

Auch **deutschem** Verfassungsrecht sind **soziale Grundrechte nicht fremd**. Sie kommen in den Verfassungen zahlreicher Länder vor, namentlich derer, die sich vor dem GG[13] oder nach der Wiedervereinigung[14] eine Verfassung gaben. Bereits die WRV kannte – international betrachtet als eine der ersten Verfassungen weltweit – soziale Grundrechte namentlich die Rechte auf Ar-

---

te im Verfassungsgefüge, in Böckenförde/Jekewitz/Ramm (Hg.), Soziale Grundrechte, SPD-Rechtspolitischer Kongreß, 1981, 7; *Brunner,* Die Problematik der sozialen Grundrechte, 1971; *van Langendonck,* Freedom and Social Security, in Liber Amicorum Andrzej Marian Swiatkowski, 2009, 311; *Lücke,* AöR 107 (1982), 15; *Mikkola,* Social Human Rights of Europe, 2010; *Müller,* Soziale Grundrechte in der Verfassung?, 1981 (2. Aufl.); *Tomandl,* Der Einbau sozialer Grundrechte in das positive Recht, 1967; *van der Ven,* Soziale Grundrechte, 1963; *Langford* (Ed.), Social Rights Jurisprudence, 2008; *Iliopoulos-Strangas* (Hg.), Soziale Grundrechte in Europa nach Lissabon, 2010.

[5] *van Langendonck,* The Right to Social Security, 2007; *Riedel* (Hg.), Social Security as a Human Right, 2007; *ILO,* The Right to Social Security in the Constitutions of the World, Vol. 1: Europe, 2016; *Lörcher,* FS Eichenhofer, 411; *Mikkola,* ebd., 457.

[6] § 75 (1) Dänische Verfassung; *Nielsen,* in Iliopoulos-Strangas (Hg.), Soziale Grundrechte in Europa nach Lissabon, 2010, 89 ff.

[7] Vgl. Präambel zur Verfassung der IV. Republik (1946); *Rousseau/Pavia/Dubut,* in Iliopoulos-Strangas (Hg.), Soziale Grundrechte in Europa nach Lissabon, 2010, 201 ff.

[8] Art. 4 Italienische Verfassung; *Vergottini,* in Iliopoulos-Strangas (Hg.), Soziale Grundrechte in Europa nach Lissabon, 2010, 391 ff.

[9] Art. 45 (2) a) Verfassung der Republik Irland; *Murray/Phelan,* in Iliopoulos-Strangas (Hg.), Soziale Grundrechte in Europa nach Lissabon, 2010, 325 ff.

[10] Vgl. Art. 58 ff. Portugiesische Verfassung; *Vieira de Andrade,* in Iliopoulos-Strangas (Hg.), Soziale Grundrechte in Europa nach Lissabon, 2010, 541.

[11] Vgl. Art. 31 Italienische Verfassung.

[12] *Craven,* The International Covenant on Economic Social and Cultural Rights, A Perspective on its Development, 1995.

[13] Bayern (Recht auf Arbeit, Art. 166, Recht auf Sozialversicherung, Art. 171), Berlin (Recht auf Arbeit, Art. 18, Soziale Sicherung, Art. 22, Wohnraum, Art. 28), Hessen (Recht auf Arbeit, Art. 28), Rheinland-Pfalz (Recht auf Arbeit, Art. 53) und Saarland (Recht auf Arbeit, Art. 45).

[14] Brandenburg (Recht auf soziale Sicherung, Art. 45, Recht auf Arbeit, Art. 48), oder in abgeschwächter Form als Staatsziel: Mecklenburg-Vorpommern (Art. 17: Pflicht zur Erhaltung und Schaffung von Arbeitsplätzen), Sachsen (Art. 7: Menschenwürdiges Dasein, das Arbeit, Wohnung und soziale Sicherheit umschließt), Sachsen-Anhalt (Arbeit für jeden, Art. 39, Recht auf Wohnung, Art. 40) und Thüringen (Wohnraum, Art. 15 f., und Arbeit, Art. 36); zu deren Rang skeptisch: *Scholz,* RdA 1993, 249 ff.

beit und Sozialversicherung.[15] Die Grundrechtecharta der EU hat in den
Art. 27–36 eigene soziale Grundrechte aufgeführt, die in der EU verbindlich
sind.

110   Diese Gewährleistungen unterscheiden sich von **klassischen Grundrechten** wie der Gewissens-, Meinungs- und Vereinigungsfreiheit in Inhalt wie
Struktur: Während jene die Freiheit des einzelnen **von** staatlichem Zwang
als **status negativus**[16] oder negative Freiheit[17] begründen, schaffen soziale
Grundrechte eine staatliche Pflicht zum Handeln.[18] Sie räumen Ansprüche
auf Sozialleistungen ein und schaffen dem einzelnen einen **status positivus**
oder begründen eine „positive Freiheit". Soweit sie einen Anspruch auf Handeln schaffen, gewährleisten sie ein Teilhaberecht und begründen mithin
einen **status activus**. Alle Grundrechte sind auf gesetzliche Ausgestaltung
angelegt und ihnen ist die Sicherung von Teilhabe aufgegeben.[19]

111   Ob soziale Grundrechte sozialrechtliche Anliegen mit Verfassungsrang
garantieren können, wird in Deutschland – wegen angeblich negativer Erfahrungen in der Weimarer Republik, wo sie die Rechtsprechung als unver-
bindliche Programmsätze abtat – weit überwiegend verneint: Soziale Grundrechte hielten den Gesetzgeber an, die in den Rang eines Grundrechts erhobenen sozialrechtlichen Ziele zu verfolgen; sozialpolitische Untätigkeit des
Gesetzgebers wäre mithin Verfassungsbruch. Zwar seien die in den sozialen
Grundrechten verankerten Anliegen für die Menschen regelmäßig von
existentieller Bedeutung; aber der konkrete Inhalt sozialer Grundrechte
hänge stets von einer gesetzgeberischen oder Verwaltungsentscheidung ab.
Grundrechtsschutz bestehe somit letztlich nach Maßgabe gesetzgeberischer
und administrativer Entscheidung. Grundrechte wären so dem einfachen
Gesetz oder dem Verwaltungshandeln **nicht** über-, **sondern nachgeordnet**
und verfehlten so die Aufgabe der Grundrechte als Ziel für und Grenze von
Gesetzgebung und Verwaltung.[20] Außerdem setze ein soziales Grundrecht
die umfassende Verfügungsmacht des Staates über die zugeteilten Dienste
und Leistungen voraus.[21] Ein **Recht** auf **Arbeit** verlange, dass der **Staat** über
sämtliche **Arbeitsplätze gebiete.** Ein derartig organisiertes Gemeinwesen
stünde aber mit den Grundrechten auf Eigentumsfreiheit oder wirtschaftliche Betätigungsfreiheit in Widerspruch. Fehlte dem Staat aber die Verfü-

---

[15] *Eichenhofer*, Sozialstaatlichkeit – von der Verheißung zum Verlust?, in Pauly (Hg.),
Wendepunkte, 2009, 44 ff.

[16] Vgl. zur Statuslehre: *Jellinek*, Allgemeine Staatslehre, 1960 (3. Aufl.), 419 ff.

[17] *Berlin*, Freiheit: vier Versuche, 1995, 39 ff.

[18] *Murswiek*, in Isensee/Kirchhof (Hg.), Handbuch des Staatsrechts, Bd. 9 (3. Aufl.),
§ 192.

[19] *Fredman*, Human Rights transformed, 2008.

[20] *Forsthoff*, Begriff und Wesen des sozialen Rechtsstaates, in ders. (Hg.), Rechtsstaatlichkeit und Sozialstaatlichkeit, 1968, 165, 180: „Eine Verfassung kann nicht Sozialgesetz
sein!".

[21] So auch *Brunner*, Die Problematik der sozialen Grundrechte, 1971.

gungsmacht über die durch soziale Grundrechte zugeteilten Güter oder Leistungen, so würde der Verfassungsgeber sehenden Auges hinnehmen, dass verfassungsrechtlich verbriefte Ansprüche nicht eingelöst würden. Damit liefen nicht nur die **sozialen** Grundrechte **leer**; entwertet würde damit auch der **Geltungsanspruch** der **gesamten** Verfassung.

Dieser Skepsis ist jedoch entgegenzuhalten: Soziale Grundrechte werden welt- und EU-weit anerkannt,[22] weil sie elementare Bedingungen menschlicher Freiheit sichern. Warum sollte Deutschland einen Sonderweg gehen, zumal es völker- und europarechtlich gebunden und daher zur Beachtung der Menschenrechte verpflichtet ist. Art. 1 II GG spricht dieses klar aus! Friedrich Schiller wusste darum: „[...] habt Ihr die Blöße bedeckt, gibt sich die Würde von selbst!" Die sozialen Rechte sind im deutschen Sozialrecht in §§ 1–10 SGB I umfassend ausgeformt, anerkannt und werden damit als existierend vorausgesetzt[23]. Alle Grundrechte – und nicht nur die sozialen – sind gesetzlich auszugestalten und sichern Teilhabe! Auch die elementaren sozialen Teilhaberechte sollten daher künftig als verfassungsrechtliche Garantie formuliert werden. Die historisch und durch das GG begründeten Vorbehalte gegen deren Aufnahme in die Verfassung sind durch den sozialstaatlichen Entwicklungsstand, die internationale Entwicklung und die Wiedervereinigung überholt: Auch das GG braucht eigene soziale Grundrechte, die den Sozialstaat in seiner institutionellen Ausprägung und damit die in ihm begründeten Menschenrechte vor Übergriffen schützen und Gesetzgeber, Verwaltung und Rechtsprechung zu deren Befolgung anhalten.[24]

bb) *Sozialrechtliche Gewährleistungen als Prinzipienerklärungen*

Sozialrechtliche Gewährleistungen können auch derart aufgenommen werden, dass die Verfassung zu einzelnen sozialrechtlichen **Institutionen** konkrete Aussagen trifft. Art. 161 WRV bestimmte: „Zur Erhaltung der Gesundheit und Arbeitsfähigkeit, zum Schutz der Mutterschaft und zur Vorsorge gegen die wirtschaftlichen Folgen von Alter, Schwäche und Wechselfällen des Lebens schafft das Reich ein umfassendes Versicherungswesen unter maßgebender Mitwirkung der Versicherten". Verfassungsbestimmungen dieser Art begründen nicht individuelle Rechte, garantieren jedoch vorhandene Institutionen oder verpflichten zu deren Auf- und Ausbau. Soweit die

112

---

[22] *Fredman*, Human Rights Transformed, 2008; *Klee*, Die progressive Verwirklichung wirtschaftlicher, sozialer und kultureller Menschenrechte, 2000; *Lohmann*, Soziale Menschenrechte und die Grenzen des Sozialstaats, in Kersting (Hg.), Politische Philosophie des Sozialstaats, 2000, 351 ff.
[23] *Bieback*, FS Eichenhofer, 69; *Schlegel*, SGb 2016, 605.
[24] *Eichenhofer*, Soziale Menschenrechte im Völker-, europäischen und deutschen Recht, 2012; vgl. auch *Moritz*, Staatliche Schutzpflichten gegenüber pflegebedürftigen Menschen, 2013, mit sozialpolitisch weit reichenden Folgen.

Prinzipienerklärungen bestehende Institutionen gewährleisten, ähneln sie den institutionellen Garantien, die aus anderen Materien der Verfassungsgebung bekannt sind. Sie bezwecken, überkommene Institutionen des Privatrechts (Ehe, Eigentum oder Erbrecht) zu sichern. Diese werden dann „Institutsgarantien" genannt. Möglich sind ferner Garantien für Einrichtungen des öffentlichen Rechts. Soweit die Prinzipienerklärungen allerdings den Auftrag zur Institutionenbildung enthalten, stellen sie keine sozialrechtliche Besonderheit dar: Sie geben dem Gesetzgeber auf, im Zeitpunkt der Verfassungsgebung noch nicht vorhandene Institutionen zu errichten und aufrechtzuerhalten. Auch dies spricht für die Sinnhaftigkeit sozialer Grundrechte.

cc) Sozialrechtliche Anliegen als Teil einer Staatszielbestimmung

113   Ein weiterer Weg, um sozialrechtliche Anliegen verfassungsrechtlich zu verankern, wurde durch das GG beschritten. Seinem Beispiel folgten Spanien[25] und Portugal.[26] In seinen – selbst der Verfassungsänderung entzogenen (vgl. Art. 79 III GG) – „Staatsfundamentalnormen" (Art. 20 I, 28 I, 1 GG) bestimmt es das Gemeinwesen als „sozialen Rechtsstaat" oder knapper: „Sozialstaat". Diese Beschreibung umreißt das Anliegen des Sozialrechts global und abstrakt, bleibt aber allgemeiner als jedes soziale Grundrecht oder jede Prinzipienerklärung.

Diese Umschreibung ist dogmengeschichtlich ungesichert, hat indes den Vorteil hoher Flexibilität in Ziel und Mittel. Sie bewahrt das Sozialrecht vor Erstarrung in Ausrichtung, Ziel und Mittel und hält es für sozialpolitische Herausforderungen offen, die im Zeitpunkt der Verfassungsgebung noch nicht absehbar waren. Es ermöglicht umgekehrt, hergebrachte sozialrechtliche Aufgaben durch neue Instrumente zu bewältigen. Die Verankerung sozialrechtlicher Anliegen in einer Staatszielbestimmung weist dem sozialrechtlichen Anliegen auch einen **höheren** verfassungsrechtlichen **Rang** zu als jedem sozialen Grundrecht und jeder Prinzipienerklärung. Denn als Staatszielbestimmung ist sie jeglicher Verfassungsänderung entzogen.

Das Sozialstaatsprinzip ist jedoch höchst abstrakt und allgemein, so dass von ihm keine prägende Kraft ausgeht. Das Sozialstaatsgebot ist an den Staat als Pflicht gerichtet, ihm korrespondiert aber kein subjektives Recht. Das Sozialstaatsgebot ist also kein Ersatz für soziale Menschenrechte. Ihm lässt sich aber die Aussage entnehmen, der soziale Rechtsstaat ist ein Staat, welcher die sozialen Rechte umfassend garantiert[27].

---

[25] Art. 39–41 Spanische Verfassung; *Rodriguez-Pinero*, in Iliopoulos-Strangas (Hg.), Soziale Grundrechte in Europa nach Lissabon, 2010, 597 ff.
[26] Art. 1, 9 a), 63 f. Portugiesische Verfassung.
[27] *Eichenhofer*, Der soziale Rechtsstaat als Staat sozialer Rechte, DVBl. 2016, 78.

b) Verankerung sozialrechtlicher Anliegen im GG

Das GG hat sozialrechtliche Anliegen in seinen Regeln über die Gesetzge-   **114**
bungszuständigkeit (Art. 74 GG) (aa) und im Sozialstaatsprinzip (Art. 20, 28
GG) (bb) verankert. Dagegen weisen die Grundrechte (Art. 1–19 GG) weit
überwiegend keinen spezifisch sozialrechtlichen Gehalt auf (cc). Der historische Verfassungsgeber nahm soziale Grundrechte in das GG somit nicht
auf. Deren weitgehende Abwesenheit bedeutet allerdings keineswegs, dass
die Grundrechte für das Sozialrecht unerheblich wären. Im Gegenteil: Obwohl sie keinen spezifischen sozialrechtlichen Regelungsgehalt aufweisen,
setzen sie sozialrechtlicher Gesetzgebung und Verwaltungstätigkeit Grenzen. Dies führt dazu, dass Sozialleistungsansprüche an den Garantien des
Verfassungsrechts teilhaben (vgl. c).

aa) Gesetzgebungszuständigkeit

Im sozialen Rechtsstaat, der vollziehende Gewalt und Rechtsprechung an   **115**
Gesetz und Recht bindet (Art. 20 III GG), ist Sozialrecht als öffentlich-rechtliches Geben und Nehmen auf die Gesetzgebung notwendig angewiesen
(vgl. unten Rn. 162). Deutschland ist ein Bundesstaat; darin kommen Bund
und Ländern je Gesetzgebungszuständigkeiten zu, deren Verteilung in der
Sozialgesetzgebung eingehender verfassungsrechtlicher Regelung bedarf.
Im Gegensatz zu anderen föderal gegliederten Staaten[28] ist die sozialrechtliche Gesetzgebung in Deutschland beim Bund konzentriert; den Ländern
ist eine nur schmale Zuständigkeit verblieben. Dies hat zunächst historische
Gründe. Sozialversicherung – Herzstück moderner Sozialgesetzgebung –
sollte die Industriearbeiterschaft an das Reich binden, also den 1871 gegründeten **Zentralstaat** festigen (vgl. oben Rn. 32, 36). Diese Zuständigkeitsverteilung sichert außerdem, dass die für die Lebensgestaltung vieler Menschen
wesentlichen Sozialleistungen einheitlich bemessen werden und damit die
Lebensverhältnisse in Deutschland vereinheitlicht werden (was namentlich
bei der Wiedervereinigung sichtbar wurde). Durch die Föderalismusreform[29] wurde die bisherige Aufteilung der Zuständigkeit von Bund und Ländern zwar verändert; die Reform berührt das Sozialrecht aber nur entfernt.
    Zwar besteht eine allgemeine Vermutung für die Gesetzgebungszustän-   **116**
digkeit der **Länder** (Art. 70 GG); diese wird jedoch durch die dem **Bund** in
Art. 71–74 GG eingeräumte ausschließliche (Art. 71, 73 GG) und konkurrierende (Art. 72, 74 GG) Gesetzgebung verändert. Art. 73, 74 GG benennen

---

[28] Namentlich die USA, Kanada, Schweiz und Österreich; vgl. *Vansteenkiste,* Sociale
zekerheid, federalisme en de Europese Gemeenschap, 1995; *Kessler,* 56 (2006) Lien social et politique, 5.
[29] BT-Drucks. 16/813, S. 814; dazu *Häde,* JZ 2006, 930; *Burgi,* DVBl. 2007, 70.

jeweils Materien, für die eine ausschließliche oder konkurrierende Gesetzgebungszuständigkeit besteht. Danach fällt in die ausschließliche Gesetzgebungskompetenz des Bundes die Versorgung von Kriegsgeschädigten und
Hinterbliebenen und die Fürsorge für ehemalige Kriegsgefangene (Art. 73 I
Nr. 13 GG) und damit eine zentrale, wenn auch historisch überwundene Materie sozialer Entschädigung.

117   Gegenstände konkurrierender Gesetzgebung[30] sind die öffentliche **Fürsorge**[31] (Art. 74 I Nr. 7 GG), **Ausgleich von Kriegsschäden und Wiedergut-
machung** (Art. 74 I Nr. 9 GG), **Arbeitsvermittlung, Sozialversicherung** einschließlich der **Arbeitslosenversicherung** (Art. 74 I Nr. 12 GG), **Ausbildungsbeihilfen** (Art. 74 I Nr. 13 GG), Seuchenbekämpfung, Heilberufe, Apotheken,
Arzneimittel, Medizinprodukte[32] und wirtschaftliche Sicherung der **Krankenhäuser** (Art. 74 I Nr. 19a GG). Die Gesetzgebungszuständigkeit für die
„öffentliche Fürsorge" betrifft die soziale Hilfe. Darüber hinaus erfordert
die Zuständigkeit des Bundes, dass die zu regelnden Lebensverhältnisse
bundeseinheitlicher Regelung bedürfen – andernfalls sich diese sich ausei-
nander zu entwickeln drohten[33]. Die Gesetzgebungszuständigkeiten für die
Sozialversicherung[34] und die wirtschaftliche Sicherung von Krankenhäusern ermöglichen die soziale Vorsorge. Die Zuständigkeit für die Schaffung
von Arbeitslosenversicherung und Ausbildungsbeihilfen ist schließlich
Grundlage für die soziale Vorsorge und Förderung. Der Bund hat diese Gesetzgebungszuständigkeit durch umfassende Bundesgesetze nahezu erschöpft.

118   Zuständigkeiten der **Landes**gesetzgebung bestehen nach dem GG für die
Landesbeamten (Art. 70 I GG), namentlich deren Besoldung und Versorgung. Art. 84 I 7 GG untersagt dem Bund die unmittelbare Aufgabenüber-
tragung auf die Gemeinden; diese ist den Ländern vorbehalten. Dies erklärt
die Unzulänglichkeit der Arbeitsgemeinschaften nach § 44b SGB II.[35] Diese
sind aber durch Art. 91e GG akzeptiert. Im Übrigen bestehen Zuständig-

---

[30] Konkurrierende Gesetzgebungszuständigkeit bedeutet, dass Bund und Länder zur
Gesetzgebung befugt sind. Hat der Bund allerdings von seiner Gesetzgebungszuständig-
keit Gebrauch gemacht, ist die Gesetzgebungszuständigkeit der Länder verbraucht. Der
Bund darf von seiner Gesetzgebungszuständigkeit nur Gebrauch machen, wenn ein Bedürfnis nach bundesgesetzlicher Regelung besteht. Dieses besteht, falls die Angelegenheit
durch Landesgesetzgebung nicht wirksam geregelt werden kann, die Regelung durch ein
Land den Interessen anderer Länder zuwiderliefe oder zur Wahrung der Rechts- und
Wirtschaftseinheit oder zur Wahrung der Einheitlichkeit der Lebensverhältnisse eine
über das Gebiet eines Landes hinaus geltende Regelung erforderlich ist (Art. 72 GG).
[31] Einschließlich der Jugendhilfe (BVerfGE 22, 180, 212 f.).
[32] *Axer*, in Bonner Kommentar zum Grundgesetz, Art. 74 Abs. 1 Nr. 19 GG Rn. 8 ff.
[33] BVerfGE 140, 65.
[34] *Axer*, in Bonner Kommentar zum Grundgesetz, Art. 74 Abs. 1 Nr. 12 GG, Anm. 2 ff.;
Zimmermann, Sozialversicherung und Privatversicherung im Kompetenzengefüge des
Grundgesetzes, 2009.
[35] BVerfGE 119, 331.

keiten der Landesgesetzgebung[36] nur, soweit der Bundesgesetzgeber diese jener eigens eröffnet – so für die Pflegeinfrastruktur (§ 9 SGB XI),[37] die Organisation von Sozial- (vgl. § 101 SGB XII) und Jugendhilfe (§ 15 SGB VIII) sowie den Rechtsschutz gegen Akte der Sozialverwaltung (vgl. §§ 7, 28 SGG, 2 VwGO). Die Länder haben insbesondere die Verwaltungsstrukturen und die Kostenverteilung innerhalb eines Landes zwischen den verschiedenen Trägern der Sozial- und Jugendhilfe selbständig zu regeln. Die bundesrechtlichen Regelungen zur Jugendhilfe legen nur Leitlinien für die damit zusammenhängenden Aufgaben und Leistungen fest. Die konkrete Ausgestaltung der Jugendarbeit und -sozialarbeit wird dagegen landesrechtlich bestimmt (§ 15 SGB VIII).

In der Sozialhilfe legt der Bund als örtliche Träger die kreisfreien Städte oder Landkreise fest (§§ 97, 98 I SGB XII). Die Bestimmung der überörtlichen Träger – die Länder selbst, „Landeswohlfahrtsverbände" oder „Bezirke" – obliegt hingegen den Ländern (§ 97II SGB XII; vgl. unten Rn. 543 ff.). Sie bestimmen darüber hinaus, wie sich die Aufgaben zwischen örtlichen und überörtlichen Trägern der Sozialhilfe verteilen (§ 99 SGB XII). Schließlich gestaltet die Landesgesetzgebung für die Angehörigen der freien Berufe Versorgungswerke, Ausbildungsbeihilfen für Schüler, sozialen Wohnungsbau (vgl. unten Rn. 512) und das Blindengeld.

bb) Inhalt des Sozialstaatsprinzips

Das Sozialstaatsprinzip (Art. 20, 28 GG) hat durch Wissenschaft[38] und **119** Rechtsprechung[39] seine Kontur erlangt. Es beruht auf der begrifflichen **Trennung** zwischen **Staat** und **Gesellschaft**:[40] Die Annahme, der Staat sei nicht allzuständig (totalitär), ihm komme vielmehr ein grundrechtlich begrenztes Feld von Aufgaben zu. Die Gesellschaft entfalte sich primär selbst und innerhalb des staatlich gesetzten und verwalteten Rahmens in grundrechtlich geschützter Freiheit und Rechtsgleichheit. Dieser Prozess verbürgt

---

[36] *Axer,* VSSR 2010, 1 ff.
[37] *Klie,* VSSR 1999, 327.
[38] Vgl. *Forsthoff* (Hg.), Rechtsstaatlichkeit und Sozialstaatlichkeit, 1968; *Hartwich,* Sozialstaatspostulat und gesellschaftlicher status quo, 1978 (3. Aufl.); *Kötter,* Verantwortungsverteilung im Spiegel sozialverfassungsrechtlicher Debatten seit den fünfziger Jahren, in von Arnauld/Musil (Hg.), Strukturfragen des Sozialverfassungsrechts, 2009, 85 ff.; skeptisch: *Schnapp,* JuS 1998, 873 ff.; *Wallrabenstein,* Versicherung im Sozialstaat, 2009.
[39] BVerfGE 1, 97, 105; 18, 257, 267; 44, 70, 89; 65, 182, 193; 70, 278, 288; 82, 60, 80; vgl. eingehender *Ipsen,* Staatsrecht I, 2011 (23. Aufl.), Rn. 989 ff.
[40] *Papier,* Sozialstaatlichkeit unter dem Grundgesetz, in Hohmann-Dennhardt/Masuch/Villiger (Hg.), Grundrechte und Solidarität, Festschrift für Renate Jaeger, 2011, 285; *ders.,* in SRH, § 3 Rn. 8 ff.; *Spiecker,* Verfassungstheorie des Sozialstaates, in Depenheuer/Grabenwarter (Hg.), Verfassungstheorie, 2010, § 23; *Zacher,* Das soziale Staatsziel, in Isensee/Kirchhof (Hg.), Handbuch des Staatsrechts, Bd. 2, 2004 (3. Aufl.), § 28 Rn. 25 ff.

die höchste individuelle und allgemeine Wohlfahrt; diese wird allerdings durch extreme soziale Ungleichheit bedroht.[41] Auf dieser Grundlage besagt das Sozialstaatsprinzip: Die Förderung sozialen Ausgleichs und sozialer Gerechtigkeit sind wie Maßnahmen zur Herstellung äußerer und innerer Sicherheit fundamentale Staatsaufgaben.[42] Das Sozialstaatsprinzip berechtigt und verpflichtet den Gesetzgeber also zur Sozialpolitik und damit zur umfassenden rechtlichen Gestaltung der Gesellschaft.[43]

120   Sozialpolitik ist nicht Selbstzweck, sondern dient sozialer Gerechtigkeit (§ 1 SGB I).[44] Diese folgt aus der Menschenwürde, die ein Grundrecht auf Gewährleistung eines menschenwürdigen Existenzminimums[45] umfasst, den Freiheitsrechten und dem Gleichheitssatz. Die Menschenwürde wäre verletzt, wäre in einer staatlich verfassten Gesellschaft dem Einzelnen nicht das Existenzminimum gewährleistet.[46] Freiheitsrechte laufen bei elementarer Armut leer, weil dann die als gegeben unterstellten Voraussetzungen zu freier Persönlichkeitsentfaltung nicht erfüllt sind. So setzt das Grundrecht auf freie Wahl des Arbeitsplatzes Erwerbsfähigkeit voraus; Arbeitsunfähige können diese Freiheit nicht ausüben. Deshalb ist es ein Gebot sozialer Gerechtigkeit, wenn dem Erwerbsunfähigen Ausgleich zuteil wird. Das Postulat der Gleichheit meint Rechtsgleichheit als Absage an jegliches im Status eines Menschen begründetes Vorrecht. Es postuliert damit Chancengleichheit als soziales Menschenrecht. Die Rechtsgleichheit nimmt soziale Ungleichheit aber nicht nur hin, sondern bringt diese gerade hervor (vgl. oben Rn. 9). Denn sie ist um der Chancengleichheit willen gewährleistet. Das Gebot der sozialen Gerechtigkeit tritt ergänzend auf den Plan, um die Chancengleichheit effektiv zu machen wie zu begrenzen und zu korrigieren. Deshalb ist die soziale Hilfe möglichst als Hilfe zur Selbsthilfe auszugestalten. Rechtsgleichheit verlangt deshalb auch danach, extreme Auswirkungen sozialer Ungleichheit zu lindern.

---

[41] *Davy*, Soziale Gleichheit, VVDStRL 68 (2009), 122 ff.; *Axer*, Soziale Gleichheit, VVDStRL 68 (2009), 177 ff.

[42] *Herzog*, Demokratie und Sozialstaat, in Kannengießer/von Maydell (Hg.), Handbuch Sozialpolitik, 1988, 79.

[43] *Bachof*, Begriff und Wesen des sozialen Rechtsstaates, in Forsthoff (Hg.), Rechtsstaatlichkeit und Sozialstaatlichkeit, 1968, 201, 204; *Schlenker*, Soziales Rückschrittsverbot und Grundgesetz, 1986, 71 ff.; *Gröschner*, in Dreier (Hg.), Grundgesetz: Kommentar, 2006 (2. Aufl.), Art. 20 (Sozialstaat), Rn. 15 ff.

[44] *Bachof*, Begriff und Wesen des sozialen Rechtsstaates, in Forsthoff (Hg.), Rechtsstaatlichkeit und Sozialstaatlichkeit, 1968, 205; *Herzog*, in Kannengießer/von Maydell (Hg.), Handbuch Sozialpolitik, 1988, 80; *Menger*, Der Begriff des sozialen Rechtsstaates im Bonner Grundgesetz, in Forsthoff (Hg.), Rechtsstaatlichkeit und Sozialstaatlichkeit, 1968, 42, 70.

[45] BVerfGE 125, 175; *Seiler*, JZ 2010, 500; *Schnath*, NZS 2010, 297.

[46] BVerfGE 125, 175; *Bachof*, in Forsthoff (Hg.), Rechtsstaatlichkeit und Sozialstaatlichkeit, 1968, 207; vgl. auch *Eichenhofer*, Sozialrechtlicher Gehalt der Menschenwürde, in Gröschner/Lembcke (Hg.), Das Dogma der Unantastbarkeit, 2009, 215 ff.

Die wichtigsten **Ziele** des **Sozialstaatsprinzips** sind:[47] Hilfe gegen Not und   **121**
Armut, Sicherung eines die Menschenwürde wahrenden Existenzmini-
mums,[48] mehr Gleichheit durch Abbau gesellschaftlicher Abhängigkeit, Sicherung des einzelnen gegen die Wechselfälle des Lebens[49] (= soziale Risiken), Hebung und Verbreitung des Wohlstandes. Der soziale Rechtsstaat
erfüllt seinen Auftrag durch die umfassende Gewährleistung der sozialen
Rechte.

Die hierzu ergriffenen und zu ergreifenden sozialpolitischen Maßnahmen
lassen sich zwar nicht auf das Sozialrecht beschränken, sondern sind vielmehr dem „sozialen Recht" insgesamt (vgl. oben Rn. 3) zuordnen. Darin
nimmt das Sozialrecht jedoch eine Schlüsselstellung ein. Denn es bringt
nicht nur den Schutz des Schwächeren gegenüber konkurrierenden Rege-
lungsanliegen zur Geltung, sondern bezweckt diesen Schutz zentral (vgl.
oben Rn. 4).

Das **Sozialstaatsprinzip** harmoniert nicht mit **anderen Staatszielen**. Es be-   **122**
stehen vielmehr Spannungen zwischen der **Sozialstaatlichkeit** einerseits und
der **Bundesstaatlichkeit**, **Demokratie** wie **Rechtsstaatlichkeit** andererseits.
Zwischen dem Sozial- und Bundesstaatbesteht eine Spannung, weil das Gebot der sozialen Gerechtigkeit die Vereinheitlichung der Lebensverhältnisse
fordert – also zentralistische Tendenzen befördert. Zwischen Demokratie
und Sozialstaat[50] besteht ein Spannungsverhältnis, weil die Demokratie
Mehrheitsbelange wirkmächtig werden lässt,[51] soziale Gerechtigkeit aber
auch den Schutz von Minderheiten fordert. Zwischen dem Rechts- und Sozialstaat besteht unübersehbar eine Spannung:[52] dieser erstrebt das konkret
Gerechte, wogegen jener nur das Verallgemeinerbare als gerecht anerkennen kann. Aber dieser Gegensatz kann überbrückt werden: „Der soziale
Rechtsstaat ist ein Sozialstaat, der sich in den Verfahren, Formen und Gren-

---

[47] Vgl. *Eichenhofer*, Der soziale Rechtsstaat – ein Staat sozialer Rechte?, in Haerendel
(Hg.), Gerechtigkeit im Sozialstaat, 2012, 139; *Ipsen*, Über das Grundgesetz, in Forsthoff
(Hg.), Rechtsstaatlichkeit und Sozialstaatlichkeit, 1968, 16 ff.; *Gröschner*, in Dreier (Hg.),
Grundgesetz: Kommentar, 2006 (2. Aufl.), Art. 20 (Sozialstaat), Rn. 15 ff., 36 ff.; *Zacher*,
Das soziale Staatsziel, in Isensee/Kirchhof (Hg.), Handbuch des Staatsrechts, Bd. II, 2004
(3. Aufl.), § 28; *Papier*, in SRH, § 3 Rn. 8 ff.; *Reiter*, Bedeutung des Verfassungsrechts der
Bundesrepublik Deutschland für das Sozialversicherungsrecht, in Tomandl (Hg.), Verfassungsrechtliche Probleme des Sozialversicherungsrechts, 1989, 34 ff.; *Spieker*, Der Sozialstaat, 2012; skeptisch: *Schnapp*, JuS 1998, 873.
[48] BVerfGE 132, 134; 125, 175; *Axer*, Das Grundrecht auf Gewährleistung eines menschenwürdigen Existenzminimums und die Sicherung sozialer Grundrechtsvorausset-
zungen, in Anderheiden (Hg.), Verfassungsvoraussetzungen: Gedächtnisschrift für Win-
fried Brugger, 2013, 335.
[49] *Wallrabenstein*, Versicherung im Sozialstaat, 2009.
[50] *Heinig*, Der Sozialstaat im Dienst der Freiheit, 2008, 277 ff.
[51] So *Forsthoff*, Verfassungsprobleme des Sozialstaats, in ders. (Hg.), Rechtsstaatlichkeit und Sozialstaatlichkeit, 1968, 145, 154.
[52] Vgl. dazu *Forsthoff*, Begriff und Wesen des sozialen Rechtsstaates, in ders. (Hg.),
Rechtsstaatlichkeit und Sozialstaatlichkeit, 1968, 165 ff.; *Müller-Volbehr*, JZ 1984, 6 ff.

zen des Rechtsstaats verwirklicht, und ein Rechtsstaat, der nicht nur offen ist
dafür, vom sozialen Zweck erfüllt und in Dienst genommen zu sein, sondern
seinen sozialen Auftrag positiv annimmt und ausführt."[53]

cc) Grundrechte mit unmittelbar sozialrechtlichem Gehalt

123   **Grundrechte** mit unmittelbar sozialrechtlichem Gehalt enthält das GG
nur ausnahmsweise: Der Schutz der Familie (Art. 6 II, IV, V GG), das Diskri-
minierungsverbot gegenüber behinderten Menschen[54] (Art. 3 III 2 GG) sowie das Förderungsgebot gegenüber Frauen[55] (Art. 3 II 2 GG) enthalten
grundrechtliche Garantien sozialrechtlicher Belange. Art. 6 II 2 GG weist
dem Staat ein Wächteramt über die elterliche Erziehung zu und legitimiert
so die Jugendhilfe.[56] Nach Art. 6 IV GG hat jede Mutter Anspruch auf
Schutz und Fürsorge der Gemeinschaft;[57] dies rechtfertigt den sozialrechtlichen Mutterschutz. Art. 6 V GG fordert, durch Gesetzgebung gleiche Bedingungen für die Entwicklung ehelicher und nichtehelicher Kinder zu
schaffen.[58] Dieser Auftrag verpflichtete den Gesetzgeber die bei Schaffung
des GG fortbestehenden privatrechtlichen Rechtsnachteile nichtehelicher
gegenüber ehelichen Kindern zu überwinden. Die Bestimmung enthält auch
den Auftrag zu sozialrechtlicher Förderung – nämlich der Herstellung von
Chancengleichheit.

c) Bedeutung der Grundrechte nichtsozialrechtlichen Gehalts für das Sozialrecht

124   Obgleich das GG mangels sozialer Grundrechte nur vereinzelt sozialrechtlich gehaltvolle Regelungen trifft, erlangen die **Grundrechte** für das

---

[53] *Zacher*, Das soziale Staatsziel, in Isensee/Kirchhof (Hg.), Handbuch des Staatsrechts, Bd. II, 2004 (3. Aufl.), § 28, S. 63; ähnlich *Ipsen*, Staatsrecht I, 2011 (23. Aufl.),
Rn. 987.

[54] *Frowein*, Die Überwindung von Diskriminierung als Staatsauftrag in Art. 3 Abs. 3
GG, inRuland/von Maydell/Papier (Hg.), Verfassung, Theorie und Praxis des Sozialstaats,
Festschrift für Hans F. Zacher, 1998, 157; *Herdegen*, VSSR 1992, 245; *Ruffert*, Vorrang
der Verfassung und Eigenständigkeit des Privatrechts, 2001, 256ff.; *Davy*, Das Verbot der
Diskriminierung wegen der Behinderung im deutschen Verfassungsrecht und im europäischen Gemeinschaftsrecht, in Deutscher Sozialrechtsverband (Hg.), Die Behinderten in
der sozialen Sicherung, 2002, 7ff.

[55] *Sacksofsky*, Das Grundrecht auf Gleichberechtigung, 1996 (2. Aufl.); *Pfarr*, Quoten
und Grundgesetz, 1988.

[56] *Höfling*, Elternrecht, in Isensee/Kirchhof (Hg.), Handbuch des Staatsrechts, Bd. VII,
2009 (3. Aufl.), § 155, Rn. 75ff.; *Ipsen*, Ehe und Familie, in Isensee/Kirchhof (Hg.), Handbuch des Staatsrechts, Bd. VII, 2009 (3. Aufl.), § 154.

[57] Dazu *Coester-Waltjen*, Mutterschutz in Europa, 1986.

[58] Zum Inhalt dieses Auftrages vgl. BVerfGE 25, 167, 190; 74, 33, 38; 84, 168, 184;
vgl. grundlegend zur Thematik: *Häberle*, Grundrechte im Leistungsstaat, VVDStRL 30
(1972), 44.

Sozialrecht erhebliche Bedeutung. Sie weisen dem Gesetzgeber Richtung und Grenzen sozialrechtlicher Gestaltung und sichern bei der Sozialgesetzgebung zugleich nicht-sozialrechtliche Anliegen. Sozialrechtliche Fragen waren häufig Gegenstand **verfassungsgerichtlicher** Entscheidungen.[59] Außerdem leisteten die für das Sozialrecht zuständigen Gerichte kraft ihrer Kompetenz (Art. 1 III, 20 III, 100 GG), die Verfassungskonformität von Gesetzesrecht zu prüfen, wichtige Beiträge zur verfassungsrechtlichen Fundierung des Sozialrechts.[60]

Die Grundrechte sind im **Sozialleistungs-** (aa) wie **Leistungserbringungs-** **125** **recht** (bb) bedeutsam. Dort sind die Beziehungen zwischen öffentlichem Träger und privatem Empfänger zu ordnen; hier geht es um die Rechtsbeziehungen zwischen öffentlichem Träger und privatem Leistungserbringer (z. B. die Beziehungen zwischen Krankenkassen und Ärzten, Rentenversicherung und Rehabilitationseinrichtungen oder Arbeitsverwaltung und Berufsförderungswerk).[61]

aa) Verfassungsrechtliche Fragen des Sozialleistungsrechts

Für das Leistungsrecht stellen sich **drei** verfassungsrechtliche Grundfra- **126** gen:
1. Sind **Einführung** oder **Ausweitung** von Einrichtungen des Sozialrechts (insbesondere Vorsorgeeinrichtungen) verfassungsgemäß?
2. Welche Anforderungen sind an die **Ausgestaltung** von Sozialleistungssystemen zu stellen?
3. Welche Grenzen setzt das GG der **Einschränkung** sozialrechtlicher Rechte?

Die verfassungsrechtlichen Grenzen für **Einführung** oder **Ausweitung** von **127** Einrichtungen des Sozialrechts hatte das BVerfG zu bestimmen, als über die Einführung einer Pflichtmitgliedschaft der freiberuflichen Ärzte zur Ärzteversorgung sowie der selbständigen Künstler zu einer Künstlersozialversicherung zu entscheiden war.[62] Das BVerfG erkannte darin keinen Eingriff

---

[59] Vgl. *Katzenstein*, SGb 1988, 177; *ders.*, VSSR 1982, 167; *Rüfner*, VSSR 1974, 68; *Umbach/Clemens*, VSSR 1992, 265; *Wand*, VSSR 1974, 52; *Butzer*, Fremdlasten in der Sozialversicherung, 2001; *Hase*, Versicherungsprinzip und sozialer Ausgleich, 2000; *Rolfs*, Das Versicherungsprinzip im Sozialversicherungsrecht, 2000; *Wallrabenstein*, Versicherung im Sozialstaat, 2009.

[60] Vgl. z. B. BVerwGE 1, 159, 161: Auf Sozialhilfe besteht ein Rechtsanspruch, weil es der Menschenwürde (Art. 1 I GG) widerspräche, wenn der einzelne zum Objekt staatlicher Almosengewährung würde; vgl. BSGE 9, 127: Auch sozialversicherungsrechtliche Anwartschaften stehen unter dem Schutz der Eigentumsgarantie (Art. 14 GG).

[61] Vgl. dazu eingehend *Schmitt*, Leistungserbringung durch Dritte im Sozialrecht, 1990.

[62] BVerfGE 10, 354; 12, 319; 75, 108; vgl. ferner BVerwGE 87, 324; auch ein Eingriff in Art. 9 I GG kommt nicht in Betracht, *Kaltenborn*, NZS 2001, 300.

in die Freiheit der Berufsausübung (Art. 12 I GG), weil die Versicherungspflicht nicht die Berufsausübung der erfassten Personen betrifft. Versiche-
rungs- und Beitragspflicht berührten jedoch die wirtschaftliche Betätigungsfreiheit und somit den Schutzbereich der allgemeinen Handlungsfreiheit
(Art. 2 I GG). Ein solcher Eingriff sei statthaft, falls er verhältnismäßig, die
Versicherungspflicht geeignet und erforderlich sei und der Gesetzgeber keine übermäßige Sicherung schaffe. Zugunsten der Geeignetheit spreche, dass
die Sozialversicherung im Gegensatz zur privaten Ersparnisbildung unabhängig von Inflation, Vermögensverfall oder wirtschaftlicher Stellung des
Vorsorgeträgers Sicherheit gewähre. Würden die einbezogenen Personen
durch die Sozialversicherung nicht gesichert, müssten sie selbst vorsorgen.
Die Versicherungspflicht liege deshalb im Eigeninteresse der Gesicherten,
ermögliche den Selbständigen ein Ausscheiden aus dem Berufsleben und sichere damit zugleich Belange des Berufsstandes. Die Einführung einer Versicherungspflicht für Selbständige sei nicht unverhältnismäßig, ganz ebenso
wie die Einbeziehung aller freiwillig in der privaten Krankenversicherung
Versicherten in die private Pflegeversicherung.[63] Die Pflicht zum Schutz von
Leben und Gesundheit (Art. 2 II GG) überwindet die in Richtlinien getroffenen Begrenzungen im Leistungskatalog der Krankenversicherung bei lebensbedrohlichen Krankheiten.[64] Ferner darf der Gesetzgeber in der privaten Krankenversicherung einen Basistarif vorsehen.[65] Darüber hinaus
verpflichtet die Garantie der Menschenwürde (Art. 1 Abs. 1 GG) den Staat
zur Gewährleistung der materiellen Existenzsicherung des Menschen.[66]

128   In der **Ausgestaltung** des Sozialrechts ergeben sich verfassungsrechtliche
Fragen namentlich hinsichtlich der geschützten **Personen** und **Bedingungen**
einzelner Sozialleistungen. Jene erklären sich aus der **typisierenden** Anlage
des Sozialrechts und seiner hochgradigen **Differenziertheit**. Beides birgt die
Gefahr von Regelungen, die Gleiches ungleich und Ungleiches gleich behandeln. Es stellen sich deshalb oftmals Probleme der Vereinbarkeit einzelner
Sozialleistungen mit dem allgemeinen Gleichheitssatz (Art. 3 I GG). Die zu-
meist höchst technischen Probleme verlangen bei der verfassungsrechtlichen
Würdigung sozialrechtlichen Sachverstand.

---

63 BVerfGE 103, 197, 216 ff.; vgl. auch 109, 96 (Einbeziehung der Nebenerwerbslandwirte in die landwirtschaftliche Sozialversicherung); 107, 205 (Nichteinbeziehung in Familienversicherung).
64 BVerfGE 115, 25.
65 BVerfGE 123, 186 ff.
66 BVerfGE 125, 175; 132, 134; *Eichenhofer*, Sozialrechtlicher Gehalt der Menschenwürde, in Gröschner/Lembcke (Hg.), Das Dogma der Unantastbarkeit, 2009, 215; *Heinig*,
Der Sozialstaat im Dienst der Freiheit, 2008, 171 ff.; *Leisner*, Existenzsicherung im Öffentlichen Recht, 2007, 107 ff.; zur Problematik der Differenzierung nach der Staatsangehörigkeit BVerfGE 130, 240; *Sachs*, JuS 2013, 89 ff.

Beispiele: Ist mit Art. 3 I GG vereinbar, das Eltern- oder Kindergeld den 129
Eltern mit Aufenthaltsberechtigung, aber fehlender Aufenthaltsbefugnis
vorzuenthalten?[67] Kann eine Rentenversicherungsnorm vor dem GG bestehen, die nach längerer Beitragszeit zu einer niedrigeren Rente führt als sie
bei kürzerer Pflichtbeitragszeit geführt hätte?[68] Stehen Unterschiede in der
Besteuerung von Alterseinkünften von Beamten und Rentnern mit dem
Gleichheitsgebot im Einklang?[69] Ist es mit Art. 3 I GG vereinbar, wenn geschiedene Frauen nach dem Tode des Versicherten weder Leistungen aus
dem Versorgungsausgleich noch Geschiedenenwitwenrenten erhalten, weil
– da Rentnerehe – während der Ehe keine Rentenanwartschaften mehr erworben wurden und keine Geschiedenenwitwenrente, weil die Ehe nach
Einführung des Versorgungsausgleichs geschlossen wurde?[70] Sind regional
unterschiedliche Beitragssätze bei gleichem Leistungskatalog in der Krankenversicherung verfassungsgemäß,[71] oder eine Bestimmung verfassungsgemäß, die einmalig gezahltes Arbeitsentgelt (Weihnachts- oder Urlaubs-
geld) zwar zu Sozialversicherungsbeiträgen heranzieht, es bei der Berechnung von kurzfristigen Lohnersatzleistungen (z. B. Arbeitslosen- oder
Krankengeld) aber nicht berücksichtigt?[72] Ist eine Bestimmung mit Art. 3 I
GG vereinbar, welche die rentenrechtliche Anrechnung von Kindererzie-
hungszeiten ganz oder teilweise nicht vorsieht, wenn im gleichen Zeitraum
Pflichtbeitragszeiten bestehen?[73] Ist mit Art. 3 I GG vereinbar, wenn Leis-
tungen für Kindererziehung für Mütter bis Geburtsjahrgang 1920 nicht, ab
Geburtsjahrgang 1921 indes als Einkommen angesehen werden?[74] Vermag
Ausbildungsförderung für eine Zweitausbildung versagt zu werden, falls die
Eltern ihrer Unterhaltspflicht nicht nachkommen, den Unterhalt indes bei
Erstausbildung erbracht haben?[75] Können bei der Vermögensermittlung
eines Ausbildungsförderung begehrenden Studenten Grundstücke zum Ein-
heitswert (der deutlich unter dem Verkehrswert liegt), anderes Vermögen
dagegen zum Verkehrswert angesetzt werden?[76] Dürfen die Eintrittsvoraus-
setzungen zur Krankenversicherung der Rentner für Pflicht- und freiwillig
Versicherte unterschiedlich geregelt werden?[77] Sind die Unterschiede in der
Grundrente der Kriegsopferversorgung zwischen West- und Ostdeutschland

---

[67] BVerfGE 111, 176, 160.
[68] BVerfGE 59, 287; 66, 234.
[69] BVerfGE 54, 11; 86, 369; 105, 73.
[70] BVerfGE 72, 141.
[71] BVerfGE 89, 365.
[72] BVerfGE 92, 53; 102, 127.
[73] BVerfG NJW 1996, 2293; dazu *Maier*, SGb 1997, 1 ff.; *Schulin/Karuth*, NZS 1996, 273.
[74] BVerfGE 97, 103.
[75] BVerfGE 99, 165.
[76] BVerfGE 100, 195 ff.
[77] BVerfGE 102, 68; *Becker*, NZS 2001, 281.

Jahre nach der Einheit noch aufrechtzuerhalten?[78] Gebieten Art. 3 I, 6 I GG, dass in der Pflegeversicherung Versicherte, die Kinder erziehen, mit gleichem Einkommen einen niedrigeren Beitragssatz als Versicherte ohne Kinder zahlen?[79]

Das BVerfG ließ sich in den angesprochenen Fällen von folgenden Grundsatz- und Einzelerwägungen leiten: Soweit die Regelungen auf Typisierungen beruhen, sind Härten im Einzelfall hinzunehmen, wenn für die regelmäßigen Fälle ein vernünftiges Ergebnis eintritt.[80] Deshalb ist der Versorgungsausgleich auch verfassungsgemäß, wenn er einzelne Frauen schlechter stellt als früher.[81] Deshalb ist eine rentenrechtliche Bewertungsregel mit Art. 3 I GG vereinbar, wenn sie in der großen Mehrzahl der Fälle die einkommensproportionale Bemessung der Rente sichert.[82] Im Übrigen billigt das BVerfG jede Differenzierung, die auf einem einleuchtenden Grund beruht. Dabei kommt dem Gesetzgeber ein weiter sozialpolitischer Gestaltungsspielraum zu. Das BVerfG versagt sich insbesondere die Prüfung, ob die angefochtene Regelung die vernünftigste oder gerechteste ist.[83] Zeigten sich Ungleichheiten, habe der Gesetzgeber einen Anpassungsspielraum.[84]

Weil die wirtschaftliche Leistungsfähigkeit einerseits Maß für die Beitragsheranziehung und andererseits deren Einbuße Maß für die Höhe von Lohnersatzleistungen ist, sei Art. 3 I GG verletzt, wenn Einmalzahlungen zuvor mit Beiträgen belegt würden, aber bei der Leistungsbemessung unberücksichtigt blieben.[85] Rentenversicherungsrechtliche Abgeltungen von Kindererziehung können auch sozialversicherungsrechtlich unterschiedlich behandelt werden, wenn die Kindererziehung zu unterschiedlichen Zeit- und Lebensumständen geleistet wurde.[86] Vorteile bei langer Beitragszeit in der Altersrente und Abschläge bei vorzeitiger Inanspruchnahme von Rentenleistungen sind statthaft.[87] Hingegen sind Unterschiede bei Gewährung von BAföG für Erst- und Zweitausbildungen bei Ausfall des Elternunterhalts[88] ebenso wenig wie bei der Vermögensbewertung in der Ausbildungsförderung zu rechtfertigen.[89] Es sei mit dem Gleichbehandlungsgebot unvereinbar, wenn die Krankenversicherung der Rentner von der vorherigen

---

[78] BVerfGE 102, 41.
[79] BVerfGE 103, 242.
[80] BVerfGE 63, 119; 66, 66, 78; 67, 231.
[81] BVerfGE 72, 141.
[82] BVerfGE 66, 234, 242 ff.
[83] BVerfGE 3, 162, 182; 51, 295, 300 f.; 59, 287, 300; 68, 193.
[84] BVerfGE 89, 365, 380.
[85] BVerfGE 92, 53; 102, 127.
[86] BVerfGE 97, 103.
[87] BVerfGE 122, 151.
[88] BVerfGE 99, 165.
[89] BVerfGE 100, 195 ff.

Pflicht- oder freiwilligen Versicherung,[90] die Grundrente für Kriegsopfer vom Wohnort[91] oder Eltern- und Kindergeld vom aufenthaltsrechtlichen Status der Eltern abhängen.[92] Gleichheitssatz und die Pflicht zur staatlichen Förderung von Ehe und Familie geböten ferner eine Differenzierung bei der Beitragsgestaltung zur sozialen Pflegeversicherung, weil diese auf dem Generationenvertrag beruhe und deshalb neben dem monetären in Gestalt der Kindererziehung auf einen generativen Beitrag von den Versicherten angewiesen sei.[93]

Ein weiterer verfassungsrechtlicher Themenkomplex ist die Ausgestaltung einzelner Sozialleistungen. Ist mit Art. 3 II GG vereinbar, wenn **Frauen** mit 60, Männer aber erst ab 65 die Altersrente in Anspruch nehmen können?[94] Ist die **Gewissensfreiheit** (Art. 4 I GG) gewahrt, wenn einem arbeitslosen überzeugten Pazifisten die Tätigkeit in einem Rüstungsbetrieb zugewiesen und wegen dessen Weigerung das Arbeitslosengeld auf Zeit entzogen wird?[95] Darf ein Zeuge Jehovas eine Bluttransfusion für sich ablehnen, bei deren Billigung er überlebt hätte, ohne dass seine Witwe und seine Waisen ihre Ansprüche auf Hinterbliebenenrente verlieren?[96] Weil der einzelne Versicherte zugleich Mitglied der Solidargemeinschaft ist und daher Leistungen erhält, schuldet er im Gegenzug auch solidarisches Handeln. Diese Bindung darf jedoch die Grundrechte nicht verdrängen. Nach dem Gebot der praktischen Konkordanz sind beide Belange also miteinander verträglich zu machen.

Ist es mit der Menschenwürde (Art. 1 I GG) und dem Schutz des Lebens (Art. 2 II GG) vereinbar, wenn die Kosten eines nicht rechtmäßigen Schwangerschaftsabbruchs von der gesetzlichen Krankenversicherung getragen werden?[97] Sind die Regeln über die Gewährung von Renten an Mütter vieler Kinder mit der Verpflichtung des Staates zum Schutz der **Familie** (Art. 6 I GG) vereinbar?[98] Was folgt daraus im Hinblick auf die Familienbesteuerung, den Familienleistungsausgleich und die Beitragsgestaltung in der Sozialversicherung?[99] Darf eine wegen Kindererziehung einkommenslose Rechtsan-

130

---

[90] BVerfGE 102, 68.
[91] BVerfGE 102, 41; vgl. zur Rentenangleichung *Ruland*, NZS 2009, 121.
[92] BVerfGE 111, 176, 184.
[93] BVerfGE 103, 242.
[94] BVerfGE 74, 163; vgl. auch BSGE 53, 107; anders entschieden der italienische (EuGRZ 1987, 289) und der österreichische Verfassungsgerichtshof (ecolex 1991, 63 f.); vgl. auch *Geffert*, VSSR 1993, 217.
[95] BSGE 54, 7; 61, 158.
[96] Nein: BVerfG SozR 4-2200 § 589 Nr. 2; anders Tribunal Constitucional (Spanien), in Pieters/Zaglmayer (Ed.), Social security cases in Europe, 2006, p. 145.
[97] BVerfGE 88,203.
[98] BVerfGE 87, 1; *Shirvani*, NZS 2009, 242.
[99] BVerfGE 99, 216; 103, 242.

wältin mit Beiträgen zur berufsständischen Versorgung belastet werden?[100] Darf ein nichtehelicher Lebenspartner, der nach dem gewaltsamen Tod des Partners die Sorge für die gemeinsamen Kinder übernimmt, von Leistungen der Gewaltopferentschädigung ausgeschlossen werden?[101]

131   Dieser Fragenkreis enthüllt mehrere verfassungsrechtliche Eigenheiten. Manche Gestaltungen enthalten einen grundsätzlich unauflösbaren Konflikt – so die Pflicht zur Übernahme von „zumutbarer Arbeit" einerseits und die Anerkennung der Gewissensfreiheit andererseits. Denn der Begriff der „Zumutbarkeit" muss konkret-individuell, d. h. unter Einschluss der persönlichen Zumutbarkeit bestimmt werden und diese kann nicht ohne Rücksicht auf das individuelle Gewissen beurteilt werden. Bei anderen Fragen kann die verfassungsrechtliche Würdigung die Notwendigkeit zu einer Änderung der **Gesetzeslage** in Zukunft enthüllen. Dies gilt etwa für die unterschiedliche Regelung des Rentenalters für Männer und Frauen,[102] den Regelsatz für Kinder,[103] die rentenrechtliche Stellung der nichterwerbstätigen Mutter[104] oder die Ausgestaltung von Familienbesteuerung, Familienleistungsausgleich und Beitragsgestaltung für Eltern[105] sowie den Einbezug des nichtehelichen Lebenspartners, der ein gemeinsames Kind erzieht, in den Schutz der Gewaltopferentschädigung.[106] Darin hat das BVerfG[107] dem Gesetzgeber jeweils aufgegeben, die Gesetzeslage zu verändern. Mitunter ergab sich die Verfahrensnotwendigkeit der Regelung unmittelbar – so bei der Beitragsbelastung einer wegen Kindererziehung einkommenslosen Rechtsanwältin.[108]

132   Schließlich fragt sich, ob und wie gesetzliche **Einschränkungen** von Sozialleistungsrechten verfassungsrechtlich statthaft sind. Gegenstand der Prüfung wurde etwa die Neuregelung der rentenrechtlichen Anerkennung von Ausbildungszeiten,[109] die Rentenanpassung,[110] Krankenversicherung der Rentner[111] oder Leistungsvoraussetzungen für eine Rente wegen Berufs- oder Erwerbsunfähigkeit.[112] Stets war fraglich, unter welchen Vorausset-

---

[100] BVerfGE 113, 1.
[101] BVerfGE 112, 50.
[102] BVerfGE 74, 163, 179 f., vgl. aber stufenweise Anhebung der Altersgrenze.
[103] BVerfGE 125, 175.
[104] Vgl. BVerfGE 87, 1.
[105] BVerfGE 99, 216; 103, 242.
[106] BVerfGE 112, 50.
[107] Ebenso wie etwa bei der Neuregelung der Hinterbliebenenrente (BVerfGE 39, 169), der Besteuerung der Renten (BVerfGE 54, 11) und der Freistellung des Existenzminimums von der Besteuerung (BVerfGE 87, 153) – Pflichten, die sämtliche nicht erfüllt worden waren.
[108] BVerfGE 113, 1.
[109] BVerfGE 71, 1.
[110] BVerfGE 64, 87.
[111] BVerfGE 69, 272.
[112] BVerfGE 75, 78.

zungen der Gesetzgeber Ansprüche oder Anwartschaften auf Sozialleistungen zu beschränken vermag.

In dieser Frage sind der Prüfungsmaßstab und die Schranken problematisch. Bis 1980 war umstritten, ob Art. 2 I GG oder Art. 14 GG Prüfungsmaßstab sei. Während die frühere Rechtsprechung des BVerfG[113] diesen in Art. 2 I GG sah, misst sie solche Gesetze seither an Art. 14 GG. Diese Auffassung wurde vom BVerfG erstmals in seiner Entscheidung über die Zulässigkeit des Versorgungsausgleichs[114] vertreten, nachdem sie zuvor schon vom BSG[115] sowie in einem Minderheitenvotum[116] verfochten wurde. Das BVerfG hat demgemäß die **Eigentumsgarantie** auf die sozialversicherungsrechtlichen Anwartschaften erstreckt, weil diese wie klassisches Eigentum die freie Lebensführung des Leistungsempfängers sicherten. Dies gelte auch für Versicherungsleistungen an Arbeitslose.[117]

Sozialversicherungsrechtliche Anwartschaften seien **Vermögenswerte** und daher als Eigentum zu schützen. Dem Schutz der Eigentumsgarantie unterfallen auch die Überleitung der in der DDR erworbenen Anrechte der Sonder- oder Zusatzversorgung in die gesetzliche Rentenversicherung,[118] dagegen nicht die Anrechte aus der Hinterbliebenenversorgung mangels personaler Beziehung zwischen Beitrag und Leistungsanspruch.[119] Durch jeden korrigierenden Eingriff in sozialversicherungsrechtliche Anwartschaften würde Vertrauen enttäuscht, Art. 14 GG solle aber das Vertrauen auf den Fortbestand von Aussichten mit Vermögenswert schützen.

Einschränkungen seien zulässig, wenn das Gesetz Inhalt und Schranken des Eigentums verfassungsgemäß bestimme und die Verhältnismäßigkeit wahre. Maßnahmen zur Erhaltung der Funktionsfähigkeit der Sozialversicherung berechtigten den Gesetzgeber zur Inhalts- und Schrankenbestimmung des Eigentums (Art. 14 I 2 GG); solche Maßnahmen sind durch die

[113] BVerfGE 32, 111; vgl. zur Problematik: *Adam*, Eigentumsschutz in der gesetzlichen Rentenversicherung, 2009; *Axer*, in Epping/Hillgruber (Hg.), BeckOK GG, Edition 21, Stand 1.6.2014, Art. 14 Rn. 56 ff.; *Boecken*, Der verfassungsrechtliche Schutz von Altersrentenansprüchen und -anwartschaften in Italien und in der Bundesrepublik Deutschland sowie deren Schutz im Rahmen der Europäischen Menschenrechtskonvention, 1987; *Jähr-ling-Rahnefeld*, Verfassungsmäßigkeit der Grundrente, 2002; *Krause*, Eigentum an subjektiven öffentlichen Rechten, 1982; *Lenze*, Staatsbürgerversicherung und Verfassung, 2005; *Papier*, in SRH, § 3 Rn. 41 ff.; *Pohl*, Rechtsprechungsänderung und Rückanknüpfung, 2005; *Preis/Kellermann*, SGb 1999, 329; *Reiter*, SGb 1996, 246 ff.; *Stober* (Hg.), Eigentumsschutz sozialrechtlicher Positionen, 1986; der EGMR erkennt den Sozialleistungsansprüchen gleichfalls und weiter als Art. 14 GG Eigentumsschutz zu: EGMR InfAuslR 1997, 1; ZESAR 2004, 142.
[114] BVerfGE 53, 257.
[115] BSGE 9, 127.
[116] Richterin Rupp-von Brünneck, BVerfGE 32, 111.
[117] BVerfGE 72, 9; 87, 234; BSG NZS 1996, 579, 581.
[118] BVerfGE 101, 59, 104 ff.; BSGE 84, 156, 180 ff.
[119] BVerfGE 97, 271; *Mielke, M.*, Verfassungsfragen des Rechts der Witwen- und Witwerrenten, 2011.

Sozialbindung des Eigentums (Art. 14 II GG) legitimiert.[120] Dafür gesteht
das BVerfG dem Gesetzgeber bei Beschränkung von Sozialleistungsansprüchen einen weiten Gestaltungsspielraum zu, erlaubt namentlich die Konzen-
tration der Leistungen auf die sozial Schwächeren[121] oder ihre Zurückfüh-
rung auf ihre eigentliche Funktion.[122] Deshalb dürfe der Gesetzgeber auch
Abschläge bei vorzeitiger Inanspruchnahme von Renten einführen.[123] Nicht
einmal eine Bestandsgarantie für die Sozialversicherung sei im GG enthalten.[124] Dagegen dürfe der Gesetzgeber nicht Leistungen pauschalisierend an
abstrakten, von der Person des Versicherten unabhängigen Kriterien bestimmen.[125] Ferner wird zum verfassungsrechtlichen Problem, inwieweit die Sozialversicherung allgemeine Aufgaben wahrzunehmen hat: namentlich ob
angesichts des Versicherungsprinzips ein Solidarausgleich in ihr statthaft
und die Übertragung von Fremdlasten zulässig ist.[126] Danach ist die Sozialversicherung zwar primär Versicherung; ihr ist der Solidarausgleich jedoch
eigen und gerade darin verfassungsrechtlich legitimiert. Fremdlasten dürfen
der Sozialversicherung indes prinzipiell nicht auferlegt werden. Die Abgrenzung zwischen Solidarausgleich und Fremdlast gestaltet sich jedoch wegen
der weitgehenden Identität zwischen Sozialversicherten und der Allgemeinheit im Einzelfall als schwierig.[127]

bb) Das verfassungsrechtliche Hauptproblem des Leistungserbringungsrechts – Art. 12 GG

134   Unter den sonstigen verfassungsrechtlichen Fragen des Sozialrechts hat
insbesondere Bedeutung erlangt, inwieweit durch Gesetz einzelnen **Berufsgruppen** der **Zugang** zu den Sozialleistungssystemen eröffnet werden
könnte. Das BVerfG war mit dieser Problematik wiederholt befasst, etwa im
Hinblick auf Altersgrenzen für Vertragsärzte.[128] Während das BVerfG den

---

[120] BVerfGE 128, 138.
[121] BVerfGE 97, 271; OGH, in Pieters/Zaglmayer (Ed.), Social security cases in Europe, 2006, p. 257.
[122] BVerfGE 97, 378.
[123] BVerfGE 122, 151.
[124] BVerfGE 39, 302, 314 f.
[125] BVerfGE 100, 1, 59 ff., 104 ff., 138 ff.; wie die Zugehörigkeit zum Staatssicherheits-
dienst oder Staatsapparat der DDR.
[126] *Butzer*, Fremdlasten in der Sozialversicherung, 2001; *Hase*, Versicherungsprinzip
und sozialer Ausgleich, 2000; *Rolfs*, Das Versicherungsprinzip im Sozialversicherungsrecht, 2000.
[127] *Becker*, Transfergerechtigkeit und Verfassung, 2001.
[128] BVerfGE 103, 172.

Ausschluss von Ärzten[129] und Dentisten[130] aus der vertragsärztlichen Versorgung als Verstoß gegen Art. 12 I GG erachtete, hat es die Rechtsprechung des BSG[131] bestätigt, dass Heilpraktiker keinen Anspruch auf Zulassung zur vertragsärztlichen Versorgung hätten:[132] Für sie sei die Zulassung zur vertragsärztlichen Versorgung – im Unterschied zu den bereits früher zugelassenen Ärzten/Dentisten – keine objektive Berufszugangs-, sondern eine Berufsausübungsregelung. Diese könne der Gesetzgeber im Rahmen der Verhältnismäßigkeit frei treffen. Daher sei der Ausschluss der Heilpraktiker aus der vertragsärztlichen Versorgung im Gegensatz zu Ärzten zu rechtfertigen, weil jene nicht den Nachweis effizienter Heilbehandlung erbringen müssten. Es sei legitim, die öffentlichen Mittel auf die erwiesenermaßen effiziente Hilfe Leistenden zu begrenzen.

§ 6 Stellung des Sozialrechts im Rechtssystem

Lit.: *Deutscher Sozialrechtsverband*, Soziale Sicherheit durch öffentliches und Privatrecht, 2004; *Dreher*, Sozialleistungen als Unterhaltsersatz, 1991; *Deinert*, Privatrechtsgestaltung durch Sozialrecht, 2007; *Eichenhofer*, Privatrechtsabhängiges Sozialrecht, in Barta/Radner/Rainer/Scharnreitner (Hg.), Analyse und Fortentwicklung im Arbeits-, Sozial- und Zivilrecht, Festschrift für Martin Binder, Wien 2010, 551 ff.; *ders.*, Eigentum – Verschulden – Vertrag. Privatrechtsbegriffe als Sozialrechtskonstrukte?, VSSR 2004, 93; *Felix*, Einheit der Rechtsordnung, 1998; *Fuchs*, Zivilrecht und Sozialrecht, 1992; *ders.*, Rentenversicherung und Zivilrecht, in Eichenhofer/Rische/Schmähl (Hg.), Handbuch der gesetzlichen Rentenversicherung, 2012 (2. Aufl.), Kapitel 31; *Hanau/Peters-Lange*, Schnittstellen von Arbeits- und Sozialrecht, NZA 1998, 785; *Kingreen/Rixen*, Sozialrecht: Ein verwaltungsrechtliches Utopia?, DÖV 2008, 741; *P. Kirchhof*, Steuergerechtigkeit und sozialrechtliche Geldleistungen, JZ 1982, 305; *Leisner*, Existenzsicherung im Öffentlichen Recht, 2007; *von Koppenfels-Spies*, Die cessio legis, 2006; *Neuner*, Privatrecht und Sozialstaat, 1999; *Rixen*, in Denkschrift 60 Jahre BSG, 351 ff.; *Rolfs*, in Denkschrift 60 Jahre BSG, 405 ff.; *Ruland*, Familiärer Unterhalt und Leistungen der sozialen Sicherheit, 1973; *Rust*, Historische und gegenwärtige Bedeutung von Familienleistungen in der Sozialversicherung, VSSR 1996, 103; *Schmidt*, Arbeitsrecht und Sozialrecht, RdA 1999, 124; *Zacher*, Die Anatomie des Sozialrechts, SGb 1982, 329 ff.; *ders.*, Ehe und Familie in der Sozialrechtsordnung, in ders. (Hg.), Abhandlungen zum Sozialrecht, 1993, 555.

---

[129] Vgl. *Jaeger*, SGb 2003, 311; BVerfGE 11, 30; hingegen ist der Ausschluss der Vertragsärzte aus der kassenärztlichen Versorgung ab einem bestimmten Lebensalter verfassungsgemäß (BSGE 73, 233; 80, 4; BVerfG NJW 1998, 1776).
[130] BVerfGE 25, 236.
[131] BSGE 48, 47.
[132] BVerfGE 78, 155.

a) Mögliche Wechselbeziehungen zwischen dem Sozialrecht
und anderen Rechtsgebieten

135   Sozialrecht steht als Rechtsgebiet (vgl. oben Rn. 2) zu anderen Gebieten in
einer Wechselbeziehung.[1] Sozialleistungen werden auch durch Steuern finanziert; steuerrechtliches Nehmen wird zur Voraussetzung sozialrechtlichen Gebens. Daher besteht zwischen beiden Gebieten eine enge Beziehung.
Der Vollzug des Sozialrechts geschieht durch **Verwaltungsrecht**. **Strafrecht**
sanktioniert die Verletzung sozialversicherungsrechtlicher Pflichten (vgl.
§ 266a StGB) und stellt die missbräuchliche Inanspruchnahme von Sozialleistungen als Betrug (§ 263 StGB) unter Strafe. Sozialversicherung ist eine
Versicherung.[2] Sozialrechtliche Leistungsansprüche gleichen in Entstehung, Ausgestaltung und Struktur **schuldrecht**lichen Ansprüchen. Sozialleistungsträger sind Körperschaften oder Anstalten, wodurch eine Nähe zum
Organisationsrecht begründet wird.

136   Diese Beispiele zeigen **instrumentelle** Wechselbeziehungen zwischen dem
Sozialrecht und anderen Rechtsgebieten: Wirkungen oder Gestaltungsformen des Steuer-, Verwaltungs-, Straf-, Versicherungs-, Schuld- und Orga-
nisationsrechts ermöglichen das Sozialrecht als Rechtsgebiet. Sozialrecht
steht zu anderen Rechtsgebieten ferner in **substantiellen** Wechselbeziehungen. Diese entstehen, weil Sozialrecht auf Funktionsdefizite des Privatrechts reagiert und dadurch seinen Beitrag zur Gesamtrechtsordnung leistet.
Im Folgenden sollen zunächst die instrumentellen (b) und sodann die substantiellen Wechselbeziehungen zwischen dem Sozialrecht und anderen
Rechtsgebieten (c) beschrieben und gewürdigt werden.

b) Instrumentelle Beziehungen zwischen dem Sozialrecht
und anderen Rechtsgebieten

137   **Steuerrecht** ist für das Sozialrecht wegen seiner Wirkungen wie Gestaltungsformen wichtig. Dieses findet in jenem eine notwendige Voraussetzung
wie Ergänzung: Die aus den Haushalten der Gebietskörperschaften Bund,
Ländern und Gemeinden finanzierten (vgl. oben Rn. 53) Sozialleistungen
werden nur erbracht, weil der Staat seinen Mittelbedarf durch Steuern deckt.
      Eine Abstimmung zwischen steuer- und sozialrechtlichen Regelungen hat
den Wertungswiderspruch aufzulösen, solange der Mindestbedarf im Sozi-

---

[1] Noch grundsätzlicher: *Titmuss*, Social Policy, 1974, 15: "It is clear that the study of
social policy cannot be isolated from the study of society as a whole in all its social, economic and political aspects"; vgl. auch: *Gitter/Schmitt*, Sozialrecht, 2001 (5. Aufl.),
Rn. 35 ff.; *von Maydell*, in SRH, § 1–39 ff.; *Wannagat*, Lehrbuch des Sozialversicherungsrechts, Bd. 1, 1965, 193 ff.
[2] *Wallrabenstein*, Versicherung im Sozialstaat, 2009.

alrecht höher als im Steuerrecht bestimmt war,[3] das Einkommen aus Sozialleistungen von der Einkommensbesteuerung freigestellt[4] oder – wie im Familienleistungsausgleich – Unterhaltspflichten gegenüber Kindern als steuerlich entlastender und sozialrechtlich begünstigender Tatbestand anerkannt waren[5] (vgl. dazu unten Rn. 501 ff.). Bei der Besteuerung von Renten gab das BVerfG[6] dem Gesetzgeber – wie im Alterseinkünftegesetz[7] geschehen – auf, von der vorgelagerten (Besteuerung umfasst die Beitragszahlung) zur nachgelagerten Besteuerung (Besteuerung erfasst die Leistung) überzugehen. Weil das Sozialrecht die Beitragsfinanzierung in Renten-, Kranken-, Arbeitslosen-, Pflege- und Unfallversicherung selbst regelt, wird es Teil des Rechts der öffentlichen Abgaben.[8] Dessen Grundsätze gelten sinngemäß daher auch für das Beitragsrecht.[9]

Das Sozialrecht formt die staatliche Leistungsverwaltung und bildet damit einen Zweig des **Verwaltungsrechts**,[10] das sämtliche Formen staatlicher Verwaltung zum Gegenstand hat. Das im SGB X normierte Verwaltungsverfahrensrecht der Sozialleistungsträger findet im Verwaltungsverfahrensgesetz (VwVfG) eine Parallele. Verwaltungsakt und öffentlicher Vertrag sind auch im Sozialrecht die vorherrschenden Gestaltungsmittel (vgl. unten Rn. 203 ff.). Anhörungsrechte vor Erlass eines Verwaltungsaktes (vgl. unten Rn. 206) wie Rücknahme und Widerruf des Verwaltungsaktes sind gerade im Sozialrecht bedeutsam (vgl. unten Rn. 215 ff.). Das Recht staatlicher Ersatzleistungen wird durch die soziale Entschädigung ergänzt (vgl. Rn. 416). Der sozialrechtliche Herstellungsanspruch ist eine eigene Form staatlicher Ersatzgewährung (vgl. unten Rn. 213). **138**

Im **Strafrecht**[11] wird der Rechtsgüterschutz auch den Sozialleistungsträgern zuteil. Insbesondere sichert die Strafbarkeit des Betruges (§ 263 StGB), dass der Missbrauch von Sozialleistungen – jedenfalls soweit dieser auf Vorspiegelung unzutreffender Tatsachen beruht – auch strafrechtlich geahndet wird. Darüber hinaus sichert das Strafrecht die Durchsetzung sozialrecht- **139**

---

3 BVerfGE 87, 153.
4 BVerfGE 54, 11; 86, 369 (betrifft Rentenbesteuerung – Forderung nach stärkerer Besteuerung der Renten).
5 BVerfGE 43, 108; 61, 319; 82, 198.
6 BVerfGE 54, 11; 105, 73.
7 BGBl. I 2004, S. 1427; *Ruland/Rürup* (Hg.), Alterssicherung und Besteuerung, 2008.
8 *Gössl*, Die Finanzverfassung der Sozialversicherung, 1992.
9 Vgl. unten Rn. 284 ff.
10 *Badura*, Verwaltungsrecht im liberalen und im sozialen Rechtsstaat, 1966; *Forsthoff*, Rechtsfragen der leistenden Verwaltung, 1959; *Kingreen/Rixen*, Sozialrecht: Ein verwaltungsrechtliches Utopia?, DÖV 2008, 741; *Leisner*, Existenzsicherung im Öffentlichen Recht, 2007; *Rixen*, in Denkschrift 60 Jahre BSG, 351 ff.
11 *Martens/Wilde*, Strafrecht und Ordnungsrecht in der Sozialversicherung, 1987 (4. Aufl.); *Bente*, Die Strafbarkeit des Arbeitgebers wegen Beitragsvorenthaltung und Veruntreuung von Arbeitsentgelt (§ 266a StGB), 1992.

licher Anliegen, sanktioniert vor allem das Vorenthalten von Sozialversicherungsbeiträgen durch den beitragsentrichtungspflichtigen Arbeitgeber und
Arbeitnehmer (§ 266a StGB) oder die Beschäftigung von ausländischen Arbeitnehmern ohne die nötige Genehmigung durch die Arbeitsverwaltung
(vgl. unten Rn. 461).

140   Das **Sozialversicherungsrecht** schafft Existenzsicherheit in einer **Risikogesellschaft** (vgl. dazu unten Rn. 431 f.); es wird durch die **Privatversicherung** ergänzt. Beide fügen sich zu einer komplementären Ordnung der Versicherung.[12] Sie stimmen in Ziel und Mitteln überein. Solidarverbände
schützen gleichartig gefährdete Personen als Opfer eines Risikos. Beide unterscheiden sich jedoch in der Entstehung des Versicherungsverhältnisses:
Die Sozialversicherung ist Pflichtversicherung, beruht also auf gesetzlicher
Anordnung; die Privatversicherung gründet hingegen regelmäßig auf freiwilliger Entscheidung des Versicherten. Sie unterscheidet sich in der Finanzierung, diese geschieht durch **risiko**bezogene **Prämien**, jene durch **einkommens**bezogene **Beiträge**. Auch die Leistungen werden unterschiedlich bestimmt: in der Privatversicherung proportional zur Prämie – Gebot der
Individualäquivalenz; die sozialversicherungsrechtlichen Leistungen sollen
dagegen den sozialen Ausgleich verbürgen und die Gesamtaufwendungen
durch Beiträge finanzieren – Gebot der **Globaläquivalenz**.

141   Sozialleistungsansprüche begründen für die Sozialleistungsträger Rechts-
pflichten und für die Berechtigten Forderungen. Das Sozialrecht weist deshalb Gemeinsamkeiten mit dem **Schuldrecht** auf, das in der Obligation (§ 241
BGB) seinen zentralen Gegenstand findet. Weil Sozialleistungsansprüche
mit Eintritt ihrer gesetzlichen Voraussetzungen entstehen (§ 40 SGB I), gleichen sie den bürgerlich-rechtlichen Ansprüchen aus gesetzlichen Schuldverhältnissen. Sie sind ferner Gegenstand rechtsgeschäftlichen Verkehrs, sind
verfüg- (§§ 46, 51 SGB I), pfänd- (§ 54 SGB I) und verpfändbar (§ 53 SGB I)
und unterliegen beim Tode des Berechtigten der Sonderrechtsnachfolge
(§ 56 SGB I).[13]

Ferner gelten hinsichtlich Fälligkeit (§ 41 SGB I), Verzinsung (§ 44 SGB I)
und Verjährung (§ 45 SGB I) ähnliche Regeln wie im Schuldrecht.[14] Der
Sozialleistungsträger unterliegt wie der Schuldner der Nebenpflicht zu umfassender Aufklärung des Gläubigers (vgl. §§ 13 ff. SGB I). Hier wie dort ist
der falsch beratene oder nicht aufgeklärte Schuldner vom Gläubiger zu stel-

---

[12] Vgl. dazu *Fuchs*, Zivilrecht und Sozialrecht, 1992, 100 ff.; *Bogs*, Die Sozialversicherung im Staat der Gegenwart, 1973; *Gitter*, ZVersWiss 1996, 267; *Wallrabenstein*, Versicherung im Sozialstaat, 2009; *Rolfs*, in Denkschrift 60 Jahre BSG, 405 f.
[13] Darüber hinaus begrenzt § 32 SGB I die Verfügungsbefugnis über private Rechte,
sofern daraus Nachteile für den Sozialleistungsberechtigten erwachsen; zur Gesamtpro-
blematik dieser Vorschrift sowie der sonstigen Verfügungsrechte der Sozialleistungsberechtigten: *Eichenhofer*, VSSR 1991, 185; vgl. ferner unten, Rn. 191 ff.
[14] *Gitter*, VSSR 1977, 323, 338 f.

len, wie er bei ordnungsgemäßer Erfüllung gestanden hätte (§ 280 BGB), und hier wie dort ist der geschuldete Ausgleich auf Naturalrestitution gerichtet (§ 249 BGB). Im Zuge des Umbaus des Sozialstaats vom klassisch umverteilenden zum aktivierenden Sozialstaat werden Privatrechtsbegriffe wie Eigentum, Verschulden und Vertrag zu Sozialrechtskonstrukten.[15]

Die Sozialleistungsträger können als Sozialversicherungsträger in der **142** Rechtsform öffentlich-rechtlicher Körperschaften mit Selbstverwaltung (§ 29 SGB IV) oder wie die Bundesagentur für Arbeit als „Anstalt"[16] des Bundes mit Selbstverwaltung organisiert sein. Daher sind die für das Recht der Organisationen geltenden Grundsätze und Regeln auch im Sozialrecht anzuwenden. So stellen sich etwa Fragen des Wahlrechts, der Organstellung, des Haushaltsrechts oder der Staatsaufsicht, mithin Probleme, die sich etwa auch im Kommunalrecht, Recht der Kapitalgesellschaften, Kirchen- oder Staatsrecht ergeben.[17]

c) Substantielle Beziehungen zwischen Sozialrecht und Privatrecht

Die substantiellen Wechselwirkungen zwischen Sozialrecht und Privat- **143** recht zeigen sich in drei Dimensionen: Beide Gebiete bewältigen **gemeinsame Aufgaben** (aa), sie stehen dabei in verschiedenen **Modi** des wechselseitigen **Zusammenwirkens** (bb) und dabei löst Sozialrecht **Probleme**, die das Privatrecht schafft; damit wirkt es auf Privatrecht zurück (cc).

aa) Bewältigung gemeinsamer Aufgaben

Sozialrecht und Privatrecht erfüllen gemeinsame Aufgaben, weil sie beide **144** gemeinsam soziale Probleme lösen. Ein Beispiel ist die Sicherung des **Einkommens** aus **abhängiger Beschäftigung**, falls ein Arbeitnehmer nicht oder nicht mehr zur Erbringung der Arbeitsleistung imstande ist.[18] Privatrecht – hier: **Arbeitsrecht** – kommt diesem Anliegen nach, indem es dem erkrankten Arbeitnehmer Entgeltfortzahlung, dem gekündigten Arbeitnehmer Abgeltung des Arbeitsplatzverlustes und dem wegen Erwerbsunfähigkeit oder Alters aus dem Erwerbsleben ausgeschiedenen Arbeitnehmer Betriebsrente zuerkennt. Sozialrecht verwirklicht dieses Anliegen, weil es für den erkrankten Arbeitnehmer Krankengeld, für den gekündigten und dadurch ar-

---

[15] *Eichenhofer*, VSSR 2004, 93; *ders.*, Recht des aktivierenden Wohlfahrtsstaates, 2013; *Bauer/Kretschmer*, in Denkschrift 60 Jahre BSG, 369 ff.
[16] Missverständlich: § 367 SGB III Körperschaft (vgl. auch unten Rn. 450).
[17] *Becker*, in SRH, § 13 Rn. 35 ff.; *Bogs*, Die Sozialversicherung im Staat der Gegenwart, 1973, 13; *Eichenhofer*, Bad Iburger Gespräche, 2014.
[18] *Waltermann*, *Peters-Lange*, *Felix* und *Heinze*, in Deutscher Sozialrechtsverband (Hg.), Soziale Sicherheit durch öffentliches und Privatrecht, 2003, 55, 71, 91, 145; *Eichenhofer*, NZS 2004, 169 ff.; *Neuner*, Privatrecht und Sozialstaat, 1999, 248 ff., 274 ff.

beitslos gewordenen Arbeitnehmer Arbeitslosengeld und für den wegen Invalidität oder Alter aus dem Erwerbsleben ausgeschiedenen vormaligen Arbeitnehmer Rente vorsieht. Arbeitsrecht und Sozialrecht wirken bei einer Kurzarbeit zusammen, ersteres durch Schaffung des Tatbestandes, letzteres durch Förderung des Arbeitnehmers bei geringfügiger Entlastung des Arbeitgebers.

145   Sozialrecht und **Familienrecht** wirken zur Daseinssicherung von Familienangehörigen zusammen.[19] Dieses verbindet die Familienmitglieder zu einem **Unterhaltsverband** und verpflichtet die wirtschaftlich leistungsfähigen Familienmitglieder zum Unterhalt der bedürftigen Familienmitglieder. Die Pflicht bleibt auch bei Auflösung der Ehe nach Scheidung erhalten, falls dem bedürftigen Ehegatten eine Erwerbstätigkeit nicht zugemutet werden kann. Die Unterhaltspflicht besteht regelmäßig höchstpersönlich und endet deswegen mit dem Tode des Unterhaltspflichtigen. Der privatrechtlich verfasste und ausgeformte Unterhaltsverband Familie wird durch sozialrechtliche Ansprüche auf **Kinder-** und **Elterngeld** sowie **Ausbildungsförderung** in seiner Leistungsfähigkeit gestärkt. Des Weiteren sichert das Sozialrecht die Existenz der bedürftigen Familienangehörigen durch **Unterhaltsvorschuss, Grundsicherung, Jugend-** oder **Sozialhilfe**, soweit ein leistungspflichtiger Familienangehöriger seinen Pflichten nicht nachkommt. Beim Tod eines Unterhaltspflichtigen treten an die Stelle todesbedingt entfallenden Unterhalts Witwen-, Witwer- oder Waisenrenten aus Renten- und Unfallversicherung oder sozialer Entschädigung.

146   Sozialrecht und Privatrecht erfüllen schließlich gemeinsame Aufgaben im Fall deliktischer **Personenschädigung**.[20] Die Gemeinsamkeiten werden deutlich, wenn die Schädigung zugleich ein Verbrechen ist; wie bei fahrlässiger Schädigung Sozialversicherter. In beiden Fällen schuldet der Schädiger dem Geschädigten nach **Deliktsrecht** Schadensersatz.[21] Ist die Schädigung zugleich ein Verbrechen und wird deshalb der Schädiger zu einer Freiheitsstrafe verurteilt, so reicht der dem Geschädigten zustehende privatrechtliche Ersatzanspruch für seine Entschädigung regelmäßig nicht hin, falls der Schädiger nicht ausnahmsweise vermögend ist. Regelmäßig ist der privat-

---

[19] *Becker*, JZ 2004, 929; *Eichenhofer*, in Witzleb/Ellger/Mankowski/Merkt/Remien (Hg.), Festschrift für Dieter Martiny zum 70. Geburtstag, 2014, 867; *ders.*, Sozialrechtliches Teilgutachten zum 64. DJT (2002); *Fuchs*, JZ 2002, 785; *Kingreen*, JZ 2004, 938; *Ricken*, Familiale Gemeinschaften im Sozialrecht, in Butzer/Kaltenborn/Meyer (Hg.), Organistaion und Verfahren im sozialen Rechtsstaat, Festschrift für Friedrich E. Schnapp, 2008, 509; *Zacher*, Ehe und Familie in der Sozialrechtsordnung, in ders. (Hg.), Abhandlungen zum Sozialrecht, 1993, 555.

[20] *Deutsch*, Die Zurechnung im Sozialversicherungs- und Haftungsrecht, in Deutscher Sozialgerichtsverband (Hg.), Sozialrechtsprechung, Bd.2, 1979, 497; *Fuchs*, Zivilrecht und Sozialrecht, 1992, 157 ff.

[21] *Fuchs*, Rentenversicherung und Zivilrecht, in Eichenhofer/Rische/Schmähl (Hg.), Handbuch der gesetzlichen Rentenversicherung, 2012 (2. Aufl.), Kapitel 31.

rechtliche Anspruch wirtschaftlich wertlos, weil der Schädiger während der Verbüßung der Strafhaft keine Erwerbstätigkeit ausübt und deshalb auch seine Ersatzpflicht nicht erfüllen kann. Diese Lücke schließt die sozialrechtliche Entschädigung für Gewaltopfer; sie sichert anstelle des Deliktsrechts die Entschädigung des Opfers (vgl. unten Rn. 423 f.).

Erleidet ein Sozialversicherter eine fahrlässig begangene Personenschädigung, löst diese regelmäßig zugleich Ansprüche gegen Sozialversicherungsträger aus. Der zivilrechtlichen Personenschädigung entsprechen als Sozialrechtstatbestände Krankheit oder Erwerbsunfähigkeit, weshalb mit der Deliktshaftung zugleich sozialversicherungsrechtliche Ansprüche auf Krankenbehandlung, Krankengeld oder Rente wegen Erwerbsminderung entstehen.

bb) Verschiedene Modi wechselseitigen Zusammenwirkens

Die aufgeführten Beispiele zeigen verschiedene Aufgaben wie **Modi** wechselseitigen **Zusammenwirkens**[22] von Sozialrecht und Privatrecht. Unterwirft jenes „Arbeitnehmer" der Versicherungspflicht, belegt es deren „Arbeitseinkommen" mit Beiträgen und ersetzt es bei Eintritt der sozialen Risiken Krankheit, Erwerbsminderung, Alter oder Arbeitslosigkeit den Verlust von „Arbeitseinkommen", so verweist es regelmäßig auf arbeitsrechtliche Begriffe. Im Recht der die Unterhaltsfähigkeit stützenden Sozialleistungen verweist Sozialrecht auf den privatrechtlichen Begriff der „Kindschaft" und die Hinterbliebenensicherung auf „Ehe" und „Kindschaft"– stets wird Privatrecht für sozialrechtliche Gestaltungen **präjudiziell**.   **147**

Sind zwei Rechtsgebiete miteinander durch **Präjudizialität** verflochten, fragt sich: Hat der in dem verweisenden Rechtssatz gebrauchte Begriff dieselbe Bedeutung wie angestammt? Stimmt die Bedeutung von „Arbeitnehmer", „Arbeitseinkommen" oder „Ehe" mit der privatrechtlichen Institution überein? Unterliegt auch der Versicherungspflicht, wer abhängige Arbeit in einem wegen Verbots- oder Sittenwidrigkeit nichtigen Vertragsverhältnis leistet (vgl. unten Rn. 277)? Ist eine Witwenrente einer Frau zu zahlen, die mit dem Versicherten in Deutschland die Ehe in einer nicht den Formvorschriften des deutschen Eherechts, wohl aber des Heimatrechts eines Versicherten genügen?[23]   **148**

---

[22] Vgl. dazu eingehend *Eichenhofer*, Internationales Sozialrecht und internationales Privatrecht, 1987, 41 ff.; *Fuchs*, Zivilrecht und Sozialrecht, 1992, 148 ff.; *Nef*, SJZ 1981, 17; *Waltermann*, Gegenwärtige Stellung des Privatrechts bei der Gewährleistung sozialer Sicherheit, in Deutscher Sozialrechtsverband (Hg.), Soziale Sicherheit durch öffentliches und Privatrecht, 2003, 55; *Zacher*, in Lüke/Ress/Will (Hg.), Rechtsvergleichung, Europarecht und Staatenintegration, Gedächtnisschrift für Constantinesco, 1983, 943, 956.

[23] BVerfGE 62, 323 f.; dazu eingehender *Beitzke*, SGb 1983, 238 f.; *Müller-Freienfels*, Sozialversicherungs-, Familien- und Internationalprivatrecht und das Bundesverfassungs-

Es steht dem verweisenden Rechtsgebiet frei, auf Begriffe eines anderen Rechtsgebietes unter Modifikationen zu verweisen.[24] So ersetzt die Sozialversicherung den Ausfall des Arbeitseinkommens regelmäßig nicht vollständig, sondern nur zum Teil, weshalb auch einzelne Sozialgesetze auf den privatrechtlichen Begriff des Arbeitseinkommens nur modifiziert verweisen.[25] Ferner wird der sozialrechtliche Begriff des „Kindes" weit gefasst:[26] leibliche wie angenommene, eheliche wie nichteheliche, Adoptiv- wie Pflege- und Stiefkinder gelten ihm als Kind. Das aufgeworfene Problem stellt sich also nur, falls in dem verweisenden Sozialrechtssatz eine ausdrückliche Modifikation fehlt.

Würde der **Verweisungsbegriff** abweichend von dem angestammten Gebiet bestimmt, wäre die Verweisung grundlos. Der Gesetzgeber bezweckt mit der Verweisung indes, die Beteiligten der Privatrechtsverhältnisse zu schützen. Daher ist die Konsistenz rechtlicher Wertungen gebietsübergreifend zu sichern. Das Sozialversicherungsrecht unterwirft Arbeitnehmer der Versicherungspflicht, um Vorsorge für den Verlust von Erwerbseinkommen aus Arbeit zu treffen. Sozialversicherungsrecht und Arbeitsrecht teilen sich so die Aufgabe, das Erwerbseinkommen aus abhängiger Beschäftigung zu sichern. Wenn verwitweten Ehegatten sozialrechtlich Unterhaltsersatz gewährt wird, so geschieht dies, weil beide die Sicherung bedürftiger Eheleute bezwecken. Die Gemeinsamkeit der Aufgabe fordert deshalb zu akzeptieren, dass der Verweisungsbegriff wie im angestammten Gebiet zu verstehen ist.[27]

149   Im Modus der Präjudizialität besteht die Verflechtung von Sozialrecht und Privatrecht auf Seiten der Tatbestände. Diese kann sich aber auch auf Seiten der Rechtsfolgen zeigen. Springt ein Sozialleistungsträger für den pflichtvergessenen Unterhaltsschuldner ein, entschädigt der Staat das Verbrechensopfer oder gewährt ein Sozialversicherungsträger dem Personengeschädigten Leistungen, so berührt dies den privatrechtlichen Schuldner nicht. Stets kommt es stattdessen zu einer Verdoppelung von Ansprüchen: Sozialrechtliche und privatrechtliche Ansprüche treten in **Konkurrenz**. Solche Konkurrenzlagen verlangen zur Vermeidung sachwidriger Verdoppelungen[28] nach Auflösung.

---

gericht, 1984; *Behn*, VSSR 1979, 315; *Eichenhofer*, Internationales Sozialrecht und internationales Privatrecht, 1987, 141 ff.; *ders.*, in Barta (Hg.), Analyse und Fortentwicklung im Arbeits-, Sozial- und Zivilrecht, Festschrift Binder, 2010, 551 ff.

[24] Vgl. zur Problematik eingehend *Deinert*, Privatrechtsgestaltung durch Sozialrecht, 2007, 67 ff. (Akzeptanzprinzip).

[25] Modifikationen sind sogar die Regel: vgl. §§ 47 SGB V, 81 ff. SGB VII.

[26] Vgl. §§ 10 IV SGB V, 45 II BVG; 63 I, 32 EStG: Dies erklärt sich daraus, dass sozialrechtliche Berechtigungen statt an den familienrechtlichen Status an die Übernahme der Elternrolle geknüpft sind.

[27] *Deinert*, Privatrechtsgestaltung durch Sozialrecht, 2007, 67 ff., 317 ff.

[28] Grundlegend: *Von Koppenfels-Spies*, Die cessio legis, 2006.

Bei Verdoppelung von Ansprüchen, die aus einem Ereignis folgen, kann   **150**
das Verhältnis von sozial- und privatrechtlichen Ansprüchen dreifach bestimmt werden:[29] Beide Ansprüche bleiben erhalten, jedoch wechselt der
Inhaber eines Anspruches, der Anspruch eines Gebiets tritt hinter dem des
anderen zurück oder beide Ansprüche treten unkoordiniert nebeneinander,
weil die Kumulation der Ansprüche atypisch nicht zur doppelten Befriedigung des Leistungsberechtigten führt. Die erste Bewältigung der Konkurrenzlagen soll „Überschneidung", die zweite „**Verdrängung**" und die dritte
„**Ergänzung**" genannt werden. Während die Überschneidung in der allgemeinen Konkurrenzlehre keinen Begriff hat, entspricht **Verdrängung** der
Gesetzes- und **Ergänzung** der **Idealkonkurrenz.**

Die bei Leistung an Unterhaltsberechtigte sowie Opfer von Verbrechen   **151**
oder sonstigen Personenschädigungen entstehenden Konkurrenzlagen sind
als Überschneidung zu bestimmen. Der Sozialleistungsträger erwirbt den
kongruenten, das identische Interesse des Geschädigten befriedigenden privatrechtlichen Anspruch des Sozialleistungsempfängers. So wird der Schuldner nicht auf Kosten der Allgemeinheit aus seiner privatrechtlichen Verantwortlichkeit entlassen; der Sozialleistungsträger übernimmt indes an Gläubigers statt das Risiko der Schuldbeitreibung. Sozialrecht schafft für die
Gläubiger der privatrechtlichen Forderung damit eine bürgschaftsähnliche
Sicherung.

Konkurrenzlagen von Sozialrecht und Privatrecht können durch **Verdrän-**   **152**
gung aufgelöst werden. Es gibt hierfür seltene Beispiele, die wichtigsten in
der gesetzlichen Unfallversicherung, welche die deliktische Haftung von Arbeitgeber und Arbeitskollege für Arbeitsunfälle „abgelöst" = verdrängt
hat,[30] sowie die soziale Entschädigung von Schülern und Lebensrettern.[31]
Das wichtigste Beispiel für die Verdrängung des Sozialrechts durch Privatrecht ist die dem Arbeitgeber auferlegte Pflicht zur Entgeltfortzahlung bei
Krankheit des Arbeitnehmers.

Konkurrenzlagen zwischen Sozialrecht und Privatrecht werden durch
Verdrängung aufgelöst, falls die Ziele konkurrierender Regelungen miteinander unverträglich sind und deshalb eine **Alternative** entsteht. Bei Eigen-
schäden von Lebensrettern oder Schülern ist fraglich, ob das Schädigungsri-
siko von dem Geretteten oder der Allgemeinheit zu tragen ist. Die Rechtsgemeinschaft ist frei, die Entschädigungspflicht dem Geretteten oder der
Allgemeinheit aufzuerlegen – den Schutz also durch Privatrecht oder durch
Sozialrecht sicherzustellen; sie kann sie aber nicht beiden auferlegen (vgl.
dazu unten Rn. 440).

---

[29] Vgl. zum folgenden *Eichenhofer*, Internationales Sozialrecht und internationales
Privatrecht, 1987, 52 ff.; *ders.*, VSSR 1990, 161, 170 ff.
[30] Vgl. §§ 104 ff. SGB VII; dazu unten Rn. 412 ff.
[31] BGHZ 92, 70.

153   Konkurrenzlagen von Sozialrecht und Privatrecht können hingegen un-
        aufgelöst bleiben, so beide Gebiete einander **ergänzen**, weil die Häufung
        einer sozialrechtlichen und einer privatrechtlichen Berechtigung nicht zur
        doppelten Befriedigung eines identischen Interesses führt. Es tritt stattdes-
        sen Kumulation ein, weil Sozialrecht eine Notlage nur zum Teil ausgleicht
        und deshalb privatrechtliche Ansprüche die vom Sozialrecht hinterlassene
        Lücke schließen. Beispiele für diese Konkurrenzlage sind die Ergänzung der
        Renten aus der gesetzlichen Rentenversicherung durch Betriebsrenten oder
        des Arbeitslosengeldes durch Abgeltungszahlungen wegen Verlustes des Ar-
        beitsplatzes aus Anlass der Kündigung eines Arbeitsverhältnisses (falls oder
        soweit diese nicht auf jenes anzurechnen sind).

cc) Sozialrecht löst Probleme, die Privatrecht schafft

154   Sozialrecht und Privatrecht hängen schließlich zusammen, weil jenes **Pro-**
        bleme bewältigt, die dieses schafft, aus sich selbst heraus aber weder zu be-
        wältigen bezweckt noch vermag. Damit wirkt Sozialrecht zugleich auf Pri-
        vatrecht zurück. Die privatrechtlich organisierte Bedarfsbefriedigung be-
        ruht auf der Voraussetzung, dass jedermann am privatrechtlichen
        Wirtschaftsverkehr teilnehmen kann. Privatrecht war seit seiner Entstehung
        im römischen Recht das Recht der selbständigen Wirtschaftssubjekte. Heu-
        tiges Privatrecht unterscheidet sich wesentlich davon, weil die abhängig Be-
        schäftigten rechtsfähig und daher selbständige Wirtschaftssubjekte sind.
        Die nicht wirtschaftenden Subjekte werden am Ertrag der Wirtschaftssub-
        jekte durch Unterhaltsansprüche beteiligt. In einem so organisierten System
        der Bedarfsbefriedigung kommt nicht zum Zuge, wer weder Wirtschaftssub-
        jekt noch Familienangehöriger ist.

155   Deshalb sprang seit alters (vgl. oben Rn. 18) die Allgemeinheit für diejeni-
        gen ein, die unverschuldet ihre Bedarfe nicht aus eigener Kraft befriedigen
        konnten. Was ursprünglich nur bei konkreter Not durch die Armenpflege
        gesichert wurde, wird seit über einem Jahrhundert bei konkreter Not wie
        der Verwirklichung sozialer Risiken durch staatliche Einrichtungen gesi-
        chert: Bedarfsbefriedigung derer, die weder Einkommen noch Unterhalt be-
        ziehen. Sozialrecht löst ein Problem, das Privatrecht schafft, aus sich heraus
        jedoch nicht bewältigen kann, noch bezweckt. Privatrecht kann die Bedarfs-
        befriedigung eines nicht-wirtschaftenden Individuums nur sichern, falls zwi-
        schen diesem und einem Leistungsfähigen eine Sonderverbindung besteht,
        welche die Auferlegung von Leistungspflichten rechtfertigt. Sie können in
        Abstammung oder – mit Einschränkungen – in gemeinsamer Arbeit grün-
        den. Soweit jedoch zwischen Bedürftigem und Leistungsfähigem keine per-
        sönliche Bindung besteht, liefert das Privatrecht keinen Ansatz, um
        Leistungspflichten zugunsten einzelner Bedürftiger zu begründen. Denn

Privatrecht ordnet die „**Minimalgesellschaft**" der Verkäufer und Käufer, Eigentümer und Besitzer, Schädiger und Geschädigten. Wer die privatrechtliche Stellung des einen stärken möchte, kann dies stets nur **auf Kosten** des anderen erreichen. Alle Gerechtigkeitsforderungen des klassischen Privatrechts münden so in Entscheidungen über die **Lastenverteilung** im Zwei-Personen-Verhältnis.

Sozialrecht fügt sich in diese Struktur nicht ein. Seine Lösungen beruhen **156**
auf der „**Externalisierung**",[32] also einer Auslagerung von Problemlösungen aus der Ordnung der „Minimalgesellschaft" in die Kunstwelten staatlich organisierter Umverteilungsgemeinschaften. Statt Arbeitgeber mit Leistungspflichten für Kranke, Verunglückte, Erwerbsunfähige oder alte Arbeitnehmern zu belasten, werden für Arbeitnehmer Leistungsansprüche gegen eigens geschaffene Sozialleistungsträger begründet. Dort wird autonom nach Maßstäben der **Verteilungsgerechtigkeit** bestimmt, wer in welchem Umfang zu den Lasten beitragen und Leistungen von dieser Gemeinschaft beanspruchen kann. Das **Verteilungsproblem** des **klassischen Privatrechts**, dass dem einen nur geholfen werden kann, wenn in gleichem Ausmaß dem anderen wehgetan wird, wird durch Sozialrecht so entschärft. Die externalisierten Kunstwelten der sozialen Umverteilungsgemeinschaften erlauben, dass über die Voraussetzungen des **Gebens** und des **Nehmens** nach **je eigenen** Gerechtigkeitsmaßstäben entschieden werden kann.

Ein auf solcher Externalisierung beruhendes System kann durch Privat- **157**
recht gleichwertig nicht geschaffen werden, weil dabei dessen Grundprinzipien überwunden würden.[33] Da Vorsorge für die sozialen Risiken geboten ist, um die Allgemeinheit vor Einstandspflichten bei konkreter Not zu entlasten, liegt solche Vorsorge im Allgemeininteresse. Deshalb muss jeder von abstrakter Not Bedrohte zur Vorsorge staatlich angehalten werden. Dies widerspricht jedoch der Privatautonomie. Außerdem müsste gesichert sein, dass die Leistungen erbracht werden, wann immer die Notlage eintritt – die privatrechtstypische Gefahr der Vermögenslosigkeit des Vorsorgeträgers also ausgeschlossen wäre.

Beides kann Privatrecht jedoch nicht garantieren, weil die Vermögenslosigkeit des Schuldners mit Privatrecht untrennbar verbunden ist. Schließlich können privatrechtliche Umverteilungsgemeinschaften nicht aus sich heraus Maßstäbe materialer Verteilungsgerechtigkeit entwickeln. Im Gesellschaftsrecht und im kollektiven Arbeitsrecht bauen die entwickelten Industriegesellschaften zwar auf diese Fähigkeiten privater Verbände; aber diese Verbände agieren für Wirtschaftssubjekte. Dagegen haben die Umverteilungs-

---

[32] *Zacher*, SGb 1982, 329 ff.
[33] *Peters-Lange*, Vorteile und Schwächen privatrechtlicher Organisation sozialer Sicherheit, in Deutscher Sozialrechtsverband (Hg.), Soziale Sicherheit durch öffentliches und Privatrecht, 2003, 71.

gemeinschaften des Sozialrechts Rechtssubjekte zur selbständigen Bedarfsbefriedigung zu befähigen, die gerade nicht als Wirtschaftssubjekte auftreten. Diese nichtwirtschaftenden Individuen zu schützen, liegt im Allgemeininteresse, weshalb ihr Schutz eine genuin öffentliche Aufgabe ist. Daher verfügen heute alle Staaten der industrialisierten Welt über ausgebaute staatliche Systeme sozialer Vorsorge und Hilfe.

158   Wenn das Sozialrecht deshalb Sicherungen für Fälle abstrakter Not schafft, so wirkt es seinerseits auf das Privatrecht zurück.[34] Die sozialrechtlichen Tatbestände abstrakter Not – Krankheit und Pflegebedürftigkeit, Erwerbsminderung, Alter oder Arbeitslosigkeit – entsprechen jedenfalls im Regelfall dem unterhaltsrechtlichen Tatbestand der Bedürftigkeit. Gäbe es keine Sozialleistungen, würden die sozialrechtlichen Tatbestände Unterhaltsansprüche begründen. Sozialrecht stellt daher zugleich Familienangehörige von Unterhaltspflichten frei, weil es deren Unterhaltsbedürftigkeit entgegenwirkt.

Auch bei Konkurrenzlagen von Sozialrecht und Privatrecht, die durch Verdrängung zugunsten der jeweiligen sozialrechtlichen Gestaltung aufgelöst werden, tritt der privatrechtliche Anspruch hinter den sozialrechtlichen zurück, entweder weil dessen **Verdrängung** durch den Gesetzgeber ausdrücklich oder implizit aus Gründen der **Verteilungsgerechtigkeit** angeordnet wurde, oder Sozialleistungen die tatbestandlichen Voraussetzungen ausschließen, unter denen privatrechtliche Ansprüche entstehen. Sozialrecht kann aber auch umgekehrt die Ausprägung privatrechtlicher Regelungskomplexe fördern. Dies geschieht, wo immer Sozialrecht und Privatrecht sich wechselseitig ergänzen – durch Rentenversicherung und Betriebsrenten oder Arbeitslosengeld und Abfindungen. In einer von wachsender Eigenverantwortung geprägten Welt werden diese Ergänzungen zunehmend bedeutsam.

---

[34] *Eichenhofer*, Sozialrechtliches Teilgutachten, 64. DJT (2002); *Fuchs*, Zivilrecht und Sozialrecht, 1992, 204 ff.

B. System des Sozialrechts

I. Allgemeine Grundsätze

§7 Rechtsquellen

Lit.: *Axer*, Normsetzung der Exekutive in der Sozialversicherung, 2000; *Deutscher Sozialrechtsverband* (Hg.), Entwicklung des Sozialrechts – Aufgabe der Rechtsprechung (Festgabe aus Anlaß des 100jährigen Bestehens der sozialgerichtlichen Rechtsprechung), 1984; *Ebsen*, Rechtsquellen, in Schulin (Hg.), Handbuch des Sozialversicherungsrechts, Krankenversicherungsrecht, Bd. 1, 1994, §7; *Fuchs*, Die Reichsversicherungsordnung als erste sozialrechtliche Kodifikation, in Helmholz (Hg.), Grundlagen des Rechts, Festschrift für Peter Landau, 2000, 883; *Hänlein*, Rechtsquellen im Sozialversicherungsrecht, 2001; *Zacher*, Das Vorhaben des Sozialgesetzbuches, 1973; *ders.*, Der Sozialstaat als Prozeß, in ders. (Hg.), Abhandlungen zum Sozialrecht, 1993, 73; *ders.*, Die Kodifikation des deutschen Sozialrechts in historischer und rechtsvergleichender Sicht, in Geis/Lorenz (Hg.), Staat, Kirche, Verwaltung, Festschrift für Hartmut Maurer, 2001, 1229.

a) Gattungen sozialrechtlicher Rechtsquellen

159 Sozialrecht ist nicht „mit dem Menschen geboren" (Goethe) und kann damit keine gleichsam naturrechtliche Geltung für sich beanspruchen. Sozialrecht beruht vielmehr ausschließlich auf geschriebenem Recht. Es setzt so notwendig die Positivität von Recht – dessen bewusste Setzung und schriftliche Niederlegung – voraus. Die nicht kraft positiven Rechts erbrachte öffentliche Hilfe wäre bloßes Almosen, statt rechtlich geschuldet, ein moralisch motiviertes Geben. Dementsprechend ist ein sozialrechtliches Begehren nur anzuerkennen, falls es seine Grundlage im **positiven Recht** findet.

160 Das positive Recht entstammt unterschiedlichen **Rechtsquellen**: internationalen Prinzipienerklärungen, Gesetzgebungsaufträgen internationaler Organisationen, Verfassung, Gesetz, Rechtsverordnungen, Normenverträgen, autonomen Satzungen sowie dem Richterrecht. Internationale Prinzipienerklärungen (vgl. oben Rn. 75 f.) schaffen für den einzelnen jedoch nur ausnahmsweise[1] geltendes Recht, nämlich falls sie den Charakter von sich selbst

---

[1] *von Maydell*, Internationales Sozialversicherungsrecht, in Deutscher Sozialgerichtsverband (Hg.), Sozialrechtsprechung, Bd. 2, 1979, 943, 963; vgl. Beispiele aus der

vollziehenden Normen (self executing) innehaben.[2] Denn sie halten die Staaten an, sozialrechtliche **Institutionen** zu schaffen, aufrechtzuerhalten und fortzuentwickeln, was staatliches Tätigwerden voraussetzt. Selbst wenn Prinzipienerklärungen – namentlich Diskriminierungsverbote – ausnahmsweise Regelungen mit unmittelbarer Wirkung gegenüber dem einzelnen treffen, vermögen sie einen Sozialleistungsanspruch regelmäßig nicht selbständig zu begründen. Denn er entsteht im Zusammenwirken mit weiteren Rechtsquellen (vor allem dem Gesetz). Gesetzgebungsaufträge internationaler Organisationen verpflichten also primär den nationalen Gesetzgeber und berechtigen den zu schützenden Einzelnen nur selten unmittelbar.[3]

Die **Verfassung** ist das oberste Gesetz eines Staates. Sie stellt dem Gesetz- **161** geber Aufgaben und gibt ihm Handlungsformen vor. Das GG schafft indessen keine unmittelbaren sozialrechtlichen Ansprüche (vgl. oben Rn. 114 ff.). Vielmehr verpflichtet es den Gesetzgeber im Sozialstaatsprinzip (Art. 20 I, 28 GG), Ansprüche auf Sozialleistungen durch Gesetz zu begründen und auszugestalten. Die Verfassung hat als Rechtsquelle im Sozialrecht daher eine nur untergeordnete Bedeutung; sie wird allenfalls **in Verbindung** mit dem Gesetz zur Rechtsquelle.

Die zentrale Rechtsquelle im Sozialrecht ist das Gesetz. Deshalb ordnet **162** § 31 SGB I für das deutsche Sozialrecht den „vollständigen" Gesetzesvorbehalt an.[4] Dieser ist nicht nur begründet, weil im Rechtsstaat alle Eingriffe in Freiheitsrechte gesetzlicher Legitimation bedürfen (Art. 2 II S. 2 GG); auch die Begründung von Leistungsansprüchen fordert regelmäßig eine gesetzliche Grundlage.[5] Das **Gesetz** begründet sozialrechtliche Ansprüche, entzieht der Verwaltung die einseitige Definitionsmacht über die Leistungsvoraussetzungen, sichert die Gleichbehandlung unter den Sozialleistungsberechtigten und legitimiert öffentliche Ausgaben. Es ist deshalb die zentrale Rechtsquelle des Sozialrechts. Die Sozialgesetzgebung wird von wirtschaftlichen und sozialen Veränderungen geprägt.[6] Daher erweisen sich die sozial-

---

Rechtsprechung zur Einwirkung internationalrechtlicher Normen auf das deutsche Sozialrecht: BSGE 13, 206, 211; 30, 226; 40, 190, 206; 50, 95; BVerwG DÖV 1985, 626; vgl. im übrigen *von Maydell/Nußberger* (Hg.), Social Protection by Way of International Law, 1996; *Morhard*, Die Rechtsnatur der Übereinkommen der Internationalen Arbeitsorganisation, 1988.

2 *Verdross/Simma*, Universelles Völkerrecht, 1984 (3. Aufl.), 40 ff.

3 Eine Ausnahme gilt jedoch für Richtlinien der EU, falls es der Gesetzgeber des Mitgliedstaates versäumt, diese umzusetzen; in diesem Fall gilt die Richtlinie unmittelbar, falls ihr Inhalt unmittelbar vollzugsfähig ist (vgl. *Oppermann/Classen/Nettesheim* (Hg.), Europarecht, 2011 (5. Aufl.), § 9 Rn. 100 ff.).

4 BSGE 109, 147.

5 Vgl. *Waltermann*, in SRH, § 7 Rn. 28 ff.; *Mrozynski*, SGB I, 2014 (5. Aufl.), § 31 Rn. 1 ff.; *Eichenhofer*, in Eichenhofer/Wenner (Hg.), Wannagat Sozialversicherungsrecht, Kommentar zum Sozialgesetzbuch I, 2017 (1. Aufl.), § 31 SGB I, Rn. 2 ff.

6 *von Maydell*, Zum Stil sozialpolitischer Gesetzgebung, in Wilke (Hg.), Festschrift zum 125jährigen Bestehen der Juristischen Gesellschaft zu Berlin, 1984, 407; *Zacher*,

rechtlichen Gesetze als veränderungsoffen und -anfällig. Der Gesetzgeber erlaubt deshalb die Anpassung sozialrechtlicher Regelungen an veränderte wirtschaftliche und soziale Zustände (z.B. die Rentenanpassung an die Veränderungen im Einkommen der Versicherten, vgl. unten Rn. 322).

163   Darüber hinaus sind für das Sozialrecht die **untergesetzlichen Normen** als Rechtsquellen wichtig. Der Gesetzgeber kann der **Exekutive**[7] (Bundesregierung oder -minister) durch Rechtsverordnung sozialrechtliche Einzelfragen normativ zu regeln gestatten: z.B. Regelsatz- (§ 40 SGB XII), Arbeitsgenehmigungs- (§ 47 SGB III, vgl. unten Rn. 463), Berufskrankheiten- (§ 100 SGB VII, vgl. unten Rn. 405 f.) oder Sachbezugsverordnung (§ 17 I SGB IV).

Die zwischen Krankenversicherungsträgern und den Leistungserbringern geschlossenen **Normenverträge** bilden eine weitere sozialrechtliche Rechtsquelle. Sie regeln die Einzelheiten der Leistungserbringung wie deren Vergütung (§§ 82 f., 87, 92 SGB V). Besondere Schwierigkeiten bereiten die von den Organen gemeinsamer Selbstverwaltung (vgl. dazu unten Rn. 287) geschaffenen Richtlinien (vgl. dazu unten Rn. 367). Diese gestalten den versicherungsrechtlichen Anspruch konkret aus. Ihre systematische Einordnung in die Normenhierarchie bereitet Schwierigkeiten, weil sie weder angemessen als Akte der Exekutive,[8] noch in Analogie zum Tarifvertragsrecht[9] als autonomes Verbandsrecht zu verstehen sind. Gegen deren Einordnung als Akt staatlicher Normsetzung sprechen das Konsens-Erfordernis und die bei fehlender Einigung hilfsweise einsetzende zwangsweise Schlichtung.[10] Gegen die Parallelen zum Tarifrecht spricht die umfassende Einbettung der Normsetzung in die Strukturen des Sozialversicherungs- und zugehörigen Berufsrechts. Die Rechtsetzungsakte der Einrichtungen der gemeinsamen Selbstverwaltung stellen somit eine sozialrechtliche Eigenheit dar.

Wichtige Rechtsquellen des Sozialrechts sind schließlich die von den Sozialleistungsträgern als Körperschaft oder Anstalt erlassenen **Satzungen**. Die Träger bedürfen zu deren Erlass der gesetzlichen Ermächtigung, um damit administrative oder technische Einzelheiten zu regeln, z.B. Unfallverhütungsvorschriften (§ 15 SGB VII). Wichtig sind Satzungen der BA über die Zumutbarkeit anderweitiger Beschäftigung, die ganzjährige Förderung der Beschäftigung in der Bauwirtschaft sowie Satzungen der Kassenärztlichen Vereinigung über die Fortbildung der Vertragsärzte sowie Sanktionen bei Pflichtverletzungen (§ 81 IV, V SGB V).

Sozialstaat als Prozeß, in ders. (Hg.), Abhandlungen zum Sozialrecht, 1993, 73; zu Grundfragen des intertemporalen Rechts: *Jaeger*, SGb 1994, 111; *Papier*, SGb 1994, 105.
  [7] *Axer*, Normsetzung der Exekutive in der Sozialversicherung, 2000.
  [8] Ebd.
  [9] *Hänlein*, Rechtsquellen im Sozialversicherungsrecht, 2001.
  [10] *Joussen*, Schlichtung als Leistungsbestimmung und Vertragsgestaltung durch einen Dritten, 2005.

Eine weitere Rechtsquelle bildet das **Richterrecht**.[11] Dieses hat sich entwi-   **164**
ckelt, seitdem über Sozialleistungsansprüche unabhängige, justizförmig zu-
sammengesetzte Spruchkörper nach rechtlichen Gesichtspunkten entscheiden. Es ist prägendes Element deutschen Sozialrechts.[12] Bereits unmittelbar
nach Aufnahme seiner Spruchtätigkeit folgerte das BSG[13] aus dem Grundsatz der Bindung des Richters an Gesetz und Recht (Art. 20 III GG), dass die
Fortbildung des Rechts Aufgabe des Großen Senats, jedes Senats des BSG
und jedes Richters der Sozialgerichtsbarkeit sei. Dabei sei das Gesetz allgemein verbindlich, auch wenn sich die Rechtsanschauungen wandeln; das Gesetz sei nur unbeachtlich, falls es in einem „unerträglichen Widerspruch" zu
den elementaren Werten der Gesamtrechtsordnung stehe.[14] Bindung an das
Gesetz bedeutet die Auslegung nach Sinn und Zweck des Gesetzes und nicht
dessen Wortlaut.[15] In Wahrnehmung ihrer Funktion zur Rechtsfortbildung
schuf die Sozialgerichtsbarkeit eigene, von der Praxis anerkannte Rechtsfi-
guren, wie den sozialrechtlichen Herstellungsanspruch (vgl. unten Rn. 213),
das Beschäftigungsverhältnis (vgl. unten Rn. 277) oder die Theorie der wesentlichen Bedingung (vgl. unten Rn. 396).

---

[11] Es ist allerdings streitig, ob Richterrecht Rechtsquelle ist oder nicht: vgl. dazu *Esser*,
Richterrecht, Gerichtsgebrauch und Gewohnheitsrecht, in ders. (Hg.), Festschrift für Fritz
von Hippel, 1967, 95; *Hergenröder*, Zivilprozessuale Grundlagen richterlicher Rechtsfortbildung, 1995; vgl. zur verfassungsrechtlichen Problematik des Richterrechts eingehend:
Ipsen, Richterrecht und Verfassung, 1975.
[12] Vgl. zur Bedeutung richterlicher Rechtsfortbildung auf dem Gebiet des Sozialrechts:
Wannagat, Rechtsfortbildung durch die sozialgerichtliche Rechtsprechung, Schriftenrei-
he des Deutschen Sozialgerichtsverbandes, Bd. 10, 1972, 17; vgl. auch zur Illustration die
anläßlich des 100jährigen Bestehens des Reichsversicherungsamtes vom Deutschen Sozialrechtsverband herausgegebene Festschrift mit dem bezeichnenden Titel: Entwicklung
des Sozialrechts – Aufgabe der Rechtsprechung, 1984; *Pitschas*, VSSR 1990, 241.
[13] BSGE 2, 168.
[14] BSGE 10, 67.
[15] BSGE 25, 41, 43.

b) Normenhierarchie

165 Angesichts solcher Vielfalt bedürfen die Rechtsquellen einer Rangordnung (vgl. Abb. 6):[16] Die Rechtsquellen internationalen Entstehungsgrundes (Prinzipienerklärungen oder Gesetzgebungsaufträge) gehen den Rechtsquellen nationalen Entstehungsgrundes vor, weil die Mitgliedstaaten internationaler Organisationen deren Anforderungen genügen müssen. Unter den Rechtsquellen nationalen Entstehungsgrundes geht die Verfassung dem Gesetz vor, weil dieses aufgrund der Verfassung zu erlassen ist. Das Gesetz hat seinerseits Vorrang vor den untergesetzlichen Normen, weil diese gesetzlicher Ermächtigung (vgl. zu den Rechtsverordnungen Art. 80 GG) bedürfen. Richterrecht steht in der Rangordnung der Normen an unterster Stelle, weil es nur mangels ausdrücklicher abstrakt-genereller Normen geschaffen werden und stets durch den Gesetzgeber aufgehoben werden kann.

Internationale Prinzipienerklärungen und Gesetzgebungsaufträge
Verfassung
Gesetz
Rechtsverordnung
Normenvertrag
Satzung
Richterrecht

Abb. 6

166 Aus der skizzierten Rangordnung (= „Hierarchie") unter den Rechtsquellen des Sozialrechts folgt, dass die Regelung einer **niederrangigen Rechtsquelle** nur **gilt**, soweit sie mit Regelungen einer **höherrangigen** Rechtsquelle **vereinbar** ist. Diese bildet somit Grund und Grenze für jene, umgekehrt soll jene diese konkretisieren.

c) Kodifikation des deutschen Sozialrechts

167 Seit den 1970er Jahren schafft der deutsche Gesetzgeber die Kodifikation des gesamten Sozialrechts in einem Gesetzbuch – dem Sozialgesetzbuch

---

[16] Vgl. dazu eingehend: *Clemens*, in Wissing/Umbach (Hg.), 40 Jahre Landessozialgerichtsbarkeit, 1994, 239; *Ebsen*, in HS-KV, § 7; *Schulin/Winkler*, ZSR 1995, 516; *Wimmer*, MedR 1996, 425.

(SGB). Er will das Sozialrecht damit „transparenter" und „einfacher" gestalten sowie dessen Teile zum „Gesamtsystem" zusammenführen[17]: Ein
ehrgeiziges und schwieriges Vorhaben! Obgleich schon früher in Deutschland Teile des Sozialrechts – nämlich das Sozialversicherungsrecht in der
RVO[18] (vgl. oben Rn. 44) – kodifiziert wurden und auch andere Staaten Teilgebiete ihres Sozialrechts in einem Gesetzbuch regeln,[19] stellt das deutsche
Vorhaben den weltweit umfassendsten Anspruch, zielt es doch auf die **Kodifikation sämtlicher Zweige** des **Sozialrechts**. Das SGB bildet – wiewohl in
viele Bücher aufgeteilt – eine Einheit. Es gibt daher nur ein „Sozialgesetzbuch" und nicht viele „Sozialgesetzbücher".

Dieses erhebt keinen „perfektionistischen" Anspruch, denn es erstrebt **168**
nicht die „erschöpfende Zusammenfassung alles dessen, was man Sozialrecht nennen könnte".[20] Sie ist vielmehr auf das Recht der **sozialen Sicherheit** konzentriert, soweit dieses auf öffentlichem Recht beruht; dazu gehören
auch die Grundsicherung, Sozial- und Jugendhilfe. Regelungsgegenstände
des SGB sind mithin **weder** Institutionen individueller Sicherung und Vorsorge durch Eigentum, Vermögensbildung, privatrechtliche oder betriebliche Altersvorsorge, **noch** Maßnahmen sozialen Schutzes oder Ausgleichs
unter Privaten, z. B. Schuldner-, Verbraucher-, Mieter- oder Arbeitnehmerschutz – mithin Ausprägungen „sozialen Privatrechts" (vgl. oben Rn. 3).[21]
Das Kodifikationsvorhaben zielte nicht auf die grundlegende Änderung des
Sozialrechts; vielmehr sollten die Einzelregelungen nur verändert werden,
soweit dies der Zweck der Kodifikation erfordert; Ziel ist und war die „**Kodifikation bei begrenzter Sachreform**".[22]

Statt der Verwirklichung durch „einen Gesetzgebungsakt" hielt der Ge **169**
setzgeber ein „stufenweises Vorgehen" für angezeigt.[23] Dementsprechend
verabschiedete der Gesetzgeber inzwischen die meisten Bücher des SGB.
Diese werden mit römischen Zahlen gekennzeichnet: SGB I, SGB IV, SGB VI
oder SGB X. Es sind in Kraft: SGB I (allgemeine Regeln des Sozialrechts),

---

[17] BT-Drucks. VI/3764.
[18] Dazu *Fuchs*, in Helmholz (Hg.), Grundlagen des Rechts, Festschrift für Landau,
2000, 883.
[19] Vgl. etwa den Social Security Code der USA, den Code de la sécurité sociale Frankreichs, dazu *Eichenhofer*, Social Security Code – Code de la sécurité sociale – Sozialgesetzbuch, in Ruland/von Maydell/Papier (Hg.), Verfassung, Theorie und Praxis des Sozialstaats, Festschrift für Zacher, 1998, 137; oder die Versuche der Schweiz, einen Allgemeinen Teil des Sozialversicherungsrechts zu schaffen (vgl. Parlamentarische Initiative
für einen Allgemeinen Teil des Sozialversicherungsrechts des Bundes vom 27.9.1990),
Zacher, Die Kodifikation des deutschen Sozialrechts in historischer und rechtsvergleichender Sicht, in Geis/Lorenz (Hg.), Staat, Kirche, Verwaltung, Festschrift für Maurer,
2001, 1229.
[20] *Zacher*, Das Vorhaben des Sozialgesetzbuches, 1973, 14.
[21] Ebd., 23; *ders.*, RsDE 47, 2001, 1.
[22] *Zacher*, Das Vorhaben des Sozialgesetzbuches, 1973, 25.
[23] BT-Drucks. VI/3764.

SGB II (Grundsicherung für Arbeitsuchende), SGB III (Arbeitsförderung), SGB IV (allgemeine Regeln der Sozialversicherung), SGB V (Krankenversicherung), SGB VI (Rentenversicherung), SGB VII (Unfallversicherung), SGB VIII (Kinder- und Jugendhilfe), SGB IX (Behindertenrecht), SGB X (Verwaltungsverfahren), SGB XI (Pflegeversicherung) und SGB XII (Sozialhilfe). Daneben gelten noch zahlreiche sozialrechtliche Einzelgesetze (z.B. BVG, OEG, § 60 IfSG, BKGG, BAföG, WoGG, UnterhVG) als „besondere Teile des SGB" (§ 68 SGB I) bis zu deren Eingliederung in das SGB fort.

170 Diese Bücher haben unterschiedliche Regelungsgegenstände: SGB I, IX und X sind für das gesamte Sozialrecht von Bedeutung. Das SGB IV und das SGB IX gelten für das gesamte Recht der sozialen Vorsorge – der Sozialversicherung. SGB III (Arbeitslosenversicherung), SGB V (Krankenversicherung), SGB VI (Rentenversicherung), SGB VII (Unfallversicherung) und SGB XI (Pflegeversicherung) formen einzelne Zweige sozialer Vorsorge. Das SGB II (Grundsicherung für Arbeitsuchende) gehört zur Arbeitsförderung. Das SGB XII (Sozialhilfe) regelt die Sozialhilfe für Nicht-Erwerbsfähige und das SGB VIII (Jugendhilfe) normiert schließlich die Kinder- und Jugendhilfe als einen weiteren Teil des Rechts der sozialen Hilfe. Die übrigen Einzelmaterien des Sozialrechts sind gegenwärtig noch in Einzelgesetzen geregelt (vgl. Abb. 7), sollen jedoch als weitere Bücher in das SGB aufgenommen werden.

Sachlicher Geltungsbereich einzelner Sozialgesetze

Gesamtes Sozialrecht: SGB I, SGB X; SGB IX			
Soziale Vorsorge: SGB IV; SGB IX	Soziale Entschädigung	Soziale Förderung	Soziale Hilfe
KV: SGB V RV: SGB VI PflegeV: SGB XI UV: SGB VII AloV: SGB III	KOV: BVG VOE: OEG + BVG SV: SVG + BVG Unechte UV: SGB VII Impfschäden: § 60 IfSG	Familienlasten: EStG, BKGG Arbeitsförderung: SGB III Ausbildungs- förderung: BAföG Wohnen: WoGG	Sozialhilfe: SGB II, SGB XII Jugendhilfe: SGB VIII

Abb. 7

§ 8 Sozialleistungsanspruch

Lit.: *Deinert*, Privatrechtsgestaltung durch Sozialrecht, 2007; *Deutscher Sozialgerichtsverband* (Hg.), Das Sozialrechtsverhältnis, 1. Sozialrechtslehrertagung, 1979; *Deutscher Sozialrechtsverband* (Hg.), Leistungsrealisierung und Leistungsstörungen im Sozialrecht, 1996; *ders.*, Individualverantwortung im Sozialversicherungsschutz, 1997; *Heilmann*, Die Zwangsvollstreckung in Sozialleistungsansprüche nach § 54 Sozialgesetzbuch Allgemeiner Teil, 1999; *Fleiner/Öhlinger/Krause*, Rechtsverhältnisse in der Leistungsverwaltung, VVDStRL, Bd. 45 (1987), 152 ff.; *Rebhahn*, Mitverantwortung der Leistungsempfänger im Sozialrecht, DRdA 1997, 352; *Ruland*, Solidarität und Individualität, DRV 2000, 733; *Eichenhofer/Wenner*, SGB I, 2017.

a) Sozialleistungsanspruch und Sozialrechtsverhältnis

Sozialleistungsansprüche gründen in **Sozialrechtsverhältnissen**. Diese **171** sind gesetzliche Schuldverhältnisse zwischen Sozialleistungsträger und -berechtigten. Sie kommen durch Erfüllung der gesetzlichen Tatbestandsvoraussetzungen zustande.[1] Ein Sozialrechtsverhältnis kann den Leistungsberechtigten zur Beitragszahlung an den Sozialleistungsträger und diesen – wie im Recht der sozialen Vorsorge – zu Leistungsansprüchen verpflichten. Der Leistungsanspruch kann auch – wie im Recht sozialer Entschädigung, sozialer Förderung und sozialer Hilfe – durch Verwirklichung eines sozialrechtlichen Tatbestandes unmittelbar begründet sein. Die Sozialleistungen können nach ihrem Inhalt (aa), ihrer Verbindlichkeit (bb) oder Rechtfertigung (cc) klassifiziert werden.

aa) Dienst-, Sach- und Geldleistungen

§ 11 SGB I unterteilt die Sozialleistungen nach ihrem **Inhalt** in **Dienst-,** **172** **Sach-** und **Geld**leistungen. § 11, 2 SGB I stellt klar: die persönlichen und erzieherischen Hilfen sind **Dienstleistungen** wie die persönliche Beratung oder tätige Hilfe (ärztliche oder Krankenhausbehandlung, Umschulung, Betreuung durch Sozialarbeiter, Hauspflege, Haushalts- und Betriebshilfe, Krankengymnastik, Berufsförderung). **Sachleistungen** sind auf Überlassung oder Übereignung von Sachen (Arznei- oder Verbandmittel, Prothesen, Rollstühle) auf Dauer oder Zeit gerichtet. **Geldleistungen** begründen Zah-

---

[1] Vgl. grundlegend *Hertwig*, Das Verwaltungsrechtsverhältnis der Mitgliedschaft Versicherter in einer gesetzlichen Krankenkasse, 1989; *Krause*, in Deutscher Sozialgerichtsverband (Hg.), Das Sozialrechtsverhältnis, 1. Sozialrechtslehrertagung, 1979, 12 ff.; *Fleiner/Öhlinger/Krause*, Rechtsverhältnisse in der Leistungsverwaltung, VVDStRL, Bd. 45 (1987), 152 ff.; *Tomandl*, in Deutscher Sozialgerichtsverband (Hg.), Das Sozialrechtsverhältnis, 1. Sozialrechtslehrertagung, 1979, 50 ff.; *Bley/Kreikebohm/Marschner*, Sozialrecht, 2007, Rn. 58 ff.; *Mrozynski*, SGb 2016, 1, 69.

lungsansprüche (Rente, Krankengeld, Verletztengeld, Grundrente). Die Unterscheidung zwischen Geld-, Sach- und Dienstleistungen hat für die nur jene betreffenden Regelungen über Vorschuss, Verzinsung, Verjährung, Auszahlung, Auf- und Verrechnung, Übertragung, Verpfändung, Pfändung und Vererbung (§§ 42, 44, 47 ff., 51 f., 53 ff., 56 ff. SGB I) Bedeutung.

bb) Pflicht- und Ermessensleistungen

173   §§ 38 f. SGB I unterscheiden die Sozialleistungen nach ihrer **Verbindlichkeit** in Pflicht- (§ 38 SGB I) und Ermessensleistungen (§ 39 SGB I). Jene begründen Rechtsansprüche; diese liegen im Ermessen des Trägers. Nach § 38 SGB I sind Sozialleistungen **grundsätzlich Pflichtleistungen**, es sei denn, der Leistungsträger wäre durch Formulierungen wie „kann" oder „soll" ausdrücklich zum Ermessen ermächtigt. Für **sämtliche** Sozialleistungen gilt der **Gesetzesvorbehalt** (§ 31 SGB I). Erfüllt ein Sachverhalt die gesetzlichen Voraussetzungen, besteht ein Rechtsanspruch auf Leistung. Räumt das Gesetz dem Sozialleistungsträger ausdrücklich Ermessen ein (so bei Rehabilitation oder Berufsförderung), hat der Sozialleistungsträger dieses rechtmäßig zu betätigen. Ein die Voraussetzungen des Ermessens verkennender willkürlich (= unsachlich) falsch entscheidender oder nicht gebrauchender Träger handelt rechtswidrig.[2]

cc) Kausale und finale Leistungen

174   Nach ihrer Ausrichtung sind die **kausalen** und **finalen** Sozialleistungen zu unterscheiden. Kausale Sozialleistungen werden wegen eines in der **Vergangenheit** liegenden Grundes (causa), finale Sozialleistungen hingegen um eines in der **Zukunft** liegenden Erfolges (finis) willen gewährt. Leistungen sozialer Vorsorge und sozialer Entschädigung sind kausal, weil sie in vormaliger Vorsorge gründen oder wegen eines in der Vergangenheit erlittenen Nachteils gewährt werden; Leistungen sozialer Förderung (Ausbildungsförderung, Rehabilitation, Teilhabe, Arbeitsvermittlung) sind dagegen final, weil sie einen künftig zu erreichenden Erfolg (Ausbildung, Wiedereingliederung in das Erwerbsleben durch Aufnahme einer Beschäftigung) ermöglichen sollen.

---

[2] *Krahmer/Trenk-Hinterberger*, SGB I, 2013, § 39 SGB I Rn. 5 ff.; *Deinert*, Privatrechtsgestaltung durch Sozialrecht, 2007, 326 ff.

b) Rechtliche Ausgestaltung des Sozialleistungsanspruchs

aa) Entstehung des Anspruchs

Die **Entstehung** des Anspruchs auf Sozialleistungen ist für Pflicht- und 175
Ermessensleistungen **unterschiedlich** geregelt. Pflichtleistungen entstehen
mit Erfüllung der gesetzlichen Voraussetzungen (§ 40 I SGB I), Ermessensleistungen dagegen mit Bekanntgabe der Entscheidung des Trägers (§ 40 II
SGB I). Der Zeitpunkt der Anspruchsentstehung bestimmt die Fälligkeit
(§ 41 SGB I), den Anspruch auf Vorschuss (§ 42 SGB I), die Vorleistung (§ 43
SGB I), Verzinsung und Verjährung (§§ 44 f. SGB I); er wird ferner wichtig
für Aufrechnung und Verrechnung (§§ 51 f. SGB I) sowie die Vererblichkeit
(§§ 56 ff. SGB I).

§ 40 SGB I lässt offen, ob zu den „im Gesetz oder aufgrund eines Gesetzes 176
bestimmten Voraussetzungen" nur die materiellen Voraussetzungen oder
auch die Antragstellung als formelle Voraussetzung zählt. Nach einhelliger
Ansicht[3] ist der **Zeitpunkt** der Antragstellung für die Entstehung des Anspruchs auf Pflichtleistungen unerheblich. Im Umkehrschluss aus § 40 II
SGB I folgt: Liegen die materiellen Voraussetzungen vor, entsteht der Anspruch. Danach ist die Erfüllung der formellen Voraussetzungen für die Anspruchsentstehung nur bedeutsam, falls der Träger zur Entscheidung über
den Anspruch befugt – die Leistung also nach Ermessen zu gewähren ist.
Folgt der Anspruch aus dem Gesetz, kann über seine Entstehung kein for-
melles Erfordernis entscheiden. Das Sozialleistungsrecht hat Berechtigten
Ansprüche bei abstrakter Not zu gewähren. Das Antragserfordernis soll verhindern, dass dem Berechtigten ein rechtlicher Vorteil aufgezwungen wird.
Begehrt der Berechtigte jedoch durch Antragstellung die Sozialleistung, ist
die Leistung rückwirkend ab dem Zeitpunkt der Entstehung der materiellen
Leistungsvoraussetzungen zu gewähren.

Ausnahmsweise können Gesetze die rückwirkende Gewährung einer Sozialleistung ausschließen oder an Fristen binden: So knüpft § 99 I SGB VI
den Rentenanspruch an den Zeitpunkt der Antragstellung; § 141 SGB III
verlangt die Arbeitslosmeldung als Anspruchsvoraussetzung für das Arbeitslosengeld I. Die Entstehung des Anspruchs hängt dann auch von der
Antragstellung ab; soweit solche Regeln fehlen, entsteht der Anspruch mit
Antragstellung rückwirkend ab Vorliegen der materiellen Voraussetzungen.

Das Antragserfordernis ist ausnahmsweise nicht nur eine verfahrens-,
sondern auch eine materiellrechtliche **Wirksamkeitsvoraussetzung** für einen
Sozialleistungsanspruch. Dies hat die Rechtsprechung[4] namentlich im Entschädigungsrecht angenommen, falls dem Entschädigungsberechtigten auch

---

[3] *Seewald,* in KassKomm, § 40 SGB I Rn. 4 ff.; *Krahmer/Trenk-Hinterberger,* § 40
SGB I Rn. 5 ff.; vgl. auch BSG (GS): BSGE 34, 1, 16 ff.
[4] Vgl. BSGE 60, 284; 61, 149, 180; *Mrozynski,* SGB I, 2014, § 40 Rn. 10a.

ein sozialversicherungsrechtlicher Anspruch zusteht. Bei doppelter Anspruchsberechtigung soll es der Respekt vor der Persönlichkeit des Entschädigungsberechtigten gebieten, die Entstehung des Anspruchs von der Antragstellung durch den Berechtigten abhängig zu machen, so dass der anderweitige Träger – im Gegensatz zu den subsidiär einstandspflichtigen Trägern
(§§ 106 SGB XII, 27i BVG) – nicht anstelle des Berechtigten die konkurrie-
rend gewährte Leistung als nachrangig geschuldet beitreiben kann.

bb) Fälligkeit und Verzinsung

177   Sozialleistungsansprüche (§ 41 SGB I) werden mit ihrer Entstehung **fällig**.
Der Berechtigte kann deshalb bereits vor der endgültigen Entscheidung über
den Anspruch Vorschüsse (§ 42 SGB I) und vorläufige Leistungen erhalten.
Vorschüsse stehen im Ermessen des Trägers, können gewährt werden, wenn
für die Feststellung von Grund und Umfang der Leistungsberechtigung längere Zeit vergeht, weil medizinische Gutachten einzuholen sind. Auf Vorschuss besteht ein Rechtsanspruch, falls ihn der Berechtigte beantragt. Nach
denselben Grundsätzen sind **vorläufige Leistungen** (§ 43 SGB I) zu gewähren, falls zwischen den beteiligten Leistungsträgern die Zuständigkeit umstritten ist.

178   Sozialrechtliche Geldleistungen sind jährlich in Höhe von 4 % zu verzinsen (§ 44 SGB I). Die Verzinsung setzt mit dem Ablauf des auf die Fälligkeit
der Leistung (= Entstehung des Leistungsanspruchs) folgenden Kalendermo-
nats ein, spätestens sechs Monate nach Einreichung des vollständigen
Leistungsantrages. Die Pflicht zur Verzinsung besteht unabhängig vom Verschulden; sie sanktioniert die zögerliche Bearbeitung von Leistungsanträgen
und gleicht den aufgrund der Verzögerung eingetretenen Nachteil aus.[5]
Tritt nach Ablauf von sechs Monaten Verzinsungspflicht ein, sind alle Sozialleistungen zu verzinsen, die einen Monat nach der ersten Sozialleistung
fällig geworden sind.

cc) Untergang des Leistungsanspruchs

179   Der Leistungsanspruch erlischt durch **Erfüllung** (bei Geldzahlungen:
„Auszahlung", §§ 47 ff. SGB I), **Aufrechnung** oder **Verrechnung** (§§ 51 f.
SGB I), **Verzicht** (§ 46 SGB I), **Verwirkung**, die begründete **Erhebung** der
Verjährungseinrede (§ 45 SGB I) oder den **Tod** des Berechtigten. Wie im
Schuldrecht (§ 362 BGB) erlischt im Sozialrecht der Leistungsanspruch mit
Bewirken der geschuldeten Leistung an den Berechtigten. Das Gesetz regelt
in §§ 47–50 SGB I für Geldleistungen einzelne Erfüllungsmodi: Überwei-

---

[5] *Waltermann*, in SRH, § 7 Rn. 54.

sung auf ein Konto des Berechtigten durch bargeldlose Zahlung (§ 47 SGB I) oder hilfsweise Barzahlung in der Wohnung des Berechtigten. Diese Regelung überbürdet wie § 270 BGB dem Träger das Übermittlungsrisiko von Geldschulden.

Ähnlich § 362 II BGB regeln die §§ 48 f. SGB I die Erfüllung eines Anspruchs auf Geldleistung durch Bewirken der Leistung an **Dritte**. §§ 48 f. SGB I gewähren dem Gläubiger familienrechtlicher Unterhaltsansprüche (§§ 1360, 1601 ff. BGB) gegen den zu Sozialleistungen berechtigten Schuldner einen Anspruch auf Auszahlung. Er besteht in Höhe des dem Leistungsberechtigten gegenüber dem Träger zustehenden Betrages, den der Leistungsberechtigte an den Schuldner auf Grund seiner diesem gegenüber begründeten Unterhaltspflicht zu zahlen hat, der er aber nicht nachkommt oder aufgrund richterlicher Anordnung (wegen psychischer Erkrankung oder in Straf- oder Untersuchungshaft) untergebracht ist. Dieses Recht heißt „Abzweigung". Anders als bei §§ 362 II, 185 BGB hängt die Erfüllungswirkung bei der **Abzweigung** nicht von der Zustimmung des Gläubigers, sondern dem Bestehen einer **familienrechtlichen** Leistungspflicht zwischen Gläubiger und Leistungsberechtigten ab. Abzweigungsberechtigt ist, wer als Dritter dem Unterhaltsberechtigten statt des Leistungsberechtigten Unterhalt gewährt.[6] Die Abzweigung einer laufenden Geldleistung an Dritte bedarf regelmäßig eines Antrags des Unterhaltsberechtigten.[7] Der Umfang der Abzweigung wird durch Ermessen des Leistungsträgers bestimmt.[8] Die Abzweigung erlaubt dem Unterhaltsberechtigten den unmittelbaren Zugriff auf die Sozialleistung. Sie erübrigt damit die aufwendige zivilrechtliche Vollstreckung. Dieses Recht hat besondere Bedeutung in Mangellagen – unzureichenden Einkommens zur Befriedigung sämtlicher Unterhaltsansprüche.[9]

180

Wie im Bürgerlichen Recht kann auch im Sozialrecht ein Leistungsanspruch anders als durch Erfüllung erlöschen. Die sozialrechtlichen „Erfüllungssurrogate" heißen **Aufrechnung** (§ 51 SGB I) und **Verrechnung** (§ 52 SGB I). Aufrechnung bewirkt das wechselseitige Erlöschen zweier gleichartiger, fälliger und gegenseitiger Ansprüche aufgrund einseitiger Erklärung eines Beteiligten. § 51 SGB I beschränkt die Aufrechnung auf Geldansprüche und im Umfang. Denn die sozialrechtlichen Leistungsansprüche sichern die Existenzgrundlagen des Berechtigten. Sie können daher ebenso wenig wie im Bürgerlichen Recht (§ 394 BGB) durch Aufrechnung zum Erlöschen gebracht werden, soweit sie unpfändbar sind. Die Aufrechnung ist auf das

181

---

[6] BSGE 53, 218; 104, 65; zur internationalen Abzweigung FG Baden-Württemberg EFG 2008, 1467.
[7] BSGE 53, 218.
[8] BSGE 55, 245; 57, 59; 57, 127; 68, 107; *Deinert,* Privatrechtsgestaltung durch Sozialrecht, 2007, 375 ff.
[9] BSGE 93, 203.

pfändbare Vermögen beschränkt, weil sie **Erfüllungs-** wie **Vollstreckungsersatz** ist. Deshalb sieht § 51 I SGB I die Aufrechenbarkeit von Ansprüchen des Leistungsträgers gegen Forderungen des Leistungsberechtigten für die pfändbaren Teile des Anspruchs (§ 54 II, III SGB I) vor. Darüber hinaus wird die Aufrechnung von Ansprüchen des Leistungsträgers mit Gegenansprüchen auf die Hälfte des geschuldeten Betrages begrenzt. Keinesfalls darf der Aufrechnungsgegner durch die Aufrechnung sozialhilfebedürftig werden.[10]

182   Bei der **Verrechnung** (§ 52 SGB I) tritt anders als bei der Aufrechnung die wechselseitige Tilgung zweier Forderungen **trotz fehlender Gegenseitigkeit** ein. Die Verrechnung berührt also die Rechtsstellung von zwei Sozialleistungsträgern. Sie ist möglich, wenn ein Träger gegen den Berechtigten oder der Berechtigte gegen einen anderen Träger einen Anspruch auf Geldzahlung hat. Dann kann der leistungspflichtige Träger gegenüber dem Berechtigten Verrechnung mit den Ansprüchen des verpflichteten Trägers gegen den Berechtigten erklären,[11] falls der verpflichtete Träger den verrechnenden Träger zur Verrechnung **ermächtigt** hat. Der verpflichtete Träger kann dann gegen den Berechtigten entsprechend § 185 BGB das Recht des anderen Trägers im eigenen Namen durch Erklärung geltend machen, so dass die eigene Leistungspflicht erlischt. Der infolge der Verrechnung dem Verrechnenden zufallende Vermögensvorteil (= Freiwerden von eigener Verbindlichkeit gegenüber dem Berechtigten) wird durch Erstattungsrecht (§ 103 SGB X, vgl. unten Rn. 245) ausgeglichen.[12]

183   Wie der bürgerlich-rechtliche **Erlass** (§ 397 BGB) ist **Verzicht** (§ 46 SGB I) ein Erfüllungssurrogat. Während jener ein Vertrag ist, kommt dieser durch einseitige Erklärung des Berechtigten gegenüber dem Träger zustande. Sozialleistungsansprüche sind verzichtbar, weil die Leistungsgewährung auf einseitiger Zuwendung beruht, so dass auch deren Konträrakt einseitig möglich sein muss. Verzichtbar sind nur Ansprüche auf einzelne Leistungen. Bei „laufenden" Leistungen beschränkt sich der Verzicht mithin auf den periodisch wiederkehrenden Einzelanspruch; das Stammrecht selbst ist dagegen unverfügbar. Sozialleistungsansprüche sind nach § 46 II SGB I nicht verzichtbar, soweit dadurch private oder andere Leistungsträger belastet werden (z. B. ein Arbeitsloser verzichtet auf Arbeitslosengeld I gegen die Arbeitsverwaltung – unverzichtbar, soweit er dadurch einen Anspruch auf Familienunterhalt erlangt oder sozialhilfebedürftig wird).[13]

---

[10] BSGE 51, 98; 66, 63; keine Aufrechnung ist auch mit Ansprüchen auf Kindergeld möglich, weil diese Leistungen nicht für den leistungsberechtigten Elternteil, sondern für das den Leistungsanspruch vermittelnde Kind bestimmt seien (so BSGE 53, 208).

[11] BSGE 109, 81, 84 f.

[12] Zur Rechtsnatur der Verrechnung als Verwaltungsakt: BSGE 69, 238; BSG UV-Recht Aktuell 2010, 1061; *Deinert*, Privatrechtsgestaltung durch Sozialrecht, 2007, 372 ff.

[13] Nicht erfasst ist dagegen der Erlass privatrechtlicher Forderungen (dazu BSGE 61, 54; 66, 238).

Ein Anspruch ist **verwirkt**, wenn ein Berechtigter seinen Anspruch für   **184**
einen längeren Zeitraum nicht geltend gemacht und darüber hinaus bei dem
Leistungsträger durch sein Verhalten den begründeten Eindruck erweckt
hat, seinen Anspruch auch in Zukunft nicht mehr geltend zu machen. Macht
er ihn gleichwohl geltend, ist der Anspruch ausgeschlossen.[14] Im Regelfall
führt die Nichtgewährung von Leistungen über einen längeren Zeitraum
hingegen nicht zur Verwirkung. Vielmehr unterliegen auch die Sozialleis-
tungs- wie bürgerlich-rechtliche Ansprüche der Verjährung. Deren Ausgestaltung richtet sich nach Bürgerlichem Recht. Die Verjährung berechtigt
den Leistungsträger, die Erfüllung eines bestehenden[15] Leistungsanspruchs
zu verweigern, ferner kann er das in Erfüllung des verjährten Anspruches
Geleistete unter Berufung auf die Verjährung nicht zurückfordern (§ 45 II
SGB I).

Durch Tod des Berechtigten erlöschen die höchstpersönlichen Ansprüche   **185**
auf Dienst- und Sachleistungen (§ 59, 1 SGB I); des Weiteren erlöschen die
Ansprüche auf Geldleistungen, wenn sie im Todeszeitpunkt weder festgestellt noch anhängig waren. Festgestellte oder anhängige Ansprüche auf
Geldleistungen unterliegen im Todesfall dagegen der Sonderrechtsnachfolge
(vgl. unten Rn. 190).

c) Übertragung, Pfändung und Vererbung von
Sozialleistungsansprüchen

Seit Inkrafttreten des SGB I sind einige Sozialleistungen ein verkehrsfä-   **186**
higer Gegenstand. Sie stehen insoweit den dem Bürgerlichen Recht unterlie-
genden Vermögenswerten gleich, sind also wie diese verfügbar. Sie können
also rechtsgeschäftlich übertragen (aa), gepfändet (bb) und vererbt (cc) werden.

aa) Rechtsgeschäftliche Übertragung

Zwar sind Ansprüche auf Dienst- und Sachleistungen regelmäßig höchst-   **187**
persönliche Ansprüche und daher nicht übertragbar (§ 53 I SGB I); hingegen
können Ansprüche auf Geldleistungen grundsätzlich übertragen und **ver-
pfändet** werden[16] (§§ 54 SGB I, 1274 BGB). Das Gesetz unterscheidet zwischen der Übertragbarkeit von „Geldleistungen" und von „laufenden Geldleistungen" zur Sicherung des Lebensunterhalts (vgl. dazu § 48 SGB I).
„Geldleistungen" können als Gegenleistung für Aufwendungen zur Sicherung des Lebensunterhalts des Berechtigten oder im Interesse des Leistungs-

---

[14] BSGE 80, 41.
[15] BSG SozR 4-2400 § 27 Nr. 2.
[16] *Deinert*, Privatrechtsgestaltung durch Sozialrecht, 2007, 335 ff.

berechtigten (§ 53 II SGB I) nur eingeschränkt, „laufende Geldleistungen" indes sachlich unbeschränkt übertragen werden. Allerdings ist der Umfang der Übertragung – entsprechend § 400 BGB – auf den **pfändbaren** Teil des Leistungsanspruchs beschränkt.[17] Dessen Pfändbarkeit wird ebenso wie Arbeitseinkommen bestimmt[18] (vgl. §§ 850a ff. ZPO). Die Übertragung geschieht wie die **Abtretung** (§ 398 BGB) durch Vertrag zwischen Zedent und Zessionar. Lediglich hinsichtlich der Aufrechnungs- und Verrechnungserklärung eines Sozialleistungsträgers gilt anders als nach § 406 BGB, dass die Forderung auch getilgt wird, wenn der die Auf- oder Verrechnung erklärende Träger bei Anspruchserwerb von der Übertragung Kenntnis hatte (§ 53 V SGB I). Für das Verhältnis zwischen Abtretung und Pfändung eines Anspruchs gilt grundsätzlich das Prioritätsprinzip.[19]

bb) *Pfändung*

188   Der **Pfändung** unterliegen Sozialleistungsansprüche,[20] soweit sie übertragbar sind. Deshalb sind nur Ansprüche auf Geldleistungen pfändbar. Bei einmaligen Ansprüchen auf Geldzahlung ist eine Pfändung nur zulässig, soweit sie der Billigkeit entspricht (§ 54 II SGB I); dagegen sind Ansprüche auf laufende Geldzahlungen wie Arbeitseinkommen pfändbar. Auch Anwartschaften auf künftige Sozialleistungen unterliegen der Pfändung.[21] Das Vollstreckungsverfahren richtet sich nach §§ 829 ff. ZPO:[22] Dem Drittschuldner (= Leistungsträger) wird verboten, an den Schuldner (= Leistungsberechtigten) zu zahlen oder ihm gegenüber anderweitig zu verfügen (§ 829 ZPO). Des Weiteren wird der Leistungsanspruch an den Gläubiger (z. B. Unterhaltsberechtigten) an Zahlungs statt oder zur Einziehung (§ 835 ZPO) überwiesen. Der Gläubiger (Unterhaltsberechtigte) kann danach vom Drittschuldner (Leistungsträger) Zahlung verlangen (§ 836 ZPO). Akte der Aufrechnung oder Verrechnung von Forderungen, die vor Pfändung durch den Sozialleistungsträger entstanden oder fällig wurden, gehen der Pfändung vor (§ 392 BGB analog).[23] Kindergeldansprüche können allein zur Durchsetzung von Ansprüchen auf Kindesunterhalt gepfändet werden (§ 54 IV SGB I, vgl. unten Rn. 508).

---

[17] *Seewald*, in KassKomm, § 53 SGB I Rn. 26.
[18] BGHZ 170, 236.
[19] BSGE 60, 87, 90: Der zuerst vorgenommene Übertragungsakt hat Vorrang.
[20] *Heilmann*, Die Zwangsvollstreckung in Sozialleistungsansprüche nach § 54 Sozialgesetzbuch Allgemeiner Teil, 1999.
[21] BGH WM 2003, 548; vgl. *Eichenhofer/Janda*, Klausurenkurs im Sozialrecht, 2014 (8. Aufl.), Fall 10, 74.
[22] BSGE 60, 34.
[23] BSGE 67, 143.

cc) Vererblichkeit

§§ 56 ff. SGB I regeln die **Vererblichkeit** von Sozialleistungsansprüchen. **189**
Voraussetzung ist, dass der Anspruch nicht todesbedingt entfällt (vgl. oben
Rn. 185): Ansprüche auf Dienst- und Sachleistungen entfallen todesbedingt;
solche auf zuerkannte oder nachhaltige Geldleistungen dagegen nicht.[24] Es
reicht für die Anhängigmachung eines Geldleistungsanspruchs die Antragstellung vor Eintritt des Todes aus, selbst wenn der Antrag erst nach dem Tod
des Berechtigten zugeht (§ 130 II BGB). Regelmäßig hat der Versicherte bis
zum Ende des Sterbemonats einen Anspruch auf Zahlung von Sozialleistungen (vgl. § 102 V SGB VI). Von der Vererbung des Sozialleistungsanspruches
ist die Hinterbliebenenversorgung zu unterscheiden. Sie weist aufgrund
eines **Stammrechts** einem engen Angehörigen des Verstorbenen (Ehegatte,
Kind oder Eltern) **abgeleitete** Ansprüche zu. Die Ableitung von Sozialleistungsansprüchen beruht zwar auf ähnlichen Beweggründen wie die Rechtsnachfolge von Todes wegen. Die Hinterbliebenensicherung ist folglich mit
dem Erbrecht verwandt (bedeutet ein „soziales Erbe" – héritage social),[25]
bedient sich jedoch einer nicht-erbrechtlichen Gestaltung.

Hinsichtlich der Leistungsansprüche des Versicherten im Todesfall ordnen **190**
die §§ 56 ff. SGB I eine **Sonderrechtsnachfolge**[26] an, soweit der Verstorbene
im Todeszeitpunkt mit einer Person oder mehreren Personen einen gemeinsamen Haushalt unterhalten hat. Dann fällt der Anspruch den in § 56 SGB I
erwähnten Personen (regelmäßig Familienangehörigen des Leistungsberechtigten) in der Reihenfolge: 1. Ehegatte oder Lebenspartner, 2. Kinder,
3. Eltern und 4. Haushaltsführer (zu den einzelnen Begriffen vgl. § 56 II – IV
SGB I) zu. Der danach berufene Sonderrechtsnachfolger kann schriftlich auf
den Anspruch „verzichten", was der Ausschlagung der Erbschaft (§ 1944
BGB) entspricht. Der Sonderrechtsnachfolger haftet gegenüber dem Leistungsträger für Gegenansprüche aus dem Sozialleistungsverhältnis (entsprechend § 1967 BGB; vgl. § 57 II SGB I). Zur Realisierung der Haftung ist
eine Aufrechnung oder Verrechnung ohne Begrenzung im Umfang zulässig.
Lebte der Berechtigte im Zeitpunkt seines Todes nicht mit anderen Personen
in einem gemeinsamen Haushalt, oder erklären die nach § 56 SGB I beru-
fenen Sonderrechtsnachfolger den Verzicht, fällt der Anspruch in den Nachlass und wird nach Bürgerlichem Recht (§§ 1922 ff. BGB) vererbt.

---

[24] BSG SozR 3-2500 § 57 Nr. 6; vgl. *Deinert*, Privatrechtsgestaltung durch Sozialrecht, 2007, 356 ff.
[25] *Alvin*, Salaire et sécurité sociale, 1947, 12 f.
[26] BSGE 110, 93; 106, 264; 37, 199; BVerwGE 96, 18; *Mrozynski*, SGB I, 2014
(5. Aufl.), § 56 Rn. 2 ff.; *Deinert*, Privatrechtsgestaltung durch Sozialrecht, 2007, 361 ff.

d) Sozialrechtliche Grenzen der Verfügungsmacht über privatrechtliche
   Gestaltungen, die Voraussetzung von Sozialleistungsansprüchen sind

191   Sozialleistungsfälle erscheinen als Schicksalsereignisse – vom Sozialleistungsberechtigten erlitten und dessen Beeinflussung entzogen. Nicht einmal selten beeinflusst der einzelne aber die Entstehung von Ansprüchen oder die Voraussetzungen sozialrechtlichen Schutzes: nicht nur, weil Krankheiten, Invalidität, Arbeitslosigkeit und Arbeitsunfälle oftmals auf falschen Lebensweisen, unzureichender Bildungs- und Fortbildungsbereitschaft oder mangelnder Sorgfalt beruhen.[27] Häufig werden darüber hinaus die **Voraussetzungen** sozialrechtlichen Schutzes durch **rechtsgeschäftliches** Handeln **geschaffen**. So gehen der Arbeitslosigkeit regelmäßig die Rechtsgeschäfte Kündigung oder Aufhebung eines Arbeitsverhältnisses voraus. Bedürftigkeit des Sozialhilferechts meint Einkommens- und Vermögenslosigkeit; diese können durch rechtsgeschäftliches Handeln – Erlass von Ansprüchen oder Verfügungsgeschäften unter Lebenden oder von Todes wegen – bewusst herbeigeführt werden. Grund, Art und Umfang sozialrechtlichen Schutzes hängen von der Berufstätigkeit des einzelnen als Arbeitnehmer oder Selbständiger ab. Diese Stellungen werden durch Arbeits-, freien Dienst- oder Werkvertrag – mithin durch Rechtsgeschäfte – begründet.

192   **Sozialleistungsansprüche** oder Voraussetzungen und Umstände sozialrechtlichen Schutzes sind somit rechtsgeschäftlich verfügbar und damit manipulierbar. Da sie jedoch wesentlich aus mitmenschlicher Solidarität gewährt werden, folgt daraus, dass sich der einzelne durch Akte privatautonomer Gestaltung sozialrechtliche Vorteile auf Kosten aller zu verschaffen vermag. Dies hinzunehmen, widerstreitet indessen dem Gedanken der Solidarität. Können deshalb durch Privatautonomie Sozialleistungstatbestände oder die Voraussetzungen sozialrechtlichen Schutzes geschaffen werden oder unterliegen solche Akte sozialrechtlichen Grenzen? Falls ja – wie sind diese Grenzen gezogen und welchen Spielraum belassen sie dem einzelnen zur autonomen Gestaltung?

*aa) Nichtigkeit privatrechtlicher Vereinbarungen zum Nachteil
   des Sozialleistungsberechtigten (§ 32 SGB I)*

193   Nach § 32 SGB I sind privatrechtliche Vereinbarungen nichtig, falls sie zum Nachteil der Sozialleistungsberechtigten von zwingenden sozialrecht-

---

[27] *Deutscher Sozialrechtsverband* (Hg.), Individualverantwortung im Sozialversicherungsschutz, SDSRV Bd. 42 (1997); *Eichenhofer*, Privatrechtsabhängiges Sozialrecht, in Barta (Hg.), Analyse und Fortentwicklung im Arbeits-, Sozial- und Zivilrecht, Festschrift für Binder, 2010, 551 ff.

lichen Vorschriften abweichen.[28] Die Regel soll zwingende Bestimmungen des SGB der vertraglichen Disposition entziehen. So sind nach § 32 SGB I Verträge zwischen Arbeitgeber und Arbeitnehmer nichtig, wenn der Arbeitgeber das Arbeitsentgelt ohne Abzug von Sozialversicherungsbeiträgen: „brutto für netto" an den Arbeitnehmer zu zahlen verspricht. Eine solche Vereinbarung widerspräche den zwingenden sozialversicherungsrechtlichen Bestimmungen, dass der Arbeitgeber für alle versicherungspflichtigen Arbeitnehmer die Arbeitnehmer- und Arbeitgeberbeiträge zur Sozialversicherung abführen muss. Eine privatrechtliche Vereinbarung, welche **zwingendes Sozialrecht privatrechtlich** außer Kraft zu setzen suchte, verletzte§ 32 SGB I. § 32 SGB I konkretisiert somit für das Sozialrecht, was § 134 BGB für das Privatrecht allgemein formuliert:[29] Rechtsgeschäfte sind nichtig, soweit ihr Inhalt gegen gesetzliche Verbote verstößt.

§§ 134 BGB und 32 SGB I setzen voraus, dass gegenüber dem einzelnen die Verbotsgesetze zwingend gelten. Dies gilt für Sozialgesetze, soweit Rechtsfolgen an bestehende privatrechtliche Rechtsverhältnisse geknüpft sind, z. B. die Beitragspflicht an ein privatrechtliches Arbeitsverhältnis. § 32 SGB I gilt jedoch nicht, falls die Vertragsparteien untereinander einen Werk oder freien Dienstvertrag abschließen, um so der Beitragspflichtigkeit von Arbeitnehmertätigkeit zu entgehen. Soweit ein solcher Vertrag – wie vereinbart weisungsfrei und mit erfolgsabhängiger Entlohnung – vollzogen wird, löst er keine Beitragspflichten aus, weil der eine dem anderen selbständige statt abhängige Dienste leistet. § 32 SGB I ist also nur anzuwenden, falls eine privatrechtliche Gestaltung den im Sozialgesetz festgelegten Anforderungen genügt; § 32 SGB I ist jedoch nicht anzuwenden, wenn die vom Sozialrecht vorausgesetzte privatrechtliche Gestaltung verworfen und stattdessen privatautonom eine andere privatrechtliche Gestaltung gewählt wird.

bb) Schaffung privatrechtlicher Voraussetzungen für sozialrechtliche Gestaltungen

Sieht Sozialrecht unterschiedliche Rechtsfolgen für unterschiedliche privatrechtliche Verhältnisse vor – unterwirft es etwa Arbeitnehmer der Versicherungspflicht, indes nicht Selbständige, oder bezieht es die Ehegatten in Familienversicherung und Hinterbliebenenversorgung ein, jedoch nicht die nichtehelichen Lebensgemeinschaften – so fragt sich: Umfasst **Privatautonomie** das Recht, eine bestimmte privatrechtliche Position im Hinblick auf die mit ihr verknüpften **sozialrechtlichen Folgen** zu begründen oder zu verwerfen? Hierbei ist zu unterscheiden, ob die zu einer bestimmten sozialrechtli- **194**

---

[28] Vgl. *Bürck*, VSSR 1990, 287 ff.; *Seewald*, in KassKomm, § 32 SGB I Rn. 2; *Krahmer/Trenk-Hinterberger*, SGB I § 32 Rn. 5 ff.
[29] Str. anders *Bürck*, VSSR 1990, 287, 307.

chen Folge führende privatrechtliche **Gestaltung** von den Parteien des Vertrages **gewollt** ist und **gelebt** werden soll oder ob lediglich durch Wahl einer
den sozialrechtlich günstigeren Privatrechtsstatus indizierenden **Bezeichnung** der Eindruck erweckt werden soll, als ob eine zu sozialrechtlichen Vor-
teilen führende privatrechtliche Gestaltung vorliege.

Sozialrecht beruht auf der Diversität einander wechselseitig ausschlie-
ßender privatautonom geschaffener Rollen. Besteht Versicherungspflicht nur
für Arbeitnehmer und nicht für Selbständige und werden Familienversicherung und Hinterbliebenensicherung nur Ehegatten zuteil, nicht aber Partnern nichtehelicher Lebensgemeinschaften, beruhen Privatrechtsgestal-
tungen also auf Entscheidungen der Betroffenen, dann hängt der sozialrechtliche Schutz am privatrechtlichen Status. Dies ist in der Rechtsprechung
inzwischen auch anerkannt. Das BSG entschied: „Maßgeblich für die wer-
tende Zuordnung einer Tätigkeit zum Typus der Beschäftigung ist das Vertragsverhältnis der Beteiligten"[30]. Demzufolge stehen die Voraussetzungen
sozialen Schutzes letztlich zur Disposition der Betroffenen. Daher liegt keine Entziehung deutscher Sozialleistungsbeiträge vor, wenn ein im Inland
ansässiger Arbeitgeber Arbeitnehmer in einem anderen EU-Staat beschäftigt und diese zur Arbeitsausübung ins Inland entsendet, weil die Sozialleis-
tungspflicht im ausländischen Beschäftigungsstaat begründet ist.[31]

Keine wirksame Disposition liegt indes vor, wenn ein autonom geschaffener privatrechtlicher Status nicht gewollt und gelebt wird, sondern stattdessen einer Gestaltung nur eine bestimmte Bezeichnung zugeschrieben
wird. Beweisregeln gegen „Scheinselbständigkeit": ein abhängig Beschäftigter wird als Selbständiger ausgegeben – versuchen diese Konsequenz zu
unterbinden. Sie haben sich aber in der Praxis nicht bewährt,[32] weshalb sie
wieder aufgehoben wurden.[33]

cc) Erlass privatrechtlicher Ansprüche um sozialrechtlicher
Vorteile willen

195   Verzichtet eine Waise auf einen Teil des Einkommens aus ihrem Arbeits-
und Beamtenverhältnis, um sich den Anspruch auf Waisenrente zu erhalten,[34] so fragt sich: Ist solcher Verzicht zulässig? Dagegen könnte die Un-
statthaftigkeit von Verträgen zu Lasten Dritter sprechen.[35] Liegt in dem Erlass zwischen Arbeitgeber und Arbeitnehmer oder Dienstherr und Beamten

---

[30] BSG – 29.8.2012 – B 12 KR 25/10 R = SozR 4-2400 § 7 Nr. 17.
[31] BGH NJW 2007, 233 ff.
[32] Vgl. *Bieback*, SF 1999, 166.
[33] Vgl. § 7 IV SGB IV a. F.; vgl. unten Rn. 267.
[34] BSGE 66, 238; 61, 54.
[35] *Köbl*, ZfSH/SGB 1990, 449 ff.; *dies.*, ZfSH/SGB 1996, 292, 301 f.; *Gitter*, DNotZ
1984, 595.

aber ein unwirksamer „**Vertrag** zu **Lasten Dritter**" – der **Träger**? Dagegen spricht, dass die Leistungspflicht des Trägers nicht in Vereinbarungen, sondern im Gesetz gründet.

Zu Lasten des Trägers wirkt der zwischen Berechtigtem und Drittem vereinbarte Erlass nur, weil der Anspruch vom Bezug eines Höchsteinkommens abhängt und dieses durch privatrechtliche Akte unterschritten wurde. Eine Verfügung über das **eigene** Einkommen des Sozialleistungsempfängers ist zwar **kein Vertrag**, geht aber zu **Lasten Dritter**. Der Verfügende gebraucht damit eine ihm auch im Sozialgesetz belassene Freiheit, Einkommen in bestimmter Höhe zu erzielen. Stellt ihm das Sozialgesetz frei, bis zu einer bestimmten Höhe Einkommen zu erzielen, so sind grundsätzlich auch Verfügungen statthaft, die den Höchstbetrag zulässigen Einkommens knapp unterschreiten.

Soweit das Einkommen der unmittelbaren Daseinssicherung dient und deshalb seiner rechtsgeschäftlichen Verfügung entzogen sein soll, bestehen hinreichende rechtliche Möglichkeiten, um die Wirksamkeit des Erlasses auszuschließen. So kann nach § 4 IV TVG über tarifliche Ansprüche nur verfügt werden, soweit die Tarifvertragsparteien dies zulassen. § 2 III BBesG schließt Verfügungen über Beamtenbezüge gänzlich aus. Ist demgemäß kraft Arbeits- oder Beamtenrechts ein Erlass vertraglicher oder gesetzlicher Ansprüche ausgeschlossen, so wird in diesen Materien dasselbe Prinzip wie in § 46 II SGB I verwirklicht: Wer Leistungsansprüche zur Daseinssicherung erworben hat, soll über diese nur verfügen können, falls er dadurch weder sich selbst noch andere belastet.

dd) Privatrechtliche Gestaltungen zur Änderung des Konkurrenzverhältnisses von Privatrecht und Sozialrecht

Schließlich ist die Wirksamkeit privatrechtlicher Gestaltungen fraglich, **196** welche das **Rangverhältnis** von **Privatrecht** und **Sozialrecht** erkennbar zu Lasten des Sozialrechts verändern: Arbeitgeber und Arbeitnehmer vereinbaren, dass ihr Arbeitsverhältnis zu dem Zeitpunkt endet, zu welchem der Arbeitnehmer möglichst umfassend Ansprüche gegen die Arbeitsverwaltung erlangt. Aus Anlass einer Ehescheidung vereinbaren Mann und Frau, dass sie auf ihren gesetzlichen Unterhaltsanspruch verzichtet, um dadurch sozialhilfebedürftig zu werden oder einen Anspruch auf wiederauflebende Witwenrente zu erlangen. Diese Fallgruppen haben die Rechtsprechung wiederholt beschäftigt, die aufgeworfenen Fragen indes nicht einheitlich beantwortet.

Einerseits muss die Privatautonomie auch von Sozialleistungsträgern gewahrt werden; andererseits dürfen die Voraussetzungen der Sozialleistungsberechtigung nicht vorsätzlich herbeigeführt werden. Die höchstrichterliche

Rechtsprechung dieser Fälle lässt Unsicherheit erkennen. Das BAG[36] befand, dass arbeitsgerichtliche Vergleiche (§ 779 BGB), die auf „Klarstellung der Rechtslage" gerichtet sind, wirksam seien, auch wenn dadurch Leistungspflichten der Bundesagentur für Arbeit ausgelöst würden.

197   Die Rechtsfolgen eines Verzichts auf Scheidungsunterhalt werden in der Rechtsprechung unterschiedlich beurteilt, je danach, ob infolge des Unterhaltsverzichts Sozialhilfebedürftigkeit eintritt oder eine Hinterbliebenenrente wiederauflebt. Im ersten Fall wurde die Rechtslage unterschiedlich für Unterhaltsverzichte für die Zeit vor und solche für die Zeit nach der Reform des Scheidungsrechts bewertet. Bis zur Reform des Scheidungsrechts (1977) war ein Unterhaltsverzicht auch statthaft, wenn in dessen Folge der Verzichtende sozialhilfebedürftig wurde, sofern die Parteien den Verzicht nicht ausschließlich in der Absicht der Herbeiführung der Sozialhilfebedürftigkeit vereinbart haben.[37] Dagegen wird seither ein Unterhaltsverzicht stets als sittenwidrig (§ 138 BGB) erachtet und deshalb verworfen, wenn er die Sozialhilfebedürftigkeit des unterhaltsberechtigten Ehegatten objektiv zur Folge hat, einerlei, ob die Parteien dies wollten oder nicht.[38]

Die Rechtsprechung wandelte sich, weil unter der Herrschaft des vom Verschuldensgrundsatz geprägten Scheidungsrechts die regelmäßig bedürftige Ehefrau durch Unterhaltsverzicht der gerichtlichen Klärung ihres Scheidungsverschuldens entgehen konnte. So wurde eine „ritterliche Scheidung" ermöglicht, so dass Eheleute ihre Privatsphäre nicht vor Gericht offenbaren mussten. Dieses Motiv für den Unterhaltsverzicht ist mit dem Übergang vom Verschuldens- zum Zerrüttungsprinzip im Scheidungsrecht entfallen. Folglich konnte der Unterhaltsverzicht nicht mehr wie zuvor gerechtfertigt werden.[39]

Verzichtet nach aktuellem Scheidungsrecht ein unterhaltsberechtigter Ehegatte auf Unterhalt, so begibt er sich damit eines Anspruchs, der seine Bedürftigkeit abwenden soll. Der Unterhaltsverzicht zielt daher auf die Änderung der Lastenverteilung zwischen Familien- und Sozialhilferecht; denn er soll die Daseinssicherung des bedürftigen vormaligen Ehegatten dem Sozialhilfeträger auferlegen, was das Gesetz dem Unterhaltsschuldner überbürdet hat.

198   Anders beurteilen BSG[40] und BVerwG[41] einen Unterhaltsverzicht durch einen anspruchsberechtigten Ehegatten, wenn dadurch eine Hinterbliebenenrente wiederauflebt. In solchen Fällen lehnten es die zuständigen Ge-

---

36 DB 1986, 2240.
37 Vgl. BGHZ 86, 82, 84 f.
38 Grundlegend BGHZ 86, 82; BGH FamRZ 1985, 788; *Deinert*, ZfSH/SGB 2008, 515.
39 Grundlegend BGHZ 86, 82.
40 BSG SozR 3-2200 § 1291 Nr. 1.
41 BVerwGE 31, 197.

richte ab, den Zahlbetrag der wiederauflebenden Hinterbliebenenrente um den durch Erlass verminderten Unterhaltsanspruch zu vermindern. Denn die wiederauflebende Hinterbliebenenrente solle dem Berechtigten den vor Schließung der Zweitehe innegehabten rentenrechtlichen Status erhalten. Deshalb sei zwar auf die wiederauflebende Hinterbliebenenrente ein nach Scheidung der Zweitehe erworbener Unterhaltsanspruch anzurechnen; ein Unterhaltsverzicht rechtfertige die Anrechnung eines hypothetischen Unterhaltsbetrages indes nicht.

Dieser Rechtsprechung ist zuzustimmen. Die drei Fallgestaltungen reprä-   **199** sentieren **drei** unterschiedlich zu würdigende sozial-/privatrechtliche **Konkurrenzlagen.**[42] In der ersten Gestaltung beruht der Anspruch auf Vertrag, in den beiden anderen Gestaltungen gründet der Anspruch hingegen auf Gesetz. Der ersten wie dritten Gestaltung ist gemeinsam, dass die sozialrechtlichen Ansprüche nicht von der Bedürftigkeit abhängen, wogegen in der zweiten Gestaltung der sozialrechtliche Anspruch von der Bedürftigkeit des Verfügenden abhängt. Je nachdem, wie der privatrechtliche und der mit ihm jeweils konkurrierende sozialrechtliche Anspruch zu bestimmen sind, beurteilen sich auch die Wirkungen eines privatrechtlichen Verfügungsaktes über den Anspruch.

Beruht der Anspruch auf Vertrag, hat Sozialrecht die **Vertragsfreiheit** zu respektieren und die Verfügungen hinzunehmen. Beruht der Anspruch dagegen auf Gesetz, ist er in Entstehung, Umfang und Ausmaß privatrechtlicher Verfügung grundsätzlich entzogen. Entsteht ein sozialrechtlicher Anspruch nur, sofern ein privatrechtlicher Anspruch nicht besteht, schafft der Erlass des privatrechtlichen Anspruchs den Sozialleistungsfall. Die gesetzliche Lastenverteilung zwischen Sozialrecht und Privatrecht steht aber nicht zur privatrechtlichen Disposition. Erklärt dagegen im Rahmen eines Scheidungsverfahrens ein Ehegatte, dem ein Anspruch auf wiederauflebende Hinterbliebenenrente nach Scheidung zusteht, den Unterhaltsverzicht, nimmt er damit die im **subjektiven Recht** (auf Unterhalt) enthaltenen Freiheiten wahr, da er die Zweitehe nicht hätte eingehen müssen. Ein Verzicht steht mit dem Recht der Hinterbliebenenversorgung in Einklang.

e) Mitwirkungsobliegenheiten (§§ 60 ff. SGB I)

Der Sozialleistungsberechtigte erhält nicht nur Vorteile, sondern hat viel-   **200** mehr auch an der Feststellung oder Begrenzung von Sozialleistungsansprüchen **mitzuwirken.** Diese Erwartung gründet in der sozialrechtlichen Solidarität; sie gewährt nicht nur Vorteile, sondern erlegt auch Lasten auf.[43] Sie

---

[42] Näher *Eichenhofer*, VSSR 1991, 185, 199 ff.
[43] *Ruland*, DRV 2000, 733.

findet ihren Ausdruck in den durch Mitwirkungsakten bedingten Sozialleistungsansprüchen (conditional benefit).[44] Im Leitbild des aktivierenden Sozialstaats, welcher dem Wahlspruch: No rights without responsibilities![45]
folgt, sind Solidarität und Individualrecht, Anspruch und Obliegenheit,
Recht und Pflicht keine Gegensätze, sondern im Sozialrechtsverhältnis
gleichwertig angelegt und gleichermaßen begründet. Je größer die Solidarleistung, desto intensiver ist die Mitwirkung des Berechtigten gefordert.[46]
Unterlässt dieser die Mitwirkung, kann der Leistungsträger ihm den Anspruch ganz oder teilweise **versagen**, soweit er den Berechtigten zuvor auf
diese Folge unterlassener Mitwirkung ausdrücklich und schriftlich hingewiesen hat (§ 66 SGB I). Arten und Anlässe der Mitwirkung sind in §§ 60–65
SGB I geregelt.[47] Darüber hinaus haben sie namentlich in der Arbeitslosenversicherung eine große Bedeutung (§§ 2 IV, 140, 159 SGB III). Die Vornahme der in den §§ 60–65 SGB I erwähnten Mitwirkungshandlungen ist allerdings **nicht** dem Sozialleistungsträger gegenüber **geschuldet**. Dieser kann sie
weder anordnen, noch erzwingen. Die Mitwirkungshandlung hat daher –
wie die der Schadensbegrenzung dienenden Handlungen (§ 254 BGB) – den
Charakter von **Obliegenheiten**.[48] Mitwirkungsgebote sind also „Pflichten"
eigenen Interesses („Pflichten im untechnischen Sinne"), deren Nichterfüllung zwar **nicht rechtswidrig** ist, aber den **Anspruch ausschließt**.

201   Die Mitwirkungsobliegenheiten betreffen **Entstehung** wie **Begrenzung**
von Sozialleistungsansprüchen. Hinsichtlich der Entstehung hat der Antragsteller die für den Anspruch wesentlichen Tatsachen und Beweismittel vorzulegen (§ 60 SGB I). Die Mitwirkungsobliegenheiten des Antragstellers
begrenzen zugleich die Pflichten des Sozialleistungsträgers zur Amtsermittlung (§ 20 SGB X).[49] Änderungen in den persönlichen Verhältnissen sind –
falls für den Leistungsanspruch wesentlich – von dem Berechtigten dem
Leistungsträger unverzüglich zu übermitteln.[50] Ein Sozialleistungsempfän

---

[44] *Eichenhofer*, VSSR 2014, 195.

[45] *Giddens*, The Third Way, 1998, 65.

[46] *Ruland*, DRV 2000, 733, 742.

[47] *Deutscher Sozialrechtsverband* (Hg.), Individualverantwortung im Sozialversicherungsschutz, SDSRV, Bd. 42 (1997); *Eichenhofer*, SGb 2003, 705; *Faude*, Selbstverantwortung und Solidarverantwortung im Sozialrecht, 1983, 93 ff.; *Hänlein*, ZVersWiss
2002, 579; *Sommer*, ZfSH/SGB 2010, 278; *Hartwig*, Die Eigenverantwortung im Versicherungsrecht, 1993.

[48] So zu Recht auch *Gitter*, Die Mitwirkung des Leistungsberechtigten im Sozialrecht,
in Töpper (Hg.), Wie würden Sie entscheiden?, Festschrift für Gerd Jauch, 1990, 79, 81;
gerade deshalb sind die §§ 60 ff. SGB I keine Schutzgesetze i. S. d. § 823 II BGB (BSGE 66,
176), denn sie sollen nicht Schadensersatzpflichten begründen, sondern lediglich die Begrenzung oder Aufhebung von Ansprüchen rechtfertigen.

[49] BSGE 65, 160; *Heydemann*, Die Durchsetzbarkeit von Verhaltensbindungen im
Recht der begünstigenden Verwaltung, 1995; *Riege*, SGb 1994, 464.

[50] Z.B. Ortswechsel in der Arbeitslosenversicherung, BSGE 66, 103; Genesung bei
Arbeitsunfähigkeit (OGH SSV NF 7/78; 5/42; 4/23; 2/33); Abschluss der Ausbildung
eines Kindes bei der Gewährung von Waisenrente oder Kindergeld.

ger hat, falls vom Träger angeordnet, persönlich zu erscheinen und für die mündliche Erörterung des Begehrens oder die Klärung anspruchsbegründender Voraussetzungen (z. B. Feststellung der Arbeitsunfähigkeit, Arbeitslosigkeit) wesentliche Tatsachen vorzulegen. Der Anspruchsentstehung dient auch die Obliegenheit, sich auf Verlangen des Leistungsträgers einer ärztlichen oder psychologischen Untersuchung zu unterziehen (§ 62 SGB I).

Um Sozialleistungen zu begrenzen, hat sich der Berechtigte auf Verlangen   **202** des Leistungsträgers einer Heilbehandlung[51] (Operation zur Abwendung der Erwerbsunfähigkeit) oder Maßnahme beruflicher Bildung (Berufswechsel nach Unfall) zu unterziehen (vgl. §§ 63 f. SGB I). Die Mitwirkungsobliegenheiten bestehen, weil **Solidarität** die **Gemeinschaft** gegenüber dem einzeln, wie umgekehrt **einzelne** gegenüber der **Gemeinschaft** verpflichtet.[52] Die Mitwirkungsobliegenheiten bestehen aber nur, so sie verhältnismäßig sind (§ 65 SGB I). Dafür muss die geforderte Leistung für die Wahrung des sozialrechtlichen Anliegens erforderlich[53] und geeignet sein und ein angemessenes Verhältnis zwischen der in der Mitwirkungshandlung liegenden Freiheitsbeeinträchtigung und dem entstehenden Vorteil bestehen. Hierbei treten regelmäßig Konflikte zwischen den Belangen der Allgemeinheit an einer möglichst umfassenden Mitwirkung und dem grundrechtlichen Schutz des einzelnen auf. Exemplarisch wird dieser Konflikt, wenn die Mutter eines Kindes für sich selbst und das Kind Sozialhilfe begehrt, sich gleichzeitig jedoch unter Berufung auf ihre Intimsphäre weigert, den Namen des Vaters preiszugeben.[54] Die im SGB I niedergelegten Mitwirkungsobliegenheiten treten ergänzend neben die in anderen Büchern des SGB vorgesehenen Mitwirkungshandlungen.[55]

§ 9 Sozialrechtliches Verwaltungsverfahren

Lit.: *Beckmann*, Der Schutz personenbezogener Daten im sozialen Sicherungssystem, 2000; *Binne/Rixen*, Sozialdatenschutz, in von Maydell/Ruland/Becker (Hg.), Sozialrechtshandbuch, 2012 (5. Aufl.), § 10; *Diering/Timme*, SGB X, 2016 (4. Aufl.); *Dörr/Francke*, Sozialverwaltungsrecht, 2006 (2. Aufl.); *Eichenhofer/Wenner*, SGB

---

51 BSGE 111, 18.

52 *Eichenhofer*, SGb 2003, 705; *Muckel/Ogorek*, Sozialrecht, 2011 (4. Aufl.), § 8 Rn. 69.

53 BSGE 72, 118; OGH – 27.2.1990 – 10 Obs 40/90, in Pieters/Zaglmayer (Ed.), Social Security Cases in Europe, 2006, p. 103 (Invaliditätspensionsversagung wegen durchführbarer, aber riskanter Operationen).

54 BVerwGE 67, 163; dazu *Rüfner*, JuS 1984, 684; vgl. auch BVerfGE 138, 377 im Hinblick auf den Anspruch des Scheinvaters auf Nennung des leiblichen Vaters gegenüber der Mutter des Kindes: keine Aussagepflicht ohne Rechtsgrundlage (vgl. nun § 1607 IV BGB).

55 Zum SGB II: BSG ZFSH/SGB 2009, 282; FEVS 61, 439.

X, 2016; *Kingreen/Rixen*, Sozialrecht: Ein verwaltungsrechtliches Utopia?, DÖV 2008, 741; *Kreikebohm/von Koch*, Das Sozialleistungsverhältnis – generelle Rechte und Pflichten zwischen Sozialleistungsempfängern und -trägern, in von Maydell/Ruland/Becker (Hg.), Sozialrechtshandbuch, 2012 (5. Aufl.), § 6; *Münder/Smessaert*, Frühe Hilfen und Datenschutz, 2010; *von Wulffen*, SGB X, 2010 (7. Aufl.); *Wallerath*, Verfahrensrecht, in Ruland/von Maydell/Becker (Hg.)., Sozialrechtshandbuch, 2012 (5. Aufl.), § 11.

203   Die Gewährung der Sozialleistungen folgt den Regeln des **allgemeinen Verwaltungsrechts** wie die Akte der **Eingriffsverwaltung**[1]. Hier wie dort dominiert der Verwaltungsakt; die Träger können gestützt auf einzelne, nur ihr Handeln legitimierende Gesetze – die Grundsätze des Gesetzesvorrangs und Gesetzesvorbehalts – bindend einseitig Lebensverhältnisse gestalten. Die Gestaltung wird verbindlich („bestandskräftig"), falls sie der Adressat nicht wirksam und fristgerecht anficht. Das sozialrechtliche Verwaltungsverfahren ist im SGB X geregelt.

a) Grundsätze des sozialrechtlichen Verwaltungsverfahrens

204   Weitgehend angelehnt an entsprechende Bestimmungen des VwVfG normieren die §§ 8–30 SGB X die Grundmaximen des sozialrechtlichen Verwaltungsverfahrens (aa). Die §§ 31–43 SGB X gestalten den Verwaltungsakt als Handlungsform des Sozialrechts aus (bb). Ferner enthalten §§ 67–85a SGB X besondere und vom BDSG abweichende Regelungen für den Schutz der Sozialdaten (cc).

aa) Grundmaximen des sozialrechtlichen Verwaltungsverfahrens

205   § 8 SGB X **definiert** das **Verwaltungsverfahren** als „die nach außen wirkende Tätigkeit der Behörde, die auf die Prüfung der Voraussetzungen, die Vorbereitung und den Erlass eines Verwaltungsaktes oder auf den Abschluss eines öffentlich-rechtlichen Vertrages gerichtet ist; es schließt den Erlass des Verwaltungsaktes oder den Abschluss des öffentlich-rechtlichen Vertrages ein". Das Verwaltungsverfahren ist also jedes Handeln von Behörden, das auf die regelnde **Gestaltung** von Lebensverhältnissen zielt.

206   Für das **Verwaltungsverfahren** gelten insbesondere die **Gebote** der Nichtförmlichkeit, Einfachheit und Zweckmäßigkeit (§ 9 SGB X) und ferner das Antragsprinzip (§ 12 I SGB X), wonach „Antragsteller" und „Antragsgegner" verfahrensbeteiligt sind. Das auf Gewährung von Sozialleistungen gerichtete Verwaltungsverfahren wird regelmäßig durch Antrag in Gang ge-

---

[1] Zu Gemeinsamkeiten und Unterschieden von SGB X und VwVfG vgl. *Bielefeld*, Das soziale Verfahrensrecht des SGB X, 1997.

setzt; fehlt der Antrag, ist ein Verwaltungsakt regelmäßig nichtig (§ 40 I SGB X).[2] Besondere Regeln sichern die Unparteilichkeit der im Verwaltungsverfahren für die Behörde handelnden und entscheidenden Personen (vgl. §§ 16 f. SGB X). Die Amtssprache ist zwar deutsch[3] (§ 19 SGB X), kraft EU-Rechts (vgl. Art. 81 VO (EG) Nr. 883/2004) und Sozialversicherungsabkommen[4] können aber Erklärungen auch in anderen Amtssprachen abgegeben werden.

Für das Verwaltungsverfahren gilt der Untersuchungsgrundsatz (§ 20 SGB X). Die Behörden haben den entscheidungserheblichen Sachverhalt **von Amts wegen** zu ermitteln;[5] dafür bestehen seitens des Antragstellers Mitwirkungsobliegenheiten (§§ 60 ff. SGB I) (vgl. oben Rn. 200 ff.). Für die Sachverhaltsaufklärung sind als Beweismittel Auskunft, Anhörung Beteiligter, von Zeugen und Sachverständigen, Urkunden und Akten sowie der Augenschein zugelassen (vgl. § 21 SGB X). Greift ein Verwaltungsakt in Rechte der Beteiligten ein, hat die Verwaltung vor dessen Erlass diese anzuhören (§ 24 SGB X). Dadurch soll der Betroffene vor Überraschungsentscheidungen bewahrt und ein Vertrauensverhältnis zu der Behörde begründet werden.[6] Das Anhörungsrecht sichert dem Betroffenen auch das rechtliche Gehör (Art. 103 I GG). Ein Verwaltungsakt ohne vorherige Anhörung ist rechtswidrig (§ 42, 2 SGB X), der Verfahrensverstoß ist aber heilbar (§ 41 II SGB X).[7]

Versäumt ein Antragsteller schuldlos eine materiellrechtliche **Ausschlussfrist**, ist auf Antrag Wiedereinsetzung in den vorigen Stand zu gewähren (§ 27 SGB X).[8] Wiedereinsetzung ist bei fehlendem Verschulden im Hinblick auf die Fristversäumnis begründet; Rechtsunkenntnis entschuldigt jedoch grundsätzlich nicht, es sei denn, der Sozialleistungsträger hat seine Pflicht zur Aufklärung (vgl. unten Rn. 210 ff.) verletzt.[9] Für das Recht der sozialen Dienstleistungen begründet § 33 SGB I zugunsten des Berechtigten ein Wunsch- und Wahlrecht, welches die Individualisierung der Leistung ermöglicht.[10]

---

2 BSGE 52, 245, 246; 60, 11; Einzelheiten: *Bley/Kreikebohm/Marschner,* Sozialrecht, 2007 (9. Aufl.), Rn. 149 ff.; *Wallerath,* in SRH, § 11 Rn. 56 f.
3 BSGE 76, 109; BSGE 99, 111; BSG SGb 2009, 292 mit krit. Anm. *Davy.*
4 *Eichenhofer,* Internationales Sozialrecht, 1994, Rn. 623.
5 BSGE 81, 259 – andernfalls besteht ein Verfahrensfehler.
6 BSGE 53, 167, 169; *Wallerath,* in SRH, § 11 Rn. 106 f.
7 BSGE 55, 160; 68, 42; 70, 133 (GS); 71, 104; *Blüggel,* SGb 2001, 294.
8 BSGE 64, 153; 66, 111.
9 BSGE 67, 90; 72, 80.
10 *Krasney,* Der Individualisierungsgrundsatz im Rahmen des § 33 SGB I – eine Einschränkung durch § 9 SGB IX?, in Boecken/Ruland/Steinmeyer (Hg.), Sozialrecht und Sozialpolitik in Deutschland und Europa, Festschrift für von Maydell, 2002, 365; BSG SozR 3-1200 § 33 Nr. 1.

bb) Verwaltungsakt

207   Übereinstimmend mit § 35 VwVfG **definiert** § 31 SGB X den **Verwaltungs-akt** als „jede Verfügung, Entscheidung oder andere hoheitliche Maßnahme, die eine Behörde zur Regelung eines Einzelfalles auf dem Gebiet des öffent-lichen Rechts trifft und die auf unmittelbare Rechtswirkung nach außen ge-richtet ist". Die wichtigsten **sozialrechtlichen** Verwaltungsakte sind: der **Leistungs-, Beitrags-,** (z.B. die Versicherteneigenschaft oder Schwerbehin-derung bekundende) **Festsetzungs-** oder **Rückforderungsbescheid**. Die im Verwaltungsakt getroffene Regelung heißt Verfügungssatz.[11] Er bestimmt Gegenstand und Inhalt der behördlichen Entscheidung. Der Verwaltungsakt erwächst in Bestandskraft, falls er nicht fristgerecht wirksam angefochten worden ist. Der Verfügungssatz bestimmt den Streitgegenstand, falls gegen den Verwaltungsakt Widerspruch oder Klage erhoben wird. Der Verfü-gungssatz kann ein Verwaltungsakt mit Doppelwirkung sein.[12] Ein Verwal-tungsakt liegt vor, wenn die Verfügung an den Adressaten gerichtet und er-gangen ist (§ 37 SGB X).[13]

208   Ein Verwaltungsakt ist nur bei inhaltlicher **Bestimmtheit** (§ 33 I SGB X) wirksam.[14] Der schriftliche Verwaltungsakt erfordert eine **Begründung** und **Rechtsmittelbelehrung** (§§ 35 f. SGB X). Der Verwaltungsakt kann mit **Ne-benbestimmungen** versehen werden (vgl. § 32 SGB X). Diese sind Bedin-gung und Befristung, Widerrufsvorbehalt, Auflage oder Vorbehalt; sie kön-nen nach pflichtgemäßem Ermessen der Behörde angeordnet werden (§ 32 SGB X). Auflage und Auflagenvorbehalt sind selbständige, Bedingung, Be-fristung und Widerrufsvorbehalt dagegen unselbständige Nebenbestim-mungen. Abgesehen von offenbaren Unrichtigkeiten wie Schreib- und Re-chenfehlern, die jederzeit berichtigt werden können (§ 38 SGB X), wird der Verwaltungsakt grundsätzlich mit Bekanntgabe gegenüber dem Adressaten wirksam (§ 39 SGB X), es sei denn, er leidet offenbar an schweren Fehlern, die seine Nichtigkeit zur Folge haben (vgl. Einzelheiten in §§ 40 ff. SGB X).[15]

cc) Schutz der Sozialdaten

209   § 35 SGB I gewährt jedermann einen Anspruch auf den Schutz seiner dem Träger zur Kenntnis gebrachten personenbezogenen Daten als **Sozialge-**

---

[11] BSGE 67, 104; *von Wulffen*, SGB X, 2014 (8. Aufl.), § 33 Rn. 6.
[12] BSGE 68, 171; die Zuerkennung einer Kindererziehungszeit zugunsten eines Ehegat-ten schließt die Zuerkennung dieser Zeit für den anderen Ehegatten aus.
[13] Daher kein Verwaltungsakt gegenüber einem Arbeitslosen, wenn der Rentenversi-cherungsträger gegenüber der Bundesagentur für Arbeit die Arbeitslosigkeit des Arbeits-losen feststellt.
[14] BSGE 105, 94; 102, 201.
[15] Vgl. Rentenzahlung an Toten = offensichtlicher Fehler, BSGE 97, 94.

heimnis.[16] Die Offenbarung dieser Daten bedarf der ausdrücklichen gesetzlichen Ermächtigung (vgl. §§ 67 ff. SGB X).[17] Die Offenbarung von Sozialdaten ist danach statthaft, wenn der Betroffene darin einwilligt oder dafür ein besonderer Grund besteht (vgl. §§ 67–75 SGB X): Personenbezogene Daten, die der Sozialleistungsträger von Personen erhielt, die ihrerseits der beruflichen Schweigepflicht unterliegen (vgl. § 203 StGB), darf der Träger nur offenbaren, soweit auch jene zur Offenbarung befugt sind.[18]

b) Informationspflicht der Sozialleistungsträger

Der Träger hat eine beantragte Sozialleistung zu gewähren, falls deren   **210**
gesetzliche Voraussetzungen erfüllt sind (§§ 38 f. SGB I). Zu diesem Zweck
hat er den Sachverhalt **aufzuklären** (§ 20 SGB X). Weil Sozialrecht jedoch
kompliziert ist und seine Zuständigkeiten und Inhalte höchst differenziert
geregelt sind, kann der einzelne seine Rechte oftmals nicht wahrnehmen,
bevor er nicht über seine Möglichkeiten unterrichtet worden ist. Ius vigilantibus scriptum: das Recht ist für die Wachen geschrieben! – diese Maxime
kann jedenfalls nicht im Sozialrecht gelten.

aa) Überblick

Die §§ 13–15 SGB I erlegen den Trägern **Informationspflichten** auf.[19] Die   **211**
Träger haben danach „die Bevölkerung" aufzuklären (§ 13 SGB I) und den
einzelnen auf Antrag zu beraten (§ 14 SGB I). Schließlich haben die durch
Landesrecht zu bestimmenden Stellen[20] und die Träger der Krankenversicherung dem einzelnen Auskünfte zu geben (§ 15 SGB I).

bb) Rechtsfolgen unterbliebener oder unzureichender Information

Hat ein Träger eine rechtlich gebotene Aufklärung, Beratung oder Aus-   **212**
kunft **unterlassen,** oder war die gegebene Information falsch, fragt sich, wie
sich ein solcher **Pflichtverstoß auswirkt.** Die Sozialgerichtsbarkeit hat dafür
den sozialrechtlichen Herstellungsanspruch entwickelt. Er stellt den Berech-

---

16 *Münder/Smessaert,* Frühe Hilfen und Datenschutz, 2010.
17 BVerwGE 96, 147; Einzelheiten *Beckmann,* Der Schutz personenbezogener Daten im sozialen Sicherungssystem, 2000; *Binne/Rixen,* in SRH, § 10 Rn. 1 ff.; *Heberlein,* SGb 2009, 68.
18 BSGE 110, 75; 260; 94, 149; 101.
19 Vgl. *Schellhorn,* in GK-SGB I, § 13, Rn. 51c; *Knecht,* in Hauck/Noftz (Hg.), SGB I, Vor § 13 Rn. 4, § 13 Rn. 5 ff.; *Kreikebohm/von Koch,* in SRH, § 6 Rn. 21 ff.
20 Typischerweise sind es die kreisfreien Gemeinden und Landkreise (Bayern, Niedersachsen, Rheinland-Pfalz, Sachsen) oder Gemeinden mittlerer Größe (Saarland, Schleswig-Holstein) oder sämtliche Gemeinden (Baden-Württemberg und Nordrhein-Westfalen). In Stadtstaaten sind es die Bezirksämter (Hamburg, Berlin).

tigten bei unterbliebener oder unzureichender Information durch den Träger so, wie er bei ordnungsgemäßer Beratung gestanden hätte.[21] Dann sei der Träger zur Information verpflichtet; könne der Berechtigte diese beanspruchen, sei der pflichtvergessene Träger dem Berechtigten gegenüber zum auf **Naturalrestitution** gerichteten Schadensersatz verpflichtet. Kein Herstellungsanspruch ist begründet, wenn der Berechtigte wegen unterbliebener Beratung dem Sozialleistungsanspruch abträgliche Vermögensdispositionen unterlassen hat.[22] Demgegenüber sieht die Judikatur der ordentlichen Gerichte Raum für Amtshaftungsansprüche, namentlich zum Ausgleich von Einkommenseinbußen, die aus unrichtigen Rentenauskünften entstanden.[23]

cc) Der sozialrechtliche Herstellungsanspruch

213   Dieses Recht beruht statt auf Gesetzes- auf **Richterrecht.** Der sozialrechtliche Herstellungsanspruch gilt heute aufgrund eines sich zum Gewohnheitsrecht verfestigten Gebrauchs der Sozialgerichtsbarkeit.[24] Den **sozialrechtlichen Herstellungsanspruch** unterscheidet von der **Amtshaftung** (§ 839 BGB, Art. 34 GG), dass er vom Verschulden des Trägers unabhängig, statt auf Geldersatz auf Naturalrestitution[25] gerichtet und statt vor den ordentlichen vor den Sozialgerichten anhängig zu machen ist. Der Herstellungsanspruch unterscheidet sich vom **Folgenbeseitigung**sanspruch,[26] weil er nicht die Folgen rechtswidriger Eingriffe beseitigt, sondern auf Herstellung des gesetzlich gebotenen Rechtszustandes gerichtet ist.[27] Er zielt auf Erfüllung und ist begründet, falls ein Träger seiner Informationspflicht nicht genügte, ohne dass es auf dessen Verschulden ankommt.

---

[21] BSGE 34, 124; 49, 76; 55, 261; 58, 283; 61, 175; 62, 96; 79, 168; 82, 93; 83, 30; 91, 1; 92, 267; 104, 245; 106, 296; 110, 8; BSG SozR 4-1200 § 14 Nr. 13; BSG SozR 4-4200 § 14 Nr. 15, § 22 Nr. 49; zu Parallelen zwischen dem Kostenerstattungsanspruch (§ 13 SGB V) und dem Herstellungsanspruch: BSGE 79, 125; zum Herstellungsanspruch in sozialrechtlichen Materien, die der Jurisdiktion der Verwaltungsgerichtsbarkeit unterliegen: BVerwG NJW 1997, 2966.

[22] BSG SozR 4-1200 § 14 Nr. 10; SozR 4-4200 § 23 Nr. 4.

[23] BGH NJW 2003, 3050; NZS 2013, 826: Herstellungsanspruch ist kein Rechtsmittel (§ 839 III BGB).

[24] *Adolf,* Der sozialrechtliche Herstellungsanspruch, 1991; *Ebsen,* DVBl. 1987, 389; *Erlenkämper/Fichte,* Sozialrecht, 2008 (6. Aufl.), 119 ff.; *Funk,* DAngVers 1981, 26 ff.; *Kreßel,* Öffentliches Haftungsrecht und sozialrechtlicher Herstellungsanspruch, 1990; *Ladage,* Der sozialrechtliche Herstellungsanspruch, 1990; *Kreikebohm/von Koch,* in SRH, § 6 Rn. 65 ff.; *Schmidt-De Caluwe,* Der sozialrechtliche Herstellungsanspruch, 1992; *Deutscher Sozialrechtsverband* (Hg.), Der sozialrechtliche Herstellungsanspruch, SDSRV, Bd. 39 (1994); *Hase,* SGb 2001, 593.

[25] BSG SozR 4-1500 § 193 Nr. 6.

[26] *Haueisen,* DVBl. 1973, 739; *Kreßel,* Öffentliches Haftungsrecht und sozialrechtlicher Herstellungsanspruch, 1990, 294 f.

[27] BSG SozR 4-2600 § 2 Nr. 16.

c) Aufhebung bestandskräftiger Verwaltungsakte im Sozialrecht

§§ 1–66 SGB X regeln das sozialrechtliche Verwaltungsverfahren. Es folgt   **214**
dabei dem VwVfG. §§ 44–50 SGB X regeln die **Aufhebung**[28] bestandskräftiger Verwaltungsakte abweichend vom VwVfG. Deshalb sollen die Eigenheiten des sozialrechtlichen Verwaltungsverfahrens bei Aufhebung bestandskräftiger Verwaltungsakte für drei Fragenkreise dargestellt und gewürdigt werden: Was sind die Aufhebungstatbestände (aa)? Was hat ein Sozialleistungsträger zu tun, wenn ein Aufhebungstatbestand besteht (bb)? Welche Rechte hat ein Sozialleistungsträger gegenüber einem Sozialleistungsempfänger, falls ein bestandskräftiger Verwaltungsakt aufgehoben worden ist (cc)?

aa) Aufhebungstatbestände

Das Gesetz regelt in den §§ 44–48 SGB X **fünf** Aufhebungstatbestände   **215**
(vgl. Abb. 8). Sie beruhen auf drei Unterscheidungen – zwischen rechtswidrigen und rechtmäßigen, nicht begünstigenden und begünstigenden Verwaltungsakten und Verwaltungsakten mit Dauerwirkung und über einmalige Vorgänge.

Auf der Unterscheidung zwischen rechtswidrigen und rechtmäßigen Verwaltungsakten beruhen §§ 44 f. SGB X einerseits und §§ 46 f. SGB X andererseits. Die Aufhebung bei ihrem Erlass[29] **rechtswidriger** Verwaltungsakte heißt „**Rücknahme**" (§§ 44 f. SGB X), diejenige **rechtmäßiger** Verwaltungsakte dagegen „**Widerruf**" (§§ 46 f. SGB X). § 48 SGB X gilt für einen bei Erlass rechtmäßigen, danach indes rechtswidrig gewordenen Verwaltungsakt mit Dauerwirkung. Die nachträgliche Veränderung kann auf tatsächlichen[30] (Genesung, Wiedererlangung der Erwerbsfähigkeit) oder Rechtsgründen (Gesetzes- oder Rechtsprechungsänderung) beruhen. Für die Bestimmung der Rechtmäßigkeit gilt der im Zeitpunkt der Aufhebung maßgebende Rechtszustand.[31] Änderte sich zwischen Erlass und Aufhebung die Rechtsprechung[32] oder wurde die Norm, auf welche die Entscheidung   **216**

---

[28] Dieser Begriff wird im Folgenden – abweichend vom gesetzlichen Sprachgebrauch in §§ 48 f. SGB X – als Oberbegriff für Rücknahme, Widerruf und „Aufhebung" eines Verwaltungsaktes verstanden. Dieser Sprachgebrauch stimmt mit § 50 I SGB X überein. Auch dort wird Aufhebung als Oberbegriff für Rücknahme, Widerruf und „Aufhebung" verwendet.

[29] BSG SozR 4-1300 § 45 Nr. 8; BSG SozR 4-1300 § 45 Nr. 7.

[30] BSGE 35, 277; 67, 204; 105, 194; 19.7.2010 – B 8 SO 22/10.

[31] *Kreßel/Wollenschläger*, Leitfaden zum Sozialversicherungsrecht, 1996 (2. Aufl.), 1. Teil, § 3 Rn. 32; *Wahrendorf*, Zur Dogmatik der Aufhebung und Rückforderung von Leistungen nach dem SGB II und dem SGB XII, in Butzer/Kaltenborn/Meyer (Hg.), Organisation und Verfahren im sozialen Rechtsstaat, Festschrift für Schnapp, 2008, 577; BSGE 55, 87; 57, 209; 58, 27; 64, 62; BVerwGE 87, 103.

[32] BSGE 51, 31; 55, 87; 57, 209; 58, 27; vgl. dazu auch *Schnapp*, SGb 1993, 1, 4 f.

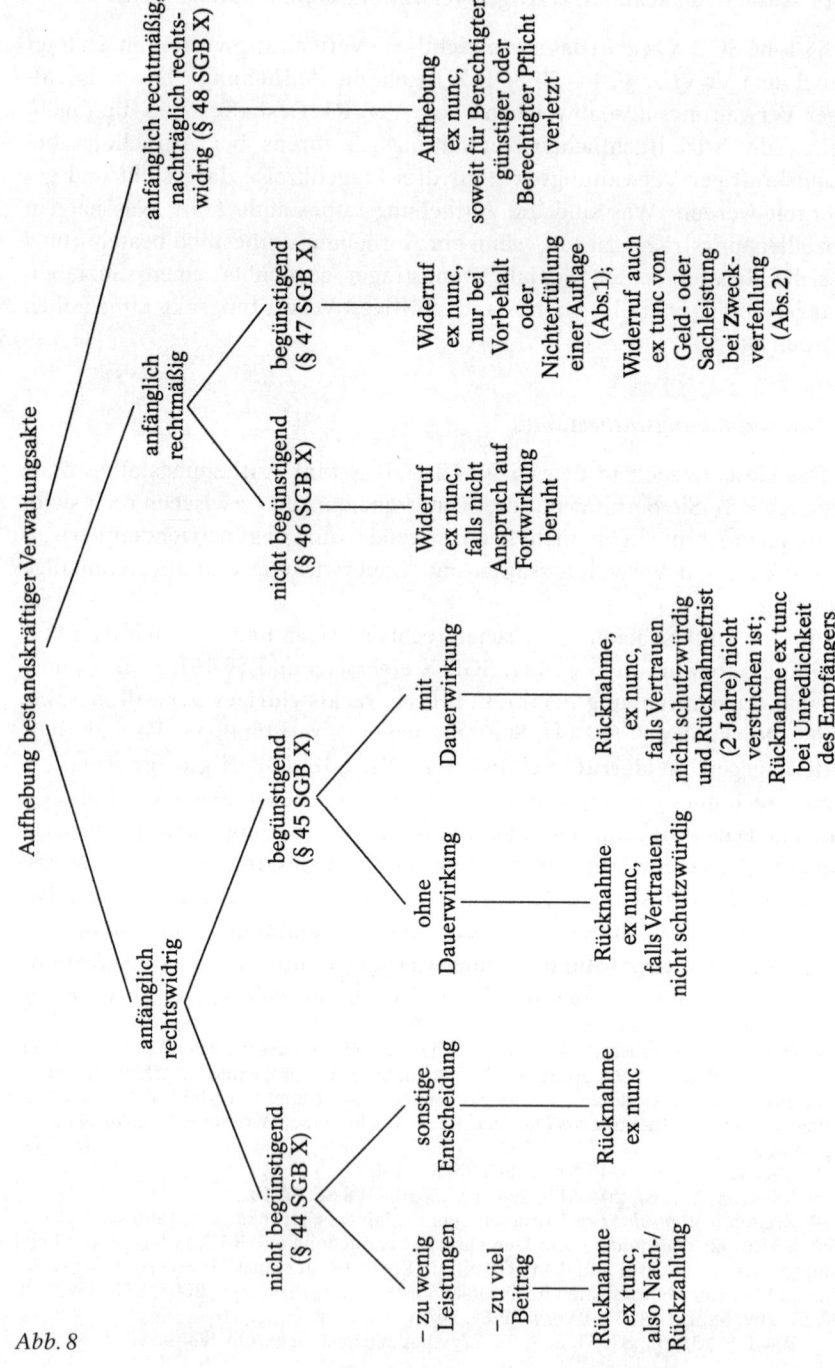

Abb. 8

gestützt ist, durch das BVerfG für nichtig erklärt,[33] so ist sie rechtswidrig, weil sie im Aufhebungszeitpunkt nicht mehr rechtens ist – sondern „sich als unrichtig erweist" (§ 44 I SGB X).

Die Unterscheidung zwischen **begünstigendem** und **nicht begünstigendem** **217** Verwaltungsakt gilt für alle die Aufhebung betreffenden Vorschriften: §§ 44, 46 SGB X gelten für nicht begünstigende und §§ 45, 47 SGB X für begünstigende Verwaltungsakte. Ein Verwaltungsakt begünstigt, wenn er mehr als geboten verheißt, dem Empfänger also mehr als die gebührende Leistung zuerkennt oder Beiträge geringer als geboten festsetzt werden. Die Begünstigung liegt in dem ungerechtfertigten Vorteil für den Adressaten. Ein feststellender, namentlich statusbegründender Verwaltungsakt kann ebenfalls begünstigend sein, falls mit der Feststellung einzelne Rechtsvorteile verknüpft sind.[34] Ein Verwaltungsakt begünstigt nicht, wenn die festgesetzte Leistung hinter der geschuldeten zurückbleibt[35] oder ganz versagt[36] wird, beziehungsweise ein dem Grunde oder der Höhe nach nicht geschuldeter Beitrag[37] erhoben wird. Darüber hinaus ist ein Bescheid, der einen begünstigenden Verwaltungsakt aufhebt, ein nicht begünstigender Verwaltungsakt, da er die Rechtswirkungen des Ausgangsbescheides beseitigt.[38]

Besonderheiten gelten bei der Aufhebung von Verwaltungsakten mit Dauerwirkung (vgl. Rn. 218). Diese sind grundsätzlich mit Wirkung für die Zukunft (Zeitpunkt des Zugangs des Aufhebungsbescheids) aufzuheben, können aber ausnahmsweise auch **rückwirkend** zum Zeitpunkt des Eintritts der Veränderung aufgehoben werden, wenn dieses dem Empfänger nützt (§ 48 I S. 2 SGB X).[39] Das ist dann der Fall, wenn ein ursprünglich belastender Verwaltungsakt aufgehoben, beziehungsweise durch eine weniger belastende Maßnahme ersetzt wird.

Der Begriff „Verwaltungsakt mit **Dauerwirkung**" (§§ 48, 45 III SGB X) **218** wird im Gesetz nicht definiert. Der Gesetzgeber[40] verstand darunter einen Verwaltungsakt, der ein auf Dauer angelegtes abhängiges Rechtsverhältnis begründet oder verändert. Dazu gehören namentlich Bescheide über Grund und Umfang eines sozialversicherungsrechtlichen Stammrechts:[41] Rentenbescheid, Bewilligung von Pflegeleistungen,[42] Arbeitslosengeld oder Zuer-

---

[33] BSGE 64, 62.
[34] BSGE 69, 14; *Schütze,* in von Wulffen/Schütze (Hg.), SGB X, 2014 (8. Aufl.), § 45 Rn. 22.
[35] BVerwGE 71, 220.
[36] BSGE 57, 209; 58, 27.
[37] BSGE 63, 18; 68, 264; *Dörr,* DAngVers 1982, 332, 334 f.
[38] BVerwGE 87, 103.
[39] *Fichte,* in Kreikebohm/Spellbrink/Waltermann (Hg.), Kommentar zum Sozialrecht, 2013 (3. Aufl.), § 48 SGB X Rn. 47 ff.
[40] BT-Drucks. 8/2034, S. 34, Erläuterung zu § 43.
[41] *Merten,* in Hauck/Noftz (Hg.), SGB X, § 48 Rn. 14 ff.; *Pickel,* SGb 1992, 294.
[42] BSGE 95, 66.

kennung von Leistungen der Rehabilitation oder Teilhabe. Auch in der sozialen Förderung – BAföG, Wohngeld[43] – sind Verwaltungsakte mit Dauerwirkung üblich, weil auch sie einen Anspruch auf periodisch wiederkehrende Leistungen für einen längeren Zeitraum begründen. Selbst in der Sozialhilfe sind sie denkbar, etwa bei der Gewährung von Hilfe zur Pflege. Verwaltungsakte mit Dauerwirkung bilden die Grundlage für Zahlungen, statusbegründende Entscheidungen oder die Anerkennung beitragsloser Zeiten.[44]

219   Bei Aufhebung bestandskräftiger Verwaltungsakte (§§ 44–48 SGB X) ist zu **unterscheiden** zwischen den anfänglich rechtswidrigen, anfänglich rechtmäßigen sowie den anfänglich rechtmäßigen, indes nachträglich rechtswidrigen Verwaltungsakten. Ist ein Verwaltungsakt **anfänglich rechtswidrig**, hängt dessen Rücknehmbarkeit davon ab, ob er begünstigend ist oder nicht. Ist er nicht begünstigend, ist er rückwirkend zurückzunehmen. § 44 SGB X gestattet die Neubescheidung; ein hierauf gerichteter Antrag zielt auf Überprüfung der ursprünglich getroffenen Entscheidung. Das Interesse der Öffentlichkeit an der Korrektur rechtswidrigen Verwaltungshandelns wie das Interesse des Einzelnen, nur rechtmäßige Belastungen hinzunehmen, stimmen überein, so dass die Aufhebung im gemeinsamen Interesse von Einzelnem wie der Allgemeinheit liegt.

220   So ein **rechtswidriger** Verwaltungsakt den Adressaten **begünstigt**, wird seine **Rücknehmbarkeit** durch § 45 I SGB X **beschränkt**. Zwischen dem Interesse der Allgemeinheit an Aufhebung von Verwaltungsakten, die nicht hätten ergehen dürfen, und dem Interesse des Empfängers, in seinem Vertrauen auf die Rechtmäßigkeit von Verwaltungshandeln nicht enttäuscht zu werden, besteht ein **Zielkonflikt**. Dieser muss durch Abwägung der konfligierenden Interessen aufgelöst werden (vgl. dazu § 45 SGB X und unten Rn. 225). Ein Antrag auf Rücknahme eines die Gewährung einer laufenden Sozialleistung ablehnenden bestandskräftigen Verwaltungsaktes enthält in der Regel zugleich einen Antrag auf die Leistung. Wird der Rücknahmeantrag abgelehnt, wird zugleich der Leistungsantrag verworfen.[45]

221   Ist der Verwaltungsakt **anfänglich rechtmäßig**, kann er nur eingeschränkt **widerrufen** werden. Denn der Adressat konnte ihn verlangen und die Verwaltung musste ihn erlassen. §§ 46 f. SGB X unterscheiden auch beim Widerruf zwischen nicht begünstigenden und begünstigenden Verwaltungsakten. Der Widerruf nicht begünstigender Verwaltungsakte ist nur bei Ermessensentscheidungen möglich.[46] Denn der Widerruf ist ausgeschlossen (§ 46

---

[43] Vgl. § 25 WoGG: Bewilligungszeitraum 12 Monate.
[44] BSGE 56, 165; 58, 49: Anerkennung von Ersatzzeiten.
[45] BSGE 81, 150.
[46] *Freischmidt*, in Hauck/Haines (Hg.), SGB X 1, 2, § 46 Rn. 8; *Schütze*, in von Wulfen/Schütze (Hg.), SGB X, § 46 Rn. 7.

SGB X), falls ein Rechtsanspruch auf Erlass des Verwaltungsaktes besteht.[47] Der Widerruf des begünstigenden Verwaltungsaktes ist ferner nur für die Zukunft möglich und falls der Widerruf gesetzlich zugelassen, im Erstbescheid vorbehalten oder der Verwaltungsakt mit einer Auflage verknüpft war, die der Empfänger nicht erfüllt hatte.

Ein Verwaltungsakt mit Dauerwirkung, der bei seinem Erlass rechtmäßig war, infolge **nachträglicher Änderung** der Verhältnisse rechtswidrig wurde, kann gemäß § 48 SGB X gleichfalls nur bei wesentlicher Änderung der Verhältnisse nach Erlass des Erstbescheides aufgehoben werden.[48] Die Änderung kann in faktischen[49] oder Rechtsänderungen[50] begründet liegen. Wesentlich ist sie aber nur bei Fortfall oder Wandel des Anspruchs, nicht bei bloßer Änderung der Anspruchsgrundlage ohne Änderung des Inhalts.[51] Eine Rechtsveränderung verlangt somit den materiellrechtlichen Wandel.[52] § 48 SGB X erlaubt der Verwaltung, Verwaltungsakte mit Dauerwirkung an neues materielles Recht anzupassen, schafft selbst indes nicht neues Recht.[53]   **222**

Die §§ 44–48 SGB X gelten allerdings nicht für sämtliche Verwaltungsakte der Träger. Sie werden teils ausdrücklich, teils wegen ihres Sinngehalts und ihrer Zwecksetzung von der Anwendung ausgeschlossen. Ausdrückliche **Sonderregeln** sind namentlich im Arbeitsförderungs- (§ 330 SGB III) und Unfallversicherungsrecht (§§ 160, 168 II SGB VII) enthalten.[54]   **223**

Außerdem kann die Anwendung der vorerwähnten Bestimmungen wegen ihres **Sinn-** und **Funktionsgehaltes** ausgeschlossen sein. So finden die genannten Bestimmungen keine Anwendung auf die Verwaltungsakte im Vertragsarztrecht – etwa bei Zulassung eines Arztes zur vertragsärztlichen Versorgung oder der Rücknahme von Honorarbescheiden.[55] Des Weiteren begründen Eigenheiten eines Gebietes – etwa des sozialhilferechtlichen Verbots der Hilfegewährung für die Vergangenheit (§ 18 SGB XII) – Ausschlussgründe für die Anwendung der §§ 44–48 SGB X.[56]   **224**

---

47 *Pickel*, Lehrbuch des sozialrechtlichen Verwaltungsverfahrens, 1985 (2. Aufl.).
48 BSGE 65, 221; 78, 109; vgl. *Manssen*, ZfSH/SGB 1991, 225.
49 BSGE 40, 268; 47, 135; 57, 77: späterer Wegfall der Unterhaltsleistung des Verstorbenen für Elternrente; BSGE 62, 243: die ursprüngliche Annahme, der Erkrankte sei an Krebs erkrankt, was Grundlage der MdE-Festsetzung war, hat sich nicht bewahrheitet.
50 BSGE 60, 218.
51 BSGE 62, 103; 65, 301.
52 BSGE 57, 215; 108, 258.
53 BSGE 65, 185; 70, 31.
54 BSGE 108, 268; 63, 18; 64, 62.
55 BSGE 68, 97; 82, 50.
56 BVerwGE 68, 285 – keine Sonderregeln gelten dagegen für die Rücknahme eines Bescheides über die BAföG-Leistungen: BVerwG FEVS 36, 225; *Merten*, in Eichenhofer/ Wenner (Hg.), Wannagat Sozialversicherungsrecht, Kommentar zum Sozialgesetzbuch I, IV, X, 2012, § 39 SGB I.

bb) Die Aufhebungsentscheidung

225   Soweit die in §§ 44–48 SGB X enthaltenen Ausnahmetatbestände vorliegen, bestimmt das Gesetz die **Handlungsmöglichkeiten** der Sozialleistungsträger **unterschiedlich**: So gebietet etwa § 44 I 1 SGB X, einen anfänglich
rechtswidrigen begünstigenden Verwaltungsakt aufzuheben („ist ... zurückzunehmen"); dagegen erlaubt § 45 I SGB X, den rechtswidrigen begünstigenden Verwaltungsakt aufzuheben („darf ... zurückgenommen werden");
nach §§ 46 f. SGB X „kann" oder „darf" ein Verwaltungsakt widerrufen
werden; § 48 I SGB X bestimmt, wann der Verwaltungsakt mit Dauerwirkung aufzuheben „ist". Die Aufhebung wird in diesen Bestimmungen als in
unterschiedlicher Verbindlichkeit angeordnet: ist verpflichtend oder steht im
Ermessen.

226   Gemäß § 39 SGB I haben die zur **Ermessensleistung** befugten Träger ihr
Ermessen dem Gesetzeszweck entsprechend zu gebrauchen und die Grenzen nicht zu überschreiten. Der Adressat hat Anspruch auf eine fehlerfreie
Ermessensbetätigung.[57] Da die Aufhebung eines Verwaltungsakts regelmäßig eine Ermessensentscheidung darstellt, ist ein Aufhebungsbescheid stets
rechtswidrig, wenn der Träger das Ermessen nicht oder nicht hinlänglich
gebrauchte.[58] Eine Schrumpfung des Ermessens tritt nur in Ausnahmefällen
ein.[59] Nicht betätigtes Ermessen kann im Gerichtsverfahren nicht nachge-
holt werden.[60]

227   Das **Ermessen** kann **gebunden** sein – das typische Ergebnis der Ermessensbetätigung festlegen oder tatbestandlich konkretisieren. Eine Kombination
beider Formen der Ermessensbindung ist möglich. Ist Ermessen tatbestandlich gebunden, fragt sich bei dessen gerichtlicher Überprüfung, ob die **Voraussetzungen** für die **Ermessensbetätigung** vorlagen. Diese Ermessensbindung findet sich etwa in § 45 II 2 SGB X. Danach ist das Vertrauen des
Adressaten eines rechtswidrig begünstigenden Verwaltungsaktes regelmäßig schutzwürdig, falls der Begünstigte die erbrachte Leistung verbraucht
oder eine Vermögensdisposition getroffen hat, die er nicht mehr oder unter
nur unzumutbaren Nachteilen rückgängig machen kann.[61]
    Dagegen ist das Vertrauen des Adressaten eines rechtswidrig begünsti-
genden Verwaltungsakts in der Regel nicht schutzwürdig, wenn der Verwaltungsakt auf vorsätzlich oder grob fahrlässig unrichtigen oder unvollstän-
digen Angaben beruht. Eine Fehlbeurteilung des Verwaltungsträgers wegen

---

[57] BSGE 59, 157; 62, 143; 64, 24; BayVGH FEVS 39, 177; *Waltermann*, in SRH, § 7
Rn. 13 f.
[58] BSGE 59, 157; 62, 143; 64, 24; BayVGH FEVS 39, 177.
[59] BSGE 107, 165; 63, 37; 67, 232.
[60] BSGE 64, 36.
[61] BSGE 59, 206: gilt nur für Dispositionen, die nach dem Erlass des Verwaltungsaktes
getroffen worden sind.

pflichtwidrig unterlassener Information durch den Leistungsempfänger genügt hingegen nicht.[62] Eine fehlerhafte Rechtsanwendung in der Vergangenheit begründet kein Vertrauen in deren Fortsetzung.[63] Eine Ermessensentscheidung über die Rücknahme eines rechtswidrig begünstigenden Verwaltungsaktes kommt deshalb nur in Betracht, falls der Begünstigte keinen Vertrauensschutz genießt.[64]

Bei Rechtsnachfolge geht die Aufhebungsbefugnis auf den Rechtsnachfolger über, weil diese dem Recht zum Erlass des Verwaltungsaktes folgt.[65] Ferner kann das Recht eines einzelnen Leistungszweiges Anforderungen an die Ausgestaltung des Rücknahmeverfahrens stellen, so dass etwa eine sozial erfahrene Person bei der Rücknahme zu beteiligen ist.[66] Soll die Leistung mit Wirkung für die Zukunft entzogen werden, tritt die Wirkung der Entscheidung[67] ab Bekanntgabe der Rücknahmeentscheidung ein.   **228**

Die Aufhebung von Verwaltungsakten kann an Fristen gebunden sein. So   **229**
ist nach § 44 II 2, IV SGB X ein nicht begünstigender rechtswidriger Verwaltungsakt für die Vergangenheit grundsätzlich nur binnen vier Jahren vor Rücknahme aufzuheben. Nach § 45 III SGB X kann ein rechtswidriger begünstigender Verwaltungsakt mit Dauerwirkung grundsätzlich nur binnen zwei Jahren nach Erlass zurückgenommen werden, es sei denn, der Begünstigte hätte den Erlass unredlich erschlichen. Hieraus ergeben sich grundsätzliche und praktische Probleme.

Es stellt sich die Frage, ob die Befristung der Rücknehmbarkeit rechtswidriger nicht begünstigender Verwaltungsakte mit Art. 14 GG vereinbar ist. Das BVerfG unterwirft[68] sozialversicherungsrechtliche, auf Beitragsleistungen beruhende Anrechte der Eigentumsgarantie. Dann ist die Befristung der Rücknehmbarkeit auf vier Jahre problematisch (§ 44 IV SGB X), denn Leistungsansprüche bleiben unbefriedigt, die vor dem Rücknahmezeitraum bestanden.[69]

Die befristete Rücknehmbarkeit nicht begünstigender Verwaltungsakte korrespondiert allerdings mit der Verjährung (§ 45 SGB I). Weil Ansprüche auf Sozialleistungen nach vier Jahren verjähren, sollen Rücknahmebescheide für den Zeitraum der gesetzlichen Verjährung ergehen. Die beschränkte Rücknehmbarkeit von Verwaltungsakten ist gerechtfertigt: Sozialleistungen dienen der Daseinssicherung in Gegenwart und Zukunft und

---

[62] BSGE 63, 214; BVerwGE 71, 220, 227.
[63] BSGE 81, 156.
[64] BSGE 81, 156; 112, 74.
[65] BSGE 58, 63.
[66] BVerwGE 70, 196.
[67] BSGE 61, 189.
[68] Grundlegend BVerfGE 53, 257 und seitdem st. Rspr. (vgl. oben Rn. 133).
[69] Vgl. BSGE 38, 224; 60, 158, 245.

nicht der Kapitalbildung. Problematisch ist ferner die Anwendung dieser Fristbestimmungen. So sollen nach der Rechtsprechung bei unredlicher Erschleichung eines Verwaltungsaktes – entgegen dem Wortlaut – die in § 45 II 3 Nrn. 2 und 3 SGB X umschriebenen Voraussetzungen kumulativ vorliegen.

Die Rücknahmefrist von einem Jahr nach § 45 IV SGB X beginnt unabhängig von dem Aufhebungsbescheid mit Kenntnis der Rücknahmegründe zu laufen[70].[71] Bei Aufhebung anfänglich rechtmäßiger und nachträglich rechtswidriger Verwaltungsakte stellt sich ein Sonderproblem, das als „Aussparung" (§ 48 III SGB X) bezeichnet wird. Es sichert dem Bescheidadressaten den Vertrauensschutz, bewahrt ihn davor, dass ein begünstigender Verwaltungsakt wegen dessen Rechtswidrigkeit aufgehoben wird, obgleich der Empfänger nach den Rücknahmevorschriften des § 45 SGB X Schutz erlangen könnte. Vertrauensschutz obsiegt gegenüber dem Interesse an rechtmäßigem Verwaltungshandeln.[72]

cc) Befugnisse des Sozialleistungsträgers nach Aufhebung

230 § 50 I SGB X sieht einen **Erstattungsanspruch vor**, um die Folgen rechtswidriger Leistungsgewährung zu beseitigen. Voraussetzung der Erstattungspflicht ist die Aufhebung des der Leistungsgewährung zugrundeliegenden Verwaltungsaktes. Insoweit entspricht der in § 50 I SGB X geregelte Erstattungstatbestand der **Leistungskondiktion** (§ 812 I 1, 1. Alt. BGB), die gleichfalls einen Anspruch auf Rückgewähr des Erlangten bei fehlendem Rechtsgrund anordnet. Da im Sozialleistungsverhältnis der Bescheid den Rechtsgrund für die Leistung darstellt,[73] kann der Erstattungsanspruch erst nach Bescheidaufhebung geltend gemacht werden. Wird aufgrund eines offenbar unrichtigen Verwaltungsaktes eine Leistung bewilligt, kann sie nicht zurückgefordert werden, falls zuvor nicht die Unrichtigkeit durch Verwaltungsakt beseitigt und vor dessen Erlass ein Aufhebungsermessen betätigt wurde.[74] Desgleichen kommt ein Erstattungsanspruch (§ 50 I SGB X) nicht in Betracht, falls der Erstbescheid nur die Regeln über die örtliche Zuständigkeit verletzt, in der Sache indes keine andere Entscheidung zu treffen gewesen wäre.

231 Der Erstattungsanspruch nach § 50 I SGB X setzt das Bestehen eines Sozialleistungsverhältnisses zwischen Sozialleistungsträger und Empfänger voraus. Besteht dieses nicht, hat der Sozialleistungsträger – vorbehaltlich spezialgesetzlicher Ermächtigung (z. B. § 102 SGB XII) – keinen Erstattungsan-

---

[70] BSGE 63, 224; 65, 221; 66, 204.
[71] BSGE 65, 221.
[72] BSGE 63, 259, 266; 69, 208.
[73] *Hofe*, SGb 1990, 527, 528; BSGE 67, 70.
[74] BSGE 67, 70.

spruch. So kann ein Sozialleistungsträger nicht die Rückforderung von Rentenleistungen von dem Erben eines Rentenberechtigten fordern, weil zwischen jenem und dem Erben kein Sozialleistungsverhältnis besteht.[75] Daraus erklärt sich § 50 II SGB X. Die Vorschrift begründet einen Erstattungsanspruch für Leistungen, die „ohne Verwaltungsakt zu Unrecht" erbracht worden sind. Darüber hinaus ordnet sie an: „§§ 45–48 gelten entsprechend". Diese Regelung ist so auszulegen, dass entsprechend §§ 45, 48 SGB X vor Geltendmachung des Erstattungsanspruchs im Wege der Ermessensentscheidung über das „Ob" zu entscheiden ist und die Gründe für die Ermessensentscheidung in dem nach § 50 III SGB X zu erlassenden Erstattungsbescheid aufzuführen sind.[76]

§ 50 II SGB X ist auf Leistungen zugeschnitten, die ein Träger im Rahmen   **232**
eines bestehenden Sozialleistungsverhältnisses an den Empfänger ohne Legitimation durch einen vorangegangenen Leistungsbescheid erbringt. Beispiele sind Überzahlung oder Gewährung von Leistungen aufgrund vorläufig vollstreckbarer Urteile[77] oder von Anerkenntnissen, auf die sich Ausführungsbescheide stützen, falls sie nachträglich aufgehoben werden.[78] Einen speziellen Erstattungsanspruch für die Rückforderung von Rentenzahlungen nach dem Tode des Berechtigten enthält § 118 III SGB VI. Dieser richtet sich gegen die Bank des Berechtigten; der Wegfall des Anspruchs wegen Entreicherung des Erstattungsschuldners ist gleichfalls eigenständig geregelt.[79]

Bürgerlich-rechtliche **Bereicherungsansprüche** können durch Verwaltungsakt nicht fest-, sondern nur im Klageweg durchgesetzt werden. Das öffentliche Recht kennt **keinen allgemeinen Bereicherungsanspruch.** Deshalb hat es in § 50 II SGB X einen eigenen Bereicherungstatbestand ausgeformt. Zahlt also der Träger eine Rente aus, obgleich der Rentner bereits verstorben ist, die Erben dem Träger dies jedoch nicht mitgeteilt haben, so schulden die Erben die Rückzahlung der Rentenzahlung kraft allgemeinen Zivilrechts (§ 812 I 1, 1. Alt. BGB, condictio indebiti).[80] Dieser kann seine Forderung jedoch nicht durch Leistungsbescheid durchsetzen.[81]

Der Erstattungsanspruch ist durch schriftlichen Verwaltungsakt (= Rück-   **233**
forderungsbescheid) geltend zu machen (§ 50 III SGB X). In den Fällen des § 50 II SGB X muss der Sozialleistungsträger die Gründe für seine Ermessensentscheidung darlegen. Die sofortige Vollziehbarkeit der Rückforderung

---

[75] BGHZ 73, 202; BSGE 61, 11.
[76] BSGE 60, 239.
[77] BSGE 57, 138; richtig: *Kreikebohm/von Koch*, in SRH, § 6 Rn. 203.
[78] BSGE 80, 283.
[79] BSGE 82, 239.
[80] BSGE 61, 11.
[81] So zu Recht noch BSGE 25, 268; a.A. BSGE 60, 209; kritisch zu letzterem auch *Hofe*, SGb 1990, 527, 532.

setzt die sofortige Vollziehbarkeit des Aufhebungsbescheides voraus.[82] Ist der Rückforderungsanspruch gegen die Erben gerichtet, können diese die Dürftigkeitseinrede erheben.[83] Denn die Erben haften für Nachlassverbindlichkeiten (§§ 1990 f. BGB) nur auf das Nachlassvermögen beschränkt, was durch die Dürftigkeitseinrede geltend zu machen ist.

§ 10 Ausgleichsansprüche der Sozialleistungsträger

Lit.: *Bley*, Ausgleichsansprüche der Sozialleistungsträger nach dem Regierungsentwurf zum X. Buch 3. Kapitel des Sozialgesetzbuches, DOK 1981, 143; *Breuer*, Der Regreß des Sozialhilfeträgers nach § 116 SGB X, 1986; *Eichenhofer*, Dogmatik und Systematik öffentlich-rechtlicher Erstattungsansprüche und privatrechtlicher Regreßansprüche der Sozialleistungsträger, SGb 1989, 177; *Koppenfels-Spies*, Die cessio legis, 2006; *Plagemann*, Ersatzpflichten Dritter, in von Maydell/Ruland/Becker (Hg.), Sozialrechtshandbuch, 2012 (5. Aufl.), § 9; *Rische*, Ausgleichsansprüche zwischen Sozialleistungsträgern, 1978; *Schellhorn*, Zusammenarbeit der Leistungsträger, in von Maydell/Ruland/Becker (Hg.), Sozialrechtshandbuch, 2012 (5. Aufl.), § 8; *von Wulffen*, SGB X, 2010 (7. Aufl.); *Waltermann*, Forderungsübergang auf Sozialleistungsträger, NJW 1996, 1644.

a) Überblick

234   Ausgleichsansprüche ermöglichen den Sozialleistungsträgern fehlgeschlagene Sozialleistungen untereinander auszugleichen; sie schaffen einen der Rechtslage gemäßen Vermögenszustand. Ausgleichsansprüche sichern so die **Rechtmäßigkeit** von **Verwaltungshandeln** und sind dafür Mittel zum Zweck. Zwei Gattungen von Ausgleichsansprüchen sind zu unterscheiden: Rückforderung von Leistungen, die dem Empfänger nicht gebühren, und Ausgleich, falls die Leistung dem Empfänger zwar gebührt, statt des leistenden Trägers indes ein anderer – Sozialleistungsträger oder Privater – leistungspflichtig ist.

235   Ausgleichsansprüche der Sozialleistungsträger gehören zum Recht der Ausgleichsverhältnisse. Ein solches Recht ist dem Bürgerlichen Recht geläufig: Um die vermögensrechtlichen Folgen fehlgeschlagener Leistungen zu korrigieren, besteht die Leistungskondiktion. Sonstige rechtlich fehlerhafte Vermögens- oder Rechtszustände auszugleichen, bezwecken die Nichtleistungskondiktion und andere gesetzliche Schuldverhältnisse, namentlich Geschäftsführung ohne Auftrag, Eigentümer-Besitzer-Verhältnis sowie De-

---

[82] BayVGH FEVS 39, 177.
[83] VGH Baden-Württemberg FEVS 35, 147.

likts- und Gefährdungshaftung. Auch das Sozialrecht nimmt sich der Aufgabe solchen Ausgleichs in den §§ 50, 102–119 SGB X an.[1]

Hinsichtlich der **beteiligten Personen** und nach dem Zweck des Ausgleichsverhältnisses lassen sich zwei Gattungen unterscheiden: Ausgleichsverhältnisse unter **zwei** und unter **drei** (oder mehr) Personen. Zu sozialrechtlichen Ausgleichsverhältnissen führen diese Rechtsverhältnisse dann, wenn an ihnen ein Sozialleistungsempfänger und zumindest ein Sozialleistungsträger beteiligt sind (vgl. Abb. 9). Ausgleichsverhältnisse unter zwei Personen bestehen zwischen einem Leistungsempfänger und einem Träger. Ob ein solches Verhältnis kraft Gesetzes entsteht, hängt davon ab, ob ein gesetzlicher Anspruch zwischen Träger und Empfänger besteht.   236

Darf der Empfänger die Sozialleistung behalten, besteht kein Ausgleichsanspruch des Trägers. Hat der Empfänger jedoch keinen Anspruch auf die Leistung und gebührt sie ihm auch nicht aufgrund von Vertrauensschutz, steht dem Träger gemäß § 50 SGB X ein **Rückforderungsanspruch** zu (vgl. oben Rn. 230 f.). Die Voraussetzungen dieses Anspruchs werden in einem der Rückforderung **vorgelagerten Verfahren** geprüft. Gegenstand der Verwaltungsentscheidung ist, ob der der Leistung zugrundeliegende Verwaltungsakt rückwirkend zurückgenommen oder mit Wirkung für die Zukunft widerrufen werden kann (vgl. §§ 45, 47 f. SGB X). Rückforderungsanspruch (§ 50 SGB X) und Leistungskondiktion (§ 812 I 1, 1. Alt. BGB) sichern den Ausgleich bei rechtsgrundloser Leistungsgewährung. § 50 SGB X und die Leistungskondiktion unterscheiden sich jedoch, weil im Sozialrecht der **Wegfall** der **Bereicherung** die Rücknehmbarkeit oder Widerruflichkeit des Bescheides ausschließt, wogegen im Bürgerlichen Recht die Pflicht zur Herausgabe des Erlangten entfällt (§ 818 III BGB). Leistungskondiktion und Erstattungsanspruch (§ 50 SGB X) stimmen jedoch insofern überein, als sie dem Gläubiger die Risiken der Beitreibung des Anspruches und der Insolvenz des erstattungspflichtigen Schuldners aufbürden.   237

Sozialrechtliche Ausgleichsverhältnisse unter Beteiligung von **drei Personen** sind schwieriger zu bestimmen. Es sind zu unterscheiden Ausgleichsverhältnisse, an denen **ein** Leistungs**empfänger** und **zwei Leistungsträger** beteiligt sind, und solche, an denen **ein Empfänger**, **ein** Träger sowie ein dem Empfänger leistungspflichtiger **Privater** beteiligt sind. Besteht das Drei-Personen-Verhältnis unter **zwei** Trägern und **einem** Empfänger, so bestehen   238

---

[1] Vgl. generell *Bley*, DOK 1981, 143 ff.; *Eichenhofer*, SGb 1989, 177 ff.; *Fuchs/Preis*, Sozialversicherungsrecht, 2009 (2. Aufl.), § 9; *Lassar*, Der Erstattungsanspruch im Verwaltungs- und Finanzrecht, 1921; *Mayer*, Deutsches Verwaltungsrecht, II. Bd., 1924 (3. Aufl.), 380 ff.; *von Maydell*, ZfS 1973, 265 ff.; *Rische*, Ausgleichsansprüche zwischen Sozialleistungsträgern, 1978; *Wallerath*, DÖV 1972, 221 ff.; *Eichenhofer*, in Eichenhofer/Wenner (Hg.), Wannagat Sozialversicherungsrecht, Kommentar zum Sozialgesetzbuch X, 2016, Erl. von §§ 102–114 SGB X; *Wollschläger*, Geschäftsführung ohne Auftrag im öffentlichen Recht und Erstattungsanspruch, 1977.

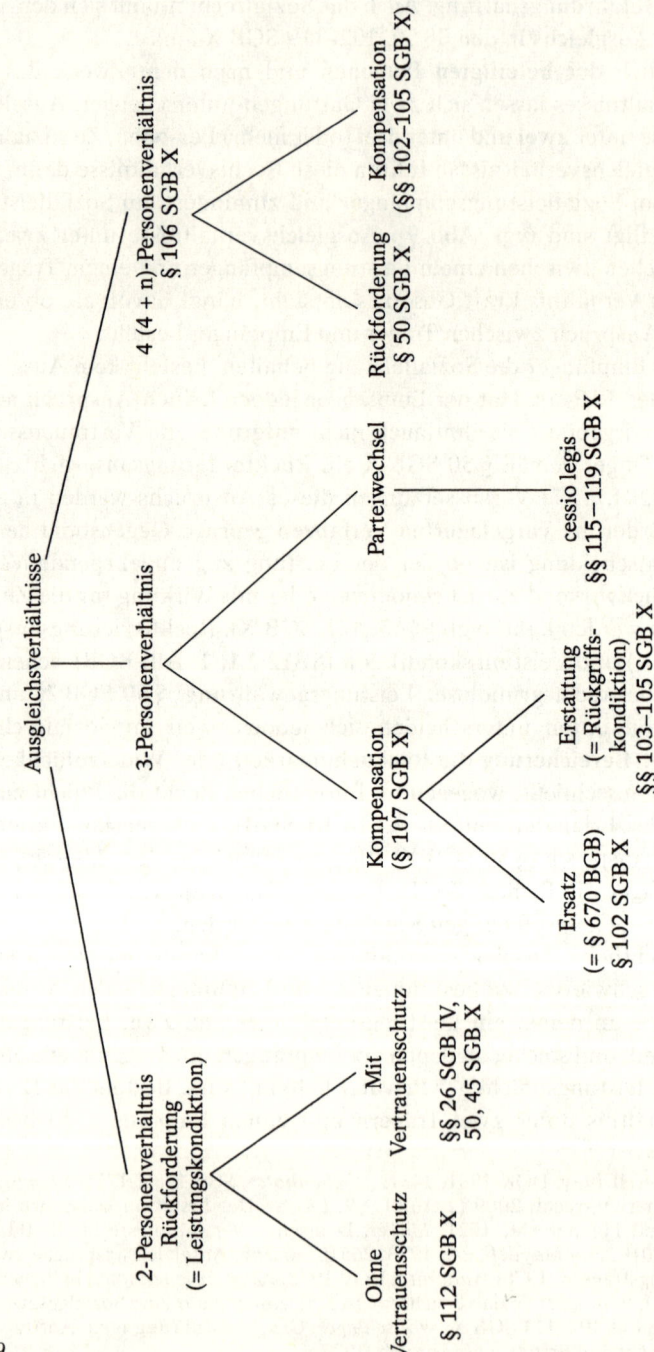

Abb. 9

Ausgleichsansprüche, falls der Empfänger die Leistung beanspruchen kann oder aufgrund von Vertrauensschutz behalten darf und der gewährende Träger letztlich nicht leistungspflichtig ist, sondern die Leistung statt dessen ein anderer Träger dem Empfänger schuldet, aber nicht erbracht hat.

Im Folgenden sei der Empfänger „Leistungsberechtigter", der die Leistung gewährende Träger „Vorleistender" und der die Leistung schuldende Träger „Leistungspflichtiger" genannt. Unter diesen Voraussetzungen kann auf zwei einander ausschließende Weisen sichergestellt werden, dass der Leistungsberechtigte erlangt, was ihm gebührt, der Leistungspflichtige aufwendet, was er schuldet, und der Vorleistende keine Nachteile aus seiner Vorleistung zieht: Entweder der Vorleistende erhält vom Berechtigten das Erlangte zurück und der Berechtigte erhält sie stattdessen vom Leistungspflichtigen, oder der Berechtigte behält, was er hat; der Vorleistende kann jedoch vom Leistungspflichtigen Vermögensausgleich erlangen (vgl. Abb. 10).

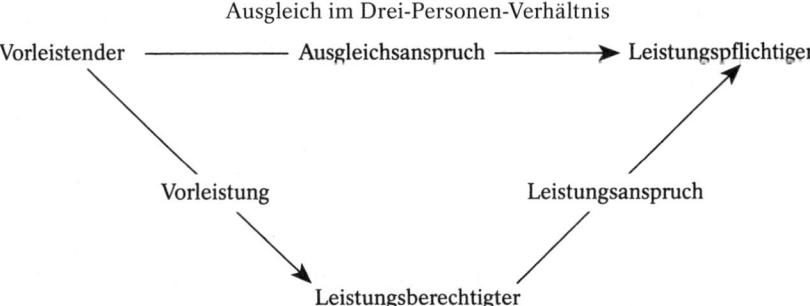

Ausgleich im Drei-Personen-Verhältnis

Abb. 10

Nach dem ersten Weg wären für die Herstellung des rechtmäßigen Zu-   239
standes **zwei** Transaktionen nötig: Rückforderung des Erlangten durch den Vorleistenden und Gewährung des Geschuldeten durch den Leistungspflichtigen. Nach dem zweiten Weg ist für die Herstellung des rechtmäßigen Zustandes nur **eine** Transaktion nötig: Vermögensausgleich zwischen Vorleistendem und Leistungspflichtigem. Schon um der „Minimierung von Transaktionskosten" willen ist der zweite Weg statt des ersten zweckmäßig. Außerdem ist dort der Sozialleistungsberechtigte am Ausgleich unbeteiligt und dies ist sachgerecht. Denn steht ihm das Erlangte zu, das lediglich ein anderer als der vorleistende Träger schuldet, kann der Ausgleich auf Vorleistenden und Leistungspflichtigen beschränkt werden.

Dieser Weg ist auch praktisch gangbar, weil unter Sozialleistungsträgern ein auf Vermögensausgleich gerichteter Anspruch unproblematisch ist. Sozialleistungsträger sind an Recht und Gesetz gebunden und werden nicht insolvent; der Vorleistende kann deshalb ohne Not auf einen Ausgleichsanspruch gegen den leistungspflichtigen Träger verwiesen werden. Die Beschreitung dieses Weges ordnet das Gesetz in den §§ 102–114 SGB X an. Diese Vorschriften regeln einen Typ von Ausgleichsverhältnissen unter drei Personen.

240   Der zweite Typ von Ausgleichsverhältnissen unter drei Personen ergibt sich, falls der Leistungsberechtigte das Erlangte behalten darf, weil es vom Sozialleistungsträger und von einem leistungspflichtigen Privaten geschuldet wird, der Träger im Verhältnis zum leistungspflichtigen Privaten aber letztlich nicht leistungspflichtig ist. Denn dessen Leistungspflicht ist einzig begründet, um dem Leistungsberechtigten das Risiko der Schuldbeitreibung oder Insolvenz des privaten Leistungspflichtigen zu nehmen. Deshalb soll der leistungspflichtige Private aber nicht aus seiner Verantwortung entlassen werden.

Solche **Ausgleichsverhältnisse** sind **weit verbreitet**. Sie treten auf, wenn etwa ein Sozialversicherungsträger Krankenbehandlung oder Einkommensersatz an einen Versicherten gewährt, für die ihm auch der Schädiger nach Deliktsrecht (§§ 823, 826 BGB) haftet, ein Land Leistungen der Gewaltopferentschädigung an einen Verletzten erbringt, dem zugleich zivilrechtliche Ansprüche aus unerlaubter Handlung gegen den Schädiger zustehen (vgl. unten Rn. 425), ein Arbeitgeber dem Arbeitnehmer den Lohn schuldig bleibt und deshalb ein Sozialleistungsträger anstelle des Arbeitgebers Sozialleistungen erbringt (vgl. unten Rn. 478), wie im Verhältnis von Unterhalts- und Sozialrecht: Schuldet ein Ehegatte, vormaliger Ehegatte oder Elternteil Ehegatten-, Scheidungs- oder Kindesunterhalt, ohne dieser Verpflichtung nachzukommen, kann ein Sozialhilfeträger, Amt für Ausbildungsförderung oder eine Unterhaltsvorschusskasse für den pflichtvergessenen oder zur Leistung unvermögenden Unterhaltspflichtigen einspringen: also durch Sozialleistungen den primär durch Familienunterhalt zu befriedigenden Bedarf des Unterhaltsschuldners decken.

241   Wenn in diesen Fällen der Sozialleistungsträger an den Berechtigten leistet, so geschieht dies **nicht**, um den **leistungspflichtigen** Schuldner aus seiner Verantwortung zu **entlassen**, sondern die **Bedarfsdeckung** des **Berechtigten nicht** an Pflichtvergessenheit oder Leistungsunvermögen des Schuldners **scheitern** zu lassen. Damit der Berechtigte **nicht doppelt befriedigt** und der letztlich leistungspflichtige Schuldner nicht durch Vorleistung aus seiner Verantwortung entlassen wird, tritt in den Beispielsfällen an dem privatrechtlichen Anspruch ein **Parteiwechsel** ein, soweit der Sozialleistungsträger geleistet hat oder zur Vorleistung verpflichtet ist. Dieser Ausgleich wird in den §§ 115, 116 SGB X, 5 OEG i. V. m. 81a BVG, 94 SGB XII, 7 UnterhVG, 37 BAföG angeordnet. Die Bestimmungen sehen überwiegend bei Vorleistungspflicht oder deren Erfüllung durch den Sozialleistungsträger den Übergang des kongruenten privatrechtlichen Anspruchs gegen den Leistungspflichtigen auf jenen vor.

Auf beiden Wegen wird dasselbe Ziel erreicht: Der Berechtigte darf behal-   **242** ten, was ihm gebührt, ohne in den Ausgleich einbezogen zu werden; ferner wird dem Vorleistenden ein unmittelbarer Ausgleich auf Kosten des Leistungspflichtigen zuteil. Die rechtlichen Gestaltungsformen dieses Ausgleichs sind jedoch **verschieden**. Der Ausgleich unter zwei Sozialleistungsträgern gemäß §§ 102 ff. SGB X beruht auf der **Kompensation**: Anstelle des dem Berechtigten gegen den Pflichtigen zustehenden Anspruchs auf **Leistung** tritt ein **neuer** Anspruch auf **Ausgleich** (§ 107 SGB X). Der Anspruch des Leistungsberechtigten gegen den Leistungspflichtigen gilt als erfüllt, soweit ein Vorleistender gegen den Leistungspflichtigen einen Ausgleichsanspruch hat. Wird der Ausgleich dagegen in der Form des **Parteiwechsels** vollzogen, so bleibt der **originäre Leistungsanspruch** gegen den letztlich leistungspflichtigen privatrechtlichen Schuldner **erhalten**. Es kommt lediglich kraft Gesetzes zum Forderungsübergang vom privatrechtlichen Gläubiger auf den vorleistenden Sozialleistungsträger. Dieser erlangt die Stellung des ursprünglichen Gläubigers und muss sodann – unter Inkaufnahme des fortbestehenden Beitreibungs- und Solvenzrisikos – den Anspruch beim Schuldner durchsetzen. Ausgleich durch Parteiwechsel geschieht also **statt** durch die Begründung eines kompensatorischen **eigenen** Anspruchs **unter** gleichzeitigem **Fortfall** des **ursprünglichen Leistungsanspruchs** durch **Aufrechterhaltung** des **ursprünglichen Leistungsanspruchs** unter Änderung seiner Aktivlegitimation.

b) Ausgleichsansprüche nach §§ 102 ff. SGB X

aa) Tatbestände und Rechtsfolgen der §§ 102 ff. SGB X

Alle in §§ 102 ff. SGB X normierten Ausgleichsansprüche regeln also Aus-   **243** gleichslagen im Drei-Personen-Verhältnis, an denen **ein Sozialleistungsempfänger** und **zwei** Sozialleistungs**träger** beteiligt sind und den Ausgleich durch **Kompensation** bewirken. Aus diesen beiden Prämissen folgt weiter, dass kein Anspruch nach §§ 102 ff. SGB X bestehen kann, falls neben dem vorleistenden kein anderer Träger leistungspflichtig ist. Ein Ausgleichsanspruch scheiterte an der **fehlenden Mehrheit** unter Sozialleistungsträgern. Aus dem Ausgleichsmodus der Kompensation folgt weiter, dass der Leistungsanspruch des Empfängers gegen den Leistungspflichtigen nur insoweit erlischt, als die Vorleistung der Leistungspflicht des Leistungspflichtigen entspricht: zwischen den Ansprüchen „**Kongruenz**" besteht.

Die in §§ 102 ff. SGB X normierten Ausgleichsansprüche sind im Übrigen   **244** in ihrem rechtlichen Charakter unterschiedlich zu bestimmen. Es ist zwischen dem Anspruch des § 102 SGB X einerseits und den Ansprüchen der §§ 103–105 SGB X andererseits zu unterscheiden.[2] § 102 SGB X unterscheidet sich zunächst von den §§ 103–105 SGB X im Ausgleichs**umfang**. Während nach §§ 103–105 SGB X der Ausgleichspflichtige (= der Leistungspflichtige) dem Ausgleichsberechtigten (= dem Vorleistenden) schuldet, was er durch die Vorleistung an eigenen Leistungen erspart hat, schuldet der Ausgleichspflichtige dem Ausgleichsberechtigten nach § 102 SGB X, was der Vorleistende aufgewendet hat. Der Umfang des Ausgleichs nach §§ 103–105 SGB X wird also aus dem **Vorteil** berechnet, der dem Leistungspflichtigen durch die Vorleistung zugeflossen ist. Diesen **abzuschöpfen**, bezwecken die in §§ 103–105 SGB X vorgesehenen Ansprüche. Dagegen wird der Umfang des Ausgleichs bei § 102 SGB X bestimmt nach dem Umfang der **Aufwendungen**, welche der Vorleistende getätigt hat – einerlei, was der Leistungspflichtige durch die Vorleistung **ersparte**.

245   Diese Unterschiede sind ihrerseits Ausdruck der grundsätzlich **unterschiedlichen Rechtsnatur** beider Ansprüche. Der Anspruch nach § 102 SGB X ist auf Aufwendungsersatz gerichtet (ähnlich §§ 670, 683 BGB). Dagegen zielen die §§ 103–105 SGB X auf die Abschöpfung der in der Person des Leistungspflichtigen durch wirksame Vorleistung eingetretenen Bereicherung (ähnlich §§ 684, 812 BGB: legalisierte Form der Rückgriffskondiktion). Diese Unterschiede rechtfertigen sich daraus, dass bei § 102 SGB X der Vorleistende bewusst für einen fremden Leistungsträger handelt, bei §§ 103–105 SGB X der Vorleistende dagegen glaubt, selbst erfüllen zu müssen. Bei § 102 **SGB X** handelt der Vorleistende also mit **Fremd-**, bei §§ 103–105 SGB X dagegen mit **Eigen**geschäftsführungswillen. Wegen der altruistischen Motivation wird der Vorleistende in § 102 SGB X hinsichtlich des Umfanges des Ausgleichs und des Rechtsweges besser gestellt als die nach §§ 103–105 SGB X Ausgleichsberechtigten. Sie werden an der Vorstellung festgehalten, durch ihre Leistung eine eigene Verbindlichkeit erfüllt zu haben. Um diese Unterschiedlichkeit der Ansprüche auch terminologisch auszudrücken, sollte der Anspruch nach § 102 SGB X „**Ersatz**-" und der Anspruch nach §§ 103–105 SGB X „**Erstattung**sanspruch" genannt werden.

bb) Rechtsweg

246   Für **Ausgleichsansprüche** in Form von **Rückforderungsansprüchen** im **Zwei-Personen-Verhältnis** (§ 50 SGB X) sind die Gerichte sachlich zuständig, die über den durch den Ausgleichsanspruch ersetzten Leistungsanspruch zu entscheiden hätten (vgl. unten Rn. 257). Wird also eine gewährte

---

2 Vgl. *Eichenhofer*, SGb 1989, 177, 180f.; *Kummer*, DAngVers 1986, 397, 398f.; *Schellhorn*, in SRH, § 8 Rn. 75ff.; *Roos*, in von Wulffen/Schütze (Hg.), SGB X, 2014 (8. Aufl.), vor § 102 Rn. 1ff.

Ausbildungsförderung oder Jugendhilfe gemäß § 50 SGB X vom zuständigen Träger zurückgefordert, entscheidet über die Rückforderung die allgemeine Verwaltungsgerichtsbarkeit als dasjenige Gericht, welches über die **Gewährung** des Anspruches zu entscheiden hätte. Ist eine Sozialversicherungs- oder Arbeitsförderungsleistung gemäß § 50 SGB X zurückzugewähren, hat über den Anspruch die Sozialgerichtsbarkeit zu entscheiden, die auch für die Leistungsansprüche zuständig ist (vgl. unten Rn. 257). Die **gerichtliche Zuständigkeit** für Ausgleichsansprüche nach § 50 SGB X folgt so der Zuständigkeit für die auszugleichenden Leistungsansprüche.

Für **Ausgleichsansprüche** im Drei-Personen-Verhältnis ist der Rechtsweg **247** unterschiedlich bestimmt. Wird der Ausgleich in Form des **Parteiwechsels** vollzogen, entscheidet über den Ausgleich das Gericht, vor dem Streitigkeiten aus dem übergegangenen Anspruch anhängig zu machen sind. Wird also Ausgleich durch Übergang eines **Schadensersatzanspruches** wegen Delikts gewährt, so entscheiden darüber die ordentlichen Gerichte; wird Ausgleich durch Übergang eines Anspruchs auf Arbeitsentgelt gewährt, so entscheiden darüber die Arbeitsgerichte; über Ausgleich durch Übergang eines Anspruchs auf Familienunterhalt entscheiden die Familiengerichte.

Der Rechtsweg bei den auf Kompensation beruhenden Ausgleichsverhält- **248** nissen ist in § 114 SGB X normiert. Diese Vorschrift ist jedoch unbefriedigend formuliert. Nach § 114, S. 1 SGB X ist für den Ausgleichsanspruch derselbe Rechtsweg gegeben wie für den Anspruch auf die Sozialleistung. Nach § 114, S. 2 SGB X sei im Falle des § 102 SGB X der Anspruch gegen den vorleistenden Leistungsträger und im Falle der §§ 103–105 SGB X der Anspruch gegen den erstattungspflichtigen Leistungsträger maßgeblich. Der in § 114, S. 1 SGB X aufgestellte Grundsatz, wonach Entscheidungen über den Ausgleichsanspruch in die Zuständigkeit der gleichen Gerichtsbarkeit fallen wie der kompensierte Leistungsanspruch, wird durch § 114, S. 2, 1. Alt. SGB X gerade nicht verwirklicht: Ein der Rechtsprechung der Verwaltungsgerichte unterliegender Träger, der nach § 43 SGB I für einen Sozialversicherungsträger Vorleistungen erbringt, wäre nämlich nach dem Prinzip des § 114, S. 1 SGB X gehalten, seinen Aufwendungsersatzanspruch gemäß § 102 SGB X vor den Sozialgerichten geltend zu machen; § 114, S. 2, 1. Alt. SGB X gebietet jedoch, dass dieser Anspruch vor die Verwaltungsgerichte zu bringen ist.

c) Einzelfragen und -gestaltungen beim Ausgleich durch Parteiwechsel

aa) Tatumstände des Übergangs

Im Gegensatz zum Ausgleich durch **Kompensation** findet der Ausgleich **249** durch **Parteiwechsel** nicht schon statt, wenn an einem Ausgleichsverhältnis ein Sozialleistungsträger und zwei Private beteiligt sind. Zu einem Ausgleich durch Parteiwechsel kommt es nur, falls das Gesetz den Parteiwechsel **ausdrücklich** anordnet. Dies gilt namentlich für **Arbeitsentgelt-** (vgl. §§ 115 SGB X, 157 SGB III), **Schadensersatz-** (§§ 116 SGB X, 81a BVG) und **Unterhaltsansprüche** (§§ 94 SGB XII, 7 UnterhVG, 37 BAföG). Der Parteiwechsel in Gestalt des Forderungsübergangs tritt kraft Gesetzes ein, sobald die Voraussetzungen für die Entstehung des Leistungsanspruchs erfüllt sind. Der Träger wird folglich mit der Entstehung seiner Leistungspflicht Inhaber des konkurrierenden privatrechtlichen Anspruchs.

250   Der Übergang des Anspruchs ist angeordnet, wenn die Leistungspflicht des Sozialleistungsträgers gegenüber der konkurrierenden Leistungspflicht des privatrechtlichen Schuldners **nachrangig** ist. Der Übergang des Anspruchs tritt auch ein, soweit dieser nach den allgemeinen Vorschriften unpfändbar und deshalb nicht übertragbar ist (§ 400 BGB). Denn der Gläubiger der privatrechtlichen Forderung erhält durch den konkurrierenden Sozialleistungsanspruch eine wie die Unpfändbarkeitsanordnung die Daseinssicherung gewährleistende Zuwendung, die regelmäßig sogar den unpfändbaren Teil der Forderung übertrifft. Auf die übergegangene Forderung sind die Vorschriften des Bürgerlichen Rechts über den Schuldnerschutz (§§ 404 ff. BGB) entsprechend anzuwenden (vgl. § 412 BGB).

bb) Sonderregeln für den Übergang von Schadensersatzansprüchen

251   Einige Sonderregeln kennt das Gesetz für den gesetzlichen Forderungsübergang von Schadensersatzansprüchen aus **gesetzlichen Schuldverhältnissen**[3] (vgl. § 116 II – VI SGB X). Darin ist geregelt, wie es sich auf den Forderungsübergang auswirkt, wenn der eingetretene Schaden nicht voll durch Inanspruchnahme des Schädigers gedeckt werden kann („Unterdeckung") – sei es aus tatsächlichen (der Schädiger ist mangels hinreichenden Vermögens außerstande, den Geschädigten zu befriedigen) oder rechtlichen Gründen (der Schadensersatzanspruch ist wegen mitwirkenden Verschuldens des Geschädigten zu vermindern, § 254 BGB, oder die Einstandspflicht des Schädigers ist bei der Gefährdungshaftung der Höhe nach begrenzt.).

252   Beruht die **Unterdeckung** auf **tatsächlichen** Gründen, so kommt nach § 116 IV SGB X dem Gläubiger der privatrechtlichen Ersatzforderung gegenüber dem konkurrierenden Sozialleistungsträger der **Befriedigungsvorrang** zu. Dieses Vorrecht folgt aus dem das Zessionsrecht prägenden Grundsatz, dass sich die Zession nicht zum Nachteil des Altgläubigers auswirken dürfe

---

[3] Vgl. BGH VersR 2009, 995; *Breuer*, Der Regreß des Sozialhilfeträgers nach § 116 SGB X, 1986; *von Koppenfels-Spies*, Die cessio legis, 2006, 230 ff.; *Plagemann*, in SRH, § 9 Rn. 5 ff.; *ders.*, SGb 1993, 197; *Eichenhofer*, in Eichenhofer/Wenner (Hg.), Sozialgesetzbuch X, 2016, Erl. zu § 116 SGB X Rn. 2 ff.

(nemo subrogat contra se). Beruht die **Unterdeckung** dagegen auf **Rechts-
gründen**, so enthalten § 116 II, III SGB X Regelungen der Frage, ob dem
Altgläubiger oder dem Sozialleistungsträger das Vorrecht an dem um die
Mitverschuldensquote geminderten Ersatzanspruch zustehe. Dies ist das
Problem des „Quotenvorrechts". Die dafür vorgesehene gesetzliche Rege-
lung ist differenziert.

Beruht die Unterdeckung auf einer Haftungshöchstsumme, steht dem
Gläubiger der privatrechtlichen Forderung ein absolutes Quotenvorrecht gegenüber dem Sozialleistungsträger zu (§ 116 II SGB X). Beruht sie dagegen
auf Mitverschulden des Geschädigten (§ 254 BGB), ist der Schadensersatzanspruch zwischen Geschädigtem und Sozialleistungsträgerin dem Umfang
nach aufzuteilen, wie der Beitrag des Geschädigten zur Gesamtforderung
steht (§ 116 III SGB X).

Wie § 86 III VVG schließt § 116 VI SGB X den Forderungsübergang aus,   **253**
falls der Schädiger Familienangehöriger des Geschädigten ist, mit diesem in
Haushaltsgemeinschaft lebt und die Schädigung nicht vorsätzlich herbeigeführt hat.[4] Dieses „**Familienprivileg**" soll im Interesse des Familienfrie-
dens verhindern, dass unter Familienangehörigen Rechtsstreitigkeiten über
die haftpflichtrechtliche Verantwortlichkeit ausgetragen werden und zum
anderen vermeiden, dass durch Rückgriff der Geschädigte mittelbar beeinträchtigt wird, weil – falls der Schädiger dem Sozialleistungsträger Ersatz
schuldete – das Haushaltseinkommen, von dem auch der Geschädigte lebt,
vermindert werden müsste.

*cc) Übertragbarkeit der Grundsätze des § 116 SGB X auf andere
Tatbestände des Forderungsübergangs*

Diese **Grundsätze** sind auf **andere** Tatbestände des Forderungsübergangs   **254**
zugunsten eines Sozialleistungsträgers nur zu übertragen, soweit sich auch
bei Übergängen von Forderungen anderen Entstehungsgrundes das Problem
des Befriedigungsvorranges stellt. Hier ist nach dem Grundsatz: nemo subrogat contra se ein Befriedigungsvorrang des privatrechtlichen Gläubigers
gegenüber dem Sozialleistungsträger zu postulieren; die übrigen Regelungen
sind dagegen zessionsrechtliche Folgen aus der Schadensersatzhaftung und
daher auf den Forderungsübergang von privatrechtlichen Schadensersatz-
forderungen zu beschränken.[5]

---

[4] BVerfGE 127, 263.
[5] Vgl. zur Problematik eingehend *von Koppenfels-Spies*, Die cessio legis, 2006,
190 ff.

§ 11 Rechtsschutz im Sozialrecht

Lit.: *Lüdtke* (Hg.), Sozialgerichtsgesetz, Handkommentar, 2006 (2. Aufl.); *Breit-kreuz/Fichte*, SGG, 2009; *Krasney/Udsching*, Handbuch des sozialgerichtlichen Verfahrens, 2011 (6. Aufl.); *Kummer*, Das sozialgerichtliche Verfahren, in von May-dell/Ruland/Becker (Hg.), Sozialrechtshandbuch, 2012 (5. Aufl.), § 12; *Meyer-Lade-wig*, Sozialgerichtsgesetz, 2008 (9. Aufl.); *Niesel/Herold-Tews*, Der Sozialgerichts-prozess, 2009 (5. Aufl.); *Plagemann* (Hg.), Münchener Anwaltsbuch Sozialrecht, 2009 (3. Aufl.); *Wenner/Terdenge/Krauß*, Grundzüge der Sozialgerichtsbarkeit, 2005 (3. Aufl.).

a) Überblick

aa) Erfordernis des Rechtsschutzes

255 Da Sozialleistungsträger öffentliche Gewalt ausüben und Art. 19 IV GG bei Rechtsverletzungen durch **Akte öffentlicher Gewalt** für jedermann den **Rechtsweg** eröffnet, bedarf auch das Sozialrecht eines ausgebauten Rechts-schutzes. Dieser wurde in Deutschland erstmals nach dem 2. Weltkrieg um-fassend errichtet; er ist seither gewährleistet. Zuvor nahmen Schiedsgerichte, Aufsichtsbehörden, Oberversicherungsämter und das Reichsversicherungs-amt = andere Verwaltungsbehörden oder die diesen angegliederte Spruch-körper die Jurisdiktion in sozialrechtlichen Streitigkeiten wahr.[1]

256 Auch im **internationalen Vergleich** wird Rechtsschutz gegenüber Ent-scheidungen der Sozialleistungsträger in unterschiedlichen Formen gewährt. Nur noch selten beschränkt sich der Rechtsschutz auf eine verwaltungsinter-ne Überprüfung der Entscheidung, die nur bei Verletzung elementarer Rechtsgrundsätze durch unabhängige Gerichte überprüft werden kann. Vielmehr sehen viele Staaten inzwischen vor, dass Akte der Sozialverwal-tung durch unabhängige Gerichte überprüft werden. In manchen Staaten (z. B. in Frankreich, Italien oder den Niederlanden) befinden über sozial-rechtliche Streitigkeiten die ordentlichen Gerichte, in anderen sind es auch für arbeitsrechtliche Streitigkeiten zuständige Fachgerichte (z. B. in Belgien, Österreich oder Polen) als unselbständige Teile der ordentlichen Gerichts-barkeit. Eine eigenständige Sozialgerichtsbarkeit ist eine deutsche Eigenheit.

---

[1] *Bürck*, War die Spruchtätigkeit des Reichsversicherungsamtes, der Oberversiche-rungsämter, der Versicherungsämter, der Versorgungsgerichte und der Schiedsgerichte nach damaligem und heutigem Rechtsverständnis Rechtsprechung?, in Deutscher Sozial-rechtsverband/Wannagat (Hg.), Entwicklung des Sozialrechts: Aufgabe der Rechtspre-chung, 1984, 139 ff.; *Eichenhofer*, SGb 2004, 516; *Koch*, Die Entwicklung des sozialge-richtlichen Rechtsschutzes, in Wissing/Umbach (Hg.), 40 Jahre Landessozialgerichtsbar-keit, 1994, 39; *Wannagat*, SGb 1979, 177; *Wenner/Terdenge/Krauß*, Grundzüge der Sozialgerichtsbarkeit, 2005 (3. Aufl.), Rn. 25 ff.; *Wissing*, 40 Jahre Sozialgerichtsbarkeit in Rheinland-Pfalz, in Wissing/Umbach (Hg.), 40 Jahre Landessozialgerichtsbarkeit, 1994, 1 ff.

Gemeinsam ist den unterschiedlichen nationalen Ansätzen zur Ausgestaltung des Rechtsschutzes im Sozialrecht das Bemühen um eine Entformalisierung des Verfahrens, kostengünstige Gestaltung des Rechtsschutzes und Beteiligung der Sozialpartner an der Rechtsprechung.

bb) Kein einheitlicher Rechtsweg

Für den sozialrechtlichen **Rechtsschutz in Deutschland** bestehen **unter-** **257** **schiedliche Rechtswege.** Soweit Rechtsschutz gegen rechtlich eigenständige Sozialleistungsträger – namentlich Träger der **Sozialversicherung** und **Versorgung (Land)** – begehrt wird, sind Sozialgerichte zuständig (§ 51 SGG). Auch Wettbewerbsstreitigkeiten unter Kassen oder zwischen diesen und den Leistungserbringern unterliegen der sozialgerichtlichen Jurisdiktion (§ 69 II SGB V). Sozialgerichte sind ferner zuständig für das Vertragsarzt-, Elterngeld-, Kriegsopfer-, Soldaten- und Zivildienstversorgungs-, Opferentschädigungs-, Schwerbehinderten- und Impfschadensrecht, die Grundsicherung für Arbeitsuchende, im Alter und bei Erwerbsminderung sowie die Sozialhilfe (§ 51 I Nr. 4 SGG).[2] Auch über Streitigkeiten aus der privaten Pflegeversicherung entscheiden im Interesse der einheitlichen Auslegung der Vorschriften über die Pflegeversicherung die Sozialgerichte.[3] Soweit Rechtsschutz gegen Verwaltungsträger begehrt wird, die neben sozialrechtlichen auch nicht-sozialrechtliche Zuständigkeiten haben (insbesondere Städte, Landkreise oder Universitäten), sind die Verwaltungsgerichte zuständig (§ 40 I VwGO). Folglich fallen insbesondere Streitigkeiten über Jugendhilfe, Kriegsopferfürsorge, Wohngeld, Ausbildungsförderung und Krankenhauswesen und Materien des Behindertenrechts in die Zuständigkeit der Verwaltungsgerichtsbarkeit. Das Kindergeld (§§ 62 ff. EStG) gehört zur Finanzgerichtsbarkeit. Die Länder dürfen Sozial- und Verwaltungsgerichte zusammenlegen (§ 1 SGG); davon hat einzig Bremen Gebrauch gemacht.

cc) Besetzung der Gerichte und Gerichtsverfahren

Die Verwaltungsgerichte sind mit drei Berufsrichtern und zwei ehrenamt- **258** lichen Richtern (§ 5 III VwGO), die Sozialgerichte mit einem Berufsrichter und zwei ehrenamtlichen Richtern (§ 12 I SGG) **besetzt.** Ehrenamtlicher Richter in der Verwaltungsgerichtsbarkeit kann jeder Bürger sein, der das 25. Lebensjahr vollendet hat (§ 20 VwGO). Ehrenamtliche Richter in der Sozialgerichtsbarkeit können nur Angehörige von Statusgruppen (Arbeitge-

---

[2] *Bultmann,* in Plagemann (Hg.), Münchener Anwaltshandbuch Sozialrecht, 2013 (4. Aufl.), § 3.
[3] *Wollenschläger,* Der Rechtsweg in Streitigkeiten der privaten Pflegeversicherung, in Gitter/Schulin/Zacher (Hg.), Festschrift für Otto Ernst Krasney, 1997, 757 ff.

ber, Arbeitnehmer, Vertragsärzte) oder Betroffene (z. B. Kriegsopfer) sein (§§ 13 ff. SGG), die das 25. Lebensjahr vollendet haben (§ 16 I SGG). In der Verwaltungs- wie der Sozialgerichtsbarkeit bestehen **drei Rechtszüge** (vgl. Rn. 266, Abb. 11). In der Verwaltungsgerichtsbarkeit bestehen Verwaltungsgerichte, Oberverwaltungsgerichte (Verwaltungsgerichtshöfe) und das Bundesverwaltungsgericht (§ 2 VwGO), in der Sozialgerichtsbarkeit Sozialgerichte, Landessozialgerichte und das Bundessozialgericht (§ 2 SGG).

b) Grundsätze der Rechtsschutzgewährung

aa) Vorverfahren

259　Jedem Gerichtsverfahren, das sich gegen einen Verwaltungsakt wendet oder auf dessen Erlass gerichtet ist, hat ein **Vorverfahren** voranzugehen (§§ 78 SGG, 68 VwGO). Dieses muss binnen Monatsfrist nach Bekanntgabe des beschwerenden Verwaltungsaktes durch Erhebung des Widerspruchs bei der den Verwaltungsakt erlassenden Behörde anhängig gemacht werden (§§ 84 SGG, 70 VwGO). Die Widerspruchsbehörde hat die Recht- und Zweckmäßigkeit der beanstandeten Maßnahme zu prüfen. Hält sie die Maßnahme für rechts- oder zweckwidrig, kann sie diese aufheben und dem Begehren entsprechen – dem Widerspruch abhelfen. Hilft sie nicht ab, ist der Widerspruch durch Bescheid zurückzuweisen (§§ 85 I SGG, 72 VwGO).

bb) Klageverfahren

260　Der Betroffene kann binnen Monatsfrist vor dem zuständigen Gericht gegen den ergangenen oder abgelehnten Verwaltungsakt Klage erheben (§§ 87 SGG, 74 VwGO). SGG und VwGO kennen die Klagearten Anfechtungs-, Verpflichtungs-, Leistungs- und Feststellungsklage (§§ 54 f. SGG, 42 f. VwGO).[4] Die **Anfechtungsklage** ist im Sozialrecht von geringerer Bedeutung als in der eingreifenden Verwaltung. Wichtigste sozialrechtliche Anwendungsfälle dieser Klageart sind Entscheidungen über die Versicherungspflicht, Erhebung von Sozialversicherungsbeiträgen, Rückforderung oder Versagung von Sozialleistungen mangels Mitwirkung. Die **Verpflichtungsklage** ist im Sozialrecht wichtig für Ermessensleistungen. Das Gericht verpflichtet den Träger zur Leistung oder hält ihn an, das Begehren des Klägers unter Beachtung der Rechtsauffassung des Gerichts zu bescheiden.

Die **Leistungsklage** steht im Mittelpunkt des Rechtsschutzes gegen Akte der Sozialverwaltung. Sie dient der gerichtlichen Durchsetzung von Ansprü-

---

[4] *Krasney/Udsching*, Handbuch des sozialgerichtlichen Verfahrens, 2011 (6. Aufl.), 131 ff.; *Kummer*, in SRH, § 12 Rn. 43 ff.; *Wenner/Terdenge/Krauß*, Grundzüge der Sozialgerichtsbarkeit, 2005 (3. Aufl.), Rn. 200 ff.

chen auf Pflichtleistungen. Sie ist regelmäßig als kombinierte Anfechtungs- und Leistungsklage (§ 54 IV SGG) zu erheben: Erstere zielt auf die Aufhebung des ergangenen die beanspruchende Leistung versagenden Bescheides, letztere auf Verurteilung des Klägers zu einer höheren als der festgesetzten Leistung. Lediglich Erstattungsansprüche unter Sozialleistungsträgern sind mit der Leistungsklage durchzusetzen. Mittels **Feststellungsklage** wird das Bestehen oder Nichtbestehen eines Rechtsverhältnisses oder die Nichtigkeit eines Verwaltungsaktes festgestellt – etwa der Streit zwischen zwei Krankenkassen über die Zuordnung eines Versicherten beigelegt.

cc) Verfahrensgrundsätze

Für Verwaltungsgerichtsbarkeit und Sozialgerichtsbarkeit gelten überein-   **261** stimmende **Verfahrensgrundsätze:**[5]
1. der Ermittlungsgrundsatz statt des Beibringungsgrundsatzes,
2. der Grundsatz der materiellen statt der formellen Wahrheit,
3. ferner des Amtsbetriebes, der Unmittelbarkeit (§§ 177 SGG, 96 VwGO), Mündlichkeit (§§ 124 SGG, 101 VwGO) und Beschleunigung.

Nach dem **Ermittlungsgrundsatz** (§§ 103, 106 SGG, 86 VwGO) ist die Aufklärung des Sachverhalts dem Gericht und nicht den Parteien überantwortet. Das Gericht hat daher den Sachverhalt zu ermitteln, auch wenn er zwischen den Parteien unumstritten ist. Denn der Rechtsschutz im Sozialrecht folgt nicht dem zivilprozessrechtlichen Grundsatz der formellen Wahrheit, dass folglich wahr ist, was eine Partei behauptet und die andere nicht bestreitet. Dort gilt der Grundsatz der **materiellen Wahrheit**. Danach ist wahr, was der Fall ist – unabhängig davon, was die Parteien vortragen. Das Gericht ist also weder an das Parteivorbringen gebunden, noch bedarf es eines Beweisantritts der Parteien. Das Gericht ist auch nicht an Beweisanträge gebunden. Der vom Beibringungsgrundsatz geprägte Zivilprozess und seine ihm typische Darlegungs- und Begründungslast sind dem Sozialrecht also unbekannt. Allerdings kennt auch das sozialgerichtliche Verfahren die **objektive Beweislast**: die Last, dass die tatsächlichen Voraussetzungen einer Norm nicht geklärt werden können. Die Beweislast trägt – wie allgemein – wem die behauptete Tatsache zum Vorteil gereicht. Für beide Verfahrensordnungen gilt der Grundsatz des rechtlichen Gehörs (Art. 103 GG). Die Prozessbeteiligten sind danach in sämtlichen Phasen in das Verfahren einzubeziehen, in ihren Rechtsansichten anzuhören und diese sind mit den Beteiligten zu erörtern.

---

[5] *Krasney/Udsching*, Handbuch des sozialgerichtlichen Verfahrens, 2011 (6. Aufl.), 73 ff.; *Wenner/Terdenge/Krauß*, Grundzüge der Sozialgerichtsbarkeit, 2005 (3. Aufl.), Rn. 386 ff.

262   Nur für das **sozialgerichtliche** Verfahren gilt darüber hinaus der Grundsatz der **Klägerfreundlichkeit**. Dessen Ausprägungen sind insbesondere: das
Verfahren ist für den Leistungsansprüche geltend machenden Kläger grundsätzlich für Versicherte, Leistungsempfänger und behinderte Menschen kostenfrei (§§ 183 f. SGG); die örtliche Zuständigkeit des Gerichts richtet sich
nach dem Wohnsitz des Klägers (§ 57 SGG); es besteht kein Vertretungs-
zwang (§ 73 SGG); Prozessvertretung durch Verbände (z. B. Gewerkschaften oder Behindertenverbände) ist zulässig; es besteht keine Pflicht zur Stellung eines bestimmten Antrages (§ 92 SGG).

dd) Verfahrensablauf

263   Der einzelne kann gegen einen Sozialleistungsträger Klage erheben, falls
die Verletzung seiner sozialrechtlichen Position möglich ist – namentlich ein
Träger ungerechtfertigt Beiträge oder Rückzahlungen für empfangene Sozi-
alleistungen fordert oder gesetzlich geschuldete Leistungen verweigert. Die
Klage kann **schriftlich** oder **mündlich** zur Niederschrift beim zuständigen
Gericht erhoben werden (§§ 90 SGG, 81 VwGO). Ist Klage erhoben, hat das
Gericht zunächst die Sachurteilsvoraussetzungen zu prüfen: Eröffnung des
Rechtsweges, Zuständigkeit des Gerichts, Parteifähigkeit, Prozessfähigkeit
= Handlungsfähigkeit (§ 35 SGB I), keine anderweitige Rechtshängigkeit
oder rechtskräftige Entscheidung und Rechtsschutzbedürfnis des Klägers.
Liegen diese Sachurteilsvoraussetzungen vor, ist die Klage zulässig. Dann
hat der (Sozialgericht) oder ein Berufsrichter (Verwaltungsgericht) die
mündliche Verhandlung vorzubereiten. Zu diesem Zweck ist der Sachverhalt
umfassend aufzuklären, es sind Zeugen zu laden und andere für die Sach-
verhaltsklärung wesentliche Beweise beizuziehen, namentlich medizinische
Gutachten einzuholen.

264   Die **Entscheidung** ergeht aufgrund **mündlicher Verhandlung**. Diese wird
vom Vorsitzenden des Gerichts geleitet. Sie beginnt mit dem Aufruf zur Sache. Sodann trägt der die Verhandlung leitende oder der mit der Vorbereitung des Streitfalls betraute Berufsrichter den Sachverhalt vor. Daran schließen sich je ein Plädoyer von Kläger und Beklagtem (regelmäßig einer Behörde) an. Ist der Sachverhalt aufklärungsbedürftig, findet eine Beweisaufnahme
vor dem Gericht statt. Dazu sieht das Gericht etwa Dokumente ein oder hört
Zeugen oder Sachverständige.[6] Die mündliche Verhandlung ist öffentlich.
Die Entscheidung ergeht aufgrund der mündlichen Verhandlung, d. h. jene
soll im unmittelbaren Anschluss an diese gefällt und verkündet werden.

---

[6] Vgl. dazu *Steinwedel*, MedSach 1991, 59.

c) Verfahrensbeendigung und Rechtsmittel

Das gerichtliche Verfahren kann durch eine **Entscheidung** des **Klägers**, des   **265**
Beklagten oder des **Gerichts** enden. Das Verfahren endet, falls der Kläger
die Klage **zurücknimmt**, der Beklagte den geltend gemachten Anspruch **anerkennt** oder Kläger und Beklagter einen **Prozessvergleich** über das anhängig gemachte Begehren schließen. Beenden die Parteien nicht selbst das Verfahren, endigt es für den ersten Rechtszug durch das **Endurteil**. Dieses Urteil
entscheidet den Streitfall endgültig, wenn ein Rechtsmittel gegen das Urteil
nicht möglich ist oder von keiner Partei eingelegt wird.

Gegen das Urteil eines erstinstanzlichen Gerichts – also des Sozial- oder   **266**
Verwaltungsgerichts – sind **Berufung** und **Revision** als **Rechtsmittel** vorgesehen. Die Berufung dient der Überprüfung der Ausgangsentscheidung in
tatsächlicher und rechtlicher Hinsicht, die Revision in ausschließlich (pro-
zess- und/oder materiell-)rechtlicher Hinsicht. Berufungsgerichte in der Sozialgerichtsbarkeit sind die Landessozialgerichte und in der Verwaltungsgerichtsbarkeit die Oberverwaltungsgerichte (Verwaltungsgerichtshöfe). Revi-
sionsgerichte sind das Bundessozialgericht in der Sozialgerichtsbarkeit und
das Bundesverwaltungsgericht in der Verwaltungsgerichtsbarkeit.

Sozialgerichte		Verwaltungsgerichte
BSG		BVerwG
↑	Revision	↑
LSG		OVG/VGH
↑	Berufung	↑
SG		VG

Abb. 11

Die **Berufung**[7] ist grundsätzlich zulässig gegen Urteile des Verwaltungsge-   **267**
richts, aber nur nach Zulassung durch das Berufungsgericht (§§ 143 ff. SGG,
124, 131 VwGO). Sie ist innerhalb einer gesetzlichen Frist (§§ 151 SGG, 124
VwGO) beim LSG (§ 151 SGG) oder OVG/VGH (§ 124 II VwGO) einzule-
gen. Das Berufungsgericht überprüft den Streit erneut und von Grund auf,
insbesondere können neue Tatsachen vorgetragen werden (§§ 157 SGG, 128
VwGO). Dagegen ist die **Revision**[8] nur zulässig, wenn sie durch das Aus-
gangsgericht oder auf Beschwerde gegen die Nichtzulassung durch das Revi-

---

[7] *Kummer*, in SRH, § 12 Rn. 370 ff.
[8] *Ders.*, in SRH, § 12 Rn. 385 ff.

sionsgericht zugelassen wurde (§§ 160 f. SGG, 132 f. VwGO). Zulassungs-
gründe sind die grundsätzliche Bedeutung der Rechtssache, Divergenz zwischen der ergangenen und einer Entscheidung des Revisionsgerichts oder ein
Verfahrensmangel, auf dem die Entscheidung beruhen kann. Auch eine
Sprungrevision (§§ 161 SGG, 134 VwGO): Anrufung des Revisionsgerichts
unter Überspringen des Berufungsgerichts ist möglich. Durch die Revision
soll die Einheitlichkeit der Rechtsanwendung gesichert werden.[9] Das Revisi-
onsgericht ist hinsichtlich der Tatsachen an die Feststellungen des Ausgangs-
gerichtes gebunden.

---

[9] Zur Wahrnehmung dieser Funktion durch die unteren Instanzen *Noftz*, NZS 1999,
57.

II. Recht der sozialen Vorsorge

§ 12 Das Vorsorgeverhältnis

Lit.: *Axer*, Zur demokratischen Legitimation in der gemeinsamen Selbstverwaltung, in Friedrich E. Schnapp (Hg.), Funktionale Selbstverwaltung und Demokratieprinzip – am Beispiel der Sozialversicherung, 2001, 105; *Becker*, Organisation und Selbstverwaltung der Sozialversicherung, in von Maydell/Ruland/Becker (Hg.), Sozialrechtshandbuch, 2012 (5. Aufl.), § 13; *Bieback*, Begriff und verfassungsrechtliche Legitimation von „Sozialversicherung", VSSR 2003, 1; *Bogs*, Die Sozialversicherung im Staat der Gegenwart, 1973; *Burgi*, Selbstverwaltung angesichts von Europäisierung und Ökonomisierung, VVDStRL 62 (2003), 405; *Deutscher Sozialrechtsverband*, Selbstverwaltung in der Sozialversicherung, 1991; *Klenk/Nullmeier/Weyrauch/Haarmann*, SF 2009, 85; *Winkler*, SGB IV, 2016 (2. Aufl.).

Das Vorsorgeverhältnis zielt auf Vermeidung (Prävention) oder Gestaltung des Vorsorgefalles; es begründet ein Rechtsverhältnis, auf Grund dessen bei Eintritt eines sozialen Risikos Leistungen sozialer Vorsorge (Alter, Erwerbsunfähigkeit, Tod, Krankheit, Pflegebedürftigkeit, Unfall oder Arbeitslosigkeit) gewährt werden. Ein soziales Risiko entsteht aus den Gefährdungen der Erwerbsfähigkeit oder des Erwerbs. Das Vorsorgeverhältnis begründet primär **Leistungsansprüche**; es ist mit **Beitragspflichten** gegenüber sowie **Mitgliedschaftsrechten** in einem Träger sozialer Vorsorge verbunden. Die Vorsorgeverhältnisse der verschiedenen Zweige der Sozialversicherung sind auf **Eigen**- oder **Fremd**vorsorge gerichtet.[1] Ist es auf Eigenvorsorge gerichtet, hat der Leistungsberechtigte zugleich Beitragspflichten; ist es auf Fremdvorsorge gerichtet, sind Leistungsberechtigter und Beitragspflichtiger personenverschieden. Vorsorgeverhältnisse (nämlich Renten-, Kranken-, Pflegeversicherung sowie Arbeitslosenversicherung) bezwecken regelmäßig Eigenvorsorge; lediglich die Unfallversicherung bewirkt Fremdvorsorge: Leistungsberechtigte sind Arbeitnehmer, beitragspflichtig dagegen Arbeitgeber.

268

---

[1] Ähnlich *Bley/Kreikebohm/Marschner*, Sozialrecht, 2007 (9. Aufl.), Rn. 94 f., die zwischen intrasubjektiv – intertemporalen und interpersonellen Ausgleichslagen unterscheiden.

a) Begründung des Vorsorgeverhältnisses

269 Das Vorsorgeverhältnis kann durch **Gesetz, Satzung** (= Norm) oder **Beitritt** (= Ausübung eines öffentlich-rechtlichen Gestaltungsrechtes) begründet werden. Es wird regelmäßig durch Gesetz und ausnahmsweise durch Satzung oder Beitritt begründet. Es beginnt mit dem Eintritt einer Gefahrenlage und endet mit deren Wegfall oder dem Tod des Berechtigten.

aa) Begriffe

270 Für Vorsorgeverhältnisse sind vier Begriffe zu unterscheiden: Versicherungspflicht, Versicherungsberechtigung, Versicherungsfreiheit und Versicherungsbefreiung (vgl. auch Abb. 12):
1. Besteht **Versicherungspflicht**, entsteht ein Vorsorgeverhältnis mit den gesetzlichen Voraussetzungen unabhängig vom Willen des einzelnen.
2. Besteht **Versicherungsberechtigung**, entsteht ein Vorsorgeverhältnis kraft Entscheidung des einzelnen.
3. Besteht **Versicherungsfreiheit**, ist der einzelne kraft Gesetzes von einer Versicherungspflicht freigestellt; ein Vorsorgeverhältnis entsteht nicht.
4. Besteht **Versicherungsbefreiung**, kann sich der einzelne kraft Entscheidung von einem Vorsorgeverhältnis befreien; ein Vorsorgeverhältnis besteht dann nicht mehr.

	Vorsorgeverhältnis	
	entsteht	entsteht nicht
Norm	Pflicht	Freiheit
Entscheidung	Berechtigung	Befreiung

Abb. 12

bb) Gründe für die Anordnung von Versicherungspflicht, -berechtigung, -freiheit und -befreiung

271 Die Versicherungspflicht wird für Personen ohne anderweitig befriedigten Vorsorgebedarf angeordnet – namentlich **abhängig Beschäftigte**, die bei Eintritt von Alter, Erwerbsminderung, Krankheit, Pflegebedürftigkeit, Arbeitsunfall oder Arbeitslosigkeit kein Einkommen erzielen würden und daher des Einkommensersatzes oder der Dienst- und Sachleistungen bedürfen. Die **Versicherungspflicht** besteht für Personen, die typischerweise einem sozialen Risiko ausgesetzt sind; sie wird regelmäßig durch Gesetz,[2] ausnahms-

---

[2] Vgl. §§ 5 SGB V, 1 ff. SGB VI, 20 f. SGB XI, 2 SGB VII, 25 SGB III; *Igl/Welti*, Sozialrecht, 2007 (8. Aufl.), §§ 10, 13.

weise durch Satzung[3] angeordnet. Die Norm umschreibt den Begründungs-
tatbestand des Vorsorgeverhältnisses generell-abstrakt; versicherungspflichtig ist danach jedermann, der eine der Umschreibung entsprechende Tätigkeit
ausübt.

Die **Versicherungsberechtigung** kann sich auf das **Entstehen** des Vorsorge-   272
verhältnisses **beschränken** oder dessen **Entstehen und Inhalt** umfassen. Jener entspricht die Pflichtversicherung auf Antrag in der Rentenversicherung,[4] die freiwillige Weiterversicherung in der Krankenversicherung[5]
und die freiwillige Mitgliedschaft in der Unfallversicherung; dieser entspricht die freiwillige Versicherung in der Rentenversicherung.[6] Die Versicherungsberechtigung soll Vorsorge **ermöglichen, ohne** sie dem Berechtigten
aufzuzwingen.

Die **Versicherungsfreiheit** besteht regelmäßig für die anderweitig gesi-   273
cherten Personen, die wegen des geringen Ausmaßes ihrer Tätigkeit keines
Versicherungsschutzes bedürfen (so bei den geringfügig Beschäftigten in der
gesetzlichen Krankenversicherung, §§ 7 SGB V, 8 SGB IV[7]) oder die einem
Berufsstand angehören, für den wegen eigener Sicherung ein Bedürfnis nach
sozialversicherungsrechtlichem Schutz nicht besteht. Versicherungsfreiheit
besteht also – zusammengefasst – für Personen, die typischerweise sozialer
Vorsorge nicht bedürfen. Die **Versicherungsbefreiung** besteht für Personen,
die zwar aufgrund ihres Status als schutzbedürftig gelten, indes im Einzelfall anderweitig und gleichwertig gesichert sind.

cc) Pflichtversicherte

Pflichtversichert in der gesetzlichen Renten-, Kranken-, Pflege-, Unfall-   274
und Arbeitslosenversicherung sind Arbeitnehmer, sozial schutzbedürftige
Selbständige sowie Dienstpflichtige, zu therapeutischen Zwecken Beschäftigte, Studenten und Arbeitslose. Die Versicherungspflicht ist zwar in jedem
und für jeden Zweig selbständig geregelt. Die Unterschiede treten jedoch
hinter deren Gemeinsamkeiten zurück. Anders als in anderen sozialrechtlichen Darstellungen[8] und im Einklang mit der österreichischen Systematik

---

[3] Vgl. § 3 SGB VII.
[4] Vgl. § 4 SGB VI für Selbständige und Auslandsbeschäftigte.
[5] § 9 SGB V.
[6] § 7 SGB VI.
[7] Zur Vereinbarkeit der vormaligen umfassenden Versicherungsfreiheit mit EG-Recht
(insbesondere Art. 157 AEUV) vgl. EuGH Slg. 1995, I-4741 (Megner und Scheffel); *Bieback*, SGb 1996, 513; *Colneric*, AuR 1994, 393; *Faupel*, SozSich 1987, 35; *Valgolio*, NZA
1993, 447 ff.; zur Neugestaltung – namentlich der Einbeziehung geringfügig Beschäftigter
in die Rentenversicherung und die Berücksichtigung von Nebeneinkünften aus geringfügiger Beschäftigung bei der Beitragsbemessung für die Hauptbeschäftigung – vgl. *Boecken*, NZA 1999, 393; *Waltermann*, Sozialrecht, 2014 (11. Aufl.), Rn. 135 ff.
[8] Vgl. z.B. *Muckel/Ogorek*, Sozialrecht, 2011 (4. Aufl.); *Igl/Welti*, Sozialrecht, 2007

im ASVG wird im Folgenden der pflichtversicherte Personenkreis leistungs-
zweigübergreifend dargestellt.

275   In allen Zweigen der Sozialversicherung unterliegen die **Arbeitnehmer**
der Versicherungspflicht. Nur in Kranken- und Pflegeversicherung besteht
keine Versicherungspflicht für Arbeitnehmer, deren Einkommen die Pflichtversicherungsgrenze in der gesetzlichen Krankenversicherung übersteigt.[9]
Die Versicherungspflichtgrenze ist zu unterscheiden von der allen Sozialversicherungen geläufigen Beitragsbemessungsgrenze. Diese betrifft nicht die
Einbeziehung in die Versicherung, sondern bildet die Obergrenze für die
Belegung des Einkommens mit Beiträgen und bestimmt damit mittelbar
auch über die Höhe der Geldleistungen (vgl. unten Rn. 284). Die vormalige
Unterscheidung der Versicherungspflicht für Arbeiter und Angestellte,[10]
von deren Einordnung die Zuordnung des Versicherten zum zuständigen
Versicherungsträger abhing, wurde durch die Organisationsreform der Ren-
tenversicherung 2005 aufgegeben (vgl. dazu Rn. 315).

276   Der Begriff des Arbeitnehmers im Sozialversicherungsrecht deckt sich mit
dem Arbeits- und Steuerrecht. So befand das BSG: „Maßgeblich für die wer-
tende Zuordnung einer Tätigkeit zum Typus der Beschäftigung ist das Vertragsverhältnis der Beteiligten"[11]. „Ob eine Beschäftigung vorliegt, ergibt
sich aus dem Vertragsverhältnis der Beteiligten, so wie es im Rahmen des
rechtlich Zulässigen tatsächlich vollzogen wird"[12]. Arbeitnehmer ist danach
die gegen Entgelt für einen anderen in dessen Betrieb (Eingliederung) eine
Tätigkeit nach dessen Weisungen ausübende Person. Arbeitnehmer sind
auch Auszubildende, selbst wenn sie unentgeltlich beschäftigt werden (vgl.
§ 7 SGB IV). Erstreckt sich die Weisungsunterworfenheit auf den Inhalt der
Tätigkeit, ist der Beschäftigte abhängig tätig. Ergibt sich die Weisungsunterworfenheit wie bei einer Führungstätigkeit nur aus den äußeren Umständen
der Tätigkeit, übt er dennoch eine Arbeitnehmertätigkeit aus; denn sie ist
fremdnützig und fremdbestimmt, weil dem Arbeitgeber das **Verwertungs-
recht** am **Arbeitsergebnis** zusteht und er das **Unternehmerrisiko** trägt.

Arbeitnehmer ist, wer freiwillig arbeitet (daher sind Strafgefangene keine
Arbeitnehmer, es sei denn als Freigänger).[13] Kein Arbeitnehmer ist, wer zu
sozialtherapeutischen Zwecken als Rehabilitand oder Arbeitsuchender mit
Mehraufwand-Entschädigung[14] („Ein-Euro-Job") tätig wird. Die Abgrenzung zwischen Arbeitnehmern und Nichtarbeitnehmern ist mitunter schwie-

---

(8. Aufl.) und *Waltermann*, Sozialrecht, 2014 (11. Aufl.) wie hier: *Bley/Kreikebohm/
Marschner*, Sozialrecht, 2007 (9. Aufl.), Rn. 333 ff.

9   Vgl. § 6 I Nr. 1 SGB V; § 20 I Nr. 1 SGB XI.

10 Dazu grundlegend: *Wank*, Arbeiter und Angestellte, 1992.

11 BSG – 29.8.2012 – B 12 KR 25/10 R = SozR 4-2400, § 7 Nr. 17.

12 Ebd., Rn. 16.

13 VwGH, in Pieters/Zaglmayer (Ed.), Social security cases in Europe, 2006. p. 108.

14 BAG AP Nr. 89 § 2 ArbGG, 1979; so auch § 16d VII 2 SGB II.

rig, namentlich im Hinblick auf Personen, die eine selbständige Tätigkeit in wirtschaftlicher Abhängigkeit ausüben (z. B. Einfirmenvertreter, Binnenschiffer, Hausgewerbetreibende oder Tankstellenpächter), Tätigkeiten, die jemand als Gesellschafter einer OHG oder KG oder als Organ einer juristischen Person – namentlich Geschäftsführer einer GmbH – leistet, Arbeiten, die auch im Rahmen familienrechtlicher Verpflichtungen (als Ehegatte oder Kind) erbracht werden oder atypische Tätigkeiten des öffentlichen Dienstes (etwa Ehrenämter[15] in Gemeinden oder Nebentätigkeit mit öffentlich-rechtlichem Sonderstatus). Die Rechtsprechung[16] grenzt in einer reichen Kasuistik statt nach dem in der Vertragsurkunde propagierten, nach dem faktisch gelebten Status ab (vgl. auch oben Rn. 194): Ist eine Tätigkeit weisungsgebunden, ist der Beschäftigte ein Arbeitnehmer, selbst wenn die Tätigkeit in der Vertragsurkunde als selbständige, Familienarbeit, organschaftliche Tätigkeit[17] oder Gesellschafter-Tätigkeit deklariert wird. § 7 IV SGB IV a. F. suchte die schwierige Abgrenzung durch Vermutungsregeln zu erleichtern, um so der „Scheinselbständigkeit" zu begegnen. Danach wurde eine Arbeitnehmertätigkeit vermutet, falls drei von fünf Tatbeständen für eine Arbeitnehmerstellung erfüllt waren: keine eigene Arbeitgeberstellung, regelmäßige Tätigkeit für nur einen Auftraggeber, die für Arbeitnehmer kennzeichnende Weisungsabhängigkeit, die bisherige Ausübung der Tätigkeit durch einen Arbeitnehmer und keine Verwertung der Arbeit kraft eigenen Unternehmerrisikos.[18] Diese Regelung wurde jedoch als unpraktikabel wieder aufgegeben. Ferner wurde die Rentenversicherungspflicht für Organmitglieder juristischer Personen begründet.[19]

Als Arbeitnehmer gilt auch,[20] wer aufgrund eines nichtigen Arbeitsvertrages tätig wird, weil im Sozialversicherungsrecht Arbeitnehmer ist, wer

277

---

15 BSG SGb 2006, 535; *Igl/Jachmann/Eichenhofer*, Rechtliche Rahmenbedingungen bürgerschaftlichen Engagements, 2002, 335 ff.; *Deutscher Sozialrechtsverband* (Hg.), Mitmenschliches und bürgerschaftliches Engagement im Sozialrecht, 2003; *Seewald*, SGb 2001, 213, 286.

16 BSGE 87, 53; BSG SozR 4-2600 § 2 Nr. 8; SozR 3-4100 § 4 Nr. 1; SozR 4-2700 § 2 Nr. 1; BAGE 115, 1; BAG ZTR 2007, 391; NZA 2004, 39; ähnlich Österreich OGH SSV NF 21/20.

17 BSGE 95, 275 (GmbH-Geschäftsführer versicherungspflichtig, falls GmbH keine versicherungspflichtige Arbeitnehmer beschäftigt); BSGE 119, 216 (Geschäftsführer einer Familien-GmbH).

18 *Bieback*, SF 1999, 166; *Bücker*, FS Kothe, 21; *Däubler/Klebe*, NZA 2015, 1032; *Deinert*, Soloselbständige zwischen Arbeits- und Wirtschaftsrecht, 2014; *Greiner*, SGb 2016, 301; *Heuschmid/Klebe*, FS Kothe, 73; *Kreikebohm*, in Boecken/Ruland/Steinmeyer (Hg.), Sozialrecht und Sozialpolitik in Deutschland und Europa, Festschrift für von Maydell, 2002, 377; *Mecke*, SGb 2016, 481; *Rische*, ebd., 561; *Rolfs*, NZA 2000, 188; *Schmidt*, DAngVers 1999, 277; *Wank*, RdA 1999, 297; zur Fortentwicklung *Dieterich*, SozSich 1999, 316 und die Umsetzung etwa für das Franchising: vgl. *Bieback*, SGb 2000, 189; *Hänlein*, DB 2000, 374.

19 BSGE 97, 32.

20 Vgl. zum folgenden: *Fuchs/Preis*, Sozialversicherungsrecht, 2009 (2. Aufl.), § 12;

faktisch wie ein solcher **tätig** wird (Lehre vom sozialversicherungsrechtlichen Beschäftigungsverhältnis). Auch im Arbeitsrecht sind aber die auf
fehlerhafter Vertragsgrundlage abhängig Beschäftigten wie Arbeitnehmer
gestellt. Denn der soziale Schutz darf nicht versagt werden, wenn Arbeitsleistung erbracht wurde. Zwar ist der Arbeitsvertrag regelmäßig für die Legitimation der Arbeitsleistung nötig. Es widerspräche aber dem gemeinsamen Schutzzweck von Arbeits- wie Sozialrecht, einem effektiv Beschäftigten Sicherungsrechte vorzuenthalten, die er im wirksamen Arbeitsverhältnis erlangt hätte. Deswegen wird im Arbeits- wie Sozialrecht auch der
auf fehlerhafter Vertragsgrundlage Beschäftigte als Arbeitnehmer behandelt.

Des Weiteren stellt sich mit zunehmender sozialpolitischer Dringlichkeit
die Frage, inwieweit Selbständige (z.B. Franchisenehmer, Propagandisten,
Kurierfahrer) wie Arbeitnehmer in die Sozialversicherung einzubeziehen
sind.[21] Rechtspolitisch lag eine Gegenreaktion auf diese durch Vertragsgestaltung vermittelte Flucht aus der Sozialversicherungspflicht zwar nahe.
Ein Versuch einer Antwort ist die seit 1999 bestehende Versicherungspflicht
für „arbeitnehmerähnliche Selbständige" in der Rentenversicherung (§ 2
Nr. 9 SGB VI). Diese Voraussetzung erfüllt ein Selbständiger, der im Wesentlichen für nur einen Auftraggeber tätig wird und keinen Arbeitnehmer
mehr als geringfügig beschäftigt. Mit dieser Regelung könnte aber jener
Flucht nicht wirksam begegnet werden. Denn ob jemand einem anderen wei-
sungsabhängig oder weisungsunabhängig und mit eigenem Unternehmerrisiko Dienste leistet, ist in die privatautonome Entscheidung der Vertragspartner gestellt, die das Sozialrecht generell hinzunehmen hat.[22] Das Sozialversicherungsrecht darf jedoch angesichts der wachsenden Auffächerung
der Beschäftigungen und der Entstehung neuer Formen prekärer Beschäftigung, die gerade auch sozial schutzlose Selbständige hervorbringt, keine
Prämien auf die durch Privatautonomie ermöglichte Flucht aus sozialversi-
cherungspflichtiger Beschäftigung vergeben. Die Sozialversicherung muss
deshalb zur Erwerbstätigenversicherung erweitert werden![23]

278   Wegen ihrer den Arbeitnehmern vergleichbaren Schutzwürdigkeit bezieht das Gesetz **vereinzelt Selbständige**, die nicht zugleich Arbeitgeber

---

Seewald, in KassKomm, § 7 SGB IV Rn. 15f., 131; *Gitter*, Beschäftigungsverhältnis und
Arbeitsverhältnis, in Gitter/Thieme/Zacher (Hg.), Im Dienste des Sozialrechts, Festschrift
für Georg Wannagat, 1981, 141ff.; *Seiter*, VSSR 1976, 179ff.
[21] Vgl. zur Problematik: *Rische*, Antworten der Alterssicherung auf Veränderungen in
der Arbeitswelt, in Becker/Kaufmann/von Maydell/Schmähl/Zacher (Hg.), Alterssicherung in Deutschland, Festschrift für Franz Ruland, 2007, 221ff.; *Eichenhofer*, DRV 2009,
293; *Bieback*, SGb 2009, 629; *Thiede*, WSI-Mitteilungen 2009, 355.
[22] *Eichenhofer*, Privatrechtsabhängiges Sozialrecht, in Barta (Hg.), Analyse und Fortentwicklung im Arbeits-, Sozial- und Zivilrecht, Festschrift für Binder, 2010, 551.
[23] *Eichenhofer*, DRV 2009, 293; *Rische*, DRV 2009, 285; *Neumann*, SGb 2010, 463;
Waltermann, Abschied vom Normalarbeitsverhältnis?, Gutachten B zum 68. DJT (2010).

sind, wie Arbeitnehmer in die Versicherungspflicht ein. Dies gilt in der Unfall- und Rentenversicherung etwa für die Hausgewerbetreibenden, Zwischenmeister, Küstenfischer, Küsten- und Binnenschiffer. Überwiegend bestehen in der Rentenversicherung für einzelne Gruppen von Selbständigen Sondersysteme, die teils in Anlehnung oder im organisatorischen Verbund der Rentenversicherung, teils als eigener Sozialversicherungszweig oder losgelöst von der Sozialversicherung organisiert sind (vgl. Einzelheiten unten Rn. 302 ff.). Soweit Selbständige nicht erfasst sind, ist deren obligatorische Einbeziehung in die Sozialversicherung geboten!

In der Rentenversicherung sind ferner versicherungspflichtig **Angehörige** **279** **des Bundesfreiwilligendienstes**, Bezieher von Leistungen zur Teilhabe, die in Einrichtungen der Jugendhilfe sowie die in Werkstätten für Behinderte Beschäftigten, des weiteren **Studenten** in der Kranken-, Pflege- und Unfallversicherung. Die soziale Sicherung der Strafgefangenen ist unzulänglich;[24] sie besteht in Unfall- und Arbeitslosenversicherung, aber nicht in der Rentenversicherung. Schließlich sind Bezieher von **Arbeitslosengeld** und Grundsicherung für Arbeitsuchende in Kranken- und Pflegeversicherung versichert.

dd) Begründung der Versicherung durch Entscheidung des Versicherten

Rechte zur **freiwilligen Begründung** eines Vorsorgeverhältnisses bestehen **280** in Renten-, Kranken-, Pflege- und Unfallversicherung und im Arbeitsförderungsrecht.[25] In der Rentenversicherung sind Versicherungspflicht auf Antrag (§ 4 SGB VI) und die freiwillige Versicherung (§ 7 SGB VI) zu unterscheiden.[26] Die Versicherungspflicht auf Antrag können versicherungsfreie Selbständige sowie im Ausland beschäftigte Deutsche wahrnehmen. Das Recht zur freiwilligen Versicherung steht Deutschen sowie im Inland wohnhaften nicht versicherungspflichtigen Personen zu. In der Kranken-[27] und Pflegeversicherung können sich die vormals Pflichtversicherten sowie die wegen Überschreitens der Versicherungspflichtgrenze Versicherungsfreien „freiwillig versichern". Die Entscheidung begründet die Mitgliedschaft; der Inhalt des Versicherungsverhältnisses unterliegt dagegen der Disposition des Versicherten nicht. In der Unfallversicherung können versicherungsfreie Unternehmer und in ihrem Unternehmen mithelfende Ehegatten freiwillig der Versicherung beitreten (§ 6 SGB VII). Der Vorschlag zur Einführung ei-

---

24 *Schirmer*, Soziale Sicherung von Strafgefangenen, 2008.
25 § 28a SGB III.
26 *Ruland*, ZVersWiss 1994, 1.
27 *Schulin*, ZVersWiss 1994, 29.

ner „Bürgerversicherung"[28] in Form einer Grundeinkommens-, Kranken-
und Pflegeversicherung nach dem Vorbild der Schweiz[29] (ihrerseits eine nach
US-Vorbild des Social Security Act organisierte Sicherung!) greift die im
geltenden Recht vorhandenen Ansätze einer – auf Bedürftige begrenzten –
Basissicherung auf und versucht alle Einwohner in die soziale Vorsorge einzubeziehen. Eine solche „Versicherung" schlösse zwar bisher nicht sozial
gesicherte Personen ein, wirkte aber nur als Grundsicherung.[30]

b) Die Beitragspflicht

281　　Die Beitragspflicht[31] zu den verschiedenen Trägern der sozialen Vorsorge
ist in §§ 20 ff. SGB IV, 173 ff. SGB VI für die Rentenversicherung, §§ 220 ff.
SGB V für die Krankenversicherung, §§ 54 ff. SGB XI für die Pflegeversicherung, § 25 SGB III für die Arbeitsförderung und §§ 150 ff. SGB VII für die
Unfallversicherung normiert. Voraussetzung für die Beitragserhebung ist
die Meldung. Die Meldepflicht für versicherungspflichtige Arbeitnehmer
trifft den Arbeitgeber (§ 28a SGB IV).[32] Wird aufgrund fehlerhafter Rechtsanwendung eine Beitragspflicht angenommen und werden Leistungen gewährt, kommt es zur Formalversicherung.[33] Der materiell zu Unrecht Versicherte gilt auf Grund seines Einschlusses als versichert.

aa) Grundsatz der Globaläquivalenz

282　　Die Sozialversicherungsbeiträge sind Grundlage für die Finanzierung von
Leistungen sozialer Vorsorge. Zwar sind nach § 20 SGB IV die Ausgaben der
Sozialversicherung durch **Beiträge**,[34] staatliche Zuschüsse und sonstige Ein-
nahmen aufzubringen. Staatliche Zuschüsse werden aber an die Träger der
Rentenversicherung (§ 213 SGB VI) und der Krankenversicherung (§ 221
SGB V, vgl. unten Rn. 358) geleistet. Der inzwischen 90 Mrd. €-Grenze über-

---

[28] Der Begriff ist terminologisch verfehlt, weil nicht „Staatsbürger", sondern Einwohner gesichert sein sollen.

[29] *Opielka*, SF 2004, 114 ff.

[30] Zu den verfassungsrechtlichen Problemen: *Kirchhof*, NZS 2004, 1 ff.; *Bieback*, So-
zial- und verfassungsrechtliche Aspekte der Bürgerversicherung, 2005; *ders.*, VSSR 2011,
93.

[31] *Gössl*, Die Finanzverfassung der Sozialversicherung, 1992.

[32] *Winkler*, SGB IV, Erl. zu §§ 28 ff. SGB IV.

[33] BSGE 83, 270.

[34] Vgl. dazu umfassend, vornehmlich rechtsvergleichend: *Zacher*, Die Rolle des Beitrags in der sozialen Sicherung, 1980; zur Frage, inwieweit durch Beiträge „versiche-
rungsfremde Leistungen" finanziert werden dürfen: BSGE 81, 276; vgl. ferner *Kirchhof*,
NZS 1999, 161.

steigende Bundeszuschuss[35] soll die Fremdlasten[36] (z. B. durch die Gewährung von Ersatzzeiten, Zeiten für Vertreibung, Mutterschaft oder Kindererziehung, vgl. unten Rn. 326) der Renten- wie Krankenversicherung ausgleichen. Unter „sonstige Einnahmen" (§ 20 SGB IV) fallen die Erträge aus dem Vermögen der Vorsorgeträger. Diese sind jedoch gering. Die Sozialversicherungsträger finanzieren sich also weit überwiegend durch Beiträge. § 21 SGB IV formuliert den Grundsatz der **Globaläquivalenz**: Die Gesamtausgaben der Sozialversicherung müssen durch Einnahmen gedeckt sein, die Träger dürfen ihre Leistungen grundsätzlich nicht durch Kreditaufnahme finanzieren.

Die Berechnung des Beitrages ist für die Eigen- und die Fremdvorsorge **283** unterschiedlich bestimmt. Renten-, Kranken-, Arbeitslosen- und Pflegeversicherung dienen der Eigenvorsorge; die Beitragserhebung richtet sich nach dem Bruttoeinkommen des Versicherten. Die Unfallversicherung dient der Fremdvorsorge, dort orientiert sich die Beitragsbemessung am Versicherungsrisiko des Einzelunternehmens: Neben der Lohnsumme bestimmt die – durch Einstufung des Betriebes in Gefahrklassen ermittelte – Gefährlichkeit des Betriebes den Beitrag (§ 157 SGB VII). Zwischen Beitragspflichtigem und Sozialleistungsträger besteht ein Beitragsschuldverhältnis kraft Gesetzes (§§ 22–26 SGB IV). Der Beitrag entsteht mit Erfüllung der gesetzlichen Voraussetzungen; bei Spätleistung ist ein Säumniszuschlag fällig. Bei unzutreffender Beitragserhebung hat der vermeintliche Schuldner gegen den Sozialleistungsträger einen Erstattungsanspruch; der zu Unrecht erhobene Betrag ist zu verzinsen.

bb) Der Gesamtsozialversicherungsbeitrag

Die Beiträge zur Renten-, Kranken-, Pflege- und Arbeitslosenversicherung **284** werden bei abhängig Beschäftigten für alle Sozialleistungszweige einheitlich vom Arbeitgeber eingezogen und als Gesamtsozialversicherungsbeitrag an die Beitragseinzugsstelle abgeführt. Gegenstand der Beitragspflicht ist das Bruttoarbeitsentgelt des Versicherten (§§ 28 d–28n und 28r SGB IV). Für flexible Arbeitszeitregelungen gelten Sonderregeln.[37] Der als Beitrag gefor-

---

[35] Zur Bestimmung des Bundeszuschusses zur GRV: *Clemens*, in Eichenhofer/Rische/ Schmähl (Hg.), Handbuch der gesetzlichen Rentenversicherung – SGB VI, 2012, 4–50; der Rentenversicherungsbericht 2013 weist 65,6 Mrd. als Bundeszuschuss aus; dazu sind die Beiträge für Kindererziehungszeiten zu nennen (§ 177 SGB IV), die der Bund trägt (2011: 142 Mrd.).

[36] *Butzer*, Fremdlasten in der Sozialversicherung, 2001; *Hase*, Versicherungsprinzip und sozialer Ausgleich, 2000; *Rolfs*, Das Versicherungsprinzip im Sozialversicherungsrecht, 2000.

[37] Vgl. Gesetz zur sozialrechtlichen Absicherung flexibler Arbeitszeitregelungen (ArbZAbsichG) vom 6.4.1998 (BGBl. I, S. 688); dazu *Diller*, NZA 1998, 792.

derte Prozentsatz des Bruttoarbeitsentgelts heißt **Beitragssatz**. Dieser wird durch Gesetz (Arbeitslosen-, Kranken- und Pflegeversicherung, §§ 341 II SGB III, 241 ff. SGB V, 55 I SGB XI), Rechtsverordnung (Rentenversicherung, § 160 SGB VI) oder seit 2015 durch Satzung (§ 194 I Nr. 4 SGB V) bestimmt.

Das Bruttoarbeitseinkommen wird nur bis zur Beitragsbemessungsgrenze mit Beiträgen belegt. Diese Grenze ist für die Kranken- und Pflegeversicherung einerseits und Rentenversicherung wie BA andererseits jeweils unterschiedlich bestimmt. Erstere orientiert sich an letzterer. Diese wird durch Rechtsverordnung alljährlich bestimmt; sie entspricht dem Doppelten des Durchschnittseinkommens aller Versicherten. Dagegen beträgt die Beitragsbemessungsgrenze (2017) in der Rentenversicherung (§ 159 SGB VI) 6.350 € (West), 5.700 € (Ost); in der Krankenversicherung 4.350 € und die Versicherungspflichtgrenze in der Krankenversicherung jährlich 57.600 €. Die Beitragsbemessungsgrenze soll nur das zur Daseinssicherung notwendige Arbeitsentgelt der Vorsorge erschließen, hingegen nicht Einkommensbestandteile, die das Durchschnittseinkommen erheblich übersteigen. Anders als die Einkommensteuer hat der **Beitrag** somit eine **degressive** Wirkung: Je mehr das Einkommen eines Versicherungspflichtigen die Beitragsbemessungsgrenze übertrifft, desto geringer ist der Anteil des Beitrags am Einkommen.

285　　Während Selbständige, Rentner, Studenten und freiwillig Versicherte ihre Beiträge an den beitragsberechtigten Träger selbst abführen, sind Beiträge von versicherungspflichtigen Arbeitnehmern im **Lohnabzugsverfahren** zu entrichten (vgl. §§ 28d ff. SGB IV). Der Arbeitgeber hat danach die Beiträge des Arbeitnehmers vom Arbeitsentgelt einzubehalten und mit dem eigenen Beitrag an die **Beitragseinzugsstelle** (= Krankenkasse des Versicherten, § 28i SGB IV) abzuführen. Hat der Arbeitgeber die Abführung versäumt, ist ein Abzug von Arbeitnehmerbeiträgen nur binnen der nächsten drei Zahlungszeiträume zulässig, es sei denn, der rechtzeitige Abzug wäre ohne Verschulden des Arbeitgebers unterblieben. Der Beitragspflicht unterliegt das geschuldete und nicht das zugeflossene, faktisch gewährte Arbeitsentgelt.[38]

cc) Folge fehlerhafter oder unterbliebener Beitragszahlung

286　　**Führt** ein Arbeitgeber **Beiträge nicht**, nicht rechtzeitig oder nicht hinreichend **ab**, so macht er sich nach § 266a StGB strafbar.[39] Beitragsrechtlich darf der Arbeitgeber daher nicht daran gehindert werden, primär die Ar-

---

[38] BSGE 93, 109; BVerfG NZS 2009, 209.
[39] *Wüchner*, Die Vorenthaltung von Sozialversicherungsbeiträgen des Arbeitnehmers, 2010; *Eichenhofer/Janda*, Klausurenkurs im Sozialrecht, 2014 (8. Aufl.), Fall 5; zur Lage in Österreich *Wonisch*, ZAS 2008, 14.

beitnehmerbeiträge zu zahlen.[40] Die unzureichende Beitragszahlung berührt den **Leistungsanspruch** des Versicherten indes nicht. Jener ist statt an
die Beitragszahlung, an die versicherungspflichtige Beschäftigung gebunden. Auch die Leistungshöhe richtet sich nach dem aus versicherter Tätigkeit
erzielten Einkommen und nicht nach den abgeführten Beiträgen. Im Kran-
ken- und Arbeitslosenversicherungsrecht entscheidet sich die Leistungshöhe
nach dem Einkommen (= Referenzlohn) innerhalb des dem Leistungsfall
unmittelbar vorausgehenden Zeitraums (§§ 47 SGB V, 151 SGB III). Für die
Berechnung der Altersrente kommt es zwar nach §§ 63 ff. SGB VI darauf an,
welche Beiträge im Lohnabzugsverfahren entrichtet worden sind. Nach
§ 203 SGB VI gilt Arbeitsentgelt als mit Beiträgen belegt, wenn der Versi-
cherten-Beitragsanteil vom Lohn abgezogen worden ist, weshalb auch in der
Rentenversicherung der Abzug des Arbeitnehmeranteils vom Lohn als Beitragszahlung gilt.

c) Rechte in der Selbstverwaltung

Die meisten Sozialversicherungsträger sind Körperschaften; nur die BA **287**
ist – entgegen dem Wortlaut von § 367 SGB III – Anstalt des öffentlichen
Rechts.[41] Für die Sozialversicherungsträger sieht das Gesetz die Mitwirkung der Arbeitnehmer und Arbeitgeber (**Selbstverwaltung**) unabhängig
davon vor, dass die Unfallversicherung nur Unternehmer als Mitglieder hat
und Kranken-, Pflege- sowie Rentenversicherung die Arbeitnehmer schützen.
In allen Zweigen der Sozialversicherung wirken Arbeitgeber und Arbeitnehmer paritätisch – Gedanke der paritätischen Mitbestimmung! – in der Selbstverwaltung mit (§ 44 SGB IV).

Das Recht auf Selbstverwaltung umfasst wesentlich die Bestellung von
Vorstand und Geschäftsführung der Träger (§ 52 SGB IV) sowie die Kontrolle ihres Handelns. Ferner entscheiden die Selbstverwaltungsorgane durch
Satzung über die Einbeziehung von Unternehmern in die Unfallversicherung, Mehrleistungen in der Krankenversicherung sowie über Rehabilitation
und Teilhabe. In den Aufsichtsorganen der Arbeitsverwaltung (§§ 374, 380
SGB III) gilt die Drittelparität: dort sind Arbeitnehmer-, Arbeitgeber- und
Regierungsvertreter zu jeweils gleichen Teilen repräsentiert. Die Selbstverwaltung wird durch die **Vertreterversammlung** (= Vertretungsorgan der Ar-

---

[40] BSGE 78, 20.
[41] *Becker*, in SRH, § 13 Rn. 4 f., 33; *Burgi*, Selbstverwaltung angesichts von Europäisierung und Ökonomisierung, in Herdegen/Morlok, Leistungsgrenzen des Verfassungsrechts, VVDStRL 62 (2003), 405; *Ebsen*, Selbstverwaltng und Autonomie der Bundesanstalt für Arbeit, in Leßmann (Hg.), Festschrift für Rudolf Lukes, 1989, 323 ff.; *Eichenhofer*, NdsVBl 2015, 45; *Fuchs/Preis*, Sozialversicherungsrecht, 2009 (2. Aufl.), 197;
Klenk/Nullmeier/Weyrauch/Haarmann, SF 2009, 85; *Seewald*, SGb 2006, 569; *Rische*,
RV aktuell 2011, 2.

beitgeber und Arbeitnehmer) ausgeübt. Der Sozialleistungsträger wird von dem Vorstand und den Geschäftsführern geleitet. Die Vertreterversammlung hat außerdem die Versichertenältesten (§ 39 SGB IV) als lokale Repräsentanten des Trägers zu wählen. Sie beschließt über den Haushalt des Trägers und kann außerdem im Rahmen der den Trägern eingeräumten Zuständigkeiten Satzungen erlassen.

Die Vertreterversammlung geht aus allgemeinen Wahlen – „Sozialversicherungswahlen" (§§ 45, 58 SGB IV) – hervor. Arbeitgeber und Versicherte wählen nach den Grundsätzen der Verhältniswahl („Gruppenwahl") je ihre Vertreter. In der Selbstverwaltung nehmen die Berufsgruppen an der mittelbaren Staatsverwaltung teil und werden so in den Staatsaufbau integriert. Darin äußert sich der korporatistische Zuschnitt der deutschen Wohlfahrtsstaatlichkeit (Rn. 105). Art. 87 II GG legitimiert grundsätzlich die soziale Selbstverwaltung.[42] Von „gemeinsamer Selbstverwaltung" in der Kranken- und Pflegeversicherung spricht man, wenn selbstverwaltete Träger und ebenfalls selbstverwaltete Leistungserbringer den Inhalt von Leistungsansprüchen weithin eigenständig regeln.[43] Die Träger sozialer Selbstverwaltung unterstehen staatlicher Aufsicht.[44] Die Bundesregierung übt die Aufsicht über die bundesweit tätigen Sozialleistungsträger aus (Art. 84 III GG).

§ 13 Formen der Alters-, Invaliditäts- und Hinterbliebenensicherung im Überblick

Lit.: *Berner*, Der hybride Sozialstaat, 2009; *Becker* u.a. (Hg.), Alterssicherung in Deutschland, Festschrift für Franz Ruland zum 65. Geburtstag, 2007; *Eichenhofer/ Rische/Schmähl* (Hg.), Handbuch der gesetzlichen Rentenversicherung SGB VI, 2012 (2. Aufl.); *Igl/Klie*, Das Recht der älteren Menschen, 2007; *Europäische Kommission*, MISSOC, das gegenseitige Informationssystem zur sozialen Sicherheit in den EU Mitgliedstaaten, dem Europäischen Wirtschaftsraum und der Schweiz, 2010; *VDR* (Hg.), Rentenversicherung im internationalen Vergleich, 2003; *World Bank* (Ed.), Averting the Old Age Crisis, 1994.

a) Das Problem

288		**Sozialrecht** beruht auf der Annahme, jeder Arbeitsfähige ist zur Bestreitung des Lebensunterhalts für sich und seine Familie auf Erwerbstätigkeit

---

[42] BVerfGE 11, 310; *Muckel*, NZS 2002, 118.
[43] Zu den daraus erwachsenden legitimatorischen Fragen: *Axer*, Die Verwaltung 2002, 377; *ders.*, Zur demokratischen Legitimation in der gemeinsamen Selbstverwaltung – dargestellt am Beispiel des Bundesausschusses der Ärzte und Krankenkassen, in Schnapp (Hg.), Funktionale Selbstverwaltung und Demokratieprinzip – am Beispiel der Sozialversicherung, 2001, 115; *Klenk/Nullmeier/Weyrauch/Haarmann*, SF 2009, 85.
[44] *Winkler*, SGB IV, Erl. zu § 87 ff.; BSGE 94, 221; 89, 235; 71, 108; 67, 85.

verwiesen (vgl. oben Rn. 9). Sozialrecht hat Menschen zu schützen, welche zur selbständigen Bestreitung ihres Lebensunterhalts weder auf eigene Einkünfte, noch Erwerbsquellen verwiesen werden können. Das Sozialrecht ist daher eng mit der Arbeitsgesellschaft verknüpft und auf diese bezogen. Wer ein Lebensalter hat, in welchem – nach den auf dem Arbeitsmarkt geltenden Maßstäben – eine Erwerbstätigkeit nicht mehr ausgeübt werden soll oder kann und demgemäß als „alt" oder erwerbsgemindert gilt, vermag kein hinlängliches Erwerbseinkommen zu beziehen und könnte so den eigenen Lebensunterhalt nicht bestreiten. Familienmitglieder eines Erwerbstätigen, die von diesem unterhalten werden, verlieren mit dessen Tod ihren Unterhalt. Alter, Erwerbsunfähigkeit sowie Tod von Erwerbstätigen und zum Familienunterhalt Verpflichteten sind mithin vorhersehbare soziale Risiken, denen durch soziale **Vorsorge** begegnet wird.

aa) Modelle der Vorsorge

Vorsorge ist **spezifisch** und **unspezifisch** möglich: sie ist spezifisch, wenn   289
sie einzig im Risikofall sichert, unspezifisch dagegen, wenn sie den einzelnen für das Risiko sichert, darin jedoch nicht der alleinige Zweck der Sicherung liegt. Vorsorge kann in privat- oder öffentlich-rechtlicher Form organisiert sein. Privatrechtliche Vorsorge ist dem einzelnen überantwortet; sie kann aber auch kraft eines privatrechtlichen Rechtsverhältnisses oder zwingenden Privatrechts geschuldet sein. Vorsorge ist öffentlich-rechtlich organisiert, wenn öffentlich-rechtliche Normen bei Bedürftigkeit Leistungsansprüche vorsehen oder eigene Vorsorgeverhältnisse begründen, aus denen bei Eintritt der genannten Risiken bedarfsdeckende, von Bedürftigkeit unabhängige Leistungen gewährt werden (vgl. Abb. 13).

	Öffentlich-rechtlich		Privatrechtlich	
Form	Unspezifisch	Spezifisch	Spezifisch	Unspezifisch
Sicherung	Sozialhilfe	Öffentliche Vorsorge	Private Vorsorge	Vermögen

Abb. 13

Die unspezifische öffentlich-rechtliche Sicherung ist die **Sozialhilfe** (vgl.   290
unten Rn. 532 ff.). Von öffentlich-rechtlichen Trägern gewährt, dient sie der Bedarfsdeckung aller Bedürftigen – auch der Alten, Erwerbsgeminderten, Witwen, Witwer und Waisen. Eine spezifische öffentlich-rechtliche Sicherung ist die öffentliche Vorsorge. Sie kann durch eigene Träger gewährleistet sein oder in einem öffentlich-rechtlichen Dienstverhältnis gründen. Im ersten Fall werden die bei Eintritt der sozialen Risiken Berechtigten zur Tra-

gung der finanziellen Lasten der Vorsorgeeinrichtungen durch Beiträge herangezogen; im zweiten Fall ist die Vorsorge Teil der dem Bediensteten zustehenden Vergütung, die bei Eintritt der Dienstunfähigkeit fortgezahlt wird.

291   Eine unspezifische privatrechtliche Sicherung ist das **Vermögen**. Es kann die Lebensunterhaltungskosten senken (z.B. Grund- und Wohneigentum erübrigen Mietkosten) oder als Geld-, Grund- oder Beteiligungsvermögen in Gestalt von Zinsen, Mieten oder Dividenden Vermögenserträge abwerfen und somit Einkommen hervorbringen. Vermögen, das Unterhaltskosten senkt oder Geldansprüche begründet, kann auch das Dasein im Alter, bei Erwerbsminderung oder für Hinterbliebene sichern.

Vorsorge kann schließlich spezifisch **privatrechtlich** durch **Lebensversicherung** und **betriebliche Altersversorgung** betrieben werden. Diese beruht auf einem Versicherungsvertrag zwischen Versicherungsnehmer und Versicherer. Jene wird Arbeitnehmern und Organmitgliedern eines Unternehmens zuteil. Sie vermittelt Ansprüche auf Leistungen bei Alter, Erwerbsminderung und an Hinterbliebene. Gegenstand der nachfolgenden Erörterungen sind die **spezifischen** öffentlich- und privatrechtlichen Einrichtungen der Vorsorge bei Alter, Invalidität und für Hinterbliebene.

bb) Alters-, Invaliditäts- und Hinterbliebenensicherung im internationalen Vergleich

292   Die Alters-, Invaliditäts- und Hinterbliebenensicherung ist in nahezu allen Staaten[1] eingeführt, allerdings in Anliegen, Zielen wie Strukturen verschieden. Während in den Entwicklungsländern nur eine Minderheit gesichert ist, beziehen die Industriestaaten die gesamte oder die erwerbstätige Bevölkerung in ein oder mehrere Systeme öffentlich- und/oder privatrechtlicher Vorsorge ein (vgl. oben Rn. 105). Die Alters-, Invaliditäts- und Hinterbliebenensicherung weist dort eine komplexe Struktur auf, weil unterschiedliche Teilsysteme für unterschiedliche Berufsgruppen unterschiedlich zusammenwirken. Ferner ist die öffentlich-rechtliche Vorsorge in Sicherungsziel, erfasstem Personenkreis, Finanzierung und Leistungsinhalt unterschiedlich bestimmt – je danach, ob sie den Bewohnern eine Grund-, dem Lebenseinkommen entsprechende oder am Erwerbseinkommen ausgerichtete Siche-

---

[1] *Becker*, Alterssicherung im internationalen Vergleich, in Becker u.a. (Hg.), Alterssicherung in Deutschland, Festschrift für Ruland, 2007, 575 ff.; *Europäische Kommission*, MISSOC, das gegenseitige Informationssystem zur sozialen Sicherheit in den EU Mitgliedstaaten, dem Europäischen Wirtschaftsraum und der Schweiz, 2010; *Mager*, Grundmuster und Grundelemente der Alterssicherung im internationalen Vergleich, in Zacher (Hg.), Alterssicherung im Rechtsvergleich, 1991, 549; *VDR* (Hg.), Rentenversicherung im internationalen Vergleich, 2003.

rung vermittelt. Dementsprechend ist zwischen der **Bedarfs-** oder **Leistungs-gerechtigkeit** zu unterscheiden.[2]

Im erfassten **Personenkreis** sind die **universalen**, d. h. die gesamte Bevöl-   293
kerung[3] einbeziehenden von den **selektiven** Ansätzen zu unterscheiden, die
verschiedene Vorsorgeformen für Erwerbstätige der verschiedenen Berufsgruppen vorsehen. Weiter bestehen auf **Beitrags-** wie **Steuerfinanzierung**
beruhende Systeme. Verbreitet sind Mischungen beider Typen. Auch in der
Leistungshöhe besteht reicher Gestaltungsspielraum: Einheits-, und vom individuellen Einkommen während der aktiven Erwerbstätigkeit abhängige
Mindest- oder familienbezogene Zusatzleistungen können vorgesehen sein.

Darüber hinaus enthüllt der internationale Vergleich zwischen öffentlicher   294
und privater Vorsorge zahlreiche mögliche Kombinationen. Die öffentlich-rechtliche Einwohnersicherung kann mit einer öffentlich-[4] oder privatrechtlichen[5] Zusatzsicherung für abhängig Beschäftigte kombiniert werden.
Einwohnersicherungen können durch bedürftigkeitsabhängige Leistungen
für Alte oder Behinderte,[6] eine an der individuellen Einkommensentwick-
lung orientierte Rentenversicherung kann durch eine zusätzliche privatrechtliche Vorsorge ergänzt werden. Die Sicherung für Alter, Invalidität und
Hinterbliebene bietet sich regelmäßig als Zusammenspiel mehrerer Maßnahmen unterschiedlicher Rechtsgebiete und Gestaltungsprinzipien dar. Sie
muss für Altersdiskriminierung (Art. 19 AEUV) gestaltet sein.[7]

b) Alters-, Invaliditäts- und Hinterbliebenensicherung

aa) Gesamtschau

Die **deutsche** Alters-, Invaliditäts- und Hinterbliebenensicherung ist kom-   295
plex. Sie weist eine gruppenbezogene, der Leistungsgerechtigkeit verpflichtete Ausrichtung auf, in der die private im Verhältnis zur öffentlich-rechtlichen Vorsorge eine noch geringe, indes wachsende Bedeutung hat.[8] Ob,

---

2 *Zacher*, Sozialrecht und Gerechtigkeit, in ders. (Hg.), Abhandlungen zum Sozialrecht, 1993, 308 ff.
3 Und nicht nur die „Staatsbürger" umfassenden; daher ist die Bezeichnung dieser
Systeme als „Staatsbürgerversorgung" oder „Bürgerversicherung" falsch!
4 So z. B. Schweden (vgl. *Köhler*, Schweden, in Zacher (Hg.), Alterssicherung im
Rechtsvergleich, 1991, 375) oder Großbritannien (vgl. *Schulte*, Vereinigtes Königreich, in
Zacher (Hg.), ebd., 497 f.); vgl. umfassend: *Zacher/Kessler*, ZIAS 1990, 97.
5 So z. B. die Schweiz (vgl. *Naef*, Schweiz, in Zacher (Hg.), Alterssicherung im Rechtsvergleich, 1991, 407) oder die Niederlande (*Eichenhofer*, MittLVA Ober- und Mittelfranken 1999, 200).
6 So z. B. in der Schweiz (vgl. die Ergänzungsleistungen zur AHV/IV; dazu *Maurer/
Scartazzini/Hürzeler*, Bundessozialversicherungsrecht, 2009 (3. Aufl.), § 11) oder den
USA (*Eichenhofer*, Recht der sozialen Sicherheit in den USA, 1991, 199 ff.).
7 EuGH Slg. 2010, I-9391 (Rosenbladt); Slg. 2010, I-11939 (Kleist).
8 *Schmähl*, Alterssicherungspolitik im Wandel, in Becker u. a. (Hg.), Alterssicherung

welche und wie viel Vorsorgerechte jemand erlangt, hängt von Berufstätigkeit und Eigenvorsorge ab. Die wichtigen Vorsorgeeinrichtungen sind: **Rentenversicherung** (vgl. Rn. 315), **Beamtenversorgung** (vgl. Rn. 297), **betriebliche Altersversorgung** (vgl. Rn. 306), **berufsständische Versorgung** (vgl.
unten Rn. 303) sowie **private Lebensversicherung** (vgl. Rn. 314). Nicht selten
sind in einer Person mehrere Vorsorgerechte gleichzeitig begründet. Ferner
können im Zeitablauf unterschiedliche Versorgungsrechte begründet werden (vgl. Abb. 14).

Träger		Öffentliche Vorsorge	Private Vorsorge	
Personenkreis	Erwerbsgrund	Stets statusabhängig	Statusabhängig	Status-unabhängig
Arbeitnehmer	Privatwirt-schaft	Renten-versicherung	Betriebliche Altersversorgung	Lebens-versicherung
Arbeitnehmer	Öffentl. Dienst (öD)	Renten-versicherung	Zusatzver-sorgung (öD)	
Beamte	öD	Beamten-versorgung		
Selbständige	Gewerbl. Wirtschaft	Renten-versicherung		
Selbständige	Künstlerischer Sektor	Künstlersozial-versicherung		
Selbständige	Landwirt-schaft	Altershilfe Landwirte		
Selbständige	Freie Berufe	Berufs-ständische Versorgung		
Nichterwerbs-tätige	Prämien-zahlung			

Abb. 14

Die Zweige unterscheiden sich in **Trägerschaft**, **Sicherungsziel** und **Ausgestaltung** – namentlich im Hinblick auf die Leistungshöhe (vgl. Abb. 15) bei
Veränderungen von Kaufkraft und Wirtschaftsentwicklung. Öffentliche
Träger bestehen für Rentenversicherung, Beamtenversorgung und berufsständische Versorgung, privatrechtliche Träger für betriebliche Altersversorgung und Lebensversicherung. Die Zweige unterscheiden sich im Siche-

in Deutschland, Festschrift für Ruland, 2007, 291; *ders.*, Die gesetzliche Rentenversicherung im Prozess einer veränderten Alterssicherungspolitik, in Eichenhofer/Rische/
Schmähl (Hg.), Handbuch der gesetzlichen Rentenversicherung, 2012 (2. Aufl.), Kapitel 6.

rungsziel: Rentenversicherung, Beamtenversorgung und berufsständische Versorgung gewähren eine **Regelsicherung**, betriebliche Altersversorgung und Lebensversicherung eine jene ergänzende **Zusatzsicherung** (vgl. Abb. 15).

	Regelsicherung	Zusatzsicherung

Einkommensabhängig	– Rentenversicherung
	– Beamtenversorgung
	– Sondersysteme
	  Selbständige (außer
	  Altershilfe für Landwirte)
		– Betriebsrente
		  (Gesamtversorgung)
		– Altershilfe für Landwirte

Prämienabhängig	– Lebensversicherung	– Betriebsrente (Prozent- oder Festbetragszusage) – Lebensversicherung

Abb. 15

Durch die Rentenreformen 2000/1[9] und 2004[10] bemühte sich der Gesetz-   **296**
geber um eine **Fortentwicklung** der überkommenen Alterssicherung zur Gewährleistung ihrer langfristigen Stabilität (Nachhaltigkeit = Sustainability). Die Rentenreform 2000/1 senkte den Wert der Rentenansprüche und suchte den eintretenden Verlust durch eine steuerlich oder mittels Subventionen geförderte freiwillige betriebliche oder private Zusatzversicherung auszugleichen. Durch die Rentenreform 2004 wurde mit der Einführung eines **Nachhaltigkeitsfaktors** in die Rentenanpassungsformel das Niveau der gesetzlichen Rentenversicherung langfristig in dem Maße abgesenkt, wie sich das Verhältnis von Erwerbstätigen und Leistungsempfängern verändert.[11]

Die Sicherung beruht danach auf **zwei Säulen**, einer öffentlichen, auf dem Umlageverfahren aus Beiträgen finanzierten Rentenversicherung oder der Beamtenversorgung, und einer privaten, auf Kapitaldeckung angelegten betrieblichen oder privaten Vorsorge, deren Aufbau der Staat nicht vorschreibt, aber durch Steuervergünstigungen oder Subventionen fördert. Die förderungsfähigen Aufwendungen stiegen bis 2009 in Zwei-Jahres-Schritten bis 4 % des Bruttoeinkommens. Die Förderungsfähigkeit einer Anlage privater Vorsorge (Riester-Rente) hängt von deren Zertifizierung ab. Diese muss als Leibrente gewährt werden, eine Mindestgarantie in Höhe der angelegten Beiträge sichern und hinsichtlich Kundeninformation, Anlegerschutz, Vertrags-

---

[9] Vgl. dazu BT-Drucks. 14/5068; *Eichenhofer*, SGb 2003, 1 ff.; *Pitschas*, VSSR 2002, 187; *Ruland*, NZS 2001, 393; *Hessert*, VSSR 2002, 129; *Binne*, VSSR 2002, 161.
[10] *Ruland*, SGb 2004, 327 ff.; *Berner*, Der hybride Sozialstaat, 2009, 149 ff.; *Schmähl*, in Eichenhofer/Rische/Schmähl (Hg.), Handbuch der gesetzlichen Rentenversicherung, 2012 (3. Aufl.), Kapitel 6.
[11] *Eichenhofer*, SGb 2003, 1 ff.; *Ruland*, SGb 2004, 327 ff.; *Schmähl*, Wirtschaftsdienst 2012, 304.

wechsel, Abschlusskosten und Anforderungen bei der Vermögensverwendung für Investitionen in den Wohnungsbau[12] („Wohn-Riester") genügen.

Die zweite Säule vollzieht den Wandel von einer **ausgaben-** zur **einnahmeorientierten Alterssicherung** – vom defined benefit plan zum defined contribution plan.[13] Um die Vorsorge zu treffen, schulden die Rentenversicherungsträger den Versicherten regelmäßig Rentenauskünfte (§ 15 IV SGB I). Die Reform wird gestützt und flankiert durch den mit dem Alterseinkünftegesetz 2005 vollzogenen Wechsel von der vor- zur nachgelagerten Besteuerung der Renten. Damit wurden die Altersvorsorgeaufwendungen steuerfrei; im Gegenzug werden die Renten besteuert.

Die Rentenreform 2000/1 führte durch das „Gesetz über eine bedarfsorientierte Grundsicherung im Alter und bei Erwerbsunfähigkeit"[14] (§§ 41–46 SGB XII) die **soziale Grundsicherung** für Ältere und Erwerbsunfähige ein. Sie entwickelt damit die Sozialhilfe fort, weil sie wie diese durch Steuern finanziert ist und die Leistungen von der Bedürftigkeit abhängen (vgl. dazu unten Rn. 533). Die Höhe der Grundsicherung orientiert sich am Regelsatz der Sozialhilfe nebst einem Mehrbedarfszuschlag für Alter und Erwerbsunfähigkeit. Die Grundsicherung unterscheidet sich von der Sozialhilfe, weil die Leistung von dem Grundsicherungsamt – einer eigenen Behörde – gewährt wird und der Rückgriff des Trägers auf unterhaltspflichtige Kinder und Eltern erst bei einem jährlichen Gesamteinkommen über 100.000 € ermöglicht ist (§ 43 II SGB XII).[15]

bb) Beamtenversorgung

297   Die **Beamtenversorgung** ist in den Beamtenversorgungsgesetzen des Bundes und der Länder geregelt.[16] Ihr unterliegen die Beamten von Bund, Ländern, Gemeinden oder Gemeindeverbänden sowie die selbständigen öf-

---

[12] EigRentG vom 29.7.2008 (BGBl. I, Nr. 33, S. 1509).

[13] *Höfer*, ZVersWiss 2002, 525; *Michaelis*, ZVersWiss 2002, 513; Öchsner, Die Riester-Rente, 2003; *Renn/Schoch*, Grundsicherungsgesetz – Lehr- und Praxiskommentar, 2003; *Steinmeyer*, Das Altersvermögensgesetz – Neue Standortbestimmung von öffentlichen und betrieblichen Sicherungsformen, in Boecken/Ruland/Steinmeyer (Hg.), Sozialrecht und Sozialpolitik in Deutschland und Europa, Festschrift für von Maydell, 2002, 683.

[14] BGBl. I 2001, S. 1310, 1335.

[15] *Trenk-Hinterberger*, Sicherung im Alter durch Sozialhilfe, in Becker u.a. (Hg.), Alterssicherung in Deutschland, Festschrift für Ruland, 2007, 539 ff.; *Schellhorn*, Sozialhilfe als Grundsicherung?, in Boecken/Ruland/Steinmeyer (Hg.), Sozialrecht und Sozialpolitik in Deutschland und Europa, Festschrift für von Maydell, 2002, 595.

[16] *Hase*, Rentenversicherung und Beamtenversorgung, in Becker u.a. (Hg.), Alterssicherung in Deutschland, Festschrift für Ruland, 2007, 495; *Ruland*, Die Beamtenversorgung, in von Maydell/Kannengießer (Hg.), Handbuch Sozialpolitik, 1988, 326; *Ruppert/Geiser*, Das neue Beamtenversorgungsrecht, 1992 (2. Aufl.); *Zacher*, Die Versorgung der Beamten, Richter und Soldaten, 1984.

fentlich-rechtlichen Körperschaften, Richter (§§ 1 II BeamtVG, 71 DRiG) sowie Berufssoldaten (§§ 14 ff. SVG). Für die Versorgung der Mitglieder der Bundes- oder einer Landesregierung (vgl. etwa §§ 13 f. BMinG)[17] und die Geistlichen der evangelischen oder katholischen Kirche gelten die Regeln des Beamtenversorgungsrechts entsprechend. Darüber hinaus kann in einem Arbeitsverhältnis eine Versorgung nach beamtenrechtlichen Grundsätzen vereinbart werden. Beamte genießen in der Rentenversicherung Versicherungsfreiheit (§ 5 I SGB VI).[18] Die Beamtenversorgung wird dem Beamten vom Dienstherrn als Teil der geschuldeten Vergütung gewährt – im Gegensatz zu den Leistungen der Rentenversicherung ohne Beitragszahlung des Beschäftigten.

Die Beamtenversorgung folgt aus dem das Beamtenverhältnis prägenden **Alimentation**sgrundsatz[19] (Art. 33 V GG). Der Dienstherr ist danach zur amtsangemessenen Alimentierung: Sicherung einer der Amts- und Lebensstellung des Beamten entsprechenden Vergütung während der Dauer des Dienstes sowie nach dessen Beendigung verpflichtet. Die Beamtenversorgung[20] ist in das Dienstverhältnis „internalisiert"; sie sichert für Erwerbsminderung, Alter und dienstlich bedingte Erwerbsunfähigkeit (namentlich der Unfallfürsorge, vgl. §§ 36 ff. BeamtVG). Sie ist ehe- und familienbezogen, woraus sich die Hinterbliebenensicherung erklärt, ferner statusgebunden, weshalb die Höhe der Versorgungsleistung dem innegehabten beamtenrechtlichen Status folgt, und geschlossen, weshalb die Versorgung strikt geschuldet, mithin weder verzicht- (§ 3 III BeamtVG), noch vertraglich veränderbar (§ 3 II BeamtVG) ist.

Die Ansprüche auf Leistungen hängen von einem **Status**verhältnis **und**   298 der Erfüllung eines **leistungsbegründenden** Tatbestandes ab. Jenes muss ein Beamtenverhältnis, diesem gleichgestelltes oder gleichstehendes öffentlich-rechtliches Dienst- und Treue- (als Geistlicher, Richter, Berufssoldat oder Minister) oder Arbeitsverhältnis sein (letzteres, falls eine Versorgung nach beamtenrechtlichen Grundsätzen vereinbart worden ist). Nach § 2 BeamtVG hat der Berechtigte Anspruch auf Ruhegehalt bei **Dienstunfähigkeit** oder **Eintritt** in den Ruhestand. Die Voraussetzungen für den Ruhestand sind im Beamtenrecht des Bundes (§§ 35 f. BBG) oder der Länder geregelt. Ferner sehen §§ 16, 19 f. BeamtVG bei **Tod** des Beamten für die Ehegatten und Kinder des Beamten die Hinterbliebenenversorgung vor. Auf die Leistungen besteht ein Rechtsanspruch; erfüllen die Hinterbliebenen die gesetz-

---

[17] *Welti*, Die soziale Sicherung der Abgeordneten des Deutschen Bundestages, der Landtage und der deutschen Abgeordneten im Europäischen Parlament, 1998.
[18] Vgl. dazu näher *Boecken*, in GK-SGB VI, § 5 Nr. 2 ff.
[19] BVerfGE 8, 1, 14 ff.
[20] Grundlegend dazu *Zacher*, Die Versorgung der Beamten, Richter und Soldaten, 1984, 21 ff.

lichen Voraussetzungen nicht, kann ihnen der Dienstherr einen Unterhalts-beitrag leisten.

299 Der Anspruch auf Ruhegehalt entsteht grundsätzlich nach einer Dienst-zeit von fünf Jahren (§ 4 I Nr. 1 BeamtVG). Dessen Höhe wird durch einen **Entgelt-** und **Zeitfaktor** bestimmt. Der Entgeltfaktor bestimmt die **ruhege-haltfähigen Dienstbezüge** und der Zeitfaktor die **ruhegehaltfähigen Dienst-jahre** (§ 4 III BeamtVG). Das Ruhegehalt beträgt mindestens 35 vom Hun-dert dieser Bezüge oder wahlweise 65 vom Hundert der ruhegehaltsfähigen Dienstbezüge der Besoldungsgruppe A 4 (§ 14 IV BeamtVG). Die Hinterblie-benenrenten sind ein Bruchteil des Ruhegehalts (§§ 20 I, 24 I BeamtVG) des den Leistungsanspruch vermittelnden Berechtigten.

300 Ruhegehaltfähige **Dienstbezüge** sind das **Grundgehalt**, der **Ortszuschlag** sowie sonstige, im Besoldungsrecht als ruhegehaltfähig bezeichneten **Dienst-bezüge** (§ 5 I BeamtVG). Maßstab sind die Dienstbezüge, die der Beamte in den letzten zwei Jahren vor Eintritt des Leistungsfalles bezogen hat (§ 5 III BeamtVG). Ruhegehaltfähige Dienstjahre sind der Zeitraum, für den der Be-amte ab seiner Berufung in das Beamtenverhältnis im Dienst eines öffent-lich-rechtlichen Dienstherrn tätig war. Dem stehen Zeiten des Wehrdienstes gleich (§§ 6, 8 f. BeamtVG). Zeiten, die der Beamte zuvor Arbeitnehmer des öffentlichen Dienstes war, sollen (§ 10 BeamtVG) und Zeiten in einem pri-vaten Arbeitsverhältnis oder in einem allgemeinbildenden oder berufsquali-fizierenden Ausbildungsabschnitt können als ruhegehaltfähige Dienstzeiten anerkannt werden (§§ 11 f. BeamtVG). Beamte, die vor Vollendung des 60. Lebensjahres wegen Dienstunfähigkeit in den Ruhestand getreten sind, er-halten bis zur Vollendung des 60. Lebensjahres eine Zurechnungszeit (§ 13 BeamtVG).

Der Ruhegehaltsatz ist seit 1992 **linear** ausgestaltet und beläuft sich auf 1,875 % bis auf maximal 75 % der ruhegehaltfähigen Dienstbezüge pro Dienstjahr. Von 2003 bis 2010 sank das Versorgungsniveau um 0,54 % jähr-lich um insgesamt 4,33 % auf dann 71,75 %, d. h. dann einen jährlichen Ru-hegehaltsatz von 1,79375 der ruhegehaltfähigen Dienstbezüge.[21]

301 Treffen Versorgungsbezüge mit Erwerbseinkommen, anderen Versor-gungsbezügen oder Renten zusammen, so wird dieses Konkurrenzverhält-nis nach §§ 53–56 BeamtVG aufgelöst. Besteht kein Anspruch auf Beamten-versorgung, kann ein Unterhaltsbeitrag gewährt werden. Er kommt insbe-sondere Beamten auf Lebenszeit zu, die die Wartezeit von 5 Jahren noch nicht erfüllt haben, oder Beamten auf Probe, die wegen Dienstunfähigkeit oder Vollendung der Altersgrenze entlassen wurden. Voraussetzung für die Gewährung sind Bedürftigkeit und „Würdigkeit" des Empfängers.

---

[21] Versorgungsänderungsgesetz 2001 vom 20.12.2001, BGBl. I S. 3926.

cc) Soziale Sicherheit der Selbständigen

Es besteht kein genereller Begriff des „Selbständigen",[22] wohl aber der   **302** abhängigen Beschäftigung – in § 7 SGB IV definiert als „die nichtselbständige Arbeit, insbesondere in einem Arbeitsverhältnis. Als Beschäftigung gilt auch der Erwerb beruflicher Kenntnisse, Fertigkeiten und Erfahrungen im Rahmen betrieblicher Berufsbildung". Hieraus ist als dessen Gegensatz der Begriff des Selbständigen zu erschließen. Es gibt verschiedene Sozialversicherungssysteme für Selbständige, nämlich die berufsständische Versorgung, Sozialversicherung für Landwirte, Künstler und Handwerker.

Die **berufsständische Versorgung**[23] begründet öffentlich-rechtliche Vor-   **303** sorge für die in den Berufskammern zusammengeschlossenen Angehörigen freier Berufe (Ärzte, Zahnärzte, Tierärzte, Apotheker, Architekten, Rechtsanwälte, Notare, Steuerberater, Seelotsen oder Bezirksschornsteinfeger = „verkammerte" Berufe). Die Versorgungswerke werden durch Landesrecht errichtet, der Inhalt der Vorsorge ergibt sich aus den **Statuten**, welche die Kammern durch autonome **Satzung** festsetzen. Die berufsständischen Versorgungswerke sind Körperschaften des öffentlichen Rechts mit Selbstverwaltung. Sie unterliegen der Rechtsaufsicht des Landes sowie der Finanzdienstleistungsaufsicht. Berufsständische Versorgungswerke begründen für **Selbständige** oder **Angestellte**, deren Berufstätigkeit die Mitgliedschaft in einer Berufskammer nach sich zieht, Anwartschaften auf Leistungen bei Alter, Berufsunfähigkeit oder Tod. Die Sicherung beruht auf einer Pflichtmitgliedschaft; eine freiwillige Versicherung ist möglich. Übliche Leistungen sind die Alters- und Berufsunfähigkeitsrente wie eine Hinterbliebenensicherung. Die Leistungshöhe kann ein Bruchteil der eingezahlten Beiträge oder Umlagen sein, oder angelehnt an die Rentenversicherung aus Versicherungsjahren, dem Bruttoarbeitseinkommen aller Versicherten und den persönlichen Beiträgen berechnet werden. Die Leistungen werden ausschließlich durch Beiträge der Selbständigen finanziert, ohne Zuschuss aus öffentlichen Mitteln.

Die **Altershilfe für Landwirte**[24] ist als Teil der landwirtschaftlichen Sozi-   **304** alversicherung im Gesetz über die Alterssicherung der Landwirte (ALG)[25]

---

[22] *Schoukens*, Comparison of the Social Security Law for Self-Employed Persons in the Member States of the European Union, in Pieters (Ed.), Changing Work Patterns and Social Security, 2000, 63.

[23] Vgl. BSGE 112, 108; BSG – 3.4.2014 – B 5 RE 13/14 (Syndikusanwälte); *Boecken*, in SRH, § 22 Rn. 1 ff.; *Horn*, Versorgungswerk, in Heidelberger Kommentar Arztrecht, Krankenhausrecht, Medizinrecht, Nr. 5388; *Jung/Horn*, Syndikusanwälte und die gesetzliche Rentenversicherung, Kammer-Mitteilungen Rechtsanwaltskammer Düsseldorf, 2010, 317; *Papier*, Alterssicherung durch berufsständische Versorgungswerke, in Becker u. a. (Hg.), Alterssicherung in Deutschland, Festschrift für Ruland, 2007, 455.

[24] Dazu *Deisler*, in SRH, § 19 Rn. 46.

[25] Vgl. Art. 1 des Gesetzes zur Reform der agrarsozialen Sicherung (Agrarsozialre-

geregelt; und durch die „Sozialversicherung für Landwirtschaft, Forsten und Gartenbau" getragen.[26] Versicherungspflichtig sind alle Unternehmer der Land- und Forstwirtschaft (einerlei, ob sie einen Hof als Eigentümer, Pächter oder Nießbraucher bewirtschaften) sowie deren Ehegatten – regelmäßig die Frau des Landwirts. Nebenerwerbslandwirte können auf Antrag von der Versicherung befreit werden. Die Leistungen aus der landwirtschaftlichen Alterssicherung können neben anderen Vorsorgeleistungen bezogen werden. Sie sieht Leistungen bei Alter, Erwerbsminderung und Tod vor. Die Rente soll dem vormaligen Landwirt seinen zusätzlichen Bargeldbedarf decken und nicht den vollen Einkommensersatz leisten. Deren Höhe richtet sich nach der Zahl der Versicherungsjahre. Der Anspruch entsteht, sobald der Landwirt das 65. Lebensjahr vollendet und 180 Monate Beiträge oder erwerbsunfähig ist und 60 Monate Beiträge gezahlt hat. Weiter wird vorausgesetzt, dass der Landwirt aufgrund privatrechtlicher Vereinbarung Wohnung und Nahrung von seinem Nachfolger im landwirtschaftlichen Unternehmen erhält. Die Leistung wird daher nur bewilligt, falls das landwirtschaftliche Anwesen an einen Nachfolger übergeben worden ist. Dem Ehegatten steht ein eigener Rentenanspruch zu.

305　　　In die Rentenversicherung sind als Pflichtversicherte die arbeitnehmerähnlichen Selbständigen (Rn. 277), selbständigen Handwerker sowie Künstler und Publizisten (§ 2 Nr. 9, 8, 5 SGB VI) einbezogen. Für die Handwerker besteht die Besonderheit, dass sie sich nach einer Versicherungszeit von 18 Jahren von der Versicherung befreien lassen können (§ 6 I Nr. 4 SGB VI). Für die selbständigen Künstler (Musiker, Maler, Bildhauer, Schriftsteller, Journalisten, Publizisten) besteht eine eigene **Künstlersozialkasse**.[27] Sie erhebt von den Vermarktern künstlerischer und publizistischer Erzeugnisse die **Künstlersozialabgabe**, deren Ertrag nebst einem Bundeszuschuss die Hälfte der Aufwendungen für die Renten- und Krankenversicherung der Künstler erbringen soll. Die arbeitnehmerähnlichen Selbständigen und Handwerker haben für ihren Beitrag dagegen allein aufzukommen. Wachsende Lücken im Versicherungsschutz durch Ausweitung der nicht gesicherten Gruppen wären durch die Ausweitung der Sozialversicherung zur Erwerbstätigenversicherung zu schließen.[28]

---

formgesetz 1995 – ASRG 1995) vom 29.7.1994 (BGBl. I S. 1890); *Gitter/Schmitt*, Sozialrecht, 2001 (5. Aufl.), § 27 Rn. 12 ff.

[26] Gesetz zur Neuordnung der Organisation der landwirtschaftlichen Sozialversicherung (LSG-NOG) vom 12.4.2012, BGBl. I 2012, Nr. 16, S. 579.

[27] Vgl. dazu §§ 23–26 KSVG; *Finke*, in SRH, § 20 Rn. 1 ff.; *Gitter/Schmitt*, Sozialrecht, 2001 (5. Aufl.), § 27 Rn. 16 ff.; *Wernicke*, Die Organisation der Künstlersozialversicherung, 1995.

[28] Vgl. *Rische*, DRV 2009, 285; *ders.*, DRV 2008, 270, 273; *Reinhard*, DRV 2009, 319; *Bieback*, VSSR 2011, 93; dazu die Rechtslage in Österreich: *Resch*, Dienstnehmerbegriff nach ASVG und seine Abgrenzung, in ders. (Hg.), Abhängiger Arbeitsvertrag versus Selbständigkeit, 2006, 47 ff.; *Kreikebohm*, NZS 2010, 184; *Bieback*, VSSR 2011, 93.

dd) Betriebliche Altersversorgung

Die betriebliche Altersversorgung[29] dient nur Organmitgliedern juristi-   **306**
scher Personen als **Regelsicherung**, falls sie nicht in die Rentenversicherung
als Pflichtmitglied einbezogen sind. Weit überwiegend vermittelt sie eine
Zusatzsicherung und ergänzt so die Regelsicherung durch Rentenversicherung. Es besteht keine gesetzliche Pflicht zur Begründung von Anrechten
der betrieblichen Altersversorgung; indessen können Tarifverträge, Be-
triebsvereinbarungen oder betriebliche Übung ein Betriebsrentenversprechen enthalten. Zugunsten eines gesetzlichen Versicherungsobligatoriums
spricht die wachsende Bedeutung der betrieblichen Altersversorgung für die
Altersvorsorge der Zukunft; gegen sie spricht deren privatrechtliche Organisation, die sich wegen der damit verbundenen Haftungsrisiken mit einem
gesetzlichen Obligatorium namentlich wegen des staatlichen Ausfallrisikos
bei Insolvenz schwerlich verträgt.

Arbeitnehmer haben einen Anspruch auf Entgeltumwandlung (§ 1a BetrAVG). Sie berechtigt zur steuer- und beitragsfreien Umwandlung eines
Teils des Arbeitsentgelts in ein Anrecht auf betriebliche Altersvorsorge. Ferner kann bei Abschluss eines Arbeitsvertrages eine Versorgungszusage erteilt werden. Die betriebliche Altersversorgung ist besonders in den Großbe-
trieben verbreitet; im öffentlichen Dienst sind alle Arbeitnehmer in die Zusatzversorgung einbezogen. Betriebliche Vorsorge dient dem Aufbau der
zweiten Säule der Alterssicherung. Die auf Entgeltumwandlung beruhenden
Anrechte sind strikt unverfallbar (vgl. unten Rn. 310 f.).

„Betriebliche Altersversorgung" sind „Leistungen der Alters-, Invalidi-   **307**
täts- und Hinterbliebenenversorgung", die „einem Arbeitnehmer zugesagt
worden sind" (§ 1 I BetrAVG). Diese Leistungszusagen (definiert in § 17 I
BetrAVG) stehen Zusagen an Nicht-Arbeitnehmer gleich, falls diese aus Anlass von deren Tätigkeit für das Unternehmen erteilt wurden. Unter diesen
Begriff fallen namentlich Organmitglieder juristischer Personen. Der Anspruch ist im Dienst- oder Arbeitsverhältnis begründet als Teil des Arbeitsentgelts.[30] Gläubiger des Betriebsrentenanspruchs ist der Arbeitnehmer. Die
Zusage wird vom Arbeitgeber erteilt; dieser schuldet jedoch nicht notwendig; stattdessen kann für das Betriebsrentenversprechen ein Dritter (Versicherung, Bank) einstehen.

---

[29] *Ahrend/Förster*, Betriebsrentengesetz, Gesetz zur Verbesserung der betrieblichen
Altersversorgung, 2009 (12. Aufl.); *Andresen/Cisch*, Recht der betrieblichen Altersversorgung, in Richardi/Wißmann/Wlotzke/Oetker (Hg.), Münchener Handbuch zum Arbeitsrecht, 2009 (3. Aufl.), Bd. 1, §§ 140 ff.; *Blomeyer/Otto*, Betriebsrentengesetz – Gesetz
zur Verbesserung der betrieblichen Altersversorgung, 2010 (5. Aufl.); *Heubeck* u.a.,
Kommentar zum Betriebsrentengesetz, 1982 (2. Aufl.); *Uebelhack*, Betriebliche Altersversorgung, 2011 (2. Aufl.).
[30] *Uebelhack*, Betriebliche Altersversorgung, 2011 (2. Aufl.), Rn. 291 ff.

Es gibt verschiedene Durchführungswege der betrieblichen Altersvorsorge: selbständige Versicherungen, Pensions- oder Unterstützungskassen sowie Pensionsfonds (§ 1 II BetrAVG). In der Ausgestaltung der Zusage besteht grundsätzlich Vertragsfreiheit, allerdings setzt das BetrAVG solcher Ausgestaltung Grenzen hinsichtlich der „Verfallbarkeit", d. h. dem Anspruchsverlust infolge Wechsels des Arbeitgebers nach Vollendung des 25. Lebensjahres und mindestens fünfjähriger Betriebszugehörigkeit (vgl. § 1b I BetrAVG), Anrechnung der Leistungen der betrieblichen Altersversorgung auf andere Versorgungsansprüche (§ 5 BetrAVG), Insolvenzsicherung der Ansprüche (§§ 7 ff. BetrAVG) sowie Anpassung der laufenden Leistungen an Veränderungen des Geldwerts (§ 16 BetrAVG).

308   Es ist ferner hinsichtlich Trägerschaft und Leistungsinhalt zu unterscheiden. Nach dem Träger unterscheiden sich die **Direktzusage** (§ 1 I BetrAVG), **Direktversicherung** (§ 1b II BetrAVG) sowie Leistungen von **Pensions-** (§ 1b III BetrAVG) und **Unterstützungskassen** (§ 1b IV BetrAVG) sowie der **Pensionsfonds** (§ 1b III BetrAVG).[31] Bei der Direktzusage wird der Arbeitgeber dem Arbeitnehmer unmittelbar leistungspflichtig. Bei der Direktversicherung ist eine Versicherung leistungspflichtig, die gegenüber dem Arbeitgeber nicht nur rechtlich, sondern auch wirtschaftlich selbständig ist. Dagegen sind die Pensions- und Unterstützungskassen von einem (oder mehreren) Arbeitgeber(n) zwar rechtlich unabhängig, aber wirtschaftlich abhängig. Das Gesetz unterscheidet Pensionskassen und Unterstützungskassen. Auf erstere besteht ein Rechtsanspruch, auf letztere dagegen nicht. Allerdings wird nach der Rechtsprechung des BAG[32] dieser Unterschied dadurch vermindert, dass auch Unterstützungskassen nur bei hinreichendem Grund die Leistungen verweigern können. Der Pensionsfonds ist in seiner Zusammensetzung reguliert; ihm können bis zu einem Fünftel Aktienwerte angehören; aus dessen primär als sicher geltenden Anlagen stammendem Vermögensertrag werden Rentenzahlungen bestritten.

309   Die Leistungsansprüche können nach den erfassten Risiken und deren Ausgestaltung unterschieden werden.[33] Möglich sind Anrechte zum Schutz für nur ein Risiko – Alter, Invalidität **oder** Tod; üblicherweise pflegen Betriebsrenten jedoch Sicherungen für sämtliche von der Rentenversicherung erfasste Risiken zu gewähren. Die Höhe der Leistungen kann durch einen **Betrag**, **Prozentsatz** des durchschnittlichen oder vor Eintritt des Versiche-

---

[31] Eingehend: *Andresen/Cisch*, Recht der betrieblichen Altersversorgung, in Richardi/Wißmann/Wlotzke/Oetker (Hg.), Münchener Handbuch zum Arbeitsrecht, 2009 (3. Aufl.), Bd. 1, § 143 Rn. 61 ff.

[32] AP Nrn. 127, 129 zu § 242 BGB Ruhegehalt; AP Nrn. 1, 3, 6 zu § 242 BGB Ruhegehalt – Unterstützungskasse.

[33] *Andresen/Cisch*, Recht der betrieblichen Altersversorgung, in Richardi/Wißmann/Wlotzke/Oetker (Hg.), Münchener Handbuch zum Arbeitsrecht, 2009 (3. Aufl.), Bd. 1, § 140 Rn. 59 ff.

rungsfalls bezogenen Arbeitseinkommens oder eines **Gesamtversorgungsniveaus** bestimmt werden. Dieses wird im Verhältnis zu dem vor Eintritt des Versicherungsfalls bezogenen Arbeitseinkommen festgelegt (z. B. 75 % des vor dem Versicherungsfall bezogenen Arbeitseinkommens). Die Betriebsrente hat die Differenz zwischen der Rente aus der gesetzlichen Rentenversicherung und dem zugesagten Gesamtversorgungsniveau aufzustocken. Seit der Rentenreform 2000/1 sind nur noch die durch eingezahltes Kapital definierten Betriebsrentenversprechen förderungsfähig. Anstelle der bisherigen Ausgaben- ist die Einnahmeorientierung getreten: Es kann zur Ablösung der bisher üblichen defined benefit plans durch defined contribution plans kommen.

In der betrieblichen Altersversorgung sind die Leistungsansprüche verschiedenen Verfallsrisiken ausgesetzt. Wie bei allen Versorgungsrechten sind auch bei der betrieblichen Altersversorgung **Wartezeiten** zurückzulegen. Ansprüche auf Leistungen entstehen nur, falls der Berechtigte für längere Zeit eine Beschäftigung ausgeübt hat. Die Wartezeit hängt vom Status des Versorgungsrechts ab. Darüber hinaus sind Anrechte nach Vollendung des 25. Lebensjahres einer fünfjährigen Laufzeit der Versorgungszusage unverfallbar (§ 1b I BetrAVG), um zu gewährleisten, dass ein Arbeitnehmer beim Wechsel des Arbeitgebers seine Ansprüche auf Leistungen nicht verliert, sondern diese in den Vorsorgeplan beim neuen Arbeitgeber überführt werden. Danach wird „Unverfallbarkeit dem Grunde nach" erreicht. Diese wird auch gesichert durch das Verbot (§ 3 BetrAVG), Anwartschaften auf betriebliche Versorgungsleistungen durch Abfindung auszugleichen.   **310**

Schließlich kennt die betriebliche Altersversorgung die „Unverfallbarkeit der Höhe nach": Dem Grunde nach unverfallbare Versorgungsanrechte haben in der Anpassung der Betriebsrenten an der Dynamik der Durchschnittseinkünfte der aktiv Erwerbstätigen teil. Denn in vielen Betriebsrentensystemen wird trotz Unverfallbarkeit dem Grunde nach der Leistungsanspruch des Berechtigten verschieden bewertet, je danach, ob der Berechtigte bei Eintritt des Versicherungsfalles beim Arbeitgeber beschäftigt war oder nicht. Volldynamische Leistungen werden regelmäßig nur dem bei Eintritt des Versicherungsfalles noch dem Unternehmen angehörenden Arbeitnehmer gewährt. Nur diese sind also auch der Höhe nach unverfallbar. Die anderen Anrechte unterliegen als „statische" Leistungen nicht der Anpassungsdynamik. Diese Rechte sind heute insbesondere in der Zusatzversorgung des öffentlichen Dienstes verbreitet. Ist ein Arbeitnehmer aus dem Unternehmen ausgeschieden, kann dessen Anwartschaft in Höhe von deren Kapitalwert einvernehmlich in ein neues System übertragen werden (Portabilität § 4 BetrAVG).   **311**

312   Anwartschaften auf Betriebsrenten genießen Bestandsschutz, unterliegen aber Änderungen[34] durch Abänderungsvertrag oder -kündigung, ablösende Betriebsvereinbarung oder den einseitigen Widerruf einer Versorgungszusage durch den Arbeitgeber wegen Verletzung der Treuepflicht durch den Arbeitnehmer. Bei Insolvenz des Betriebsrententrägers besteht für Versorgungsansprüche eine Insolvenzsicherung,[35] diese wird vom Pensionssicherungsverein (PSV) = VVaG getragen. Er sichert erteilte Zusagen gegen das Risiko der Schuldnerinsolvenz. Dieser stehen die Beendigung der inländischen betrieblichen Tätigkeit sowie die wirtschaftliche Notlage des Arbeitgebers als Leistungsfälle gleich. Dessen Aufwendungen werden durch eine öffentlich-rechtliche Umlage („Beitrag")[36] der Betriebsrententräger finanziert. Der Anspruch gegen den PSV ist dem Versorgungsanspruch akzessorisch. Leistet er an einen Berechtigten, geht dessen Anspruch gegen den Schuldner des Betriebsrentenversprechens auf ihn kraft Gesetzes über (§ 9 I, III BetrAVG).

313   Die Leistungen der betrieblichen Altersversorgung sind zwar nicht an die Kaufkraft- oder Einkommensveränderungen **anzupassen** (dies wäre eine währungspolitisch problematische Indexierung = scala mobile). Es kann allerdings eine Anpassungspflicht im einzelnen Versorgungsstatut begründet sein. Gesamtversorgungszusagen enthalten regelmäßig eine solche Zusage. Die Pflicht folgt aus der getroffenen Vereinbarung und nicht dem Gesetz. Nachdem das BAG 1973[37] befand, dass ein Kaufkraftverlust von über 40 % den Arbeitgeber zur Anpassung des Betriebsrentenversprechens verpflichte, legte § 16 BetrAVG dem Schuldner der Betriebsrente auf, alle drei Jahre eine Anpassung der laufenden Leistungen zu prüfen und hierüber nach billigem Ermessen zu entscheiden. Dabei sind die Belange des Versorgungsempfängers gegen die wirtschaftliche Lage des Arbeitgebers abzuwägen; der Träger kann solcher Anpassungspflicht entgehen, wenn er eine jährliche Anpassung von 1 % vornimmt.[38]

---

[34] Ebd., § 151 Rn. 55 ff.

[35] Vgl. §§ 7 ff. BetrAVG; dazu ebd., § 150.

[36] § 10 BetrAVG: terminologisch jedoch bedenklich, da der „Beitrags-"pflichtige aus dem PSV keine Gegenleistung erhält; anspruchsberechtigt sind vielmehr Dritte; insoweit erfüllt die Abgabe nicht die begrifflichen Erfordernisse eines „Beitrags" – ein weiteres Beispiel für Fremdvorsorge (vgl. oben Rn. 268).

[37] Vgl. AP Nrn. 4, 5 zu § 242 BGB Ruhegehalt – Geldentwertung.

[38] *Andresen/Cisch*, Recht der betrieblichen Altersversorgung, in Richardi/Wißmann/Wlotzke/Oetker (Hg.), Münchener Handbuch zum Arbeitsrecht, 2009 (3. Aufl.), Bd. 1, § 149.

ee) Lebensversicherung

Lebensversicherungen beruhen auf **privatem Versicherungsvertrag**. Ver-   **314**
sicherungsfälle sind Berufsunfähigkeit, Alter und Tod; geschuldet ist die
Zahlung einer Rente. Sie kommt als eine Personenversicherung[39] auf den
Erlebens- wie Todesfall (= gemischte Versicherung), kombiniert mit einer
Berufsunfähigkeitsversicherung oder **Risiko-** oder als **Kapitallebensversi-
cherung** vor. Erstere ist eine Versicherung auf den **Todesfall** des Versiche-
rungsnehmers, schützt also vor den Folgen vorzeitigen Ablebens; letztere ist
eine Versicherung auf den Erlebens- und Todesfall, jedoch anders als die
Pensionsversicherung statt auf Rentenzahlungen auf eine einmalige Summe
gerichtet.

Das Versicherungsverhältnis zwischen Versicherungsnehmer und Versicherer unterliegt **privatautonomer** Gestaltung (§§ 150 ff. VVG). Die Versicherungsleistungen folgen aus dem Deckungskapital. Dieses errechnet sich
aus den vom Versicherungsnehmer gezahlten Prämien, den dafür gutzubrin-
genden Zinsen sowie der Überschussbeteiligung. Bei fondsgebundenen Pen-
sionsversicherungen ist es aus den dem Fonds gewidmeten Vermögenswerten
zu errechnen. Die Überschussbeteiligung ist der angefallene Ertrag, wenn
die Versicherung ein den ursprünglichen, tendenziell skeptisch festzuset-
zenden Annahmen günstigeres Ergebnis erwirtschaftet hat.

Diese Beteiligung kann an die Versicherungsnehmer in unterschiedlichen
Formen **ausgeschüttet** werden; bei der Pensionsversicherung geschieht dies
durch Zuordnung des Überschusses zum Deckungskapital. Die private Altersvorsorge wird öffentlich gefördert, so sie den gesetzlichen Anforderungen (Riester-Rente) genügt (vgl. oben Rn. 296). Eine zentrale Zulagen-
stelle für Altersvermögen – angesiedelt bei der Deutschen Rentenversicherung Bund – verwaltet die Zulagen. Die private Versicherung steht unter
staatlicher Aufsicht.[40]

§ 14 Rentenversicherung

Lit.: *Eichenhofer/Rische/Schmähl* (Hg.), Handbuch der gesetzlichen Rentenversicherung, 2012 (2. Aufl.); *Grüner/Dalichau*, Gesetzliche Rentenversicherung, Sozialgesetzbuch VI, Loseblattwerk; *Hauck/Noftz*, Sozialgesetzbuch – SGB VI, Gesetzliche Rentenversicherung, Loseblattwerk; *Kreikebohm/Hoyer/Mette*, Renten-Ratgeber, 2002 (3. Aufl.); *Leitherer* (Hg.), Kasseler Kommentar zum Sozialversicherungsrecht, Loseblattwerk; *Lueg/Ruland* (Hg.), Gemeinschaftskommentar zum

---

[39] Vgl. zu den Ausgestaltungen: *Bäumer*, Soziale Sicherung durch Individualversiche-
rung, in von Maydell/Kannengießer (Hg.), Handbuch Sozialpolitik, 1988, 310; *Hofmann*,
Privatversicherungsrecht, 1998 (4. Aufl.), § 20.
[40] *Winter*, ZVersWiss 2005, 105.

Sozialgesetzbuch – Gesetzliche Rentenversicherung (GK-SGB VI), Loseblattwerk; *Ruland*, Gerechtigkeit in der Rentenversicherung, in Haerendel (Hg.), Gerechtigkeit im Sozialstaat, 2012, 107; *ders.*, Das Grundgesetz und die Entwicklung des Rentenversicherungsrechts, NZS 2010, 121; *ders.*, Plädoyer für einen nachhaltige Rentengerechtigkeit über das Jahr 2030 hinaus, NZS 2016, 721.

a) Träger und Sicherungsziel

315   Die **Rentenversicherung** umfasst die **Alters-, Invaliditäts-** und **Hinterbliebenensicherung** für Arbeitnehmer und Selbständige. Die bis 2005 vorherrschende Unterscheidung in **Arbeiter, Angestellte, Bergleute** (knappschaftliche Versicherung), **Seeleute** und **Arbeitnehmer** der **Deutschen Bahn AG** entsprach der damaligen Untergliederung der Rentenversicherung in fünf Teile. Durch die Organisationsreform kam es 2005 im Interesse der Effizienzsteigerung zu einer Fusion mehrerer Träger zur Deutschen Rentenversicherung.[1] Sie untergliedert sich in die Deutsche Rentenversicherung Bund, die Deutsche Rentenversicherung einzelner Regionaldirektionen und die Deutsche Rentenversicherung Knappschaft-Bahn-See. Die Versicherten werden im Verhältnis 45:55 auf bundes- und landesunmittelbare Träger aufgeteilt.

Die **Rentenversicherung** findet ihre Rechtsgrundlage im **Sozialgesetzbuch VI** (SGB VI).[2] Ihr unterliegen neben den Arbeitnehmern ferner selbständige Handwerker (§ 2 Nr. 8 SGB VI), arbeitnehmerähnliche Selbständige[3] (§ 2 Nr. 9 SGB VI) und selbständige Künstler (§ 2 Nr. 5 SGB VI). Ihre Leistungen werden an **Pflichtversicherte, freiwillig Versicherte, Nachversicherte** sowie deren **Hinterbliebene** gewährt. Die Versicherungspflicht ist in §§ 1 ff. SGB VI, die Nachversicherung in § 8 SGB VI normiert. Der Beitragssatz beträgt seit 2015 18,7 %. Nachversicherung ist die nachträgliche Begründung einer Versicherungspflicht nach Beendigung der Beamten-Tätigkeit durch den vormaligen Dienstherrn. Personen, denen aufgrund des Versorgungsausgleichs Rentenanwartschaften übertragen wurden, haben nach § 8 I Nr. 2 SGB VI die Stellung eines Versicherten (vgl. unten Rn. 352) und stehen den Nachversicherten gleich.[4]

---

[1] *Axer*, Verfassungsrechtliche Fragen einer Organisationsreform in der Rentenversicherung, DRV-Schriften Bd. 24, 2000; *Boecken*, Verfassungsrechtliche Fragen einer Organisationsreform der gesetzlichen Rentenversicherung, 2000; vgl. RVOrG v. 9.12.2004 (BGBl. I S. 3242); BT-Drucks. 15/3654; *Ruland*, DRV 2005, 2; *ders./Dünn*, NZS 2005, 113; *Keck*, in Eichenhofer/Rische/Schmähl (Hg.), Handbuch der gesetzlichen Rentenversicherung, 2012 (2. Aufl.), Kapitel 24.

[2] *Eichenhofer/Rische/Schmähl* (Hg.), Handbuch der gesetzlichen Rentenversicherung, 2012 (2. Aufl.).

[3] BSGE 105, 46.

[4] Vgl. umfassend zum versicherten Personenkreis: *Kreikebohm/Kuszynski*, in Eichenhofer/Rische/Schmähl (Hg.), Handbuch der gesetzlichen Rentenversicherung, 2012 (2. Aufl.), Kapitel 10; *Voelzke*, in HS-RV, 1999, §§ 15 ff.

Die Rentenversicherung gewährt Leistungen zur Teilhabe (§§ 15 ff. SGB **316**
VI, vgl. unten Rn. 519 ff.), Renten wegen Alters (§§ 35–42 SGB VI), Erwerbsminderung (§§ 43–45 SGB VI) sowie Todes (§§ 46–49 SGB VI). **Versicherungsfälle** sind mithin **Alter, Erwerbsminderung** und die Stellung als **Hinterbliebener**. Sie verfolgt unterschiedliche **Sicherungszwecke**. Soweit sie
Leistungen der Rehabilitation und Teilhabe vorsieht, sichert sie die Erwerbsfähigkeit des Versicherten (vgl. unten Rn. 519). Soweit sie Geldleistungen
bei Erwerbsminderung vorsieht, schützt sie den vor Erreichen der Regelal-
tersgrenze in der Erwerbsfähigkeit eingeschränkten Versicherten. Soweit sie
Leistungen im Alter gewährt, gewährleistet sie Menschen nach Vollendung
des Rentenalters ein selbständiges Einkommen. Soweit sie schließlich die
Hinterbliebenenversorgung vorsieht, verschafft sie dem vormaligen Ehegatten (Witwen- oder Witwerversorgung) oder unterhaltsberechtigten Kind
(Waisenversorgung) einen Ersatz für den todesbedingt entfallenden Unterhalt.

Die Rentenversicherung bezweckte bis Ende der 1990er Jahre die Siche- **317**
rung des während des Erwerbslebens erlangten „**Lebensstandards**",[5] wenn
und soweit der Versicherte 45 Versicherungsjahre zurückgelegt hatte. Dann
betrug die Einkommensersatzrate: Anteil der Rentenleistung an dem vor
Eintritt des Versicherungsfalles bezogenen Nettoeinkommen etwa 68 %. Mit
der Rentenreform 2000/1 wurde dieser Anteil auf 64 % bis 2009 abgesenkt;
mit dem Rentenversicherungs-Nachhaltigkeitsgesetz[6] werden durch Einführung des Nachhaltigkeitsfaktors die künftigen Rentenanpassungen unter Berücksichtigung der Veränderungsraten von Beschäftigten und Leistungsempfängern vorzunehmen sein; durch diesen Faktor darf das langfristige
Sicherungsniveau bis 2030 keinesfalls auf unter 43 % und möglichst nicht
unter 46 % absinken. Diese Rente ermöglicht dem Versicherten deshalb
nicht mehr die Aufrechterhaltung seines vor Renteneintritt innegehabten
bisherigen Lebensstandards. Die Sicherungslücken können für abhängig Beschäftigte durch die betriebliche Altersversorgung (vgl. oben Rn. 306) und
für sämtliche Versicherte ergänzend durch Lebensversicherungen (vgl. oben
Rn. 314) gemindert oder geschlossen werden. Für eine derartige Sicherung
bestand seit jeher für Versicherte Anlass, deren Einkommen die Beitragsbemessungsgrenze in der Rentenversicherung übersteigt (vgl. oben Rn. 284).
Weil nicht alle Versicherten hinreichend ergänzend betrieblich oder privat
vorsorgen können oder wollen, stellt sich die Frage, ob die Rentenversicherung auf mittlere Sicht auskömmlich ist.[7]

---

[5] *Ruland*, in Eichenhofer/Rische/Schmähl (Hg.), Handbuch der gesetzlichen Rentenversicherung, 2012 (2. Aufl.), Kapitel 9; *ders.*, NZS 2010, 121.
[6] BGBl. I 2004 S. 1791; dazu *Ruland*, SGb 2004, 327 ff.
[7] *Loose/Thiede*, RVaktuell 2006, 479; *Schmähl*, SozSich 2006, 397; *ders.*, DRV 2006,

318   Die Grundprinzipien der Rentenversicherung[8] sind: **Versicherung, sozialer Ausgleich, Umlageverfahren** und **Generationenvertrag**. Die Rentenversicherung ist eine Versicherung, weil sie durch Gruppenbildung vor Risiken
schützt und ihre Leistungen unabhängig von der Bedürftigkeit des Berechtigten bestimmt sind. Sie unterscheidet sich von der Privatversicherung, weil
sie dem sozialen Ausgleich verpflichtet und deswegen öffentlich-rechtlich
organisiert ist.[9] Als weitere Ausprägung des Versicherungscharakters der
Rentenversicherung wird die „Äquivalenz" (sic!) von **Beitrag** und **Leistung**
behauptet. Diese Aussage ist jedoch schief. Denn Leistungshöhe folgt **nicht**
aus der **Höhe** der gezahlten **Beitr**äge, sondern der **Höhe** des **Einkommens**
des Versicherten[10] (vgl. § 63 I SGB VI, vgl. unten Rn. 330). Zwar hängt der
Beitrag am Einkommen; von einer Äquivalenz von Beitrag und Leistung
wäre jedoch nur zu sprechen, falls der Beitrags**satz** im Verlauf der individuellen Versichertenbiographie **konstant** geblieben wäre. Dieser hat sich jedoch im Laufe der Zeit erheblich verändert.[11] Die These von der Äquivalenz
von Beitrag und Leistung beruht auf dem **Missverständnis**, dass sich der
Beitrag am **künftigen Vorsorgebedarf** des Versicherten statt am **aktuellen
Finanzierungsbedarf** der Rentenversicherung zur Befriedigung der im Zeitpunkt der Beitragserhebung bestehenden Leistungsansprüche orientierte.

        Dies folgt aus dem der Rentenfinanzierung zugrundeliegenden **Umlage-
verfahren**, das seinerseits Ausdruck des **Generationenvertrages** ist. Danach
hat die heute aktive Generation die Generation der vormals Aktiven zu sichern.[12] Dies geschieht in der Erwartung, dass die der heute aktiven Generation Nachfolgenden ihrerseits die Pflichten zur Alterssicherung der heute
aktiven Generation übernehmen. Diese Annahme ist akzeptabel, wenn die
Generationenfolge in dem Verhältnis der Aktiven zu den Leistungsberechtigten invariant ist; sie wird jedoch prekär und wirft schwierige, ungeklärte

---

676 ff.; *Eichenhofer*, DRV 2008, 368; *Wenner*, Rentenniveau und Grundgesetz, von Wulf-
fen/Krasney (Hg.), Festschrift 50 Jahre Bundessozialgericht, 2004, 625.
    [8] *Kolb*, Die Bedeutung des Versicherungsprinzips für die gesetzliche Rentenversiche-
rung, in Schmähl (Hg.), Versicherungsprinzip und soziale Sicherheit, 1985, 120 ff.; *Ruland*, in Eichenhofer/Rische/Schmähl (Hg.), Handbuch der gesetzlichen Rentenversicherung, 2012 (2. Aufl.), Kapitel 9 Rn. 5; *Kingreen*, Das Bundesverfassungsgericht und der
Generationenvertrag, in Manssen/Jachmann/Gröpl (Hg.), Nach geltendem Verfassungsrecht, Festschrift für Steiner, 2009, 392.
    [9] *Ruland*, in Eichenhofer/Rische/Schmähl (Hg.), Handbuch der gesetzlichen Renten-
versicherung, 2012 (2. Aufl.), Kapitel 9 Rn. 4 ff.; *Hase*, Versicherungsprinzip und sozialer
Ausgleich, 2000; *Rolfs*, Das Versicherungsprinzip im Sozialversicherungsrecht, 2000.
    [10] BSGE 86, 262, 267 ff.
    [11] 1965 betrug der Beitragssatz in der Rentenversicherung 14 %; vgl. *Wannagat*, Lehr-
buch des Sozialversicherungsrechts, Bd. 1, 1965, 151; 1998 lag der Beitragssatz dagegen
bei 20,3 %, 2012 bei 19,6 %.
    [12] *Nell-Breuning*, Drei Generationen in Solidarität, in ders./Fetsch (Hg.), Drei Gene-
rationen in Solidarität, 1981, 27; *Leisner*, Kontinuität als Verfassungsprinzip, 2002,
298 ff.; *Butzer*, Der Generationenvertrag, in Butzer/Kaltenborn/Meyer (Hg.), Organisation und Verfahren im sozialen Rechtsstaat, Festschrift für Schnapp, 2008, 367 ff.

Fragen der Generationengerechtigkeit[13] auf, wenn – wie absehbar – wegen des Geburtenrückgangs die Zahl der Aktiven sinkt und wegen der Erhöhung der Lebenserwartung die Zahl der Leistungsberechtigten steigt. In diesem Zusammenhang steht auch die Frage, ob Familienerziehung im Rahmen der Alterssicherung leistungs- und beitragsrechtlich honoriert werden soll.[14]

Ausprägung des **sozialen Ausgleichs**[15] in der Rentenversicherung ist insbesondere die Anrechnung beitragsloser Zeiten. Durch deren Zuerkennung soll der Versicherte gestellt werden, wie wenn er versicherungspflichtig beschäftigt wäre. Die Tatbestände für beitragslose Zeiten sind Opferlagen, aufgrund deren der Berechtigte aus anerkennenswerten Gründen an einer versicherungspflichtigen Beschäftigung gehindert war. Das im Versicherungs- und Prinzip des sozialen Ausgleichs begründete Leistungsrecht findet in der Mischfinanzierung der Rentenversicherung aus Beiträgen und den Bundeszuschüssen zur Abgeltung der der Rentenversicherung auferlegten versicherungsfremden Leistungen (z. B. für Verfolgung oder Kindererziehung) seine Entsprechung. Das mit den Rentenreformen 2000/1 und 2004 erstmals bearbeitete Problem der Generationengerechtigkeit fordert zur Nachhaltigkeit von Alterssicherung – im Einklang mit den Empfehlungen der EU im Rahmen der offenen Methode der Koordinierung zur Angleichung der Alterssicherungspolitik der Mitgliedstaaten[16] – Anpassungen des Rentenniveaus an den gestiegenen Rentneranteil. Dies führt mittelfristig zur Absenkung des Rentenniveaus, Erhöhung des Renteneintrittsalters und fordert die Ausweitung der Erwerbstätigkeit bei gleichzeitigem Ausbau der zweiten wie dritten Säule für die davon Betroffenen.[17]

---

[13] *Forschungsnetzwerk Alterssicherung*, Generationengerechtigkeit – Inhalt, Bedeutung und Konsequenzen für die Alterssicherung, DRV-Schriften 51, 2004.

[14] BVerfGE 103, 242; Ruland, NJW 2001, 1673, 1677 f.; *Hessische Staatskanzlei* (Hg.), Die Familienpolitik muss neue Wege gehen!, 2003, 106 ff., „Transferausbeutung in den Altersversorgungssystemen" (Jürgen Borchert); vgl. dazu BSG – 5.7.2006 – B 12 KR 20/04 R = NZS 2007, 311: Danach ist der Erziehungsaufwand keine Rechtfertigung, um Eltern von der Zahlung zu Beiträgen zur GRV zu entlasten. Der in BVerfGE 103, 242 für die Pflegeversicherung formulierte Auftrag ist also auf die Rentenversicherung nicht zu erstrecken.

[15] *VDR* (Hg.), Sozialversicherung und Familie zwischen sozialem Ausgleich und staatlicher Verantwortung, DRV-Schriften Bd. 46, 2003.

[16] *Verband Deutscher Rentenversicherungsträger* (Hg.), Offene Methode der Koordinierung im Bereich der Alterssicherung – quo vadis?, DRV-Schriften Bd. 47, 2003.

[17] Bericht der Kommission, Nachhaltigkeit in der Finanzierung der sozialen Sicherungssysteme, 2003, 45 ff.

b) Risiken

aa) Erwerbsminderung

319   Die Rentenversicherung kennt nur noch den einzigen und einheitlichen **Versicherungsfall** der **Erwerbsminderung** (§ 43 SGB VI). Erwerbsgemindert ist, wer wegen Krankheit oder Behinderung auf absehbare Zeit keine den Bedingungen des Arbeitsmarktes übliche Erwerbstätigkeit von mehr als 3 Stunden täglich auszuüben vermag; teilweise erwerbsgemindert ist, wessen Erwerbsfähigkeit weniger als 6 Stunden täglich beträgt. Für diese Bestimmung sind nur medizinische Maßstäbe sowie die üblichen Bedingungen am Arbeitsmarkt maßgebend[18]: Jedem Versicherten ist daher jede erlaubte Tätigkeit zuzumuten. Bei vollständiger Erwerbstätigkeit ist die volle und mittels einer Zurechnungszeit (§ 59 SBG VI) auf die Vollendung des 60. Lebensjahres hochgerechnete Rente wegen voller Erwerbsminderung zu zahlen. Ist der Versicherte teilweise erwerbsgemindert, müssen in den letzten fünf Jahren vor Eintritt drei Jahre Pflicht-Beiträge gezahlt und die allgemeine Wartezeit erfüllt worden sein.

320   Für die vor 1961 geborenen Versicherten besteht nach § 240 SGB VI die vordem noch bestehende Berufsunfähigkeitsrente fort. Sie wurde damit **gerechtfertigt**, die beruflich Qualifizierten vor dem **sozialen Abstieg zu bewahren**, falls diese den bisherigen Beruf gesundheitsbedingt nicht mehr ausüben können.[19] Sie war und ist aber verteilungspolitisch bedenklich, weil für sie nur Qualifizierte in Betracht kommen. Sie ist auch inkonsequent, weil sie für den Lebensunterhalt nicht hinreicht, der Versicherte zur Sicherung gleichwohl gehalten ist, Tätigkeiten auszuüben, die ihm wegen des Berufsschutzes gerade nicht zugemutet werden können. Es erwies sich auch als schwierig, Berufsunfähigkeit zu definieren.[20] Sie war kaum „operationalisierbar".[21] Auf welche Tätigkeit ist ein Versicherter zumutbar zu verweisen, der seinen bisherigen Beruf gesundheitsbedingt nicht mehr ausüben kann?

---

[18] *Tomandl* (Hg.), Die Verweisung im Sozialrecht, 2002; *Loytved*, NZS 1999, 276; zur Erwerbsminderung von Profisportlern: BSG NZS 2001, 325; OGH – 24.1.20006 – 10 ObS 62/05 Y.

[19] *Künzler*, Diegesicherten Risiken, in Eichenhofer/Rische/Schmähl (Hg.), Handbuch der gesetzlichen Rentenversicherung, 2012 (2. Aufl.), Kapitel 12; *Ruland*, in SRH, § 17 Rn. 50 ff.; vgl. zur Problematik umfassend auch rechtsvergleichend: *Ebsen* (Hg.), Invalidität und Arbeitsmarkt, 1992; *Verband Deutscher Rentenversicherungsträger* (Hg.), Labour Market and Pensions, DRV-Schriften, Bd. 43, 2003; *Devetzi/Stendahl* (Eds.), Too Sick to Work?, 2011; *Bucher*, Eingliederungsrecht der Invalidenversicherung, 2011; *Pflüger-Demann*, Soziale Sicherung bei Invalidität in rechtsvergleichender und europarechtlicher Sicht, 1991.

[20] BSGE 9, 254; 30, 167; 43, 75; 80, 24; BSG-SozR 2200 § 1246 Nr. 137; *Burger*, VSSR 1975, 46.

[21] Vgl. dazu *Erlenkämpfer/Fichte*, Sozialrecht, 2008 (6. Aufl.), 393 f.; *Waltermann*, Sozialrecht, 2014 (11. Aufl.), Rn. 413 ff.

Je höher die Tätigkeit einzustufen war, desto weniger Tätigkeiten kamen in Betracht. Die Rechtsprechung entwickelte aus Manteltarifverträgen Leitberufe und daraus ein **Stufenschema** – für die Arbeiter- und die Angestellten- berufe unterschiedlicher Gestalt.

bb) Alter

Der Versicherungsfall des **Alters** (§§ 35 ff. SGB VI) vollendet der Versi- **321** cherte mit dem 65. Lebensjahr, soweit er eine Versicherungszeit von mindes- tens 60 Kalendermonaten zurückgelegt hat (§ 50 I Nr. 1 SGB VI), auf An- trag mit dem 62. Lebensjahr, wenn der er als langjähriger Versicherter min- destens 35 Versicherungsjahre zurückgelegt hat (§§ 36, 236 SGB VI), oder mit 63 Lebensjahren, wenn er schwerbehindert ist und 35 Versicherungsjah- re zurückgelegt hat (§ 37 SGB VI). Des Weiteren konnten die vor 1952 gebo- renen langjährigen Versicherten (§ 236 SGB VI), Schwerbehinderten (§ 236a SGB VI), nach Arbeitslosigkeit wie Altersteilzeitbeschäftigung (§ 237 SGB VI) oder als Frau (§ 237a SGB VI) vorzeitig Altersrente beanspruchen.

Mit Wirkung bis 2029 wird das gesetzliche Rentenalter auf das 67. Lebens- jahr erhöht werden; die Anhebung begann ab 2012 und erhöht seither für jeden Jahrgang (1947–1958) das Rentenalter zunächst für einen Monat und ab 2024 um zwei Monate (1959–1964).[22] Darin liegt die Folgerung aus dem Anstieg der Lebenserwartung wie dem Geburtenrückgang und damit ausge- lösten Anstieg des Durchschnittsalters der Erwerbsbevölkerung. Die Verlän- gerung der Erwerbsphase ist vorteilhaft für die Wirtschaft, Rentenkassen durch steigende Beiträge und sinkende Leistungen und Versicherten durch mehr Rentenanwartschaften. Weiterhin Altersrente ab 63 Jahren erhalten „besonders langjährige"[23] Versicherte: Personen, die aus Arbeit, Pflege, Kindererziehung 45 Versicherungsjahre aufweisen. Die Verwirklichung des Gesetzes hängt von der Aufnahmefähigkeit des Arbeitsmarkts für ältere, auch leistungsgeminderte Beschäftigte ab.

---

[22] BT-Drucks. 16/3794; der Gesetzgeber folgte damit den Vorschlägen der Wissen- schaft: Bericht der Kommission, Nachhaltigkeit in der Finanzierung der sozialen Siche- rungssysteme, 2003, 82 ff.; *EKD* (Hg.), Im Alter neu werden können. Evangelische Per- spektiven für Individiuum, Gesellschaft und Kirche, 2009, 54 ff.; *Schmähl*, Soziale Siche- rungssysteme und demographische Herausforderungen, 2001; *Boecken*, Gutachten B 62. DJT (1998); *Kerschbaumer*, Sozialstaat und demographischer Wandel, 2005; *Hirte*, Pen- sion Policies for an Aging Society, 2001, 252 ff.; *Becker*, JZ 2004, 929; vgl. zu verfas- sungsrechtlichen Beurteilung *Ruland*, Zur Verfassungsmäßigkeit der Anhebung der Al- tersgrenzen im Rentenversicherungs- und Beamtenversorgungsrecht, in Manssen/Jach- mann/Gröpl (Hg.), Nach geltendem Verfassungsrecht, Festschrift für Udo Steiner, 2009, 662.
[23] Sprachlich missglückt, weil „langjährig" nicht steigerungsfähig ist, die Absenkung von 65 auf 63 Jahren geschah durch das Gesetz über Leistungsverbesserungen in der ge- setzlichen Rentenversicherung vom 1.7.2014 (BGBl. I S. 787).

322   Des Weiteren kannte die Rentenversicherung die Teilrente (§ 42 SGB VI.)
Sie sollte den **gleitenden** Übergang von der Erwerbsarbeit zur Rente erlauben. Sie konnte sich nach Wahl des Versicherten auf 1/3, 1/2 oder 2/3 der
Vollrente belaufen, daneben sollte Arbeit in unterschiedlichem Ausmaß
möglich sein. Um diese Wahlmöglichkeit zu flankieren, schuf der Gesetzgeber einen arbeitsrechtlichen Bestandsschutz für die Arbeitsverhältnisse von
Arbeitnehmern in rentennahen Jahrgängen (vgl. § 41 SGB VI). Das seit fast
zwei Jahrzehnten bestehende Instrument wurde jedoch nicht angenommen.
Es wurde daher von der „Flexi-Rente" (§ 34 II, III SGB VI)[24] abgelöst: Ab
2017 wird den Versicherten vor Vollendung des gesetzlichen Rentenalters
der vorzeitige Bezug von Rente gegen Abschläge ermöglicht; die Versicherten dürfen bis zu einer Grenze von 6.300 € jährlich hinzuverdienen; übersteigen die Einkünfte diese Grenze, wird die Rente um 40 % gemindert. Die
Leistung ist mit einem hohen Erklärungs- und Ermittlungsaufwand verbunden.

cc) Hinterbliebenensicherung

323   Ein weiterer Versicherungsfall ist der **Tod** eines Versicherten unter Hinter-
lassung eines Ehegatten oder unter 18 Jahre alten oder in Ausbildung befindlichen Kindes unter 27 Jahren oder eines wegen Behinderung erwerbsunfähigen Kindes[25] (§§ 46 ff. SGB VI). Hinterbliebenenrenten sind zu versagen, wenn Versorgungsehen geschlossen wurden (§ 46 II a SGB VI).[26]

c) Leistungen

324   Die Höhe der Leistungen der Rentenversicherung – namentlich Alters-,
Erwerbsminderungs- oder Hinterbliebenenrente – werden durch einen **Zeit-**
(aa), **Geld-** (bb) und **Statusfaktor** (cc) bestimmt.[27] Die Rentenleistung hängt
von einem Zeitfaktor ab, weil dem Versicherten für die während der Lebenszeit ausgeübten Tätigkeiten rentenrechtliche Zeiten zugerechnet werden. Je
mehr rentenrechtliche Zeiten ein Versicherter hat, desto höher ist sein Rentenanspruch. Die Rentenleistung hängt ferner von einem Geldfaktor ab, weil
das vom Versicherten während der rentenrechtlichen Zeiten bezogene Einkommen (und nicht die Höhe der gezahlten Beiträge, vgl. oben Rn. 318)

---

[24] FlexirentenG vom 13.12.2016 (BGBl. I S. 2838).
[25] Kritisch zur Ausgestaltung *Köbl*, Zur Unterhaltsersatzfunktion von Waisenrenten
der gesetzlichen Rentenversicherung, in Boecken/Ruland/Steinmeyer (Hg.), Sozialrecht
und Sozialpolitik in Deutschland und Europa, Festschrift für von Maydell, 2002, 321 ff.;
dies., DRV 2002, 686 ff.; *von Maydell*, DRV 2002, 708 ff.; *Brosius-Gersdorf*, SGb 2016,
241, 321.
[26] BSGE 103, 99.
[27] Vgl. auch *Gitter/Schmitt*, Sozialrecht, 2001 (5. Aufl.), § 25 Rn. 6 ff.

Grundlage der Rentenberechnung ist. Je höher das Einkommen des Versicherten während eines Versicherungsjahres im Verhältnis zum Einkommen aller Versicherten war, desto höher ist der Geldfaktor. Die Rentenberechnung wird schließlich durch den Status des Rentenberechtigten bestimmt; dieser hängt von der Rentenart ab. Ist der Berechtigte ein Versicherter, besteht ein eigener Rentenanspruch; ist er Hinterbliebener, besteht ein „abgeleiteter" Rentenanspruch. Jener wird höher als dieser bewertet.

aa) Rentenrechtlich erhebliche Zeiten

Unter den rentenrechtlich erheblichen Zeiten[28] sind die **Beitrags-, beitragsfreien, Berücksichtigungs-** und **Wartezeiten** zu unterscheiden. **Beitragszeiten** sind Zeiten, für die ein Versicherter Pflicht- (§ 168 SGB VI) oder freiwillige Beiträge (§ 171 SGB VI) gezahlt hat oder eine Nachversicherung (§ 185 SGB VI) besteht. Als Beitragszeiten gelten ferner die trotz fehlender Beitragszahlung gesetzlich fingierten Zeiten (§ 55 SGB VI). Als Pflichtbeitragszeiten gelten danach Zeiten, die ein Versicherter in versicherungspflichtiger Beschäftigung in den vormals vom deutschen Rentenversicherungsrecht getrennten eigenständigen Rentenversicherungen Berlins, des Saarlands, der DDR oder dem Reich (§§ 247, 248 III SGB VI) zurückgelegt hat. Als Pflichtbeitragszeiten gelten ferner Kindererziehungszeiten (§§ 56, 249 SGB VI), die für jedes nach 1992 geborene Kind für drei Jahre und für jedes davor geborene Kind für zwei Jahre bei dem erziehenden Elternteil angerechnet werden, sowie die in den „Vertreibungsstaaten" (z.B. Polen, Sowjetunion, Tschechoslowakei) zurückgelegten Versicherungs- oder Beschäftigungszeiten der im Inland als Vertriebene anerkannten Personen (§§ 15 f. FRG, 1 BVFG). **325**

Beitragsfreie Zeiten sind Zeiträume der individuellen Versichertenbiographie, die den Versicherten an der Ausübung einer Beschäftigung aus sozial anerkennenswerten Gründen hinderten. Die Anerkennung beitragsfreier Zeiten prägt den sozialen Ausgleich. Beitragsfrei sind namentlich die Ersatz- (§ 250 SGB VI), Anrechnungs- (§§ 58, 252 ff. SGB VI) und Zurechnungszeiten (§ 59 SGB VI). **Ersatzzeiten** sind Zeiten, in denen der Versicherte infolge politischer Großereignisse, für deren Folgen die deutsche Solidargemeinschaft einzustehen hat (Kriegsdienst, Kriegsgefangenschaft, Inhaftierung oder Internierung aus politischen Gründen, Ghetto-Arbeit[29]) keine beitragspflichtige Beschäftigung ausüben konnte. Ersatzzeiten sind **326**

---

[28] *Reichert*, Rentenrechtliche Zeiten und die Wartezeiten, in Eichenhofer/Rische/ Schmähl (Hg.), Handbuch der gesetzlichen Rentenversicherung, 2012 (2. Aufl.), Kapitel 14.
[29] BSGE 103, 220.

soziale Entschädigung, weil die Gemeinschaft das ihr erbrachte Opfer des Verzichts auf Beschäftigung rentenversicherungsrechtlich entgilt.

Anrechnungszeiten sind Zeiten, in denen der Versicherte aus individuell nicht zu verantwortenden Gründen: Schwanger- und Mutterschaft nicht beschäftigt war. Die **Zurechnungszeit** soll verhindern, dass Versicherte oder deren Hinterbliebene keine hinreichende Rente erhalten, weil der Versicherte frühzeitig invalide wurde oder verstarb (§ 59 SGB VI). Als Zurechnungszeit zählt der Zeitraum zwischen dem Eintritt des Versicherungsfalles und dem 62. Lebensjahr des Versicherten.

327   **Berücksichtigungszeiten** (§ 57 SGB VI) sind Zeiten, in denen der Versicherte eine im öffentlichen Interesse liegende Erziehung eines Kindes unter 10 Jahren zurückgelegt hat. Anders als die Beitrags- und beitragsfreie Zeit wirkt die Berücksichtigungszeit weder rentenbegründend noch – steigernd, zählt jedoch bei Ermittlung des Geldfaktors – der Bewertung der beitragslosen Zeiten nach dem Beitragsdichte-Modell (vgl. unten Rn. 330) – als rentenrechtliche Zeit.

328   **Wartezeiten** sind Zeiten, die der Versicherte vor Eintritt eines Versicherungsfalls zurückgelegt haben muss, damit ein Leistungsanspruch entsteht (§ 50 SGB VI). Sie beträgt für Ansprüche auf Regelaltersrente, Rente wegen Erwerbsminderung und Hinterbliebenenrente mindestens fünf Jahre. Für die Ermittlung der Wartezeit zählen einzig Beitrags- und Ersatzzeiten. Die Erfüllung der Wartezeit wird fingiert, wenn der Versicherte zumindest einen Beitrag gezahlt, einen Arbeitsunfall oder eine Wehrdienstbeschädigung erlitten hat (§ 53 SGB VI).

bb) Geldfaktor

329   Die Rentenberechnung beruht auf der **Grundformel**[30] (vgl. § 64 SGB VI): Monatsrente (MR) = persönliche Entgeltpunkte (EP) x Zugangsfaktor x Rentenartfaktor (RF) x aktueller Rentenwert (AR). Die Monatsrente ist zu ermitteln aus drei Faktoren: den **persönlichen Entgeltpunkten**, dem **aktuellen Rentenwert**, dem **Rentenart-** (§ 64 SGB VI) und **Zugangsfaktor** (§ 77 SGB VI).

330   Die **persönlichen Entgeltpunkte** (EP) errechnen sich aus der Summe der dem Versicherten jährlich ermittelten Verhältniszahlen zwischen den Versicherten-**Einkommen** zum Einkommen aller Versicherten im jeweiligen Versicherungsjahr. Entspricht dieses dem Durchschnittseinkommen aller Versicherten, wird dem Versicherten für das Jahr 1 EP zugeordnet. Beläuft es sich auf 120 %, werden 1,2 EP, beläuft es sich dagegen auf 80 %, werden 0,8 EP

---

[30] *Seiter*, Rentenberechnung, Rentenzahlung, Rentenanpassung, in Eichenhofer/Rische/Schmähl (Hg.), Handbuch der gesetzlichen Rentenversicherung, 2012 (2. Aufl.), Kapitel 15; *Schulin*, in HS-RV, § 38 Rn. 16 ff.

gutgeschrieben. Das jährliche Durchschnittsentgelt aller Versicherten wird von der Bundesregierung durch Rechtsverordnung bestimmt (§ 69 II SGB VI). Bei Rentenantragstellung werden die so für jeden Versicherten für jedes Jahr ermittelten Entgeltpunkte addiert.

Beschränkte sich die Ermittlung der EP auf Pflichtbeitragszeiten, wäre die Rentenberechnung ein bloßes Rechenproblem. EP sind auch für Zeiten festzusetzen, in denen der Versicherte kein Einkommen bezogen hat. Hieraus erwächst ein Rechts- und Regelungsproblem. So sind vom Gesetzgeber für Kindererziehungszeiten (§§ 56, 249 SGB VI) mindestens auf 1,0 EP festgelegt. Sie werden durch den Bund finanziert (§ 177 SGB VI). Als Anrechnungszeiten werden außerdem Zeiten der Arbeitslosigkeit, Krankheit, Schwangerschaft und Mutterschaft anerkannt, sofern dadurch eine versicherungspflichtige Beschäftigung unterbrochen wurde (§ 58 I, III SGB VI). Diese Zeiten werden als beitragsfreie Zeiten oder als beitragsgeminderte Zeiten berücksichtigt, je nachdem, ob der jeweilige Kalendermonat zugleich mit Beiträgen belegt ist oder nicht (vgl. § 54 SGB VI). Die Höhe der EP für beitragsfreie und beitragsgeminderte Zeiten wird im Rahmen einer **Gesamtleistungsbewertung** ermittelt. Sie hängt von der individuellen Beitragsleistung des Versicherten während des gesamten Versicherungslebens ab. Neben der Beitragshöhe ist die **Beitragsdichte** – die tatsächliche im Verhältnis zur möglichen Beitragsanzahl – von Bedeutung. Die Steigerung der Rente durch die Anrechnung beitragsfreier oder geminderter Zeiten fällt desto höher aus, je mehr und je höhere Beiträge der Versicherte geleistet hat (Einzelheiten vgl. §§ 71 ff. SGB VI).[31] Durch Zuerkennung von Berücksichtigungszeiten von Kindern bis zu deren 10. Lebensjahr (§ 57 SGB VI) wird die Versicherungsleistung rentenrechtlich aufgewertet.[32] Die Summe der EP reflektiert das rentenversicherungsrechtlich erhebliche Lebenseinkommen des Versicherten.

Um den Wert einer persönlichen Rentenanwartschaft festzustellen, ist die Summe der EP mit dem aktuellen Rentenwert und dem Rentenartfaktor zu multiplizieren. Der **aktuelle Rentenwert** ist der Betrag, der einer Rente wegen Alters für den Monat Dezember des Vorjahres entspricht, wenn für ein Kalenderjahr Beiträge aufgrund des Durchschnittsentgelts aller Versicherten gezahlt worden sind (§ 68 I SGB VI). Dieser Wert wird alljährlich an die Veränderungen des Durchschnittseinkommens der Versicherten angepasst. Er beträgt 30,45 € (West) und 28,66 € (Ost) (Stand: 1.7.2016). Da die Monatsrente vom aktuellen Rentenwert abhängt, und andere Berechnungsfaktoren der Rente bei den wichtigsten Rentenarten nach Eintritt des Versicherungsfalles nicht mehr verändert werden, wandelt sich die Monatsrente in dem Maße, wie sich der aktuelle Rentenwert verändert.

331

---

[31] Zur Gesamtleistungsbewertung *Schulin*, in HS-RV, § 38 Rn. 85 ff.
[32] Vgl. *Rust* (Hg.), Eigenständige Alterssicherung der Frauen, 2000.

Dieser bestimmte sich nach dem Bruttoeinkommen, seit 1992 nach dem Nettoeinkommen und seit 2000/2001 wieder nach dem Bruttoeinkommen der Versicherten. Er wird nach dieser Neuregelung namentlich unter Berücksichtigung der Veränderungen der Belastungen der Versicherten für die Rentenversicherungsbeiträge sowie die möglichen Aufwendungen einer geförderten betrieblichen oder privaten Altersvorsorge (vgl. oben Rn. 296) bestimmend festgelegt (§§ 63 VII, 65, 68 SGB VI). Durch Bindung des aktuellen Rentenwerts an das Durchschnittseinkommen der Versicherungspflichtigen wird der Effekt der **dynamischen Rente** erreicht: Die Rentnergeneration nimmt proportional zur Generation der Erwerbstätigen an deren Einkommenszuwachs teil. Der aktuelle Rentenwert wird von der Bundesregierung durch Rechtsverordnung zum 1. Juli eines jeden Jahres bestimmt[33] (§ 69 I SGB VI). Zur Sicherung der Nachhaltigkeit der Renten wird bei der Rentenanpassung künftig auch die Entwicklung des Verhältnisses von Beitragszahlern zu Leistungsempfängern berücksichtigt.[34]

cc) Statusfaktor

332   Der **Rentenartfaktor** (RF) (vgl. §§ 63 IV, 67 SGB VI) ordnet den für die unterschiedlichen Versicherungsfälle vorgesehenen Rentengattungen unterschiedliche Faktoren zu. Er ist für die Alters- und Erwerbsminderungsrente 1,0 und für die Berufsunfähigkeitsrente 0,6667. Denn diese soll das Erwerbseinkommen nur ergänzen, weil der Versicherte eine geringer bewertete Tätigkeit ausübt. Wenn also ein Versicherter während seines Versicherungslebens eine Rentenanwartschaft von 40 EP erlangt hat, dann erhielte er bei einem angenommenen AR von 30 € eine monatliche Altersrente von 1.200 € (40x 30 € x 1,0), während sich die monatliche Rente wegen Berufsunfähigkeit auf 800 € (40x 30 € x 0,6667) belaufen würde.

Renten werden als Versicherungsleistungen **unabhängig** von der **Bedürftigkeit** des Empfängers gewährt. Deshalb kann der Bezieher einer Regelaltersrente ab Vollendung des Rentenalters grundsätzlich Erwerbseinkommen beziehen, ohne dass dieses auf die Rente anzurechnen wäre. Dagegen kann der Bezieher einer Teilrente (§ 42 SGB VI) Erwerbseinkommen nur innerhalb festgelegter Grenzen hinzuverdienen (vgl. § 34 II, III SGB VI). Trifft die Rente mit einer Unfallrente zusammen, ruht jene[35] (§ 93 SGB VI). Trifft jene mit einer Beamtenversorgungsleistung zusammen, so ist sie unvermindert zu zahlen und die Beamtenversorgung anteilig zu kürzen (§ 55 BeamtVG).

---

[33] BSGE 90, 11 zur Frage, ob eine Aussetzung der Rentenanpassung und die Umstellung der Anpassungsprinzipien verfassungsgemäß ist.
[34] *DRV Bund* (Hg.), Dynamisierung von Alterseinkünften im Mehr-Säulen-System, DRV-Schriften, Bd. 94, 2011; *Ruland*, SGb 2004, 327.
[35] BSGE 95, 159.

Die Höhe der Altersrente wird schließlich auch vom Zeitpunkt der Ren- **333**
tenantragstellung beeinflusst. Der Rentenberechtigte kann bereits vor Eintritt des Rentenalters Rente beantragen (vgl. § 77 SGB VI). Dann ist der
Rentenzahlbetrag jedoch um einen versicherungsmathematischen Abschlag
zu ermäßigen, weil durch den vorzeitigen Bezug die Rentenlaufzeit verlängert wird. Umgekehrt kann der Versicherte auch nach Vollendung des gesetzlichen Rentenalters die Rente beantragen. Wegen der Verkürzung der
Rentenlaufzeit wird ein versicherungsmathematischer Zuschlag gewährt.
Diese Ab- und Zuschläge werden ausgedrückt durch einen unterschiedlich
bestimmten **Zugangsfaktor** (§ 77 SGB VI). Vom Zahlbetrag der Rente sind
der Beitragsanteil zur gesetzlichen Krankenversicherung (§ 255 SGB V) sowie der volle Betrag zur Pflegeversicherung (§ 60 IV SGB XI) abzuführen.

Renten werden als abgeleitete Renten[36] beim Tode des Versicherten ge- **334**
zahlt. Anderweitige familiengebundene Leistungen – namentlich die vormals gezahlten Ehegatten- oder Kinderzuschläge zur Versichertenrente –
bestehen heute nicht mehr (§ 270 SGB VI). Nach dem Tode des versicherten
Ehegatten stehen Witwen und Witwern Ansprüche auf Hinterbliebenenrente
unter gleichen Voraussetzungen zu (vgl. §§ 46 ff. SGB VI). Ferner wird die
Hinterbliebenenrente zugunsten des früheren geschiedenen Ehegatten eines
Versicherten gewährt, wenn der frühere Ehegatte unverheiratet ist, eigene
Versicherungsanwartschaften von wenigstens 60 Kalendermonaten aufweist
und zumindest ein minderjähriges Kind aus der Ehe mit dem Versicherten
betreut (Erziehungsrente § 47 SGB VI).

Kindern des Versicherten, zu denen neben den leiblichen auch die Adop- **335**
tiv-, Pflege- und Stiefkinder zählen, steht bei dessen Tode eine Waisenrente
zu. Sie wird gezahlt, bis die Waise das 18. Lebensjahr vollendet hat; befindet
sie sich in Ausbildung oder einem freiwilligen Dienst,[37] kann Waisenrente
bis zur Vollendung des 27. Lebensjahres gezahlt werden (§ 48 SGB VI). Ist
sie erwerbsunfähig, so wird die Waisenrente ohne Altersbegrenzung gezahlt.

Witwen- und Witwerrenten belaufen sich auf 60 % der Versichertenrente **336**
(§ 67 SGB VI). Allerdings hängt der Rentenartfaktor und damit die Renten-
höhe von Umständen in der Person des Hinterbliebenenrentenberechtigten
ab. Hat der Berechtigte das 47. Lebensjahr (§ 46 II SGB VI) vollendet, ist er
erwerbsunfähig oder erzieht und betreut er ein minderjähriges Kind aus der
Ehe mit dem Versicherten, so ist die Witwen-/Witwerrente wie die Rente
wegen Erwerbsunfähigkeit oder Alters aus einem Rentenartfaktor von 0,6
zu errechnen. Man spricht hier von der „großen" Witwen-/Witwerrente.
Sind diese Voraussetzungen nicht erfüllt, so wird lediglich ein Rentenartfak-

---

[36] *Künzler*, Die gesicherten Risiken, in Eichenhofer/Rische/Schmähl (Hg.), Handbuch
der gesetzlichen Rentenversicherung, 2012 (2. Aufl.), Kapitel 12.
[37] BSG SozR 4-2000 § 48 Nr. 5.

tor von 0,25 zugrunde gelegt. In diesem Falle wird also eine „kleine" Wit-
wen-/Witwerrente bewilligt (§ 46 SGB VI).

Die Rentenreform 2000/2001 hat für Ehegatten ab Geburtsjahr 1962 und
jünger für Versicherungsfälle ab 2002 eine Absenkung der Ehegatten-Hin-
terbliebenenrente auf 55 % vorgesehen. Allerdings sind für das vom hinterbliebenen Ehegatten erzogene Kind 2 EP und für jedes weitere Kind je 1 EP
anzurechnen (§ 78a SGB VI). Ferner steht den Eheleuten das Recht zu, statt
der Hinterbliebenenrente einen auf die Anwartschaften der gesetzlichen
Rentenversicherung beschränkten Versorgungsausgleich (Rentensplitting,
§§ 46 II b, 120a SGB VI) zu beantragen.[38] Dadurch werden die von den
Ehegatten in der Ehezeit erworbenen Anwartschaften addiert, halbiert und
jedem Ehegatten in gleicher Höhe gutgeschrieben.

337   Hinterbliebene, die neben der Hinterbliebenenrente eigenes Einkommen
oder Einkommensersatzleistungen – namentlich eine eigene Versicherten-,[39]
Unfall- oder Versorgungsrente – beziehen, haben eine Teilanrechnung des
anderweitigen Einkommens auf die Rente hinzunehmen (§ 97 SGB VI). Die
Anrechnung findet allerdings nur für ein Einkommen statt, das einen Min-
destbetrag übersteigt; das diesen Grenzwert überschreitende Mindesteinkommen wird auf die Hinterbliebenenleistung auch nur in Höhe von 40 %
angerechnet (§§ 97 II SGB VI, 18 a–18e SGB IV).[40] Der Anrechnung unterliegen auch Erträge aus privaten Vermögensanlagen, Vermietung und Verpach-
tung (§ 18a SGB IV); Einkünfte aus der geförderten zweiten Säule der privaten und betrieblichen Altersvorsorge bleiben dagegen unberücksichtigt.
Hat ein Familienangehöriger den Tod des Versicherten vorsätzlich herbeigeführt, ist die Hinterbliebenenrente kraft Gesetzes ausgeschlossen (§ 105 SGB
VI). Diese Regel ist Ausdruck eines allgemeinen versicherungsrechtlichen
Prinzips: Leistungen kann nicht beanspruchen, wer den Versicherungsfall
selbst zielgerichtet herbeigeführt hat. Die Hinterbliebenenrente entfällt bei
Wiederheirat des hinterbliebenen Ehegatten. Stattdessen steht dem Berechtigten ein Anspruch auf Witwenrentenabfindung zu (§ 107 SGB VI). Endet
die Zweitehe durch Scheidung oder Tod des zweiten Ehegatten, lebt die Wit-
wen- oder Witwerrente wieder auf. Allerdings sind dann Ansprüche aus der
zweiten Ehe- Unterhalts-, Versorgungs- oder Versicherungsansprüche – auf
die Hinterbliebenenrente anzurechnen (§ 90 SGB VI).

---

[38] *Kreikebohm/Hoyer/Mette*, Renten-Ratgeber, 2002 (3. Aufl.), zu § 144 ff.; *Ruland*,
Das Rentensplitting zwischen Ehegatten, in Boecken/Ruland/Steinmeyer (Hg.), Sozialrecht und Sozialpolitik in Deutschland und Europa, Festschrift für von Maydell, 2002,
575.
[39] BSGE 104, 108.
[40] BVerfGE 97, 271 bestätigt die Verfassungskonformität dieser Regelung.

§ 15 Versorgungsausgleich

Lit.: *Bergner*, Der reformierte Versorgungsausgleich, NJW 2009, 1169 und 1233; *Borth*, Das Gesetz zur Strukturreform des Versorgungsausgleichs, FamRZ 2009, 562; *Eichenhofer*, Prinzipien des Versorgungsausgleichs, FamRZ 2011, 1630; *Reimann/Wiechmann*, Die Strukturreform des Versorgungsausgleichs, DRV 2009, 77; *Ruland*, Versorgungsausgleich, 2011, 3. Aufl.; *Schmid*, Die Strukturreform des Versorgungsausgleichs, FPR 2009, 196.

Der seit 1977 bestehende Versorgungsausgleich **beteiligt** Ehegatten bei   **338** Scheidungen an den vom anderen Ehegatten während der Ehezeit erworbenen Anrechten zu gleichen Teilen. Er war zunächst im **Eherecht (§§ 1587 ff.** BGB) geregelt und als Scheidungsfolge ausgestaltet. Seit 2009 ist in § 1587 BGB nur noch das Grundprinzip des Versorgungsausgleichs angesprochen; dessen Einzelheiten sind im Versorgungsausgleichsgesetz (VersAusglG) normiert. Der Versorgungsausgleich verändert die Alters-, Invaliditäts- und Hinterbliebenensicherung; er gehört daher zum Sozialrecht. Er verbessert vor allem die Invaliditäts- und Alterssicherung der nicht kontinuierlich und umfassend erwerbstätigen Frau. Die Problematik tritt insbesondere bei der **Scheidung** zutage, weil ehebedingte Einkommensunterschiede in der Alterssicherung Folgen nach sich ziehen. Das dem Versorgungsausgleich zugrundeliegende Rentensplitting ist auch eine Alternative zur Hinterbliebenensicherung (vgl. oben Rn. 336).

Zahlreiche Rechtsordnungen lösen die Teilhabe beider Ehegatten an den   **339** in der Ehezeit erworbenen Anrechten auf Alters-, Invaliditäts- und Hinterbliebenensicherung durch Ausgleichspflichten bei Scheidung,[1] Geschiedenen-[2] oder Geschiedenenwitwenrenten[3]; jede dieser **Lösungen** ist **bedenklich.** Ausgleichszahlungen reichen für eine angemessene Alterssicherung selten hin, und sozialversicherungsrechtliche Ansprüche der Geschiedenen konkurrieren oft mit Ansprüchen eines späteren Ehegatten des Versicherten. Beide Nachteile werden durch den Versorgungsausgleich

---

[1] So in den USA (in re Marriage of Brown, 544 P 2 d, 561 [1976]), den Niederlanden (NedJ 1982, 503) und Frankreich (Art. 272 Code Civil); vgl. ferner *Jayme*, in Zacher (Hg.), Der Versorgungsausgleich im internationalen Vergleich und in der zwischenstaatlichen Praxis, 1985, 289 ff.

[2] So in Belgien, vgl. *Pintens*, Die Problematik des Versorgungsausgleichs im belgischen und niederländischen Familien-, Sozial- und Kollisionsrecht, in Zacher (Hg.), Der Versorgungsausgleich im internationalen Vergleich und in der zwischenstaatlichen Praxis, 1985, 587 ff.

[3] So in Österreich (vgl. *Marhold*, Die Problematik des Versorgungsausgleichs im österreichischen Familien-, Sozial- und Kollisionsrecht, in Zacher (Hg.), Der Versorgungsausgleich im internationalen Vergleich und in der zwischenstaatlichen Praxis, 1985, 459 ff.) sowie in Italien und Spanien (so *Jayme*, Die Lösungsansätze im internationalen Vergleich, in Zacher (Hg.), Der Versorgungsausgleich im internationalen Vergleich und in der zwischenstaatlichen Praxis, 1985, 289 ff.).

vermieden, den es außerhalb Deutschlands nur in Kanada,[4] den Niederlanden[5] und Schweden[6] gibt.

a) Einführung und Fortentwicklung des Versorgungsausgleichs

340   Seit 1942 wurden an geschiedene Frauen nach dem Tod aus der Rentenversicherung des vormaligen versicherten Ehemannes **Geschiedenenwitwenrenten** gezahlt. Seit 1957 bestand darauf ein Rechtsanspruch, wenn der Versicherte dem geschiedenen Ehegatten bis zu seinem Tode Unterhalt schuldete und leistete.[7] Damals setzte der Unterhaltsanspruch Bedürftigkeit und **fehlendes** Scheidungs**verschulden** des Ehegatten voraus. Nur ca. 4 % der Berechtigten nahm die Geschiedenenwitwenrente in Anspruch.[8] An deren Stelle trat die Erziehungsrente (§ 47 SGB VI) – sie ist nach dem Tod eines geschiedenen Ehegatten an den Überlebenden, ein minderjähriges Kind des Verstorbenen oder ein eigenes Kind Erziehenden zu zahlen.[9]

Die Reform des Eherechts (1976) führte im Scheidungsrecht zum Übergang vom **Verschuldens**- zum **Zerrüttungsprinzip**. Weil Anrechte auf Vorsorge im Alter und bei Invalidität einen wesentlichen Teil des Vermögens für weite Bevölkerungskreise darstellten, sollte er bei der Scheidung ebenso wie sonstiges Vermögen unter den Ehegatten aufzuteilen sein.[10] Der Versorgungsausgleich wurde 1976 mit der Reform des Ehe- und Scheidungsrechts verwirklicht.[11] Er war deshalb umfassend im BGB geregelt. Er fand auch Bestätigung durch das BVerfG,[12] es bemängelte aber einzelne Gestaltungen.

---

[4] Vgl. umfassend *Reinhard*, Rechtsordnungen mit Versorgungsausgleich im Sinne des Art. 17 Abs. 3 EGBGB, 1995; *Eichenhofer*, Sozialrecht Kanadas, 1984, 110 ff.; *Hering*, Die Problematik des Versorgungsausgleichs im kanadischen Familien- und Kollisionsrecht, in Zacher (Hg.), Der Versorgungsausgleich im internationalen Vergleich und in der zwischenstaatlichen Praxis, 1985, 519 ff.; *Steinmeyer*, FamRZ 1982, 335; *ders.*, Die Problematik des Versorgungsausgleichsrechts im kanadischen Sozialrecht und Sozial-Kollisionsrecht, in Zacher (Hg.), Der Versorgungsausgleich im internationalen Vergleich und in der zwischenstaatlichen Praxis, 1985, 557 ff.

[5] *Eichenhofer*, MittLVA Oberfranken und Mittelfranken 1999, 200, 204.

[6] *Christensen*, DRV 1999, 659, 667 f.

[7] Vgl. §§ 1265 RVO, 42 AVG.

[8] *Ruland*, NJW 1976, 1713.

[9] Vgl. dazu *Scheiwe/Schuler-Harms/Wallrabenstein*, NZS 2012, 601.

[10] Die Idee geht zurück auf *Planken*, Die soziale Sicherung der nicht-erwerbstätigen Frau, 1961; vgl. ferner BVerfGE 17, 1, 13; Verhandlungen des 47. DJT, Bd. I Teil F, 47 ff. (Gutachten *Langkeit*), Bd. II Teil O (Vortrag *Zacher*); vgl. ferner BT-Drucks. 7/5866, S. 15 ff.

[11] 1. Eherechtsreformgesetz vom 14.6.1976 (BGBl. I S. 1421).

[12] BVerfGE 53, 257; für diese Härtefälle hat der Gesetzgeber deswegen im „Gesetz zur Regelung von Härten im Versorgungsausgleich" (VAHRG) Sonderregeln getroffen. BVerfGE 63, 88, 108 ff., 115 ff.

2009 wurde der Versorgungsausgleich reformiert und auf neue Grundla- **341**
gen gestellt,[13] nachdem der BGH[14] befunden hatte, dass der Gesamtaus-
gleich aller während der Ehezeit erworbenen Versorgungsrechte durch deren Umrechnung in Rechte der Rentenversicherung verfassungswidrig sei.
Denn die Rechte aus Rentenversicherung, betrieblicher Altersversorgung
und Privatversicherung entwickelten sich nicht gleichsinnig. Der Gesetzgeber ging vom **Einmalausgleich** ab und schuf ein neues im VersAusglG nieder-
gelegtes Recht. Es beruht auf der **internen** oder notfalls **externen Teilung**
aller Rentenrechte. Danach wird jedes von den Ehegatten während der Ehezeit erworbene Anrecht geteilt.

Die **interne Teilung** jedes Anrechts ist danach die Regel;[15] sie kann vom **342**
Ausgleichsberechtigten oder Leistungsträger im Wege **externer Teilung** abgewendet werden. Bei der internen Teilung wird ein Recht unter den Berechtigten aufgeteilt. Bei der externen Teilung wird ein ausgleichendes Anrecht
des Ausgleichspflichtigen vermindert und im Gegenzug für den Ausgleichsberechtigten ein Recht in einer anderen Vorsorgeeinrichtung begründet. Der
Ausgleich vollzieht sich sodann zwischen den Vorsorgeträgern von Ausgleichsberechtigten und -pflichtigen. Interne und externe Teilung beruhen
auf **unterschiedlichen Gerechtigkeitsidealen**: jene sichert die gleichberech-
tigte Teilhabe des Ausgleichsberechtigten im Leistungsbezug; diese verwirklicht die gleiche Aufteilung zum Teilungszeitpunkt.[16]

Der Versorgungsausgleich wird auf die gewichtigen Ausgleichsfälle kon- **343**
zentriert. Deshalb sind **Bagatell-Fälle**[17] von kurzer Ehezeit oder geringer
Ausgleichsdifferenz ausgenommen. So findet bei einer Ehezeit von unter 3
Jahren der Ausgleich nur auf Antrag statt (§ 3 III VersAusglG); auch bei geringen Unterschieden unter den Vorsorgerechten „soll" ein Ausgleich unter-
bleiben (§ 18 VersAusglG). Im Übrigen wird den Parteien mehr **Autonomie**
eingeräumt. Diese wird jedoch einer umfassenden gerichtlichen **Inhaltskon-**
trolle (§ 8 VersAusglG) unterworfen, so dass die Gestaltungsmacht primär
das Wie und nicht das Ob des Ausgleichs betrifft.

---

[13] BT-Drucks. 16/10144; *Borth*, FamRZ 2009, 562; *Ruland*, Der Versorgungsausgleich, 2011 (3. Aufl.), Rn. 24 ff.; *Schmid*, FPR 2009, 196.
[14] BGHZ 148, 351.
[15] BT-Drucks. 16/10144, S. 29 ff.; *Schmid*, FPR 2009, 196 ff.; *Ruland*, Der Versorgungsausgleich, 2011 (3. Aufl.), Rn. 32 ff.
[16] *Eichenhofer*, FamRZ 2011, 1630.
[17] *Hauß*, FPR 2009, 214.

b) Sachliche Ausgestaltung

aa) Gegenstände, Gründe und Umfang der Teilung

344   Der Versorgungsausgleich ist bei **Ehescheidung**, Nichtehe und Eheaufhebung von Amts wegen durchzuführen und wird auch auf die Lebenspartnerschaft erstreckt (§ 20 LPartG). In ihn sind alle während der Ehezeit durch Arbeit oder **Vermögen**sdisposition erworbenen Anrechte auf **Rente** bei **Alter** und **Invalidität** einbezogen. Die Ehezeit beginnt mit der Eheschließung und endet, wenn der Antrag auf Eheauflösung gerichtlich anhängig gemacht wird. Auch Getrenntleben ist Ehezeit. Auszugleichen sind alle Anrechte auf **öffentlich-** oder **privat**rechtliche Rentenleistungen, einerlei, ob sie auf Pflicht- oder freiwilliger Versicherung beruhen. Der Versorgungsausgleich kann durch Ehevertrag bei Eheschließung oder im Laufe der Ehe **ausgeschlossen** werden. Er ist ferner in tatbestandlich näher umrissenen Härtefällen ausgeschlossen. Der Versorgungsausgleich kann durch Vertrag gestaltet werden (§§ 7 f. VersAusglG), welcher durch das Familiengericht zu überprüfen und zu billigen ist.[18]

bb) Bewertung der Anrechte

345   Zur Durchführung des Versorgungsausgleichs muss das Familiengericht bei Scheidung den **Wert** jeder einzelnen Versorgungsanrechte **ermitteln**. Dabei bleiben alle familienbezogenen Bestandteile (Ehegatten- oder Kinderzuschläge) und zeitlichen Voraussetzungen (Vorversicherungszeit, Dienstjahre) eines Leistungsanspruchs unberücksichtigt. Der zu bilanzierende Wert eines Anrechts errechnet sich aus dem ehezeitlichen Anteil der Leistung, die der Berechtigte bei fiktivem Ende der Ehezeit als Rente erhielte. Die Bewertung ist schwierig, weil in den Versorgungsausgleich **unterschiedliche Gattungen** von Anrechten einzubeziehen sind, insbesondere Anrechte aus der **Rentenversicherung, Beamtenversorgung, berufsständischen** und **betrieblichen Altersversorgung** sowie privaten **Lebensversicherung**. Jede dieser Sicherungen weist eine eigene Dynamik auf.

346   Nur unverfallbare Anrechte kommen für die Teilung in Betracht. Für noch verfallbare, überstaatliche oder ausländische Anrechte findet ein **schuldrechtlicher Ausgleich** statt (§§ 19 ff. VersAusglG). Letzterer beteiligt den Berechtigten am Ertrag des Rechts und nicht am Stammrecht.[19] Die interne oder externe Teilung wird ermöglicht, weil jeder Vorsorgeträgers zur Berechnung eines korrespondierenden Kapitalwertes (§ 47 VersAusglG) verpflichtet ist. Auf diese Weise soll den Parteien ermöglicht werden, den Versorgungsaus-

---

[18] BT-Drucks. 16/1044, S. 52 f.; *Ruland*, Versorgungsausgleich, 2011 (3. Aufl.), Rn. 86 ff., 890 ff.

[19] *Eichenhofer*, FPR 2009, 211.

gleich in Verbindung mit anderen Scheidungsfolgen – namentlich dem Zuge-
winnausgleich und dem nachehelichen Unterhalt – durch gerichtlich proto-
kollierte Vereinbarung zu regeln (§§ 6 ff. VersAusglG). Die gerichtliche Ge-
nehmigungsbedürftigkeit einer Vereinbarung wahrt die Rechte beider
Ehegatten,[20] sichert namentlich den Schutz des Schwächeren bei gestörter
Parität.[21]

cc) Durchführung des Versorgungsausgleichs

Der Versorgungsausgleich beläuft sich auf die **Hälfte** der **Wertdifferenz**   347
der von den Eheleuten während der Ehe erworbenen Vorsorgerechte. Dieser
Ausgleich soll vorrangig durch Vereinbarung und nur bei deren Nichtab-
schluss durch interne und externe Teilung vorgenommen werden (§§ 10 ff.,
14 ff. VersAusglG). Die **interne** Teilung begründet ein **Teilhaberecht** des ausgleichsberechtigten am Vorsorgerecht des ausgleichspflichtigen Ehegatten.
Externe Teilung überführt ein Rentenrecht des ausgleichspflichtigen Ehegatten in ein zu begründendes oder bestehendes Vorsorgerecht des ausgleichsberechtigten, welches dieser zu bestimmen hat (Zielversorgung). Die interne
Teilung hat die **Vervielfachung** der Versorgungsanrechte zur Folge; dieses
Resultat wird bei der externen Teilung vermindert, weil durch die Teilung
ein für den ausgleichsberechtigten Ehegatten bestehendes Recht ausgeweitet
wird. Regelmäßig vollzieht sich der interne Ausgleich gleichartiger Rechte
bei demselben Versorgungsträger (Rentenversicherung, Beamtenversorgung, betriebliche Altersversorgung) durch Verrechnung der Wertdifferenz
(§ 10 II VersAusglG). Hier tritt eine Vervielfachung der Anrechte nicht ein.

Die interne Teilung[22] begründet für den ausgleichsberechtigten Ehegatten   348
eine eigenständige, dem Recht des ausgleichspflichtigen wertgleiche Teilha-
beberechtigung. Sie muss grundsätzlich einen **Risikoschutz** in **demselben**
Umfang und Ausmaß wie dem Ausgleichspflichtigen gewährleisten. Gewährleistet der Träger dies nicht, ist ein **Vermögensausgleich** geboten (§ 11
VersAusglG). Die dem Versorgungsträger entstehenden Kosten der Teilung
tragen die Beteiligten zu gleichen Teilen (§ 13 VersAusglG).

Bei der **externen** Teilung[23] wird der Träger des Ausgleichspflichtigen vor-   349
zeitig zur Zahlung an einen Träger der **Zielversorgung** verpflichtet, welche
diese im Leistungsfall dann an den Ausgleichsberechtigten erbringt. Die
externe Teilung wird dem Träger des Ausgleichspflichtigen daher nicht aufgezwungen, sondern an dessen Einverständnis gebunden (§ 14 II Nr. 1 Vers-
AusglG). Kleinere Versorgungsrechte (§ 14 II Nr. 2 VersAusglG) können not-

---

20 BVerfGE 60, 329.
21 *Wick*, FPR 2009, 219.
22 *Triebs*, FPR 2009, 202.
23 *Elden*, FPR 2009, 206.

falls auch ohne den Willen des Ausgleichsberechtigten ausgeglichen werden, weit großzügiger als das Gesetz bei der externen Teilung von Betriebsrenten (§ 17 VersAusglG), die leichter und umfangreicher als sonstige Vorsorgerechte durch externe Teilung abgelöst werden können.

350   **Schuldrechtliche Ausgleichsansprüche** sichern die **unterhaltsrechtliche** Teilhabe am Ertrag der Vorsorgerechte. Sie sind namentlich vorgesehen für die wegen Verfallbarkeit noch nicht ausgleichsreifen Ansprüche sowie die Vorsorgerechte, die kraft **ausländischen**, **europäischen** und **internationalen** Rechts erworben sind (§§ 19 ff. VersAusglG). Sie sind dem gesetzlichen Zugriff des Inlands entzogen, so dass für sie auch die externe oder interne Teilung nicht vollzogen werden können.

351   Die schuldrechtliche Ausgleichszahlung ist – gemessen am Ziel des Versorgungsausgleichs – eine **Auffanglösung**.[24] Denn sie entsteht statt im Scheidungszeitpunkt im Leistungszeitraum und sichert dem Berechtigten die Teilhabe am Rentenanspruch des Ausgleichspflichtigen. Der Ausgleichsberechtigte kann vom Ausgleichspflichtigen beanspruchen, dass dieser den Anteil seines Anspruchs gegen den Vorsorgeträger auf ihn überträgt (§ 21 VersAusglG). Sind Rentenzahlungen aus dem Rentenstammrecht nach dem **Tod** des Berechtigten an den überlebenden Ehegatten zu leisten, ermöglicht § 25 VersAusglG die Verlängerung der Ausgleichspflicht über den Tod des Ausgleichspflichtigen hinaus, bis zum Ableben des Ausgleichsberechtigten. Haben die Eheleute den schuldrechtlichen Ausgleich aber vereinbart, um auf die interne oder externe Teilung zu verzichten, ist zur Vermeidung von Zusatzbelastungen der schuldrechtliche Ausgleich nach dem Tod des Ausgleichspflichtigen ausgeschlossen (§ 25 II VersAusglG).

dd) Folgen des Versorgungsausgleichs

352   Der vollzogene Versorgungsausgleich vermindert beim **Ausgleichspflichtigen** dessen Anwartschaft oder Anspruch auf Rente in dem Maß, wie sich dadurch der Anspruch des Ausgleichsberechtigten erhöht (§ 76 SGB VI). Der Ausgleichspflichtige kann die rentenmindernden Konsequenzen des Versorgungsausgleichs durch Beitragszahlung an den Versorgungsträger mildern oder aufheben (§ 187 SGB VI). Bezieht der Ausgleichspflichtige umgekehrt bei Ausspruch des Versorgungsausgleichs allerdings bereits Rente, so ermäßigt sich diese erst, wenn an den Ausgleichsberechtigten aufgrund des Versorgungsausgleichs Leistungen zu erbringen sind.

---

[24] Vgl. *Eichenhofer*, FPR 2009, 211.

c) Verfahren

Über den Versorgungsausgleich entscheidet das Familiengericht, welches   **353**
zugleich über Scheidungsgrund und -folgen (Vermögensausgleich, Hausrats-
verteilung, Unterhalt, Sorgerecht für die Kinder) befindet (§§ 111, 121 Fam-
FG). Alle diese Fragen sind einheitlich in einem Beschluss – im **Entschei-
dungsverbund** – zu entscheiden. Wenn sich aber über einzelne Elemente von
Vorsorgerechten Streitigkeiten ergeben, so muss der Richter das Verfahren
über den Versorgungsausgleich vom übrigen Scheidungsverfahren abtren-
nen. Für das Verfahren gelten die Grundsätze der **Amtsermittlung** und der
materiellen Wahrheit (vgl. § 127 FamFG). Der Richter hat die für den Versorgungsausgleich wesentlichen Daten von den Versorgungsträgern anzu-
fordern. Diese sind zur Auskunftserteilung verpflichtet (§§ 4 VersAusglG,
220 FamFG).

§ 16 Krankenversicherung

Lit.: *Axer,* Gesundheitswesen, in Isensee/Kirchhof (Hg.), Handbuch des Staatsrechts, Bd. IV, 2006 (3. Aufl.), § 95; *ders.,* Gesundheit, in Kube/Mellinghoff/Morgent-
haler/Palm/Puhl/Seiler (Hg.), Die Leitgedanken des Rechts in der Diskussion, Paul
Kirchhof zum 70. Geburtstag, 2013, § 82; *Boerner,* Normenverträge im Gesundheitswesen, 2003; *Ebsen,* Krankenversicherung, in von Maydell/Ruland/Becker
(Hg.), Sozialrechtshandbuch, 2012 (5. Aufl.), § 15; *Eichenhofer/Wenner,* SGB V,
2016 (2. Aufl.); *Ehlers* (Hg.), Disziplinarrecht und Zulassungsentziehung, 2001;
Hauck/Haines/Noftz, SGB V, Kommentar, Loseblattwerk; *Jabornegg* (Hg.), Haftungsfragen im System der Leistungserbringung des Krankenversicherungsrechts,
2006; *Igl/Welti,* Gesundheitsrecht, 2014 (2. Aufl.); *Janda,* Medizinrecht, 2012
(2. Aufl.); *Krauskopf,* Soziale Krankenversicherung, Pflegeversicherung, Loseblattwerk; *Kruse/Hänlein* (Hg.), Lehr- und Praxiskommentar, LPK SGB V, 2012 (4. Aufl.);
Pitschas (Hg.), Finanzreform in der gesetzlichen Krankenversicherung und Zukunft
des Risikostrukturausgleichs, 2007; *Rixen,* Sozialrecht als öffentliches Wirtschaftsrecht, 2005; *Schnapp/Wigge* (Hg.), Handbuch des Vertragsarztrechts, 2006 (2. Aufl.);
Schulin, Handbuch des Sozialversicherungsrechts, Bd. 1 Krankenversicherung,
1994; *Sodan,* Freie Berufe als Leistungserbringer im Recht der gesetzlichen Krankenversicherung, 1997; *Welti,* Die gesetzliche Krankenversicherung im Kräftefeld
der Gesundheitspolitik, SR 2012, 124.

a) Möglichkeiten der Krankensicherung

In Deutschland (zum internationalen Vergleich vgl. oben Rn. 106) beste-   **354**
hen bei Krankheit drei Formen der Sicherung: die **private** Krankenversicherung, **Beihilfe** sowie **soziale Krankenversicherung**. Auf die Überwindung

dieser Verschiedenheiten zielt der Vorschlag einer diese drei Formen in sich vereinigenden „Bürgerversicherung" – besser Einwohnersicherung.[1]

aa) Private Krankenversicherung

355   Die **private** Krankenversicherung[2] ist verbreitet namentlich bei Selbständigen, Organmitgliedern juristischer Personen sowie den Arbeitnehmern, deren Einkommen die Versicherungspflichtgrenze in der sozialen Krankenversicherung (vgl. Rn. 275, 284, 359) übersteigt. Sie schließen privatrechtliche Versicherungsverträge ab, welche die Behandlung abgelten sowie krankheitsbedingte Einkommensausfälle ausgleichen. Für die Versicherten besteht Abschluss- und Gestaltungsfreiheit im Rahmen der Vorschriften für sämtliche Versicherungszweige (§§ 1–48 VVG, 192–208 VVG). Der Vertragsinhalt ist in den Allgemeinen Versicherungsbedingungen für die Krankheitskosten- und Kranken(haus)tagegeldversicherung standardisiert. Davon kann der Vertrag aber abweichen; dies gibt dem Versicherten einen großen Gestaltungsspielraum. Die Privatversicherung ermöglicht, Prämie, Leistungsumfang, Behandlungsformen (z.B. Arzt, Krankenhaus, Zahnarzt) und Selbstbeteiligung des Versicherten an den entstehenden Kosten zu vereinbaren, je höher die Selbstbeteiligung, desto geringer die Prämien.

356   Die Unterschiede erklären sich nicht nur aus den Eigenheiten vertraglicher gegenüber öffentlich-rechtlicher Gestaltung. Außerdem folgt die private Krankenversicherung dem **Kostenerstattungs-**, die soziale Krankenversicherung dagegen dem **Sachleistungsprinzip**.[3] Die soziale Krankenversicherung unterscheidet sich von der privaten Krankenversicherung schließlich in der Finanzierung. Denn jene bemisst die Beiträge nach der **wirtschaftlichen** Leistungsfähigkeit = dem Einkommen des Versicherten; dagegen richtet sich die Prämie nach dem **individuellen Krankheitsrisiko**.[4] Die Höhe der Prämie hängt ferner von der Zusammensetzung der in der Versicherung zusammengeschlossenen Gefahrengemeinschaft ab; je geringer deren Krankheitsrisiko, desto geringer die Prämie des Versicherten!

---

[1] *Bundesministerium für Gesundheit und Soziale Sicherung* (Hg.), Bericht der Kommission, Nachhaltigkeit in der Finanzierung der Sozialen Sicherungssysteme, 2003, 149 ff.; dort auch das Gegenmodell „Gesundheitsprämien" – beide Modelle führten zur Annäherung der derzeit noch getrennten Sicherungsformen; vgl. *Axer*, Gesundheitswesen, in Isensee/Kirchhof (Hg.), Handbuch des Staatsrechts, Bd. IV, 2006 (3. Aufl.), § 95; *Bieback*, Sozial- und Verfassungsrechliche Aspekte der Bürgerversicherung, 2014 (2. Aufl.).

[2] *Schäfer* in Igl/Welti (Hg.), Gesundheitsrecht, 2014 (2. Aufl.), §§ 29–33.

[3] *Janda*, Medizinrecht, 2012, (2. Aufl.), 78 ff.

[4] *Schäfer* in Igl/Welti (Hg.), Gesundheitsrecht, 2014 (2. Aufl.), § 31.

bb) Beihilfe

Die **Beamten** erhalten bei Krankheit Leistungen durch die Beihilfe.[5] Die-   **357**
se unterscheidet von der sozialen Krankenversicherung, dass sie im Beamtenverhältnis gründet und nach dem Kostenerstattungsprinzip gewährt
wird. Deshalb ist der Beihilfeberechtigte wie der Privatversicherte für die
Krankenbehandlung auf den Markt der Gesundheitsleistungen verwiesen.
Die dafür entstehenden Aufwendungen erhält er vom Dienstherrn anteilig
erstattet. Der Anteil – 50 %–80 % – der Erstattung variiert nach Status (Alter), Familienstand und Unterhaltspflicht des Berechtigten. Die durch die
Beihilfe nicht gedeckten Aufwendungen pflegen durch eine private Krankenversicherung getragen zu werden.

b) Soziale Krankenversicherung: Voraussetzungen

Die im **SGB V** geregelte soziale Krankenversicherung gewährleistet für   **358**
die Versicherten und ihre Familienangehörigen eine ausreichende Kranken-
versorgung durch Bereitstellung der dafür nötigen ärztlichen, zahnärzt-
lichen sowie Krankenhaus-Leistungen, ferner die dafür nötigen, d. h. wirtschaftliche[6] Sachleistungen: Arznei-, Verband-, Heil- und Hilfsmittel
(§§ 31 ff. SGB V). Solche Ansprüche bestehen bei Krankheit und Schwangerschaft, zur Empfängnisregelung oder Früherkennung von Krankheiten bei
Kleinkindern, Krebsvorsorge oder Zahnprophylaxe. Der vormals außerdem
bestehende Anspruch auf den nicht-rechtswidrigen Schwangerschaftsabbruch wurde vom BVerfG[7] aufgehoben. Der Berechtigte kann unter den zur
Versorgung zugelassenen Ärzten und Krankenhäusern sowie den Sachmit-
tellieferanten (Apotheken, Gesundheitshandwerker) frei wählen (§§ 33 SGB
I, 76 I SGB V).

Die Krankenversicherung war Gegenstand zahlreicher Reformen. Durch
das Gesundheitsmodernisierungsgesetz (GMG)[8] wurden die Praxisgebühr
eingeführt und 2013 wieder aufgehoben, Zuzahlungen bei der Versorgung
mit Arzneimitteln (§§ 31 III, VI SGB V) und neue Kooperationsformen
(MVZ, integrierte Versorgung – managed care im Rahmen einer evidence
based medicine) und Zielvereinbarungen zur Steuerung der Arzneimittel-
versorgung eingeführt.

---

[5] Vgl. dazu *Gitter*, Die Vererblichkeit des Beihilfeanspruchs, in Hösch (Hg.), Zeit und
Ungewissheit im Recht, Liber amicorum zum 70. Geburtstag von Wilfried Berg, 2011, 44.

[6] Dazu *Lege*, VVDStRL 70 (2011), 112 ff.; *Kingreen*, ebd., 152 ff.

[7] BVerfGE 88, 203, 315 ff.; stattdessen haben Schwangere bei Bedürftigkeit einen
Anspruch auf Leistungen bei Schwangerschaftsabbrüchen nach dem Gesetz zur Hilfe für
Frauen bei Schwangerschaftsabbrüchen in besonderen Fällen vom 21.8.1995 (BGBl. I
S. 1050, 1054).

[8] Gesetz zur Modernisierung der gesetzlichen Krankenversicherung (GKV-Moderni-
sierungsgesetz) vom 14.11.2003, BGBl. I S. 2190.

2009 wurde ein Gesundheits-Fonds (§ 271 SGB V) beschlossen.[9] In diesen flossen einkommensproportional bemessene, gesetzlich festgelegte Beiträge von 15,5 % des Arbeitseinkommens, von denen der Arbeitgeber 7,3 %[10] trug, sowie Zuwendungen aus dem Bundeshaushalt. Diese sollen die Kosten für die Familienversicherung der Kinder ausgleichen. Die Krankenkassen erhalten pro Versichertem einen Pauschalbetrag; es wird ein morbiditätsabhängiger Risikostrukturausgleich geschaffen (§§ 266, 270 SGB V). Kassen, die ihre Ausgaben nicht decken, können vom Versicherten ergänzend einen pauschalen Zusatzbeitrag erheben. In der Privatversicherung wird ein Kontrahierungszwang sowie ein sich am Leistungsprofil der Gesetzlichen Krankenversicherung und dessen Höchstbeitrag orientierter risikoabhängiger Basistarif[11] eingeführt. Ferner sind in der Gesetzlichen Krankenversicherung Wahltarife möglich. 2015 kehrt die paritätische Finanzierung der gesetzlichen Krankenversicherung zurück. Der Beitragssatz liegt bei 14,6 %, der Arbeitgeberanteil bei 7,3 %. Die Krankenkassen dürfen bei Bedarf Zusatzbeiträge von Versicherten erheben, deren Höhe nicht pauschal, sondern einkommensproportional bestimmt wird.

aa) Personen

359   Arbeitnehmer, Bezieher von Arbeitslosengeld, Landwirte, Künstler, Rehabilitanden, behinderte Menschen in Sondereinrichtungen, Studenten und Praktikanten sowie Leistungsbezieher aus der Rentenversicherung sind pflichtversichert. Außerdem besteht eine Versicherungspflicht für Personen, die früher gesetzlich oder privat krankenversichert waren, ihren Versicherungsschutz aber unterdessen verloren haben. 2009 wurde eine Versicherungspflicht für die gesamte Einwohnerschaft begründet.

Versicherungsfrei (§ 6 SGB V) sind Arbeitnehmer, wenn ihr regelmäßiger Jahresarbeitsverdienst die Versicherungspflichtgrenze in der Krankenversicherung[12] übersteigt, ferner wegen der Beihilfe für Beamte sowie die Empfänger von Beamtenversorgungsleistungen, Richter, Soldaten und Geistliche. Eine Versicherungs**befreiung** besteht für Personen, die versicherungs-

---

[9] Gesetz zur Stärkung des Wettbewerbs in der GKV vom 26.3.2007 (BGBl. I S. 378); dazu *Pitschas* (Hg.), Finanzreform in der gesetzlichen Unfallversicherung und Zukunft des Risiko-Strukturausgleichs, 2007.

[10] GKV-FinG vom 22.12.2010, BGBl. I S. 2309.

[11] Bestätigt: BVerfGE 123, 186.

[12] Vgl. §§ 6 I Nr. 1, 223 III 1, 309 I SGB V, 159 ff.; SGB VI; Grenze: 2014: 53.550 € jährlich = 4.462,50 € monatlich; ob Erhöhungen der Versicherungspflichtgrenze verfassungsgemäß sind, erörtern *Schnapp/Kaltenborn*, Verfassungsrechtliche Fragen der „Friedensgrenze" zwischen privater und gesetzlicher Krankenversicherung, 2001; *Uleer*, Die „richtige" Abgrenzung von PKV und GKV, in Boecken/Ruland/Steinmeyer (Hg.), Sozialrecht und Sozialpolitik in Deutschland und Europa, Festschrift für von Maydell, 2002, 767.

frei waren, indes unter den in § 8 SGB V umrissenen Tatbeständen versicherungspflichtig werden. Umgekehrt sind zur freiwilligen Versicherung berechtigt Personen, die versicherungspflichtig waren, indes wegen vormaliger Mitgliedschaft oder nachträglicher Beendigung nach § 9 SGB V versicherungsfrei werden. Sie können weiterhin der sozialen Krankenversicherung freiwillig angehören. Neben den Pflicht- und freiwillig Versicherten sind deren Familienangehörige – namentlich Ehegatten und unterhaltsabhängige Kinder – in die **Familienversicherung** einbezogen, wenn und soweit für sie nicht wegen eigener Erwerbstätigkeit oder eigenen Erwerbsersatzeinkommens eine eigene Versicherung besteht (§ 10 SGB V). Die Pflichtversicherung hat Vorrang vor der Familienversicherung (§ 10 I 1 Nr. 2 SGB V).

Wer eine Arbeit nur kurzzeitig wahrnahm und erkrankte, galt nach den Grundsätzen über den missglückten Arbeitsversuch[13] als nicht versichert. Diese Rechtsprechung wurde jedoch aufgegeben.[14] Denn der Ausschluss der in kurzzeitigen Arbeitsverhältnissen tätigen Arbeitsunfähigen aus dem Versicherungsschutz widerspreche dem Solidarprinzip, dem erklärten Willen des Gesetzgebers und verletze die Gleichbehandlung.

bb) Organisation

Die Krankenversicherung wird von den **Krankenkassen** getragen. Es gibt   360
Orts-, Betriebs-, Innungskrankenkassen sowie Ersatzkassen (§§ 143 ff. SGB V). Bei jenen wird die Mitgliedschaft mit Ausübung einer Tätigkeit in einer Region (Ortskrankenkassen), einem Unternehmen (Betriebskrankenkassen) oder Wirtschaftszweig des Handwerks (Innungskrankenkassen) begründet (Einzelheiten vgl. §§ 173 ff. SGB V). Dagegen entsteht die Mitgliedschaft in einer Ersatzkasse durch Beitritt (§ 168 SGB V).

Pflicht- und freiwillig Versicherte haben zwischen den Krankenkassen ein **Wahlrecht** (§ 173 SGB V).[15] Der Wettbewerb unter den Kassen ist nicht eigens gesetzlich geregelt. Allerdings entspricht § 4 III SGB V dem § 12 UWG. Ob das den Wettbewerb auf dem Markt normierende UWG unmittelbar gilt[16] oder dafür Normen des öffentlichen Rechts gelten,[17] ist umstritten. Jedenfalls hat sich der Wettbewerb mangels eigener öffentlich-rechtlicher Re-

---

13 BSGE 10, 156; 15, 89; 36, 161; 48, 62; 54, 257; 72, 221.
14 BSGE 81, 231; *Wollenschläger/Löcher*, SGb 1997, 137.
15 *Leitherer*, in HS-KV, § 19 Rn. 101 ff.; *Muckel/Ogorek*, Sozialrecht, 2011 (4. Aufl.), § 8 Rn. 10 f.
16 So *Köhler*, NZS 1998, 153; OLG Düsseldorf SGb 2000, 266; BGH SGb 2001, 90.
17 So BSGE 82, 78; GmS-OGB BGHZ 108, 284; *Engelmann*, VSSR 1999, 167; *ders.*, NZS 2000, 213; vgl. auch *Becker*, JZ 1997, 534; *ders.*, Maßstäbe für den Wettbewerb unter den Kranken- und Pflegekassen, in Deutscher Sozialrechtsverband (Hg.), Soziale Sicherheit und Wettbewerb, 2001, 7; *Hess*, VSSR 2001, 267; *Paquet*, VSSR 2001, 235; *Rebscher*, VSSR 2001, 245; *Sodan/Gast*, VSSR 2001, 311; *Wallrabenstein*, NZS 2015, 48.

geln sachlich am UWG auszurichten; das Lauterkeitsrecht der EU gilt auch für den Kassenwettbewerb.[18] Jede Irreführung oder Herabsetzung des Wettbewerbers ist danach verboten, indes eine sachlich gehaltene, auch vergleichende Werbung statthaft. Den Kassen ist die Datenerhebung zwecks Mitgliederwerbung nicht erlaubt.[19]

Um die **Wettbewerbsgleichheit** zwischen den Kassen herzustellen, besteht ein **Risikostrukturausgleich** (§§ 265 f. SGB V).[20] Dadurch sollen Benachteiligungen einzelner Kassen aus deren Risikostruktur (hohes Krankheitsrisiko und geringes Einkommen der Versicherten) gegenüber anderen Krankenkassen ausgeglichen werden. Er kommt insbesondere den Ortskrankenkassen zugute, deren Versicherte höheren Lebensalters sind und ein geringeres Durchschnittseinkommen als die von Betriebs- und Innungskrankenkassen sowie die Ersatzkassen beziehen. Die Krankenkassen bilden den Spitzenverband Bund der Krankenkassen (vgl. unten Rn. 370). Dieser schließt insbesondere die Verträge zur Regelung der Beziehungen zu den Leistungserbringern ab (vgl. unten Rn. 368 ff.).

cc) Versicherungsfall der Krankheit

361   Die Frage, ob die Krankenversicherung eine ärztliche Behandlung schuldet, ist für Arzt und Patienten von erheblicher Tragweite. Welche ärztlichen Leistungen Versicherungsleistungen sind, regelt das Sozialversicherungs**recht**. Was Krankheit und Behandlungsbedürftigkeit ausmachen, ist dagegen eine **medizin**ische Frage – auch wenn die Begriffe Rechtsbegriffe sind. Wilhelm von Humboldt schrieb schon treffend vor über zwei Jahrhunderten: „Ehe es Ärzte gab, kannte man nur Gesundheit oder Tod".[21] Krankheit als Zustand jenseits von Gesundheit und Tod kann nur gedacht werden, weil Ärzte die Krankheiten erkennen und Wege zur Linderung oder Wiedererlangung der Gesundheit aufzeigen. Die Krankenversicherung soll den Versicherten den Zugang zu diesen Diensten öffnen.

362   Obgleich das SGB V die Krankenversicherung ausgestaltet, ist der Versicherungsfall im Gesetz **nicht definiert**. Nach § 1 SGB V hat die Krankenversicherung zwar „die Gesundheit der Versicherten zu erhalten, wiederherzustellen oder ... zu bessern", und nach § 27 SGB V haben „Versicherte ... Anspruch auf Krankenbehandlung, wenn sie notwendig ist, um eine Krank-

---

[18] EuGH NJW 2014, 288.

[19] BSGE 90, 162.

[20] BSG – 20.05.2014 – B 1 KR 5/14 R; *Axer*, SGb 2003, 485; *Becker/Kingreen*, NZS 2010, 417; *Engelhard*, in HS-KV, § 56 Rn. 14 ff.; *Leber*, Risikostrukturausgleich in der gesetzlichen Krankenversicherung, 1991, 133 ff.; *Marschner*, SozVers 1994, 116; *Gassner/Eggert*, NZS 2011, 249.

[21] *von Humboldt*, Ideen zu einem Versuch, die Grenzen der Wirksamkeit des Staats zu bestimmen, (1792), Nachdruck 1995, 35.

heit zu erkennen, zu heilen, ihre Verschlimmerung zu verhüten oder Krankheitsbeschwerden zu lindern". Was **Gesundheit** und **Krankheit** ausmachen und beide unterscheidet, besagt das Gesetz aber nicht. Diese Frage ist oftmals zweifelhaft: Ist Nikotin- oder Alkoholabhängigkeit eine Krankheit, ist krank, wer altersbedingt gebrechlich ist oder einen Leistungsabfall hat? Sport, sinnerfüllte Arbeit, gesunde Ernährung, Psycho- und Gruppentherapie dienen der Gesundung; sind sie aber auch „Behandlungen"? Das Gesetz gibt auf diese sehr konkreten Fragen keine Antworten. Sie stellen sich aber regelmäßig im Vollzug des Krankenversicherungsrechts.

Verwaltung und Rechtsprechung definieren deshalb den Versicherungsfall **363** der Krankheit als „regelwidrigen Körper- und Geisteszustand, der ärztlicher Behandlung bedarf oder – zugleich oder ausschließlich – Arbeitsunfähigkeit zur Folge hat".[22] Diese Definition hat eine alte **Tradition**; schon vor 1900 bezeichnete das Preußische OVG als Krankheit: „jede Anomalie des Gesundheitszustandes" oder – der zeitgenössischen Definition nahekommend – jede „anormale Störung des Gesundheitszustandes, welche ärztliche Behandlung, Arznei oder Hilfsmittel erfordert".[23] RVA und BSG schlossen sich an.

Bereits bei den Beratungen einer Novelle zum Krankenversicherungsgesetz (KVG) 1892 vor dem Reichstag gab Ministerialrat Theodor Lohmann als einer der Initiatoren der Krankenversicherung zu Protokoll, es sei „im Sinne des Gesetzes, alles als Krankheit anzusehen, was die Hilfe eines Arztes erforderlich macht".[24] Der Begriff der Krankheit wurde also seit jeher als **Anspruch** auf ärztliche **Leistungen** verstanden.

Ein solches funktionales Verständnis von Krankheit kennzeichnet auch **364** § 27 SGB V. Darin wird der Begriff „**Krankheit**" durch die zur Behebung einer Krankheit nötigen **Behandlungsleistungen** umrissen (§ 27 I 2 SGB V). Sie durch die sie auslösenden Rechtsfolgen zu definieren, mag als Zirkelschluss erscheinen. Solche Definitionen sind im Recht jedoch nicht selten.[25] Der Gesetzgeber macht den Anspruch auf Krankenbehandlung also nicht nur vom Bestehen einer Krankheit abhängig, sondern sieht als „Krankenbe-

---

[22] BSGE 26, 288; vgl. auch *Spielmeyer,* DOK 1971, 836; vgl. auch *Eicher,* KrV 1987, 153; *Krasney,* ZSR 1976, 411; *Ebsen,* in SRH, § 15 Rn. 88 f.; *Krauskopf,* in Krauskopf-SozKV, § 1 SGB V Rn. 6; *Kummer,* in HS-KV, § 20 Rn. 26 ff.; so auch Österreich OGH SSV NF 22/16; 21/12; 17/35; *Mazal,* Krankheitsbegriff und Risikobegrenzung, 1992; vgl. ferner *Schrammel,* ZAS 1986, 145, 146 ff.
[23] *Spielmeyer,* DOK 1971, 836.
[24] Verhandlungen des Deutschen Reichstages, 195. Sitzung vom 16.3.1892, S. 4765 C.
[25] Das bedeutendste Beispiel ist die Definition des „sonstigen Rechts" in § 823 I BGB. Auch hier wird der Inhalt des „sonstigen Rechts" wesentlich definiert durch die Anordnung der Schadensersatzpflicht bei schuldhaft rechtswidrigen Verstößen. Auf diese Weise wird klargestellt, daß nur „absolute Rechte" (= Rechte, die nicht nur gegenüber einer anderen Person, sondern einer ungezählten Zahl von Personen wirken) von § 823 I BGB als „sonstiges Recht" gemeint sein können.

handlung" auch an, was den in § 27 I 2 SGB V angegebenen Leistungsgattungen entspricht. Was Krankheit ist, richtet sich also nach den medizinischen Behandlungsmöglichkeiten. Nach § 27 SGB V umfasst der Versicherungsfall **zwei Elemente**: **Krankheit** – als regelwidriger Körper- und Geisteszustand (§ 27 I 1 SGB V) – und **Behandlungsbedürftigkeit** wie in § 27 I 2 SGB V umschrieben.

365   Der für Regelkonformität oder -widrigkeit maßgebliche Körper- und Geisteszustand ist der **gesunde Mensch**[26] – freilich nicht ein Ideal-, sondern ein Normalbild des Menschen. Deshalb sind Abweichungen einzelner von ästhetischen Idealen – Stupsnase, abstehende Ohren, Silberblick, atypisch hoher oder niedriger Wuchs,[27] Unter- und Übergewicht – keine Regelwidrigkeiten. Auch ärztliche Eingriffe in das äußerliche Erscheinungsbild – „Schönheits"operationen[28] – sind nicht von der sozialen Krankenversicherung zu erbringen. Dagegen sind Anomalien regelwidrig, wenn sie die üblichen psychophysischen Funktionen erschweren; etwa eine des Kiefers oder der Zahnstellung,[29] falls darunter die Kau-, Beiß- und Sprechfähigkeit leidet.

Blindheit ist Krankheit, einerlei ob sie durch einen Fehler im Auge oder eine cerebrale Störung ausgelöst wird[30]. Eine auffällige Narbe im Gesicht beeinträchtigt zwar nicht die **physischen** Funktionen, hat aber eine schwere **psychische** Störung zur Folge; sie wird deshalb als regelwidriger Körperzustand erachtet;[31] desgleichen ein durch Magenband (gastric banding) behandelbares Übergewicht, wenn dieses Folgeerkrankungen nach sich zieht.[32] Eine Korrektur dieses Zustands kommt als Versicherungsleistung deshalb in Betracht, sofern Behandlungsmöglichkeiten bestehen.[33] Da die Versicherungsleistungen zur Behebung der Krankheit geschuldet sind, ist jede geeignete Therapie zu erbringen. Diese Ausrichtung lässt für die Unterscheidung von Grund- und Wahlleistungen prinzipiell keinen Raum[34] und steht einer Priorisierung entgegen.

Kein regelwidriger Körper- und Geisteszustand ist, was naturbedingt ist. So vermindert Schwangerschaft die Leistungsfähigkeit. Diese Einbuße ist jedoch nicht regelwidrig, sondern üblich – weil die Schwangerschaft selbst ein regelgemäßer Körperzustand ist. Deshalb ist die Unfruchtbarkeit als re-

---

[26] BSGE 26, 240, 242; vgl. ferner *Faude*, SGb 1978, 374; *Gitter*, KrV 1986, 191.
[27] BSG – 19.09.2007 – B 1 KR 52/07 B; BSGE 72, 96.
[28] BSGE 93, 252.
[29] BSGE 35, 10, 105.
[30] BSGE 119, 224.
[31] BSGE 94, 161; 92, 300.
[32] BSGE 85, 36; 90, 289.
[33] *Spielmeyer*, DOK 1971, 836, 838; anders, falls eine körperliche Beeinträchtigung nicht festzustellen ist: normale Körpergröße löst psychische Beeinträchtigungen aus; kein Anspruch auf Beinverlängerung BSGE 72, 96.
[34] *Eichenhofer*, SGb 2001, 600; *Breyer/Kliemt/Thiele* (Eds.), Rationing in Medicine, 2002.

gelwidriger Körperzustand anzusehen.[35] Maßnahmen zur Verhütung von Schwangerschaften sind keine Krankenbehandlung.[36] Schwangerschaft kann jedoch eine Krankheit sein, wenn sie – regelwidrig! – die Gesundheit der Mutter beeinträchtigt oder ihr Leben gefährdet und daher begleitend Krankenbehandlung erfordert.[37] Auch Transsexualität ist eine Krankheit, die Geschlechtsumwandlung folglich geschuldet.[38] Dagegen besteht kein Anspruch auf die operative Ausbildung zum Zwitter – da „unnatürlich".[39]

Auch das **alters**bedingte **Abfallen** der körperlichen und geistigen Kräfte entspricht dem natürlichen Gang menschlichen Lebens. Deshalb wären altersbedingte Beeinträchtigungen der Beweglichkeit oder Merkfähigkeit, des Hör- und Sehvermögens nicht als regelwidrige Zustände anzusehen. Allerdings hat die Medizin viel zur Überwindung altersbedingter Beeinträchtigungen hervorgebracht – kann etwa Schwerhörigkeit durch Hörgeräte korrigieren. Darum werden die bei älteren Menschen üblichen Beeinträchtigungen heute als „Krankheit" angesehen,[40] weil sie durch den Einsatz von Heil- und Hilfsmitteln ausgeglichen werden können. Das für die Regelwidrigkeit maßgebliche Leitbild ist heute der junge und gesunde Mensch. Diese Maxime folgt nicht medizinischen Notwendigkeiten, sondern einer sozialen Wertentscheidung.

Allerdings ist der Versicherte für das Vorliegen des Behandlungsfalls beweis(führungs)belastet, weshalb die Kasse nicht für die Entfernung von Amalgam-Füllungen und deren Ersatz durch Kunststoff aufzukommen braucht, sofern die Gesundheitsschädlichkeit von Amalgam-Füllungen nicht bewiesen ist.[41]

Ob der Körper- und Geisteszustand regelmäßig ist, beurteilt sich unabhängig von dessen Entstehungsursachen.[42] Einerlei, ob endogen oder exogen bedingt, die Einwirkung von Dritten oder dem Patienten herrührt, stets gilt die Anomalie als Krankheit, sofern sie behandlungsfähig ist. Krankheit ist daher ein anlagebedingter Herzfehler wie eine durch Messerstich eines Dritten oder des Patienten herbeigeführte Herzverletzung. Ein Kreislaufleiden

366

---

[35] §§ 27 I 4, 27a SGB V; BSGE 26, 240; auch neue Verfahren der Reproduktionsmedizin (ICSI) müssen dem Versicherten zugänglich gemacht werden: BSGE 88, 51, 62 ff. (eigener Versicherungsfall – nicht Krankheit); BVerfGE 117, 316; BSG SozR 4-2500 § 27a Nr. 8, 11; OGH, in Pieters/Zaglmayer, p. 188; (§ 27a SGB V); in Privatversicherung: OLG Düsseldorf NJW-RR 2004, 1616 besteht umfassende Einstandspflicht; dagegen nicht bei Impotenz als Folge einer Prostata-Entfernung: BSG – 20.7.2010 – B 1 KR 10/10 B.
[36] BSGE 39, 167; wohl aber von §§ 24 a, 24b SGB V als eigene Präventionsmaßnahmen erfaßt.
[37] BSGE, 39, 167, 170; BSGE 26, 240, 242.
[38] BSGE 62, 83; 111, 289.
[39] BSG SozR 4-2500 § 27 Nr. 20.
[40] *Nolte*, in KassKomm, § 27 SGB V Rn. 14a.
[41] BSGE 85, 56.
[42] BSGE 59, 11, 121; *Schulte-Mimberg*, in HS-KV, § 13 Rn. 32.

begründet einen regelwidrigen Körperzustand, gleichviel, ob es auf Veranlagung oder gesundheitsschädigender Lebensführung (Bewegungsmangel, Rauchen, ungesunde Ernährung) beruht. Was Krankheit bedeutet, entscheidet sich also nach medizinischen Maßstäben und Möglichkeiten.[43]

Die Krankenversicherung kommt für Leistungen nicht auf, sofern der Zustand die Folge eines Arbeitsunfalls oder einer Berufskrankheit ist (§ 11 IV SGB V). Hat sich der Verletzte die Beeinträchtigung vorsätzlich selbst zugefügt oder ist sie Folge eines selbst verübten vorsätzlichen Verbrechens oder Vergehens (§ 52 SGB V), wird der Versicherte an den Kosten beteiligt. Die Gesundheitsreform 2009 schloss den Versicherungsschutz auch für Behandlungen aus, die Folge eines medizinisch nicht angezeigten gesundheitlichen Eingriffs sind (Piercing, Tattoos und „Schönheits"operationen). Ferner bereitet die Abgrenzung zwischen Krankenbehandlungs- und Grundpflege – letztere der Pflegeversicherung zugeordnet – Schwierigkeiten.[44]

Weil die Unfallversicherung Arbeitsunfälle und Berufskrankheiten entschädigt (vgl. unten Rn. 389 ff.), hat sie Vorrang vor der Krankenversicherung. Die Selbstschädigung schließt den Schutz durch die Sozialversicherung aus; und für sie bleibt nicht einmal Schutz durch die Sozialhilfe (§ 103 SGB XII)! Denn die Krankenversicherung soll nur für „Erkrankungen" – unverschuldete Beeinträchtigungen der Gesundheit – aufkommen, dagegen nicht für Schäden, die sich der Verletzte schuldhaft selbst beigebracht hat. Hierin wird ein allgemeines Prinzip des Versicherungsrechts (vgl. § 28 VVG) sichtbar.

c) Leistungen der sozialen Krankenversicherung

aa) Arten

367   Die soziale Krankenversicherung sieht bei krankheitsbedingter **Behandlungsbedürftigkeit** sowie einem zu **Arbeitsunfähigkeit** führenden Einkommensverlust Leistungen vor. Beide sind weder identisch, noch müssen sie notwendig gemeinsam vorliegen; wer Karies hat, ist behandlungsbedürftig, jedoch nicht arbeitsunfähig; wer erkältet ist, ist arbeitsunfähig, aber nicht behandlungsbedürftig. Der Versicherungsfall der Krankheit[45] löst daher unterschiedliche Leistungsansprüche aus, je nachdem, welche Auswirkung die Krankheit hat. Das Gesetz kennt **Krankheitsprävention** (Gesundheitserziehung, Prophylaxe, Vorsorge, Kuren und Untersuchungen, §§ 20–26 SGB V), **Krankenbehandlung** (ärztliche und zahnärztliche Behandlung, Arznei-,[46]

---

[43] Vgl. eingehend und zutreffend: *Mazal*, Krankheitsbegriff und Risikobegrenzung, 1992, 214 ff.
[44] BSGE 94, 192.
[45] *Kummer*, in HS-KV, § 20 Rn. 18 ff.
[46] BVerfG NZS 2013, 297; BSGE 110, 183.

Verband-, Heil- und Hilfsmittelversorgung, häusliche Krankenpflege[47] und häusliche Hilfe, Krankenhausbehandlung sowie medizinische und ergänzende Leistungen der Rehabilitation, §§ 27–43 SGB V) sowie das bei krankheitsbedingter Arbeitsunfähigkeit geschuldete **Krankengeld** (§§ 44 ff. SGB V). Die Rechtsprechung[48] hat einzelnen Heil- und Hilfsmittellieferanten ein prinzipielles Recht auf Aufnahme von Behandlungsleistungen in die Richtlinie aus der Berufsfreiheit (Art. 12 I GG) zuerkannt. Bei Arzneimitteln ist eine Nutzenbewertung (§ 35a SGB V) vorgeschrieben;[49] sie können auch außerhalb der Zulassung (Off-Label-Use) verordnet werden, wenn eine andere Therapiemöglichkeit nicht besteht.[50]

bb) Recht der Leistungserbringung

Die Ansprüche auf Krankenbehandlung bei Behandlungsbedürftigkeit richten sich gegen die Krankenkasse als deren Trägerin. Über Anträge ist zügig, d. h. binnen drei Wochen, bei Gutachten fünf Wochen, zu entscheiden. Falls nicht entschieden wird, gilt der Antrag als genehmigt (§ 13 III a SGB V)[51]. Die Krankenkasse ist gegenüber dem Versicherten zwar Schuldnerin der Krankenbehandlung. Sie schuldet damit mehr als Geldersatz für die Behandlung: Es gilt das **Sachleistungs-** (§ 2 II SGB V) und **nicht** das **Kostenerstattungsprinzip.** Allerdings ist die Kostenerstattung[52] grundsätzlich möglich (§ 13 SGB V), beschränkt sich aber auf die Kompensation des Sachleistungsaufwands.[53] Kosten für die Beschaffung von Organen zur Transplantation sind nicht zu ersetzen.[54] Die Krankenkasse hat dem Versicherten die Inanspruchnahme der Leistungen zu ermöglichen. Abgesehen von Zuzahlungen (10 % der Kosten – mindestens 5 €, höchstens 10 €) ist diese kostenfrei. Der Versicherte hat eine eigene Rechtsstellung inne, die Patientenrechte begründet.[55] Sie werden in den §§ 630a ff. BGB näher ausgeführt.

368

[47] BSGE 106, 173 – Abgrenzung zur Pflegeversicherung.
[48] BSGE 86, 223; 88, 215; vgl. dazu *Eichenhofer/Janda,* Klausurenkurs im Sozialrecht, 2012 (8. Aufl.), Fall 12.
[49] *Axer,* SGb 2011, 246.
[50] BSGE 72, 252; 82, 233; 89, 184; 93, 1; 95, 132; 94, 213; 96, 170; 97, 112; 109, 211 (Off-Label-Use).
[51] *Hahn,* SGb 2015, 745; *von Koppenfels-Spies,* NZS 2016, 601.
[52] *von Wulffen,* Erstattungsansprüche im Recht der gesetzlichen Krankenversicherung, 1997.
[53] BSGE 79, 125; zum Ersatzanspruch privatärztlicher Leistungen durch den Schädiger bei Schädigung eines Sozialversicherten, dessen Krankenkasse nicht leistet: BGH NJW 2004, 3324 ff.
[54] BSGE 79, 53.
[55] *Welti,* Rechtliche Dimensionen der Nutzerstellung im Sozialrecht, in Igl (Hg.), Verbraucherschutz im Sozialrecht, 2011, 23.

Die Selbstbeteiligung ist Steuerungsinstrument. Sie trifft jeden, auch den Sozialhilfeempfänger.[56] Die Belastung mit Zuzahlungen ist auf 2 %, bei chronisch Kranken auf 1 % des Bruttoeinkommens beschränkt (§ 61 SGB V). Für einzelne Leistungen (Zahnersatz, künstliche Befruchtung) sind höhere Zuzahlungen vorgesehen. Die Krankenkasse erbringt die Leistungen hingegen nicht durch eigenes Personal; ihr ist die Selbstabgabe von Leistungen sogar verboten.[57] Denn andernfalls wäre sie Träger eines – wie in anderen Staaten (vgl. oben Rn. 106) verbreiteten – nationalen Gesundheitsdienstes und gerade nicht Krankenkasse. Krankenkassen stellen dem Versicherten die medizinische Behandlung also zwar in Aussicht, erbringen diese jedoch nicht selbst. Vielmehr werden sie von niedergelassenen Ärzten und Zahnärzten, Krankenhäusern, Apothekern, Heil- und Hilfsmittellieferanten erbracht. Deshalb ist die **Leistungserbringung** zu regeln und rechtssystematisch einzuordnen.

369   Der Anspruch auf ärztliche **Behandlung** der Versicherten bei Behandlungsbedürftigkeit gegenüber der Krankenkasse soll durch Ärzte erfüllt werden. Diese – einst „Kassen-", heute „Vertragsärzte" genannt – sind gegenüber der Krankenkasse verpflichtet, den Versicherten zu behandeln. Nichtärztliche Heilbehandler sind zur Behandlung Versicherter nicht zugelassen.[58] Seit 1999 haben auch Psychotherapeuten das Recht auf Teilhabe an der vertragsärztlichen Versorgung.[59] Die Formulierung „Vertragsarzt" geht von der Vorstellung aus, die Kassen hätten diese Ärzte „unter Vertrag", um die Versicherten zu behandeln. Dieser Sprachgebrauch ist aber allenfalls metaphorisch akzeptabel. Denn die „Vertragsärzte" stehen mit der Krankenkasse anders als die Krankenhäuser[60] nicht in unmittelbaren Vertragsbeziehungen.[61] Sie gehören vielmehr der Kassenärztlichen Vereinigung (vgl. §§ 77 ff. SGB V) an, die ihrerseits mit den Kassen in Vertragsbeziehungen steht.[62] Diese ist eine öffentlich-rechtliche Körperschaft, die gegenüber der

---

[56] BSGE 107, 169.

[57] BSGE 90, 84.

[58] BSGE 38, 73; 48, 258; 53, 144; BSG SozR 2200 § 182 Nr. 48; Zur Verfassungslage für Heilpraktiker: BVerfGE 78, 155; vgl. Rn. 134.

[59] §§ 27 I 2 Nr. 1, 28 III, 95 ff. SGB V; PsychThG; BT-Drucks. 13/733; 13/1206; 13/8035; 13/8087; BSGE 83, 135 (Vertragsarztstatus); 79, 152; 81, 143; 94, 181 (Zulassung); 81, 189; 82, 41 (Bedarfsplanung); *Ehlers* (Hg.), Disziplinarrecht und Zulassungsentziehung, 2001; *Plagemann/Niggehoff*, Vertragsarztrecht, 2000 (2. Aufl.); *Schallen*, Zulassungsverordnung für Vertragsärzte, Vertragszahnärzte, Medizinische Versorgungszentren, Psychotherapeuten, 2012 (8. Aufl.); *Junge*, Recht auf Teilnahme an der vertragsärztlichen Versorgung, 2007; *Wille*, WzS 2009, 200; *Riedel*, NZS 2009, 260; *Kamps*, VSSR 2002, 341; *Sodan/Schaks*, VSSR 2014, 89.

[60] BSGE 87, 25.

[61] §§ 73c III, 140 a, b SGB V, Verträge in integrierten Versorgungsformen.

[62] Dazu umfassend *Boerner*, Normenverträge im Gesundheitswesen, 2003; *Rixen*, Sozialrecht als öffentliches Wirtschaftsrecht am Beispiel des Leistungserbringerrechts der gesetzlichen Krankenversicherung, 2005; *Schnapp/Wigge* (Hg.), Handbuch des Vertrags-

Krankenkasse die Krankenbehandlung der Versicherten „sicherzustellen" (§ 72 SGB V) hat.[63] Dafür erhält sie von der Krankenkasse eine Gesamtvergütung. Diese wird auf der Basis der erbrachten, durch den Einheitlichen Bewertungsmaßstab (EBM) bewerteten Leistungen bestimmt.

Für die **Erfüllung** dieses Sicherstellungsauftrages[64] gelten die **Gebote** der Qualität, Humanität, Wirtschaftlichkeit (§ 70 SGB V) und Beitragssatzstabilität (§ 71 SGB V). Diese Gebote sind dem Vertragsarzt zu verwirklichen aufgegeben und durch **Normenverträge** zu konkretisieren, welche die Verbände der Krankenkassen mit den Kassenärztlichen Vereinigungen auf Bundes- und Landesebene im Rahmen gemeinsamer Selbstverwaltung aushandeln (§§ 82 ff. SGB V). Dazu gehört die Konkretisierung der krankenversicherungsrechtlichen Behandlungsansprüche durch den Gemeinsamen Bundesausschuss.[65] Bei lebensbedrohlichen Erkrankungen kann von diesen Festlegungen abgegangen werden.[66] Die Anwendung der Bestimmungen über die Kassenleistungen wird durch Richtlinien der Gemeinsamen Bundesausschüsse der Ärzte/Zahnärzte und Krankenkassen (§ 2 SGB V) als Einrichtungen der gemeinsamen Selbstverwaltung (vgl. oben Rn. 287) konkretisiert; bei der Normsetzung wirken auch Patientenvertreter(innen) mit[67]. Die Rechtsnatur dieser Richtlinien ist umstritten.[68] Sie werfen zahlreiche Rechtsfragen auf.[69] Im Mittelpunkt steht die Grundsatzfrage nach de-

370

---

arztrechts, 2006 (2. Aufl.); *Janda*, Medizinrecht, 2012 (2. Aufl.), 151 ff.; *Igl*, in Igl/Welti (Hg.), Gesundheitsrecht, 2014 (2. Aufl.), §§ 12–18.

[63] *Bogan*, Der Sicherungsauftrag der Kassenärztlichen Vereinigungen, 2012.

[64] Grundlegend: *Schmitt*, in HS-KV, §§ 28 ff.; *Muckel*, JuS 1999, 946; vgl. auch BSG SGb 2009, 292 m. Anm. *Davy*.

[65] BSGE 103, 106.

[66] BVerfGE 115, 25; *Axer*, Umfang und Inhalt des sozialrechtlichen Leistungsanspruchs nach dem sog. Nikolausbeschluss, in Becker (Hg.), „Neue" Wege in der Medizin, 2010, 321 ff.; *Huster*, JZ 2006, 466; *Hänlein*, SGb 2007, 169; *Bohmeier/Penner*, WzS 2009, 65; kritisch: *Heinig*, NVwZ 2006, 771.

[67] *Wenner*, FS Kothe, 659.

[68] BVerfG – 10.11.2015 – 1 BvR 2056/12, SGb 2016, 31; BSGE 78, 70; 81, 54; *Di Fabio*, NZS 1998, 449; *Koch*, SGb 2001, 109; *Francke*, SGb 1999, 5; *ders.*, SGb 2000, 159; *Kluth*, Der gemeinsame Bundesausschuss aus der Perspektive des Verfassungsrechts, 2015; *Holzner*, SGb 2015, 247; *Masuch/Wiegand*, FS Kothe, 595; *Wimmer*, NZS 1999, 113; *Schlenker*, NZS 1998, 411; *Engelmann*, NZS 2000, 1, 76; *Ossenbühl*, NZS 1997, 497; *Schnapp*, Die Richtlinien im Kassenarztrecht (§ 92 SGB V) auf dem verfassungsrechtlichen Prüfstand, in Gitter/Schulin/Zacher (Hg.), Festschrift für Krasney, 1997, 437; *Gitter/Köhler-Fleischmann*, SGb 1999, 1; umfassend *Axer*, Normsetzung der Exekutive in der Sozialversicherung, 2000.

[69] Autositz für Wachkomapatienten (BSGE 93, 176), Perücken (BSG NZS 2015, 662), Zweiter Therapiestuhl für Kind (BSGE 109, 199), Frischzellen-Therapie (BSGE 34, 172), Fußpflege bei Diabetikern (BSGE 85, 132), Hippo-Therapie (BSG SozR 3-2500 § 138 Nr. 2) oder Hüftprotektoren (BSGE 103, 66), sind Blindenführhunde Hilfsmittel (BSGE 51, 206; 45, 133), Lichtsignal-Rauchmelder für gehörlose Menschen (BSGE 116, 120), Krankenlifter (BSGE 51, 268), Rollstuhl (BSGE 108, 206; BSG SozR 4-2500 § 33 Nr. 35), Treppensteighilfe (BSGE 107, 44; BSG SGb 2014, 499), Lesegeräte (BSGE 50, 77), Lichtsignalgeräte für Hörgeschädigte (BSG SozR 4-2500 § 33 Nr. 30), Diätnahrungsmittel

ren Normcharakter und der Legitimation der Einrichtungen der Gemeinsamen Selbstverwaltung zur Normsetzung.

Auf Bundesebene wird zwischen dem Spitzenverband Bund der Krankenkassen und der Kassenärztlichen Bundesvereinigung ein Bundesmantelver-
trag Ärzte/Zahnärzte vereinbart. Er enthält die Grundsätze für die ärztliche
Behandlung der Versicherten: Der Arzt hat danach die Krankenbehandlung
höchstpersönlich vorzunehmen, Sprechstunden abzuhalten und die Behandlung wirtschaftlich zu erbringen. Des Weiteren regelt der Bundesmantelver-
trag die Form der Vergütung.

Dagegen haben die Kassen und die Kassenärztlichen Vereinigungen auf
Landesebene (§§ 83, 85 SGB V) die Höhe der Vergütung für die einzelnen
ärztlichen Leistungen auszuhandeln. Die Vertragspartner haben die Vergütung zu bestimmen, ohne die Stabilität der Beitragssätze zu gefährden. Die
auf dieser Grundlage geschuldeten Beträge für Leistungen der Vertragsärzte
für die Versicherten der betreffenden Kasse werden von dieser an die Kasse-
närztliche Vereinigung globaliter überwiesen. Die Feinsteuerung der
Leistungsmengen geschieht über regionale Verträge; im Rahmen derer wird
die einzelne ärztliche Leistung mit einem bestimmten €-Betrag festgesetzt,
der den einzelnen EBM-Nrn. zugeordnet ist (§§ 87a ff. SGB V). In diesem
Zusammenhang werden arzt- und praxisbezogene Regelleistungsvolumina
festgelegt.[70]

371   Es ist zwar denkbar, aber ungewöhnlich, dass ein niedergelassener Arzt
nicht als Vertragsarzt zugelassen ist. Denn die weit überwiegende Mehrzahl
der Bewohner gehört der sozialen Krankenversicherung an.[71] Die Ärzte sind
daher bestrebt, diese Personenkreise zu behandeln.

Die ursprünglich vorgesehene[72] Zulassungsbeschränkung wurde durch die
Rechtsprechung des BVerfG[73] als eine mit der Berufswahlfreiheit (Art. 12 I

(BSGE 81, 240), Spannungsumwandler für Druckbeatmungsgeräte (BSG SozR 3-2500
§ 33 Nr. 23) oder Therapiedreiräder (BSG – 7.10.2010 – B 3 KR 5/10 R), Gebrauchsgegen-
stände oder Heilmittel (BSGE 28, 158; 46, 179; 81, 240)? Hörgeräte (BSGE 105, 170),
Kann die Hörgerätebatterie für den über 18 Jahre alten Träger eines Hörgerätes aus der
Erstattungspflicht ausgenommen werden (vgl. BSGE 74, 232)? Ist die präoperative Eigen-
blutentnahme Teil der Krankenhausbehandlung oder selbständige Tätigkeit der (ambulanten) Krankenhausbehandlung (vgl. BSGE 74, 263)? Sind auch Wartungs- und Instand-
setzungskosten für Hilfsmittel zu tragen (ja: BSG – 10.3.2010 – B 3 KR 1/09 R)? Sehr
umstritten ist ferner, inwieweit alternative oder neue (d.h. von der Schulmedizin noch
nicht anerkannte) Heilmethoden beansprucht werden können (vgl. dazu: BSGE 81, 54;
85, 56; 86, 54; 93, 236; BVerfGE 115, 25, mit Anm. *Schmidt-De Caluwe*, SGb 2006, 619;
BSG NZS 2009, 154, 210, SGb 2009, 405).

[70] *Nolting/Schwinger*, GSP 2009, 12; *Wenner*, FS Eichenhofer, 697; *Wille*, WzS 2009,
200.

[71] Vgl. *Sachverständigenrat für die Konzertierte Aktion im Gesundheitswesen* (Hg.),
Das Gesundheitswesen im vereinten Deutschland, Jahresgutachten 1991, 1991, 256.

[72] *Ebsen*, in SRH, § 15 Rn. 49; *Sodan*, Freie Berufe als Leistungserbringer im Recht der
gesetzlichen Krankenversicherung, 1997, 221 ff.

[73] BVerfGE 11, 30; BVerfG NJW 1998, 1776; BSGE 73, 223 (Altersgrenzen).

GG) nicht harmonierende objektive Zugangssperre angesehen, weil sie nicht durch ein überragend wichtiges Gemeinschaftsgut gerechtfertigt war (vgl. auch oben Rn. 134). Dessen ungeachtet hat der Gesetzgeber in Anbetracht der beträchtlichen Kostensteigerungen in der Krankenversicherung den Zugang zur kassenärztlichen Versorgung für approbierte Ärzte in der Vergangenheit beschränkt, um einer regionalen Überversorgung entgegenzuwirken. Falls eine solche besteht (§ 101 SGB V), ist eine Zulassung nicht statthaft. Diese Beschränkung hält das BSG für verfassungsgemäß, weil der Zugang zur vertragsärztlichen Tätigkeit nicht ausgeschlossen, sondern regional beschränkt werde.[74] Weitere Beschränkungen bestanden im Hinblick auf das Lebensalter der Vertragsärzte. Sie sind jedoch überwunden (§ 95 VII SGB V). Die Zulassung wird bei Pflichtenverstoß oder Nichtwahrnehmung der Vertragsarzttätigkeit entzogen[75].

Unklar ist schließlich, wie die Leistungserbringung rechtssystematisch **372** einzuordnen ist.[76] Anschaulich wird von einem „Beziehungsviereck" gesprochen, das zwischen den vier Eckpunkten Versicherter, Kasse, Kassenärztlicher Vereinigung und Vertragsarzt besteht (vgl. Abb. 16).

Ärztliche Leistungen

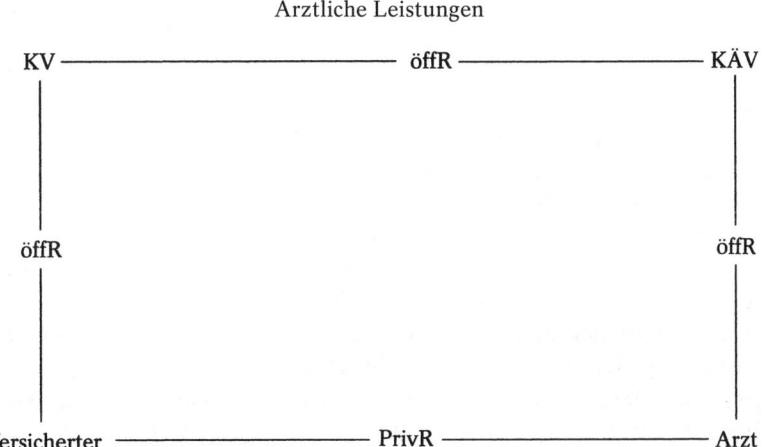

Abb. 16

---

[74] BSGE 79, 152; 82, 41; 83, 135.
[75] BSGE 119, 79.
[76] Vgl. dazu *Bieback*, NZS 1997, 393, 450; *Eichenhofer*, SGb 2003, 365; *Heinze*, SGb 1990, 173; *Jabornegg* (Hg.), Der Vertragsarzt im Spannungsfeld zwischen gesundheitspolitischer Steuerung und Freiheit der Berufsausübung, 1999; *Ebsen*, in SRH, § 15 Rn. 128 ff.; *Noftz*, VSSR 1997, 393; *Schmitt*, Leistungserbringung durch Dritte im Sozialrecht, 1990, 117 ff.; *Sodan*, Freie Berufe als Leistungserbringer im Recht der gesetzlichen Krankenversicherung, 1997; *Schnapp*, NZS 2001, 337, 340 f.: Er unterscheidet jeweils das öffentlich-rechtliche Versicherungs-, Behandlungs- und Abrechnungsverhältnis.

Darin unterliegen die Beziehungen zwischen Versichertem und Kasse sowie Kassenärztlicher Vereinigung und Arzt dem öffentlichen Recht. Der Leistungsanspruch des Versicherten gründet im Sozialversicherungsrecht und das Rechtsverhältnis zwischen Arzt und Kassenärztlicher Vereinigung im öffentlich-rechtlichen Vertragsarztrecht. Die Beziehungen zwischen Kasse und Kassenärztlicher Vereinigung werden durch Vertrag geregelt. Dieser enthält Normen für die der Kassenärztlichen Vereinigung angehörenden Ärzte sowie den der Krankenkasse angehörenden Versicherten. Die von beiden Körperschaften geschlossenen Verträge verpflichten Mitglieder beider Verbände. Sie sind also – wie Tarifverträge im Arbeitsrecht[77] – Normenverträge des öffentlichen Rechts (§§ 53 ff. SGB X).[78] Denn sie werden zwischen öffentlich-rechtlichen Körperschaften geschlossen und konkretisieren den Sicherstellungsauftrag.

373   Umstritten sind die Beziehungen zwischen Versichertem und Vertragsarzt. Zugunsten von deren öffentlich-rechtlicher Einordnung lässt sich vorbringen, dass der Behandlungsanspruch letztlich im Sozialrecht gründet und die Leistungserbringung den öffentlich-rechtlichen Anspruch des Versicherten vollzieht.[79] Außerdem verpflichtet § 76 IV SGB V den Vertragsarzt gegenüber dem Versicherten „zur Sorgfalt nach den Vorschriften des bürgerlichen Vertragsrechts", weshalb dem bürgerlichen Vertragsrecht zwar der Haftungsmaßstab zu entnehmen, das Rechtsverhältnis dagegen insgesamt öffentlich-rechtlich sei.

Zugunsten der privatrechtlichen Deutung des Rechtsverhältnisses spricht die Regelung des Arztvertrages in §§ 630a ff. BGB; nach dem Willen des Gesetzgebers sollten diese Regeln für Patienten jeden Status gelten.[80] Ferner spricht dafür die Wahlfreiheit des Versicherten unter den Vertragsärzten (§ 76 I SGB V). Der Versicherte ist nicht einem Arzt zugewiesen, sondern kann unter sämtlichen Vertragsärzten frei wählen (§ 33 SGB I). Diese Wahl setzt ein **Zusammenwirken** von **Arzt** und **Patient** voraus. Namentlich ist durch Rechtsgeschäft der ärztliche Eingriff in Körper und Gesundheit eigens zu gestatten. Die Behandlung bewendet also nicht in einem Realakt, sondern setzt ein Rechtsgeschäft voraus, welches dem Arzt erst den Eingriff in die Lebensgüter des Patienten erlaubt.[81] Dieses unterliegt dem Privatrecht. Versicherter und Arzt treten sich ferner als Privatpersonen gegenüber, namentlich ist der Arzt ein freiberuflich tätiger Selbständiger und nicht ein Funkti-

---

[77] Zu den Parallelen beider Verträge *Hänlein*, Rechtsquellen im Sozialversicherungsrecht, 2001.
[78] *Boerner*, Normenverträge im Gesundheitswesen, 2003, 63 ff.; *Igl*, in Igl/Welti (Hg.), Gesundheitsrecht, 2014 (2. Aufl.), §§ 34–37; *Janda*, Medizinrecht, 2012 (2. Aufl.), 156 ff.
[79] *Sproll*, in Krauskopf-SozKV, § 76 SGB V Rn. 24.
[80] BT-Drs. 17/10488, S. 19.
[81] *Katzenmeier*, Arzthaftung, 2002, 94 ff.; *Nebendahl*, in Igl/Welti (Hg.), Gesundheitsrecht, 2014 (2. Aufl.), §§ 40–44.

onsträger und Vertreter der Krankenkasse.[82] Ferner setzt die Pflicht der Krankenkasse, Versicherte bei der Verfolgung privatrechtlicher Ansprüche zu unterstützen (§ 66 SGB V), privatrechtliche Ansprüche voraus. Wenn § 69 SGB V die Beziehungen zwischen Krankenversicherung und Leistungserbringern öffentlich-rechtlich regelt, folgt daraus aber nicht, dass auch die Beziehungen zwischen Versicherten und Arzt öffentlich-rechtlich geregelt wäre. § 76 IV SGB V bestätigt die privatrechtliche Deutung des Arzt-Versicherten-Verhältnisses: Ist dem „bürgerlichen Vertragsrecht" der Sorgfaltsmaßstab zu entnehmen, so weil die Behandlung insgesamt dem Bürgerlichen Recht unterliegt!

Die öffentlich-rechtliche Deutung des Vorgangs der Leistungserbringung leitet sich aus § 1 SGB V ab. Danach hat die Krankenversicherung die Versicherten gesund zu machen und diese haben daran mitzuwirken. Diese Sicht auf das Arzt-Patienten-Verhältnis ist aber schief, ja grenzt an Hybris, weil sie Mittel und Zweck verwechselt. Andernfalls wäre der Beschaffungsakt für ein Arznei-, Heil- oder Hilfsmittel nicht als privatrechtlicher Kaufvertrag des Versicherten, sondern als ein zwischen Lieferanten und Kasse bestehender öffentlich-rechtlicher Vorgang zu deuten, bei dem der Versicherte als Vertreter der Kasse auftritt.[83]

Die privatrechtliche Einordnung der Rechtsbeziehung von Patient und **374** Arzt verdient auch deswegen den Vorzug, weil das öffentliche Recht dem Versicherten unter Befreiung von der Pflicht zur Bezahlung der ärztlichen Leistung den Zugang zur ärztlichen Behandlung sichert und damit stattdessen die Krankenkasse belastet. Die sozialrechtliche Leistungsbeschaffung steht demnach einer Leistungsbeschaffung mittels Kreditkarte gleich: Die Leistungsgewährung unterliegt dem Schuldrecht, nur die Gegenleistung wird statt vom Leistungsempfänger von Sozialversicherungsträgern als Dritten erbracht, die bei der krankenversicherungsrechtlichen Leistung aufgrund öffentlichen Rechts den Ausgleich leisten. Öffentlich-rechtlich organisiert ist daher lediglich die Gegenleistung,[84] privatrechtlich dagegen die Behandlung. Aus der privatrechtlichen Deutung der Behandlung des Arztes gegenüber dem Patienten folgt, dass über die Haftung eines Arztes für die Verletzung von Aufklärungspflichten oder Fehlern gegenüber dem Patienten die ordentlichen Gerichte statt der Sozialgerichte entscheiden, und zwar auch, wenn die Behandlung aufgrund Sozialrechts erbracht wurde.[85]

---

[82] H.M., *Eberhardt*, AcP 171 (1971), 289; *Schmitt*, in HS-KV, § 29 Rn. 13 ff.; BGHZ 76, 259; *Schmidt-De Caluwe*, VSSR, 1998, 207.

[83] So allerdings in der Tat BSGE 77, 194, 200.

[84] *Laufs/Katzenmeier/Lipp*, Arztrecht, 2009 (6. Aufl.), 82 f.

[85] *Jabornegg* (Hg.), Haftungsfragen im System der Leistungserbringung des Krankenversicherungsrechts, 2006.

375   Grundsätzlich gleiche Strukturen bestehen für den Anspruch des Versicherten auf Krankenhausbehandlung (§ 39 SGB V).[86] Diese geschieht auf
Grund von Rahmen- oder Direktverträgen. Sie werden zwischen Kassenver-
bänden und dem Verband der Krankenhausträger geschlossen (§ 112 SGB
V). An der Versorgung nehmen die auf Grund eines Versorgungsvertrages
zugelassenen Krankenhäuser (§§ 108 f. SGB V) teil. Öffentlich-rechtlich sind
die Rechtsverhältnisse zwischen Versichertem und Krankenkasse sowie
Krankenkasse und Krankenhausträger, privatrechtlich dagegen die Beziehungen zwischen Versichertem und Krankenhausträger zu qualifizieren.[87]
Auch hier ist also das Behandlungsverhältnis privat-, das Abrechnungsverhältnis dagegen sozialrechtlich bestimmt. Die Vergütung richtet sich nach
standardisierten Preisen für einzelne Krankenhausbehandlungen (Fallpau-
schalen Diagnosis-Related-Groups – DRG).[88]

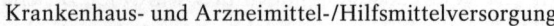

Krankenhaus- und Arzneimittel-/Hilfsmittelversorgung

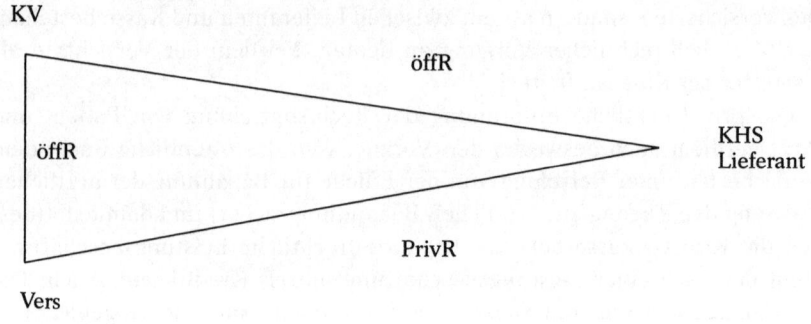

KV

öffR

öffR

KHS
Lieferant

PrivR

Vers

Abb. 17

cc) Einkommenssicherung bei Krankheit

376   Jede die Arbeitsfähigkeit beeinträchtigende Krankheit führt zu Einkommensverlust, wenn Einkommen aus der Verwertung von Arbeitskraft erzielt
wird. Einkommenssicherung ist daher nur nötig für diejenigen, die ihr Einkommen aus Erwerbstätigkeit und nicht aus Vermögen beziehen. Einkommen aus Vermögen hängt nicht an der physischen Konstitution des Einkom-

---

[86] *Ebsen*, in SRH, § 15 Rn. 146 ff.; *Schmitt*, Leistungserbringung durch Dritte im Sozialrecht, 1990, 174 ff.
[87] So auch BSGE 51, 108; 53, 62; BGHZ 89, 250.
[88] Schwierig zu beurteilen sind auch die Rechte der nichtärztlichen Leistungserbringer: Rettungsdienste (BSGE 85, 110), dazu: *Abig*, Die Rechtsstellung nichtärztlicher
Leistungserbringer in der gesetzlichen Krankenversicherung, 2003; Hilfsmittellieferanten
(BSGE 87, 105); zur Hilfsmittelbeschaffung im Versandweg BSGE 90, 220.

mensbeziehers. Einkommenssicherung ist auch im Beamtenrecht nicht notwendig. Denn die Beamten stehen in einem Dienstverhältnis, das Einkommen unabhängig von der Gegenleistung vorsieht. Die Notwendigkeit zur Einkommenssicherung bei Krankheit besteht also nur, falls Erwerbsarbeit die maßgebliche Einkommensquelle ist, weil Krankheit zum Einkommensausfall führt. Diese Voraussetzungen erfüllen Selbständige wie abhängig Beschäftigte,[89] weil für letztere nach § 326 BGB bei schuldloser Nichterbringung der Arbeit der Anspruch auf Arbeitsentgelt entfällt. Obwohl demnach Selbständige wie abhängig Beschäftigte der Einkommenssicherung bei Krankheit bedürfen, kann solche für beide nicht gleich organisiert werden. Denn das Einkommen von Selbständigen ist erfolgsabhängig (vgl. § 631 BGB); dagegen ist das Einkommen von Beschäftigten regelmäßig konstant, weil der Einkommenserwerb seinen Grund in der Arbeitsbereitschaft findet. Daher kann das Risiko krankheitsbedingten Einkommensausfalls unproblematisch nur bei abhängig Beschäftigten durch sozialrechtliche Einkommensersatzleistungen gesichert werden. Bei Selbständigen wäre hingegen allenfalls die Sicherung eines Mindesteinkommens sozialrechtlich möglich, freilich auch sachgerecht.

Nach deutschem Arbeitsrecht sind Arbeitnehmer bei Krankheit gegen das **377** Risiko der Einkommenslosigkeit – anders als von § 326 BGB vorgesehen – für sechs Wochen gesichert, weil der Arbeitgeber zur Fortzahlung des Arbeitslohns gesetzlich oder tarifvertraglich verpflichtet ist. Ersteres folgt aus § 3 EFZG, das den Arbeitgeber bei Erkrankung des Arbeitnehmers zur Entgeltfortzahlung für sechs Wochen verpflichtet. Dieser Zeitraum kann durch Tarifverträge verlängert werden. Der Anspruch ist jedoch ausgeschlossen, falls während der Erkrankung – etwa wegen unbezahlten Urlaubs, Streiks oder Aussperrung – kein Lohnanspruch bestanden hat (Lohnausfallprinzip) oder der Arbeitnehmer die Krankheit durch eigene Nachlässigkeit – eine Obliegenheitsverletzung – herbeigeführt hat. Der Anspruch auf Entgeltfortzahlung besteht im Laufe eines Jahres für den vorgesehenen Zeitraum nur einmal, wenn die Arbeitsunfähigkeit auf derselben Krankheit beruht (§ 3 I 2 Nr. 2 EFZG).

Die arbeitsrechtliche Einkommenssicherung wird durch das Krankenver- **378** sicherungsrecht (§§ 44 ff. SGB V) ergänzt. Versicherungspflichtige Arbeitnehmer haben Anspruch auf Krankengeld von 70 % des Durchschnittseinkommens des Versicherten (§ 47 I SGB V). Der Anspruch ist nur bei vorsätzlicher Herbeiführung der Krankheit oder bewussten Eingriffen in den Körper (§ 52 II SGB V) ausgeschlossen. Seine Laufzeit beträgt in drei Jahren (§ 48 SGB V) bis zu 78 Wochen. Dauert die Krankheit über diesen Zeitraum

---

[89] Vgl. *Kummer*, in HS-KV, § 23; *Marschner*, Krankengeldanspruch bei Arbeitsunfähigkeit und Gesundheitsreform, 1994.

fort, wird vermutet, dass der Versicherte chronisch krank und damit auf unabsehbare Zeit arbeitsunfähig ist. Das Risiko der dauernden Erwerbsunfähigkeit trägt statt der Kranken- die Renten- (Erwerbsminderung) oder Unfallversicherung (Berufskrankheit). Das Krankengeld ist gegenüber dem arbeitsrechtlichen Anspruch auf Lohnfortzahlung subsidiär (§ 49 SGB V). Um diese Nachrangigkeit zu sichern, ist die cessio legis angeordnet. Der Anspruch auf Krankengeld ist nur begründet, falls Arbeitsentgelt nicht bezahlt wird; mit Zahlung des Krankengelds geht der kongruente Anspruch des Versicherten auf Arbeitsentgelt daher in Höhe des Krankengeldes auf die vorleistende Krankenkasse über (§ 115 SGB X).

§ 17 Pflegeversicherung

Lit.: *Dalichau*, SGB XI, 2014; *Ganner*, Selbstbestimmung im Alter, 2005; *Igl*, Pflegebedürftigkeit und Behinderung im Recht der sozialen Sicherheit, 1987; *ders.*, Das neue Pflegeversicherungsrecht, 1995; *ders.*, Pflegeversicherung, in von Maydell/Ruland/Becker (Hg.), Sozialrechtshandbuch, 2012 (5. Aufl.), § 18; *ders./Klie* (Hg.), Pflegeversicherung auf dem Prüfstand, 2000; *Landolt*, Pflegerecht, 2001; *Marschner*, Kommentar zum Pflege-Versicherungsgesetz, SGB XI, Loseblattwerk; *Moritz*, Staatliche Schutzpflichten gegenüber pflegebedürftigen Menschen, 2013; *Roller*, Pflegebedürftigkeit – eine Analyse der §§ 14, 15 SGB XI mit ihren rechtlich-systematischen und pflegewissenschaftlichen Bezügen, 2007; *Schulin*, Handbuch des Sozialversicherungsrechts, Bd. 4: Pflegeversicherung, 1997; *Sieveking* (Hg.), Soziale Sicherung bei Pflegebedürftigkeit in der Europäischen Union, 1998; *Udsching* (Hg.), SGB XI – soziale Pflegeversicherung, Kommentar, 2010 (3. Aufl.); *ders.* Soziale Sicherung bei Pflegebedürftigkeit – Perspektiven nach 20 Jahren Pflegeversicherung, SGb 2014, 354.

a) Grundsätze

aa) Risiko der Pflegebedürftigkeit

379   Seit 1995 ist Pflegebedürftigkeit als eigenständiges soziales Risiko anerkannt. Wie für die „klassischen" Risiken – Alter, Invalidität, Tod, Krankheit, Unfall sowie Arbeitslosigkeit – ist seither also auch für sie sozialvorzusorgen. Pflegebedürftigkeit bedeutet die „geminderte **Fähigkeit zur Selbstbetreuung**",[1] eine „Situation der Hilflosigkeit, Unselbständigkeit und des Autonomieverlustes".[2] Konkreter, pflegebedürftig ist, wer zur täglichen Körperpflege (Waschen, Duschen, Zähneputzen, Rasieren, Kämmen, Stuhlgang), Nahrungszubereitung und -aufnahme, Mobilität (Aufstehen, Zubettgehen,

---

[1] *Ganner*, Selbstbestimmung im Alter, 2005, 297 ff.
[2] *Igl*, Pflegebedürftigkeit und Behinderung im Recht der sozialen Sicherheit, 1987, 251 ff.

An- und Auskleiden, Treppensteigen) und Haushaltsführung (Spülen, Wohnungsreinigung, Einkauf, Wäsche) nicht mehr selbständig imstande ist, sondern dafür fremder Hilfe bedarf.

Solche Beeinträchtigungen können bei mit Behinderungen geborenen **380** Kleinkindern auftreten, ferner bei Menschen mittleren Alters infolge von Querschnittslähmung oder im Endstadium einer Krebs- und AIDS-Erkrankung oder älteren Menschen (z.B. nach Schlaganfall).[3] Pflege wurde regelmäßig durch Familienangehörige geleistet. Pflegebedürftige, die keine Familienangehörigen hatten oder jene die Pflege nicht leisteten, kamen in ein Pflegeheim. Da die Kosten der Heimunterbringung jedoch stark gestiegen sind, konnten die meisten Pflegebedürftigen die Heimkosten nicht mehr aufbringen, weshalb dafür die Sozialhilfeträger aufkamen.[4] Außerdem waren die sozialen Dienste für die häusliche Pflege, welche die Pflegeleistungen der Familienangehörigen ergänzen oder stationäre Pflege möglichst erübrigen sollten, nicht hinlänglich vorhanden. Der Gesetzgeber wollte mit der sozialen Pflegeversicherung die ambulanten Pflegedienste ausbauen und „eine neue Kultur der Pflege und des Helfens"[5] anregen. Es beginnt sich auch international ein Grundkonsens über Inhalt und Ausmaß des Schutzes Pflegebedürftiger herauszubilden.[6]

bb) Mögliche Formen der Sicherung

Bevor die Pflegeversicherung als **fünfter Zweig** der **Sozialversicherung** **381** geschaffen wurde, war Pflegebedürftigkeit nur in **Unfallversicherung** und **sozialer Entschädigung** erfasst.[7] Der Schutz bestand also nur bei den **kausalen** Sozialleistungen, die den Ausgleich von Schäden oder Opfern bezwecken. Ferner bestanden seit 1989 in der Krankenversicherung Ansprüche auf ambulante Pflege (§§ 53 ff. SGB V a.F.). Diese werden nun durch die Pflegeversicherung erfüllt. Dagegen bestand weder in der Kranken- noch Rentenversicherung ein Anspruch auf stationäre Pflege – in der Krankenversicherung nicht, weil der Versicherungsfall Krankheit nicht Pflegeleistungen umfasste,[8] und in der Rentenversicherung nicht, weil in dieser, abgesehen von der Teilhabe, keine Dienstleistungen erbracht werden. Deshalb

---

[3] BT-Drucks. 12/5262, S. 64 f.
[4] Ebd., 61, 66, 73.
[5] Ebd., 67.
[6] Vgl. dazu eingehend: *Landolt*, Pflegerecht, 2001; *Ganner*, Selbstbestimmung im Alter, 2005, 297 ff.
[7] Vgl. *Igl*, Leistungen bei Pflegebedürftigkeit, 1992, 89 ff., 129 ff.; BT-Drucks. 12/5262, S. 68 ff.; GVG, Die Absicherung des Risikos der Pflegebedürftigkeit, 1991; zur Entstehungsgeschichte: *Schulin*, in HS-PV, § 1 Rn. 19 ff.; *Wasem*, in HS-PV, § 2 Rn. 5 ff.
[8] BSGE 49, 216; 47, 83.

kamen für die stationäre Pflege praktisch weit überwiegend[9] die Sozialhilfeträger auf.

Da deren Leistungen nachrangig sind, weshalb der Hilfebedürftige vor
Inanspruchnahme des Sozialhilfeträgers das eigene Einkommen und Vermögen zur Daseinssicherung zu verwenden sowie Unterhaltsansprüche gegenüber Verwandten geltend zu machen hat (vgl. unten Rn. 539), zehrte
Pflegebedürftigkeit im Alter oftmals Einkommen und sämtliche Ersparnisse
auf oder es wurden die Kinder des Pflegebedürftigen zur Finanzierung herangezogen. Weil folglich die Sozialhilfe mit einem neuen sozialen Risiko
belastet war, schuf der Gesetzgeber eine eigenständige Vorsorge für Pflegebedürftigkeit.[10]

382   **Rechtsvergleichende** Untersuchungen[11] zeigen, dass eine eigenständige
Pflegeversicherung nur in den **Niederlanden**[12] sowie Österreich[13] besteht.
In anderen Staaten werden Leistungen an Pflegebedürftige als Teil anderer
Sozialleistungen gewährt. So erbringen Dänemark, Schweden, Norwegen,
Italien und Großbritannien im Rahmen ihrer kommunalen oder nationalen
Gesundheitsdienste mit der Krankenbehandlung auch ambulante oder stati-
onäre Pflege. In Frankreich und Belgien zahlen die Krankenversicherungen
an pflegebedürftige Versicherte nach dem Grad der Pflegebedürftigkeit ab-
gestufte Pauschbeträge. Sie sollen dem Versicherten die Beschaffung von
Pflegediensten ermöglichen. In zahlreichen Staaten führt Pflegebedürftigkeit zur Erhöhung der Invaliditäts- und Altersrente, deren Ausmaß vom
Grad der Pflegebedürftigkeit abhängt. Pflegeleistungen können in jedem
Sozialleistungszweig angesiedelt werden und jeder kann sie vorsehen; ein
international einheitlicher Schutze existiert also nicht.[14]

cc) Verworfene Alternativen

383   Zu einer sozialen Pflegeversicherung wurden zwei **Alternativen** erwogen:
eine aus allgemeinen Steuermitteln finanzierte öffentliche Pflegesicherung
für jedermann[15] und die Pflicht zur obligatorischen Begründung einer privat-

---

[9] BT-Drucks. 12/5262, S. 61: in über 80 % der Fälle wurden die Aufwendungen für
die stationäre Pflege von der Sozialhilfe getragen; *Frank*, NDV 1994, 366 ff.

[10] BT-Drucks. 12/5262, S. 61.

[11] Vgl. zur Pflegeversicherung rechtsvergleichend: *Landolt*, Pflegerecht, 2001, 467 ff.;
in Frankreich und Deutschland: *Igl*, Pflegebedürftigkeit und Behinderung im Recht der
sozialen Sicherheit, 1987.

[12] *Poske*, Die niederländische Lösung im Vergleich, in SDSRV, Bd. 29 (1987), 204 ff.;
Sieveking (Hg.), Soziale Sicherung bei Pflegebedürftigkeit in der Europäischen Union,
1998.

[13] *Pfeil*, VSSR 1994, 185.

[14] *Igl*, Soziale Sicherung bei Pflegebedürftigkeit: Generalreferat aus juristischer Sicht,
in SDSRV, Bd. 29 (1987), 231.

[15] *Bloch*, DAngVers 1994, 237, 238; *GVG*, Die Absicherung des Risikos der Pflegebe-

versicherungsrechtlichen Vorsorge für Pflegebedürftigkeit (wie die Kfz-Haft-
pflichtversicherung nach dem PflVG).[16] Die beitragsfinanzierte sozialversicherungsrechtliche Pflegesicherung ist beiden verworfenen Wegen überlegen. Pflege als öffentliche Dienstleistung auszugestalten, harmonierte nicht
mit dem sozialversicherungsrechtlichen Schutz bei Krankheit, Erwerbsminderung und Unfall. Andernfalls würden die Versicherungsträger in Zweifels-
fällen die in ihre Zuständigkeit fallenden Behandlungsfälle auf die sie von
eigenen Kosten entlastende, aus Steuern finanzierte Pflegesicherung abdrän-
gen. Diese Lösung hätte ferner die Verstaatlichung der Pflegedienste und
damit den Einstieg in den nationalen Gesundheitsdienst bedeutet.

Den Schutz bei Pflegebedürftigkeit privatversicherungsrechtlich zu organisieren, hätte wegen der für privatrechtliche Vorsorge nötigen Kapaldek-
kung (vgl. oben Rn. 60) bedeutet, dass hinreichend ergiebige Versicherungsleistungen erst Jahrzehnte nach ihrer Einführung erwirtschaftet worden wären. Versicherte hätten über eine lange Zeit Prämien zu zahlen für
die entfernte Aussicht, auskömmliche Leistungen erstmals nach Jahrzehnten
zu erhalten. Ferner hätten Personen mit hohem Pflegerisiko – chronisch
Kranke oder Behinderte – höhere Prämien als Gesunde zu zahlen. Eine Verbesserung der aktuellen Notlage Pflegebedürftiger wäre durch die privatversicherungsrechtliche Lösung nicht gelungen. Politik hätte damit vor einer
Gegenwartsaufgabe versagt. Dagegen gelang dies der sozialen Pflegeversicherung; sie fügt sich in die überkommene Struktur der sozialen Sicherung
in Deutschland ein.

b) Ausgestaltung der Pflegeversicherung

Die soziale **Pflegeversicherung** ist im **SGB XI** geregelt. Sie wird von den   **384**
Pflegekassen getragen und durch Beiträge der Versicherten und der Arbeitgeber finanziert (§ 1 SGB XI). Versicherte haben bei Pflegebedürftigkeit Anspruch auf ambulante und stationäre Pflege. Ihnen kommt bei Auswahl der
Dienste und Einrichtungen eine Wahlfreiheit zu (§ 2 SGB XI). **Häusliche**
geht vor **stationärer** Pflege (§ 3 SGB XI). Die Pflegekasse soll durch Prävention und Rehabilitation dem Eintritt dauernder Pflegebedürftigkeit entge-
genwirken (§ 5 SGB XI). Die Länder haben leistungsfähige, qualitativ hochwertige, ausreichende und wirtschaftliche Pflegedienste zu schaffen (§ 9
SGB XI); die pflegerische Versorgung ist durch die Pflegekassen **sicherzu-**

---

dürftigkeit, 1991; *Igl*, DRV 1986, 40; *Schulin*, Soziale Sicherung bei Pflegebedürftigkeit:
Landesreferat Bundesrepublik Deutschland, in SDSRV, Bd. 29 (1987), 24 ff.

[16] *Bloch*, DAngVers 1994, 237, 238; *Igl*, DRV 1986, 40; *Gassmann*, Zur Einführung
einer Pflegeversicherung, in Wissing/Umbach (Hg.), 40 Jahre Landessozialgerichtsbar-
keit, 1994, 195.

stellen[17] (§ 12 SGB XI). Die Pflegeversicherung wird durch das Zweite Pflegestärkungsgesetz[18] 2017 im Begriff und der Einordnung der Pflegebedürftigkeit verändert. Der Pflegebegriff wird um kognitive und psychische Komponenten erweitert und die Pflegebedürftigkeit wird – statt wie bisher – in drei „Stufen" künftig in fünf „Graden" bestimmt. Damit ist eine Ausweitung des Leistungsumfanges verbunden: Der Umfang von Pflegegeld und -sachleistungen steigt mit dem Grad der Pflegebedürftigkeit.

aa) Versicherungspflicht und Obligatorium

385   Im Unterschied zu anderen Sozialversicherungen regelt das SGB XI nicht nur Versicherungspflicht und -freiheit; sondern erlegt den von der Versicherungspflicht in der sozialen Pflegeversicherung Freigestellten auf, sich für die Pflegebedürftigkeit **privat** zu versichern (§§ 1 I, 23 SGB XI).[19] Diese Pflicht sollte – im Interesse eines konsistenten Sprachgebrauchs – und anders als in § 23 SGB XI nicht „Versicherungspflicht" sondern „Versicherungs**obligatorium**" genannt werden. Denn hier kommt die Versicherung – anders als bei der Versicherungspflicht – nicht durch Gesetz zustande; vielmehr muss der Adressat einen privatrechtlichen Versicherungsvertrag abschließen und so den Versicherungsschutz selbsttätig herbeiführen. Dieses Obligatorium gründet im öffentlichen Recht und kann deshalb von der Pflegekasse durch Verwaltungsakt durchgesetzt werden. Über Bestehen und Erfüllung des Obligatoriums entscheiden die Sozialgerichte.[20]

386   Die Versicherungspflicht in der sozialen **Pflegeversicherung** folgt der **Krankenversicherung** (§§ 1 II, 20, 48 SGB XI).[21] Wer in dieser Pflicht- oder freiwilliges Mitglied ist, gehört auch jener an (§ 20 SGB XI). Freiwillig Versicherte können von der Versicherungspflicht in der sozialen Pflegeversicherung befreit werden, wenn sie bei einer privaten Versicherung gleichwertig gegen das Risiko der Pflegebedürftigkeit gesichert sind (§ 22 SGB XI). Familienangehörige eines Mitglieds sind in der sozialen Pflegeversicherung mitversichert (§ 25 SGB XI: Ehegatten ohne nennenswerte eigene Erwerbstätigkeit und minderjährige oder in Ausbildung befindliche oder behinderte Kinder). Versicherungsfreie Personen sind Arbeitnehmer, deren Einkommen die

---

[17] Kritisch im Hinblick auf die Erfüllung dieses Auftrages: *Moritz*, Staatliche Schutzpflichten gegenüber pflegebedürftigen Menschen, 2013.

[18] Vom 21. Dezember 2015, BGBl. I S. 2424; BT-Drucksache 18/5926; 18/6668.

[19] Vgl. zu den Problemen *Gitter*, ZVersWiss 1996, 267 ff.; *Isensee*, Sozialversicherung über Privatversicherer – Rechtsprobleme der privaten Pflegeversicherung, in Heinze/Schmitt (Hg.), Festschrift für Wolfgang Gitter, 1995, 401 ff.

[20] *Udsching*, in ders. (Hg.), SGB XI, 2010 (3. Aufl.), § 23 Rn. 22 ff.

[21] *Bloch*, DAngVers 1994, 237, 240; *Giehler/Wiesmann*, BKK 1994, 469; *Krasney*, VSSR 1994, 265; *Leopold*, SozVers 1994, 115; *Maschmann*, SGb 1993, 453, 454; *Schaaf*, SGb 1994, 414; *Schulin*, NZS 1994, 433, 437; *Straub*, ZfSH/SGB 1994, 462; *Wienand*, NDV 1994, 361.

Pflichtversicherungsgrenze der Krankenversicherung (vgl. Rn. 284) übersteigt, ohne darin freiwilliges Mitglied zu sein, sowie beihilfeberechtigte Beamte und Selbständige unterliegen dem Versicherungsobligatorium. Sie müssen also eine Pflegeversicherung bei ihrer privaten Krankenversicherung oder einer anderen Versicherung abschließen (§ 23 SGB XI), die in Voraussetzungen und Inhalt der sozialen Pflegeversicherung entspricht (§ 110 SGB XI).

bb) Versicherungsfall und -leistungen

Versicherungsfall ist die **Pflegebedürftigkeit** (§§ 14 ff. SGB XI).[22] Diese **387** bedeutet die aus Krankheit oder Behinderung herrührende dauerhafte Beeinträchtigung der gewöhnlichen oder regelmäßig wiederkehrenden Verrichtungen im Ablauf des täglichen Lebens. Bestimmungsgründe für die Pflegebedürftigkeit sind nicht mehr der Pflegeaufwand, sondern die Beeinträchtigung in der Selbstbetreuungsfähigkeit: Einschränkungen bei Mobilität, kognitiven und kommunikativen Fähigkeiten, Selbstversorgung, Verhaltensweisen und psychische Problemlagen, Bewältigung von und selbständiger Umgang mit krankheits- und therapiebedingten Anforderungen und Belangen, Gestaltung des Alltagslebens und sozialer Kontakt (§ 14 SGB XI). Für den Leistungsumfang wird die Pflegebedürftigkeit in fünf Pflegegrade unterschieden (§ 15 SGB XI): von der geringen (Pflegegrad 1) über die schwere (Pflegegrade 2 und 3) bis zur Schwerstpflegebedürftigkeit (Pflegegrade 4 und 5). Die nähere Bestimmung der Pflegebedürftigkeit und deren Stufen geschieht durch Richtlinien (§ 17 SGB XI) der Spitzenverbände der Pflegekassen. Das SGB XI unterscheidet zwischen gewerblichen Pflegekräften und Pflegepersonen.

Die Pflegeversicherung kennt **Sach-** und **Geldleistungen** (§ 28 SGB XI).[23] Sachleistungen werden von den Pflegekräften erbracht; dies sind im Einzelnen die häusliche Pflegehilfe (§ 36 SGB XI), Pflegehilfs- und technische Mittel[24] (z. B. Desinfektionsmittel, Gehhilfen, Badevorrichtungen, § 40 SGB XI), Tages- oder Nachtpflege in teilstationären Einrichtungen (§ 41 SGB XI), Kurzzeitpflege (= vorübergehende vollstationäre Pflege bei vorübergehender Nichterbringung häuslicher Pflege, § 42 SGB XI) sowie die vollstati-

---

[22] BSGE 82, 27, 276; 85, 278; BSG SozR 3-3300 § 14 Nr. 9; *Dalichau*, SGB XI, § 14 Rn. 77 ff.; *Giehler/Wiesmann*, BKK 1994, 469; *Horz*, VSSR 1999, 275; *Igl*, SGb 1999, 111; *Kummer*, in HS-PV, § 13 Rn. 42 ff., § 14; *Roller*, Pflegebedürftigkeit, 2007; *Udsching*, in ders. (Hg.), SGB XI, 2010 (3. Aufl.), § 14 Rn. 3 ff.; *Wienand*, NDV 1994, 361, 362 f.

[23] *Giehler/Wiesmann*, BKK 1994, 469, 474 ff.; *Igl*, VSSR 1999, 305; *Koch*, VSSR 2000, 57; *Krasney*, VSSR 1994, 265, 271 f.; *Maschmann*, SGb 1996, 49, 96.

[24] BSG NZS 2006, 488 zur Abgrenzung zur Hilfsmittelversorgung der Krankenversicherung.

onäre Pflege[25] (§ 43 SGB XI). Eine Geldleistung ist das Pflegegeld (§ 37 SGB XI); es wird gewährt, wenn die Pflege von Pflegepersonen geleistet wird. Dessen Höhe hängt von der Pflegestufe ab. Es steht dem Pflegebedürftigen für eine „selbstbeschaffte" Pflege zur Verfügung und wird in der Erwartung gezahlt, hierdurch für die Pflege durch Angehörige oder Nahestehende einen Anreiz zu schaffen.

Pflegegeld und -sachleistungen können kombiniert werden. Wird die Pflegesachleistung nicht ausgeschöpft, vermindert sich der Anspruch auf Pflegegeld in dem Verhältnis, in welchem die Sachleistung in Anspruch genommen wurde. Für die selbstbeschaffte Pflegekann bei Krankheit oder Urlaub der Pflegeperson auf Kosten der Pflegekasse eine Ersatzkraft beschafft werden (§ 39 SGB XI). Die Pflegekasse stellt durch Versorgungsverträge mit häuslichen Pflegediensten sowie stationären Pflegeeinrichtungen die pflegerische Versorgung sicher (§§ 69, 71 ff. SGB XI).[26] Die Pflegekasse kann durch diese Verträge auf eine wirtschaftliche und qualitativ hochwertige Versorgung hinwirken.[27] Die Dienste und Einrichtungen haben bei hinlänglicher Qualität und Wirtschaftlichkeit Anspruch auf Zulassung (§ 72 III SGB XI). Die Versorgungsverträge regeln durch öffentliches Recht den Inhalt der Pflegeleistungen und deren Vergütung. Die Pflege selbst wird dagegen kraft Privatrechts – Heimvertrag bei stationärer Pflege oder Dienstvertrag bei ambulanter Pflege – erbracht.[28]

cc) Organisation und Finanzierung der Pflegeversicherung und soziale Sicherung der Pflegeperson

388   Die Pflegekassen sind Körperschaften des öffentlichen Rechts mit Selbstverwaltung (§ 46 II SGB XI) und eigenem Vermögen, jedoch bei einem Träger der sozialen Krankenversicherung zu errichten. Die Organe der Pflegekasse (Vorstand und Verbandsversammlung) sind personengleich mit den entsprechenden Organen des zugeordneten Trägers der sozialen Krankenversicherung. Deren Verwaltung ist auch für die Pflegekasse zuständig; die Pflegekasse gilt der Krankenkasse deren Verwaltungsaufwand ab (§ 46 SGB XI).

Die Pflegeversicherung wird durch Beiträge finanziert (§ 54 I SGB XI), deren Satz gesetzlich bestimmt ist (§ 55 SGB XI). Er beträgt ab 2017 2,55 % (bei Kinderlosen 2,8 %). Familienversicherte und Hinterbliebenenrentenberechtigte sind von Beitragspflichten freigestellt. Der Beitrag versicherungs-

---

[25] *Klie*, in Igl/Klie (Hg.), Pflegeversicherung auf dem Prüfstand, 2000, 67 ff.

[26] BT-Drucks. 12/5262, S. 136; *Schulin*, VSSR 1994, 285 ff.; *Schwerdtfeger*, Grundrechtsgeleitete Pflegeberechtigung der privaten Pflegedienste, 2001; *Igl*, VSSR 1999, 305; *Schütze*, in Udsching, SGB XI, 2010 (3. Aufl.), § 71 Rn. 3 ff.; *ders.*, NZS 1999, 473.

[27] *Neumann*, VSSR 1994, 309; *Roller*, VSSR 2001, 335; *Schütze*, in Udsching, SGB XI, 2010 (3. Aufl.), § 72 Rn. 2 ff., § 113 Rn. 2 ff.

[28] *Udsching*, NZS 1999, 473.

pflichtiger Arbeitnehmer wird zu gleichen Teilen von diesem wie dem Arbeitgeber getragen.[29] Freiwillig versicherte Arbeitnehmer und einem Versicherungsobligatorium unterliegende Arbeitnehmer haben einen Anspruch gegen den Arbeitgeber auf Zuschuss zu den Beiträgen oder Prämien. Dieser beschränkt sich jedoch höchstens auf den Betrag, den der Arbeitgeber bei Versicherungspflicht in der sozialen Pflegeversicherung zu zahlen hätte (§ 61 II SGB XI). Rentner tragen den Beitrag zur Pflegeversicherung allein. Das BVerfG[30] gab dem Gesetzgeber auf, Kindererziehende[31] von Beiträgen zur Pflegeversicherung wegen deren generativen Beitrags zu entlasten. Dem ist der Gesetzgeber durch die Erhöhung des Beitrages für Kinderlose ab dem vollendeten 23. Lebensjahr um 0,25 % nachgekommen.[32]

Pflegepersonen sind in die **Rentenversicherung** einbezogen. Deren Beiträge werden von den Pflegekassen getragen. Beruht die Pflegebedürftigkeit auf einer Schädigung durch haftpflichtige Dritte, umfasst dessen Ersatzpflicht den Ausgleich für die Alterssicherung der Pflegeperson. Die Pflegekasse erhält die Beitragsaufwendungen für die Pflegekraft des Pflegebedürftigen gemäß § 116 I SGB X vom Schädiger.[33] Pflegekräfte stehen bei der Ausübung der Pflege ferner unter dem Schutz der **Unfallversicherung**.[34] Schließlich zählt die Zeit der Pflege für die **Arbeitsförderung**, namentlich die Berufsförderung, wie eine beitragspflichtige Beschäftigung (vgl. § 44 SGB XI). Seit 2017 sind Pflegepersonen auch in die Arbeitslosenversicherung einbezogen.

§ 18 Die gesetzliche Unfallversicherung

Lit.: *Becker*, Der Arbeitsunfall, SGb 2007, 721 ff.; *ders.*, Gesetzliche Unfallversicherung und Grundgesetz, VSSR 2010, 247; *ders.*, Zur Unfallkausalität, SGb 2012, 691; *Brandenburg*, SGB VII – Gesetzliche Unfallversicherung, juris-Praxis Kommentar, 2009; *Bereiter-Hahn/Schieke/Mehrtens*, Die gesetzliche Unfallversicherung, Kommentar, Loseblattwerk; *Eichenhofer/Wenner* (Hg.), Wannagat Sozialversicherungsrecht, Kommentar zum Sozialgesetzbuch VII, 2010; *Gitter*, Schadensausgleich im Arbeitsunfallrecht, 1969; *Horn*, Unfallversicherung (SGB VII), 2012; *Kater/Leube*, Gesetzliche Unfallversicherung, 1997; *Konradi*, Zur Systematik der Regressmöglichkeiten der Gesetzlichen Unfallversicherer, 2014; *Perrin*, Occupational Risks and Social Security, Encyclopedia of Comparative Law, Vol. XV, 1994, Chap. 8; *Plagemann/Radtke-Schwenzer*, Gesetzliche Unfallversicherung, 2007

---

29 *Igl/Welti*, Sozialrecht, 2007 (8. Aufl.), § 27 Rn. 1 f.; verfassungsrechtliche Bedenken formuliert *Friauf*, DB 1991, 1773; dagegen *Fuchs*, in HS-PV, § 4 Rn. 23 ff.
30 BVerfGE 103, 242.
31 Vgl. dazu BSGE 99, 15 (Stiefeltern).
32 Kinderberücksichtigungsgesetz (BGBl. I 2004, S. 3448).
33 BGHZ 140, 39; *Eichenhofer*, VersR 1998, 393; *Wank*, SGb 1999, 485.
34 BSG NZS 2011, 710; *Schlager*, SGb 2016, 684.

(2. Aufl.); *Schmitt,* in von Maydell/Ruland/Becker (Hg.), Sozialrechtshandbuch, 2012 (5. Aufl.), § 16; *Schulin* (Hg.), Handbuch des Sozialversicherungsrechts, Bd. 2: Unfallversicherungsrecht, 1996; *Wickenhagen,* Geschichte der gewerblichen Unfallversicherung, 1980, 2 Bände.

a) Grundsätze

389   Die im SGB VII normierte **Unfallversicherung** wird von den **Berufsgenossenschaften** (BG) als Körperschaften des öffentlichen Rechts getragen. Sie sieht Leistungen bei **Arbeitsunfällen** wie **Berufskrankheiten** vor.[1] Die Unfallversicherung gilt für die Arbeitnehmer oder wie solche Beschäftigten (§ 2 I Nr. 1, II 1 SGB VII), ferner für Personen, die einen Unfall bei einer Lebensrettung (§ 2 I Nr. 13a SGB VII), beim Besuch von Kindergärten, Schulen oder Hochschulen (§ 2 I Nr. 8 SGB VII) oder Bau öffentlich geförderten Wohnraums (§ 2 I Nr. 16 SGB VII) erleiden. Die Vorschriften des Unfallversicherungsrechts erstrecken sich folglich nicht nur auf die von Arbeitnehmern bei Arbeitsausübung erlittenen Unfälle, sondern sind auch auf weitere Personen und Unfälle anzuwenden, die mit einer abhängigen Beschäftigung nicht zusammenhängen.

Deshalb wird die **echte** von der **unechten** Unfallversicherung unterschieden: Die echte Unfallversicherung gewährt für die mit der Arbeitsausübung zusammenhängenden Unfälle und Krankheiten den Arbeitnehmern sowie ihnen Gleichgestellten Unfallversicherungsschutz (§ 2 I Nr. 1, II 1 SGB VII). Deren Leistungen werden durch **Beiträge** der **Arbeitgeber** finanziert. Diese schützt Personen, die einen Unfall im Zusammenhang mit einer in § 2 I Nrn. 8–16 SGB VII genannten, im öffentlichen Interesse liegenden Tätigkeit erleiden. Die Leistungen richten sich zwar in beiden Fällen nach den Grundsätzen des Unfallversicherungsrechts. Die **Finanzierung** der **unechten Unfallversicherung** trägt jedoch der **Staat**. Deshalb ist sie ein eigener Zweig des Rechts sozialer Entschädigung (vgl. unten Rn. 431 ff.).

390   Die **echte** Unfallversicherung war die Antwort des Rechts auf die **Industrialisierung** und **Technisierung** der Arbeitsabläufe. Sie erhöhten die Gesundheitsgefahren für die Arbeiter. Dafür enthielt das überkommene bürgerliche Haftungsrecht keine tragfähigen Lösungen. Denn es beruhte auf der culpa-Haftung: „Nicht der Schaden verpflichtet zum Ersatz, sondern die Schuld" (Rudolf von Jhering).[2] Der bei Ausübung der Arbeit an Körper oder Gesundheit verletzte Arbeitnehmer konnte daher Schadensersatz nur

---

[1] Zuvor in §§ 537 ff. RVO; *Bogs,* Ausgleich von Arbeitsunfallschäden im Sozialgesetzbuch VII, in Heinze/Schmitt (Hg.), Festschrift für Wolfgang Gitter, 1995, 123; *Krasney,* VSSR 1993, 81; *Pappai,* SGb 1993, 303; vgl. zum Rechtsvergleich umfassend: *Perrin,* International Encyclopedia of Comparative Law, Vol. XV, 1994, Chap. 8; *Carlsson,* Arbetsskada, Stockholm 2008.

[2] *Jhering,* Das Schuldmoment im römischen Privatrecht, 1867, 40; zu den daraus rüh-

erlangen, falls daran den Arbeitgeber ein Verschulden traf. Ferner hing die Höhe des Ersatzanspruches davon ab, ob den Geschädigten ein Mitverschulden traf. Beruhte der Unfall dagegen auf einer betriebseigentümlichen Gefahr eines Arbeitsgeräts oder auf Zufall oder Eigenverschulden des Arbeitnehmers, sah das Zivilrecht eine Haftung nicht vor – obschon der Arbeitnehmer in Ausübung einer im Arbeitgeberinteresse liegenden Tätigkeit verunglückte.

Daher wurde zunächst bei Einführung der **Gefährdungshaftung** für die von Bahnen verletzten Personen oder Sachen durch das RHG (1871) die Einstandspflicht des Arbeitgebers bei Bergwerks- und Fabrikunfällen dahin erweitert, dass dieser auch für die Versäumnisse seines Aufsichtspersonals wie für eigenes Verschulden haftete.[3] Schon kurz nach Schaffung dieser Bestimmung wurde jedoch klar, dass der Schutz der Opfer von Arbeitsunfällen damit nicht verbessert wurde. Ende der 1870er Jahre wurde zwar erwogen, die allgemeine Gefährdungshaftung für alle Betriebsunfälle verbunden mit dem Obligatorium zu einer Haftpflichtversicherung einzuführen.[4] Der Gesetzgeber entschloss sich aber, anstelle einer **privatrechtlichen** die **sozialrechtliche** Lösung zu setzen. **391**

Diese wurde 1884 geschaffen und beruhte auf folgenden Grundsätzen: Betriebe einzelner Unternehmer sind kraft Gesetzes gegen Arbeitsunfälle versichert; die privatrechtliche Haftung der Arbeitgeber für Arbeitsunfälle wird aufgehoben; stattdessen gewährt die BG den verletzten Arbeitnehmern Leistungen, deren Gesamtaufwendungen von sämtlichen Arbeitgebern eines Wirtschaftszweiges getragen werden. **392**

Während bei der privatrechtlichen Lösung der Unternehmer für die in seinem Unternehmen eingetretenen Arbeitsunfälle einzeln haftet, stehen bei der sozialrechtlichen Lösung alle Unternehmer eines Wirtschaftszweiges solidarisch – „berufsgenossenschaftlich" – für die Unfallfolgen der beschäftigten Arbeitnehmer ein. Die Unfallversicherung verwirklicht das Prinzip der **Haftungsersetzung** durch **Versicherungsschutz**.[5]

Sie ist nicht nur für die Abgeltung der Unfallschäden zuständig, sondern hat auch „mit allen gesetzlichen Mitteln" der Entstehung von Arbeitsunfällen und Berufskrankheiten vorzubeugen (§ 14 SGB VII). Die Träger erlassen Unfallverhütungsvorschriften als autonome Satzungen (§ 15 SGB VII), deren Einhaltung sie überprüfen. In der Unfall-Prävention tritt die Berufsgenossenschaft neben die staatlichen Arbeitsschutzbehörden. Angesichts neu-

---

renden Sicherungslücken vgl. *Gitter*, Schadensausgleich im Arbeitsunfallrecht, 1969; *Gitter/Nunius*, in HS-UV, § 5 Rn. 29 ff.

[3] § 2 RHG a.F.; *Breuer*, in HS-UV, § 1 Rn. 31 ff.; *Gitter*, SGb 1993, 297; *ders.*, Schadensausgleich im Arbeitsunfallrecht, 1969, 14 ff.

[4] *Gitter*, Schadensausgleich im Arbeitsunfallrecht, 1969, 14 ff.

[5] *Fuchs*, SGb 1995, 421; *Plagemann*, SGb 2016, 245; *Waltermann*, Die BG 1997, 310 ff.

er Gefahrenstoffe sowie Gesundheitsrisiken durch den Einsatz neuer Techniken misst das SGB VII der Unfallprävention eine herausragende Bedeutung bei (§ 14 SGB VII).

393   Die Unfallversicherung ist eine **Versicherung**,[6] weil sie für das Risiko des Arbeits- oder Wegeunfalls oder einer Berufskrankheit vorsorgt. Sie beruht auf dem Prinzip der **Fremdvorsorge** (vgl. oben Rn. 268), weil Beitragspflichtiger und Leistungsberechtigter personenverschieden sind. Die Unfallversicherung schützt primär die Arbeitnehmer, die infolge ihrer Arbeitsleistung einen Arbeitsunfall erleiden; sie schützt jedoch außerdem gleich einer Haftpflichtversicherung den Arbeitgeber, den sie von privatrechtlicher Haftung freistellt. Die haftpflichtrechtliche Funktion erklärt, dass sich auch die Beiträge der Unternehmer nach den Unfallrisiken des Betriebes beurteilen (§ 157 SGB VII). Die Beitragsfestsetzung geschieht durch Einstufung der Betriebe in Gefahrenklassen.[7]

b) Sicherungsfälle

aa) Persönliche Voraussetzungen

394   Das Gesetz unterscheidet zwei Versicherungsfälle: Arbeitsunfall und Berufskrankheiten (§ 7 SGB VII). Voraussetzung für den Schutz ist die Ausübung einer **versicherungspflichtigen Beschäftigung**. In der Unfallversicherung steht jede in einem Arbeits-, Dienst- und Lehrverhältnis (§ 2 I Nr. 1 SGB VII) geleistete Tätigkeit unter Versicherungsschutz – unabhängig von der Wirksamkeit des der Beschäftigung zugrundeliegenden Vertragsverhältnisses.[8] Auch unter Versicherungsschutz stehen Personen, die wie ein Versicherter tätig werden (§ 2 II SGB VII): die von Verwandten, Freunden und Bekannten geleisteten unentgeltlichen Gefälligkeiten[9] und Beschäftigungen gegen Mehraufwandsentschädigung („Ein-Euro-Job"). Die für ein Unternehmen geleistete Tätigkeit muss ins Gewicht fallen, dem Willen des Unternehmers entsprechen, auf dem Arbeitsmarkt angeboten sowie von einem Arbeitnehmer erbracht werden können. Des Weiteren stehen **Selbständige** unter dem Schutz der echten Unfallversicherung, sofern dies das Gesetz (so bei Landwirten, Hausgewerbetreibenden, Küstenschiffern und Küstenfischern, § 2 I Nrn. 5, 6, 7 SGB VII) oder die Satzung der Berufsgenos-

---

[6] *Gitter*, Schadensausgleich im Arbeitsunfallrecht, 1969, 76 ff.; *Waltermann*, Die BG 1997, 310, 311 f.; zur Neuregelung durch das UVMG: *Colella/Kranig*, Die BG 2008, 388.

[7] *Gitter*, NZS 1996, 247; *ders.*, BB Beilage 1998, Nr. 6, 1, 14 f.

[8] *Schmitt*, in SRH, § 16 Rn. 8 ff.; vgl. auch § 7 SGB IV; unter Versicherungsschutz stehen auch die in einer Werkstatt für Behinderte tätigen Behinderten, auch bei Behindertentherapie (§ 2 I Nr. 4 SGB VII, BSGE 65, 138) und Strafgefangene (§ 2 II 2 SGB VII).

[9] *Horn*, Unfallversicherung, 2012, 24 f.; BSGE 57, 262 f.; Bedenken bei *Gitter*, BB Beilage 1998, Nr. 6, 1, 4; *Kater/Leube*, SGB VII, 1997, § 2 Rn. 417 ff., 425 ff.; *Krasney*, NZS 1999, 577; *Niedermeyer*, NZS 2010, 312.

senschaft vorsieht (§ 3 SGB VII) oder sie der Unfallversicherung freiwillig beigetreten sind (§ 6 SGB VII).

bb) Zurechnung von Unfällen

Der Schutz der Unfallversicherung bei Arbeitsunfällen tritt ein, wenn zwischen der unter Versicherungsschutz stehenden Tätigkeit, der Körper- und Gesundheitsverletzung und dem Schaden jeweils Kausalität besteht– genauer: zwischen Tätigkeit und Verletzung **haftungsbegründende** und zwischen Verletzung und Schaden **haftungsausfüllende** Kausalität vorliegt.[10] Verbotswidriges Handeln des Versicherten schließt den Versicherungsfall nicht aus (§ 7 II SGB VII). Indes können Leistungen ganz oder teilweise versagt werden, falls der Unfall auf einer Handlung des Versicherten beruht, die als Verbrechen oder Vergehen aufgrund Verurteilung mit Strafe belegt worden ist (§ 101 II SGB VII).

Im Unfallversicherungsrecht wird (wie in anderen Zweigen des Sozialrechts, vgl. unten Rn. 422) als **kausal** nur ein Umstand anerkannt, der für die daraus resultierenden Folgen die **wesentliche Bedingung** ist.[11] Im Gegensatz zum Strafrecht (Äquivalenztheorie) und Bürgerlichen Recht (Adäquanztheorie) ist ein Ereignis für eine Folge nur kausal, wenn jenes diese „wesentlich bedingt".

Mit dieser Kausalitäts-Lehre wird einerseits ausgesagt, dass ein Sicherungsfall nicht **ausschließlich** durch die Ausübung einer Versichertentätigkeit hervorgerufen sein muss; für den Schutz genügt, dass die Tätigkeit den Unfall **mitbedingt**. So wird gewährleistet, dass eine Körper- und Gesundheitsverletzung, die sich ein Arbeitnehmer in Ausübung seiner Erwerbstätigkeit zuzog, auch versichert ist, wenn den Arbeitnehmer ein Mitverschulden trifft. Zum anderen werden Unfälle aus der Leistungspflicht der Unfallversicherung ausgenommen, bei denen die Ausübung der versicherten Tätigkeit

395

396

---

10 *Becker*, SGb 2012, 691.

11 Vgl. dazu *Barta*, Kausalität im Sozialrecht, 1983; *Benz*, SGb 2000, 346; *ders.*, SGb 2003, 12; *Fuchs*, Zivilrecht und Sozialrecht, 1992, 137 ff.; *Gitter*, Schadensausgleich im Arbeitsunfallrecht, 100 ff.; *ders.*, Die BG 1996, 95 ff.; *Krasney*, VSSR 1993, 95 ff.; *ders.*, NZS 2000, 373; *Horn*, Unfallversicherung, 2012, 32 ff.; *Schulin*, in HS-UV, § 30; *Watermann*, Die Ordnungsfunktionen von Kausalität und Finalität im Recht, 1968; dazu kritisch: *Schulin*, Haftungsbegründende und haftungsausfüllende Kausalität im Unfallversicherungsrecht – eine irreführende Unterscheidung, in Heinze/Schmitt (Hg.), Festschrift für Wolfgang Gitter, 1995, 911. Allerdings bildet Schulin dann – überraschenderweise – doch zwei Begriffe: „Unfallkausalität" und „Schadenskausalität" – die Unterscheidung scheint also nicht ganz nutzlos zu sein; *Jung*, in Eichenhofer/Wenner (Hg.), Wannagat Sozialversicherungsrecht, Kommentar zum Sozialgesetzbuch VII, 2010, § 8 Rn. 26 ff.; *Waltermann*, Sozialrecht, 2014 (14. Aufl.), Rn. 316 ff.; *Igl/Welti*, Sozialrecht, 2007 (8. Aufl.), § 40.

für die Entstehung des Unfalls als „Gelegenheitsursache" (d.h. der Unfall geschah bei Gelegenheit der Arbeit) **unwesentlich** ist.

Hauptanwendungsfälle dieser Theorie sind Unfälle unter Alkoholeinwirkung, Selbsttötung und -gefährdung, Zurechnung von Schäden bei Verschlimmerung einer unfallbedingten Verletzung und unfallbedingte Todesfälle, falls der Tod nicht wesentlich später eingetreten wäre. In allen Fällen fragt sich: Hat die Tätigkeit die Verletzung oder die Verletzung den Schaden wesentlich bedingt?

397   Beruht ein Arbeitsunfall auf Trunkenheit des Verletzten, so liegt keine versicherte Tätigkeit vor, sofern die Trunkenheit die Handlungsfähigkeit des Verletzten ausschließt.[12] Handlungsunfähig ist ein Versicherter infolge Trunkenheit jedoch nur, wenn er in Übereinstimmung mit der strafrechtlichen Grenze des § 323a StGB einen Blutalkoholgehalt von ca. 3 Promille aufweist. Bleibt die Trunkenheit darunter, ist der Unfall im Straßenverkehr entstanden und lag Fahruntüchtigkeit vor (Blutalkoholgehalt 0,5 Promille),[13] besteht nach der Rechtsprechung die widerlegbare Vermutung, dass wesentlich die Trunkenheit zum Unfall geführt hat.[14] Ist der Unfall außerhalb des Straßenverkehrs eingetreten, ohne die Handlungsfähigkeit zu beeinträchtigen, besteht bei Kumulation mehrerer Gründe Unfallversicherungsschutz.

Bei Selbsttötung tritt Unfallversicherungsschutz ein, falls sie tätigkeitsbedingt in einer die freie Willensentscheidung ausschließenden Lage vorgenommen wurde[15] oder der Entschluss zur Selbsttötung wesentlich arbeitsbedingt war.[16] Wer sich hingegen aus freien Stücken selbst gefährdet, steht daher nicht unter Unfallversicherungsschutz – etwa falls sich ein Lkw-Beifahrer auf der Pritsche eines Lkw sonnte, dabei vom fahrenden Lkw stürzte und starb.[17]

Bei der unfallbedingten Verschlimmerung vormaliger Leiden ist eine Entschädigung nur bei einer wesentlichen Verschlechterung geschuldet, wenn der Unfall die Verschlimmerung wesentlich beschleunigt hat.[18] In Fällen unfallbedingten Todes entfällt die Entschädigungspflicht, falls der Unfall nur Anlass – Gelegenheitsursache – war. War er indessen wesentliche Ursache,

---

[12] BSGE 42, 129; 38, 127; 12, 242; zum Medikamentenmissbrauch BSGE 59, 193; *Ricke*, in KassKomm, § 8 SGB VII Rn. 108, 108a; *Schulin*, in HS-UV, § 30 Rn. 108 ff.; *Muckel/Ogorek*, Sozialrecht, 2011 (4. Aufl.), § 10, Rn. 42.
[13] BGHSt 37, 89; 19, 243; *Schulin*, in HS-UV, § 32 Rn. 36.
[14] BSGE 112, 177; 53, 215; 34, 261; *Köhler*, VSSR 2011, 63; *Jung*, in Eichenhofer/Wenner (Hg.), Wannagat Sozialversicherungsrecht, Kommentar zum Sozialgesetzbuch VII, 2010, § 8 Rn. 35 ff.
[15] BayLSG NZS 2009, 232; BSGE 61, 113, 115 f.; *Köhler*, SGb 2001, 481.
[16] BSGE 54, 184; so auch die österreichische Rechtsprechung: OGH SSV NF 5/6.
[17] BSGE 64, 159.
[18] Einzelheiten BSGE 70, 177.

besteht die Entschädigungspflicht in vollem Umfang.[19] Wesentlich in diesem Sinne war der Unfall für den Eintritt des Todes, wenn für den Verunglückten bei Eintritt des Unfalls noch eine Lebenserwartung von einem Jahr oder mehr bestanden hätte.[20]

Das Unfallversicherungsrecht bedarf der eigenen Kausalitäts-Lehre, welche sich von der im Straf- und Zivilrecht vorherrschenden Lehre notwendig unterscheidet. Während hier Kausalität neben Tatbestandsmäßigkeit, Rechtswidrigkeit und Schuld nur ein Zurechnungskriterium unter mehreren ist, bildet sie dort das alleinige Zurechnungskriterium.[21] Denn einzig die Kausalität entscheidet abschließend über die Einstandspflicht des Unfallversicherungsträgers für den Arbeitsunfall.   **398**

Die Theorie der wesentlichen Bedingung ist angreifbar.[22] Ihr wird entgegnet, allgemein und wenig aussagekräftig zu sein. Denn sie besagt lediglich, **dass** nur die wesentlichen Bedingungen zurechenbar sind. Sie besagt indes **nicht, welche** Bedingung wesentlich ist. Sie beschreibt also eher das zu bewältigende Problem der Zurechnung, als es zu lösen.   **399**

Dennoch ist zu ihr kaum eine bessere Alternative zu finden. Die gelegentlich vorgestellten zivilrechtlichen Lehren vom Rechtswidrigkeitszusammenhang oder Schutzzweck der Norm paraphrasieren ebenfalls nur die zentrale Aussage der Theorie der wesentlichen Bedingung: Nur diejenigen Umstände sind als haftungsbegründend oder -ausfüllend anzusehen, die nach dem Normzweck des Unfallversicherungsrechts die Zuerkennung von unfallversicherungsrechtlichen Leistungen rechtfertigen. Welche Umstände dies aber konkret sind, besagen auch diese Lehren nicht. Sie machen aber als Kriterium der Wesentlichkeit und damit der Zurechnung letztlich den Normzweck von Unfallversicherungsschutz einsichtig. Eine Handlung ist danach wesentlich, wenn ihre Kompensation nach dem Normzweck des Unfallversicherungsrechts geboten ist. Dieser kann freilich stets nur konkret, dagegen nicht abstrakt bestimmt werden.

cc) Der Begriff des Arbeitsunfalls

Das Gesetz sieht Leistungen bei Arbeitsunfällen vor. Unter einem „Unfall" ist ein von außen auf den Körper einwirkendes,[23] schädigendes Ereignis zu verstehen;[24] Sachschädigungen werden von der Unfallversicherung   **400**

---

[19] LSG Sachsen-Anhalt NZS 2012, 72; BSG SozR 4-2700 § 8 Nr. 17.
[20] BSGE 62, 220.
[21] *Deutsch*, in Deutscher Sozialgerichtsverband (Hg.), Sozialrechtsprechung, 1979, Bd. 2, 497.
[22] Zum Ganzen eingehend: *Barta*, Kausalität und Sozialrecht, 1983; *Fuchs*, Zivilrecht und Sozialrecht, 1992, 137 ff.; *Schulin*, in HS-UV, § 29 Rn. 12 ff.
[23] BSG SozR 4-2700 § 8 Nr. 42; BSG NZS 2012, 390.
[24] *Krasney*, VSSR 1993, 81, 92 ff.; *Schulin*, in HS-UV, § 28.

grundsätzlich nicht ausgeglichen. Ausnahmen kennt die unechte Unfallversicherung (vgl. unten Rn. 444). Unter einem Unfall ist ferner nur eine auf einen kurzen Zeitraum begrenzte Schädigung zu verstehen. Sie hat im Laufe eines Arbeitstages wirksam zu werden.[25] Liegt demnach ein Unfall vor, hängt die Leistungspflicht des Unfallversicherungsträgers davon ab, ob das zur Einstandspflicht führende Ereignis mithin als Arbeits-, Arbeitsgeräte- oder Wegeunfall einzuordnen ist.

401   Ein **Arbeitsunfall** liegt vor, wenn ein Versicherter in **Ausübung** der **versicherten Tätigkeit** (§§ 2, 3 oder 6 SGB VII) einen Unfall erleidet (§ 8 I SGB VII).[26] Gehört zur Arbeit das Autofahren, sind die im Zusammenhang mit der Verkehrsteilnahme stehenden Unfälle Arbeitsunfälle, auch solche, welche bei Behebung von Störungen am Fahrzeug auftreten.[27] Unfallversicherungsschutz besteht nicht nur für die auf Weisung des Arbeitgebers ausgeübten, sondern auch für die vom Arbeitnehmer aus eigenem Antrieb für den Arbeitgeber erbrachten Tätigkeiten.[28] Auch wer in Erfüllung der arbeitsvertraglichen Pflichten (Öffnen eines Pakets, in dem eine Bombe versteckt ist) Opfer eines rechtswidrigen (Sprengstoff-)Anschlages wird, erleidet einen Arbeitsunfall, weil die Verletzung nach dem Vorstellungsbild des Arbeitnehmers bei Vertragserfüllung und im Betrieb eintrat.[29] Fordert die Erteilung des Arbeitsvertrages die Zurücklegung eines Weges oder eine Dienstreise, so bedeutet ein Unfall in diesem Zusammenhang einen Arbeits- und keinen Wegeunfall.[30]

Die „selbst geschaffene Gefahr" wirkt nicht als Ausschlussgrund unfallversicherungsrechtlicher Haftung, sondern lässt diese unberührt.[31] Nicht unter Unfallversicherungsschutz stehen dagegen eigenwirtschaftliche Tätigkeiten. Nicht alle Tätigkeiten lassen sich jedoch eindeutig zuordnen. Gelingt diese Zuordnung nicht, besteht eine **gemischte** Tätigkeit. Sie steht unter Unfallversicherungsschutz, sofern die betrieblichen die eigenwirtschaftlichen Zwecke überwiegen,[32] die zum Unfall führende Tätigkeit also nach ihrer objektiven Handlungstendenz in einem inneren, zeitlichen und örtlichen Zusammenhang mit der Arbeit stand.[33]

---

[25] *Ricke*, in KassKomm, § 9 SGB VII Rn. 23; *Schulin*, in HS-UV, § 28 Rn. 11.

[26] *Benz*, SGb 2001, 220.

[27] BSG SozR 4-2700 § 8 Nr. 24.

[28] *Schulin*, in HS-UV, § 30 Rn. 12.

[29] BSGE 78, 65.

[30] *Jung*, in Eichenhofer/Wenner (Hg.), Wannagat Sozialversicherungsrecht, Kommentar zum Sozialgesetzbuch VII, 2010, § 8 Rn. 43.

[31] BSGE 94, 262; *Ziegler*, in Becker/Franke/Molkentin (Hg.), SGB VII, 2014 (4. Aufl.), § 8 Rn. 261 f.

[32] BSGE 20, 215; 17, 11; 11, 154; 7, 255; BSG, EzA § 548 RVO Nr. 1; *Jung*, in Eichenhofer/Wenner (Hg.), Wannagat Sozialversicherungsrecht, Kommentar zum Sozialgesetzbuch VII, 2010, § 8 Rn. 40.

[33] BSGE 3, 240; SozR 3-2200 § 548, Nr. 29; BSG SGb 2007, 742; BSGE 96, 196; BSG

Eine Ausprägung einer gemischten Tätigkeit ist die **Nahrungsaufnahme.** 402
Sie befriedigt Lebensbedürfnisse und wäre so der eigenwirtschaftlichen
Sphäre zuzuordnen, andererseits liegt sie zugleich im Interesse des Betriebes
(nicht nur bei „Arbeitsessen"[34]): Durst und Hunger zu stillen, ist Vorausset-
zung für brauchbare Arbeitsleistung. Steht also der Arbeitnehmer bei der
Nahrungsaufnahme unter Unfallschutz?

Diese Frage ist grundsätzlich zu bejahen,[35] wenn die Schädigung durch
betriebliche Einwirkungen mitbedingt ist, etwa ein Arbeitnehmer sich den
Magen am Kantinen- oder „Arbeits"-essen verdirbt, auf zu glattem Kanti-
nenboden ausrutscht, aus einer in den Betriebsräumen befindlichen Limona-
denflasche trinkt, die statt Limonade Öl enthält,[36] oder wegen der großen
Hitze am Arbeitsplatz der Arbeitnehmer Flüssigkeit zu sich nehmen muss
und auf dem Weg zum Kauf der Getränke verunglückt.[37]

Ist der Unfall jedoch nicht auf betriebliche Einwirkungen zurückzuführen: der Arbeitnehmer verdirbt sich den Magen durch mitgebrachte Nahrung oder erleidet einen Sturz in einem außerhalb der Betriebsstätte gele-
genen Restaurant, wo er das Mittagessen einnimmt,[38] steht er nicht unter
dem Schutz der Unfallversicherung. Kein Schutz besteht auch bei der Nahrungsaufnahme in betriebsfremden Räumen oder einem Verdauungsspazier-
gang in der Pause inner- oder außerhalb des Betriebsgeländes.[39]

Der Schutz der Unfallversicherung ist nicht auf Tätigkeiten in Erfüllung 403
des Arbeitsvertrages beschränkt. Auch die betrieblicher Geselligkeit (Be-
triebsfeiern oder -ausflüge) oder der Entspannung dienenden freiwilligen
betrieblichen Veranstaltungen (Betriebssport) können unter Unfallversicherungsschutz stehen, falls sie mit der Arbeitsleistung in einem sachlichen und
organisatorischen Zusammenhang stehen. Derartige Veranstaltungen sollen
die soziale Zusammengehörigkeit der Belegschaft stärken und damit die
Leistungsfähigkeit des Unternehmens steigern (corporate identity ausbil-
den).

SozR 4-2700 § 8 Nr. 39; *Schulin,* in HS-UV, § 30 Rn. 28 ff.; *Jung,* in Eichenhofer/Wenner
(Hg.), Wannagat Sozialversicherungsrecht, Kommentar zum Sozialgesetzbuch VII, 2010,
§ 8 Rn. 34; *Fuchs/Preis,* Sozialversicherungsrecht, 2009 (2. Aufl.), § 36; so auch Österreich: OGH SSV NF 23/19; 22/22; 21/39; 18/49; 17/69.
34 LSG Baden-Württemberg SGb 1998, 412.
35 BSG UV-Recht Aktuell 2010, 897.
36 So der Fall OVG SSV NF 2/76; ähnlich: BSG SozR 2200 § 548 Nr. 20.
37 BSG SozR 2200 § 550 Nr. 24, 73; vgl. dazu: *Schulin,* Fälle zum Sozialrecht, 1987,
Fall 14.
38 BSG NZS 1997, 85; anders: BSG NJW 1995, 2942; BSG NZS 2003, 268 ff.; vgl. auch
BSG BuW 2003, 698 (Duschunfall abseits der Arbeitsstelle).
39 BSG SozR 3-2200 § 548 Nr. 43; BSG HVBG-INFO 2001, 1111 ff.; wohl aber sind die
Wege dorthin erfasst: BSG SozR 2200 § 550 Nr. 28; BSG UV-Recht Aktuell 2010, 114.

Der Schutz ist gegeben, wenn der Arbeitgeber, Betriebsrat oder einzelne Betriebsangehörige die Veranstaltungen organisieren,[40] falls an der Veranstaltung eine hinreichende Zahl von Betriebsangehörigen teilnimmt.[41] Ein Arbeitnehmer steht bei Wahrnehmung des Betriebsratsamtes unter Unfallversicherungsschutz, nicht aber bei Feiern.[42]

Auch die Unfälle beim Betriebssport gelten als Arbeitsunfall, wenn und soweit Ausgleichssport statt gefährlicher Sportarten[43] betrieben wird[44] und auf Betriebsangehörige beschränkt ist.[45] Einen **Arbeitsunfall** (§ 8 II Nr. 5 SGB VII) erleidet ferner ein Arbeitnehmer, der beim Umgang mit Arbeitsgerät[46] oder dessen Erwerb[47] verunglückt. Bei Prüfung, ob Arbeitsunfall oder Eigenschaden vorliegt, steht der betriebliche oder der eigenwirtschaftliche Zweck der Tätigkeit im Vordergrund.[48]

404 Ein **Arbeitsunfall** (§ 8 II Nr. 1 SGB VII) liegt vor, wenn ein Versicherter auf dem unmittelbaren **Weg** zwischen Wohnung und Arbeitsstätte einen Unfall erleidet. Weil sich der Arbeitsweg der Einwirkung durch den Arbeitgeber entzieht, ist der Versicherungsschutz beim Wegeunfall nicht mit dem Prinzip der Haftungsersetzung durch Versicherungsschutz zu rechtfertigen.[49] Die Einstandspflicht rechtfertigt sich daraus, dass der Arbeitsweg für den Versi-

---

[40] BSGE 7, 249; BSG UV-Recht Aktuell 2009, 1411; so auch in Österreich: OGH – 14.11.1995 – 10 ObS 114/95; 27.11.2007 – 10 ObS 113/07 a; – 22.12.2005 – 10 ObS 121/05 z; vgl. auch *Eichenhofer/Janda*, Klausurenkurs Sozialrecht, 2010 (7. Aufl.), Fall 15; *Jung*, in Eichenhofer/Wenner (Hg.), Wannagat Sozialversicherungsrecht, Kommentar zum Sozialgesetzbuch VII, 2010, § 8 Rn. 41 ff.; dagegen nicht bei Unfällen während einer privaten Weihnachtsfeier unter Arbeitskollegen (BSG SozR 4-2700 § 8 Nr. 53).

[41] BSGE 56, 283; so auch die österreichische Rechtsprechung OGH SSV NF 5/8, 6/79; zum Schutz der Beschäftigten gegen das Unfallrisiko auf Incentive-Reisen: BSG SozR 3-2200 § 548 Nr. 21; BSG NJW 1995, 3340: OGH – 27.11.2007 – 10 ObS 113/07 a; – 13.10.1992 – 10 ObS 234/92: Haftungsausschluss bei zu hohem Risiko

[42] BSGE 87, 294; zweifelnd: *Eichenhofer/Janda*, Klausurenkurs Sozialrecht, 2012 (8. Aufl.), Fall 15.

[43] *Rolfs*, Sport und Sozialversicherung, 2014, 63, 69 ff.; vgl. OGH SSV NF 6/115: Kein Unfallversicherungsschutz für Unfälle beim River Rafting (Wildwasserfahren) während eines Betriebsausfluges!

[44] BSGE 16, 1; 41, 145; BSG SGb 1992, 25 mit Anm. *Gitter*; BSG SGb 2007, 44 mit Anm. *Schmitt*; *Greiner*, SGb 2009, 581.

[45] BSG UV-Recht Aktuell 2010, 279.

[46] Beispiele: Reinigung der Arbeitshose (BSGE 65, 210); Verkehrsunfall mit Pkw, der vom Arbeitnehmer als Arbeitsgerät eingesetzt werden muß (BSGE 24, 243).

[47] *Krasney*, VSSR 1993, 81, 97 sah hierin zu Recht eine Lücke im bisherigen Versicherungsschutz; diese wurde bei Reform des Unfallversicherungsrechts behoben (vgl. § 8 II Nr. 5 SGB VII).

[48] *Kreßel/Wollenschläger*, Leitfaden zum Sozialversicherungsrecht, 1996 (2. Aufl.), § 8 Rn. 195; BSGE 62, 113; 56, 244, 246 f.; ein Wegeunfall kann auch nach Beendigung der Tätigkeit auf dem Weg zur Familienwohnung des Versicherten im Ausland eintreten; vgl. auch die österreichische Rechtsprechung OGH SSV NF 7/36, 6/144; vgl. im übrigen *Brandenburg*, juris-Praxiskommentar SGB VII, 2009, § 8 Rn. 188 ff.

[49] *Gitter*, BB Beilage 1998, Nr. 6, 1, 6; *Brandenburg*, juris-Praxiskommentar SGB VII, 2009, § 8 Rn. 172.

cherten die Voraussetzung der Arbeitsausübung darstellt und daher mit dieser zusammenhängt.[50]

Der Verunglückte ist in der Wahl des Weges wie des Verkehrsmittels frei.[51] Dies ist bedenklich, sind doch die Unfallrisiken für die verschiedenen Wege wie Mittel unterschiedlich hoch. Die Anerkennung begründet sich aus der allgemeinen Handlungsfreiheit des Arbeitnehmers, die ein Recht auf die freie Wahl des Arbeitsweges und die Art seiner Zurücklegung umschließt. Ein Wegeunfallschutz besteht auch bei einem Verkehrsverstoß des Verunglückten.[52]

Unfallversicherungsschutz besteht nur, soweit ein Weg von und zur Arbeitsstätte zurückgelegt wird. Dies setzt das Verlassen des Wohnhauses voraus.[53] Wer auf dem Arbeitsweg sein Fahrzeug betankt und dabei zu Schaden kommt, wird durch die Unfallversicherung nicht entschädigt;[54] desgleichen, wenn der Weg anderen privaten Zwecken dient (z.B. Einkauf des Mittagessens[55]).

Ausnahmen sind in § 8 II Nr. 2 SGB VII anerkannt, wenn der Versicherte vom unmittelbaren Weg abweicht, um sein Kind fremder Obhut anzuvertrauen oder einen anderen, mit dem er eine Fahrgemeinschaft hat, abzuholen oder nach Hause zu bringen.[56] Besorgt der Versicherte auf dem Weg von oder zur Arbeitsstätte private Angelegenheiten (Gaststättenbesuch, private Einkäufe), so steht er bei der privaten Verrichtung nicht unter Unfallversicherungsschutz.[57] Nach deren Beendigung lebt der Unfallversicherungsschutz für die Zurücklegung des Weges aber wieder auf, falls die Unterbrechung zwei Stunden nicht überschreitet.[58] Desgleichen kann Versicherungsschutz auf Wegen zwischen der Arbeitsstätte und „dritten Orten" (= Orte, die nicht die Wohnung sind[59]) bestehen, falls der Aufenthalt dort höchstens zwei Stunden gedauert hat.[60]

---

50 *Jung*, in Eichenhofer/Wenner (Hg.), Wannagat Sozialversicherungsrecht, Kommentar zum Sozialgesetzbuch VII, 2010, § 8 Rn. 82.
51 BSGE 57, 222.
52 BSG SozR 3-2700 § 8 Nr. 10.
53 BSGE 22, 10; 63, 212; LSG Schleswig-Holstein, NZS 1999, 511: Der Unfallschutz beginnt erst ab der Außentür des Wohnhauses; BSG SozR 3-2700 § 8 Nr. 3.
54 BSG, NJW 1999, 84.
55 BSGE 91, 293; BSG UV-Recht Aktuell 2009, 200; BSG SozR 4-2700 § 8 Nr. 46, 50.
56 BSGE 54, 46, 48 ff.; BSG NZS 2010, 569.
57 BSGE 102, 111 ff.; BSG UV-Recht Aktuell 2009, 200.
58 BSGE 20, 219, 221; 63, 26 (Grundsätze gelten auch für Fahrgemeinschaften).
59 Z.B. Wochenendgrundstück: BSGE 32, 38; Ausweichquartier: *Ziegler*, in Becker/Franke/Molkentin, SGB VII, 2011 (3. Aufl.), § 8 Rn. 164.
60 BSGE 82, 138; BSG SozR 4-2700 § 8 Nr. 34.

dd) Berufskrankheiten

405   Die Berufskrankheiten führen zum Unfallversicherungsschutz, weil sie auf einer krank machenden Arbeit beruhen. Die Entschädigung kommt aber in Betracht, wenn sie als Berufskrankheit förmlich anerkannt („Listenprinzip") sind.[61] Diese sind in der von der Bundesregierung durch Rechtsverordnung erlassenen Berufskrankheitenverordnung (BKVO) enthalten. Eine Krankheit ist als Berufskrankheit auch dann anzuerkennen, wenn sie nicht in dieser Liste aufgeführt ist, jedoch Erkenntnisse bestehen, die die Anerkennung der betreffenden Krankheit als Berufskrankheit rechtfertigen (§ 9 II SGB VII).[62]

406   Eine Berufskrankheit liegt danach vor, wenn ein Versicherter einen regelwidrigen Körperzustand infolge der Ausübung einer unter Versicherungsschutz stehenden Arbeiterleidet.[63] Die BKVO untergliedert die anerkannten Krankheiten nach der Art der Einwirkung (chemische, physikalische, mechanische und biologische) sowie den betroffenen Organen (Atemwege, Lungen, Rippen- und Bauchfell, Haut, Augen).

Eine Krankheit, die sich ein Versicherter ohne Einwirkung durch den ausgeübten Beruf zuzieht, ist dagegen keine Berufskrankheit.[64] Der Versicherte hat also nachzuweisen, dass die Krankheit infolge der Arbeitsleistung eingetreten ist. Kann dieser Nachweis nicht erbracht werden, treten bei Versicherten, die eine dem Erkrankten vergleichbare gesundheitsgefährdende Tätigkeit ausübten, Berufskrankheiten aber gehäuft auf, so wird die Ursächlichkeit der Tätigkeit für die Krankheit vermutet[65] (§ 9 III SGB VII); die Beweislast für die Ursächlichkeit geht dann vom Versicherten auf den Träger über.

c) Leistungen

407   In der Unfallversicherung bestehen **drei Leistungsgattungen**[66]: Die der Wiederherstellung der Gesundheit wie die dem Ausgleich bleibender Schäden und die dem Ausgleich todesbedingten Unterhaltsverlusts dienenden Leistungen. Die auf Wiederherstellung der Gesundheit gerichteten Leistungen haben Vorrang vor dem Ausgleich der Schäden. Es gilt der Grundsatz:

---

[61] *Axer*, SGb 2016, 177; *Becker*, SGb 2010, 131; *Bieresborn*, SGb 2016, 310, 379.

[62] BSGE 44, 90; 59, 295; BSG SozR 4-2700 § 9 Nr. 18; *Koch*, in HS-UV, § 37; *Keller*, SGb 2001, 226; vgl. z. B. zu der Frage Passivrauchen als Berufskrankheit, *Bischoff/Krasney*, Gesundheitsschäden durch Passivrauchen, 2009, Sonderpublikation von ASU und MedSach, 3 ff.

[63] BSGE 51, 251; BSG SozR 2200 § 551 Nr. 20; *Koch*, in HS-UV, § 35 Rn. 19 ff.

[64] *Schmitt*, in SRH, § 16 Rn. 108; *Plagemann/Radtke-Schwenzer*, Gesetzliche Unfallversicherung, 2007 (2. Aufl.), 13 ff.

[65] *Köhler*, VSSR 2002, 1.

[66] *Gitter*, BB Beilage 1998, Nr. 6, 1, 10 ff.

Rehabilitation und Teilhabe gehen **vor Rente** (§ 26 SGB VII)! Dieser Grundsatz entspricht auch einem allgemeinen Prinzip des Schadensrechts: Naturalrestitution geht vor Schadenskompensation (vgl. §§ 249, 251 BGB)!

aa) Wiederherstellung der Gesundheit

Das Opfer eines Unfalls hat Anspruch auf Heilbehandlung. Gegenüber **408** dem Anspruch aus der Krankenversicherung geht der unfallversicherungsrechtliche Anspruch vor (§ 11 IV SGB V). Der Unfallversicherungsträger übernimmt die Kosten der **Heilbehandlung**. Trägt die Krankenkasse die Behandlungskosten für das Opfer, hat sie gegen den Unfallversicherungsträger einen Erstattungsanspruch nach § 105 SGB X.[67] Außerdem bestehen Ansprüche auf Rehabilitation (Beschäftigungstherapie, Krankengymnastik) wie Teilhabe: Maßnahmen auf Wiedereingliederung in den bisherigen Beruf oder Umschulung (§§ 26 ff. SGB VII). Dauert die Behandlung über die Entgeltfortzahlungsfrist (vgl. oben Rn. 377), erhält der Verunglückte Verletztengeld. Nimmt er an der Rehabilitation teil, steht ihm Übergangsgeld zu. Das Verletztengeld beträgt 80 % des Durchschnittseinkommens des Versicherten (§ 47 SGB VII); das Übergangsgeld (§ 49 SGB VII) entspricht dem Verletztengeld (§§ 46–51 SGB IX; ab 2018: §§ 66–71 SGB IX). Verletztengeld kann mit Krankengeld einhergehen, wenn die verletzte Person unfallbedingt keine weitere Beschäftigung ausüben kann[68].

bb) Ausgleich bleibender Schäden

Zum Ausgleich bleibender Schäden wird Verletztenrente gezahlt. Sie wird **409** nach den Regeln **abstrakter Schaden**sberechnung bemessen: Die unfallbedingte Erwerbsminderung ist danach losgelöst = abstrakt von einer unfallbedingten Einkommenseinbuße zu bestimmen. Die Minderung der Erwerbsfähigkeit wird in Graden der Erwerbsminderung (MdE) ausgedrückt. Diese Bestimmung ist problematisch, falls infolge des Unfalls individuelle Fertigkeiten eines Arbeitnehmers beeinträchtigt werden. Dann ist ausnahmsweise die am individuellen Verlust orientierte konkrete Berechnung neben der abstrakten Berechnung möglich (vgl. §§ 56 II, III, 81 SGB VII).

Grundlage des Ausgleichs in Geld ist der vor Eintritt des Arbeitsunfalls bezogene Jahresarbeitsverdienst. Die Rente beträgt bei völliger Erwerbsminderung 2/3 des Jahresarbeitsverdienstes; bei geringeren Graden ist eine entsprechend geringere Teilrente zu zahlen. Die Rente kann auf Zeit oder Dauer gewährt werden. Ist die Entwicklung eines Schadens nicht abzusehen,

---

[67] BSG NZS 1998, 184, 186 f.; *Ricke*, in KassKomm, § 26 SGB VII Rn. 10a.
[68] BSG – 25.2.2015 – B 3 KR 3/15 R, SGb 2016, 88.

wird eine Übergangsrente (= Rente auf Zeit) gewährt; steht die Schädigung
fest, wird Dauerrente geleistet (vgl. § 62 SGB VII). Übergangs- und Dauerrente können bis zum Erwerbsminderungsgrad von 40 % auf Antrag des
Versicherten durch Kapitalzahlung abgefunden werden. Bei Dauerrenten
höherer Erwerbsminderungsgrade ist eine Abfindung gleichfalls möglich,
wenn nicht zu erwarten ist, dass innerhalb des Abfindungszeitraums die
Minderung der Erwerbsfähigkeit wesentlich sinkt (vgl. §§ 76, 78 SGB VII).

cc) Leistungen bei Unfalltod

410   Führt der Arbeitsunfall zum **Tod**, sind die entstandenen Aufwendungen
(Überführung und Bestattung) durch den Unfallversicherungsträger zu er-
statten. Ferner haben die Hinterbliebenen (Ehegatte, minderjährige sowie in
Ausbildung befindliche volljährige Kinder, Eltern und der geschiedene
Ehegatte/Lebenspartner) Anspruch auf Hinterbliebenenversorgung. Der
Ehegatte erlangt beim Tod eine Witwen-/Witwerrente, deren Höhe davon
abhängt, ob der Ehegatte zumutbar auf Erwerbstätigkeit verwiesen werden
kann oder ein bestimmtes Alter überschritten hat (§ 65 SGB VII). Ist der
Ehegatte noch nicht 47 Jahre alt, nicht erwerbsgemindert und hat er kein
Kind zu erziehen, beläuft sich die Rente auf 30 %, andernfalls auf 40 % des
Jahresarbeitsverdienstes des Versicherten. Bei Halbwaisen beträgt die Waisenrente 20 %, bei Vollwaisen 30 % des Jahresarbeitsverdienstes des Versicherten (§ 68 SGB VII). Diese Rente wird bis zur Vollendung des 18. Lebensjahres und bei Kindern in Ausbildung bis zu deren Abschluss, nicht jedoch
über das 27. Lebensjahr hinaus gezahlt, es sei denn, das Kind ist behindert.
Unfallrenten für Ehegatte und Kinder dürfen den Höchstsatz von 80 % des
Jahresarbeitsverdienstes des Versicherten nicht überschreiten. Andernfalls
steht allen anspruchsberechtigten Hinterbliebenen die Versicherungssumme
anteilig zu (§ 70 SGB VII).

d) Verhältnis der Unfallversicherung zur privaten Haftpflicht
von Arbeitgeber und Arbeitskollegen sowie Regress
der Berufsgenossenschaft

411   Ein Arbeitsunfall kann zugleich eine auf die arbeitsvertragliche, deliktische und Gefährdungshaftung begründete **zivilrechtliche Haftpflicht** auslösen. Dann ist das **Verhältnis** von Unfallversicherung und Haftpflichtrecht
zu bestimmen.[69] Kumulierten beide Ansprüche, würde der Geschädigte doppelt entschädigt und der Unternehmer doppelt belastet. Um diese Verdoppe-

---

[69] Dazu rechtsvergleichend grundlegend: *Magnus* (Ed.), The Impact of Social Security
Law on Tort Law, 2003.

lung zu vermeiden, sehen §§ 104 f. SGB VII vor, dass Leistungen der Unfall-versicherung das private Haftpflichtrecht verdrängen, falls der Arbeitgeber oder Arbeitskollege den Unfall nicht vorsätzlich herbeigeführt hat.[70] Ist ein Unfall als Arbeitsunfall durch den Träger bestandskräftig anerkannt, so ist dies auch zivilrechtlich bindend (§ 108 SGB VII).[71] Dies folgt aus § 135 SGB VII, wonach ein Versicherungsfall stets nur einem Unternehmen zugeordnet werden kann.

aa) Haftungsfreistellung des Unternehmers

Die Haftungsfreistellung des **Unternehmers** gegenüber dem Arbeitneh-mer bei unvorsätzlich herbeigeführten Arbeitsunfällen ist gerechtfertigt, weil jener die Leistungen der Unfallversicherung durch **Beiträge** finanziert. Weil die Unfallversicherung dem Prinzip Haftungsablösung durch Versiche-rungsschutzfolgt, wird der geschädigte Arbeitnehmer davon befreit, gegen den Unternehmer einen Zivilprozess zu führen. Damit wird das Arbeitsver-hältnis von Streitigkeiten aus Anlass eines Arbeitsunfalls entlastet; die Un-fallversicherung sichert so den Betriebsfrieden. Dieser Zweck würde verei-telt, könnten haftpflichtrechtliche Ansprüche gegen den Arbeitgeber mit unfallversicherungsrechtlichen Ansprüchen kumulieren. Hat der Arbeitge-ber den Unfall dagegen vorsätzlich herbeigeführt, ist das Vertrauensverhält-nis zwischen Arbeitnehmer und Arbeitgeber grundlegend zerrüttet. Dann soll eine Deliktsklage möglich sein.

412

Die Verdrängung des bürgerlichen Haftpflichtrechts durch das Unfallver-sicherungsrecht ist bedenklich, weil jenes keinen **Schmerzensgeldanspruch** (§ 253 BGB) bei Personenverletzungen vorsieht. Es war und ist daher um-stritten, ob §§ 104 f. SGB VII verfassungsgemäß sind. Das BVerfG[72] bejahte dies, sah darin jedenfalls keinen Verstoß gegen das Willkürverbot (Art. 3 I GG). Obgleich dem Verunglückten bei fahrlässiger Herbeiführung des Un-falls durch den Arbeitgeber kein Schmerzensgeld zustehe, sei der durch Un-fallversicherung gegenüber dem bürgerlichen Haftpflichtrecht gewährleiste-te Schutz vielfach überlegen.

413

Denn es wird Mitverschulden nicht angerechnet, die Unfallversicherung leistet auch bei auf Zufall beruhenden Schäden und tritt folglich nicht nur für „Unrechts-" sondern auch „Unglücksschäden" ein. Ferner erübrige sie dem Arbeitnehmer, gegen den Arbeitgeber einen Prozess zu führen, was den Ar-beitnehmer von einem kostspieligen und mit zahlreichen Beweisrisiken be-

---

[70] *Konradi*, Zur Systematik der Regressmöglichkeiten der Gesetzlichen Unfallversi-cherung, 2014; *Rolfs*, NJW 1996, 3177; *Waltermann*, Die BG 1997, 310, 314 f.

[71] BGHZ 181, 160; 166, 42; *Ricke*, NZS 2011, 454; *Brandenburg-Ebsen*, in juris-Pra-xiskommentar, 2009, § 108 Rn. 7 ff.

[72] BVerfGE 34, 118; kritisch: *Fuhlrott*, Der geschädigte Arbeitnehmer, 2006.

lasteten Verfahren entlastet und außerdem trage der Arbeitnehmer nicht das Risiko der Vermögenslosigkeit des Schädigers. Denn die Leistungen werden von einer Körperschaft des öffentlichen Rechts erbracht, die nicht insolvenzfähig ist. Schließlich sei bei abstrakter Schadensberechnung garantiert, dass auch immaterielle Schäden durch Leistungen der Unfallversicherung ausgeglichen würden.[73]

Ob dieser Ausschluss nach der 2002 deutlich ausgeweiteten Schmerzensgeldberechtigung aufrechterhalten werden kann, erscheint indes rechtspolitisch zweifelhaft.[74] Angesichts der Ausweitung des Schmerzensgeldes auf Vertragsverletzungen und Gefährdungshaftungstatbestände ist der Ausschluss der Opfer von Arbeitsunfällen vom Ausgleich jeglichen immateriellen Schadens nicht mehr gerechtfertigt.

bb) Haftungsfreistellung des Arbeitskollegen

414　　§ 105 SGB VII stellt die **Arbeitskollegen** des verunglückten Arbeitnehmers von privatrechtlicher Haftung gleichfalls frei. Dies rechtfertigt sich auch aus dem Arbeitnehmerhaftpflichtrecht. Dieses gilt, seitdem der Große Senat des BAG[75] anerkannte, dass der Arbeitnehmer für die bei der Arbeit ausgeübten Schädigungen nicht nach allgemeinem Zivilrecht, sondern eingeschränkt haftet. Nach jüngerer Rechtsprechung ist die volle Haftung des Arbeitnehmers auf Vorsatz und grobe Fahrlässigkeit beschränkt[76] und selbst bei letzterer kommt noch eine Erleichterung in Betracht.[77] Mit der generellen Tendenz zur Entlastung des Arbeitnehmers von privatrechtlicher Haftung geht die beschränkte Einstandspflicht für die von Arbeitnehmern im Betrieb gegenüber Arbeitskollegen ausgelösten Personenschäden einher. In der Freistellung des Arbeitskollegen von zivilrechtlicher Haftung äußert sich am klarsten das Prinzip der Haftungsablösung durch Versicherungsschutz.[78] Darüber hinaus besteht Freistellung für Arbeitnehmer anderer Unternehmen, falls diese an gemeinsamer Betriebsstätte mit dem Geschädigten arbeiten.[79]

---

[73] Vgl. dazu näher *Gitter*, BB Beilage 1998, Nr. 6, 1, 11 f.; *Waltermann*, Sozialrecht, 2014 (11. Aufl.), Rn. 347 ff.

[74] BGH NJW 2009, 2956 erkennt diese Zweifel aber nicht an, vgl. auch BVerfG NZA 2009, 509; anders der französische Verfassungsrat Cons. Const. v. 18.6.2010 – no 2010, 8 QPC: kein Ausschluss nicht kongruenter privatrechtlicher Ansprüche.

[75] BAGE 5, 1.

[76] BAG AP § 611 BGB Haftung des Arbeitnehmers Nrn. 86, 93.

[77] BAG NZA 2011, 345.

[78] *Waltermann*, Die BG 1997, 310, 315 f.; *Krasney*, NZS 2004, 7, 68; *Plagemann/ Radtke-Schwenzer*, Gesetzliche Krankenversicherung, 2007 (2. Aufl.), 221 f.

[79] BGHZ 145, 331.

cc) *Rückgriff nach § 110 SGB VII*

Trotz Freistellung von Unternehmer und Arbeitskollegen von zivilrecht-   **415**
licher Haftung gegenüber dem Verletzten haben die Freigestellten für ihre
Versäumnisse gegenüber dem Unfallversicherungsträger einzustehen, falls
sie den Unfall vorsätzlich oder grob fahrlässig herbeigeführt haben (§ 110
SGB VII). Danach steht den BGen ein originärer Anspruch auf Schadensersatz gegen die kraft Gesetzes von bürgerlich-rechtlicher Haftung freigestellten Unternehmer und Arbeitskollegen zu. Der Rückgriff wird jedoch durch
die Höhe des zivilrechtlichen Schadensersatzanspruches beschränkt. Daher
ist der Umfang eines Anspruchs zu ermitteln, der durch §§ 104 ff. SGB VII
ausgeschlossen wurde. Die Vorschrift soll insbesondere sichern, dass ein bei
zivilrechtlicher Haftung des Arbeitgebers oder -kollegen zu berücksichti-
gendes mitwirkendes Verschulden des Arbeitnehmers (§ 254 BGB) auch
beim Umfang des Rückgriffsanspruchs berücksichtigt wird.[80]

§ 110 I 3 SGB VII bestimmt, dass sich das Verschulden auf das den Versicherungsfall auslösende Handeln zu erstrecken hat, die Schadensfolgen vom
Handelnden indessen nicht hätten vorhergesehen werden müssen.[81] Die
Einstandspflicht gegenüber der BG besteht, weil Arbeitgeber und Arbeitskollegen gegen die Pflicht zur Vermeidung von Arbeitsunfällen verstießen
und damit den Unfallversicherungsträger schädigten.

Die BG kann jedoch den Ersatzanspruch nach billigem Ermessen ganz
oder teilweise erlassen, insbesondere falls die wirtschaftlichen Verhältnisse
des Schädigers dies gebieten (§ 110 II SGB VII). Diese Rechtfertigung geböte, den Ersatzanspruch der BG gegen die Freigestellten als Sanktionierung
für die Verletzung sozialversicherungsrechtlicher Pflichten und damit als
einen sozialrechtlichen Schadensersatzanspruch zu bestimmen, sodass über
das Bestehen die BG zu entscheiden und die Rechtzuständigkeit der Inanspruchnahme durch das Sozialgericht zu bejahen wäre.[82] Der BGH[83] sieht
in § 110 SGB VII dagegen – wenig überzeugend – einen vor den ordentlichen
Gerichten geltend zu machenden zivilrechtlichen Schadensersatzanspruch.

---

[80] Die Materialien (BT-Drucks. 13/2204, S. 101) sind in diesem Punkt indessen wenig
beredt.
[81] Insoweit wird durch den Gesetzgeber die bisherige Rspr. des BGH (BGHZ 75, 328)
korrigiert.
[82] *Gitter*, Schadensausgleich im Arbeitsunfallrecht, 1969, 252 ff.
[83] BGH NJW 1968, 1429.

III. Recht der sozialen Entschädigung

§ 19 Soziale Entschädigung nach den Grundsätzen des Bundesversorgungsgesetzes

Lit.: *Dinnebier,* Opferentschädigung als Sozialleistungstatbestand, 2013; *Gelhausen,* Soziales Entschädigungsrecht – eine Einführung, 1998 (2. Aufl.); *Hase,* Soziales Entschädigungsrecht, in von Maydell/Ruland/Becker (Hg.), Sozialrechtshandbuch, 2012 (5. Aufl.), § 26; *Knickrehm,* Soziales Entschädigungsrecht, 2012; *Rüfner,* Empfiehlt es sich, die soziale Sicherung für den Fall von Personenschäden, für welche die Allgemeinheit eine gesteigerte Verantwortung trägt, neu zu regeln?, Gutachten E zum 49. DJT, 1972; *Schulin,* Soziale Entschädigung als Teilsystem kollektiven Schadensausgleichs, 1981; *Wulfhorst,* Soziale Entschädigung – Politik und Gesellschaft, 1994; *Zacher,* Die Frage nach der Entwicklung eines sozialen Entschädigungsrechts, in ders. (Hg.), Abhandlungen zum Sozialrecht, 1993, 473.

a) Begriff und Aufgaben des sozialen Entschädigungsrechts

416 § 5 SGB I umschreibt den Tatbestand der sozialen Entschädigung: „Wer einen Gesundheitsschaden erleidet, für dessen Folgen die staatliche Gemeinschaft in Abgeltung eines besonderen Opfers oder aus anderen Gründen nach versorgungsrechtlichen Grundsätzen einsteht", hat Ansprüche auf die notwendigen Maßnahmen der Krankenbehandlung sowie auf angemessene wirtschaftliche Versorgung. Soziale Entschädigung[1] bezweckt den Ausgleich von **Personen**schäden. Der Ausgleich von Vermögensschäden, wie ihn Bundesentschädigungsgesetz (BEG) für NS-Verfolgte und Lastenausgleichsgesetz (LAG) für Vertriebene vorsahen, unterfällt ihm nicht. Rechtsgrund der Leistung ist die Einstandspflicht des Staates für die erlittene Schädigung – einerlei, ob der Verletzte ein besonderes Opfer für die staatliche Gemeinschaft erbracht hat oder deren Einstandspflicht aus anderen Gründen folgt. Der Inhalt der Leistung bemisst sich nach „**versorgung**srechtlichen Grund-

---

[1] Zur Begriffsbildung grundlegend *Schulin,* Soziales Entschädigungsrecht als Teilsystem des kollektiven Schadensausgleichs, 1981; *Zacher,* Die Frage nach der Entwicklung eines sozialen Entschädigungsrechts, in ders. (Hg.), Abhandlungen zum Sozialrecht, 1993, 473 ff.

sätzen". Hiermit nimmt das Gesetz auf die historisch erstmals für Kriegsopfer geschaffene staatliche Entschädigung Bezug, die als „Versorgung" bezeichnet wurde.

Die staatliche Versorgung der Kriegsinvaliden und -hinterbliebenen geht **417** auf das 17. Jahrhundert zurück.[2] Die Monarchen sorgten für ihre kriegsbedingt erkrankten und verwundeten Soldaten durch eigene Krankenhäuser (Hôtel des Invalides) und Renten. „Ein Soldat, der für das Gemeinwohl seine Glieder, seine Gesundheit, seine Kraft und sein Leben opfert" – verkündete König Friedrich II. von Preußen 1768 – „hat, wenn er altersschwach und verstümmelt an seinen Gliedern ist, den Anspruch auf die Wohltaten derer, für die er alles riskiert hat".[3] Seit Einführung der allgemeinen Wehrpflicht (in Preußen 1814) erbringt der Staat Leistungen an Personen, die in Ausübung des Wehrdienstes einen schweren Personenschaden erlitten haben.

Der Rechtsgrund für die Entschädigungsleistung ist **nicht** der Ausgleich eines dem einzelnen auferlegten **Sonderopfers** für die Allgemeinheit, dass – nach § 75 EinlALR – „der Staat demjenigen, welcher seine besonderen Rechte und Vorteile dem Wohl des gemeinen Wesens aufzuopfern genötigt wird, zu entschädigen gehalten" sei. Denn der die Leistung gewährende Staat hat dem Opfer keinen Schaden zugefügt (dies geschieht regelmäßig ja durch den Gegner!); seine Leistungspflicht ist vielmehr begründet, weil er die entstandenen Schäden **veranlasste**.[4] Das Recht der sozialen Entschädigung gewährt deshalb – im Gegensatz zum Recht der staatlichen Ersatzleistungen – nicht einen Ausgleich für ein dem Privaten staatlich auferlegtes Sonderopfer, weil dieses ein rechtswidriges Handeln des Staates voraussetzte. Der Anspruch auf Entschädigung ist keine Spielart des Aufopferungsanspruchs: Deshalb ist das Recht der sozialen Entschädigung auch kein Teilgebiet des Rechts der staatlichen Ersatzleistungen = Staatshaftung.[5] Die soziale Entschädigung für Kriegsopfer tritt auf Grund der Opferlage ein, unabhängig davon ob das dazu führende Staatshandeln rechtens ist oder nicht; die Entschädigungspflicht löst einzig die als ausgleichswürdig erachtete Opferlage aus.

Soziale Entschädigung ist **kein allgemeines** Prinzip des Sozialrechts: Sie **418** wird nur aufgrund gesetzlicher **Einzel**ermächtigung geleistet. Einzelgesetzliche Entschädigungstatbestände bestehen, um die Folgen von **Großereignissen** (Personenschädigung bei Teilnahme am 2. Weltkrieg, Kriegsgefangen-

---

[2] *Schulin*, Soziales Entschädigungsrecht als Teilsystem des kollektiven Schadensausgleichs, 1981, 64 ff.; *Welti*, Behinderung und Rehabilitation im sozialen Rechtsstaat, 2005, 181 ff.

[3] *Clark*, Preußen, 2008, 255.

[4] BGH NJW 1955, 1876; 1956, 629; dagegen besteht keine Haftpflicht des Staates bei Kriegseinsätzen gegenüber den Opfern (BGH RIW 2007, 137).

[5] *Zacher*, Die Frage nach der Entwicklung eines sozialen Entschädigungsrechts, in ders. (Hg.), Abhandlungen zum Sozialrecht, 1993, 473, 478.

schaft, Internierung, politische Verfolgung durch die NS-[6] und DDR-Diktatur[7]) oder besonderen **Alltagsereignissen** zu bewältigen, für die der Staat eine besondere Einstandspflicht ausdrücklich übernimmt.

Diese kann sich aus staatlicher **Veranlassung**, staatlichem **Unterlassen** oder schließlich dem Bemühen um **Förderung** von im öffentlichen **Interesse** liegendem **Handeln** erklären. Die Einstandspflicht aufgrund **staatlicher Veranlassung** rechtfertigt die Leistungen der Kriegsopfer-, Soldaten- und Zivildienstleistendenversorgung. Der Staat haftet, weil in der Ausübung jener Dienstpflichten für die Allgemeinheit eine wesentliche Bedingung für die Personenschädigung liegt. Desgleichen rechtfertigt sich aus der Haftung kraft staatlicher Veranlassung, dass Personen entschädigt werden, welche infolge einer gesetzlich angeordneten oder behördlich empfohlenen Impfung eine über die normale Impfreaktion hinausgehende Schädigung erleiden. Schließlich folgt die Entschädigung für die Opfer der NS- und DDR-Diktatur aus der Einstandspflicht des vereinten Deutschland für Schädigungsakte aus staatlicher Veranlassung eines menschenrechtswidrigen Regimes.

Die Einstandspflicht wegen **staatlichen Unterlassens** rechtfertigt die Entschädigung für Gewaltopfer. Der Staat haftet, weil er auf Grund seines Gewaltmonopols rechtswidrige Übergriffe auf die Lebensgüter: Leben, körperliche Unversehrtheit, Gesundheit zu unterbinden hat. Daraus rechtfertigt sich das staatliche Gewaltmonopol. Kommt es gleichwohl zu Übergriffen, haftet der Staat den Verbrechensopfern für die daraus resultierenden Schäden.

419   Schließlich steht der Staat für Personenschäden ein, um damit ein im öffentlichen **Interesse** liegendes Handeln zu **fördern**. Dies erklärt namentlich die Einstandspflicht nach den Grundsätzen der **unechten Unfallversicherung** – etwa für die Unfallschäden der in der Wohlfahrtspflege ehrenamtlich Tätigen, Nothelfer, Blut- und Organspender, Inhaber öffentlicher Ehrenämter, Zeugen und Sachverständigen, Kinder, Schüler und Studenten sowie Personen, die einen Personenschaden beim Bau öffentlich geförderter Eigenheime in Selbst- oder Nachbarschaftshilfe erleiden (vgl. § 2 I Nrn. 8, 9, 10, 13, 16 SGB VII).

Die **unechte Unfallversicherung** ist deswegen, obgleich im SGB VII geregelt und dem Leistungsrecht der Unfallversicherung folgend – systematisch betrachtet – **Teil der sozialen Entschädigung**.[8] Denn sie sieht einen Ausgleich für die Personenschäden durch den Staat vor und ihre Leistungen

---

[6] *Pfeil*, Die Entschädigung von Opfern des Nationalsozialismus im österreichischen Sozialrecht, 2004.

[7] *Thüringer Ministerium für Soziales, Familie und Gesundheit* (Hg.), Zur sozialen Lage der Opfer des SED-Regimes in Thüringen, 2008.

[8] So auch *Rüfner*, Gutachten E zum 49. DJT, 1972, 9 ff.; *Zacher*, Die Frage nach der Entwicklung eines sozialen Entschädigungsrechts, in ders. (Hg.), Abhandlungen zum Sozialrecht, 1993, 473, 479 ff.

werden für Schäden erbracht, die in Ausübung einer im öffentlichen Interesse liegenden Handlung eingetreten sind. Die soziale Entschädigung der Kriegs-, Wehrdienst-, Zivildienst- und Verbrechensopfer sowie der Impfgeschädigten stimmt daher mit dem die Leistungen der unechten Unfallversicherung tragenden gesetzgeberischen Motiv so weitreichend überein, dass die noch bleibenden unerheblichen Unterschiede in Administration und Bestimmung des Leistungsumfangs eine unterschiedliche systematische Zuordnung beider Leistungsgattungen nicht rechtfertigen. Die Einstandspflicht des Staates in beiden Gebieten folgt daraus, dass der Geschädigte öffentliche oder im öffentlichen Interesse liegende Belange wahrnahm.

Die **Rechtsgrundlagen** der sozialen Entschädigung sind **nicht transparent.**   420
Einzig die **Kriegsopferversorgung** ist in Tatbeständen und Rechtsfolgen zusammengefasst und zusammenhängend in **einem Gesetz** – dem Bundesversorgungsgesetz (BVG) – umrissen. Dagegen sind Soldaten-, Zivildienst-, Gewaltopfer- und Impfgeschädigtenversorgung nur in den Tatbestandsvoraussetzungen gesetzlich geregelt (vgl. §§ 81 SVG, 47 ZDG, 1 ff. OEG, 60 IfSG); ihre Rechtsfolgen richten sich nach dem BVG. Auch die sozialrechtlichen Leistungen an die in der DDR wegen ihrer politischen Überzeugung Verfolgten sind im Häftlingshilfegesetz, sowie in §§ 16 ff. StrRehabG, 8 ff. BerRehabG normiert. Die unechte Unfallversicherung schließlich wird in §§ 2, 125, 128, 129 SGB VII im Zusammenhang mit der **echten Unfallversicherung**, also der die Entschädigung von Arbeitsunfällen bezweckenden Sozialversicherung niedergelegt. Auch dies macht die Regelung intransparent, weil zahlreiche Tatbestände der unechten Unfallversicherung durch **Verweisung** auf Tatbestände der echten Unfallversicherung normiert werden. Der Gesamtkomplex sozialer Entschädigung sollte daher – entsprechend der Anlage im SGB I – in einem Buch zusammengefasst geregelt werden.

b) Einzelne Entschädigungstatbestände

aa) Kriegsopferversorgung

Leistungen der Kriegsopferversorgung erhält, wer infolge des **militä-**   421
rischen Dienstes einen Personenschaden erlitten hat.[9] Diesem steht die Schädigung durch die dem Militärdienst eigentümlichen Verhältnisse gleich (§ 1 BVG). Unter „militärdiensteigentümlichen Verhältnissen" werden von der Rechtsprechung die militärtypischen Schädigungen verstanden, welche mithin keine Entsprechung im zivilen Leben finden. Hierzu gehört etwa die Einberufung zum Militärdienst; wenn sich in deren Folge ein Pazifist im 2. Weltkrieg das Leben genommen hat, besteht daher Versorgungsschutz.[10]

---

[9] Vgl. dazu eingehend *Hase*, in SRH, § 26 Rn. 46 ff.
[10] BSGE 70, 164.

Desgleichen sind die Todesurteile der deutschen Militär„justiz" gegen un-
botmäßige Angehörige der Wehrmacht in der Endphase des 2. Weltkrieges
regelmäßig als Unrechtsurteile anzusehen. Wer durch ein derartiges „Urteil" sein Leben verlor, vermittelt seinen Hinterbliebenen Entschädigungsleistungen.[11]

Die Entschädigungspflicht beschränkt sich auf Schädigungen während des
2. Weltkrieges (vgl. §§ 2 f. BVG). Die Entschädigungspflicht besteht auch für
Personenschäden in **Kriegsgefangenschaft** oder **Internierung** (§ 1 II lit. b, IV
BVG) sowie durch unmittelbare **Kriegseinwirkungen** (§ 1 II, V BVG). Durch
die letztgenannte Bestimmung werden auch Zivilisten geschützt, die während des 2. Weltkrieges Opfer von Kampfhandlungen wurden. Grundsätzlich ist nur der unmittelbar Geschädigte anspruchsberechtigt. Unmittelbar
geschädigt ist jedoch auch, wer infolge von Einwirkungen des militärischen
Dienstes, der Kriegsgefangenschaft oder Internierung einen Schockschaden
erlitten hat.[12] Ist der unmittelbar Geschädigte verstorben, stehen den Hinterbliebenen Rentenleistungen zu (§ 1 V BVG); auch die mittelbar Geschädigten sind in die Kriegsopferversorgung einbezogen. Der Entschädigungs-
anspruch entfällt für Personen, die gegen die Grundsätze der Menschlichkeit
und Rechtsstaatlichkeit verstoßen (§ 1a BVG).[13]

422   Die Entschädigungspflicht besteht, falls zwischen der unter dem Schutz
des Versorgungsrechts stehenden Tätigkeit: Militärischer Dienst, militär-
diensteigentümliche Gefahrenlage, Kriegsgefangenschaft, Internierung und
der Schädigung ein **Ursachenzusammenhang** besteht. Im Recht der sozialen
Entschädigung richtet sich die Ursache – wie in der echten Unfallversicherung (vgl. oben Rn. 396) – nach der Theorie der wesentlichen Bedingung.[14]
Deshalb wird mangels **Kausalität** die Entschädigung für Personenschäden
nicht gewährt, die auf eigenem Fehlverhalten des Verletzten – selbst geschaffener Gefahr[15] – beruhen oder mit der unter sozialrechtlichem Schutz
stehenden Handlung nicht zusammenhängen.[16] Der Leistungsanspruch ist
in jedem Fall ausgeschlossen, falls sich der Geschädigte die Schädigung ab-
sichtlich beigebracht hat (§ 1 IV BVG).

Für den **Nachweis** der Ursächlichkeit genügt Wahrscheinlichkeit. Besteht
Ungewissheit über den medizinischen Verlauf der Krankheit, kann mit Zustimmung des zuständigen Bundesministers Entschädigung gewährt werden, falls der Nachweis mangels hinreichenden medizinischen Wissens nicht

---

[11] Grundlegend BSGE 69, 211; 76, 130; dazu *Rüping*, SGb 1992, 429; Abkehr von
BSGE 57, 266.
[12] BSG SozR 3100 § 5 Nr. 6.
[13] BSGE 95, 244.
[14] *Gelhausen*, Soziales Entschädigungsrecht, 1998 (2. Aufl.), Rn. 38 f.
[15] BSGE 1, 150, 155.
[16] Etwa anlagebedingte Leiden; dazu *Wilke*, Soziales Entschädigungsrecht, 1992
(7. Aufl.), § 1 BVG Rn. 92 ff.

erbracht werden kann (vgl. § 1 III BVG). Diese Vorschrift soll die Beweisführung erleichtern. Sie beruht auf den Grundsätzen des Anscheinsbeweises (§ 1 III 1 BVG). Außerdem ordnet sie eine Beweislastumkehr (§ 1 III 2 BVG) bei ungeklärter Kausalität aus medizinischen Gründen an.[17]

bb) Gewaltopferentschädigung

Entschädigung für **Gewaltopfer** wird gewährt, wenn jemand unmittelbar   **423** Opfer eines tätlichen und gegen die Person in feindseliger Willensrichtung unmittelbar auf den Körper zielende gewaltsame Einwirkung als daraus gerichteten Angriffs wurde[18] (§ 1 OEG). Die Einstandspflicht ist begründet, weil seit Thomas Hobbes' „Leviathan" der Staat sein Gewaltmonopol daraus ableitet, dass andernfalls ein bellum omnium contra omnes (Krieg aller gegen alle) drohe. Vermag der Staat als danach einziger Inhaber legitimer Gewalt Übergriffe einzelner auf die Rechtsgüter anderer im Einzelfall nicht zu unterbinden, hat er zumindest dem Opfer gegenüber für dessen Schäden aufzukommen. Geschützt sind sämtliche im Inland wohnhafte Opfer.[19] Nach § 3a OEG sind auch Inlandsbewohner bei Auslandstaten geschützt;[20] dies kann nicht mit inländischem Staatsversagen, sondern nur einer das Inland gegenüber seinen Bewohnern treffenden Schutzpflicht erklärt werden. Der Begriff des „**tätlichen Angriffs**" ist aus §§ 113, 121 StGB in das OEG übernommen worden.[21] Seine Präzisierung ist jedoch im Einzelfall schwierig.

Unmittelbar Opfer eines Angriffs wird auch, wer durch die Nachricht von der vorsätzlichen rechtswidrigen Tötung des eigenen Kindes einen Schock erleidet, der zu einer dauerhaften Beeinträchtigung der Gesundheit führt.[22] Kein „tätlicher Angriff" liegt indessen vor, falls der rechtswidrige Angriff statt den Lebensgütern dem Eigentum des Angegriffenen gilt, etwa der Eigentümer eines Hauses aus Furcht vor einem Einbruch auf gefährlichem Wege das Haus verlässt und dabei zu Schaden kommt.[23] Der tätliche Angriff setzt namentlich bei Sexualdelikten an Kindern keine physische Gewaltanwendung voraus und liegt auch bei fehlendem Bewusstsein oder Einverständnis des Opfers vor.[24] Opfer von Gewalt ist auch das aus Inzest hervorge-

---

17 *Erlenkämper/Fichte*, Sozialrecht, 2008 (6. Aufl.), 93 ff.
18 BSGE 90, 6; vgl. dazu *Körtek*, ZIAS 2010/2011, 2 ff.; *Dinnebier*, Opferentschädigung als Sozialleistungstatbestand, 2013, 33 ff.
19 BSGE 78, 51; 88, 103.
20 BT-Drucks. 16/12273, S. 5 f.; *Leube*, ZfSH/SGB 2010, 333; *Dinnebier*, Opferentschädigung als Sozialleistungstatbestand, 2013, 47 ff.
21 Zum Verhältnis zum Strafrecht: BSGE 83, 62; 106, 91; *Dannecker/Biermann*, SGb 2000, 101; *Dinnebier*, Opferentschädigung als Sozialleistungstatbestand, 2013, 69 ff.
22 BSGE 49, 98; BSG SozR 4-3800 § 1 Nr. 6; aber nicht, falls Schock auf Auslandstat zurückgeht: BSGE 90, 190 (Begründung: Territorialprinzip – zweifelhaft: reinste Begriffsjurisprudenz und durch § 3a OEG überwunden).
23 BSGE 56, 234.
24 BSGE 77, 7, 11; 94, 282.

gangene schwerstbehinderte Kind,[25] weil der Übergriff zu einer Schädigung – körperlichen oder seelischen Erkrankung des Opfers – führte. Auch die glaubwürdige Androhung massiver körperlicher Übergriffe reicht aus.[26] Selbst die Schädigung mit bedingtem Vorsatz genügt; dieser muss sich nicht einmal auf eine bestimmte Person beziehen – auch bei einer aberratio ictus liegt ein vorsätzlicher tätlicher Angriff vor.[27] Ein „tätlicher Angriff" soll aber wegen fehlender Feindseligkeit des Täters zu verneinen sein, wenn bei einem Volksfest ein Mann ein Mädchen hochwirft, gegenüber dem Opfer das Gleichgewicht verliert, und dieses deshalb zu Schaden kommt.[28] Desgleichen kommt es bei Heileingriffen[29] oder Operationen[30] nicht in Betracht. Ist ein Verhalten als solches nicht strafbewehrt (Stalking – Handlung vor Schaffung des Straftatbestandes (§ 238 StGB)), kann es nicht als tätlicher Angriff erachtet werden.[31] Schwierigkeiten bereitet auch die Annahme eines tätlichen Angriffs bei der Vernachlässigung von Kindern.[32]

„Tätlicher Angriff" ist also eine unmittelbar gegen die Lebensgüter des Opfers gerichtete, dessen Schädigung bezweckende, vorsätzliche, rechtswidrige Tat; auf die Verschuldensfähigkeit des Täters kommt es dagegen nicht an.

424   Der Anspruch auf Entschädigung ist nach § 2 OEG ausgeschlossen, falls der **Geschädigte** die Schädigung **verursachte** oder es aus sonstigen, insbesondere in dem eigenen Verhalten des Geschädigten liegenden Gründen **unbillig** wäre, Entschädigung zu gewähren.[33] Auch die Frage, ob eine eigene Verantwortung seitens des Opfers besteht oder nicht, beurteilt sich nach der Theorie der wesentlichen Bedingung.

Die Rechtsprechung nahm keine Eigenverursachung des Opfers an, als eine Frau ihren Freund erschoss, der ihr untreu geworden war. Da unter Unverheirateten keine Treuepflicht bestehe, habe das Opfer keine nach der Theorie der wesentlichen Bedingung tragende Mitursache zur eigenen Tötung gesetzt. Die Entschädigung zu gewähren, sei auch nicht unbillig, weil es dafür nicht darauf ankomme, ob der Lebenswandel des Opfers mit den allgemeinen Moralvorstellungen im Einklang stehe.[34] Desgleichen wurde die Entschädigung nicht ausgeschlossen, als sich das Opfer auf riskante Weise, aber mit erlaubten Mitteln dem Angreifer gegenüber zu behaupten suchte

---

[25] BSGE 89, 199.
[26] BSGE 81, 42.
[27] BSGE 81, 288.
[28] BSGE 59, 46 (zweifelhaft).
[29] BSGE 106, 91.
[30] BSGE 106, 91.
[31] BSGE 108, 97; vgl. auch zum Mobbing BSGE 87, 276.
[32] SG Ulm ZfS 2000, 357; Bayerisches LSG – 26.4.2007 – L 15 VG 15/06.
[33] BSGE 88, 103; 98, 178; *Dinnebier*, Opferentschädigung als Sozialleistungstatbestand, 2013, 121 ff.
[34] BSGE 49, 104; so auch BSGE 79, 87; 84, 54, 60; 88, 96, 99; BGH NJW 1997, 965.

und dabei selbst geschädigt wurde.[35] Leistungen konnten auch nicht dem Wachmann versagt werden, der in Ausübung seines Berufes von Räubern angeschossen wurde. Dass Wachleute ein erhöhtes Berufsrisiko trügen, stehe einer Entschädigung nach den Grundsätzen der Gewaltopferentschädigung nicht entgegen. Selbstgefährdung sei zwar regelmäßig Mitverursachung;[36] an ihr fehle es aber, falls diese um der Rettung anderer willen in Kauf genommen werde.[37] Sie fehle ferner bei mitwirkendem Fehlverhalten des Opfers, falls der Unrechtsgehalt der Mitwirkungshandlung hinter dem der Tat deutlich zurück bliebe.[38] Dies gilt für Straftaten gegenüber einem „Haustyrannen".[39] Hingegen wird ein Leistungsausschluss gemäß § 2 OEG wegen Mitverursachung angenommen, wenn das Opfer den Täter provoziert hat,[40] bei einer vom Opfer leichtfertig (= unvorsätzlich) herbeigeführten Schlägerei das Opfer selbst verletzt wurde[41] oder die Verletzung in einer HIV-Infektion bestand, die sich das Opfer durch Geschlechtsverkehr mit einer Zufallsbekanntschaft zugezogen hat.[42] Eine Versagung der Opferentschädigung wegen sonstiger Unbilligkeit (§ 2 I 1 2. Alt. OEG) nimmt das BSG in vier Fällen an, wer sich mit seinem Verhalten außerhalb der Rechtsordnung begibt,[43] alkohol- oder drogenabhängig ist,[44] sich selbst leichtfertig schädigt und dadurch in Gefahr gerät[45] oder die Entschädigung dem Täter zugute käme.[46]

Die Voraussetzungen des Anspruchs hat der Geschädigte nachzuweisen;[47] allerdings werden die allgemeinen Beweiserleichterungen des Rechts der Kriegsopferversorgung auch in der Gewaltopferentschädigung anerkannt.[48] Da in typischen Fällen der Gewaltopferentschädigung das Opfer regelmäßig gegen den Täter einen konkurrierenden Anspruch aus Delikt hat, bestimmt § 5 OEG, dass auf den Kostenträger der Opferentschädigung – das Land, in dem sich die Schädigung ereignete (§ 4 OEG) – der Schadens-

425

---

[35] BSGE 66, 115.
[36] BSGE 83, 62.
[37] BSGE 52, 281; allerdings geht die Einstandspflicht der Unfallversicherung in diesem Falle vor: vgl. *Eichenhofer/Janda*, Klausurenkurs im Sozialrecht, 2014 (8. Aufl.), Fall 20.
[38] BSGE 78, 270; 79, 87.
[39] BSGE 83, 62, 67.
[40] BSGE 83, 62.
[41] BSGE 50, 95; 72, 136.
[42] BSGE 77, 18.
[43] BSGE 72, 136.
[44] BSGE 49, 104, 110; 72, 136.
[45] BSGE 52, 281, 288; 66, 115, 118; 77, 18, 20; 79, 87, 89.
[46] BSGE 51, 40, 44.
[47] BSGE 63, 270; 77, 1 (erleichtert bei psychischer Erkrankung).
[48] BSGE 65, 123; 74, 51: Bei psychischen Beeinträchtigungen muß die Wahrscheinlichkeit des Ursachenzusammenhangs der herrschenden Meinung in der Medizin entsprechen; BGH VersR 2008, 275.

ersatzanspruch gegen den Täter in Höhe der kongruenten Leistung gemäß § 81a BVG übergeht.[49] Bei Ausländern mit Auslandsaufenthalt kann die Rente durch eine einmalige Abfindungszahlung abgelöst werden.[50]

cc) Impfschäden

426   Entschädigung bei Impfschäden wird geleistet, falls die Impfung gesetzlich vorgeschrieben, aufgrund eines Gesetzes angeordnet, von der zuständigen Behörde empfohlen oder gemäß internationalen Gesundheitsvorschriften ausgeführt wurde und hieraus eine über die normale Impfreaktion hinausgehende Personenschädigung entstand (§ 60 IfSG). Seit 1983, als die Pflicht zur Pockenschutzimpfung aufgehoben wurde, besteht indes **keine gesetzliche** Impfpflicht mehr. Bei Impfung auf Empfehlung einer Behörde kommt es darauf an, ob diese eine Impfung dem Einzelnen nahe legte; in der bloßen Freigabe eines Impfstoffes liegt indes keine Empfehlung.[51] In internationalen Gesundheitsvorschriften ist nur die Pockenschutzimpfung vorgesehen. Der Schutz besteht nur für eine Impfung mit zugelassenen Impfstoffen.[52] Für den Nachweis der Ursächlichkeit zwischen Impfung und Schaden reicht Wahrscheinlichkeit aus. Abweichend von der nach allgemeinem Sozialleistungsrecht erschwerten Rücknehmbarkeit von rechtswidrigen Verwaltungsakten nach Ablauf von zwei Jahren (vgl. § 45 SGB X, dazu oben Rn. 225 ff.) besteht im Recht des Impfschadens die zeitlich unbegrenzte Rücknehmbarkeit (§§ 61, 4 IfSG), falls sich später „unzweifelhaft" herausstellt, dass der Gesundheitsschaden nicht auf der Impfung beruht.[53]

dd) Wehrdienst- und Zivildienstbeschädigung

427   Bei der Wehr- (§ 81 SVG) oder Zivildienstbeschädigung (§ 47 ZDG) wird Entschädigung nach versorgungsrechtlichen Grundsätzen gewährt, falls die Personenschädigung durch den geleisteten Dienst wesentlich mitverursacht wurde. Als **Wehrdienst**beschädigung wurden anerkannt: Schädigungen im Zusammenhang mit der Fahrt von oder zu dienstlichen Veranstaltungen – etwa Fortbildungslehrgängen für Angehörige der Bundeswehr[54] –, freiwilliger militärärztlicher Behandlung[55] oder Unfälle, die ein Soldat, der sich

---

[49] Unter Einschluss des Schadens in der Sozialversicherung BGHZ 87, 181; 89, 14; 116, 260.
[50] BSGE 109, 147.
[51] *Hase*, in SRH, § 26 Rn. 58.
[52] BSGE 95, 66.
[53] BSGE 61, 295.
[54] BSGE 71, 60.
[55] BSGE 57, 171.

während des Dienstes verschmutzte, bei dem sich daran anschließenden Duschen im Waschraum erlitten hat.[56] Hingegen wird ein Soldat nicht geschützt,
der sich bei Verübung einer Straftat verletzte,[57] oder der nach einer Nachtü-
bung statt – wie befohlen – Bettruhe zu halten, nach Hause fuhr oder unter
schwerer Missachtung der Straßenverkehrsregeln[58] zu Schaden kam.[59]

c) Leistungen

Besteht Entschädigungspflicht, hat der Geschädigte **zwei Gattungen** von   **428**
Leistungsansprüchen: Einmal auf Heilbehandlung nebst Rehabilitation
(§§ 10 ff. BVG); zum anderen auf Ausgleich der durch die Schädigung erlittenen wirtschaftlichen Einbußen (§§ 25 ff. BVG).

aa) Heilbehandlung

Der Anspruch auf **Heilbehandlung** soll die schädigungsbedingten Beein-   **429**
trächtigungen möglichst umfassend beheben und die Gesundheit der Verletzten wiederherstellen. Die geschuldeten Leistungen werden regelmäßig
durch die Krankenversicherung erbracht. Die Versorgungsverwaltung erstattet deren Träger die Aufwendungen (§§ 19 ff. BVG). Kann der Geschädigte krankheitsbedingt nicht mehr arbeiten und erleidet er deshalb einen
Einkommensausfall, so steht ihm das Versorgungskrankengeld in Höhe von
80 % des schädigungsbedingt entgangenen Regellohns zu (§§ 16 f. BVG).
Daneben können dem Geschädigten Leistungen der Rehabilitation bewilligt
werden (§ 26 BVG).

bb) Ausgleich der wirtschaftlichen Einbußen

Zum Ausgleich wirtschaftlicher Einbußen bestehen drei Leistungsgat-   **430**
tungen: **Grundrente, Berufsschadensausgleich** sowie **Ausgleichsrente.** Die
Grundrente gilt pauschal den schädigungsbedingten Zusatzbedarf = Ersatz
des materiellen Schadens und den erlittenen immateriellen Schadens ab.[60]
Ihre Höhe richtet sich nach dem Grad der Erwerbsminderung und steigt mit
wachsender Erwerbsminderung an. Für die Festlegung des Erwerbsminde-
rungsgrades gilt die abstrakte Schadensberechnung, d. h. aufgrund einer

---

[56] BSGE 33, 141.
[57] BSGE 94, 133, 135.
[58] BSGE 94, 133.
[59] BSGE 54, 76.
[60] *Scholler/Fuchs,* Mehrbedarfsorientierte Sozialleistungen im Rahmen bürgerlich-rechtlicher Unterhaltsansprüche, 1985.

Schädigung (§ 30 BVG) ist – abstrakt! – eine hypothetische Beeinträchtigung des Erwerbsvermögens zu bestimmen, unabhängig davon, ob daraus konkret ein Einkommensverlust eintritt. Der **Berufsschadensausgleich** dient dem Ausgleich des Schadens im beruflichen Fortkommen; er wird gewährt, wenn ein Geschädigter ohne die Schädigung voraussichtlich einen höher bezahlten oder eingestuften Beruf ausüben würde.[61] Die **Ausgleichsrente** wird für schädigungsbedingt nachweisbare Einkommensausfälle gezahlt. Im Unterschied zur Grundrente, die von einem Einkommensausfall aufgrund der Erwerbsminderung unabhängig ist, kompensiert die Ausgleichsrente den konkreten Einkommensausfall. Sie ist aber nicht bedürftigkeitsabhängig. Insbesondere hat der Familienstand keine Auswirkung auf deren Höhe.[62] Neben diesen Leistungen bestehen außerdem noch zugunsten der nach dem BVG Leistungsberechtigten Ansprüche auf Kriegsopferfürsorge. Diese werden jedoch nur bei **Bedürftigkeit** erbracht.

§ 20 Unechte Unfallversicherung

Lit.: *Brandenburg*, Gesetzliche Unfallversicherung, juris-Praxiskommentar, 2009; *Schmitt*, Unfallversicherung, in von Maydell/Ruland/Becker (Hg.), Sozialrechtshandbuch, 2012 (5. Aufl.), § 16; *Igl/Jachmann/Eichenhofer*, Rechtliche Rahmenbedingungen bürgerschaftlichen Engagements, 2002; *Knickrehm*, Soziales Entschädigungsrecht, 2012; *Nothacker*, Unfallversicherung und Haftung im Ehrenamt und im bürgerschaftlichen sozialen Engagement, 2013.

a) Grundsätze

431   Für jeden Menschen, der nicht aus eigenem Vermögen den Lebensunterhalt bestreiten kann, ist die **körperliche** und **seelische Unversehrtheit** Voraussetzung eigener **Erwerb**stätigkeit und damit Grundlage für die Sicherung des Daseins. Im technischen Zeitalter wird körperliche und seelische Unversehrtheit durch mannigfaltige Gefahren bedroht.[1] Falls sich die Risiken verwirklichen und der einzelne dadurch in seiner Leistungsfähigkeit erheblich und dauerhaft beeinträchtigt ist, stellt sich für das Recht die Frage nach angemessenen Reaktionen.

---

[61] *Erlenkämper/Fichte*, Sozialrecht, 2008 (6. Aufl.), 721 f.; zu Einzelheiten vgl. BSGE 41, 70; 62, 1; 64, 283; 68, 64; *Gelhausen*, Soziales Entschädigungsrecht, 1998 (2. Aufl.), Rn. 386 ff.

[62] BSGE 68, 244.

[1] Vgl. *Beck*, Die Risikogesellschaft, 1986; Grundidee: Der gesellschaftliche Wohlstand wird erkauft durch die Steigerung der Risiken – namentlich die Gefährdung der ökologischen Daseinsgrundlagen: der Schöpfung, die es zu bewahren gilt!

Verschiedene Rechtsgebiete enthalten Antworten: Das Strafrecht bedroht schädigendes oder gefährdendes Verhalten mit Strafe; das Gefahrenabwehrrecht räumt den Ordnungsbehörden Befugnisse zum Einschreiten bei Gefährdungen der Lebensgüter ein; das Privatrecht erlegt durch Delikts- und Gefährdungshaftung dem Deliktsschädiger oder Beherrscher einer Gefahrenquelle Schadensersatzpflichten auf, falls eine Personenschädigung Folge eines Delikts oder der Realisierung betriebseigentümlicher Gefahren ist, und endlich bezwecken Beamten-, Arbeits- und Sozialrecht die Prävention wie Kompensation der durch Dienst- und Arbeitsunfälle eingetretenen Schäden. Außerdem sichert die Krankenversicherung, dass der Versicherte auch bei einem nicht unter dem Schutz der Unfallversicherung stehenden Schaden Heilbehandlung erhält. Schließlich gewährt die Rentenversicherung Einkommensersatz bei nicht als Arbeitsunfall zu entschädigender Erwerbsminderung. **432**

Obgleich das Recht also zahlreiche Vorkehrungen trifft, um Unfällen zu begegnen und dem Opfer zu helfen, bleiben Sicherungslücken: namentlich, falls trotz allen Bemühens um Prävention ein Unfall eintritt, für den kein Dritter voll privatrechtlich einzustehen hat. Es handelt sich um auf Zufall, Eigen- oder erheblichem Mitverschulden des Opfers beruhende Unfälle. Zwar wäre die Heilbehandlung durch die Krankenversicherung gesichert. Führt der Unfall indessen zur erheblichen und dauerhaften Einbuße der Erwerbsfähigkeit, bietet die Rentenversicherung im Regelfall keine hinreichende Sicherung: eine Rente wegen Erwerbsminderung ist erst nach 5 Jahren geschuldet. Selbst danach reicht sie oftmals zur Daseinssicherung nicht aus, weil ihre Höhe vom Einkommen und der Dauer der ausgeübten Beschäftigung abhängt, mithin sehr niedrig ist, wenn der Verunglückte am Anfang seines Erwerbslebens stand. **433**

Einen **Teil** dieser – wenn auch nicht die gesamte – **Sicherungslücke** wird durch die unechte Unfallversicherung geschlossen. Sie begründet Einstandspflichten des Staates für Personen, die bei einem im öffentlichen Interesse liegenden Handeln eine Personenschädigung erlitten haben. So wenig es freilich ein allgemeines Prinzip der sozialen Entschädigung gibt, so wenig gibt es ein allgemeines Prinzip der unechten Unfallversicherung. Vielmehr sind Leistungen nur aufgrund **gesetzlicher Einzelermächtigung** zu erbringen. Diese sind in den Tatbeständen des § 2 SGB VII enthalten. **434**

Die Leistungen sind **nichtsubsidiär**, sondern vielmehr auch geschuldet, wenn der Geschädigte einen Schadensersatzanspruch aus Delikts- oder Gefährdungshaftung hat. Allerdings geht – im Regelfall – bei Kumulation von Ansprüchen des Geschädigten gegen den Träger der unechten Unfallversicherung einerseits und den Schädiger andererseits der privatrechtliche Anspruch auf den Träger der unechten Unfallversicherung kraft Gesetzes (§ 116 SGB X, vgl. oben Rn. 249 ff.) über. **435**

436   Da die Tatbestände der unechten Unfallversicherung nur einen Teil der Sicherungslücke schließen, kann der Einzelne einen umfassenden Schutz vor Unfallgefahren nur erlangen, falls er in Ergänzung zu dem sozialrechtlichen Schutz durch **Privatversicherung** weitere Vorsorge trifft (vgl. §§ 179–185 VVG).

b) Die verschiedenen Tatbestände der unechten Unfallversicherung

aa) Abgrenzung echte – unechte Unfallversicherung

437   Die Grenze zwischen **echter** und **unechter** Unfallversicherung ist **unscharf.**[2] Für die Zuordnung einzelner Tatbestände ist das entscheidende Abgrenzungskriterium die Trägerschaft. Die Zuordnung der unechten Unfallversicherung zum Recht der sozialen Entschädigung und die Einstandspflicht rechtfertigen sich aus der öffentlich-rechtlichen **Trägerschaft** für die bei einer Tätigkeit im Allgemeininteresse eintretenden Schäden des Einzelnen. In dieser Grundidee gleichen die Leistungen der unechten Unfallversicherung den herkömmlichen Leistungen sozialer Entschädigung – Entschädigung für Kriegsopfer und Impfgeschädigte.

438   Die echte Unfallversicherung wird in Gestalt der Fremd- (§ 2 I Nr. 4 SGB VII) oder Eigenvorsorge (§ 2 I Nrn. 2, 3, 5, 6 SGB VII) von den Arbeitgebern, die unechte Unfallversicherung dagegen von öffentlich-rechtlichen Körperschaften – Bund, Länder und Gemeinde(verbände)n als „staatliche Träger" – getragen. Welcher Träger für die gesetzliche Unfallversicherung zuständig ist, bestimmt § 125 SGB VII. Danach sind die Berufsgenossenschaften Trägerinnen der echten Unfallversicherung (§ 121 SGB VII). Soweit stattdessen „staatliche Träger" – namentlich Bund (§ 125 SGB VII), Land („Unfallkasse" § 128 SGB VII), eine Gemeinde oder ein Gemeindeverband (§ 129 SGB VII) – Schutz durch die Unfallversicherung gewähren und statt unternehmerischer eine öffentliche Beitrags- und/oder Leistungspflicht besteht, liegt die unechte Unfallversicherung und soziale Entschädigung vor.

bb) Unfallversicherungsschutz bei Erfüllung sozialrechtlicher Meldeobliegenheiten (§ 2 I Nr. 14 SGB VII)

439   Wer sich als Arbeitsloser (vgl. unten Rn. 473, 479) oder Sozialhilfeempfänger (vgl. unten Rn. 553) in Wahrnehmung sozialrechtlicher **Obliegenheiten** (§§ 60 ff. SGB I) bei einer Arbeitsagentur oder einem Dritten (z. B. Inhaber einer offenen Stelle) zu melden hat, steht dabei unter Unfallversicherungsschutz.[3] Leistungspflichtig ist der Träger, demgegenüber die Mit-

---

[2] *Schmitt*, in SRH, § 16 Rn. 3 ff.
[3] BSGE 25, 214; 36, 39; 50, 177; 51, 213; 56, 244; BSG – 5.2.2008 – B 2 U 25/06 R –

wirkungsobliegenheit besteht, also die Bundesagentur für Arbeit (§ 125 I Nr. 2 SGB VII) oder die Unfallkasse (§ 129 SGB VII).[4]

cc) Unfall bei altruistisch motiviertem Handeln (§ 2 I Nrn. 9, 13 SGB VII)

Unter dem Schutz der unechten Unfallversicherung steht ferner, wer in gemeinnützigen Unternehmen – typischerweise Wohlfahrtsverband, z.B. DLRG, Wasser- und Bergwacht, DRK – tätig ist (§ 2 I Nr. 9 SGB VII)[5] oder bei Rettung von Unfallgefahren, Unglücksfällen und gemeiner Gefahr Nothilfe leistet[6] (§ 2 I Nr. 13 lit. a) SGB VII), als Verwaltungshelfer oder bei der Festnahme Verdächtiger (§ 127 StPO) tätig wird oder als Blut- oder Organspender[7] einen Unfall erleidet (§ 2 I Nr. 13 lit. b), lit. c) SGB VII). Dieser Schutz gilt nicht für Transplantationen unter Umgehung der inländischen Vergaberegeln.[8] Unter dem Schutz der unechten Unfallversicherung steht auch die Selbstschädigung eines Kraftfahrers, der diese herbeiführte, um dadurch einen tödlichen Unfall abzuwenden.[9] Die öffentlich-rechtliche Haftung verdrängt eine bestehende privatrechtliche Einstandspflicht des Nutznießers der Rettungshandlung aus Geschäftsführung ohne Auftrag.[10] § 2 I Nr. 13 lit. a) SGB VII bezweckt nicht nur den Schutz des Nothelfers, sondern auch die Entlastung des Adressaten der Nothilfemaßnahme; das Haftungsrisiko des Nothelfers soll von diesem nicht getragen werden. Die Haftung nach § 2 I Nr. 13 lit. a) SGB VII besteht indessen nicht, falls die Hilfeleistung kraft privatrechtlichen Vertrages als Nebenpflicht geschuldet ist.[11]

440

dd) Schutz der ehrenamtlich, freiwillig oder auf Anforderung für öffentliche Zwecke Tätigen (§ 2 I Nrn. 10, 11 SGB VII)

Nach § 2 I Nr. 10 SGB VII steht unter dem Schutz der unechten Unfallversicherung, wer **für** eine **juristische Person** des öffentlichen Rechts **ehrenamt-**

441

Ausdruck des Schutzes des „sekundären Risikos"; *Ruland*, ZSR 1980, 463, 473 f.; dazu *Zacher*, Sozialrecht, in Weber-Fas, Jurisprudenz, 1978, 407, 412: Verlust der sozialen Sicherungsrechte infolge Verlusts des Arbeitsverhältnisses, das den Schutz vermittelt.

[4] Wobei dies nicht ausdrücklich aus den Vorschriften hervorgeht, indes sinngemäß aus der Zuständigkeitsverteilung folgt.

[5] *Igl*, in Igl/Jachmann/Eichenhofer, Rechtliche Rahmenbedingungen bürgerschaftlichen Engagements, 2002, 365 ff.; BSG HVBG-INFO 2002, 2623 ff.; BSG HVBG-INFO 2002, 3468 ff.; BSG HVBG-INFO 2002, 2511 ff.

[6] BSG SozR 4-2700 § 2 Nr. 14; SozR 4-2700 § 8 Nr. 30.

[7] BSGE 111, 52.

[8] BSGE 92, 164.

[9] BSGE 54, 190; vgl. einen weiteren Fall: BSGE 44, 22.

[10] BGHZ 92, 270 mit Anm. *Gitter*, JZ 1985, 392 f.

[11] BSGE 68, 119.

lich tätig wird,[12] z. B. als Mitglied des Gemeinderats, Studentenparlaments oder der Vertreterversammlung eines Sozialversicherungsträgers. Dagegen stehen die Abgeordneten des Deutschen Bundestages nicht unter Schutz der unechten Unfallversicherung, weil sie eine Entschädigung für die Sicherung ihres Lebensunterhalts aus öffentlichen Kassen beziehen und diese auch Unfallschutz umfasst.[13] Des Weiteren stehen **Zeugen**, die von Staatsanwaltschaft oder Gericht für die Beweiserhebung herangezogen werden (§ 2 I Nr. 11 lit. b) SGB VII), Entwicklungshelfer (§ 2 I Nr. 1, III Nr. 2 SGB VII) und Teilnehmer eines Freiwilligendienstes (§ 2 I Nr. 1, III SGB VII) unter dem Schutz der unechten Unfallversicherung.

ee) Schutz für Kinder in Kindergärten, Schüler und Studenten (§ 2 I Nr. 8 SGB VII)

442　　Kinder in **Tageseinrichtungen**, **Schüler** und **Studenten**[14] sind bei Unfällen geschützt, wenn diese im organisatorischen Zusammenhang mit der vorschulischen, schulischen oder Hochschulausbildung eintritt. Als zum organisatorischen Zusammenhang der genannten Bildungseinrichtungen gehörig begreift § 2 I Nr. 8 SGB VII auch die Aufnahme in die genannten Einrichtungen; bei Studenten gehört hierzu auch die Teilhabe am Hochschulsport[15]. Es besteht kein Schutz für Unfälle in der Privatsphäre. Keinen Schutz genießt daher die Kinderbetreuung durch Großeltern[16] oder Schüler oder Studenten bei Erledigung der Aufgaben in der eigenen Wohnung. Sieht die Schule jedoch vor, dass in deren Räumen Hausaufgaben erledigt werden können, so besteht Unfallversicherungsschutz auch dafür.[17]

Der organisatorische Zusammenhang besteht auch **außerhalb** des räumlichen Zusammenhangs der Schule: Verlangt ein Lehrer von den Schülern, für den Biologieunterricht Beobachtungsmaterial aus der Natur zu besorgen (Tümpelwasser oder Heu), so stehen die unternommenen Wege unter Versicherungsschutz.[18] Desgleichen sind außerschulische Wege geschützt, wenn und weil sie schulisch veranlasst sind: etwa Austausch der Schulbücher unter den Schülern auf Weisung der Lehrerin.[19] Schutz besteht, selbst wenn ein Schüler entgegen einer ausdrücklichen Weisung der Schulleitung das Schul-

---

[12] BSG SozR 4-2700 § 6 Nr. 1; eingehend *Nothacker*, Unfallversicherung und Haftung im Ehrenamt und im bürgerschaftlichen sozialen Engagement, 2013, 18 ff., 47 ff.

[13] *Welti*, Die soziale Sicherung der Abgeordneten des Deutschen Bundestags, der Landtage und der deutschen Abgeordneten im Europäischen Parlament, 1998, 342 ff.

[14] *Schnapp*, in Achterberg/Püttner/Würtenberger (Hg.), Besonderes Verwaltungsrecht, Bd. 2, 2000 (2. Aufl.), § 26 Rn. 79; *Ricke*, SGb 2006, 460.

[15] BSG – 4.12.2014 – B 2 U 13/13 R; B 2 U 14/13 R.

[16] BSG SozR 3-2200 § 539 Nr. 50; dazu *Fuchs/Höller*, SGb 2001, 563.

[17] BSGE 56, 129; so auch OGH SSV NF 7/118.

[18] BSGE 51, 257.

[19] BSGE 57, 260.

gelände verlässt, um in einem benachbarten Ladengeschäft Lebensmittel zu besorgen,[20] oder während eines Schullandheimaufenthalts bei einer Kissenschlacht im Schlafraum aus dem Bett stürzt.[21] Dies gilt auch für Wege zwischen Schule und Familienwohnung eines Freundes des Schülers, wenn und soweit der verletzte Schüler in der Wohnung des Freundes zu Mittag aß und dort seine Aufgaben erledigte.[22] Auch die Schüler von Privatschulen allgemeinbildenden Charakters stehen unter dem Schutz, wenn deren Abschlüsse denen allgemeinbildender Schulen gleichen.[23]

ff) Schutz bei Wohnungsbau, Rehabilitation und Pflege

Unter den Schutz der unechten Unfallversicherung fallen schließlich auch **443** Personen, die einen Unfall beim Bau einer öffentlich geförderten **Wohnung** (i.S.d. WoFG[24]) erleiden, wenn und soweit dieser Bau in Selbst- oder Nachbarschaftshilfe ausgeführt wird. Voraussetzung dafür ist jedoch, dass im Zeitpunkt des Unfalls bereits die Absicht bestand, das zu erreichende Gebäude als Familienheim zu nutzen (§ 2 I Nr. 16 SGB VII).[25] Auch die Teilnehmer an Rehabilitationsmaßnahmen werden geschützt (§ 2 I Nr. 15 SGB VI-I).[26] Mit Einführung der sozialen Pflegeversicherung wurden auch Pflegepersonen (i.S.d. § 14 SGB XI) in den Schutz der Unfallversicherung einbezogen (§ 2 I Nr. 17 SGB VII).[27]

c) Leistungen

Die Leistungen der unechten Unfallversicherung **entsprechen** denen der **444** echten Unfallversicherung (vgl. oben Rn. 407 ff.). Für altruistisch motiviertes Handeln (§ 2 I Nrn. 11, 13 lit. a), 13 lit. c) SGB VII) sind auch Sachschäden zu ersetzen.[28] Stellt sich eine zum Unfall führende Betätigung als Beschäftigung wie Nothilfe dar, so dass sowohl die echte wie die unechte Unfallversi-

---

[20] BSGE 55, 139 Argument: Der Grundsatz nach § 7 II SGB VII (vgl. oben Rn. 395): verbotswidriges Handeln schließt einen Versicherungsfall nicht aus, gilt entsprechend.
[21] BSG NZS 1996, 181 ff.; OGH SSV NF 5/13.
[22] BSGE 52, 38; ähnlich OGH SSV NF 6/129.
[23] BSGE 63, 14.
[24] BGBl. I 2001, S. 2376. Durch die Föderalismusreform wurde den Ländern die Gesetzgebungskompetenz für die Regelung der Wohnraumförderung zugewiesen. Das WoFG gilt demnach fort, bis es von jeweiligen Landesgesetzen ersetzt wird.
[25] BSGE 56, 16; 45, 258; 28, 122; *Schnapp*, in Achterberg/Püttner/Würtenberger (Hg.), Besonderes Verwaltungsrecht, Bd. 2, 2000 (2. Aufl.), § 26 Rn. 85.
[26] BSG SozR 4-2700 § 2 Nr. 14.
[27] BSG SozR 4-2700 § 2 Nr. 16.
[28] *Gitter*, Zivilrechtliche Aspekte beim Ausgleich des Sachschadens in der gesetzlichen Unfallversicherung, in Boecken/Ruland/Steinmeyer (Hg.), Sozialrecht und Sozialpolitik in Deutschland und Europa, Festschrift für Bernd Baron von Maydell, 2002, 243, 246 ff.

cherung leistungspflichtig wären, geht zur Vermeidung von Doppelentschä-
digungen die echte der unechten Unfallversicherung vor.[29] Diese ist also
gegenüber jener nachrangig, weil der Schutz beruflicher Risiken dem Schutz
vor allgemeinen Lebensrisiken vorgeht. Diesem dient die unechte Unfallversicherung.

---

[29] BSG NZS 2009, 227.

IV. Soziale Förderung

§ 21 Arbeitsförderung

Lit.: *Axer*, Arbeitsförderung, Grundsicherung für Arbeitssuchende und Sozialhilfe, in Ehlers/Fehling/Pünder (Hg.), Besonderes Verwaltungsrecht, 2013 (3. Aufl.), § 81; *Bieback*, in von Maydell/Ruland/Becker (Hg.), Sozialrechtshandbuch, 2012 (5. Aufl.), § 21; *Eichenhofer*, Recht des aktivierenden Wohlfahrtsstaates, 2013; *Gagel/Knickrehm/Deinert* (Hg.), SGB II / SGB III, Kommentar, 2014, Loseblattsammlung; *Hauck/Noftz* (Hg.), Sozialgesetzbuch II, Kommentar 2014, Loseblattsammlung; *dies.* (Hg.), Sozialgesetzbuch III, Kommentar, 2014, Loseblattsammlung; *Münder* (Hg.), Sozialgesetzbuch II, Lehr- und Praxiskommentar, 2017.

a) Grundsätze

aa) Gegenstände der Regulierung von Arbeitsmarkt und Arbeitsmigration

Die Regulierung von **Arbeitsmarkt** und **Arbeitsmigration** ist eine Kernaufgabe von Sozialpolitik. Sie schafft durch öffentliches Recht die Arbeitsmarktverfassung und setzt damit einen Rahmen zur privatrechtlichen Entfaltung individueller und kollektiver Vertragsfreiheiten, der deutsches Arbeitsrecht prägt und leitet. Arbeitsmigration ist Teil der Arbeitsmarktregulierung. Der Arbeitsmarktzugang ist im EU-Binnenmarkt auf Grund der Freizügigkeit (Art. 45 AEUV) allen EU-Bürgern gestattet. Darüber hinaus wird die Arbeitsmigration von Drittstaaten durch EU-Recht maßgeblich bestimmt. 445

Arbeitsförderung ist ein Sozialleistungszweig. Sie berührt eine **Grundfrage** des **Sozialrechts**. Da die soziale Sicherheit auf die Arbeitsgesellschaft zugeschnitten und auf einen hohen Stand der Beschäftigung angewiesen ist, hat sie für das Sozialrecht eine elementare Bedeutung. Denn das Sozialrecht beruht auf der Annahme, dass jeder Arbeitsfähige den eigenen Lebensunterhalt und den seiner Familie durch Arbeit zu verdienen hat; nur wer dessen nicht fähig ist, kann Sozialleistungen beanspruchen. Deshalb erscheint zweifelhaft, ob Arbeitslosigkeit überhaupt ein Sozialleistungstatbestand sein kann.

446   Vom Mittelalter bis in das Industriezeitalter wurde die **Arbeitslosigkeit**
der Arbeitsfähigen als **charakterlicher Mangel** (Arbeitsscheu, Faulheit, Vag-
antentum) verstanden. Landstreicherei, Bettelei und Prostitution galten als
„asozial" und damit als strafwürdig. Seit dem 17. Jahrhundert wurden in
den Städten deshalb Arbeitshäuser errichtet, wo arbeitsfähige Arme unter
harten Arbeitsbedingungen zur Arbeit angehalten wurden, um dadurch ab-
geschreckt zu werden, öffentliche Hilfe zu beanspruchen.[1] Erst im 20.
Jahrhundert – beginnend in Großbritannien (1911)[2] – wurde Arbeitslosigkeit als ein der Arbeitsunfähigkeit[3] gleichstehendes soziales Risiko anerkannt. Die Arbeitslosenversicherung findet weltweit in IAO-Überkommen
No. 168 (1988) ihre Grundlage.

bb) Konjunkturelle und strukturelle Arbeitslosigkeit

447   Die Arbeitslosenversicherung entstand aus der Erfahrung konjunktureller
Schwankungen. Marktwirtschaften entwickelten sich nicht planmäßig und
kontinuierlich, sondern in **Zyklen** unterschiedlicher Auslastung. Deshalb
werden Arbeitnehmer zeitweise nicht oder nicht hinreichend beschäftigt.
Arbeitsförderung – ursprünglich auf Arbeitsvermittlung und Erwerbslosenfürsorge konzentriert[4] –, wurde geschaffen, weil Menschen aus nicht selbst
zu verantwortenden Gründen arbeitslos werden können. Der Arbeitsmarkt
wird ferner durch strukturelle Arbeitslosigkeit herausgefordert. Die Arbeitslosigkeit ist strukturell bedingt,[5] weil sich die Produktionsweise in ihren
Strukturen kontinuierlich, wenn auch nicht immer merklich verändert.
Wirtschaftsepochen wurden in der Vergangenheit durch einander ablösende
Leittechniken (Dampfmaschine, Elektrizität, Chemie, Elektronik, Biotech-
nologie, Digitalisierung) bestimmt. Jeder Wandel von einer Epoche zur
nächsten Stufe war mit der Entstehung neuer bei gleichzeitigem Wegfall bis-
heriger Arbeitsplätze verbunden. Die strukturell bedingte Arbeitslosigkeit
zu überwinden, bedeutet die entfallenen Arbeitsplätze durch neue, auf dem
Arbeitsmarkt dauerhaft nachgefragte Tätigkeiten zu ersetzen und die Arbeitslosen dafür zu qualifizieren.

---

[1] *Geremek*, Geschichte der Armut, 1988, 268 ff.
[2] *Heclo*, Modern Social Politics in Britain and Sweden, 1974, 78 ff.; *Ogus*, Landesbericht Großbritannien, in Köhler/Zacher (Hg.), Ein Jahrhundert Sozialversicherung in der
Bundesrepublik Deutschland, 1981, 269, 327 ff., 339 ff.
[3] Also Alter, Erwerbsunfähigkeit, Berufsunfähigkeit, Unfall und Krankheit.
[4] Vgl. die Beiträge von *Schröder*, Arbeitslosenfürsorge und Arbeitsvermittlung im
Zeitalter der Aufklärung, in Benöhr (Hg.), Arbeitsvermittlung und Arbeitslosenversorgung in der neueren deutschen Rechtsgeschichte, 1991, 7 ff.; *Benöhr*, Arbeitslosigkeit und
Arbeitsbeschaffung in der Revolution von 1848, ebd., 77 ff.; *Faust*, Arbeitsvermittlung
und Arbeitslosenversorgung in Deutschland von der Mitte des 19. Jahrhunderts bis zum
Ende des Kaiserreichs, ebd., 105 ff.
[5] *Engelen-Kefer*, Beschäftigungspolitik, 1995 (3. Aufl.).

cc) Leitbilder der Arbeitsmarktpolitik

Dem Arbeitsförderungsrecht, 1969 im Arbeitsförderungsgesetz (AFG) **448** normiert und seit 1998 im SGB III geregelt, lag zunächst die Annahme zugrunde, Arbeitslosigkeit könne durch öffentliche Maßnahmen überwunden und ein „hoher Beschäftigungsstand" (§ 1 AFG) politisch gesichert werden.[6] Diese Zielvorstellung gilt zwar nach wie vor; aber deren Erreichung kann nicht allein durch Verwaltungsmaßnahmen erreicht werden. Ein „**hoher Beschäftigungsstand**" ist nach wie vor Grundlage der Arbeitsmarktpolitik. Diesen soll aber nicht primär der Staat, sondern ein möglichst beschäftigungsfördernder Arbeitsmarkt verbürgen. Arbeitsförderung soll daher den „Ausgleich am Arbeitsmarkt unterstützen" (§ 1 SGB III).

Dafür schafft das Gesetz viele – nachfolgend zu schildernde – **Instrumente**: Arbeitsmarktverwaltung, Arbeitsvermittlung, Arbeitsberatung, Arbeitnehmerüberlassung, Regelung des Arbeitsmarktzugangs der nichtzugangsberechtigten Ausländer sowie wissenschaftliche Arbeitsmarktbeobachtung, aktive Arbeitsmarktpolitik und Arbeitsmarktgestaltung. Letztere ermöglicht die Erstausbildung oder Umschulung, Eingliederung von Arbeitnehmern in den Arbeitsmarkt und Schaffung von Arbeitsplätzen sowie die Gestaltung von Arbeitsmigration. Ferner bestehen Geldleistungen bei Teil- oder Vollarbeitslosigkeit. Sie werden unter der Voraussetzung gewährt, dass Arbeitslosigkeit ein vorübergehender Zustand sei, weshalb der Vollarbeitslose während des Bezuges von Geldleistungen stets der Arbeitsvermittlung verfügbar sein muss. Schließlich ist die soziale Sicherung der Arbeitslosen zu schildern und die Rolle der Arbeitsverwaltung als Trägerin der Insolvenzsicherung für Arbeitsentgeltansprüche zu bestimmen.

b) Gestaltung des Arbeitsmarkts

aa) Leitbild Vollbeschäftigung

Arbeitsförderung kann keinen hohen Beschäftigungsstand erzielen, so- **449** weit Arbeitsmarkt, Volkswirtschaft und die Haltung der Arbeitnehmerschaft dies nicht zulassen. Ein hoher Beschäftigungsstand erfordert beschäftigungsfreundliche Bedingungen auf dem Arbeitsmarkt. Dieser zieht in einer wissensbasierten Dienstleistungsgesellschaft die Intellektualisierung, Technisierung und Spezialisierung von Arbeit nach sich. Deshalb sind die Arbeitsplätze teuer und die Bildungsaufwendungen für die Beschäftigten hoch. Solchen Erwartungen können nicht alle Arbeitsuchenden genügen. Arbeitslosigkeit wird daher aus strukturellen wie konjunkturellen Gründen

---

[6] BT-Drucks. 5/2291, S. 53; *Knigge*, Kommentar zum Arbeitsförderungsgesetz (AFG), 1988 (2. Aufl.), § 1 Rn. 3; vgl. dazu aber auch *Jagoda*, ZfSH/SGB 1994, 281 ff.

zwar nicht Dauererscheinung bleiben, aber nur unter energischen Anstrengungen vermindert werden können. Die **Vollbeschäftigung** ist in Art. 3 III EUV als Ziel der **EU-Politik** (vgl. auch Art. 145–150 AEUV) aufgenommen; daraus folgt, dass Arbeitsmarktpolitik auch in jedem Mitgliedstaat notwendig ist. Das im SGB III niedergelegte Arbeitsförderungsrecht steigert die Transparenz auf dem Arbeitsmarkt und fördert die Eigenverantwortung von Arbeitslosen und Arbeitgebern.[7]

450   Die Bundesagentur für Arbeit (BA) mit Sitz in Nürnberg ist Trägerin der Arbeitsförderung – regional (Regionaldirektionen) und lokal (Agenturen für Arbeit) untergliedert. Sie finanziert sich aus Beiträgen der Arbeitnehmer und Arbeitgeber zu gleichen Teilen (§ 346 I SGB III), die vom Arbeitgeber als Teil des Gesamtsozialversicherungsbeitrags im Lohnabzugsverfahren einbehalten und abgeführt werden. Der Bund übernimmt die Kosten der Arbeitsförderung für einzelne Aufgaben.[8] Entgegen § 367 SGB III ist die BA keine Körperschaft, sondern eine Anstalt.[9] Private ergänzen die Arbeitsförderung als Arbeitsvermittler, gewerbliche Arbeitnehmerüberlasser sowie Träger von Ausbildungs-, Umschulungs-, Arbeitsbeschaffungs- und Eingliederungsmaßnahmen. Die Arbeitsmarktreform 2003/4[10] verbesserte die Arbeitsvermittlung durch das Fallmanagement, stärkte die gewerbliche Arbeitnehmerüberlassung, zielte auf Qualifizierung Arbeitsloser und die Zusammenfassung von Arbeitslosen- und Sozialhilfe für Arbeitsfähige zu einer einheitlichen Grundsicherung für Arbeitsuchende. Die BA hat umfassende Zuständigkeiten für die Arbeitsvermittlung, gewerbliche Arbeitnehmerüberlassung, Regelung des Zugangs zum inländischen Arbeitsmarkt der nicht zugangsberechtigten ausländischen Arbeitnehmer, Berufs- und Arbeitsberatung sowie Arbeitsmarktbeobachtung.

---

[7] Vgl. Gesetz zur Reform der Arbeitsförderung (Arbeitsförderungs-Reformgesetz – AFRG) vom 24.3.1997, BGBl. I 1997, S. 594; dazu BT-Drucks. 13/4941, S. 140 ff.; *Ammermüller*, BABl Nr. 7/8 1997, 7; *Bieback*, KJ 1997, 15; *Clever*, ZfSH/SGB 1998, 3; *Engelen-Kefer* (Hg.), Die Reform der Arbeitsförderung, 1997; *von Maydell*, Die Arbeitslosigkeit – eine Herausforderung für das Arbeits- und Sozialrecht, in Gitter/Schulin/Zacher (Hg.), Festschrift für Otto Ernst Krasney zum 65. Geburtstag, 1997, 301 ff.

[8] Arbeitnehmerhilfe, Grundsicherung für Arbeitsuchende und die weiteren, der Bundesagentur für Arbeit nach § 363 SGB III übertragenen Aufgaben.

[9] *Becker*, in SRH, § 13 Rn. 32 ff.; *Ebsen*, Selbstverwaltung und Autonomie der Bundesanstalt für Arbeit, in Leßmann (Hg.), Festschrift für Rudolf Lukes zum 65. Geburtstag, 1989, 321 ff.

[10] *Bundesministerium für Arbeit und Sozialordnung* (Hg.), Moderne Dienstleistungen am Arbeitsmarkt, 2002; *Gerster*, Arbeit ist für alle da, 2003; *Heller/Stosberg*, DAngVers 2004, 100; *Spindler*, SozSich 2003, 338 ff.; *Spellbrink*, SGb 2004, 75 ff., 153 ff.

bb) *Arbeitsvermittlung*

Die Arbeitsvermittlung „umfasst alle Tätigkeiten, die darauf gerichtet **451** sind, ... Arbeitsuchende mit Arbeitgebern zur Begründung eines Beschäftigungsverhältnisses zusammenzuführen" (§ 35 I SGB III). Sie weist gegenüber den Arbeitsuchenden offene Stellen und gegenüber den Arbeitgebern Arbeitsuchende nach und soll damit Transparenz auf dem Arbeitsmarkt schaffen. Sie erlaubt auch die Vermittlung von Arbeitnehmern in die Selbständigkeit, dagegen nicht die von Selbständigen in Arbeitnehmertätigkeiten.[11] Die Vermittlungsaufgabe umschließt Ausbildungsplätze.

Arbeitsvermittlung besteht, seit es Arbeitsverträge gibt.[12] Bereits die **452** Zünfte betrieben sie; ferner wurde landwirtschaftliches Personal von Gesindemaklern rekrutiert. Seit der Industrialisierung traten Stellenvermittler spezialisiert auf. Seit 1889 war Stellenvermittlung ein konzessionspflichtiges Gewerbe. Sie hatte jedoch Misshelligkeiten hervorgebracht: Arbeitsuchende wurden mit überhöhten Gebühren belastet und Arbeitnehmer aus bestehenden Arbeitsverhältnissen abgeworben. Ihr wurde entgegengehalten, ihr gehe der rasche Erfolg über eine nachhaltige Vermittlung.

Als Gegengewicht entstanden kommunale Arbeitsnachweise. Das Stellenvermittlergesetz[13] unterwarf 1910 private Stellenvermittlung öffentlicher Aufsicht. 1922 wurde die kommunale Arbeitsvermittlung flächendeckend eingeführt; seit 1931 war private Stellenvermittlung untersagt. Die Arbeitslosenversicherung (1927) gliederte die kommunalen Arbeitsnachweise in die Arbeitsämter ein. In der NS-Zeit wurden sie zu Instrumenten staatlichen Arbeitseinsatzes.[14] Das Verbot privater Arbeitsvermittlung blieb nach dem 2. Weltkrieg über Jahrzehnte erhalten.

Die IAO erlegte seit ihrem Bestehen den Staaten die Arbeitsvermittlung auf.[15] Übereinkommen Nr. 2 (1919) gebot gebührenerhebende Einrichtungen der Arbeitsvermittlung zu regulieren oder abzuschaffen. Übereinkommen Nr. 96 (1949) stellt den Staaten die Abschaffung privater Arbeitsvermittlung unter gleichzeitigem Aufbau öffentlicher Arbeitsvermittlung oder die öffentliche Regulierung privater Arbeitsvermittlungsdienste zur Wahl.

---

[11] BSGE 84, 67.
[12] *Benöhr*, Arbeitslosigkeit und Arbeitsbeschaffung in der Revolution von 1848, in ders. (Hg.), Arbeitsvermittlung und Arbeitslosenversorgung in der neueren deutschen Rechtsgeschichte, 1991, 77 ff.; *Maier*, AuB 1993, 2 ff., 40 ff.
[13] Stellenvermittlungsgesetz vom 2.6.1910, RGBl. I, S. 860.
[14] *Kranig*, Nationalsozialistische Arbeitsmarkt- und Arbeitseinsatzpolitik, in Benöhr (Hg.), Arbeitsvermittlung und Arbeitslosenversorgung in der neueren deutschen Rechtsgeschichte, 1991, 171 ff.
[15] *Valticos/Potobsky*, International Labour Law, 1995 (2nd ed.).

453   Im EU-Recht wurde Arbeitsvermittlung als ein grundsätzlich dem Wettbewerbsrecht unterliegendes **Monopol**unternehmen angesehen.[16] Befriedige es die Nachfrage nach Arbeitskräften nicht, missbrauche es seine wirtschaftliche Stellung, falls es zugleich den Privaten den Zugang zur Arbeitsvermittlung untersage. Das Vermittlungsmonopol wurde auch im deutschen Verfassungsrecht als problematisch angesehen,[17] weil es Privaten die Arbeitsvermittlung als Berufstätigkeit verschloss und außerdem Arbeitgebern wie arbeitsuchenden Arbeitnehmern bei Abwendung ihrer Notlage nicht helfen konnte.[18] BVerfG[19] und BSG[20] hielten das Vermittlungsmonopol dennoch für verfassungsrechtlich unbedenklich. Zwar beschränke es den Beruf des Arbeitsvermittlers, diese Beschränkung der Berufswahlfreiheit (Art. 12 I GG) sei jedoch gerechtfertigt, weil die öffentliche Arbeitsvermittlung ein überragend wichtiges Gemeinschaftsgut sei.[21]

454   Das öffentliche Arbeitsvermittlungsmonopol galt bis 1994. Allein die BA war grundsätzlich zur Arbeitsvermittlung befugt (§ 4 AFG). Zuwiderhandlungen waren strafbar oder ordnungswidrig und Vereinbarungen über die entgeltlichen Dienste privater Arbeitsvermittler waren nichtig (§§ 134 BGB, 4 AFG). Die Deregulierungskommission[22] sprach sich jedoch für die Aufhebung des Vermittlungsmonopols aus.[23] Denn der Arbeitsmarkt könne von ihm nicht hinreichend überblickt werden, der Anteil der öffentlichen Arbeitsvermittlung am Zustandekommen von Arbeitsverträgen sei gering, der Wettbewerb zwischen privater und öffentlicher Arbeitsvermittlung komme auch der öffentlichen Arbeitsvermittlung zugute und Missbräuchen privater Arbeitsvermittler könne durch deren öffentliche Kontrolle begegnet werden. Daher solle die öffentliche um die private Arbeitsvermittlung ergänzt werden.

455   Seither ist private Arbeitsvermittlung deshalb zulässig.[24] Private Arbeitsvermittler dürfen von Arbeitgeber wie Arbeitnehmer Vermittlungsentgelt verlangen (§ 296 SGB III). Die Arbeitsvermittlung wird als Schlüssel zur Verminderung der Arbeitslosigkeit erkannt.[25] Eingliederungsvereinba-

---

[16] EuGH Slg. 1991, I-1979 (*Höfner, Elser*).
[17] BGH NZA 1992, 45.
[18] So *Deregulierungskommission* (Hg.), Marktöffnung und Wettbewerb, 1991, 142.
[19] BVerfGE 21, 245.
[20] BSGE 70, 206; dazu *Bieback*, SGb 1993, 499.
[21] Vgl. BVerfGE 21, 245, 251 ff.; BSGE 70, 206, 211 f.
[22] *Deregulierungskommission* (Hg.), Marktöffnung und Wettbewerb, 1991, 141 ff., 155 f.
[23] Vgl. dagegen *Franke*, Brennpunkt Arbeitsmarkt, 1992 (2. Aufl.), 317 ff.
[24] Dazu Erstes Gesetz zur Umsetzung des Spar-, Konsolidierungs- und Wachstumsprogramms (1. SKWPG) vom 21.12.1993, BGBl. I 1993, S. 2353 ff.; *Ammermüller*, BABl. Nr. 2 1994, 5.
[25] *Bundesministerium für Arbeit und Sozialordnung* (Hg.), Moderne Dienstleistungen am Arbeitsmarkt, 2002.

rungen zwischen Arbeitsverwaltung und Arbeitslosen sollen das Fallmanagement ermöglichen und die dem Arbeitsuchenden auferlegte Pflicht zu frühzeitiger Meldung (§ 38 I 1 SGB III) den Vermittlungserfolg erhöhen.

cc) Gewerbliche Arbeitnehmerüberlassung

Gewerbliche Arbeitnehmerüberlassung ist seit einigen Jahrzehnten auch **456** Privaten zugestanden. Für die Entleiher ist die kurzzeitige Übernahme von Arbeitskräften wirtschaftlich attraktiv, helfen sie doch ungewöhnlich hohe Auslastungen zu bewältigen, ohne die Stammbelegschaft aufzustocken. Eine solche wäre im Arbeitsrecht nicht folgenlos. Denn außerhalb von befristeten Arbeitsverhältnissen[26] dominieren unbefristete Arbeitsverhältnisse. Ein über sechs Monate während Arbeitsverhältnis vermittelt den Beschäftigten **Kündigungs- und Bestandsschutz** (KSchG). Gewerbliche Arbeitnehmerüberlassung ermöglicht den **flexibleren** Personaleinsatz.

Nach anfänglichem Verbot sah das BVerfG 1967[27] es jedoch als Verletzung der Berufsfreiheit (Art. 12 I GG) an, wenn Arbeitnehmerüberlassung als Beruf verschlossen bleibe. Seit 1972 besteht das Arbeitnehmerüberlassungsgesetz (AÜG).[28] Es soll die gewerbliche Arbeitnehmerüberlassung ermöglichen, den Leiharbeitnehmer jedoch einem im unbefristeten Arbeitsverhältnis stehenden Arbeitnehmer möglichst rechtlich gleichstellen. Das AÜG enthält deshalb für die Arbeitsvertragsparteien unabdingbare Vorschriften. Ihre Nichteinhaltung wird strafrechtlich sanktioniert.

Die BA erteilt dem privaten Arbeitnehmerüberlasser eine Erlaubnis (§ 17 **457** AÜG). Diesem Verbot mit Erlaubnisvorbehalt unterfällt nicht die „echte Leiharbeit", d.h. die nichtgewerbliche Arbeitnehmerüberlassung. Die Erlaubnis wird grundsätzlich nur befristet erteilt, kann jedoch auch unbefristet erteilt werden (§ 2 AÜG). Nach § 3 AÜG besteht ein Rechtsanspruch auf Erlaubniserteilung. Sie kann nur versagt werden, falls der Verleiher unzuverlässig ist oder gegenüber dem Arbeitnehmer nicht die Arbeitgeberstellung wahrnimmt.

c) Aktive Arbeitsmarktpolitik

aa) Grundsatz

Die BA ist ferner zur Arbeitsmarkt- und Berufsberatung verpflichtet (§ 29 **458** SGB III). Berufsberatung unterstützt die Aufnahme einer beruflichen Tätig-

---

[26] Vgl. § 14 TzBfG, zuvor schon § 1 BSchFG.
[27] BVerfGE 21, 261.
[28] *Schüren* (Hg.), Arbeitnehmerüberlassungsgesetz, 2010 (4. Aufl.); *Kämmerer/Thüsing*, Leiharbeit und Verfassungsrecht, 2005; *Vor*, Zeitarbeit im Rechtsvergleich Deutschland – Großbritannien sowie bei Grenzüberschreitung, 1992.

keit und sichert damit die Ausübung des Grundrechts (Art. 12 I GG) auf freie Wahl der Ausbildungsstätte (§ 30 SGB III). Arbeitsmarktberatung unterrichtet einen Arbeitsuchenden über Entwicklungsmöglichkeiten in einem gefundenen Beruf (§ 34 SGB III). Um diese Aufgaben wahrzunehmen, weist ihr das Gesetz ferner die Pflicht zur Erforschung des Arbeitsmarkts sowie der Berufsbilder zu (§§ 280 ff. SGB III).

Darüber hinaus soll durch „aktive Arbeitsförderung" (§ 5 SGB III) der Arbeitslosigkeit entgegengewirkt und der Entstehung von Langzeitarbeitslosigkeit vorgebeugt werden. Dieses Ziel wird durch Arbeitsförderungsmaßnahmen (§ 3 SGB III) verwirklicht. Sie bilden in ihrer Gesamtheit die aktive Arbeitsförderung (§ 7 SGB III). Für sie gilt der Grundsatz ortsnaher Leistungserbringung (§ 9 SGB III). Es kommt so zur Regionalisierung der aktiven Arbeitsmarktpolitik. Insbesondere soll die Zusammenarbeit zwischen Arbeitsverwaltung und weiteren Beteiligten des örtlichen Arbeitsmarktes (§ 9 III SGB III) verbessert werden.[29]

bb) Bildung

459   Berufliche **Bildung** kann individuell (§§ 56 ff., 81 ff., 117 ff. SGB III) oder institutionell (§§ 74 ff. SGB III) gefördert werden. Individuelle Förderung erhält der einzelne, institutionelle Förderung erhalten dagegen Bildungseinrichtungen (z. B. überbetriebliche Lehrwerkstätten). Es werden die Erstausbildung (§ 74 SGB III) und Fortbildung wie Umschulung (Vermittlung von Fertigkeiten und Kenntnissen für eine neue berufliche Tätigkeit) gefördert.[30]

Die Bildungsmaßnahme kann nach **Ermessen** der Arbeitsverwaltung bewilligt werden. Die Bildungsmaßnahme soll bestehende oder unmittelbar drohende Arbeitslosigkeit[31] abwenden (§ 81 I SGB III) und zu Befähigungen qualifizieren, die auf dem Arbeitsmarkt hinlänglich nachgefragt sind.[32] Sie kann durch Bildungsgutscheine geschehen, um dem Empfänger die Wahl unter Maßnahmeträgern zu ermöglichen (§ 81 IV SGB III).

Die individuelle Leistung deckt den Bedarf des Teilnehmers sowie die mit der Teilnahme an der Bildungsmaßnahme verbundenen Aufwendungen (§ 75 SGB III). Darüber hinaus wird eine Berufsausbildungsbeihilfe zur Berufsvorbereitung oder Erstausbildung (§ 56 SGB III) gewährt.[33] Bei Weiterbildungsmaßnahmen ist das Arbeitslosengeld (§ 144 SGB III) zu zahlen. Die Leistungen sollen die berufliche Eingliederung Jugendlicher ohne Ausbil-

---

[29] *Eichenhofer*, NdsVBl 1999, 253 ff.
[30] BSGE 38, 174; 40, 234.
[31] BSGE 48, 176; 62, 236.
[32] BSGE 67, 228.
[33] BSGE 93, 42 (wegen Unzumutbarkeit des Zusammenwohnens mit den Eltern).

dung, behinderter Menschen oder von Personen mit nicht mehr gefragten Qualifikationen ermöglichen. Die Maßnahmeträger schulden der BA Auskunft über den zweckentsprechenden Einsatz der Mittel.

cc) Maßnahmen der Eingliederung und Arbeitsbeschaffung

Auch Arbeitsbeschaffungsmaßnahmen waren in der Vergangenheit – vor allem nach dem Ende der deutschen Teilung – förderbar, falls die Arbeiten in arbeitsmarktpolitischen Problemregionen im öffentlichen Interesse lagen, ohne Förderung nicht oder erst später getan wurden und arbeitsmarktpolitisch zweckmäßig waren.[34] Eine Tätigkeit lag im öffentlichen Interesse, wenn sie einen im Steuerrecht als gemeinnützig anerkannten Zweck verfolgte und nicht die Wirtschaft beeinträchtigte.[35] Die Bewilligung der Förderung stand im pflichtgemäßen Ermessen der Arbeitsverwaltung.[36] Sie wurde als Förderinstrument jedoch inzwischen aufgehoben.

460

Stattdessen kann die BA die Eingliederung von arbeitslosen, zum deutschen Arbeitsmarkt unbeschränkt zugangsberechtigten Arbeitnehmern mit typischen Eingliederungsschwierigkeiten durch **Eingliederungsmaßnahmen** (§§ 14 ff. SGB II, 44 f. SGB III) fördern,[37] Lohnsubventionen (§§ 217 ff. SGB III) gewähren und Eingliederungshilfen für Spätaussiedler leisten sowie die Kenntnisse der deutschen Sprache für einen wichtigen Teil der unbeschränkt zum deutschen Arbeitsmarkt Zugangsberechtigten[38]– Spätaussiedler (Deutsche i. S. d. Art. 116 GG, § 9 BVFG), Asylberechtigte und Kontingentflüchtlinge – vermitteln helfen. Die BA kann schließlich durch die Zahlung eines Gründungszuschusses (§ 93 SGB III) Arbeitslose bei Aufnahme einer selbständigen Erwerbstätigkeit durch Überbrückungsgeld – kapitalisiertes Arbeitslosengeld – fördern.

---

34 BSGE 69, 274.
35 BSGE 59, 219.
36 BSGE 65, 189.
37 Vgl. dazu *Bepler*, AuR 1999, 219; *Bieback*, AuR 1999, 209; *Eylert*, Sozialrechtlich geförderte Arbeitsverhältnisse und das Arbeitsrecht, in Boecken/Ruland/Steinmeyer (Hg.), Sozialrecht und Sozialpolitik in Deutschland und Europa, Festschrift für Bernd Baron von Maydell, 2002, 219; *Luthe*, SGb 2001, 345.
38 Indessen nicht für sämtliche unbeschränkt Zugangsberechtigte, dies ist ein Problem: vgl. *Eichenhofer*, Internationales Sozialrecht, 1994, Rn. 530; das Zuwanderungsgesetz weitete die Integrationsleistungen aus.

d) Regelung des Zugangs zum inländischen Arbeitsmarkt
für ausländische Arbeitnehmer

*aa) Zugangsregelung für Drittstaater durch das deutsche
Arbeitsgenehmigungsrecht*

461   Die Arbeitsmarktverwaltung erteilt ferner die **Arbeitsgenehmigung.** Ihrer
bedürfen Ausländer, die weder EWR-Bürger,[39] noch Ausländer mit unbefri-
steter Aufenthaltserlaubnis oder Aufenthaltsberechtigung sind (§§ 284 SGB
III; 39 II AufenthG). Es ist zwischen der Arbeitserlaubnis und der Arbeitsberechtigung zu unterscheiden. Die Arbeitserlaubnis „kann erteilt werden,
wenn 1. sich durch die Beschäftigung von Ausländern nachteilige Auswirkungen auf den Arbeitsmarkt ... nicht ergeben, 2. für die Beschäftigung
deutsche Arbeitnehmer sowie Ausländer, die diesen hinsichtlich der Arbeitsaufnahme rechtlich gleichgestellt sind, nicht zur Verfügung stehen, und
3. der Ausländer nicht zu ungünstigeren Arbeitsbedingungen als vergleichbare deutsche Arbeitnehmer beschäftigt wird". Die Regelung gewährt der
BA das Recht, den Erstzugang von nicht-bevorrechtigten Ausländern zum
inländischen Arbeitsmarkt nach arbeitsmarktpolitischer Zweckmäßigkeit zu
gestatten. Die Arbeitsberechtigung steht den Ausländern aufgrund langjähriger inländischer Erwerbsbeteiligung oder langjährigem Inlandswohnsitz
zu.

462   Arbeitsgenehmigungsrecht ist nötig, weil der Zugang zum deutschen Arbeitsmarkt den **Deutschen** (Art. 12 I GG) und **EU-** wie **EWR-Bürgern** (Art. 45
AEUV) vorbehalten, Angehörigen von Drittstaaten hingegen grundsätzlich
verschlossen ist. Arbeitserlaubnisrecht erklärt sich aus dem Nebeneinander
verschiedener Sozialstaaten. Daher sollen in einem Staat grundsätzlich nur
dessen Staatsangehörige ihren Lebensunterhalt durch Erwerbstätigkeit bestreiten dürfen; Angehörige anderer Staaten sind dagegen grundsätzlich auf
den Erwerb in ihrem Heimatstaat verwiesen. Das Recht auf Zugang zum
Arbeitsmarkt hängt deshalb von der Staatsangehörigkeit des Arbeitsuchenden ab. Diese Beschränkung wird unter den EU- und EWR-Bürgern jedoch
durch die Freizügigkeit überwunden.[40] Weitere Durchbrechungen finden
sich in den Niederlassungsabkommen,[41] Anwerbevereinbarungen[42] sowie
Regeln über die Integration der im Inland aufgenommenen politisch Verfolgten.[43] Der gesamte Komplex ist Teil der politisch brisanten Debatte um

---

[39] = EU-Bürger oder Staatsangehörige Islands, Liechtensteins oder Norwegens.

[40] Dazu umfassend *Hailbronner*, Freizügigkeit, in Dauses (Hg.), Handbuch des
EU-Wirtschaftsrechts, Loseblattwerk, 2014 (35. EL).

[41] *Hailbronner*, Asyl- und Ausländerrecht, 2014 (3. Aufl.), Rn. 165.

[42] *Bieback*, in Gagel (Hg.), SGB II/SGB III, Loseblattwerk (Stand: 53. EL 2014), § 284
SGB III Rn. 29.

[43] *Hailbronner*, Asyl- und Ausländerrecht, 2014 (3. Aufl.), Rn. 958: namentlich die
heimatlosen Ausländer, Asylberechtigten und Kontingentflüchtlinge.

die Zuwanderung. Sie ist eine seit Jahrzehnten zentrale Frage der Innenpolitik, die zunehmend durch das EU-Recht geprägt wird.[44]

Nach § 288 SGB III kann der Bundesminister für Arbeit und Soziales die **463** Erteilung der Arbeitserlaubnis durch Rechtsverordnung regeln. Von dieser Befugnis hat er in der **Arbeitsgenehmigungsverordnung** (ArGV)[45] Gebrauch gemacht. Diese regelt die möglichen Inhalte der Arbeitserlaubnis, privilegierte Erteilungsvoraussetzungen, deren räumliche und zeitliche Geltung, das Verhältnis von Arbeits- und Aufenthaltserlaubnis, Gründe für deren Versagen, Widerruf oder Erlöschen sowie erlaubnisfreie Beschäftigungen (§ 9 ArGV): z. B. für leitende Angestellte, fahrendes Personal im internationalen Verkehr, Auslandsmonteure, Vortragsreisende, Mitarbeiter von Forschungseinrichtungen oder Journalisten, die für im Ausland ansässige Medien tätig sind. Der Fragenkreis der Wohnsitzbegründung in Abhängigkeit von der Erwerbsarbeit ist in § 39 AufenthG[46] geregelt.

bb) Zugangsregelung für Drittstaater durch das EU-Recht

Noch 1987 befand der EuGH,[47] dass eine Gemeinschaftskompetenz zwar **464** für die Personenfreiheit der EG-Bürger bestehe, die Zuständigkeit jedoch nicht auf **Drittstaater** erstreckt werden könne. Seitdem ist viel geschehen. Mit der Begründung der originären Zuständigkeiten der EU für Asyl, Einreise und Einwanderung (Art. 77–80 AEUV) sind im Laufe der vergangenen Jahre zahlreiche Materien des **Migrationsrechts**[48] von der die Einreisebedingungen regelnden Visa-Erteilung, über die Anerkennung der Asylentscheidungen anderer Mitgliedstaaten, den Daueraufenthalt für langjährige in einem Mitgliedstaat sich aufhaltenden Drittstaater, Familienzusammenführung, Integrations- und Antidiskriminierungsgesetzgebung, Rückführung, Asylberechtigten- und Flüchtlings-Status – allesamt angestammte Ma-

---

[44] *Bundesministerium des Inneren* (Hg.), Zuwanderung gestalten, Integration fördern: Bericht der unabhängigen Kommission „Zuwanderung", 2001; vgl. dazu *Eichenhofer*, ZAR 2008, 81.

[45] Bekanntmachung der Neufassung der Verordnung über die Arbeitserlaubnis für nichtdeutsche Arbeitnehmer (Arbeitserlaubnisverordnung) vom 12.9.1980, BGBl. I 1980, S. 1754; vgl. dazu: *Bieback*, ZAR 1995, 99.

[46] Gesetz zur Steuerung und Begrenzung der Zuwanderung und zur Regelung des Aufenthalts und der Integration von Unionsbürgern und Ausländern (Zuwanderungsgesetz) vom 30.7.2004, BGBl. I 2004, S. 1950.

[47] EuGH, Slg. 1987, 3205 *(Deutschland ./. Kommission)*; vgl. *Colneric*, Entwicklung in der Rechtsprechung des Gerichtshofes der Europäischen Gemeinschaften zum Status von Ausländern, in Barwig/Beichel-Benedetti/Brinkmann (Hg.), Perspektivwechsel im Ausländerrecht?, 2007, 49.

[48] *Bast*, Aufenthaltsrecht und Migrationssteuerung, 2011; *Thym*, Migrationsverwaltungsrecht, 2010; *Johannes Eichenhofer*, Begriff und Konzept der Integration im Aufenthaltsgesetz, 2013; *Kluth*, Grundlagen und Strukturen eines Migrationsrechts, DVBl. 2016, 1081.

terien traditioneller Innenpolitik – seither von der Öffentlichkeit weithin unbemerkt voll und ganz europäisiert.[49] Der Raum der Freiheit, der Sicherheit und des Rechts verlangt offenbar nach einem rechtlich einheitlichen Rahmen, der nur durch umfassende EU-(recht)liche Regeln zu haben ist. Die bei Verabschiedung des deutschen Zuwanderungsgesetzes geltende europarechtliche Lage war daher vortrefflich umschrieben, als der unvergessene Günter Renner in einem seiner letzten Beiträge aus dem Jahre 2005 schrieb: „Angesichts der sonstigen Vorgaben der EU für die Gestaltung der Migrationsströme bildet die Zulassung von Erwerbstätigen eigentlich die letzte Domäne der Mitgliedstaaten, in der sie frei schalten und walten können".[50]

cc) Richtlinie über Arbeitsmigration

465   Die Richtlinie über **Arbeitsmigration**[51] steht beispielhaft und beispielgebend für die internationalrechtlichen Überlagerungen des heutigen Migrationsrechts. Dieses wird nicht nur durch das EU-, sondern auch durch das Völkerrecht, so – die Genfer Flüchtlingskonvention oder dem New Yorker Staatenlosen-Abkommen – und im wachsendem Maße auch von der EMRK[52] in zahlreichen Dimensionen von Einwanderungsgesetzgebung geprägt.

Die Maßnahmen bezwecken – unter Wahrung des Beschäftigungsvorrangs für EWR-/EU-Bürger sowie der aufgrund gesicherten Daueraufenthalts bevorrechtigten Drittstaater – die Mitgliedstaaten dazu anzuhalten wie zu ermutigen, im Rahmen von diesen autonom festzulegenden Quoten zuwanderungswillige und qualifizierte Arbeitswillige aus Drittstaaten anzuwerben.

Dies sei nötig,[53] weil gezielte Arbeitsmigration den **Fachkräftemangel** im Binnenmarkt zu beheben verspreche, und einen Beitrag zur Ergänzung der alternden arbeitenden Bevölkerung leiste. Infolge der Alterung der Erwerbs-

---

[49] *Groenendijk*, ZAR 2004, 123; *ders.*, ZAR 2006, 191; vgl. auch die Zusammenstellung bei *Renner*, ZAR 2004, 117–119; *Hailbronner*, FamRZ 2005, 1; *Nuscheler*, Internationale Migration: Flucht und Asyl, 2004 (2. Aufl.), 176 ff.; *Sopp*, Drittstaatsangehörige und Sozialrecht, 2007; zu Österreich: *Bichl/Christian/Szymanski*, Das neue Recht der Arbeitsmigration, 2011 (2. Aufl.).

[50] *Renner*, IMIS-Beiträge 27 (2005), 9, 15.

[51] § 19a AufenthG; Richtlinie 2009/50/EG des Rates vom 25. Mai 2009 über die Bedingungen für die Einreise und den Aufenthalt von Drittstaatsangehörigen zur Ausübung einer hochqualifizierten Beschäftigung, ABl. L 155 vom 18.6.2009/12.

[52] *Eckertz-Höfer*, Entwicklungen im Recht der Ausweisung, in Barwig/Beichel-Benedetti/Brinkmann (Hg.), Perspektivwechsel im Ausländerrecht?, 2007, 105; Art. 8 EMRK hat eine große Bedeutung bei der Ausweisung von Straftätern, die in dem ausweisenden Staat Familienangehörige haben. Die Maßnahme ist an Art. 8 II EMRK zu prüfen – die Ausweisung muss also einem zwingenden sozialen Bedürfnis entsprechen.

[53] *Frattini*, Making Europe more Attractive to Highly Skilled Migrants and Increasing the Protection of Lawfully Residing and Working Migrants, Press Release Brussels, October 23, 2007; Pire immigrante di qualità, Il sole 24ore, 23 ottobre 2007, p. 2 ff.

bevölkerung sei bereits heute in Deutschland, Ungarn, Italien und Lettland ein altersbedingter Rückgang der Erwerbsbevölkerung zu verzeichnen. Nur durch gezielte Einwanderungen könne dem mittelfristig drohenden Rückgang der Beschäftigtenzahl entgegengewirkt werden.[54] Mit Öffnung der Arbeitsmärkte für Drittstaater solle außerdem der mancherorts stark angestiegene Anteil illegaler Beschäftigung zurückgedrängt und ein Beitrag zur Stärkung der Wettbewerbsfähigkeit der Volkswirtschaften des Binnenmarktes geleistet werden. Durch Ausgabe der **Blue Card** soll zunächst ein auf zwei Jahre befristeter Zugang zum Arbeitsmarkt eines Mitgliedstaates eröffnet werden. Danach kann die Erlaubnis um weitere zwei bis drei Jahre verlängert werden. Nach Ablauf der ersten Arbeitserlaubnis soll die Folgeerlaubnis auch die Befugnis zur Arbeitsausübung in einem anderen Mitgliedstaat umfassen können. Zu diesem Zweck sollen die Mitgliedstaaten Bedingungen für die Einreise und den Aufenthalt im Hoheitsgebiet der Mitgliedstaaten von Drittstaatsangehörigen und ihren Familienangehörigen zwecks Ausübung einer „hochqualifizierten Beschäftigung" festlegen.[55] Die Richtlinie setzt Mindeststandards, die völkervertraglich oder durch die Gesetze der Mitgliedstaaten übertroffen werden können. Die Aufnahme hat aufgrund gültigen Arbeitsvertrages und zureichender Krankenversicherung für sich und die Familienangehörigen zu geschehen. Eine Ausweisung bei Arbeitslosigkeit ist grundsätzlich nicht statthaft; allerdings kommt sie in Betracht, wenn die Arbeitslosigkeit länger als drei Monate währt.

Im Hinblick auf die **arbeits- und sozialrechtliche Stellung** der legal zugewanderten Arbeitnehmerinnen und Arbeitnehmer ist eine weitgehende **Gleichberechtigung** mit den Arbeitsbedingungen und Bedingungen sozialer Sicherheit der EU-/EWR-Berechtigten[56] angestrebt. Auf der Basis des Konzepts von social citizenship und im Einklang mit entsprechenden Anforderungen der IAO, aufgrund deren eine Differenzierung der arbeits- und sozialrechtlichen Stellung aufgrund der Staatsangehörigkeit prinzipiell untersagt wird,[57] ist die weitgehende Annäherung der arbeits- und sozialrechtlichen Stellung der Drittstaater vorgesehen. Dies erklärt sich aus der Zielgruppe, qualifizierte Arbeitskräfte anzuwerben, welche die befürchteten Arbeitskräfteausfälle gleichwertig ersetzen sollen. Die seit 2000 unternommenen Maßnahmen im Zusammenhang mit der Bekämpfung von Diskriminierung

---

[54] Ebd., p. 2.

[55] Vgl. ZAR 2007, 425 ff.

[56] Vgl. Richtlinie 2011/98/EU des Europäischen Parlaments und des Rates vom 13.12.2011 über ein einheitliches Verfahren zur Beantragung einer kombinierten Erlaubnis für Drittstaatsangehörige, sich im Hoheitsgebiet eines Mitgliedstaats aufzuhalten und zu arbeiten, sowie über ein gemeinsames Bündel von Rechten für Drittstaatsarbeitnehmer, die sich regelmäßig in einem Mitgliedstaat aufhalten, ABl. vom 2011 L 343/303; vgl. dazu *Eichenhofer*, SGb 2013, 613.

[57] Vgl. IAO-Übereinkommen Nr. 118.

wegen ethnischer Merkmale und die inzwischen erfolgte Einbeziehung der Drittstaatsangehörigen in das europäische koordinierende Sozialrecht[58] sind untrügliche Zeichen einer sich dieser Zielsetzung bereits heute verpflichtet wissenden Politik. EU- und EWR-Staatsangehörige und Drittstaater sind danach arbeits- und sozialrechtlich tendenziell gleichzustellen. Dies sollte nicht als eine Entwertung des EU-Bürgerstatus missdeutet werden, sondern umgekehrt eher dahin verstanden werden, dass der EU-Bürger-Status zum Menschenrecht für alle erweitert wird.

e) Geldleistungen bei Teilarbeitslosigkeit

466   Während die Arbeitsmarktgestaltung primär durch Dienstleistungen geschieht, erbringt die Arbeitsverwaltung bei Teil- und Vollarbeitslosigkeit[59] primär Einkommensersatz als Geldleistung. **Teilarbeitslosigkeit** liegt bei vorübergehend eingeschränkter Erwerbstätigkeit vor, bei welcher der Beschäftigte einen Teil des Lohns verliert, das Arbeitsverhältnis indes fortbesteht. Hauptanwendungsfall ist die Kurzarbeit. Sie bedeutet die zeitweilige Absenkung der wochenüblichen Arbeitszeit bei anteiliger Lohnminderung.

Die Leistungen bei Teilarbeitslosigkeit werden unabhängig von der Bedürftigkeit des Arbeitslosen gewährt. Es ist generell die bedürftigkeitsunabhängige von der -abhängigen Leistung zu unterscheiden; erstere heißt Arbeitslosengeld I, letztere Grundsicherung für Arbeitsuchende: Arbeitslosengeld II.

Das **Kurzarbeitergeld** steht Arbeitnehmern zu, die vorübergehend weniger als die regelmäßige Arbeitszeit arbeiten und deshalb nur einen Bruchteil ihres regelmäßigen Arbeitsentgelts beziehen; diese Lohneinbuße wird durch Kurzarbeitergeld (§§ 95 ff. SGB III) ausgeglichen. Es dient dem langfristigen Erhalt des Arbeitsplatzes in Zeiten vorübergehender Auftragsschwäche durch den Teilausgleich des vorübergehenden Einkommensverlustes. Es spielte eine Schlüsselrolle bei der Bewältigung der 2008 aufgetretenen Finanzmarktkrise.[60] Kurzarbeitergeld und die Übernahme von Arbeitgeberbeiträgen zur Sozialversicherung – und bei Qualifizierungsangeboten auch der Arbeitnehmer-Anteile – durch die BA sollten Beschäftigungsengpässe und -einbrüche zu überbrücken helfen, um die Beschäftigung nach Ende der Krise aufzubauen. Der Arbeitsausfall muss wirtschaftlich bedingt sein oder

---

[58] Verordnung (EU) Nr. 1231/2010 des Europäischen Parlaments und des Rates vom 24. November 2010 zur Ausdehnung der Verordnung (EG) Nr. 883/2004 und der Verordnung (EG) Nr. 987/2009 auf Drittstaatsangehörige, die ausschließlich aufgrund ihrer Staatsangehörigkeit nicht bereits unter diese Verordnungen fallen, ABl. Nr. L 344 S. 1.

[59] Diese, dem deutschen Recht nicht geläufige Unterscheidung liegt Art. 64 VO (EG) 883/2004 zugrunde.

[60] Entwurf eines Gesetzes zur Sicherung von Beschäftigung und Stabilität in Deutschland, BT-Drucks. 16/11740, S. 19.

auf einem unabwendbaren Ereignis beruhen und davon die Belegschaft nennenswert betroffen sein (§ 96 SGB III).

Kurzarbeitergeld ergänzt und verändert die arbeitsrechtlichen Regeln über die Tragung des Wirtschaftsrisikos im Arbeitsverhältnis.[61] Danach trägt grundsätzlich der Arbeitgeber das Risiko der wirtschaftlichen Verwertung der Arbeitskraft.[62] Vermag der Arbeitgeber den Arbeitnehmer allerdings nicht zu beschäftigen, so berührt dies den Anspruch auf Arbeitsentgelt nicht. Der Arbeitgeber kann allerdings das Arbeitsverhältnis aus betriebsbedingten Gründen kündigen (vgl. § 1 KSchG).[63] Vor diesem arbeitsrechtlichen Hintergrund ermöglicht das Kurzarbeitergeld den Arbeitsplatzerhalt unter gleichzeitiger Entlastung des Arbeitgebers. Dies hilft beiden – dem Arbeitnehmer, weil der Grund für eine betriebsbedingte Kündigung entfällt, und dem Arbeitgeber, weil er nicht zur Unzeit (Absatzkrise!) mit der Lohnfortzahlung belastet wird.

f) Leistungen bei Vollarbeitslosigkeit nach dem SGB III

Bei Vollarbeitslosigkeit ist Arbeitslosengeld I zu leisten. **Vollarbeitslosigkeit**[64] bedeutet einen Zustand vollständiger Beschäftigungslosigkeit infolge Beendigung des Arbeitsverhältnisses. Liegt sie vor, kann Arbeitslosengeld (§§ 136 ff. SGB III) oder Grundsicherung für Arbeitsuchende (§§ 1 ff. SGB II) gewährt werden. Vollarbeitslosigkeit Teilzeitbeschäftigter begründet einen Anspruch auf Teilarbeitslosengeld (§ 162 SGB III). Auf Leistungen bei Vollarbeitslosigkeit hat Anspruch, wer arbeitslos ist, sich beim Arbeitsamt arbeitslos gemeldet und die Anwartschaftszeit erfüllt hat (§ 137 SGB III). Die Meldung ist eine Tatsachenerklärung.[65] Nicht arbeitslos ist, wer Arbeitnehmer ist oder das 65. Lebensjahr vollendet hat. **467**

aa) *Voraussetzungen*

Ein Arbeitnehmer ist arbeitslos, wenn er vorübergehend nicht in einem Beschäftigungsverhältnis steht (Beschäftigungslosigkeit) oder eine nur geringfügige Beschäftigung (§ 8 SGB IV) ausübt (§ 138 SGB III) und eine ver- **468**

---

[61] Vgl. zu diesem Zusammenhang eingehend: *Eichenhofer*, RdA 1981, 208 ff.; ferner: *Reichold*, in Richardi/Wlotzke/Wißmann/Oetker (Hg.), Münchener Handbuch zum Arbeitsrecht, Bd. 1, 2009 (3. Aufl.), § 36 Rn. 70 f.
[62] Grundlegend: RGZ 106, 272; zur Fortentwicklung: *Boewer*, in Richardi/Wlotzke/Wißmann/Oetker (Hg.), Münchener Handbuch zum Arbeitsrecht, Bd. 1, 2009 (3. Aufl.), § 69 Rn. 58.
[63] BSGE 104, 83. Dies gilt jedoch nicht für die gewerbliche Arbeitnehmerüberlassung.
[64] In der Schweiz „Ganzarbeitslose".
[65] BSGE 95, 1; 93, 209.

sicherungspflichtige Beschäftigung sucht (Beschäftigungssuche). Letztere begründet die **„Verfügbarkeit"** (vgl. § 138 I Nr. 3 SGB III). „Arbeitnehmer" ist auch ein vormaliger Beamter oder Selbständiger, der künftig eine abhängige Beschäftigung ausüben möchte.

469   Arbeitslosigkeit setzt **aktive Beschäftigungssuche** voraus (§ 138 SGB III). Das Arbeitslosengeld wird nicht wegen der eingetretenen Arbeitslosigkeit, sondern wegen der fortbestehenden Bereitschaft des Arbeitslosen gewährt, die eigene Arbeitslosigkeit durch Aufnahme einer anderen abhängigen Beschäftigung zu überwinden. Arbeitslosengeld ist daher eine finale und keine kausale Leistung. Die Beschäftigungssuche wird durch die als Vertrag abzuschließende Eingliederungsvereinbarung gesteuert (§ 37 SGB III); sie wird abgeschlossen auf der Basis des zuvor erhobenen Beschäftigungspotenzials. Hieraus erwachsen Mitwirkungsobliegenheiten.

Die „Verfügbarkeit" (§ 138 I Nr. 3 SGB III) weist eine objektive wie subjektive Dimension auf, weshalb die „objektive" und die „subjektive" Verfügbarkeit unterschieden werden.[66] Die Verfügbarkeit bezeichnet die Arbeitsbereitschaft und damit ein subjektives Merkmal. Diese kann jedoch fehlen, weil der Arbeitslose nicht arbeiten kann, obgleich er wollte, oder nicht arbeiten will, obgleich er könnte: Wer nicht arbeiten kann, obgleich er will, ist objektiv, wer nicht arbeiten will, obgleich er könnte, ist dagegen subjektiv nicht verfügbar. Wer deshalb wegen des Gesundheitszustandes[67] oder Studiums,[68] einer Kindererziehung, Pflege von Angehörigen oder Strafhaft als Freigänger[69] nicht arbeiten kann, ist objektiv nicht verfügbar. Wer sich aber weigert, eine zumutbare Tätigkeit auszuüben, ist subjektiv nicht verfügbar.

Der arbeitsbereite Arbeitslose hat für die Arbeitsvermittlung regelmäßig erreichbar zu sein; dafür muss der Arbeitslose dem Arbeitsamt seine Anschrift mitteilen.[70] Die urlaubsbedingte Ortsabwesenheit des Arbeitslosen von höchstens drei Wochen jährlich schließt die Verfügbarkeit nicht aus.[71] Desgleichen führen die Aufgabe des Inlandswohnsitzes und die Übersied-

---

[66] *Deinert*, FS Kothe 259; *Mönks,* Der Versicherungsfall der Arbeitslosigkeit, 1991; *Waltermann*, Sozialrecht, 2014 (11. Aufl.). Rn. 470; *Bieback*, in SRH, § 21 Rn. 68 ff.; BSGE 58, 104, 106; 62, 166.

[67] BSGE 94, 19; 94, 247; zur Mutterschaft: BSGE 109, 300.

[68] Vgl. § 138 SGB III; BSGE 62, 166.

[69] BSGE 67, 269; 82, 118.

[70] BSGE 58, 104; *Wissing*, SGb 1999, 10.

[71] BSGE 44, 188: Allerdings muss das Arbeitsamt vor Antritt des Urlaubs informiert sein und die Ortsabwesenheit genehmigen, weil während der Urlaubszeit keine neuen Stellen zu besetzen sind; eine Übertragbarkeit des nichtgenommenen „Urlaubs" in das Folgejahr kommt bei Arbeitslosen nicht in Betracht, siehe SG Koblenz – 6.3.2001 – S 1 AL 189/00.

lung in das grenznahe Ausland nicht zum Anspruchsverlust von Arbeitslosengeld I.[72]

Die Bestimmung der **Zumutbarkeit** von Tätigkeiten bedarf der Interessenabwägung zwischen den konfligierenden Belangen von Arbeitslosem und Solidargemeinschaft: Der Arbeitslose ist an einer seiner Vorbildung entsprechenden, gut bezahlten und erreichbaren Arbeit interessiert, die Solidargemeinschaft dagegen daran, dass jeder besetzbare Arbeitsplatz auch besetzt wird, um so von Leistungspflichten entlastet zu werden. An die Zumutbarkeit einer Tätigkeit legt das SGB III strenge Maßstäbe an.[73] Grundsätzlich sind dem Arbeitslosen sämtliche erlaubten, tariflich bezahlten Tätigkeiten zumutbar. Ein Berufsschutz wird nicht anerkannt; unzumutbar ist nur eine Tätigkeit, welche die erworbenen beruflichen Tätigkeiten verfallen ließe[74] (§ 140 I SGB III) oder den Arbeitsuchenden in Gewissensnot (§ 275 III BGB) brächte. Auch die Anforderungen an die zurückzulegenden Arbeitswege auf täglich drei Stunden zeigen, dass die Arbeitslosen zu Eigenverantwortung bei der Überwindung ihrer Arbeitslosigkeit angehalten sind (vgl. § 140 IV SGB III). 470

Die **Anwartschaftszeit** erfüllt, wer innerhalb der **Rahmenfrist** (§ 143 SGB III) von zwei Jahren vor Eintritt der Arbeitslosigkeit zumindest zwölf Monate versicherungspflichtig (§ 25 SGB III) beschäftigt war (§ 142 SGB III).[75] Arbeitslosengeld I als Versicherungsleistung steht nur zu, wer sich an der Finanzierung von Arbeitsförderungsleistungen in dem unmittelbar vor der Arbeitslosigkeit liegenden Zeitraum hinlänglich beteiligt hat. Die Rahmenfrist verlängert sich auf fünf Jahre bei Teilnahme an Berufsförderungs- oder Rehabilitationsmaßnahmen (§ 143 III SGB III). 471

Arbeitslosengeld I wird nur befristet gezahlt – mindestens 6, höchstens 12 Monate; für ältere Arbeitnehmer kann es bis zu 24 Monaten verlangt werden.[76] Diese Regelung ist bedenklich, weil sie Prämien auf die vorzeitige Beendigung von Arbeit vergibt.

Die **Höhe** des Arbeitslosengeldes hängt von der Unterhaltspflicht des Arbeitslosen für ein **Kind** ab. Besteht sie, beträgt das Arbeitslosengeld 67 %, andernfalls 60 % des Bemessungsentgelts (§ 149 SGB III). Dieses ist das durchschnittliche regelmäßige wöchentliche Arbeitsentgelt[77] (§ 152 SGB III) des während eines Jahres vor Eintritt der Arbeitslosigkeit bezogenen Arbeitsentgelts. Nicht zum Entgelt zählen die aus Anlass der Arbeitsbeendi- 472

---

[72] BSGE 104, 280; 119, 125.
[73] Vgl. BT-Drucks. 13/4941, S. 176, 238; ferner: *Blüm*, BABl. Nr. 7/8 1996, 5 ff.
[74] *Feldhoff*, SGb 2006, 701.
[75] Vgl. BSGE 63, 153: Praktikum gilt als Beschäftigungszeit.
[76] Für Arbeitslose über 50 Jahre und 30 Monaten Beschäftigung fünfzehn, bei 55 Jahre und 36 Monaten Beschäftigung bei achtzehn Monaten und bei 58 Jahre und 48 Beschäftigungsmonate vierundzwanzig Monate, § 147 SGB III.
[77] BSGE 78, 109; 119, 119.

gung gezahlten Beträge (§ 151 II Nr. 1 SGB III); sie schließen den Anspruch auf Arbeitslosengeld aus, wenn das Arbeitsverhältnis ohne Wahrung der Kündigungsfrist endigt (§ 158 SGB III)[78]. Übt der Arbeitslose während der Bezugszeit des Arbeitslosengeldes eine geringfügige Beschäftigung aus, so ist auf das Arbeitslosengeld das daraus bezogene Entgelt abzüglich eines Freibetrags von 165 € monatlich anzurechnen (§ 155 SGB III). Erkrankt der Bezieher von Arbeitslosengeld, wird dieses für höchstens sechs Wochen fortgezahlt.[79]

bb) Arbeitslosigkeit und Arbeitskampf

473   Der Anspruch auf Arbeitslosengeld **ruht kraft Gesetzes**, soweit die BA durch seine Gewährung in Arbeitskämpfe eingreifen würde (§ 160 SGB III) oder es mit Arbeitsentgelt, arbeitsrechtlichen Abfindungszahlungen oder anderweitigen Sozialleistungen konkurrierte. Die Arbeitsverwaltung bliebe im Arbeitskampf[80] nicht neutral, würde sie an Streikteilnehmer oder Ausgesperrte Arbeitslosengeld zahlen. Dann trüge die Solidargemeinschaft die von den Tarifvertragsparteien als Parteien des Arbeitskampfes hervorgerufenen wirtschaftlichen Folgen. Daher ruht der Anspruch auf Arbeitslosengeld für den infolge eines inländischen Arbeitskampfes arbeitslos gewordenen Arbeitnehmer bis zum Ende des Arbeitskampfes (§ 160 II SGB III).

Diese Regel ist unproblematisch, soweit das Ruhen des Anspruchs die unmittelbar am Arbeitskampf beteiligten Arbeitnehmer betrifft. Denn die durch Streiks ausgelöste Arbeitslosigkeit ist von den Streikenden gewollt. Unklar und höchst umstritten war dagegen,[81] unter welchen Voraussetzungen Ansprüche aus Arbeitslosengeld bei mittelbarer Kampfbetroffenheit der Arbeitnehmer ruhen. Sie liegt vor, falls Arbeitnehmer, die nicht am Streik beteiligt sind, durch diesen ihre Beschäftigung verlieren. Die hierzu in § 160 III SGB III getroffene Regelung zieht die Konsequenzen aus der Rechtsprechung des BAG zur Tragung des Arbeitskampfrisikos.[82] Danach erhalten mittelbar kampfbetroffene Arbeitnehmer, die infolge eines Arbeitskampfes (regelmäßig Schwerpunktstreiks) arbeitslos geworden sind, kein Arbeitslosengeld, falls sie aus dem Ergebnis des Arbeitskampfes unmittelbare Vorteile ziehen – namentlich die durch Arbeitskampf erstrittene Ta-

---

[78] BSGE 115, 106.
[79] BSGE 93, 59.
[80] BSGE 40, 190 ff.
[81] *Deinert*, AuR 2010, 290; *Benda*, Sozialrechtliche Eigentumspositionen im Arbeitskampf, 1986; *Schwerdtfeger*, Rechtsfragen zu § 116 AFG n. F., 1990; *Seiter*, Staatliche Neutralität im Arbeitskampf, 1985; BVerfGE 92, 365 bestätigte die gesetzliche Lösung; vgl. zu dieser Entscheidung: *Heilmann/Menke*, AuR 1996, 11, 16; *Kreßel*, NZA 1995, 1121; *Lieb*, JZ 1995, 1174; *Zachert*, ZRP 1995, 445.
[82] BAGE 34, 331.

riflohnerhöhung erhalten. Über diesen Tatbestand entscheidet der bei der BA gebildete Neutralitätsausschuss (§ 380 SGB III).

Das Arbeitslosengeld ruht ferner, sofern der Arbeitslose für einen Zeit-   **474** raum der Arbeitslosigkeit Arbeitsentgelt beanspruchen kann (§§ 155, 157 SGB III). Wird bei Beendigung eines Arbeitsverhältnisses vom Arbeitgeber an den Arbeitnehmer eine **Abfindung** gezahlt, so ruht das Arbeitslosengeld (§ 158 SGB III). Steht dem Arbeitslosen ein Anspruch auf Arbeitsentgelt oder Abfindung zu, so wird ihm gleichwohl Arbeitslosengeld gewährt (vgl. §§ 157 III, 158 IV SGB III), falls der leistungspflichtige Arbeitgeber den Arbeitsentgeltanspruch nicht erfüllt. Die Arbeitsverwaltung erwirbt kraft Gesetzes (§ 115 SGB X) in Höhe der arbeitsförderungsrechtlichen Leistung den Anteil am Arbeitsentgeltanspruch. Der Arbeitslosengeldanspruch ruht schließlich kraft Gesetzes, falls dem Arbeitslosen anderweitige den Einkommensersatz bezweckende Sozialleistungen zustehen (Krankengeld, Erwerbsminderungs- oder Altersrente, § 156 SGB III).

cc) Sperrzeit

Der Anspruch auf Arbeitslosengeld **erlischt**, falls die Arbeitsverwaltung   **475** das **zeitweilige Ruhen** (= Sperrzeit) einer Leistung anordnet[83] (§ 159 SGB III), weil der Arbeitslose für Eintritt oder Fortdauer seiner Arbeitslosigkeit (Mit-)Verantwortung trägt. Die Sperrzeit tritt ein bei vorsätzlicher oder grob fahrlässiger Herbeiführung der eigenen Arbeitslosigkeit durch Lösung eines Beschäftigungsverhältnisses oder Begründung eines Anlasses zu dessen Beendigung durch den Arbeitgeber, unzureichende Eigenbemühungen wie den Nichtantritt einer dem Arbeitslosen von der Arbeitsagentur nachgewiesenen zumutbaren Tätigkeit oder den Nichtantritt wie Abbruch einer von der Arbeitsagentur empfohlenen Maßnahme beruflicher Bildung. Eine Sperrzeit wird auch verhängt, wenn der Arbeitslose seinen Meldeobliegenheiten nicht nachkommt (Meldeversäumnis,[84] § 309 SGB III oder verspätete Meldung der Arbeitsuche § 38 I 1 SGB III).[85]

Die Sperrzeit **maßregelt** den Arbeitslosen wegen Verletzung einer der Solidargemeinschaft gegenüber bestehenden Mitwirkungsobliegenheit. § 159 SGB III grenzt damit das umfassend versicherte von dem nur eingeschränkt versicherten Risiko Arbeitslosigkeit ab. Sie stellt klar: Gegenstand von Arbeitslosenversicherung ist primär die vom Arbeitslosen erlittene und nicht in

---

[83] *Legde,* SGb 2003, 617.
[84] BSG NZA-RR 2012, 216.
[85] Bis zum 31.12.2005 sah § 140 SGB III eine Minderung des Arbeitslosengeldanspruchs vor. Mit Gesetz vom 22.12.2005 (BGBl. I S. 3676) wurde die Minderung aufgehoben und zur Vereinheitlichung als Rechtsfolge die Verhängung einer Sperrzeit eingeführt.

gleicher Weise die von ihm freiwillig herbeigeführte Arbeitslosigkeit.[86] Andererseits gestattet das Recht auf freie Wahl von Ausbildungsstätte und Arbeitsplatz (Art. 12 GG), den eigenen Arbeitsplatz aufzugeben, eine angebotene Arbeitsstelle nicht anzunehmen oder eine in Aussicht gestellte Maßnahme beruflicher Bildung nicht anzutreten.[87] Tritt die Sperrzeit ein, kommt auch die Gewährung von Leistungen der Grundsicherung für Arbeitsuchende (§ 31 SGB II) und Sozialhilfe[88] nicht in Betracht.

476   Die Rechtsprechung hat eine reiche **Kasuistik** zu den Voraussetzungen für die Verhängung der Sperrzeit entwickelt. Eine Sperrzeit tritt nur wegen eines vorwerfbaren Verhaltens ein; dafür ist die Kenntnis der Obliegenheit nötig.[89] Danach rechtfertigt die Preisgabe des Arbeitsplatzes durch einen älteren Arbeitnehmer eine Sperrzeit, selbst wenn der Arbeitsplatz im Zusammenhang mit betrieblichen Maßnahmen drastischen Personalabbaus – auch von Altersteilzeit[90] – aufgegeben wurde[91] oder eine Stellenbewerbung einer Nichtbewerbung gleichkommt.[92] Die Sperrzeit tritt auch ein, wenn ein Arbeitsplatz wegen eines zu niedrigen, indes nicht sittenwidrig niedrigen Lohns abgelehnt wird;[93] sie tritt hingegen nicht ein, wenn die Arbeitsplatzaufgabe auf einem betrieblichen Sachzwang beruhte.[94] Wer sein Arbeitsverhältnis aufgibt, um die Ehe einzugehen, darf nicht mit einer Sperrzeit belegt werden.[95] Dies gilt auch für die Arbeitsplatzaufgabe zugunsten des Partners einer nichtehelichen Lebensgemeinschaft.[96]

477   Wer bei Ausübung einer ihm vom Arbeitsamt zugewiesenen Tätigkeit in Gewissensnot geriete, hat keine Sperrzeit hinzunehmen.[97] Denn Arbeitnehmer werden bei Gewissensnot von Arbeitspflichten befreit (§ 275 III BGB).[98] Zwar hat jeder einzelne Arbeitslose die Solidargemeinschaft zu entlasten; wäre jede Gewissensnot anzuerkennen, würde Arbeitsvermittlung unmöglich und jede Gewissensentscheidung erlange gerade durch ein Opfer ihre Würde. Gegen die Sperrzeit bei Gewissensnot spricht aber: die Solidarität verpflichtet die Gemeinschaft zum Respekt vor der Persönlichkeit des Einzelnen und dessen Gewissensentscheidungen. Art. 4 I GG gewährt das

---

[86] Vgl. dazu auch die Rechtslage in der Schweiz BGE 109 V 277, 120 V 251, 122 V 267.
[87] BVerfGE 85, 360; 97, 169; 108, 150.
[88] LSG Nordrhein-Westfalen – 4.5.2009 – L 20 SO 33/08.
[89] BSGE 95, 8; 93, 105;76, 12; BSG SGb 2000, 327; SGb 2006, 541.
[90] BSGE 104, 90.
[91] BSGE 104, 57; 97, 1; 95, 232; 93, 159; 92, 74; 89, 243; 66, 94.
[92] BSG 97, 1; BSG SozR 4-4300 § 144 Nr. 23, 73.
[93] BSG SozR 4-4300 § 144 Nr. 24.
[94] So BSGE 21, 98; 96, 22; 111, 1, wenn etwa ein Arbeitsverhältnis unbefristet wurde, obgleich während seiner Befristung ein vertragswidriges Verhalten vorlag.
[95] BSGE 43, 269: Art. 6 I GG stünde entgegen.
[96] Anders noch BSGE 64, 202; Auflockerungen waren in der Rechtsprechung erkennbar, *Eichenhofer*, SGb 1999, 167; vgl. Leitentscheidung BSGE 90, 90.
[97] BSGE 51, 70; 54, 7; 61, 158 – die Rechtsprechung ist uneinheitlich.
[98] Vgl. hierzu *Pitschas*, SGb 1984, 34, 37; *Rüfner*, RdA 1992, 1.

Recht, in Übereinstimmung mit dem eigenen Gewissen zu leben. Die Sperrzeit sanktioniert eine Obliegenheitsverletzung; wer eine Arbeit aus Gewissensgründen verweigert, verletzt indes keine Pflicht, sondern nimmt ein Recht wahr. Daraus darf kein Nachteil erwachsen.

g) Leistungen der Grundsicherung für Arbeitsuchende (SGB II)

aa) Ausgangspunkt

Das SGB II regelt die Grundsicherung für Arbeitsuchende.[99] Sie steht **478** bedürftigen arbeitsfähigen[100] Arbeitsuchenden zu, welche die Anwartschaftszeit nicht erfüllen oder ihren Leistungsanspruch auf Arbeitslosengeld erschöpften. Die Grundsicherung für Arbeitsuchende ist verfassungsgemäß.[101] Voraussetzung ihrer Gewährung ist fehlendes zureichendes Einkommen und Vermögen (§§ 9, 11 f. SGB II). Sie folgt den Prinzipien des **Sozialhilferechts**[102] und sieht bei Bedürftigkeit des Arbeitsuchenden und der in dessen Bedarfsgemeinschaft lebenden Personen Leistungen vor, um das soziokulturelle Existenzminimum zu sichern.[103]

Der Empfänger muss an der Überwindung der Bedürftigkeit, namentlich **479** an Maßnahmen zur Eingliederung in das Erwerbsleben, **aktiv mitwirken**[104] (§ 2 SGB II). Die Leistung ist demnach Hilfe zur Selbsthilfe.[105] Die Verwaltung schließt hierfür im Rahmen des Fallmanagements eine Eingliederungsvereinbarung (öffentlich-rechtlicher Vertrag) mit dem Empfänger ab.[106] Ihr

---

[99] *Berlit/Conradis/Sartorius* (Hg.), Existenzsicherungsrecht, 2012 (2. Aufl.); *Bauer*, DÖV 2004, 1017; *Becker*, „Hartz IV" – und was sich dahinter verbirgt – Ziele, Inhalt und Bewertung von SGB II, in Tomandl/Schrammel (Hg.), Sicherung von Grundbedürfnissen, 2007, 23; *Spellbrink*, JZ 2007, 28; *Eicher* (Hg.), SGB II, 2013 (3. Aufl.); *Münder* (Hg.), SGB II, 2013 (5. Aufl.); *Voelzke*, Fördern und Fordern, in Hohmann-Dennhardt/Masuch/Villiger (Hg.), Grundrechte und Solidarität, Festschrift für Renate Jaeger, 2010, 347; *Zuck*, NJW 2005, 649.

[100] BSGE 97, 231.

[101] BSGE 97, 265; BVerfGE 128, 90.

[102] Zur Neuregelung: *Boecken*, Förderung der Eigenverantwortung in der Sozialhilfe und Zusammenführung von Sozialhilfe und Arbeitslosenhilfe (Konvergenz), 2003; *Köbl*, Sozialeinkommen für Arbeitsfähige ohne Arbeitswillen?, in Krause (Hg.), Recht der Wirtschaft und der Arbeit in Europa, Gedächtnisschrift für Wolfgang Blomeyer, 2004, 119ff.; *Spellbrink*, JZ 2004, 538.

[103] BSGE 97, 265; zu diesem BVerwGE 87, 212; BVerwG 25.11.1993 – 5 C 8/90, BVerwGE 94, 326; vgl. dazu *von Arnauld*, Das Existenzminimum, in von Arnauld/Musil (Hg.), Strukturfragen des Sozialverfassungsrechts, 2009, 251 ff.; *Wallerath*, JZ 2008, 157; *Martinez*, JZ 2005, 644.

[104] Grenze Art. 1 I, 2 I GG im Hinblick auf die Intimsphäre und die sexuelle Selbstbestimmung: BSGE 103, 134.

[105] BSGE 97, 231; BVerwGE 23, 149, 156; 27, 58, 63; 29, 99.

[106] BSGE 96, 40; 112, 241; *Kretschmer*, DÖV 2006, 893; *Martini/Schenkel*, VSSR 2010, 393; *von Koppenfels-Spies*, NZS 2010, 7; *Shirvani*, SGb 2010, 257; *Fröhlich*, Vertragsstrukturen in der Arbeitsverwaltung, 2007; *Eichenhofer*, Das Recht des aktivierenden Wohlfahrtsstaats, 2013, 119 ff.

Gegenstand sind die auf Eingliederung gerichteten Handlungen des Arbeitsuchenden aber nicht die diesem zu gewährenden Leistungen;[107] die Verwaltung hat ein Ermessen;[108] sittenwidriges Verhalten löst Kostenerstattungs-
ansprüche aus.[109] Die Grundsicherung für Arbeitsuchende steht für eine Sozialpolitik des Förderns und Forderns als Ausdruck des aktivierenden
Sozialstaats.[110] Weigert sich der Arbeitsuchende, eine Eingliederungsvereinbarung abzuschließen, wird deren Inhalt durch einen Verwaltungsakt ersetzt[111] (§ 15 I 6 SGB II). Wird dieser von der Arbeitsverwaltung erlassen, ist
eine Sanktionierung[112] trotz zuvor erfolgter Belehrung unstatthaft.[113] Das
von der Maxime **„Fördern und Fordern"** getragene Gesetz rechtfertigt sich
aus der allen sozialen Hilfen gegenüber grundsätzlich vorrangigen Verantwortung jedes einzelnen für die eigene Daseinssicherung.[114]

bb) Bedürftigkeit

480   Eine **Bedürftigkeit** besteht nicht, soweit der Arbeitslose Anspruch auf anderweitige Sozialleistungen,[115] arbeitsrechtliche Zahlungen[116] und Abfindungen[117] sowie Nacht-, Sonn- und Feiertagszuschläge[118] oder privatrechtlichen Unterhalt[119] hat. Gewinn aus Glückspiel ist Einkommen[120]. Ein Unter-

---

[107] BSG v. 2.4.2014 – B 4 AS 26/13 R.

[108] BSGE 108, 80.

[109] BSGE 112, 135.

[110] *Eichenhofer*, Recht des aktivierenden Wohlfahrtsstaates, 2013; *Wallerath*, Para-
digmenwechsel in der sozialen Sicherung?, in ders. (Hg.), Fiat iustitia, Festschrift für Peter
Krause, 2006, 187; *Münder*, SGb 2006, 186.

[111] BSGE 104, 185; 112, 135.

[112] BSGE 112, 135; dazu generell *Berlit*, ZfSH/SGB 2008, 3.

[113] LSG Hamburg NZS 2009, 583; LSG Niedersachsen-Bremen FEVS 59, 34; OVG
Bremen FEVS 59, 60; zu den Wirkungen *Berlit*, in Münder (Hg.), SGB II,2013 (5. Aufl.),
§ 15 Rn. 7 ff.

[114] BT-Drucks. 15/1516, S. 44 f.; vgl. *Becker*, „Hartz IV" und was sich dahinter verbirgt – Ziele, Inhalt und Bewertung des SGB II, in Tomandl/Schrammel (Hg.), Sicherung
von Grundbedürfnissen, 2007, 23, 27, 46, 55, 60; *Martinez*, JZ 2005, 644; vgl. auch schon
Hegel, § 240 Rechtsphilosophie: „Weil die bürgerliche Gesellschaft schuldig ist, die Individuen zu ernähren, hat sie auch das Recht, dieselben anzuhalten, für ihre Subsistenz zu
sorgen".

[115] Vgl. dazu eingehend *Berlit*, NZS 2009, 537; BSGE 87, 5; z.B. auch die Verletztenrente aus der Unfallversicherung (BSGE 97, 47; vgl. auch BSGE 90, 172, 176; BGHZ 153,
113); Existenzgründerzuschuss (BSGE 99, 240) und Kindergeld (BVerfG FamRZ 2010,
800); ab 2017 sollen nach der 1. Verordnung zur Änderung der Unbilligkeitsverordnung
Arbeitsuchende aber nicht mehr auf den vorzeitigen Bezug der Altersrente verwiesen
werden dürfen.

[116] BSGE 116, 194.

[117] BSGE 102, 295.

[118] BSG SozR 4-4200 § 11 Nr. 29.

[119] BSGE 102, 76; 102, 258.

[120] BSG SGb 2016, 457; zur Einkommensermittlung bei mehreren selbständigen Er-
werbstätigkeiten BSG SGb 2016, 206 f.

haltsanspruch wird nicht nur kraft Familienrechts im Verhältnis zum Unterhalt verpflichteten Ehegatten angenommen; von einer wechselseitigen Unterhaltsgewährung ist auch unter Lebenspartnern (LPartG) und ähnlich wie im Sozialhilfe- und Wohngeldrecht auch bei Partnern nichtehelicher Lebensgemeinschaften auszugehen, weil diese als Wirtschaftsgemeinschaften geführt werden.[121] Vermögen ist anzurechnen, auch als Erbschaft[122], Lebensversicherung[123] oder Überbrückungsgeld nach Haftentlassung.[124] Haus[125] zuzüglich der Eigenheimzulage und Schuldzinsen,[126] Wohnung, Auto[127] bis 7.500 €, Riester-Rente und Sparbeträge von 750 € pro Lebensjahr[128] sind als Schonvermögen nicht zu verwerten. Vom Einkommen[129] abzusetzen sind Ausbildungskosten,[130] betriebliche Altersversorgung[131] und Unterhaltszahlungen.[132] Außerdem wächst wegen niedriger Löhne oder geringen Selbständigen-Einkommens auch in Deutschland die Zahl der Erwerbstätigen, die weniger als das Sozialhilfeniveau verdienen (working poor). Insbesondere für Hilfeempfänger mit mehreren Kindern mag die Hilfe zum Lebensunterhalt das Erwerbseinkommen übertreffen, weil der Familienleistungsausgleich – vor allem für die Geringverdiener – in der Vergangenheit unzulänglich war. Seitdem das Kindergeld erhöht ist, hat sich der Abstand zwischen Erwerbseinkommen und Sozialhilfe erhöht.[133] Wäre das Kindergeld umfassend bedarfsdeckend, träte dieser Effekt nicht ein.

cc) Inlandswohnsitz als Anspruchsvoraussetzung und Inhalt der Leistungen

Anspruchsberechtigt sind alle erwerbsfähigen Bedürftigen mit gewöhn- **481** lichem rechtmäßigem Aufenthalt im **Inland** und Recht auf Arbeitsmarktzugang[134] (§§ 7 f. SGB II). Jede Arbeit ist zumutbar[135] (§ 10 SGB II). Die Agentur für Arbeit ist Trägerin; sie schließt mit dem Bedürftigen eine Eingliede-

---

121 ThürLSG NZS 2005, 662; *Klinkhammer*, FamRZ 2004, 1909; *Schmidt*, FuR 2005, 290, 295; *Scholz*, FamRZ 2004, 751; vgl. *Münder/Geiger*, NZS 2009, 593.
122 BSG SozR 4-4200 § 12 Nr. 12, 15; BSGE 112, 61.
123 BSG SGb 2016, 575.
124 BSG SGb 2012, 621; BSGE 117, 179.
125 BSGE 97, 203.
126 BSG SozR 4-4200 § 22 Nr. 31.
127 BSGE 99, 77.
128 Zu Anrechnungsfragen BSGE 103, 146; 100, 131; 100, 196.
129 BSG SozR 4-4200 § 11 Nr. 42; BSG – 23.8.2011 – B 14 AS 186/10 R.
130 BSG SozR 4-4200 § 11 Nr. 21.
131 BSGE 107, 97.
132 BSGE 107, 106.
133 *Engels*, SF 2001, 56.
134 BSGE 102, 60, AsylbLG-Empfänger haben nach neun Monaten Erwerbszugang; BSGE 107, 66; *Janda*, KritV 2011, 275.
135 *Feldhoff*, SGb 2006, 701.

rungsvereinbarung.[136] Die Agentur für Arbeit wirkt mit den lokalen Organisationen der Wohlfahrtspflege, Arbeitgebern und Gewerkschaften, Gemeinden und Kreisen zusammen.[137] Die Berechtigten erhalten das nicht einkommensproportional bemessene „Arbeitslosengeld II". Es dient der Sicherung des Lebensunterhalts und beläuft sich 2017 auf monatlich 409 €; hinzukommen Zuwendungen für eine angemessene[138] Wohnung[139] (nebst Betriebskosten[140]) (§§ 19 ff. SGB II). Dafür ist ein konkret-individueller Maßstab anzulegen; die Hilfe ist auch bei selbst genutztem Wohnraum in Höhe der Zinsbelastung (nicht der Tilgung) zu leisten;[141] einmalige Leistungen werden nur in gesetzlich festgelegten Ausnahmefällen erbracht:[142] Zuwendungen von 100 € für jedes Schulkind und Schuljahr, Babyerstausstattung, Zuschüsse für Klassenfahrten und Umzugskosten (§§ 23, 24 SGB II).

Leben mehrere Personen in einem Haushalt zusammen, besteht eine Bedarfsgemeinschaft (§ 9 II SGB II).[143] Bei dieser Gestaltung wird der Regelsatz für die Mitglieder der Bedarfsgemeinschaft festgesetzt. Die nicht erwerbsfähigen Mitglieder der Bedarfsgemeinschaft erhalten Sozialgeld.[144] Es ist nach der Stellung und dem Lebensalter des Familienangehörigen gestaffelt; es beträgt 2017 für Kinder bis 6 Jahre 237 €, 6–13 Jahre 291 € und zwischen dem 13. und 18. Lebensjahr 311 €; bei volljährigen Partnern 368 € (vgl. §§ 20 II, 23 Nr. 1 SGB II jeweils i. V. m. § 20 V SGB II i. V. m. Regelbedarfe-Bekanntmachung 2015).[145] Mehrbedarfe bei Schwangerschaft, für Alleinerziehende und Behinderung werden abgegolten (§ 21 SGB II). Ergänzend dazu treten – durch die Erteilung verfassungsgerichtlicher Auflagen – Ansprüche für Kinder auf Dienstleistungen für Hausaufgabenbetreuung, Vereinsmitgliedschaften und kulturelle Erziehung zur Deckung der Bedarfe für Bildung und Teilhabe (§§ 28 f. SGB II).

482 Das BVerfG[146] befand, dass aus der Garantie der **Menschenwürde** (Art. 1 I GG) ein „Grundrecht auf Gewährleistung eines menschenwürdigen **Existenzminimums**" folge. Dieses Grundrecht sei unverfügbar und vom Ge-

---

[136] BSGE 105, 297; *Eichenhofer*, SGb 2004, 203; *Schön*, SGb 2006, 290.

[137] *Feist*, Arbeit statt Sozialhilfe, 2000: welfare to work; *Boecken*, VSSR 2003, 45.

[138] BSGE 104, 192.

[139] BSGE 119, 1; 110, 52, 288, 294; 106, 147; 105, 283.

[140] Heizkosten BSGE 104, 41, Kosten der Warmwassernutzung BSGE 104, 179.

[141] BSGE 97, 203.

[142] BSGE 105, 279.

[143] BSG 112, 61; 111, 250; 110, 204; 105, 291; 97, 217; BSGE 117,186: sie kann auch bestehen, wenn ein Kind seinen Wohnsitz nicht im Inland hat oder drei Generationen umfasst (BSGE 116, 200).

[144] BSGE 108, 289; 111, 204; 111, 253; *Mrozynski*, ZfSH/SGB 2004, 198; *Bäcker/Koch*, SozSich 2004, 88.

[145] Bekanntmachung über die Höhe der Regelbedarfe nach § 20 Absatz 5 des Zweiten Buches Sozialgesetzbuch für die Zeit ab 1. Januar 2015 vom 15.10.2014, BGBl. I S. 1620.

[146] BVerfGE 125, 175; vgl. dazu *Kingreen*, NVwZ 2010, 558; *Rothkegel*, ZfSH/SGB 2010, 135; *Schnath*, NZS 2010, 297.

setzgeber einzulösen und zu aktualisieren. Das GG lege zwar nicht die konkrete Höhe des Anspruchs fest, der Gesetzgeber müsse dafür aber ein empirisch gehaltvolles und anschauliches wie verständliches Verfahren finden. Gemessen daran seien die gesetzlichen Regelsätze nicht evident verfassungswidrig, wohl aber sei der aus dem Erwachsenen-Bedarf abgeleitete Regelsatz für Kinder und die Pauschalierung von Einmalleistungen zu verwerfen. Außerdem müssen ein selten auftretender, wirtschaftlich wichtiger und existentiell bedeutsamer Sonderbedarf anerkannt[147] und eine Anpassung der Bedarfssätze im Einklang mit der Kaufkraftentwicklung und nicht der Entwicklung des aktuellen Rentenwerts vorgenommen werden. Aus ihr sind auch die Kosten für die Tätigkeitsausübung (Fahrtkosten) zu bestreiten.[148] Dieser Pflicht kam der Gesetzgeber in RBEG nach. Dieses regelt die Regelsatzermittlung auf Grund der Einkommens- und Verbrauchsstichprobe, benennt die Referenzhaushalte und die regelsatzrelevanten Ausgaben.[149]

Die Arbeitsverwaltung kann öffentlich-rechtliche Beschäftigungen gegen Mehraufwandsentschädigung („Ein-Euro-Jobs", § 16d SGB II)[150] vorsehen; sie kommen in Betracht, wenn die Tätigkeit im öffentlichen Interesse liegt und keine Verdrängung auf dem ersten Arbeitsmarkt auslöst. Erwerbseinkommen[151] ist anzurechnen jenseits eines Grund- und Erwerbstätigenfreibetrages (§ 11b II 1, III SGB II).

Die Kooperation zwischen Arbeitsverwaltung und den Trägern der Sozialhilfe bedarf eigener Gestaltung.[152] Land- oder Stadtkreise können statt einer Aufgabenwahrnehmung durch die Arbeitsverwaltung für die Erledigung durch die eigene Verwaltung optieren (§ 6a SGB II). Das BVerfG[153] verwarf die Arbeitsgemeinschaft = Gemeinsame Einrichtung von BA und Kommunen als Verstoß gegen den Grundsatz eigenverantwortlicher Aufgabenwahrnehmung;[154] Art. 91e GG gestattet diese Rechtsform nun ausdrücklich. Das SGB II regelt die Leistungsansprüche abschließend; für die Wahrnehmung des Umgangsrechts soll aber eine Ausnahme gelten (§ 73 SGB XII).[155]

---

[147] BSGE 119, 7: Krankenbehandlung privat Krankversicherter bei hohem Selbstbehalt.
[148] BSGE 102, 73.
[149] BSGE 111, 211; *Becker*, SozSich 2011, Sonderheft, 7 ff.; *Knickrehm*, FS Kothe 721; *Münder*, SozSich 2011, Sonderheft, 63 ff.; *Schmidt-De Caluwe*, FS Höland, 223.
[150] BAGE 120, 92; vgl. dazu *Jenak*, Arbeit gegen Mehraufwandsentschädigung, 2009; zu den Folgen bei rechtswidriger Beschäftigung *ders.*, SGb 2010, 8; *Eichenhofer*, SGb 2012, 66.
[151] BSGE 107, 97, 106; 112, 229; 111, 89; 106, 185.
[152] *Henneke*, ZG 2003, 137; *ders.*, DÖV 2005, 177; *Ruge/Vorholz*, DVBl 2005, 403.
[153] BVerfGE 119, 331.
[154] *Burgi*, Vom „Verbot der Mischverwaltung" zur Dogmatik der vertikalen Kooperation im Bundesstaat, in Butzer/Kaltenborn/Meyer (Hg.), Organisation und Verfahren im sozialen Rechtsstaat, Festschrift für Friedrich E. Schnapp zum 70. Geburtstag, 2008, 15.
[155] BSGE 97, 242; auch wenn das Kind in Indonesien lebt; 3-wöchige Reise ist dafür zu

h) Soziale Sicherung der Arbeitslosen und Insolvenzsicherung

aa) Soziale Sicherung der Arbeitslosen

483   Weil die **soziale Sicherung** von einer **Erwerbstätigkeit** abhängt, zieht Arbeitslosigkeit neben dem Einkommensverlust auch den Verlust an sozialer Sicherheit nach sich. Wer arbeitslos ist, ist nicht mehr versicherungspflichtig und verliert mithin die auf Erwerbsarbeit beruhende Anwartschaft in der Kranken- und Rentenversicherung. Mit dem Arbeitsplatzverlust realisiert sich folglich neben dem primären Risiko der Einkommenslosigkeit auch ein **„sekundäres Risiko“**:[156] mangels Beschäftigung für sich und seine Familienangehörigen sozial vorsorgen zu können.

Das Gesetz sichert den Arbeitslosen auch hinsichtlich dieses sekundären Risikos, dass die Bezieher von Arbeitslosengeld, Grundsicherung für Arbeitsuchende und Unterhaltsgeld gegen Krankheit versichert sind.[157] Die Beiträge dafür trägt die Arbeitsverwaltung bzw. der Bund (§ 251 IV, IV a SGB V). Dagegen zahlt die BA für diesen Personenkreis seit 2011 keinen Zuschuss mehr zu den Aufwendungen für die Alterssicherung.[158] Darin liegt keine hinlängliche Sicherung für das Alter; die Regelung birgt die Gefahr künftig wachsender Altersarmut. Darüber hinaus steht der Arbeitslose bei Wahrnehmung seiner Mitwirkungsobliegenheiten gegenüber der Arbeitsverwaltung – Arbeitslosmeldung, Aufsuchen eines Arbeitgebers auf Weisung der Agentur für Arbeit – unter dem Schutz der Unfallversicherung.[159] Schließlich sind die Bezieher von Leistungen bei Vollarbeitslosigkeit (§ 58 I Nr. 3 SGB VI) für den Zeitraum des Leistungsbezuges – also nicht für die Sperrzeit! – in die Rentenversicherung einbezogen; Vollarbeitslosigkeit wird als Anrechnungszeit anerkannt. Die Arbeitsverwaltung leistet der Rentenversicherung dafür Zahlungen (§ 166 Nr. 2 SGB VI). Diese sind indessen nicht als Beitragszahlungen zu bestimmen. Denn Arbeitslosigkeit begründet nicht eine Beitrags-, sondern eine beitragslose Zeit. Die Zahlungspflicht wurde vornehmlich begründet, um die Renteneinnahmen zu stabilisieren – zu verhindern, dass die Rentenfinanzierung von größerer Arbeitslosigkeit gefährdet werde.

---

zahlen, incl. Hotelübernachtung (LSG Nordrhein-Westfalen NZS 2013, 833); *Münder*, NZS 2008, 169.

[156] Vgl. hierzu *Ruland*, ZSR 1980, 463.

[157] Auch in der privaten Krankenversicherung: BSGE 108, 235; 107, 217, bei ALG II-Bezug.

[158] Der Zuschuss war schon bisher kaum gehaltvoll, erbrachte er doch Rentenanwartschaften von wenig über 4 €/2 € jährlich.

[159] § 2 I Nr. 14 SGB VII; BSGE 51, 213.

bb) Insolvenzsicherung

Die BA ist Trägerin der Insolvenzsicherung für Arbeitsentgeltansprüche, **484** weil sie mit der Arbeitslosenversicherung in Sachzusammenhang steht. Sie sichert die insolvenzbedingte Erschwerung der Durchsetzung von Arbeitsentgeltansprüchen (dagegen grundsätzlich nicht der Ansprüche auf betriebliche Altersversorgung).[160] Das auf EU-Recht[161] beruhende **Insolvenzgeld** (§ 165 SGB III) schafft den Arbeitnehmern eine eigenständige Sicherung, die anstelle der Privilegierungen der Arbeitsentgeltansprüche durch das Insolvenzrecht tritt und Arbeitnehmer von der Teilnahme am Insolvenzverfahren freistellt. Die Insolvenzsicherung wird durch eine von den Arbeitgebern aufzubringende und von der Berufsgenossenschaft einzuziehende Umlage – auf 0,15 % der Lohnsumme (§ 360 SGB III) – finanziert (§§ 359 ff. SGB III). Die Gesamtheit der Arbeitgeber trägt damit das Insolvenzrisiko der einzelnen Arbeitgeber für Arbeitsentgeltansprüche insolvenzbedingt nicht befriedigter Arbeitnehmer.

Der Anspruch auf Insolvenzgeld für die Arbeitsentgeltansprüche besteht **485** für die in den letzten drei Monaten vor Eintritt des Insolvenzereignisses nicht erfüllten Arbeitsentgeltansprüche.[162] Der Eröffnung des Insolvenzverfahrens stehen die Abweisung dieses Antrags mangels Masse oder die vollständige Beendigung der Betriebstätigkeit im Geltungsbereich des Gesetzes gleich, falls ein Antrag auf Eröffnung des Insolvenzverfahrens nicht gestellt wurde oder diese offensichtlich mangels Masse nicht in Betracht kommt. Das Insolvenzgeld beläuft sich auf die Höhe des Nettoarbeitsentgelts (§ 167 SGB III); wiederkehrende Sonderleistungen (Urlaubs- oder Weihnachtsgeld) sind nicht zu berücksichtigen.[163] Die Arbeitsverwaltung erwirbt mit Zahlung des Insolvenzgeldes die kongruenten Arbeitsentgeltansprüche der befriedigten Arbeitnehmer (§ 169 SGB III). Die Arbeitsverwaltung nimmt also am Insolvenzverfahren des Arbeitgebers anstelle der Arbeitnehmer als Gläubigerin teil.

---

[160] Vgl. § 165 II S. 3 SGB III i. V. m. § 1 II Nr. 3 BetrAVG: Die Entgeltumwandlung gilt im Falle nicht gezahlter Vorsorgeaufwendungen durch den Arbeitgeber an den Versorgungsträger als nicht vereinbart und ist bei der Berechnung des Insolvenzgeldes außer Acht zu lassen.

[161] Vgl. Richtlinie des Rates vom 20. Oktober 1980 über den Schutz der Arbeitnehmer bei Zahlungsfähigkeit des Arbeitgebers (80/987/EWG), ABl. vom 28.10.1980 L 283/23; vgl. dazu *Kasten*, Die deutsche Insolvenzgeldversicherung und EG-Recht, 2003.

[162] Häufig wird das Insolvenzgeld von Banken vorfinanziert: Zu den dabei auftretenden Rechtsfragen vgl. BSG SGb 1992, 622; *Steinwedel*, DB 1998, 822.

[163] BSG SozR 3-4100 § 141b Nr. 21.

§ 22 Ausbildungsförderung

Lit.: *Blanke/Ders.*, Ausbildungsförderungsrecht, 2014 (38. Aufl.); *Ramsauer*, BA-föG, 2011 (30. Aufl.); *Ramsauer/Stallbaum/Sternal*, Mein Recht auf BAföG, 2003 (4. Aufl.); *Hebeler*, Ausbildungsförderung, in von Maydell/Ruland/Becker (Hg.), Sozialrechtshandbuch, 2012 (5. Aufl.), § 31.

a) Ziel und Grundsätze

486   Ein weiterer, von § 3 SGB I erwähnter Zweig sozialer Förderung ist die **Ausbildungsförderung**. Sie soll das Recht auf Bildung[1] und damit verbunden die freie Wahl der Ausbildungsstätte (Art. 12 I GG) sozialrechtlich gewährleisten; sieergänzt damit auch das Recht des Familienunterhalts. Kinder haben Anspruch auf Unterhalt durch ihre Eltern (§ 1601 BGB). Unterhalt hat der leistungsfähige dem bedürftigen Verwandten zu gewähren. Im Verhältnis von Eltern und Kindern sind regelmäßig die Eltern leistungsfähig und die Kinder bedürftig. Der Unterhaltsanspruch umfasst auch Ausbildungsunterhalt, § 1610 II BGB = die Kosten einer angemessenen Vorbildung des Kindes zu einem Beruf.[2]

487   Da sich der Unterhalt eines Kindes nach dessen Bedürftigkeit und der Leistungsfähigkeit der Eltern bemisst, ist der bürgerlich-rechtliche Unterhaltsanspruch unterschiedlich hoch, je nachdem, ob die Ausbildung den Eltern hohe oder niedrige Kosten bereitet und die Eltern eines Kindes ein niedriges oder ein hohes Einkommen beziehen: Ist das Einkommen hoch, schulden die Eltern dem Kind auch eine kostspielige Ausbildung; ist es dagegen niedrig, kann auch das Kind nur eine mit geringen Kosten verbundene Ausbildung verlangen. Da die Berufsausbildung einen Anspruch auf angemessene Vergütung begründet (§ 10 BBiG) und somit die Unterhaltsbedürftigkeit des Kindes mindert oder aufhebt, das Studium indes hohe Kosten verursacht, hätte Unterhaltsrecht zur Folge, dass lediglich Eltern mit überdurchschnittlichem Einkommen ihren Kindern ein Studium ermöglichen könnten, wogegen Kinder aus einkommensschwachem Elternhaus eine weniger kostspielige Berufsausbildung durchlaufen müssten.

488   Hierin läge indes ein Verstoß gegen die **Chancengleichheit**. Deshalb bestimmte bereits Art. 146 III WRV, dass der Staat den Schul- und Hochschulbesuch für Kinder aus einkommensschwachen Familien fördern müsse. Auf diese Weise sollten die vom Elterneinkommen abhängigen **Bildungsbarrieren überwunden** und so Chancengleichheit gesichert werden. Die Ausbildungsförderung ist nicht auf die Förderung einer akademischen Ausbildung

---

[1] Vgl. dazu auch BVerwGE 134, 1.
[2] *Ramsauer/Stallbaum*, Mein Recht auf BAföG, 2003 (4. Aufl.); *Hebeler*, in SRH, § 31.

beschränkt; auch die nichtakademische Erstausbildung (notfalls durch Maßnahmen der Arbeitsförderung, vgl. §§ 56 ff. SGB III) sowie die Ausbildung zum selbständigen Handwerksmeister[3] („Meister"-BAföG) werden gefördert; dazu gehört auch eine Ausbildung zum beruflichen Aufstieg. Der Hauptakzent der Ausbildungsförderung liegt jedoch in der Förderung akademischer Ausbildung. Sie wurde einst im Kampf gegen die „Bildungskatastrophe" (Georg Picht) Mitte der 1960er Jahre für notwendig erachtet, als der Akademikeranteil Deutschlands noch extrem niedrig (5 % eines Jahrgangs) war.

Ausbildungsförderung nach dem BAföG **bezweckt**, Kindern aus **einkommensschwachen** Elternhäusern, die mangels hinlänglicher Leistungsfähigkeit der Eltern nach bürgerlichem Unterhaltsrecht keine kostspielige **Universitäts-** oder **Fachhochschulbildung** durchlaufen könnten, eine solche zu **ermöglichen.** BAföG sucht soziale Barrieren für Kinder aus einkommensschwachen Elternhäusern zu überwinden, dagegen nicht wie private Stiftungen (Studienstiftung des Deutschen Volkes; „Deutschlandstipendium"), die ihrerseits öffentliche Förderungen erhalten, hochbegabte Studenten zu unterstützen. Die privaten Stiftungen sind deshalb in der Auswahl der zu Fördernden frei. **489**

1957 begann die Förderung von Studenten aus einkommensschwachen Elternhäusern mit dem **Honnefer Modell.** Sie war privatrechtlich organisiert, indes durch den **Bund** subventioniert. Die Leistungen hingen von der **Bedürftigkeit** des Studenten und dessen Eltern sowie den **Studienleistungen** ab. 1971 ging daraus das **BAföG** hervor. Nachdem 1969 der **Bund** die Gesetzgebungszuständigkeit für die Ausbildungsförderung (Art. 74 I Nr. 13 GG) erhalten hatte, besteht ein Rechtsanspruch auf Ausbildungsförderung. Die Leistung wird nur bei und in Höhe der Bedürftigkeit gewährt. Die Leistung besteht aus einer Kombination von Zuschüssen und rückzahlbaren „Darlehen". Der Empfänger hat keine über den ausbildungsadäquaten Abschluss hinaus gehenden Studienleistungen zu erbringen. **490**

b) Ausgestaltung der Ausbildungsförderung

Nach § 1 BAföG besteht **Anspruch** auf **Ausbildungsförderung,** falls die für Lebensunterhalt und Ausbildung erforderlichen Mittel nicht anderweitig zur Verfügung stehen. Ausbildungsförderung ist danach gegenüber einem familienrechtlichen Anspruch auf Ausbildungsunterhalt grundsätzlich **subsidiär** – vorausgesetzt, dieser ist wegen hinlänglicher Leistungsfähigkeit der Eltern bedarfsdeckend und die Eltern kommen ihrer Leistungspflicht nach.[4] Ausbil- **491**

---

3 Zum AFBG *Hebeler,* in SRH, § 31 Rn. 95 ff.
4 *Hebeler,* in SRH, § 31 Rn. 51 ff.

dungsförderung ist ferner nachrangig gegenüber Leistungen arbeitsförde-
rungsrechtlicher Berufsförderung, der Begabtenförderung oder Anwärter-
bezügen (§ 2 VI BAföG).

492   Ausbildungsförderung wird für die grundsätzlich **vollzeitige Teilnahme**
an weiterführenden, d. h. über die Zeit der **Schulpflicht** hinausgehenden **allgemeinbildenden Ausbildungsgängen** gewährt (vgl. §§ 2 f. BAföG). Die Förderung ist auf die Ausbildung im Inland (§ 4 BAföG) gerichtet; Ausnahmen
bestehen für Grenzgänger (§ 5 I BAföG) sowie für ein Auslandsstudium als
Teil des Inlandsstudiums (§ 5 II BAföG). Grundsätzlich wird nur die **Erstausbildung** einschließlich einer Vertiefung gefördert (§ 7 BAföG). Wer einen
Ausbildungsgang mit einem berufsqualifizierenden Abschluss beendet hat,
kann für eine Zweitausbildung mithin keine Förderung beanspruchen. Wer
eine Ausbildung abbricht, sie also ohne berufsqualifizierenden Abschluss
beendet, und eine neue Ausbildung aufnimmt, hat Anspruch auf Förderung,
falls der Abbruch aus wichtigem Grund[5] geschah.

493   Die Förderung wird Personen gewährt, die ein **rechtlich gesichertes Aufenthaltsrecht** im Inland haben; dazu gehören auch die 4 Jahre im Inland
wohnenden geduldeten Ausländer (vgl. § 8 IIa BAföG). Die Leistungen werden nur bei Eignung erbracht; sie wird durch die geforderten Studienleistungen nachgewiesen (§ 9 BAföG). Leistungen werden grundsätzlich nur
bis zu einem Höchstlebensalter erbracht (vgl. § 10 BAföG).[6]

494   Die Förderung umfasst die Bereitstellung von Mitteln für den Lebensunterhalt und die Ausbildung (§ 11 BAföG). Bei Ermittlung des Bedarfes sind
eigenes Einkommen und Vermögen des Empfängers (vgl. §§ 21 ff., 27 ff. BA-
föG) sowie Einkommen des Ehegatten oder seiner Eltern (§§ 24 ff. BAföG)
anzurechnen. Der Bedarf wird je nach Ausbildungszweig und Lebenszu-
schnitt typisierend festgelegt (vgl. §§ 12 ff. BAföG). Die Förderung wird
grundsätzlich für die typisierte Gesamtdauer der Ausbildung bewilligt (§ 15
BAföG). Ausbildungsförderung wird für Studenten an Hochschulen als
Kombination von Zuschuss und Darlehen gewährt. Wegen der sehr **günstigen**
Rückzahlungsbedingungen (Einkommensabhängigkeit, Erlass bei guten Ex-
amina, Vorteile bei vorzeitiger Rückzahlung, § 18 a, b BAföG) für das **Darlehen** ist der **Subventionsanteil** weit höher als 50 %.[7]

495   **Leisten** die Eltern ihren Kindern keinen **Ausbildungsunterhalt** und steht
diesen wegen des Vorrangs elterlicher Unterhaltspflicht ein Anspruch auf
Ausbildungsförderung nicht zu, so kann der Unterhaltsberechtigte gleich-

---

[5] Vgl. näher § 7 II 1 BAföG; BVerwGE 50, 161; 67, 235; 82, 163.
[6] BVerfG FamRZ 2000, 476 hat die Altersgrenze aber bei Eltern von Kindern als
verfassungswidrig beanstandet und daher eine verfassungskonforme Auslegung von § 10
III 2 Nr. 3 BAföG gefordert.
[7] *Weismann*, ZRP 1989, 383 ff.: danachsoll der Subventionsanteil 1989 bei 77 % ge-
legen haben.

wohl Ausbildungsförderung erhalten (vgl. § 36 BAföG). Der Unterhaltsanspruch wird durch die Zahlung von BAföG in diesem Falle jedoch nicht berührt;[8] vielmehr geht der Unterhaltsanspruch **kraft Gesetzes** (§ 37 BAföG) vom Berechtigten auf den Träger der Ausbildungsförderung über.

Die Ausbildungsförderung ist von den **Ländern** im Auftrag des **Bundes**   **496** durchzuführen. Lediglich die Rückführung der Darlehensbeträge ist Angelegenheit des Bundes; sie wird vom Bundesverwaltungsamt wahrgenommen (vgl. § 39 BAföG). Für die an Hochschulen Studierenden hat die Hochschule ein Amt für Ausbildungsförderung zu errichten. Seit 2015 liegt die vollständige Finanzierungszuständigkeit der Geldleistungen nach BAföG beim Bund.[9] Über Streitigkeiten wegen der Gewährung von Ausbildungsförderung haben die **Verwaltungsgerichte** (§ 54 BAföG) zu entscheiden.

§ 23 Familienleistungen

Lit.: *Birk*, Das neue Elterngeld nach dem Bundeselterngeld- und Elternzeitgesetz (BEEG), ZfSH/SGB 2007, 3 ff.; *Eichenhofer*, Empfiehlt es sich, die rechtliche Ordnung finanzieller Solidarität zwischen Verwandten in den Bereichen des Unterhalt rechts, des Pflichtteilsrechts, des Sozialhilferechts und des Sozialversicherungsrechts neu zu gestalten?, Gutachten B für den 64. DJT, 2002; *Felix*, Familienlastenausgleichsrecht, in von Maydell/Ruland/Becker (Hg.), Sozialrechtshandbuch, 2012 (5. Aufl.), § 30; *Rancke* (Hg.), Mutterschutz, Elterngeld, Elternzeit, 2014 (3. Aufl.); *Will*, Familienförderung im Sozialrecht, 2009.

a) Grundlagen

Kindergeld und **Elterngeld** sind wichtige Instrumente der **Familienpolitik**.   **497** Kindergeld wird aus öffentlichen Kassen an Eltern gezahlt. Dessen Höhe hängt von der Kinderzahl ab. Kinder- und Elterngeld mindern den Familienunterhalt durch sozialrechtliche Transferleistungen; sie stärken die Fähigkeit zur Erbringung des Kindesunterhalts. Sie sind daher wesentlicher Teil des Familienleistungsausgleichs (§ 6 SGB I) – eines weiteren Teilgebiets sozialer Förderung.

Der Familienleistungsausgleich entlastet die anderen Zweige sozialer Sicherung – namentlich die soziale Vorsorge – vom Erfordernis zu familienfreundlicher Leistungsgestaltung.[1] Im Hinblick auf das Kindergeld wurden daher Kinderzuschuss (§ 270 SGB VI) und Kinderzulage (§ 217 III SGB VII)

---

[8] BGH NJW 1985, 2331.
[9] Fünfundzwanzigstes Gesetzes zur Änderung des Bundesausbildungsförderungsgesetzes, BT-Drs. 18/2663.
[1] Vgl. dazu eingehend *Rust*, Familienlastenausgleich in der gesetzlichen Kranken-, Unfall-, und Rentenversicherung, 1990.

in Renten- und Unfallversicherung aufgehoben. Kindergeld macht jedoch die familiengerechte Ausgestaltung von Sozialleistungen nicht ganz entbehrlich: Familienhilfe in der Kranken- und Pflegeversicherung (vgl. oben Rn. 359, 386) und eine von familiären Unterhaltspflichten abhängige Bemessung von Arbeitslosengeld und vor allem die den Elementarbedarf gerade von Kindern eigenständig gewährleistende[2] Grundsicherung für Arbeitsuchende (vgl. oben Rn. 476, 482) bestehen nach wie vor. Sie sind notwendig, um den infolge eigener Unterhaltspflicht gesteigerten Bedarf von Sozialleistungsempfängern zu decken. Das Kindergeld wandelte wiederholt seine Ausrichtung (aa), insbesondere wurde dessen Verhältnis zum Einkommensteuerrecht problematisch (bb). Das geltende Kindergeldrecht beruht auf einigen **neuen** Grundsätzen, die dessen gegenwärtige Einzelgestaltungen (b) erklären. Konstruktiv einfacher ist das Elterngeldrecht (c) ausgestaltet.

aa) Entstehung und Entfaltung des Kindergeldrechts

498   Das Kindergeld entstand Ende der 1920er Jahre in **Belgien** und **Frankreich** (vgl. oben Rn. 37) aus familien-, sozial- und bevölkerungspolitischen Gründen. Es sollte anfangs primär die Lage kinderreicher Familien verbessern und namentlich die Forderung der **katholischen Soziallehre** nach einer familiengerechten Entlohnung verwirklichen.[3] Die Zahlung war als wirtschaftlicher Anreiz zur Erhöhung der **Geburtenrate** gedacht, nachdem durch den 1. Weltkrieg die Generation junger erwachsener Männer drastisch vermindert worden war; dieser Verlust sollte durch Gewährung wirtschaftlicher Anreize für kinderreiche Familien ausgeglichen werden.

499   Kindergeld ist ein Beispiel für die **Externalisierung** (vgl. dazu allgemein oben Rn. 156) sozialer Gestaltung. Die Forderung nach familiengerechter Entlohnung und die damit verbundenen familien- und bevölkerungspolitischen Zwecke könnten durch **soziales** Privatrecht nicht verwirklicht werden. Wäre die familiengerechte Entlohnung unmittelbar vom Arbeitgeber geschuldet, hätten die Arbeitnehmer ohne gegenüber Arbeitnehmern mit Unterhaltspflichten auf dem Arbeitsmarkt Wettbewerbsvorteile, ganz ebenso wie ein Arbeitgeber wirtschaftliche Vorteile aus der Beschäftigung von Arbeitnehmern ohne Unterhaltspflichten zöge. Werden die Pflichten zum Familienunterhalt hingegen durch eine eigene öffentliche Kasse gestützt, gelingt Familienförderung, ohne dadurch Verwerfungen auf dem Arbeitsmarkt auszulösen.

---

[2] BVerfGE 125, 175.
[3] Vgl. Enzyklika Quadragesimo Anno 1931, Tz. 63 ff.

In Deutschland wurde das Kindergeld[4] Mitte der 1950er Jahre einge- **500**
führt. Die Leistung wurde zunächst durch **Beiträge** der Arbeitgeber, später
durch **Steuern** finanziert. Anfänglich erhielten nur Arbeitnehmer mit mehreren Kindern Kindergeld, später jeder Erziehende für **jedes Kind**. Anfangs
war der Träger des Kindergeldes die Berufsgenossenschaft, später die bei der
Arbeitsverwaltung errichtete Kindergeldkasse. Heute wird das Kindergeld
weit überwiegend vom **Finanzamt** als Einheitsleistung bewilligt und vom
Arbeitgeber an die als Arbeitnehmer beschäftigten Eltern ausgezahlt (vgl.
unten Rn. 508).

Einem mehrfachen Wandel unterlag auch das Verhältnis von **Kindergeld**
und Berücksichtigung von **Kindesunterhalt** im **Einkommensteuerrecht**. Bis
1974 konnte Familienunterhalt als Freibetrag bei der Einkommensteuer geltend gemacht werden. 1975 wurde diese Möglichkeit abgeschafft, indes
1983 wieder eingeführt. Seit 1996 schließen sich Kindergeld und Kinderfreibeträge wechselseitig aus: Den Eltern steht entweder der eine oder der andere Vorteil zu.

bb) Kindergeld und Kinderfreibetrag

Weil der Familienunterhalt im Kinderfreibetrag steuermindernd berück- **501**
sichtigt und Kindergeld zur Minderung des Familienaufwandes gezahlt wird,
herrschte bis vor 1996 die **Vorstellung**, Kindergeld und Kinderfreibetrag
seien zwei einander ergänzende Seiten des Familienlastenausgleichs in
einem „**dualen**" steuer- und sozialrechtlichen **System**.[5] Unter dieser Prä-
misse setzte sich der auf Kinderfreibetrag beruhende Teil des Systems allerdings dem Einwand ungleicher Verteilung aus. Denn dieser ist eine Steuerverschonung; der Entlastungseffekt steigt daher mit wachsendem Einkommen. Da der Steuersatz mit steigendem Einkommen wächst, steigt auch die
durch Kinderfreibeträge ausgelöste steuerliche Entlastung (Beispiel: Betrüge der Kinderfreibetrag 8.000 € und der Steuersatz für den Steuerpflichtigen
20 %, so betrüge die Entlastung 1.600 €, beim Steuersatz von 40 % beläuft
er sich dagegen auf 3.200 €). Daraus wurde gefolgert, dem Staat seien die
Kinder reicher Leute mehr wert als die Kinder armer Leute! Als Alternative
wurde die **Abschaffung** des Kinder**freibetrages** und die Einführung eines
Kindergeldes in einheitlicher Höhe für alle Kinder vorgeschlagen.[6]

---

[4] Vgl. *Felix*, in SRH, § 30 Rn. 9 ff.; *Ruland*, Kindergeldrecht, in Deutscher Sozialgerichtsverband (Hg.), Sozialrechtsprechung, 1979, Bd. 1, 473 ff.

[5] *Lehner*, Einkommensteuerrecht und Sozialhilferecht, 1993, 239 ff.; vgl. zum neueren Ansatz *Will*, Familienförderung im Sozialrecht, 2009, 96 ff.

[6] So *Matthäus-Maier*, ZRP 1988, 252; vgl. auch *Oberhauser*, SF 1985, 14; *Scherf*, SF
1994, 259.

502   Die Berücksichtigung von Kindesunterhalt im Steuer- wie im Sozialrecht
führt im Ergebnis zu Vermögensvorteilen im Vergleich zu **Kinderlosen** – im
Steuerrecht durch Steuerverschonung und im Sozialrecht durch unmittelbaren Transfer. Würden beide Zuwendungen als Familienleistungsausgleich
bezeichnet, drängte sich der Vorwurf der **Ungleichheit** der Förderung – ja
der Bevorzugung Bessergestellter – geradewegs auf! Das BVerfG[7] hatte
jedoch zunächst entschieden, es stehe im sozialpolitischen Ermessen des Gesetzgebers, ob Kindesunterhalt steuerverschonend berücksichtigt oder als
Grund für die Bewilligung sozialrechtlicher Leistungen erachtet werde. Das
BVerfG hat diese Rechtsprechung später fortentwickelt[8] und befunden,
dass bei der Familienbesteuerung ein Betrag in Höhe des Existenzminimums
der Familie steuerfrei bleiben müsse und nur das über dieses Minimum
hinausgehende Einkommen der Besteuerung unterzogen werden dürfe;[9]
zum Existenzminimum gehört auch der Betreuungsaufwand.[10]

503   Diese jüngere Rechtsprechung des BVerfG begreift den Kinderfreibetrag
nicht als **Familienleistungsausgleich**, sondern als Mittel zur Bestimmung des
angemessenen **Einkommens** als Grundlage der Besteuerung.[11] Der Kinderfreibetrag verwirklicht die **horizontale Steuergerechtigkeit**: gerechte Besteuerung von Steuerpflichtigen gleichen Einkommens mit und ohne Kinder.
Grundlage der Besteuerung ist die Leistungsfähigkeit, die sich nach dem
verfügbaren Einkommen bemisst. Dieses ist für Bezieher gleichen Einkommens jedoch unterschiedlich zu bestimmen, je nachdem, ob sie Kindern zum
Unterhalt verpflichtet sind oder nicht (Beispiel: Haben zwei Steuerpflichtige
je 100.000 € pro Jahr als Einkommen zu versteuern, sind sie unterschiedlich
belastbar, wenn der eine kinderlos ist und der andere 10 Kindern Unterhalt
schuldet). Ist die Unterhaltslast – weil auf einer Rechtspflicht des Unterhaltspflichtigen gegenüber dem Berechtigten beruhend (vgl. § 1602 BGB) – statt
ein steuerrechtlich unerheblicher Aufwand zu privater Lebensführung als
eine Zuwendung an Kinder einkommensmindernd anzuerkennen, so folgt
daraus: Der Kinderfreibetrag ist weder Steuervergünstigung, noch Element

---

[7] BVerfGE 43, 108.

[8] BVerfGE 82, 60; 61, 319.

[9] BVerfGE 82, 60 setzte sich dabei ausdrücklich von der entgegengesetzten Entscheidung BVerfGE 43, 108 ab; dazu *Althammer*, Familienbesteuerung im Spannungsfeld zwischen horizontaler und vertikaler Verteilungsgerechtigkeit, in Bernhard (Hg.), Familien-
wissenschaftliche und familienpolitische Signale, Max Wingen zum 70. Geburtstag, 2000,
215, 216 ff.; *Böckenförde*, StuW 1986, 335 ff.; *Lehner*, Der Familienleistungsausgleich
nach dem Jahressteuergesetz 1996, in Ruland/Papier/von Maydell (Hg.), Verfassung, Theorie und Praxis des Sozialstaats, Festschrift für Zacher, 1998, 511, 519; *Zeidler*, StuW
1985, 1.

[10] BVerfGE 99, 216.

[11] So auch *Eichenhofer*, Gutachten 64. DJT (2002), B 24 ff.; *Lang*, StuW 1983, 103;
Moderegger, Der verfassungsrechtliche Familienschutz und das System des Einkommensteuerrechts, 1991, 147 ff.

des Familienleistungsausgleichs, sondern ein notwendiges Element einer
Einkommensbesteuerung nach Leistungsfähigkeit.

Beruht diese auf einem progressiven Steuersatz, so ist es nur deren
Kehrseite, wenn auch die steuerliche Entlastung von Steuersatz und dem
Einkommen des Steuerpflichtigen abhängt.[12] Wenn aus Gründen **vertikaler
Steuergerechtigkeit** – dass also Steuerpflichtige bei höherem Einkommen
absolut wie relativ stärker besteuert werden – die progressive Besteuerung
gerechtfertigt ist, dann ist die progressive Wirkung von Steuerentlastungen
grundsätzlich nicht zu beanstanden. Denn wer ersteres will, muss letzteres
notwendig in Kauf nehmen! Daraus folgt aber systematisch, dass die verbreitete Sicht, wonach der Familienlastenausgleich auf einem „dualen", weil
steuerrechtlichen wie sozialrechtlichen Element beruhe, **verfehlt** ist: **Familienleistungsausgleich** wird **einzig** durch **Sozialrecht** verwirklicht.

cc) Grundsätze der Familienleistungen

Das Kindergeld soll die Unterhaltsfähigkeit der Eltern als Unterhalts-   **504**
schuldner stärken. Die gewährten öffentlichen Zahlungen erhöhen deren
Einkommen und steigern somit deren unterhaltsrechtliche Leistungsfähigkeit (§ 1603 BGB).[13] Anderweitige Zwecke verfolgt das Kindergeld nicht –
namentlich gewährt es **weder** einen **immateriellen Ausgleich** für die Übernahme von Erziehungsaufgaben,[14] **noch** gleicht sie die unterschiedlichen
Wirkungen **steuerlicher Belastung** aus.[15]

Kindergeld hat keine Ausgleichsfunktion, weil die Erziehung nicht Sache
des Staates, sondern der Eltern ist (Art. 6 II GG). Deshalb können die Eltern
für ihre Erziehungsleistung vom Staat keinen immateriellen Ausgleich verlangen.[16] Ferner besteht das Kindergeld unabhängig von der steuerlichen
Belastung der Eltern. Folglich kann es auch keine Ausgleichsfunktionen für
deren steuerliche Belastung erfüllen.

---

[12] Vgl. auch *Haller*, Besteuerung der Familieneinkommen und Familienlastenausgleich, 1981, 32 f.; BT-Drucks. 13/11368, S. 88; *Jachmann*, in Kirchhof/Söhn, EStG, 2004,
§ 31 Rn. 146 ff.; *Wissenschaftlicher Beirat für Familienfragen* (Hg.), Gerechtigkeit für
Familien, 2001, 80 ff., 226 ff.; 5. Familienbericht, BT-Drucks. 12/7560, S. 289 ff.

[13] BVerfGE 43, 108, 121; 75, 348, 360; 82, 60, 82; § 1612b BGB ordnet das Kindergeld daher folgerichtig dem Familien-/Eltern-Unterhalt zu: *Martiny*, Unterhaltsrang und
-rückgriff, 2000, Bd. 2, 1034 ff.

[14] So aber *Lehner*, Der Familienleistungsausgleich nach dem Jahressteuergesetz
1996, in Ruland/Papier/von Maydell (Hg.), Verfassung, Theorie und Praxis des Sozialstaats, Festschrift für Zacher, 1998, 511, 520; *Renner*, Familienlasten- oder Familienleistungsausgleich?, 2000, 84.

[15] So zu Recht *Seewald/Felix*, VSSR 1991, 158 gegen: BVerfGE 43, 108.

[16] Vgl. zu der Familienförderung grundsätzlich, wenn auch angreifbar: *Brosius-Gersdorf*, Demografischer Wandel und Familienförderung, 2011.

Allerdings besteht zwischen dem Rechtsgrund für die Zahlung von Kindergeld einerseits und der Freistellung des Existenzminimums[17] von unterhaltsabhängigen Kindern im Rahmen der Besteuerung der unterhaltspflichtigen Eltern ein Zusammenhang, auf den die geltende Regelung angemessen[18] antworte: Sowohl das Kindergeld als auch die durch den Kinderfreibetrag bewirkte steuerliche Entlastung rechtfertigen sich aus der familienrechtlich begründeten Unterhaltspflicht der Eltern gegenüber den Kindern. Deren Bestehen erklärt – im Interesse der Chancengleichheit – die sozialrechtliche Förderung der zum Unterhalt Verpflichteten oder deren steuerliche Entlastung. Demgemäß besteht auch eine **Alternativität** zwischen Kindergeld und Kinderfreibetrag. Sie ist deshalb erträglich, weil im statistischen Regelfall das Kindergeld die durch Kinderfreibetrag ausgelöste Entlastung übertrifft.

b) Ausgestaltung des Kindergeldes

505   Das Kindergeld ist seit 1996 sowohl in §§ 31 f., 62–78 EStG als auch im BKGG geregelt. Das BKGG ist für die in Deutschland beschränkt steuerpflichtigen Grenzgänger sowie die Vollwaisen von praktischer Bedeutung. Dagegen richtet sich die Kindergeldgewährung für die in Deutschland unbeschränkt steuerpflichtigen Eltern nach dem EStG. Im Zuge der Reform der Familienleistungen wurden die Voraussetzungen für Kindergeld und Kinderfreibetrag einander weitgehend angeglichen.

Das Kindergeldrecht folgt dem Universalitäts-, Wohnsitz-, Unterhalts-, Familien- und Einmaligkeitsprinzip.[19] Das **Universalitätsprinzip** bezieht sich auf die persönliche Berechtigung, das **Wohnsitzprinzip** auf die Regelung des internationalen Geltungsbereichs, das **Unterhaltsprinzip** auf den Leistungsgrund, das **Familienprinzip** auf die Bemessung und das **Einmaligkeitsprinzip** auf die Auflösung von Anspruchskonkurrenzen.

Nach dem Universalitätsprinzip ist **jeder Elternteil** zum Bezug von Kindergeld berechtigt, **unabhängig** von seiner beruflichen und sozialen **Stellung** auch Nichterwerbstätige, Bezieher hoher Einkommen oder Inhaber großer Vermögen. Der internationale **Geltungsbereich** wird nach deutschem autonomem ISR durch das **Wohnsitzprinzip** (§ 30 SGB I) bestimmt: Kindergeld wird gewährt, falls Unterhaltsleistender und Unterhaltsbeziehender ihren gewöhnlichen Aufenthalt in Deutschland haben und deshalb in Deutschland unbeschränkt steuerpflichtig sind.[20] Diese Grundregel wird durch das EU-Recht erweitert: die Anspruchsberechtigung besteht auch bei Inlandsbe-

---

[17] Zu diesem Postulat: BVerfGE 91, 93.
[18] Bedenken: *Pfeifer*, SGb 1997, 14 ff.
[19] *Felix*, in SRH, § 30 Rn. 26 ff.
[20] BSGE 107, 239; 119, 33.

schäftigung eines Elternteils bei Wohnsitz in einem anderen EU-Staat[21] (Art. 67 f. VO (EG) Nr. 883/2004, vgl. oben Rn. 101); ferner sieht das EU-Recht vor, dass die in einem anderen Mitgliedstaat wohnenden Kinder so berücksichtigt werden wie wenn sie im Inland wohnten.

Das **Unterhaltsprinzip** besagt, dass der Leistungsgrund für die Bewilligung von Kindergeld die **Gewährung** von **Unterhalt** durch die Eltern ist. Leistungsberechtigt ist danach der faktischen Unterhalt Gewährende, weshalb – so sie tatsächlich dem Kind Unterhalt gewähren – auch Stiefeltern, Großeltern oder Erziehungsinstitutionen Kindergeld erhalten können. Das **Familienprinzip** regelt die Kindergeldbemessung bei **mehreren** Kindern. Denn die Kindergeldhöhe hängt von der einer Familie zugeordneten Kinderzahl ab (vgl. unten Rn. 508) – steigt also mit wachsender Kinderzahl absolut wie relativ. Das Kindergeld steht nicht dem einzelnen Kind in der Familie entsprechend seiner Rangzahl zu, sondern ist für den Unterhalt aller in einer Familie lebenden Kinder insgesamt bestimmt.

Das **Einmaligkeitsprinzip** besagt, dass für ein Kind nur einmal Kindergeld gezahlt wird. Erhält ein Kind Bar- oder Naturalunterhalt durch beide Elternteile, entsteht deswegen eine **Konkurrenz** unter den Eltern. Sie ist aufzulösen, indem sich die beiden Leistungsberechtigten auf einen Bezugsberechtigten zu **einigen** haben (§ 64 II 2 EStG).

Nach dem Unterhaltsprinzip entscheidet über die Berechtigung die Unterhaltsgewährung. Deshalb sind alle Personen leistungsberechtigt, welche die Elternstellung innehaben. Dementsprechend weit fasst das Gesetz die Anspruchsberechtigung kraft Elternstellung – bezieht namentlich auch Stief-, Pflege-, Adoptiv- und Großeltern ein, falls diese das Kind faktisch unterhalten (§§ 32 I, 63 I EStG). Deshalb wird der Kreis der Unterhaltsempfänger ferner typisierend auf alle Personen erstreckt, die wegen Alters, Ausbildung, Erwerbsunfähigkeit oder geringen Einkünften als unterhaltsbedürftig zu erachten sind.   **506**

Kinder vermitteln bis zur Vollendung des **18.** Lebensjahres dem Inhaber der Elternstellung einen Anspruch auf Kindergeld und darüber hinaus bis zur Vollendung des **25.** Lebensjahres, falls sie sich in weiterführender **Schul-** oder **Berufsausbildung** befinden, ein freiwilliges soziales oder ökologisches Jahr zurücklegen als behinderte Menschen erwerbsunfähig[22] sind. Ist das Kind verheiratet, entfällt die Kindergeldberechtigung, es sei denn, der Inhaber der Elternstellung sichere den überwiegenden Unterhalt des Kindes auch nach der Heirat. Diese Voraussetzung ist erfüllt, wenn ein Elternteil zu dem Unterhalt des Kindes mehr beiträgt als dessen Ehegatte.[23] Des Weiteren   **507**

---

21 BFHE 233, 38; 234, 324; BVerfGE 119, 160.
22 Besteht die Erwerbsunfähigkeit aufgrund der Behinderung über das 25. Lebensjahr fort, sind die Eltern weiterhin bezugsberechtigt (BFHE 234, 14).
23 BSGE 74, 131.

vermitteln Kinder bis zum 21. Lebensjahr ihren Eltern Ansprüche auf Kindergeld, falls sie **arbeitslos**gemeldet sind[24] oder **ohne Ausbildungsplatz** sind und kein hinreichendes eigenes Einkommen beziehen[25] (§ 32 IV Nr. 3 EStG). Kindergeld wird nicht gezahlt, falls den Unterhaltsgewährenden funktionsgleiche Leistungen erbracht werden (§ 65 I 1 EStG).

508   Die Höhe des Kindergeldes ist in einem monatlichen Zahlbetrag gesetzlich festgelegt. Er hängt von der Zahl der von einem Berechtigten unterhaltenen Kinder ab. Der **Zahlbetrag** steigt mit der **Zahl** der zu berücksichtigenden **Kinder**. Das Einkommen des Berechtigten ist für die Höhe des Kindergeldes dagegen unerheblich. Der Gesetzgeber unterstützt alle Eltern gleich. Weil die Zahlung von Kindergeld auch die Steuerverschonung für unterhaltspflichtige Eltern mitbezweckt, ist das Kindergeld eine vom jeweiligen Elterneinkommen abhängige, höchst differenzierte Förderung.[26] Deshalb erhalten Einkommensschwache, die im Rahmen des Einkommensteuerrechts für den Kindesunterhalt keine oder eine nur unzureichende Entlastung erhalten, eine Zulage zum Kindergeld, deren Höhe sich dem Kindesbedarf annähert.[27]

Die Kindergeldberechnung verlangt, dass einem **Elternteil Kinder zugeordnet** werden. Für das erste und zweite Kind wird danach in 2017 und 2018 monatlich je 192 € und 194 €, für das dritte 198 € und 200 € und für das vierte und jedes weitere Kind 223 € und 225 € gezahlt (§ 66 I EStG). In dieser Steigerung der Kindergeldhöhe mit wachsender Kinderzahl drückt sich die steigende Verantwortung der Allgemeinheit für Eltern aus. Je größer die Familie, desto mehr leistet der Staat zum Kindesunterhalt. Zwar ist das Kindergeld ein Anspruch des Unterhaltsberechtigten; es ist jedoch für den Unterhalt der Kinder zu verwenden. Deshalb können Kinder, deren Eltern die Unterhaltspflicht verletzten, die Auszahlung des Kindergeldes an sich durch Abzweigung verlangen (§ 48 II 2 SGB I, vgl. oben Rn. 180). Des Weiteren ist der Anspruch auf Kindergeld nur zur Durchsetzung bürgerlich-rechtlicher Unterhaltsansprüche des Kindes gegen den Elternteil pfändbar (§ 54 V SGB I, vgl. oben Rn. 188). Das Kindergeld wird von den im Rahmen der Arbeitsverwaltung errichteten Familienkassen verwaltet; diese unterstehen der Rechts- und Fachaufsicht des Bundesamtes für Finanzen (§ 70 EStG). Das Kindergeld für Arbeitnehmer und Beamte wird durch den Arbeitgeber oder Dienstherrn im Rahmen der Arbeitsentgeltzahlung ausgezahlt (§§ 72 f. EStG); das Kindergeld trägt der Bund.

---

[24] BFHE 233, 114; zur Arbeitslosigkeit (§§ 15, 2; 35 SGB III): BFHE 235, 327.
[25] Dazu BFHE 234, 149; 235, 331; 235, 342.
[26] Vgl. dazu § 6a BKGG, Kinderzuschlag für Eltern, die nicht wegen Kindesunterhalt bedürftig werden sollen.
[27] Ebd.; ähnlich *Gröpl*, StuW 2001, 150, 165 f.

c) Elterngeld

Elterngeld soll die Wahrnehmung der **Erziehungsaufgabe** in der **ersten** 509
Lebensphase eines Kindes durch Gewährung von Lohnersatz finanziell erleichtern. Es ist im Bundeselterngeld- und Elternzeitgesetz (BEEG)[28] geregelt und steht im Zusammenhang mit den arbeitsrechtlichen Regelungen der
Elternzeit (Ruhen eines Arbeitsverhältnisses zwecks Kindererziehung in
den ersten Lebensmonaten des Kindes). Angeregt von Beispielen aus Island
und Schweden soll das seit 2007 gezahlte Elterngeld (das es vergleichbar
auch in der DDR gab) den Einkommensverlust ausgleichen, der durch die
Inanspruchnahme der Elternzeit Arbeitnehmerinnen und Arbeitnehmern
entsteht. Die Leistung entspricht in ihrer Höhe dem Arbeitslosengeld. Der
Mindestzahlbetrag beläuft sich auf 300 €, der Höchstbetrag auf 1.800 € monatlich. Es soll Einkommensverluste infolge der Geburt eines Kindes ausgleichen, also für die Stetigkeit des Einkommens in der ersten Phase der Elternschaft sorgen. Es orientiert sich am Nettoarbeitsentgelt[29] vor der Geburt.[30]
Bei Mehrlingsgeburten erhöht sich das Elterngeld um 300 € pro weiterem
Kind. Die Bezugsdauer währt 12 Monate (für Alleinerziehende: 14 Monate)
nach der Niederkunft; sie verlängert sich auf höchstens 14 Monate, falls die
Leistung für zwei Monate von dem anderen Elternteil in Anspruch genommen wird.[31] Bei Halbierung des Zahlbetrages kann der Bezugszeitraum verdoppelt werden. Einkommen, das ein Elterngeldempfänger während des Bezuges hinzuverdient, ist bis auf monatlich 300 € anrechenbar, desgleichen
das Mutterschaftsgeld oder vergleichbare Leistungen des Arbeitgebers. Das
„Elterngeld Plus"[32] ermöglicht den Bezug des Elterngeldes um weitere vier
Monate, falls sie gemeinsam vier Lebensmonate des Kindes zusammenhängend in Teilzeitarbeit beschäftigt sind. Das Elterngeld kann auch zwischen
dem 3. und 8. Lebensjahr eines Kindes für höchstens 24 Monate in Anspruch
genommen werden.

---

[28] V. 5.12.2006, BGBl. I S. 2748.
[29] Zum Einfluss des Lohnsteuerklassenwechsels: BSGE 103, 284; vgl. ferner BSG
SozR 4-7837 § 2 Nr. 7, 8.
[30] Zu dessen Bestimmung: BSGE 107, 108; zum Einfluss des Lohnsteuerklassenwechsels: BSGE 103, 284.
[31] Kritisch: *Seiler*, NVwZ 2007, 129, 133; *Weilert*, DVBl 2010, 164; anders *Birk*,
ZfSH/SGB 2007, 3, 8.
[32] Gesetz vom 18.12.2014 (BGBl. I S.2325); BT-Drucksache 18/2535; *Graue*, SGb
2016, 421.

§ 24 Wohngeldrecht

Lit.: *Buchsbaum/Großmann/Hartmann*, WoGG, Loseblatt; *Becker*, Wohngeldrecht, in von Maydell/Ruland/Becker (Hg.), Sozialrechtshandbuch, 2012 (5. Aufl.), § 29; *Püttner*, Wohnungsrecht, in Achterberg/Püttner/Würtenberger (Hg.), Besonderes Verwaltungsrecht, Bd. II, 2000 (2. Aufl.), § 30; *Stadtler/Gutekunst*, Wohngeldgesetz, Kommentar, Loseblatt.

a) Überblick

510   § 7 SGB I bestimmt: „Wer für eine angemessene Wohnung Aufwendungen erbringen muss, die ihm nicht zugemutet werden können, hat ein Recht auf Zuschuss zur Miete oder zu vergleichbaren Aufwendungen". Wohngeld kann „als Zuschuss zur Miete oder zu den Aufwendungen für den eigengenutzten Wohnraum in Anspruch genommen werden" (§ 26 SGB I). Damit regelt das SGB nur einen Teilausschnitt der **staatlichen Wohnungspolitik**. Deren Ziel ist die angemessene Versorgung der Bevölkerung mit Wohnraum. Sie umfasst die staatliche Regelung der Wohnraumversorgung durch Ausgestaltung des Miet- und Wohnungsrechts (aa), die Objektförderung durch sozialen Wohnungsbau (bb) und schließlich die Subjektförderung durch Wohngeld (cc).

aa) Staatliche Beeinflussung der Wohnraumversorgung durch Mietrecht

511   Die wichtigsten Elemente der staatlichen Beeinflussung der Wohnraumversorgung durch Mietrecht – markantes Beispiel sozialen Privatrechts – geschehen durch die **zwingenden** Vorschriften über den **Inhalt** des Mietvertrages (§§ 536 IV, 556 IV, 557 IV BGB) und durch den **Kündigungsschutz** des Mieters (§§ 569 V, 574 IV BGB). Danach kann der Vermieter eine Kündigung von Mietverträgen nur aussprechen, wenn er ein berechtigtes Interesse an der Kündigung nachweist; der Mieter hat bei ungerechtfertigter Kündigung ein Widerspruchsrecht. Im Übrigen ist der Vermieter an besondere Kündigungsfristen (§ 573c BGB) gebunden. Bei Kündigung der Wohnung steht dem Mieter ein Schutz vor Räumung (§ 721 ZPO) sowie bei Härten der Zwangsvollstreckung zu (§ 765a ZPO). Außerdem wirkt der Gesetzgeber gestaltend auf die Höhe der Miete (§§ 557 ff. BGB) ein.

bb) Objektförderung (= sozialer Wohnungsbau)

512   **Objektförderung** bedeutet die öffentliche Erstellung und **Vergabe** von Wohnraum sowie Förderung privaten Wohnungsbaus durch Vergabe von Zuschüssen oder zinsgünstigen Darlehen verbunden mit einem Recht zur

Bestimmung des Nutzers durch die öffentliche Hand. Die Gesamtheit dieser öffentlichen Förderungsmaßnahmen war im Wohnraumförderungsgesetz (WoFG)[1] geregelt. Im Zuge der Föderalismusreform 2006 wurde indes die Gesetzgebungskompetenz für die Regelung des sozialen Wohnungsbaus den Ländern zugewiesen.[2]

cc) Subjektförderung (= Wohngeld)

Während die Objektförderung das **Angebot** an Wohnungen **ausweitet** und   **513**
so zur Wohnungsversorgung beiträgt, erleichtert die **Subjektförderung** die **Beschaffung** von Wohnraum für **Geringverdienende.** Wohngeld bedeutet Subjektförderung, weil es Einkommensschwachen den Erwerb einer Wohnung zu Marktbedingungen ermöglicht, die aus eigener Kraft hierzu nicht imstande wären. Wohngeld wird Mietern von Wohnraum sowie Eigentümern gewährt. Das Wohngeld ist als Zuschuss zu den Wohnungskosten ausgestaltet. Beziehrer von **Arbeitslosengeld II** erhalten dagegen die **gesamten** Kosten der Wohnung erstattet (§§ 19 ff. SGB II, Rn. 480).

b) Wohngeld

aa) Anspruchsberechtigte

Anspruchsberechtigt[3] ist jeder, der eine **eigene Wohnung** nutzt. Für   **514**
Mieter wird das Wohngeld als Mietzuschuss, für Eigentümer als Lastenzuschuss gewährt (Zuschuss zu den Aufwendungen, die für den Eigentumserwerb getroffen werden = Kapitaldienst). Antragsberechtigt ist der **Nutzer;** wird die Wohnung durch mehrere Personen genutzt, gilt als Nutzer der Haushaltsvorstand (§ 3 III WoGG). Keinen Anspruch auf Wohngeld hat, wer aufgrund anderer öffentlicher Zuschussregelungen eine spezielle Miete oder Mietbeihilfe erhält; z.B. der durch BAföG geförderte Student für den Fall auswärtiger Unterbringung (§ 13 II BAföG), Familien von Wehr-/Zivildienstpflichtigen, denen Mietbeihilfe gewährt wird (§ 7a USG) und die Bezieher von Grundsicherung bei Erwerbsminderung, im Alter sowie bei Arbeitsuche (§ 22 SGB II).

---

[1] BGBl. I 2001, S. 2376 v. 13.9.2001.
[2] Vgl. WOFÜG, BGBl. I S. 2098, 2100; BT-Drucks. 16/814, S. 15 zur neuen Struktur der dualen Finanzierung.
[3] Vgl. *Becker,* in SRH, § 29 Rn. 7 ff.; *Gitter/Schmitt,* Sozialrecht, 2001 (5. Aufl.), §§ 42 ff.; *Igl/Welti,* Sozialrecht, 2007 (8. Aufl.), § 65.

bb) Höhe der Leistung

515 Die **Höhe** des Wohngeldes richtet sich nach der **Familiengröße**, Miete und Gesamteinkommen (§ 4 WoGG). Familienmitglieder sind Ehegatte, Kinder, Eltern, Geschwister und Verschwägerte sowie Lebenspartner (§ 4 WoGG). Je größer die Familie, jünger und größer die Wohnung und größer die Wohngemeinde ist, desto höher ist das zu zahlende Wohngeld. Das Wohngeld wird nur bis zu einem Höchstbetrag geleistet. Dies erklärt sich daraus, dass Wohngeld nur die Beschaffung „angemessenen Wohnraums" ermöglichen soll, hingegen keinen die marktübliche Miete überschreitenden Zuschuss darstellen soll.

cc) Einkommensabhängigkeit der Leistung

516 Die Leistungshöhe hängt schließlich vom **Einkommen** des Empfängers ab (vgl. zu der Ermittlung des Einkommens §§ 13 ff. WoGG). Die Höhe des Wohngeldes für die einzelne Familie ist in den Anlagen des Wohngeldgesetzes spezifiziert für Wohnung und Gemeinde aufgeschlüsselt. Bei der Einkommensermittlung darf die nichteheliche Lebensgemeinschaft nicht besser gestellt werden als die eheliche, weshalb beide gleichstehen. Besteht eine Wohn- und Wirtschaftsgemeinschaft, wird das Einkommen beider Partner zusammengerechnet, als ob es gemeinsames Einkommen wäre[4] (§§ 6 I, 13 I WoGG). Entsprechendes gilt für Lebenspartner (danach sind die nicht-registrierten den eingetragenen Lebenspartnerschaften gleichzustellen!).

dd) Zuständigkeit, Verfahren und Rechtsschutz

517 Gemäß § 24 I WoGG bestimmt das **Landesrecht** die **zuständigen** Stellen, die Wohngeld bewilligen: in der Regel die kreisfreien Städte oder Landkreise. Die Leistungen wurden ursprünglich hälftig von Bund und Ländern finanziert. Um die Mehrausgaben der Hilfe zum Lebensunterhalt für Sozialhilfeempfänger auszugleichen, wurde der Bundesanteil erhöht[5] (§ 32 WoGG). Gegen ablehnende Entscheidungen ist nach Widerspruch die Klage beim Verwaltungsgericht statthaft.

---

[4] Vgl. *Becker*, in SRH, § 29 Rn. 28 ff.; zum Begriff der Wohn- und Wirtschaftsgemeinschaft: BVerwGE 85, 314.

[5] AVmG vom 26.6.2001, BGBl. I S. 1310; vgl. BR-Drs. 764/00, S. 173.

§ 25 Behindertenrecht

Lit.: *Becker/Matthäus*, Rehabilitation in der Europäischen Union, DRV 2004, 659; *Jung/Cramer/Fuchs/Hirsch/Ritz* (Hg.), SGB IX, 2011 (6. Aufl.); *Dau/Düwell/Joussen*, SGB IX, 2011 (3. Aufl.); *Deinert/Welti* (Hg.), Behindertenrecht 2014; *Deutscher Sozialrechtsverband* (Hg.), Kodifikation des Rehabilitationsrechts, Bd. 37, 1993; *ders.* (Hg.), Die Behinderten in der sozialen Sicherung, Bd. 49, 2002; *Hartmanns-henn*, Neuordnung der Arbeitsmarktintegration behinderter Menschen, 2014; *Lachwitz/Schellhorn/Welti*, HK-SGB IX, 2010 (3. Aufl.); *Deinert/Neumann* (Hg.), Rehabilitation und Teilhabe behinderter Menschen, Handbuch SGB IX, 2009 (2. Aufl.); *Schulte*, Das Übereinkommen der Vereinten Nationen über die Rechte von Menschen mit Behinderungen, ZfSH/SGB 2010, 657; *Reimann*, Recht der Rehabilitation und Teilhabe behinderter Menschen, in von Maydell/Ruland/Becker (Hg.), Sozialrechtshandbuch, 2012 (5. Aufl.), § 28; *Trenk-Hinterberger*, Die Rechte behinderter Menschen und ihrer Angehörigen, 2010 (37. Aufl.); *Welti* (Hg.), Behinderung Rehabilitation im sozialen Rechtsstaat, 2005; *ders.*, Schwerbehindertenrecht, in von Maydell/Ruland/Becker (Hg.), Sozialrechtshandbuch, 2012 (5. Aufl.), § 27; *ders.*, Sozialrecht und Barrierefreiheit, SGb 2015, 533.

„Wer körperlich, geistig oder seelisch behindert ist oder wem eine solche **518** Behinderung droht, hat unabhängig von der Ursache der Behinderung ein Recht auf die Hilfe, die notwendig ist, um 1. die Behinderung abzuwenden, zu beseitigen, zu bessern, ihre Verschlimmerung zu verhüten oder ihre Folgen zu mildern, 2. ihm einen seinen Neigungen und Fähigkeiten entsprechenden Platz in der Gemeinschaft, insbesondere im Arbeitsleben, zu sichern" – mit diesen Worten umschreibt § 10 SGB I das **Behindertenrecht**. Es findet heute im VN-Übereinkommen über die Rechte von Menschen mit Behinderungen[1] eine Grundlage.[2] Es beruht auf der zum Schlagwort gewordenen Erkenntnis: „Behindert ist man nicht, behindert wird man!". Solche „Behinderung" behinderter Menschen zu überwinden, bezweckt Behindertenrecht.

Daraus erwächst dem Einzelnen noch kein Rechtsanspruch. Andererseits zählt es zu den grundlegenden sozialen Rechten – steht mit der Sozialversicherung, sozialen Entschädigung und dem Familienleistungsausgleich nicht nur auf gleicher Stufe, sondern ist auch in deren Rahmen zu verwirklichen. Dementsprechend unterhalten die Sozialversicherungsträger seit ihrem Bestehen Krankenhäuser, Sanatorien und Heilstätten, um die von langfristiger Behinderung bedrohten Versicherten zu „rehabilitieren" (a). Obgleich das Wort „**Rehabilitation**" erst seit Mitte der 1960er Jahre ein Gesetzesbegriff und mit dem 2001 in Kraft getretenen SGB IX durch das Wort „Teilhabe"

---

[1] BGBl. II 2008, S. 1419.
[2] *Masuch*, Die UN-Behindertenrechtskonvention anwenden!, in Hohmann-Dennhardt/Masuch/Villiger (Hg.), Grundrechte und Solidarität, Festschrift für Jaeger, 2011, 245; *Schulte*, ZfSH/SGB 2010, 657ff.; *Welti*, FS Kothe, 635.

ergänzt wurde, wird der Sache nach schon seit über einem Jahrhundert Rehabilitation betrieben. Darüber hinaus enthält das SGB IX Regeln zur **Eingliederung** der **Behinderten** in Arbeit und Gesellschaft (b).

a) Rehabilitation und Teilhabe

aa) Rechtsquellen

519   Das Recht der Rehabilitation und Teilhabe ist im SGB IX zusammenhängend geregelt worden.[3] Es enthält die Grundsätze für Rehabilitation und Teilhabe als Sozialleistung, begründet jedoch – so wenig wie § 10 SGB I – Rechtsansprüche auf Leistungen der Rehabilitation. Diese sind vielmehr in den einzelnen Gesetzen der Sozialversicherung, sozialen Entschädigung oder Sozialhilfe enthalten. Das SGB IX ist um eine **Vereinheitlichung** der **Leistungen** der Rehabilitation und Teilhabe bestrebt. Rehabilitation bedeutet die Wiederherstellung der Gesundheit und Teilhabe die Einbeziehung behinderter Menschen in das gesellschaftliche, insbesondere das Arbeitsleben.

520   Das **SGB IX gilt** nicht für sämtliche, wohl aber für die **wichtigsten** Träger der Rehabilitation: namentlich die Sozialversicherung (Arbeitslosen-, Renten-, Unfall- und Krankenversicherung), Versorgungsverwaltung (Soldaten- und Verbrechensopferentschädigung) sowie Sozial- und Jugendhilfe (§ 6 SGB IX). Die Pflegeversicherung ist trotz der auch dort möglichen Rehabilitation (§§ 5, 31 SGB XI) nicht einbezogen. Das Gesetz bekräftigt den auch in § 10 SGB I niedergelegten Integrationsauftrag des Behindertenrechts (§ 1 SGB IX). Der behinderte oder schwerbehinderte Mensch (§ 2 SGB IX) hat einen umfassenden Anspruch auf Abwendung oder Linderung einer Behinderung oder deren Folgen und Teilhabe am Erwerbsleben (§ 4 SGB IX). Bei der Gewährung der Leistungen ist den Wünschen des Berechtigten zu entsprechen (§§ 8 SGB IX, 33 SGB I).[4]

521   Die unterschiedlichen Gesetze zur **Sozialversicherung** sehen für jeden Zweig Leistungen der Rehabilitation vor. So gewährt die **Unfall**versicherung den Opfern von Arbeitsunfällen oder Berufskrankheiten (§§ 35 ff. SGB VII, vgl. oben Rn. 407), die **Kranken**versicherung neben der Krankenbehandlung

[3] *Lachwitz/Schellhorn/Welti*, HK-SGB IX, 2010 (3. Aufl.); *Deinert/Neumann* (Hg.), Rehabilitation und Teilhabe behinderter Menschen, 2009 (2. Aufl.); *Pitschas*, SGb 2003, 65; *Marschner*, ZTR 2001, 302; *Mrozynski*, SGb 2001, 277 f.; *Trenk-Hinterberger*, Die Rechte behinderter Menschen und ihrer Angehörigen, 2010 (37. Aufl.); *Welti*, NJW 2001, 2210.
[4] Vgl. *Welti/Sulek*, Die Ordnungsfunktion des SGB IX für das Recht der Rehabilitation und Teilhabe, in Igl/Welti (Hg.), Die Verantwortung des sozialen Rechtsstaats für Personen mit Behinderung und für die Rehabilitation, 2001, 131 ff.; *Neumann*, Selbstbestimmung des Leistungsberechtigten, in Deinert/Neumann (Hg.), Rehabilitation und Teilhabe behinderter Menschen, 2009 (2. Aufl.), § 6; *Welti*, SGb 2003, 379.

(§ 27 I Nr. 6 SGB V) und die **Renten**versicherung die Rehabilitation zur Abwendung dauernder Erwerbsminderung.[5] Diese **Vielfalt** birgt jedoch die Gefahr, dass ein Versicherter von allen Trägern mit der Begründung abgewiesen wird, der jeweils andere sei zuständig. Diese Gefahr wird noch gesteigert, weil auch die **Versorgungs**verwaltung – heute primär zuständig für die Opfer von Gewaltverbrechen, Wehr- und Zivildienstbeschädigungen –, ferner die Arbeitsverwaltung und schließlich die Träger von Sozial- und Jugendhilfe auch für die Rehabilitation in Betracht kommen.

bb) Grundprinzipien des Rehabilitationsrechts

Das Ziel aller Rehabilitation ist die Eingliederung des behinderten oder von Behinderung bedrohten Menschen in die Gesellschaft (§ 1 SGB IX). Rehabilitation ist also eine **finale** Sozialleistung, weil ihr Inhalt durch ein Ziel (*finis, lat.*) bestimmt wird. Diese Ausrichtung prägt die Interpretation dessen, was Rehabilitation sein kann: Maßnahmen zur **Integration** behinderter Menschen in die Gesellschaft. Rehabilitation dient auch der Prävention. Es gilt: Rehabilitation und Teilhabe gehen vor Geldleistungen (§ 8 SGB IX)! Rehabilitation – als **vorübergehende** und auf **Eingliederung** des Behinderten in das Berufs- und gesellschaftliche Leben zielende Maßnahme – soll den Geldleistungen auf Dauer vorgehen. Den Integrationsauftrag leitet ein humanitäres wie ökonomisches Motiv. Als Bildung, Training und medizinische Behandlung verbindende Maßnahme zielt Rehabilitation auf die Integration Sozialleistungsberechtigter in den Arbeitsmarkt.[6] Das Behindertenrecht konkretisiert damit das völker-, verfassungs- wie europarechtlich fundierte Verbot der Diskriminierung wegen einer Behinderung durch Inklusion (Art. 3 III 2 GG, 19 AEUV)[7] und ist daher auch daran zu messen. Der Schutz von Menschen mit Behinderung ist auch ein Gebot des Völkerrechts; namentlich gebietet die UN-BRK eine diskriminierungsfreie und die Selbstbestimmung behinderter Menschen sichernde Gesetzgebung. Diese Verpflich-

522

---

[5] *Gleitze*, Rehabilitation durch die Rentenversicherung, in Becker/Kaufmann/von Maydell/Schmähl/Zacher (Hg.), Alterssicherung in Deutschland, Festschrift für Franz Ruland zum 65. Geburtstag, 2007, 329; *Reimann*, in SRH, § 28; *ders.*, in Eichenhofer/Rische/Schmähl (Hg.), Handbuch der gesetzlichen Rentenversicherung, SGB VI, 2012 (2. Aufl.), Kapitel 13.

[6] *OECD*, Transforming Disability into Ability, 2003; ein Beispiel für den aktivierenden Wohlfahrtsstaat: *Jordan*, The New Politics of Welfare, 1998, p. 15; *Giddens*, Beyond Left and Right, 1994, p. 18; *Hartmannshenn*, Neuordnung der Arbeitsmarktintegration behinderter Menschen, 2014.

[7] *Davy*, Das Verbot der Diskriminierung wegen der Behinderung im deutschen Verfassungsrecht und im europäischen Gemeinschaftsrecht, in SDSRV 49 (2002), 7 ff.; *Neumann*, in Deinert/Neumann (Hg.), Rehabilitation und Teilhabe behinderter Menschen, 2009 (2. Aufl.), § 2; *Reichenbach*, SGb 2000, 660; *Zacher*, Der soziale Rechtsstaat in der Verantwortung für Menschen mit Behinderungen, in Igl/Welti, Die Verantwortung des sozialen Rechtsstaats für Personen mit Behinderung und für die Rehabilitation, 2001, 1 ff.

tung bindet auch den Bundesgesetzgeber[8]. Er hat mit dem Bundesteilhabe-
gesetz[9] das SGB IX neu gefasst, um dadurch den völkerrechtlichen
Anforderungen zu genügen.

523   Voraussetzung für die Bewilligung von Rehabilitationen ist, dass der Antragsteller **behindert** ist. Wie jeder sozialrechtliche Elementarbegriff wird
auch der Begriff Behinderung nicht abschließend durch das Recht definiert.
Zwar ist es eine Rechtsfrage, ob eine Rehabilitationsmaßnahme wegen Vor-
liegens einer Behinderung bewilligt werden kann; aber was Behinderung
ausmacht und welche Rehabilitationen sich für deren Überwindung eignen,
sind medizinische Fragen. Die WHO unterscheidet drei Merkmale des Be-
hinderten-Begriffs: Normabweichung (impairment), Funktionseinschrän-
kung (disability) und soziale Benachteiligung (handicap).[10] Dem folgt § 2
SGB IX.[11] Unter „**Behinderung**" ist danach ein regelmäßig dauerhafter Zustand körperlicher, geistiger oder seelischer Abweichung eines Menschen
vom alterstypischen Normalzustand zu verstehen, der nach medizinischem
Urteil durch therapeutische Maßnahmen abgewendet, beseitigt oder gebes-
sert werden kann. Behinderung besteht nur, wenn die bestehende oder zu
erwartende Beeinträchtigung länger als sechs Monate währt. Eine Schwer-
behinderung liegt vor, wenn der Grad der Behinderung 50 % oder mehr beträgt (§ 2 SGB IX).

524   Die Leistungen zur Rehabilitation und Teilhabe sind von Amts wegen zu
erbringen (§ 9 SGB IX). Die Rehabilitation ist eine Ermessensleistung des
zuständigen Trägers nur noch hinsichtlich der Leistungsmodalitäten. Es
steht zu entscheiden, nicht mehr „ob", sondern „wie" zu rehabilitieren ist.
Ziel der Hilfe ist die Sicherung eines selbstbestimmten, von Barrieren freien
Lebens (§ 1 SGB IX). Die Prävention hat Vorrang gegenüber der Rehabilitation und Teilhabe (§ 3 SGB IX).

525   Rehabilitation ist von Sozialleistungsträgern unterschiedlicher Aufgaben-
und Rechtsstellung zu erbringen. Deren **Träger** können die Arbeitslosen-,
Renten-, Kranken- oder Unfallversicherung, Versorgungsverwaltung sowie
Sozial- und Jugendhilfeträger (§ 6 SGB IX) sein. In dieser Vielfalt von Trägern drückt sich das für Deutschland kennzeichnende **gegliederte System**
der sozialen Sicherheit aus. In einem solchen System sind die Zuständigkeiten der unterschiedlichen Träger für die Erbringung von Rehabilitations-
leistungen fraglich. Dafür gelten folgende Grundsätze:

---

[8] BAG NZA-RR 2016, 191.
[9] BT-Drucksache 18/9522.
[10] *Welti*, Behinderung und Rehabilitation im sozialen Rechtsstaat, 2005, 7; *Trenk-Hinterberger*, Rechte behinderter Menschen, 2010 (37. Aufl.), 43 ff.; *Luthe*, SGb 2009, 569.
[11] BVerfGE 96, 288, 301 f.; *Welti*, in Lachwitz/Schellhorn/Welti (Hg.), HK-SGB IX,
2010 (3. Aufl.), Einführung Rn. 89 ff.; § 2 Rn. 19 ff.; *Neumann*, Begriff der Behinderung, in
Deinert/Neumann (Hg.), Rehabilitation und Teilhabe behinderter Menschen, 2009
(2. Aufl.), § 5.

Ist die bestehende oder drohende Behinderung **Folge** einer **Schädigung**, für die ein Sozialleistungsträger unmittelbar einzustehen hat, umfasst die Einstandspflicht auch die Rehabilitation. Die Zuständigkeit des Trägers folgt aus der **causa** (*Ursache, lat.*) der die Behinderung auslösenden Schädigung und der dafür begründeten Einstandspflicht. Dieser Grundsatz erklärt, dass die Unfallversicherung Rehabilitationsträgerin für die Opfer von Arbeitsunfällen und Berufskrankheiten und die Versorgungsverwaltung Rehabilitationsträgerin für die Opfer von Verbrechen, Wehr- und Zivildienst ist.

526

Ein weiteres zuständigkeitsbegründendes Prinzip sind die **Behinderungsfolgen**. Zuständig ist demnach der Träger, welcher die Hauptleistung für das jeweilige soziale Risiko trägt, das sich bei Fortdauer oder Eintritt der Behinderung verwirklichte. Die Zuständigkeit wird also **final** begründet. Daher ist die Krankenversicherung Rehabilitationsträgerin für alle primär medizinischen und ergänzenden, mit der Heilbehandlung unmittelbar verbundenen Maßnahmen. Indes ist die Rentenversicherung Rehabilitationsträgerin für alle dem Verlust der Erwerbsfähigkeit entgegenwirkenden Maßnahmen. Schließlich ist die Arbeitsverwaltung Rehabilitationsträgerin für Maßnahmen, die primär auf Änderung der beruflichen Qualifikation – und so auch auf Sicherung der Teilhabe zielen.

Die Träger von **Grundsicherung** und **Sozialhilfe** leisten die Rehabilitation, falls eine Rehabilitationsleistung zwar benötigt, indes weder nach der kausalen noch finalen Zuordnung von einem anderen Träger zu leisten ist. Dies ist der Fall, wenn die Behinderung weder Folge einer Schädigung ist, für die eine spezielle sozialrechtliche Einstandspflicht begründet ist, noch der Behinderte Schutz durch Renten-, Kranken- oder Arbeitslosenversicherung genießt, insbesondere, weil er die versicherungsrechtlichen Voraussetzungen (Versicherungspflicht oder Versicherungszeiten) nicht erfüllt.

527

Um Ansprüche Berechtigter auf Teilhabe nicht an der ungeklärten Zuständigkeit scheitern zu lassen, sind die Rehabilitationsträger zur **Koordination** ihrer Leistungen verpflichtet (§ 15 SGB IX). In das Rehabilitationsverfahren sind andere öffentliche, mit der Sozialleistungsgewährung und dem sozialen Schutz befasste Stellen – namentlich Integrationsämter und Jobcenter – einzubeziehen (§ 22 SGB IX). Um die Zuständigkeit möglichst rasch zu klären, ist bestimmt, dass der Berechtigte seine Leistung durch den zuständigen Träger binnen weniger Wochen nach Antragstellung erhalten soll.[12] Der angegangene Rehabilitationsträger hat daher nach § 14 SGB IX binnen **zwei Wochen** seine Zuständigkeit zu **klären**; andernfalls leitet er das Gesuch an den zuständigen Träger weiter, der seinerseits unverzüglich darüber ent-

528

---

12 BSGE 93, 283; 101, 207; *Castendiek*, Zusammenarbeit der Rehabilitationsträger, in Deinert/Neumann (Hg.), Rehabilitation und Teilhabe behinderter Menschen, 2009 (2. Aufl.), § 8; *Welti*, in Lachwitz/Schellhorn/Welti (Hg.), 2010 (3. Aufl.), HK-SGB IX, § 14 Rn. 12 ff.

scheidet. Leistet der unzuständige Träger, steht diesem gegen den zuständigen Träger ein Erstattungsanspruch zu (§ 16 SGB IX).[13] Erfordert die Klärung des Befundes ein medizinisches Gutachten, ist dieses in drei Wochen einzuholen und nach zwei Wochen zu erstatten. Bei Fristüberschreitung ohne zureichenden Grund ist der Berechtigte zur Selbstbeschaffung der geschuldeten Leistungen auf Kosten des leistungspflichtigen Trägers befugt[14] (§§ 17 f. SGB IX).

cc) Leistungen

529 	Das SGB IX unterscheidet Leistungen der **medizinischen Rehabilitation**, zur **Teilhabe am Arbeitsleben**, unterhaltssichernde und andere ergänzende Leistungen sowie diejenigen zur Teilhabe am Leben der Gemeinschaft (**soziale Teilhabe**, §§ 76 ff. SGB IX). Als Leistungen der medizinischen Rehabilitation zählt § 42 SGB IX die zur Abwendung von Behinderungen oder Überwindung der Einschränkung der Erwerbsfähigkeit und Pflegebedürftigkeit nötigen Heilbehandlungen, Arznei- und Hilfsmittelversorgung sowie spezielle Therapien.[15] Die Hilfe soll die Selbsthilfe stärken. Prävention durch Stärkung der Eigenverantwortung und das Gebot der Solidarität erlangen eine wachsende Bedeutung.[16] Die Leistungen zur **Teilhabe** am Arbeitsleben (§ 49 SGB IX) dienen der Integration des Behinderten in das **Erwerbsleben**,[17] sei es als Arbeitnehmer oder als Selbständiger. Die Förderung kann auch in eigenen Inklusionsbetrieben (§ 215 SHB IX) sowie in Werkstätten für behinderte Menschen (§§ 56, 219 SGB IX) stattfinden. Keine Teilhabe soll von behinderten Menschen beansprucht werden können, die ihre Befähigung zur Mitarbeit in der Behinderten-Werkstatt erhalten wollen.[18] Denn Teilhabeleistungen sollen zur Tätigkeit auf dem allgemeinen Arbeitsmarkt befähigen.

Der behinderte Mensch kann seine Leistungen auch in der Form des **persönlichen Budgets** (§ 29 SGB IX) erhalten.[19] Dieses ermöglicht, Dienste ohne Bindung an das Hilfsangebot von Rehabilitationseinrichtungen zu erwerben; es verwirklicht das Wunsch- und Wahlrecht des behinderten Menschen (§§ 33 SGB I, 8 SGB IX). Mittels der Eingliederungshilfe wird unter Anrech-

---

[13] BSGE 98, 267.
[14] *Plagemann*, Persönliches Budget – Chance für mehr Teilhabe, in Wallerath (Hg.), Fiat iustitia, Festschrift für Peter Krause zum 70. Geburtstag, 2006, 171.
[15] *Mrozynski*, SGb 1999, 437.
[16] *Kohl/Carius*, DRV 2003, 30.
[17] *Welti*, Behinderung und Rehabilitation im sozialen Rechtsstaat, 2005, 681 ff.; *Nebe*, in Gagel (Hg.), SGB II / SGB III, 2014, vor §§ 112–129 SGB III Rn. 1d; BSG SozR 4-2500 § 33 Nr. 29, 30; *Trenk-Hinterberger*, FS Eichenhofer, 652.
[18] BSGE 78, 163; 85, 298.
[19] *Welti/Sulek*, VSSR 2000, 453 ff.; BSGE 108, 158; 110, 83.

nung von Einkommen und Vermögen dem bedürftigen behinderten Menschen die Sicherung einer der Behinderung entsprechenden Lebensführung ermöglicht (§§ 90 ff. SGB IX). Die Eingliederungshilfe für **behinderte** Menschen kommt für Personen in Betracht, die niemals eine Erwerbstätigkeit ausübten und deshalb keine Ansprüche auf Rehabilitation in den Systemen sozialer Vorsorge erlangen konnten. Die Hilfe kann bei jeglicher Art der Behinderung gewährt werden. Sie dient der **medizinischen** wie **schulisch-beruflichen Eingliederung** in das Erwerbsleben. Mögliche Leistungen sind eine Verhaltenstherapie,[20] Privatunterricht[21] oder Kraftfahrzeughilfe, falls die Benutzung öffentlicher Verkehrsmittel dem behinderten Menschen nicht zumutbar ist.[22]

b) Eingliederung behinderter Menschen in Arbeit und Gesellschaft

Die Eingliederung behinderter Menschen in Arbeit und Gesellschaft ging aus der **Kriegsopferfürsorge** hervor und entwickelte sich im **1. Weltkrieg**. 1920 wurde erstmals ein Schwerbeschädigtengesetz erlassen, das die auf finanziellen Ausgleich konzentrierte Kriegsopferversorgung ergänzen und die Kriegsverwundeten durch Hilfe zur Selbsthilfe sozial integrieren sollte. Es entstanden Beschäftigungspflichten und ein Kündigungsschutz für Schwerbeschädigte. Nach dem 2. Weltkrieg wurde die soziale Integration der Kriegsbeschädigten zunächst durch Landesrecht und nach Gründung der Bundesrepublik Deutschland durch das bundeseinheitliche „**Schwerbeschädigtengesetz**" von 1953 verwirklicht, das 1954 durch das „**Schwerbehindertengesetz**" abgelöst wurde. Die Änderung der Bezeichnung soll ausdrücken, dass nicht mehr nur die Eingliederung der Kriegsverwundeten, sondern die Integration sämtlicher behinderten Menschen bezweckt ist.[23] Diesem Ziel folgt auch das SGB IX. **530**

Das Schwerbehindertenrecht ist **nicht** wesentlich **Sozialrecht, sondern** Individual- und kollektives **Arbeitsrecht** (soziales Privatrecht, vgl. oben Rn. 3). Das Sozialrecht wird durch die Regelungen des Schwerbehindertenrechts nur insoweit berührt, als die Versorgungsverwaltung über das Bestehen der Behinderteneigenschaft und den Grad der Behinderung (GdB) zu entscheiden hat (§§ 152 f. SGB IX). Gegen diese Entscheidungen ist der Rechtsweg zu den Sozialgerichten eröffnet. **531**

---

[20] BVerwGE 70, 121; hierbei ist zu beurteilen, inwieweit die Hilfemaßnahme Erfolg verspricht (BVerwGE 91, 114).
[21] OVG Nordrhein-Westfalen FEVS 38, 353.
[22] OVG Nordrhein-Westfalen ZfS 1991, 338.
[23] Vgl. *Welti*, in SRH, § 27 Rn. 1 ff.; *Neumann*, in Deinert/Neumann (Hg.), Rehabilitation und Teilhabe behinderter Menschen, 2009 (2. Aufl.), § 6 Rn. 44 ff.; *Eckertz, Deinert, Braasch,* in Deinert/Neumann (Hg.), Rehabilitation und Teilhabe behinderter Menschen, 2009 (2. Aufl.), §§ 14, 16 f., 19.

Im Übrigen statuiert das Gesetz für **Arbeitgeber,** die mehr als 20 Arbeitsplätze haben, wenigstens 5 % der Arbeitsplätze mit schwerbehinderten Menschen zu **besetzen** (§ 154 SGB IX); Unternehmen mit weniger als 40 Beschäftigten haben einen und Unternehmen mit weniger als 60 Beschäftigten haben wenigstens zwei schwerbehinderte Arbeitnehmer(innen) einzustellen. Arbeitgeber, die dieser Pflicht nicht nachkommen, haben eine Ausgleichsabgabe (§ 160 SGB IX) zu zahlen. Deren Verwendung ist zweckgebunden; ihr Ertrag ist für die Beschäftigungsförderung schwerbehinderter Menschen zu verwenden.

Durch das **betriebliche Eingliederungsmanagement** sollen die Folgen der Krankheit und Behinderung gelindert werden und damit zur Aufrechterhaltung des Beschäftigungsverhältnisses beitragen (§§ 164 ff. SGB IX); die Integration in den Arbeitsmarkt soll durch eine Inklusionsvereinbarung (§ 166 SGB IX) einzeln geregelt werden.[24] Schwerbehinderte Arbeitnehmer genießen Anspruch auf Zusatzurlaub (§ 208 SGB IX) und Sonderkündigungsschutz (§§ 168 ff. SGB IX). Behinderte Arbeitnehmer haben das Recht zur Errichtung einer eigenen Schwerbehindertenvertretung (§ 178 SGB IX). Diese hat gegenüber dem Arbeitgeber wie gegenüber den Vertretungen der übrigen Arbeitnehmerschaft (Betriebsrat, Personalrat) die Belange der Behinderten zur Geltung zu bringen. Schwerbehinderte Menschen haben bei einem eigenen Anteil Anspruch auf grundsätzlich unentgeltliche Beförderung durch Einrichtungen des öffentlichen Personenverkehrs (§§ 228 ff. SGB IX).

---

[24] *Bode/Dernieden/Gerson*, FS Kothe, 401; *Kothe*, DB 2008, 582; *Paridon*, Betriebliches Eingliederungsmanagement und Unfallversicherung im aktivierenden Wohlfahrtsstaat, BGAG-Report 3/2009; *Deinert*, Betriebliches Eingliederungsmanagement und betriebliche Prävention, in Welti (Hg.), Das Rehabilitationsrecht in der Praxis der Sozialleistungsträger, 2009, 47; *ders.*, NZA 2010, 969.

V. Recht sozialer Hilfen

§ 26 Sozialhilfe

Lit.: *Berlit/Conradis/Sartorius* (Hg.), Existenzsicherungsrecht, 2013 (2. Aufl.); *Bieritz-Harder/Conradis/Thie* (Hg.), Sozialgesetzbuch XII, Lehr- und Praxiskommentar, 2012 (9. Aufl.); *Fichtner/Wenzel* (Hg.), SGB XII – Sozialhilfe mit AsylbLG, 2009 (4. Aufl.); *Henneke* (Hg.), Die Kommunen in der Sozialpolitik, 2004; *Luthe*, Optimierende Sozialgestaltung, 2001; *Hauck/Noftz* (Hg.), SGB XII, Loseblattwerk; *Mergler/Zink* (Hg.), Handbuch der Grundsicherung und Sozialhilfe, Kommentar, Loseblattwerk; *Schellhorn/Schellhorn/Hohm* (Hg.), SGB XII – Sozialhilfe, 2011 (18. Aufl.); *Schoch*, Sozialhilfe, 2001 (3. Aufl.); *Trenk-Hinterberger*, Sozialhilferecht, in von Maydell/Ruland/Becker (Hg.), Sozialrechtshandbuch, 2012 (5. Aufl.), § 23.

a) Grundsätze

§ 9 SGB I lautet: „Wer nicht in der Lage ist, aus eigenen Kräften seinen **532** Lebensunterhalt zu bestreiten oder in besonderen Lebenslagen sich selbst zu helfen, und auch von anderer Seite keine ausreichende Hilfe erhält, hat ein Recht auf persönliche und wirtschaftliche Hilfe, die seinem besonderen Bedarf entspricht, ihn zur Selbsthilfe befähigt, die Teilnahme am Leben in der Gemeinschaft ermöglicht und die Führung eines menschenwürdigen Lebens sichert".

Hieraus lassen sich **Aufgabe**, **Arten**, **Voraussetzungen**, **Maß**, **Zweck** und **Ziel** der Sozialhilfe entnehmen. Durch Sozialhilfe soll Menschen in Not geholfen werden. Die Hilfe kann der Bestreitung des Lebensunterhalts oder der Bewältigung besonderer Lebenslagen dienen. **Voraussetzung** der **Hilfe** ist das **Unvermögen** zur **Selbsthilfe**. **Maß** der Hilfe ist der individuelle Bedarf. Zweck der Leistung ist Hilfe zur Selbsthilfe und deren Ziel ist die Sicherung eines menschenwürdigen Daseins.

Das Sozialhilferecht war seit 1961 im Bundessozialhilfegesetz (BSHG) **533** und ist seit 2005 im SGB XII geregelt. Dieses stützt sich auf Art. 74 I Nr. 7 GG, wonach dem Bund die konkurrierende Gesetzgebungszuständigkeit für die **Fürsorge** zukommt. Die Sozialhilfe ging aus der gemeindlichen Armenpflege hervor (vgl. oben Rn. 18 ff.). Vor Schaffung des BSHG galt die Reichsfürsorgepflichtverordnung (RFV) von 1924.[1] Die Sozialhilfe ist das „Netz unter dem sozialen Netz" – sie trägt, wenn die anderen Netze nicht oder nicht zureichend tragen.

Sie wird daher als „subsidiäres Basissystem"[2] bezeichnet. Sozialhilfe sichert für jeden die Befriedigung elementarer Bedarfe und verwirklicht unmittelbar damit das Ziel der **Sozialstaatlichkeit** (vgl. oben Rn. 7, 18, 121); allerdings ist diese Aufgabe gegenüber anderen Sozialleistungsträgern sowie den kraft Privat-, namentlich Familienrechts zur Daseinssicherung anderer Verpflichteten nachrangig – d. h. **subsidiär**. Die Bedeutung der Sozialhilfe wächst, insbesondere auch in den Ballungszentren, wo wachsende Einkommensunterschiede vorherrschen.[3] Dieses scheinbare Paradox erklärt sich aus dem der Sozialhilfe zugrundeliegenden Verständnis der Bedürftigkeit als „relativer Armut". Die „Armut" wächst danach mit Zunahme der Einkommensunterschiede.

Für Alte und erwerbsgeminderte Menschen besteht in Gestalt der **Grundsicherung** (§§ 41–46 SGB XII)[4] ein organisatorisch eigenes, von der Sozialhilfe getrenntes, aber inhaltlich daran ausgerichtetes Modell einer gegenüber anderweitigen Sozialleistungsansprüchen subsidiären, indes gegenüber Familienunterhaltspflichten vorrangigen Grundsicherung (vgl. oben Rn. 296). Dieses findet in der Grundsicherung für Arbeitsuchende (SGB II, vgl. oben Rn. 478 ff.) sowie der Kriegsopferfürsorge eine Entsprechung: Die einst als Einheit gedachte Sozialhilfe fächert sich in eine Anzahl von einander abgegrenzter Teilgebiete auf. Das Recht sozialer Hilfen umfasst also die Grundsicherung und die Sozialhilfe als umfassendes Recht der Existenzsicherung.[5]

534　　Aus §§ 1, 2, 9, 17 SGB XII lassen sich die – für die Auslegung der Einzelbestimmungen des Sozialhilferechts leitenden – **Grundsätze** entnehmen: Ziel der Hilfegewährung ist die Ermöglichung eines **menschenwürdigen** Lebens, die Hilfe ist als **Hilfe zur Selbsthilfe** auszugestalten (§ 1 SGB XII); Sozialhilfe ist gegenüber der Selbsthilfe, der Leistungspflicht privater oder anderer Sozialleistungsträger **nachrangig** (§ 2 SGB XII), die Hilfe ist zu **individualisieren** (§ 9 SGB XII), auf Sozialhilfe besteht ein **höchstpersönlicher Rechtsanspruch** (§ 17 SGB XII).

---

[1] Vom 13. Februar 1924 i. V.m. den Reichsgrundsätzen über Voraussetzungen, Art und Maß der öffentlichen Fürsorge vom 4. Dezember 1924 (vgl. Rn. 45).

[2] *Trenk-Hinterberger*, in SRH, § 23 Rn. 1.

[3] *Bundesministerium für Arbeit und Soziales* (Hg.), Lebenslagen in Deutschland: dritter Armuts- und Reichtumsbericht in Deutschland, 2008.

[4] *Renn/Schoch*, Grundsicherungsgesetz, 2003; *Brudermüller*, Elternunterhalt und Generationensolidarität, in Gottwald/Jayme/Schwab (Hg.), Festschrift für Dieter Henrich zum 70. Geburtstag, 2000, 31; *Büttner*, Belastungsgrenzen beim Elternunterhalt, ebd., 51.

[5] *Berlit/Conradis/Sartorius* (Hg.), Existenzsicherungsrecht, 2012 (2. Aufl.).

aa) Sozialhilfe und Menschenwürde

Der Zusammenhang von Sozialhilfe und Menschenwürde-Garantie (Art. 1   **535**
I GG) wurde durch das BVerwG[6] unmittelbar nach Aufnahme seiner Spruch-
praxis hergestellt. Danach folge aus der Menschenwürde (Art. 1 I GG), dass
Sozialhilfe nicht nur von **Rechts** wegen **geschuldet**, sondern auch vom Hilfebedürftigen **beansprucht** werden könne. Unter dem GG sei der Mensch stets
Rechtssubjekt und deshalb nicht als **Objekt** gemeindlicher **Fürsorglichkeit** zu
denken. Dieser letztlich auf Immanuel Kant[7] zurückgehende Gedanke, dass
der Mensch im Recht stets als Subjekt zu denken sei, vermag zwar nicht
Ansprüche auf einzelne Leistungen zu stützen. Vielmehr bedarf er der Konkretisierung[8] – primär durch den Gesetzgeber, notfalls durch den Richter.

Den Menschen als Subjekt verstehen, heißt ihn zunächst als Rechts- und
Wirtschaftssubjekt (homo faber) denken. Wäre der Mensch primär schutzbedürftig und a priori staatlicher Hilfe bedürftig (wie in den Vorschlägen für
ein bedingungsloses Grundeinkommen), würde er nicht als Subjekt, sondern
Objekt staatlicher Fürsorglichkeit verstanden. Dieser Annahme widerspräche, dass der Mensch Inhaber der allgemeinen Handlungsfreiheit (Art. 2
I GG) und Privatautonomic ist. Jcdcr Einzclnc ist dahcr grundsätzlich darauf verwiesen, für sich und seine Familie den Lebensunterhalt durch eigene
Erwerbstätigkeit zu bestreiten (vgl. § 12 SGB XII und oben Rn. 9).[9] Nur
Ausnahmen von dieser Regel können vom Sozialleistungstatbestand vertypt
werden.

Aus der Verbindung von Sozialhilfe und Menschenwürde folgt deshalb,
auch wer – vorübergehend – **nicht** als **Wirtschaftssubjekt** seinen Lebensunterhalt bestreiten kann, hat als **Mensch** ein Recht auf Befriedigung der elementaren Bedürfnisse: Dieses Recht hat notfalls die staatlich verfasste Gemeinschaft einzulösen. Das diesem Werk als Wahlspruch vorangestellte
Schiller-Wort (vgl. oben vor Rn. 1) machte auf diesen Zusammenhang bereits früh klar und hellsichtig aufmerksam. Sozialhilfe sichert die Teilhabe
des Einzelnen am wirtschaftlichen und gesellschaftlichen Leben und verbürgt damit soziale Inklusion.

---

[6] BVerwGE 1, 159; vgl. auch BVerfGE 82, 60 (erstmalige ausdrückliche Anerkennung eines durch die Verfassung gewährleisteten Rechts auf das Existenzminimum);
Schnapp, SGb 2010, 61.
[7] *Kant*, Grundlegung zur Metaphysik der Sitten, 2. Abschnitt, Übergang von der
populären sittlichen Weltweisheit zur Metaphysik der Sitten.
[8] *Becker*, Das „Menschenbild des Grundgesetzes" in der Rechtsprechung des Bun-
desverfassungsgerichts, 1996; *Eichenhofer*, Sozialrechtlicher Gehalt der Menschenwürde, in Gröschner/Lembcke (Hg.), Das Dogma der Unantastbarkeit, 2009, 215 ff.; *Enders*,
Die Menschenwürde in der Verfassungsordnung, 1997, 65 ff., 127 ff.; *Leisner*, Existenzsicherung im öffentlichen Recht, 2007, 98 ff.; *Bieritz-Harder*, Menschenwürde und
Existenzsicherung, in Berlit/Conradis/Sartorius (Hg.), Existenzsicherungsrecht, 2013
(2. Aufl.), Kapitel 8.
[9] *Zacher*, SGb 1982, 329 ff.; *Schulte*, NJW 1989, 1241.

536   Wiewohl aus der **Menschenwürde** keine Einzelansprüche auf soziale Hilfe
        folgen, ergeben sich jedoch die **Grundsätze** der Sozialhilfe: Hilfe zur Selbst-
        hilfe, Nachrang gegenüber anderen Leistungsansprüchen, Individualisie-
        rung und subjektives Recht auf Sozialhilfe. Dass Sozialhilfe grundsätzlich
        nur vorübergehend und als Hilfe zur Selbsthilfe gewährt werden soll, erklärt
        sich daraus, dass der Mensch grundsätzlich als **Rechts-** und **Wirtschafts**sub-
        jekt zu verstehen ist. Sozialhilfe ist gegenüber Selbsthilfe und anderen Leis-
        tungen nachrangig, weil der Mensch grundsätzlich zur Sicherung seines Da-
        seins auf eigenes Einkommen, Arbeits- und Geldvermögen oder die ihm ge-
        genüber anderen zustehenden Rechtsansprüche verwiesen ist. Der Grundsatz
        der Individualisierung ist Ausdruck der Menschenwürde, weil nur so der
        Einzelne als **Individuum** – statt als namenlose „Nummer" – Einer unter Vie-
        len – behandelt wird. Auch das subjektive Recht auf Sozialhilfe ist Ausdruck
        der Menschenwürdeverhindert es doch, dass der um Sozialhilfe Nachsu-
        chende als **Bittsteller** auftreten muss.

bb) Hilfe zur Selbsthilfe

537   Die Hilfe soll den Empfänger „soweit wie möglich befähigen, unabhängig
        von ihr zu leben; darauf haben auch die Leistungsberechtigten nach ihren
        Kräften hinzuarbeiten" (§§ 1, 2 SGB XII). Dieser Grundsatz gilt nicht dem
        „Ob", sondern dem „Wie": Sozialhilfe ist eine **finale**[10] Leistung, die mög-
        lichst so zu gestalten ist, dass dauernde Sozialhilfeabhängigkeit vermieden
        wird. Hieraus folgt, Sozialhilfe ist zukunftsgerichtet und nicht vergangen-
        heitsbezogen zu gewähren; namentlich sind keine Schulden zu tilgen.[11]
        Grundsätzlich ist auch das Sozialhilferecht der sozialen Förderung verpflich-
        tet. Dementsprechend hat der Sozialhilfeträger den Leistungsempfänger zu
        beraten, wie er die Notlage überwindet und am gesellschaftlichen Leben
        aktiv teilnimmt.

cc) Nachrang

538   Nachrangig bedeutet: Sozialhilfe wird nur gewährt, falls sich der Hilfesu-
        chende nicht **selbst** helfen und die Hilfe auch nicht von **anderen** – Familien-
        angehörigen oder anderen Sozialleistungsträgern – erhalten kann[12] (§ 2 SGB
        XII). Grundsätzlich hat jeder seinen Lebensunterhalt durch Erwerbstätigkeit

---

[10] *Rothkegel*, Die Strukturprinzipien des Sozialhilferechts, 2000, arbeitet eine Vielzahl einzelner, die Rechtsprechung leitender Prinzipien heraus.
[11] BVerwGE 66, 342; vgl. § 36 SGB XII Schulden können nur zur Sicherung der Wohnung (und Nebenkosten) oder zur Behebung einer vergleichbaren Notlage übernommen
werden.
[12] Vgl. umfassend *Schoch*, Sozialhilfe, 2001 (3. Aufl.), 85 ff.; *Schulte*, NJW 1989,
1241.

zu bestreiten sowie dafür sein Einkommen und Vermögen einzusetzen. § 2 SGB XII verdeutlicht, **Sozialhilfe** entlässt Unterhaltspflichtige oder vorrangig leistungspflichtige Träger **nicht** aus ihrer **Primärverantwortung**. Die Sozialhilfegewährung beseitigt also weder die unterhaltsrechtliche Bedürftigkeit noch tilgt sie die Verbindlichkeit anderer Träger.

Der Ausgleich zwischen Sozialhilfeträger und leistungspflichtigem Träger vollzieht sich nach den Regeln des Erstattungsrechts (vgl. oben Rn. 243 ff.). Der Ausgleich zwischen Sozialhilfeträger und Unterhaltspflichtigem geschieht durch den gesetzlichen Forderungsübergang (cessio legis): Der Unterhaltsanspruch geht kraft Gesetzes vom Unterhaltsgläubiger und Hilfeempfänger auf den Sozialhilfeträger über (§ 94 SGB XII).

Eine gesetzliche Ausprägung der Nachrangigkeit enthält § 22 SGB XII. Für die Deckung des ausbildungsrelevanten Bedarfs hat die Ausbildungsförderung Vorrang vor der Sozialhilfe.[13] Entsprechendes gilt für das Verhältnis Jugendhilfe oder Grundsicherung für Arbeitsuchende (§ 21 SGB XII) und Sozialhilfe.[14] Der Vorrang des Unterhaltsrechts gegenüber dem Sozialhilferecht bedeutet auch, dass der Unterhaltsberechtigte seinen Unterhaltsanspruch grundsätzlich vorrangig geltend machen muss und hierfür bei Bedürftigkeit gegebenenfalls Prozesskostenhilfe erlangt.[15]

dd) *Individualisierung*

Für Individualisierung (§ 9 SGB XII) gilt deren „Wie?". Die Hilfe ist **nicht**   **539** **schematisierend** und **typisierend**, sondern konkret auf den Hilfeempfänger individuell zugeschnitten zu gewähren. Diese Bestimmung hat besondere Bedeutung für die sozialen Dienst- (z. B. Heimunterbringung) und Sachleistungen (behindertengerechte Ausstattung einer Wohnung). Sie tritt dagegen bei den Geldleistungen zurück. Freilich ist auch bei diesen (z. B. Gewährung der Hilfe zum Lebensunterhalt) eine Individualisierung möglich und nötig (Bestattungskosten).[16] Ist ein Hilfeempfänger etwa obdachlos und alkoholabhängig, können statt Geld in Gestalt von Wertgutscheinen Nahrungsmittel als Hilfe zum Lebensunterhalt gewährt werden.[17] Dem Individualisierungsgrundsatz entspricht, dass der Sozialhilfeträger über **Form** und **Maß** der **Hilfe** nach eigenem **Ermessen** entscheidet. Daher ist der Wohnbedarf eines Hilfebedürftigen – statt wie im Wohngeldrecht typisierend – konkret zu ermitteln.[18] Deshalb schuldet der Sozialhilfeträger einem behinder-

---

13 BVerwGE 71, 12; 82, 125.
14 BVerwG ZfSH/SGB 1986, 513.
15 OVG Hamburg FamRZ 1989, 1202.
16 BSGE 109, 61.
17 BVerwGE 72, 354.
18 OVG Hamburg FEVS 37, 203, 205; BVerwGE 75, 168.

ten Kind eventuell Taxifahrten in die Sonderschule, obgleich ein Schulbus
verkehrt, falls es dem Sonderschulunterricht statt ganz- nur halbtägig folgen
kann, während der Tagesmitte aber ein Bus nicht verkehrt.[19]

540   In Ausprägung des Individualisierungsgrundsatzes hat der Träger den
Wünschen des Hilfeempfängers für die Gestaltung der Hilfe zu entsprechen
(§§ 9 II SGB XII, 33 S. 2 SGB I). Dadurch erhält der Empfänger ein **Teilhaberecht**: Die Hilfe ist **nicht nur auf** den, sondern **auch mit** dem Empfänger
abzustimmen. Dieses Recht kann auch die Befugnis zum Wohnungswechsel
umfassen.[20] Die Rücksichtnahme auf Wünsche des Empfängers steigert die
Akzeptanz und damit die Effektivität der Hilfe.

Selbstbestimmung und Wünsche des Bedürftigen sind indes durch Vorran-
gregeln begrenzt. Dem Wunsch auf stationäre Hilfe (in Heim oder Anstalt)
darf im Einzelfall nur entsprochen werden, wenn der Bedarf nicht ambulant
gedeckt werden kann und nicht unverhältnismäßige Mehrkosten entstehen
(§ 9 II SGB XII). § 13 SGB XII hebt den **Vorrang** der **ambulanten** Leistungen
jedoch auf, wenn die **stationäre** Bedarfsdeckung zumutbar ist und die ambulante Leistung demgegenüber unverhältnismäßige **Mehrkosten** verursachen
würde. Beachtlich ist der Wunsch auf Betreuung durch einen Dienst oder in
einer Einrichtung des jeweiligen religiösen Bekenntnisses. Jedoch soll auch
diesem Wunsch nur entsprochen werden, so dies keine unverhältnismäßigen
Mehraufwendungen mit sich bringt (§ 9 III, II SGB XII).[21]

ee) Rechtsanspruch auf Sozialhilfe

541   Auf Sozialhilfe besteht ein **Rechtsanspruch**,[22] soweit das Gesetz einzelne
Tatbestände als **Pflichtleistungen** ausgestaltet. Den Inhalt des Anspruchs zu
bestimmen, liegt im Ermessen des Trägers (§ 17 SGB XII). Weil Sozialhilfe
der Befriedigung der elementaren Bedarfe dient, ist der Anspruch nicht
übertrag-, pfänd- oder verpfändbar (§ 17 I 2 SGB XII; vgl. oben Rn. 187 und
§ 400 BGB). Der Anspruch entsteht, sobald dem zuständigen Träger die Voraussetzungen der Hilfebedürftigkeit bekannt werden (§ 18 SGB XII). Eines
Antrages bedarf es nicht; Sozialhilfe ist also von Amts wegen zu erbringen.[23] Der Antrag vermittelt dem Sozialhilfeträger indes im Regelfall die
nötige Kenntnis von der Hilfebedürftigkeit. Da Sozialhilfe unabhängig von
einem Antrag geleistet wird, sollte nach der früheren Rechtsprechung[24] auch
nicht die Antragstellung beim unzuständigen der Antragstellung beim zu-

---

[19] BVerwG ZfSH/SGB 1993, 198.
[20] OVG Hamburg ZfSH/SGB 1990, 363.
[21] BVerwGE 65, 52; *Luthe,* in Hauck/Noftz (Hg.), SGB XII, § 9 Rn. 37.
[22] BVerwGE 25, 307.
[23] BVerwGE 66, 90, 92.
[24] BVerwGE 69, 5.

ständigen Träger gleichstehen (§ 16 SGB I). Diese Rechtsprechung wurde jedoch aufgegeben: § 16 II 2 SGB I – die Antragstellung beim unzuständigen wirkt wie die Antragstellung beim zuständigen Träger – gilt auch für die Sozialhilfe.[25]

b) Organisation

Sozialhilfe wird von den **örtlichen** und den **überörtlichen** Trägern gewährt   **542** und finanziert (§ 3 SGB XII). Örtliche Träger sind die kreisfreien Städte und Landkreise. Sie gewähren Sozialhilfe als Selbstverwaltungsangelegenheit. Das Landesrecht kann bestimmen, dass kreisangehörige Gemeinden mit der Wahrnehmung der Sozialhilfe nach Weisung des Landkreises tätig werden können; die Gemeinde wird in diesem Fall im Auftrag des Landes tätig; Landesrecht bestimmt ferner den überörtlichen Träger (§§ 97 ff. SGB XII).

Die Länder bestimmen als überörtlichen Träger
1. das Land (Berlin, Brandenburg, Bremen, Hamburg, Niedersachsen, Rheinland-Pfalz, Saarland, Sachsen-Anhalt, Schleswig-Holstein und Thüringen) oder
2. einen Träger kommunaler Selbstverwaltung (Bezirke in Bayern, Landschaftsverbände in Nordrhein-Westfalen) oder
3. einen einzig für Sozialhilfe zuständigen kommunalen Verband (Landeswohlfahrtsverband in Baden-Württemberg, Hessen, Mecklenburg-Vorpommern und Sachsen).

Die **örtliche** Zuständigkeit richtet sich nach dem gewöhnlichen Aufenthalt   **543** des Hilfeempfängers und bei Aufnahme in ein Heim oder eine Anstalt nach dem gewöhnlichen Aufenthalt des Empfängers vor der Aufnahme (§§ 98, 108 SGB XII). Der örtliche Träger ist regelmäßig, der überörtliche Träger nur ausnahmsweise zuständig (§ 97 SGB XII). Über die Verteilung der sachlichen Zuständigkeit zwischen örtlichem und überörtlichem Träger entscheidet das Landesrecht.[26] Zwar gibt § 97 III SGB XII für einzelne Sachgebiete den überörtlichen Trägern Zuständigkeiten vor, aber unter dem Vorbehalt der Landesgesetzgebung. Diese kann abweichend davon dem örtlichen Träger Aufgaben des überörtlichen Trägers wie umgekehrt zuweisen. Dabei wird der Landesgesetzgeber bestrebt sein, die atypischen und kostenintensiven Leistungen (namentlich die Anstaltsunterbringung) dem überörtlichen und die typischen Leistungen dem örtlichen Träger zuzuweisen.

Bei Gewährung sozialer Dienste (Heime, Einrichtungen für Nichtsess-   **544** hafte, Sozialstation) werden **kirchliche** (Caritas, Diakonisches Werk) und **freie Wohlfahrtsverbände** (Arbeiterwohlfahrt, Deutscher Paritätischer

---

25 BVerwG ZfSH/SGB 1996, 237.
26 Vgl. dazu die Ausführungsgesetze der Länder: *Rabe*, in Fichtner/Wenzel (Hg.), SGB XII – Sozialhilfe mit AsylbLG, 2009 (4. Aufl.), § 97 Rn. 2 ff.; z.B. § 2 ThAGSGB XII.

Wohlfahrtsverband, Volkssolidarität, Deutsches Rotes Kreuz) tätig. Kirchliche Sozialarbeit genießt als Religionsausübung den Schutz der Glaubensfreiheit (Art. 4 II GG). Das Verhältnis dieser Verbände zum Sozialhilfeträger folgt dem „Grundsatz der Subsidiarität öffentlicher Hilfe"[27] (vgl. § 5 SGB XII), die Zuständigkeit der Sozialhilfeträger berührt das Wirken der Wohlfahrtsverbände nicht und beide sind zur Zusammenarbeit angehalten. Der Sozialhilfeträger soll danach Dienst- und Sachleistungen **nicht erbringen**, falls diese kirchliche Verbände und freie Trägern erbringen (§ 5 IV SGB XII). Die Sozialhilfeträger haben sich jedoch an den Aufwendungen der Verbände zu beteiligen. Zu diesem Zweck sind Vereinbarungen zwischen Träger und Verbänden für die einzelnen Einrichtungen abzuschließen (§§ 76 ff. SGB XII).[28]

c) Leistungen

aa) Überblick

545   Es sind zwei Leistungen zu unterscheiden: die **Hilfe zum Lebensunterhalt** (bb) sowie die **Hilfe in besonderen Lebenslagen** (cc). Nach §§ 9, 28 SGB I ist Hilfe zum Lebensunterhalt zu gewähren, falls der Antragsteller seinen notwendigen Lebensunterhalt ganz oder zum Teil nicht aus eigenem Einkommen oder Vermögen bestreiten kann (§ 27 SGB XII). Sozialhilfe wird ferner erbracht, wenn der Empfänger zwar den Lebensunterhalt tragen kann, indes wegen einer Notlage (z.B. Krankheit, Schwangerschaft, Behinderung oder Pflegebedürftigkeit) zusätzliche Bedarfe (auf Krankensicherung, Betreuung, Eingliederung oder Pflege) bestehen, die der Einzelne nicht aus eigenem Einkommen oder Vermögen zu decken vermag. Beide Leistungsarten unterscheiden sich im Grund wie Maß der Bedürftigkeit. Vor Inanspruchnahme der Hilfe zum Lebensunterhalt sind Einkommen und Vermögen des Antragstellers grundsätzlich voll zu verwerten, bei der Hilfe in besonderen Lebenslagen abgeschwächt einzusetzen (vgl. Rn. 558 ff.). Lebt der Hilfebedürftige in einer Bedarfsgemeinschaft, sind Einkünfte aus der Bedarfsgemeinschaft zu berücksichtigen.[29]

546   Der Träger hat zur Ermittlung der Bedarfslage das individuelle **Begehren** auf Sozialhilfe umfassend = **in seiner Gesamtheit** zu würdigen (Gesamtfallgrundsatz).[30] Diese Prüfung kann zur Kumulation von Ansprüchen auf Hilfe zum Lebensunterhalt und Hilfe in besonderen Lebenslagen führen. Bedarf ist nur anzuerkennen, soweit er aktuell und effektiv ist; ein sich erst in Zu-

---

[27] BVerwGE 37, 133; *Schoch*, Sozialhilfe, 2001 (3. Aufl.), 90.
[28] Vgl. dazu *Neumann*, Freiheitsgefährdung im kooperativen Sozialstaat, 1992, 134 ff.
[29] BSGE 108, 241.
[30] BVerwGE 22, 319, 320 f.

kunft einstellender Bedarf rechtfertigt – abgesehen von präventiven Leistungen (z. B. § 47 SGB XII: vorbeugende Gesundheitshilfe) – die Gewährung von Sozialleistungen (noch) nicht.[31] Die **Kosten** der Sozialhilfe tragen deren Träger; daran beteiligt sich der Bund namentlich für die Grundsicherung im Alter und bei Erwerbsminderung seit 2014 umfassend.[32]

bb) Hilfe zum Lebensunterhalt

Der Anspruch auf Hilfe zum Lebensunterhalt hängt von der **Bedürftigkeit** 547 des Antragstellers ab, welche sich grundsätzlich nach dessen Einkommen und Vermögen bemisst (§§ 2, 19 SGB XII). Lebt der Antragsteller mit einem Ehegatten und/oder einem unverheirateten minderjährigen Kind zusammen, ist dafür das Einkommen aller Familienangehörigen des Antragstellers maßgebend (§ 19 I SGB XII). Die Kernfamilie bildet also eine **Bedarfsgemeinschaft**.[33] Diese Vermutung gründet darauf, dass Eheleute einander und Eltern ihren Kindern unterhaltspflichtig sind (§§ 1360, 1601 BGB).

Dafür müssen die Eheleute, jedenfalls dem äußeren Anschein nach,[34] nicht getrenntleben. **Einkommen** und **Vermögen anderer** Mitglieder einer Bedarfsgemeinschaft sind zu **berücksichtigen**.[35] Als solche gilt die Ehe, Lebenspartnerschaft (LPartG) und „eheähnliche Gemeinschaft" (§ 20 SGB XII).[36] Letzteres basiert auf der fiktiven Gleichstellung von tatsächlich gewährtem mit geschuldetem Unterhalt, weil unter den Partnern eine zivilrechtliche Unterhaltspflicht kraft Gesetzes nicht besteht. Dadurch wird die als Ausdruck des Schutzes der Ehe (Art. 6 I GG) sozialhilferechtliche Besserstellung der nichtehelichen Lebensgemeinschaft gegenüber der Ehe vermieden. Als „eheähnlich" werden Lebensgemeinschaften angesehen, deren Partner dem äußeren Anschein nach wie Eheleute zusammenleben.[37]

Der Anspruch auf Hilfe zum Lebensunterhalt ist auf die **Deckung** des **not-** 548 **wendigen Lebensunterhalts** gerichtet (§ 27 SGB XII – Bedarfsdeckungsprinzip). Er wird gesetzlich nicht definiert, sondern exemplifiziert: Ernährung, Unterkunft, Kleidung, Körperpflege, Hausrat, Heizung, persönliche Bedürfnisse des täglichen Lebens; „in vertretbarem Umfange auch Beziehungen zur Umwelt und eine Teilnahme am kulturellen Leben". Geschuldet ist das

---

31 BVerwGE 72, 88.
32 Gesetz zur Stärkung der Finanzkraft der Kommunen v. 6.12.2011, BGBl. I S. 2563; BT-Drucks. 17/7141, S. 1.
33 *Rüfner*, Kinder- und Jugendhilferecht, in Achterberg/Püttner (Hg.), Besonderes Verwaltungsrecht, Bd. II, 2000 (2. Aufl.), § 28 Rn. 41
34 OVG Lüneburg FEVS 37, 324.
35 *Wenzel*, in Fichtner/Wenzel (Hg.), SGB XII, 2009 (4. Aufl.), § 36 Rn. 3 ff., 10 ff.
36 *Gernhuber/Coester-Waltjen*, Familienrecht, 2010 (6. Aufl.), § 44 II.
37 Auch der männliche Psychiatriepatient und die ihn betreuende Ärztin (BayVGH FEVS 39, 98; BVerwGE 70, 278).

„konventionelle oder soziokulturelle Existenzminimum".[38] Dieses unterscheidet sich vom „absoluten Existenzminimum" (§ 39 SGB XII) oder dem
„angemessenen Unterhalt" (§ 1610 I BGB). Im Gegensatz zum absoluten beschränkt sich das konventionelle Existenzminimum nicht auf die Sicherung
des bloßen Überlebens. Im Gegensatz zum „angemessenen Unterhalt", der
Reflex der Leistungsfähigkeit des Unterhaltsschuldners ist,[39] wird das konventionelle Existenzminimum wegen des Individualisierungsgrundsatzes
(§ 9 SGB XII) von den **Lebensgewohnheiten** der **Gesamtbevölkerung** (daher
„konventionell") bestimmt. Sozialhilfe soll jedoch nicht **Teilhabe** am durchschnittlichen Lebensstandard sichern, sondern lediglich ein Mindestmaß an
Lebensmöglichkeiten eröffnen. Dieses Maß ist so zu bestimmen, dass zwar
eine „Ausgrenzung" des Sozialhilfeempfängers aus dem gesellschaftlichen
Leben, aber umgekehrt gleichzeitig vermieden wird, dass der Sozialhilfeempfänger einen höheren Lebensstandard als der Erwerbstätige innehat
(§ 28 III, IV SGB XII – Lohnabstandsgebot).

549   Das Gesetz bestimmt die Bezugsgrößen für das konventionelle Existenzminimum nicht abschließend, sondern legt lediglich dessen wichtigste Merkmale fest. Darüber hinaus können auch die im Gesetz einzeln aufgeführten
einmaligen Bedarfe befriedigt werden, falls nötig, um Ausgrenzungen des
Hilfeempfängers aus der Gesellschaft zu vermeiden (Erstausstattung von
Wohnungen, Bekleidung und mehrtägige Klassenfahrten – § 31 SGB XII).
Im Interesse der **Vereinfachung** der Verwaltung sind die Leistungen **pauschal** zu bemessen; daraus folgt, dass Leistungen zur einmaligen Befriedigung des Bedarfs nicht mehr zu erbringen sind.[40] Die Einbeziehung zahlreicher einzelner, im Katalog nicht erwähnter Leistungsbedarfe in den Regelsatz beschäftigt derzeit die Sozialgerichtsbarkeit dennoch – der
Gesetzänderung ungeachtet.[41] Das BVerfG[42] befand, dass selten auftretender, wirtschaftlicher erheblicher, **existentiell** notwendiger **Sonderbedarf**
anzuerkennen sei. Aufwendungen für eine **Unterkunft** sind vom Sozialhilfeträger in angemessener Höhe zu übernehmen. Auch bei Bezug einer neuen
Wohnung sind diese Aufwendungen zu tragen; der Hilfeempfänger ist nicht
gehalten, den Sozialhilfeträger vor Abschluss des Mietvertrages zu unter-
richten.[43] Das konventionelle Existenzminimum ist gewahrt, wenn auch die
Möglichkeiten der Teilnahme am sozialen (z.B. durch Zuerkennung eines

---

[38] *Hoffmann*, VSSR 2002, 101 ff.; BVerwGE 35, 178; 36, 256.
[39] *Gernhuber/Coester-Waltjen*, Familienrecht, 2010 (6. Aufl.), § 46 II.
[40] *Mrozynski*, ZfSH/SGB 2004, 198, 199, 206 ff.
[41] Von der Rspr. als dem Regelbedarf zugehörig wurden etwa erachtet: Praxisgebühr
(LSG Baden-Württemberg – 1.2.2007 – L 7 SO 4267/05), Reduktionskost wegen Diabe-
tes-Erkrankung (LSG Hessen – 14.11.2006 – L 9 SO 62/06 ER), Schulgeld für den Besuch
einer Waldorfschule (LSG Schleswig-Holstein NZS 2007, 164 ff.), Beiträge für Haftpflicht-
und Hausratsversicherung (LSG München Breith 2006, 503 ff.).
[42] BVerfGE 125, 175.
[43] BVerwGE 107, 239.

bestimmten Betrages für telefonische oder briefliche Kontakte) und kulturellen Leben (z. B. durch Ermöglichung des Besuchs von Ausstellungen, Theatern, Kinos) eröffnet wird; es hat auch die Aufwendungen für die soziale Sicherung zu umfassen (vgl. §§ 32 f. SGB XII).

Die Hilfe zum Lebensunterhalt kann **laufend** oder **einmalig** sowie **außer-** 550
wie **innerhalb** von Anstalten gewährt werden. Hilfe zum Lebensunterhalt als einmalige Leistung kommt in Betracht, wenn der Hilfeempfänger seinen regulären Unterhalt aus eigenen Mitteln zwar bestreiten kann, indessen zu außergewöhnlichen Ausgaben nicht imstande ist (vgl. § 27 SGB XII: z. B. Beschaffung von Brennstoff oder Reparaturen in einer Wohnung).[44] Dazu gehörten auch Kosten für die Bestattung naher Angehöriger.[45] Diese können jedoch heute neben laufenden Leistungen nicht mehr gewährt werden[46] (§ 28 I SGB XII). Einzig die Erstattung angemessener Aufwendungen für Unterkunft und Heizung (§ 35 SGB XII) sind noch als Gestaltungen individueller Leistungsbemessung anerkannt; auch für diese ist eine Pauschalisierung möglich.

Wird Hilfe durch Unterbringung in einer Anstalt gewährt, so wird das konventionelle Existenzminimum wesentlich durch deren Dienste erbracht. Dem Hilfeempfänger steht jedoch für die durch die Anstaltsleistungen nicht befriedigten Bedarfe ein **Geldanspruch** zu (§ 37 SGB XII). Laufende Hilfe zum Lebensunterhalt außerhalb geschlossener Anstalten wird als Geldleistung gewährt und nach Regelsätzen bemessen (§ 28 SGB XII): Deren Höhe ist typisierend festzulegen, individuelle Besonderheiten sind nur ausnahmsweise zu beachten (§§ 28 I 9 SGB XII). Diese – vom Individualisierungsgrundsatz (§ 9 SGB XII) abweichende – Leistungsgewährung rechtfertigt sich aus der Abstraktheit der Geldleistung und dem Grundsatz der Gleichbehandlung (Art. 3 I GG).

Die **Regelsätze** werden durch das vom Bund erlassene **Regelbedarfs-Ermittlungsgesetzes** (RBEG)[47] festgelegt (§ 28 SGB XII). Die erstmals pauschalierte prozentuale Festsetzung der Regelsätze auf Grundlage eines Eckregelsatzes war mit der Verfassung unvereinbar.[48] Das RBEG bestimmt die Regelsätze anhand einer **Einkommens- und Verbrauchsstichprobe** (EVS) der unteren Einkommensgruppen (§§ 2 ff. RBEG). Es unterscheidet sechs Regelbedarfsstufen nach Alter, Anzahl der Haushaltsangehörigen und der Füh-

---

[44] BVerwGE 90, 160.
[45] BSGE 104, 219.
[46] Beispiele aus der bisherigen Rechtsprechung: Schwarz-weiß- oder gebrauchtes Fernsehgerät (BVerwGE 79, 17; BVerwGE 106, 99; Waschmaschine (BVerwGE 107, 234); Staubsauger (OVG Lüneburg FEVS 37, 423); Spielzeug (OVG Hamburg FEVS 37, 282; BVerwGE 87, 212).
[47] Vom 24. März 2011, BGBl. I S. 453; *Townsend* (Ed.), The Concept of Poverty, London 1970.
[48] BVerfGE 125, 175.

rung des Haushalts. Sie werden in den Jahren, in denen keine EVS durchgeführt wird, durch Rechtsverordnung fortgeschrieben (§§ 40 SGB XII, 7 RBEG). Danach erhält eine erwachsene, alleinstehende oder alleinerziehende Person im eigenen Haushalt (Regelbedarfsstufe 1) 2016 einen monatlichen Regelsatz in Höhe von 404 €. Dieser verringert sich auf jeweils 364 €, wenn zwei erwachsene Leistungsempfänger in einer Einsatzgemeinschaft leben (Regelbedarfsstufe 2). Sonstige Erwachsene erhalten 324 € (Regelbedarfsstufe 3). Der Regelsatz für Kinder und Jugendliche ist altersabhängig. Er beträgt bis zur Vollendung des sechsten Lebensjahres 237 €, für den Zeitraum zwischen siebtem und vierzehntem Lebensjahr 270 € und sodann bis zur Volljährigkeit 306 € (Regelbedarfsstufen 4–6). Für Hilfeempfänger bei denen typischerweise von einem **Mehrbedarf** ausgegangen wird (z. B. Hilfeempfänger wegen Alters (§ 41 II SGB XII), werdende Mütter und Erwerbsgeminderte) wird ein solcher pauschaliert anerkannt, § 30 SGB XII.[49]

551   Bei Gewährung von Sozialhilfe ist der Hilfeempfänger umfassend zu beraten (§ 11 SGB XII); dies soll auch der Aktivierung des Hilfeempfängers dienen (§ 11 II SGB XII). Ist der Leistungsberechtigte nicht wegen Krankheit, Erwerbsminderung oder Alter oder einem sonstigen wichtigen Grund an einer Erwerbsausübung gehindert, kann der Empfänger auch auf Arbeit verwiesen werden. Nicht zumutbar ist die Arbeit, falls dadurch die **Erziehung** eines **Kleinkindes** gefährdet ist. Für Kinder über drei Jahren ist die Betreuung zu sichern, um dem erziehenden Elternteil die Erwerbstätigkeit zu ermöglichen (§ 11 IV SGB XII).

cc) Hilfe in besonderen Lebenslagen als atypische Notlagen (§§ 70–74 SGB XII)

552   Die zur Bewältigung **besonderer** Lebenslagen vorgesehenen Hilfen werden durch das Gesetz typisierend als atypische Notlagen (§§ 70–74 SGB XII) umschrieben (vgl. § 28I Nr. 2 SGB I; VIII Nrn. 2–8 SGB XII). Es sind jene Lagen gemeint, die zugleich als soziales Risiko anerkannt sind und für die demgemäß Vorsorge getroffen wird: **Krankheit** (§§ 47 ff. SGB XII), **Schwangerschaft** (§ 50 SGB XII), **Alter** (§§ 41–46 SGB XII) und **Pflegebedürftigkeit** (§§ 61–66 SGB XII). Sozialhilferecht schließt damit Lücken, welche soziale Vorsorge hinterlässt. Der Schutz bei **Behinderung** durch die Eingliederungshilfe ist in §§ 90 ff. SGB IX geregelt.

Die Sozialhilfe bleibt so als **subsidiäres** Basissystem erhalten und wird nicht zu einem allgemeinen Vorsorgesystem für neue soziale Risiken. Als Grundsicherung umfasst sie die gesetzlichen Leistungen der Sozialhilfe, er-

---

[49] *Coseriu*, in Kreikebohm (Hg.), Kommentar zum Sozialrecht, 2013 (3. Aufl.), § 30 SGB XII Rn. 1.

gänzt um Sonderregeln für Vermögenseinsatz, Unterhaltsrückgriff (§ 43 SGB XII) sowie im Verfahrensrecht (§ 44 SGB XII). Weitere Tatbestände der Hilfe in besonderen Lebenslagen sind die Hilfe zur Überwindung besonderer sozialer Schwierigkeiten (§ 67 SGB XII), Weiterführung des Haushalts (§ 70 SGB XII), Alten- (§ 71 SGB XII) und Blindenhilfe (§ 72 SGB XII).

Krankenhilfe und vorbeugende Gesundheitshilfe werden erbracht, falls   **553** der Erkrankte weder eigene Mittel noch einen krankenversicherungsrechtlichen Anspruch auf ärztliche Dienst- und **Sachleistungen** hat[50]. Krankenhilfe steht nicht jedem Bezieher der Hilfe zum Lebensunterhalt zu. Falls der Sozialhilfeträger die Krankenversicherung des Hilfeempfängers fortführt (§ 32 SGB XII), besteht Versicherungsschutz und damit die vorrangige Leistungspflicht des Krankenversicherungsträgers.

Soweit Krankenhilfe gewährt wird, richtet sich der Leistungsumfang nach   **554** den Bestimmungen der gesetzlichen Krankenversicherung) (§ 48 SGB XII);[51] sind in diesem Rahmen Zuzahlungen nötig, sind diese von der Krankenhilfe als Darlehen zu übernehmen (§§ 264 II SGB V, 48, 3 SGB XII).[52] Leistungsbegrenzungen und -ausschlüsse in der gesetzlichen Krankenversicherung zur Förderung der Eigenverantwortung kollidieren mit dem Recht auf Existenzsicherung, das auch eine umfassende Versorgung bei Krankheit umschließt und damit einer Verlagerung von Krankheitsrisiken auf den einzelnen entgegensteht. Die Behandlungsaufwendungen stellen deswegen einen sozialhilferechtlich anzuerkennenden Mehrbedarf dar[53].

Die Hilfe zur **Pflege** (§§ 61–66 SGB XII) war vor Einführung der Pflege-   **555** versicherung (vgl. oben Rn. 380) die kostenintensivste Ausgabengattung der Sozialhilfe.[54] Besonders die erheblichen Kosten der stationären Pflege vermochten nur die wenigsten Pflegebedürftigen aufzubringen, weshalb dafür die Sozialhilfe aufkam. Diese Hilfeart verlor nach Einführung der Pflegeversicherung zwar erheblich an Bedeutung. Sie bleibt jedoch nach wie vor als subsidiäre Basissicherung notwendig, soweit die Pflegeleistungen nicht vollständig von der Pflegeversicherung getragen werden. Der Pflegeperson kann Pflegegeld (§ 64 SGB XII) bewilligt werden, dessen Höhe sich am Grad der Pflegebedürftigkeit bemisst. Da die Anspruchsvoraussetzungen weiter gefasst sind als im Pflegeversicherungsrecht, ist eine Gewährung von Pflegegeld z. B. auch möglich, wenn lediglich Bedarf an hauswirtschaftlicher Versorgung besteht.

---

[50] BSGE 116, 71: Abwicklung über Krankenkasse und Erstattung durch Sozialhilfeträger.
[51] BSGE 112, 188 (Empfängnisverhütung für Erwachsene wird nicht erfasst).
[52] OVG Nordrhein-Westfalen FEVS 42, 236; *Wilksch*, Recht auf Krankenbehandlung und Recht auf ein menschenwürdiges Existenzminimum, 2017.
[53] BVerfGE 125, 175; § 21 VI SGB II; *Wilksch*, Recht auf Krankenbehandlung und Recht auf ein menschenwürdiges Existenzminimum, 2017, 176 ff.
[54] BT-Drucks. 12/5262, S. 61 (vgl. auch oben Rn. 381).

d) Finanzierung

aa) Einsatz von Einkommen, Vermögen und Arbeitskraft des Hilfeempfängers

556   Da die Sozialhilfe als subsidiäre Leistung gewährt wird, hat der **Empfänger** sein Einkommen, Vermögen sowie seine Arbeitskraft zur **Abwendungs-** einer **Hilfebedürftigkeit** einzusetzen. Besteht hinreichendes Einkommen oder ist der Hilfeempfänger vermögend, besteht kein Anspruch auf Sozialhilfe (§ 2 SGB XII). Ist der Hilfeempfänger arbeitsfähig, hat er die ihm zumutbare Arbeit zu leisten (§ 1 SGB XII), damit Einkommen erzielt wird. Wegen des **Lohnabstandsgebots** sollte dieses Einkommen den Lebensunterhalt des Arbeitenden decken. Die Ausnahmefälle, in denen das Erwerbseinkommen für den Lebensunterhalt des Arbeitenden und seiner Familie nicht hinreicht, sind regelmäßig darauf zurückzuführen, dass die Regelsätze des Sozialhilferechts bedarfsabhängig bemessen werden, das Arbeitseinkommen indes bedarfsunabhängig bestimmt wird (vgl. oben Rn. 449). Ferner hat sich ein Niedriglohnsektor gebildet, in dem nicht bedarfsdeckende Löhne gezahlt werden. Dies verstößt gegen das – jedenfalls international[55] – anerkannte Recht auf Arbeit, welches das Recht auf existenzsichernde Entlohnung umschließt. Gesetzliche Mindestlöhne (vgl. dazu das Mindestlohngesetz[56]) sollen dieser Fortentwicklung entgegenkommen.

557   Die Anrechnung von **Einkommen** ist für sämtliche Hilfearten vorgesehen (§§ 82 ff. SGB XII); darüber hinaus gelten für die Hilfe in besonderen Lebenslagen eigene Einkommensgrenzen (vgl. § 85 SGB XII). Danach sind sämtliche Einkünfte des Empfängers als Einkommen anzusehen, einerlei ob sie für den Zeitraum ihres Erhalts zur Daseinssicherung bestimmt sind oder nicht.[57] Hiervon sind Steuern, Sozialversicherungsbeiträge[58] und Werbungskosten sowie ein Pauschbetrag für Erwerbstätige abzusetzen (§ 82 SGB XII). Berücksichtigungsfähig sind nur die **aktuell verfügbaren Mittel**.[59] Anrechnungsfähig sind auch Entschädigungsleistungen nach dem BEG, soweit sie die Grundrente des BVG übersteigen,[60] und das Überbrückungsgeld für Strafgefangene.[61] Nicht anrechenbar ist dagegen der Aufwendungsersatz für

---

[55] Vgl. Art. 6 IPwskR; dazu *Eichenhofer*, Soziale Menschenrechte im Völker-, Europa- und deutschen Recht, 2012, Kapitel 7.

[56] Gesetz zur Regelung eines allgemeinen Mindestlohns (Mindestlohngesetz – MiLoG) v. 11.8.2014, BGBl. I S. 1348.

[57] *Berlit*, NZS 2009, 537; BVerwGE 108, 296 mit zust. Anm. *Eichenhofer*, JZ 2000, 46, 48 gegen die bisherige Rechtsprechung des BVerwG (BVerwGE 29, 295; 45, 152, 153); anders schon zuvor für die bedürftigkeitsabhängige Arbeitslosenhilfe, BSGE 46, 271; 72, 248.

[58] Zu den Lebensversicherungsbeträgen vgl. BVerwGE 106, 105.

[59] OVG Nordrhein-Westfalen FEVS 38, 23.

[60] BVerwGE 69, 177, 178.

[61] BVerwG NVwZ 1991, 168.

den Fraktionsvorsitzenden im Kreistag (!),[62] Zuwendungen des Hilfswerks
für das behinderte Kind (Aktion Mensch) (vgl. § 84 SGB XII)[63] sowie das
dem Pflegebedürftigen gewährte Pflegegeld, da dieses zwar dem Pflegebedürftigen zusteht, indes der Pflegekraft gebührt.[64]

Vermögen ist grundsätzlich zu verwerten, **bevor** Sozialhilfe geleistet wird 558
(§ 90 SGB XII), auch wenn der Vermögenszuwachs aus einem Lotteriege-
winn beruht oder in Ansprüchen auf Dienstleistungen (Kreuzfahrt) gründet.[65] Vermögen (und nicht Einkommen) ist auch eine **Gegenleistung** für
die Weggabe eines vorhandenen Vermögensgegenstandes. Von einer Verwertung sind jedoch Gegenstände ausgenommen, die ähnlich dem unpfändbaren Vermögen (§ 811 ZPO) für eine Lebensführung entsprechend dem
konventionellen Existenzminimum unverzichtbar sind: Hausrat, Arbeitsgerät, Gegenstände wissenschaftlicher (Bücher) und künstlerischer Bedürfnisse (Musikinstrumente) sowie eines Barbetrags für Notfälle oder gleich-
wertige Vermögenswerte (Bankguthaben) (vgl. § 90 II SGB XII).

Ein Auto ist zu verwerten, es sei denn der Veräußerungserlös unterschrei-
tet mit dem sonstigen Vermögen die Grenze des Schonvermögens.[66] Eine
Verwertung ist ferner ausgeschlossen, falls diese eine Härte darstellen würde, z.B. nachgezahlte Sozialhilfe (§ 90 III SGB XII).[67]

Die zur Alterssicherung erworbenen Vermögenswerte sind nicht zu verwerten (§ 90 II Nr. 2 SGB XII), so sie den anerkannten privaten Vorsorgeformen (Betriebs- oder Riester-Rente) entsprechen. Darüber hinaus gehört
ein „angemessenes Hausgrundstück" (vormals: „kleines"[68]) oder eine Ei-
gentumswohnung sowie Beträge zur Beschaffung oder Erhaltung von
Grund- und **Wohneigentum** zum **Schonvermögen** (§ 90 II Nr. 8 SGB XII).
Diese Regelung ist sozialhilferechtlich und wohnungsbaupolitisch motiviert:
weil einem Hilfeempfänger, der sein Grund- oder Wohneigentum verwerten
müsste, eine neue Wohnung auf Kosten der Sozialhilfe zustünde und um
Wohneigentum zu fördern. Die Erwerbsbereitschaft wird gestärkt, wenn
selbst bei Sozialhilfebedürftigkeit nicht die Verwertung von Grund- oder
Wohneigentum droht.

Dieses Ergebnis mag als einseitige Bevorzugung der Grund- und Woh-
nungseigentümer erscheinen; allerdings werden im **Todesfall** des Grund-
oder Wohneigentümers dessen Erben nicht zu Lasten der Allgemeinheit be-
vorzugt. Ein ihnen nach dem Tode des Sozialhilfeempfängers im Erbgang
zufallendes „angemessenes Hausgrundstück" berechtigt den Sozialhilfeträ-

---

[62] OVG Nordrhein-Westfalen FEVS 39, 338.
[63] BVerwG FamRZ 1993, 181.
[64] BVerwGE 90, 217.
[65] VG Düsseldorf NJW 2000, 1737.
[66] BVerwGE 106, 105; BVerwG ZfSH/SGB 1998, 428.
[67] BVerwGE 45, 35.
[68] Hierzu BVerwGE 87, 278.

ger zum **Kostenersatz** (§ 102 SGB XII) gegenüber den **Erben**. Das Wohnungseigentum dient dem Sozialhilfeträger daher als Haftungssubstrat; allerdings kommt es zum Rückgriff erst nach dem Ableben des Empfängers.

bb) Ersatz- und Rückgriffsansprüche

559 Sozialhilfe wird als Zuschuss und für den **Empfänger** mithin kostenfrei erbracht.[69] Ein volljähriger Hilfeempfänger ist aber zum **Kostenersatz** verpflichtet, falls er seine Sozialhilfebedürftigkeit vorsätzlich oder grob fahrlässig herbeigeführt hat (§ 103 SGB XII). Dies trifft zu, wer „**sozialwidrig**" handelt.[70] Voraussetzung des Ersatzanspruchs ist die Bedürftigkeit. War die Hilfe dagegen rechtswidrig gewährt, weil Bedürftigkeit nicht bestand, ist die Sozialhilfebewilligung nach § 45 SGB X zurückzunehmen und die gewährte Leistung nach § 50 SGB X zurückzufordern. Für die Durchsetzung dieses Erstattungsanspruchs gelten die Regeln über den Kostenersatz nach § 103 SGB XII entsprechend (§ 104 SGB XII).

560 Kostenersatz schuldet auch der **Erbe** des Hilfeempfängers (§ 102 SGB XII) als eine mit dem Tode des Erblassers entstehende Nachlassverbindlichkeit. Die Haftung des Erben ist gegenständlich auf den Nachlass beschränkt. Die Pflicht[71] wurde mit Rücksicht auf das Schonvermögen geschaffen. Sie sichert das Schonvermögen des Hilfeempfängers, verhindert aber, dass dessen Erben davon profitieren (vgl. dazu Rn. 558). Der Anspruch ist ein **gesetzliches Vermächtnis**; er ist auf die Aufwendungen gerichtet, die der Träger an den Hilfeempfänger erbrachte, weil dieser wegen der Anerkennung von Schonvermögen als bedürftig galt. Der Ersatzanspruch gegen den Erben besteht nur, falls die Hilfegewährung an den Erblasser rechtens war.[72] Bei geringwertigem Nachlass (§ 102 III SGB XII) ist der Ersatz ausgeschlossen.

561 Hat der Sozialhilfeträger eine Leistung erbracht und damit einen Bedarf gedeckt, für den ein anderer Leistungsträger (privater Unterhalts-, Schadensersatz-, Arbeitsentgelt- oder anderweitig Zahlungspflichtiger) aufzukommen hätte, folgt aus der Subsidiarität von Sozialhilfe (vgl. oben Rn. 539), dass der vorleistende Sozialhilfeträger bei dem letztlich Leistungspflichtigen Rückgriff nehmen muss. Denn andernfalls bliebe der Sozialhilfeträger mit den Aufwendungen belastet, die ein anderer tragen muss. Fraglich sind mögliche **Ausgleichsansprüche** (vgl. dazu allgemein oben Rn. 234 ff.). Bei Unterhaltsansprüchen zwischen gebrechlichen, älteren Eltern und volljährigen,

---

[69] Nur ausnahmsweise wird Sozialhilfe als Darlehen gewährt, nämlich falls die Notlage vorübergehend ist (§ 38 SGB XII) oder ein nach den Umständen unabweisbar gebotener Bedarf auf keine andere Weise gedeckt werden kann (§ 37 SGB XII).

[70] BVerwGE 51, 61: Eine Formel, die freilich mehr verdunkelt als erhellt.

[71] *Wolf*, in Fichtner/Wenzel (Hg.), SGB XII, 2009 (4. Aufl.), § 102 Rn. 2, 3 ff.

[72] BVerwGE 78, 165.

erwerbstätigen Kindern ist der Umfang des Selbstbehalts des Unterhaltspflichtigen fraglich. Der BGH billigt dem Unterhaltspflichtigen einen **Selbstbehalt** unter Einschluss der Aufwendungen zu eigener Altersvorsorge zu.[73]

Die Voraussetzungen des Ausgleichs unterscheiden sich nach der Person des Leistungspflichtigen. Ist der Leistungspflichtige ein Sozialleistungsträger, so hat der Sozialhilfeträger grundsätzlich einen **Erstattungsanspruch** nach § 104 SGB X. Ist der vorrangig Leistungspflichtige ein Unterhaltsschuldner, geht der Anspruch des Empfängers gegen den Unterhaltsschuldner kraft Gesetzes auf den Sozialhilfeträger über[74] (§ 94 SGB XII), ganz ebenso wie ein gesetzlicher Forderungsübergang für gesetzliche Schadensersatzansprüche (§ 116 SGB X) und arbeitsvertragliche Forderungen (§ 115 SGB X) angeordnet ist. Nur für andere privatrechtliche Zahlungsansprüche (z. B. ein Schadensersatzanspruch wegen Nichterfüllung einer dem **Mieter** vom Vermieter geschuldeten Reparatur, die der Sozialhilfeträger für den bedürftigen Mieter durchführte), gewährt § 93 SGB XII die Möglichkeit, den Anspruch vom Empfänger (im Beispiel = Mieter) auf den Sozialhilfeträger durch Verwaltungsakt überzuleiten. Die Überleitung geschieht durch schriftliche Anzeige und bewirkt an der Forderung einen Parteiwechsel kraft Verwaltungsaktes.

e) Internationaler Geltungsbereich der Vorschriften über die Sozialhilfe (§§ 23 f. SGB XII)

Das deutsche Internationale Sozialhilferecht ist in §§ 23 f. SGB XII geregelt. Die Normen des autonomen ISR werden jedoch modifiziert durch Abkommen, die Deutschland mit der Schweiz[75] und Österreich[76] geschlossen hat, sowie durch das Europäische Fürsorgeabkommen (EFA),[77] welches vom Europarat ausgearbeitet wurde und als multilaterales Abkommen im Verhältnis zwischen Deutschland einerseits und zahlreichen Staaten andererseits gilt. Die Abkommen sichern die **Gleichbehandlung** der Staatsangehörigen der Abkommensstaaten bei der Gewährung von Sozialhilfe.[78] Des Weiteren begründen sie einen Schutz vor Abschiebung wegen Sozialhilfebedürftigkeit. Darüber hinaus hat das in Art. 7 II VO (EU) Nr. 492/2011 enthaltene Verbot der Diskriminierung aufgrund der Staatsangehörigkeit unter EU-Bürgern Gewicht. Dieses Verbot gilt auch für die Grundsicherung

562

---

[73] BGHZ 154, 247, 258 f.; BGHZ 169, 59.

[74] *Müller*, Der Rückgriff gegen Angehörige von Sozialleistungsempfängern, 2012 (6. Aufl.).

[75] BGBl. II 1953, S. 31; II 1954, S. 779.

[76] BGBl. II 1969, S. 1.

[77] BGBl. II 1956, S. 564.

[78] BSGE 107, 66 mit Anm. *Eichenhofer*, SGb 2011, 463, auch auf Empfänger von Grundsicherung erstreckt.

nach Art. 4, 70 VO (EG) 883/2004, weil diese nach Anhang X als beitragsunabhängige Geldleistung anzusehen ist.[79] Der EuGH gestattet in seiner jün-
geren Rechtsprechung[80] den Mitgliedstaten auf Grund von Art. 24 II RL/
EG/2004/38, „Sozialhilfeleistungen" von zuwandernden EU- Bürgern zu
begrenzen. Darauf gestützt sind EU-Ausländer in den ersten fünf Jahren
ihres Inlandsaufenthalts generell vom Bezug inländischer Sozialhilfe ausgeschlossen.

563   Deutsches Sozialhilferecht gilt in **vollem** Umfang für Personen, die ihren
gewöhnlichen **Aufenthalt** in Deutschland haben und **Deutsche** oder ihnen
gleichgestellte Ausländer (**insbesondere EU-Bürger**)[81] sind (§ 23 SGB XII).
Deutsche, die ihren gewöhnlichen Aufenthalt im Ausland haben, erhalten
grundsätzlich nicht Sozialhilfe (§ 24 SGB XII), es sei denn, eine Rückkehr in
das Inland sei wegen Kinderbetreuung, Pflegebedürftigkeit oder höherer
Gewalt nicht möglich.

564   Dass Sozialhilfe in vollem Umfang nur EU-Bürgern mit gewöhnlichem
Aufenthalt in Deutschland gewährt wird, erklärt sich daraus, dass nur sie in
Deutschland ein unbeschränktes **Aufenthalts-** und **Bleiberecht** haben
(Art. 21, 45 AEUV). Manche Leistungen der Sozialhilfe zielen auf eine lang-
fristige Eingliederung des Empfängers in die inländische Gesellschaft. Es ist
deshalb zwingend, diese Leistungen auf EU-Bürger zu erstrecken.

565   Da jedoch Sozialhilfe um der Sicherung der **Menschenwürde** willen gewährt wird, bestimmt § 23 I SGB XII, dass alle Personen, die sich in Deutschland „**tatsächlich aufhalten**", einen Anspruch auf Hilfe zum Lebensunterhalt
und Hilfen in besonderen Lebenslagen (Krankheit, Schwangerschaft, Pflegebedürftigkeit) haben. Kein Anspruch besteht lediglich für Ausländer, die
sich in der Absicht nach Deutschland begeben haben, Sozialhilfe zu erlangen
(§ 23 III SGB XII). Für Asylbewerber sowie zur Ausreise verpflichtete Ausländer bestehen Sonderregeln für die Sozialhilfegewährung.[82] Für die Begründung eines Anspruchs auf Sozialhilfe reicht ein tatsächlicher Aufenthalt
im Inland aus.[83]

---

[79] *Eichenhofer*, SozSich 2014, 198.
[80] EuGH – 19.9.2013 – C-140/12 Slg. 2013 (Brey); – 11.11.2014 – C-333/130 Slg. 2014
(Dano); – 15.9.2015 – C-67/14 (Alhimanovic); – 8.4.2016 – C-299/14 (Garcia Nieto); *Janda*, FS Eichenhofer, 246; *Wallrabenstein*, ZESAR 2016, 349; *Kanalan*, ZESAR 2016, 369,
414.
[81] § 2 FreizügG/EU vom 30.06.2004, BGBl. I S. 1950.
[82] Vgl. das AsylbLG vom 30. Juni 1993 (BGBl. I S. 1074); *Schoch*, Sozialhilfe, 2001
(3. Aufl.), 81; *Fasselt*, in Fichtner/Wenzel (Hg.), SGB XII, 2009 (4. Aufl.), AsylbLG; Erl. zu
AsylbLG; zu deren Angemessenheit nach BVerfGE 125, 175 zweifelnd *Kingreen*, NVwZ
2010, 558; *Janda/Wilksch*, SGb 2010, 565; zu den Geldleistungen jetzt BVerfGE 132,
134.
[83] Zu weiteren Einzelheiten dieses Fragenkreises und zu den abkommensrechtlichen
Bestimmungen vgl. *Eichenhofer*, Internationales Sozialrecht, 1994, Rn. 584 ff.; *Janda*, FS
Eichenhofer, 246; *dies.*, Migranten im Sozialstaat, 2012.

§ 27 Kinder- und Jugendhilferecht

Lit.: *Hauck/Noftz* (Hg.), SGB VIII, Loseblattwerk; *Hoch/Lüscher* (Hg.), Familie im Recht, 2002; *Krug/Riehle* (Hg.), SGB VIII, Loseblattkommentar; *Kunkel*, Jugendhilferecht, 2011 (4. Aufl.); *Münder* (Hg.), Frankfurter Kommentar zum SGB VIII: Kinder- und Jugendhilfe, 2013 (7. Aufl.); *ders./Tammen*, Einführung in das Kinder- und Jugendhilfegesetz KJHG/SGB VIII, 2002 (3. Aufl.); *ders.*, Kinder- und Jugendhilferecht, in von Maydell/Ruland/Becker (Hg.), Sozialrechtshandbuch, 2012 (5. Aufl.), § 25; *Neubacher*, Freiheitsentziehende Maßnahmen bei Kindern, Jugendlichen und Heranwachsenden, ZJJ 2009, 106; *Schuler-Harms*, Familien, Kinder-, Jugend- und Ausbildungshilfe, in Ehlers/Fehling/Pünder (Hg.), Besonderes Verwaltungsrecht, 2013 (3. Aufl.), § 82; *Schumann* (Hg.), Das erziehende Gesetz, 2012; *Skutta*, Der Beitrag der Kinder- und Jugendhilfe zur Umsetzung der Kinderrechte, NDV 2010, 453; *World Bank* (Ed.), Conditional Cash Transfers, Washington 2009.

a) Überblick

§ 8 SGB I bestimmt als soziales Recht für „junge Menschen und Personensorgeberechtigte … Leistungen der öffentlichen Jugendhilfe in Anspruch zu nehmen. Sie sollen die Entwicklung junger Menschen fördern und die Erziehung in der Familie unterstützen und ergänzen." Durch Jugendhilfe soll die **Erziehung** eines Kindes im Elternhaus gefördert werden, oder es sollen bei **Gefährdung** des Kindes im Elternhaus Gemeinden oder private Wohlfahrtseinrichtungen für eine angemessene Erziehung in einer anderen Familie oder einem Heim sorgen. Diese Aufgabe ist seit alters anerkannt. Angesichts der sinkenden Kohäsion von Familien, der Zunahme von Ein-Kind- und Ein-Eltern-Familien sowie den gegenüber früher gewachsenen Ansprüchen der heutigen Elterngeneration, Kindererziehung mit Berufstätigkeit zu verbinden,[1] kommt ihr heute eine große und in Zukunft wohl noch wachsende Bedeutung zu. Auf diese Herausforderungen sucht das Kinder- und Jugendhilferecht Antworten. Sie sind im seit 1991 geltenden SGB VIII „Kinder- und Jugendhilfegesetz – KJHG" enthalten.[2] Es konkretisiert die Kinderrechte der Vereinten Nationen.[3]   **566**

aa) Geschichte

In Not geratene Kinder und Jugendliche zu unterstützen, gehörte schon im Mittelalter **zur gemeindlichen Armenpflege**. Sie nahm Waisen, Findelkinder und nichteheliche Kinder (sowie ihre Mütter) in Armenhäuser auf oder   **567**

---

[1] BT-Drucks. 11/5948, S. 41 ff.; *Habermann/Tries*, NDV 1990, 205.
[2] *Wiesner/Zarbock*, Das neue Kinder- und Jugendhilfegesetz, 1991; *Deutsches Jugendinstitut* (Hg.), Der Jugend eine Zukunft sichern, 1991.
[3] *Skutta*, NDV 2010, 453 ff.

sorgte für deren Unterbringung in Familien.[4] An diese Traditionen knüpf-
ten zunächst Landesgesetze über die Fürsorgeerziehung Jugendlicher an.[5]
Gestützt auf Art. 122 WRV – wonach gegen Jugendliche „Fürsorgemaßre-
geln im Wege des Zwanges nur aufgrund des Gesetzes angeordnet werden"
können – erging 1922 das Reichsjugendwohlfahrtsgesetz.[6] Dessen Grund-
struktur wurde durch das 1961 verabschiedete Jugendwohlfahrtsgesetz
(JWG)[7] bis zur Verabschiedung des SGB VIII fortgeführt.

568   **Hergebracht** galt gemeindliche Jugendarbeit dem Beistand für hilflose
oder in Not geratene Kinder und Jugendliche und dem Schutz der Kinder vor
Verwahrlosung. § 1 JWG lautete: „Jedes deutsche Kind hat ein Recht auf
Erziehung zur leiblichen, seelischen und gesellschaftlichen Tüchtigkeit …
Insoweit der Anspruch der Kindes auf Erziehung nicht erfüllt wird, tritt …
öffentliche Jugendhilfe ein".

Jugendhilfe war danach primär **Eingriff** in Familienerziehung, ausgeübt
durch Erziehungsbeistandschaft, freiwillige Erziehungshilfe oder Fürsorgeerziehung. Jugendhilfe war Teil der Armenpolizei. Diese Sicht von Jugendhilfe wandelte sich von Grund auf. Unter dem Einfluss der Sozialpädagogik
wurde die Jugendhilfe **statt** als **Eingriff** und **Sanktion** für Verstöße gegen die
elterliche Erziehungspflicht als **Angebot** zur **Förderung** des Kindes oder Jugendlichen angesehen.[8] Dieser Wandel vollzog sich unter der Herrschaft
des überkommenen Jugendwohlfahrtsrechts. Diesen gesetzlich nachzuvoll-
ziehen, war Zweck der Neuregelung des Jugendhilferechts.[9] Die im SGB
VIII zu einem Abschluss gelangten Reformbemühungen entwickelten das
Jugendhilferecht zu einer die Familienerziehung ergänzenden eigenen sozialpolitischen Aufgabe.

bb) Eigenheiten des Jugendhilferechts

569   Diese Aufgabenbestimmung von Jugendhilfe findet in der Struktur des
Gesetzes ihren Niederschlag, das durch manche gesetzgebungstechnische

---

[4] *Fischer*, Armut in der Geschichte, 1982, 33 ff.; *Geremek*, Geschichte der Armut,
1988.
[5] Vgl. *Scharpff*, Handbuch des Armenrechts, 1896, 559 ff.; *Stolleis*, Quellen zur Geschichte des Sozialrechts, 1976, 15 f.
[6] Vom 9. Juli 1922, RGBl. I S. 633.
[7] Vom 11. August 1961, BGBl. I S. 1205.
[8] Dieser „Perspektivenwechsel der Jugendhilfe" hat sich auch schon in der Rechtsprechung angekündigt, vgl. BGHZ 73, 131; BVerwG ZfSH/SGB 1987, 434; BT-Drucks.
11/5948, S. 41 ff.; 11/6576, 16 ff.; vgl. auch *Münder*, in SRH, § 25 Rn. 1 ff.; *Wiesner/Zar-
bock* (Hg.), Das neue Kinder- und Jugendhilferecht, 1991; vgl. ferner: *Arbeitsgemeinschaft für Jugendhilfe/Deutsches Jugendinstitut*, Der Jugend eine Zukunft sichern, 1991;
Münder, Familien- und Jugendhilferecht, 2000 (4. Aufl.), Bd. 2, 13 ff.
[9] BT-Drucks. 11/5948, S. 42 ff.

Eigenheit geprägt ist[10] und im Sozialrecht deshalb eine Sonderstellung einnimmt. Es verfügt über zahlreiche Aufgabenzuweisungen, Soll- oder Kannvorschriften und Rechtsbegriffe, die nicht nur unbestimmt, sondern nur dem sozialpädagogischen Spezialisten verständlich sind. Obgleich Teil des SGB, fehlen dem SGB VIII die charakteristischen Züge eines Leistungsgesetzes, bei dem regelmäßig unpräzise die Voraussetzungen, indessen höchst präzise die Leistung geregelt ist. Denn Jugendhilfe betrifft primär sozialrechtliche **Dienstleistungen**. Sie schafft der Sozialarbeit Entfaltungsmöglichkeiten. Sie begründet nicht primär Eingriffsbefugnisse der Träger von Jugendhilfe in das Elternrecht, sondern schafft für öffentliche und freie Träger der Jugendhilfe Handlungsmöglichkeiten.

cc) Verfassungsrechtliches Fundament

Die Träger der Kinder- und Jugendhilfe sind unmittelbar an die Grundrechte gebunden (Art. 1 III GG). Ihr Handeln ist insbesondere mit dem Grundrecht der Eltern auf Pflege und Erziehung ihrer Kinder in Einklang zu bringen (Art. 6 II 1 GG).[11] Dieses begrenzt die Jugendhilfe und bestimmt ihr Ziel. Zum einen wird das Erziehungsrecht der Eltern als ihr „natürliches Recht" beschrieben und als die den Eltern „zuvörderst obliegende Pflicht" bestimmt. So nimmt das Elternrecht unter den Grundrechten eine Sonderstellung ein. Es als „natürliches Recht" begreifen, heißt, es als staatlicher Verfügung vorgegeben und vom Staat zu respektieren anzusehen.[12] Diese Regelung erteilt einem **staatlichen Mandat** zur **Kindererziehung** eine **Absage** und formuliert das geradewegs entgegengesetzte Prinzip: Nicht die Rechtsgemeinschaft gestattet den Eltern die Erziehung ihrer Kinder; vielmehr hängt die Fortentwicklung der Rechtsgemeinschaft davon ab, dass Eltern ihre Kinder zu selbständigen und bindungsfähigen Menschen erziehen – Menschen, die zugleich **solitaire** und **solidaire** sind. Das Elternrecht nimmt unter den Grundrechten ferner deswegen eine Sonderstellung ein, weil es eine Freiheit formuliert, die den Berechtigten zugleich zu deren Wahrnehmung verpflichtet. Das Elternrecht ist deshalb nicht statuiert, damit sich die Eltern durch Erziehung und Pflege ihrer Kinder **selbst** verwirklichen, son-

570

---

[10] Dazu vor allem *Preis*, ZRP 1990, 90 ff.; vgl. auch *Habermann/Tries*, NDV 1990, 16 f., 205 ff., 231 ff., 339 ff., 398 ff.; 1991, 48 ff., 145 ff.; *Kiehl*, ZRP 1990, 94 ff.; *Richter*, RdJB 2000, 112 ff.; *Rüfner*, NJW 1991, 1 ff.; *Wiesner/Zarbock* (Hg.), Das neue Kinder- und Jugendhilferecht, 1991.

[11] *Erichsen*, Elternrecht – Kindeswohl – Staatsgewalt, 1985, 29 ff., 91 ff.; *Oberloskamp*, ZfJ 1990, 260 ff.; *Rüfner*, NJW 1991, 1 ff.; *Höfling*, Elternrecht, in Isensee/Kirchhof (Hg.), Handbuch des Staatsrechts, Bd. VII, 2009 (3. Aufl.), § 155 Rn. 95 ff.

[12] BVerfGE 24, 119 bestimmt dieses Recht aber als ein fremdnütziges, um des Kindes wegen begründetes Recht; *Höfling*, in Isensee/Kirchhof (Hg.), Handbuch des Staatsrechts, Bd. VII, 2009 (3. Aufl.), § 155 Rn. 14 ff.; *Gröschner*, in Dreier (Hg.), GG, 2004 (2. Aufl.), Art. 6 Rn. 65 ff.

dern weil die **Kinder** auf Pflege und Erziehung durch ihre Eltern **angewiesen** sind, um selbst zu freien und bindungsfähigen Menschen heranzuwachsen.[13]

571   Das **Elternrecht** wird zweifach **begrenzt**, zum einen durch die in Art. 6 II 2 GG enthaltene Bestimmung, dass über die Ausübung des Elternrechts „die staatliche Gemeinschaft wacht"; zum anderen in Art. 6 III GG, dass Kinder von der Familie nur auf Grund eines Gesetzes getrennt werden können. Solche Trennung ist nur statthaft, „wenn die Erziehungsberechtigten versagen oder die Kinder aus anderen Gründen zu verwahrlosen drohen".

Danach steht der **staatlichen Gemeinschaft** gegenüber den Eltern ein **Wächteramt**[14] zu. Der Staat überprüft die Erfüllung der Erziehungsaufgabe durch die Eltern und schreitet gegen sie ein, falls sie bei dieser Aufgabe versagen. Der Tatbestand elterlichen Versagens wird letztlich durch die Verwahrlosung des Kindes bestimmt. Das Elternrecht stellt somit eine treuhänderische Befugnis[15] dar; sie ist den Eltern um des Kindes willen anvertraut. Die Eltern haben **kein** Recht **an** ihrem Kind, wohl aber **jedes Kind** ein Recht **auf seine** Eltern, auch darauf erzogen zu werden! In wachsendem Maße tritt in das Bewusstsein, das die elterliche Erziehung im Wesentlichen die Entfaltung der sich entwickelnden Rechte des Kindes bedeutet.

572   Elterliches Erziehungsrecht und staatliches Wächteramt sind somit gleichermaßen darauf angelegt, das **Kindeswohl** zu fördern. In einem den internationalen Rechtszustand aufgreifenden Verständnis steht Jugendhilfe im Dienste der Entfaltung der Kindesgrundrechte. Jugendhilfe formt das staatliche Wächteramt aus, das auf die Entfaltung der Kindesgrundrechte angelegt ist.[16] Dies hat als Reaktion auf spektakuläre Fälle von Kindesmisshandlung und -verwahrlosung zu einer Ausweitung der Kontrollbefugnisse der Jugendämter über die Kindererziehung geführt.[17] Konvergieren Elternrecht und staatliches Wächteramt in ihrer Zielsetzung, gilt dies auch für das Verhältnis von Elternrecht einerseits sowie Jugendhilfe andererseits. Eltern-

---

[13] Hierzu eingehend instruktiv: *Böckenförde*, Elternrecht – Recht des Kindes – Recht des Staates, Essener Gespräche, Bd. 14 (1980), 54 ff.; vgl. auch *Höfling*, in Isensee/Kirchhof (Hg.), Handbuch des Staatsrechts, Bd. VII, 2009 (3. Aufl.), § 155 Rn. 14 ff.

[14] BVerfGE 10, 59; 47, 46, 70; *Gröschner*, in Dreier (Hg.), GG, 2004 (2. Aufl.), Art. 6 GG Rn. 83 ff.; *Höfling*, in Isensee/Kirchhof (Hg.), Handbuch des Staatsrechts, Bd. VII, 2009 (3. Aufl.), § 155 Rn. 52 f.

[15] Siehe eingehend *Böckenförde*, Elternrecht, Essener Gespräche, Bd. 14 (1980), 54 ff.; *Höfling*, in Isensee/Kirchhof (Hg.), Handbuch des Staatsrechts, Bd. VII, 2009 (3. Aufl.), § 155 Rn. 52 f., 95 ff.; *Schuler-Harms*, Familien-, Kinder-, Jugend- und Ausbildungshilfe, in Ehlers/Fehling/Pünder (Hg.), Besonderes Verwaltungsrecht, 2013 (3. Aufl.), § 82 Rn. 291.

[16] Vgl. zur Funktion der Jugendhilfe: *Gernhuber/Coester-Waltjen*, Familienrecht, 2010 (6. Aufl.), § 49; *Münder*, Familien- und Jugendhilferecht, 2000 (4. Aufl.), Bd. 2, 13 ff.; *Rüfner*, Kinder- und Jugendhilferecht, in Achterberg/Püttner (Hg.), Besonderes Verwaltungsrecht, Bd. II, 2000 (2. Aufl.), § 29 Rn. 8 und darüber hinaus die Grundrechte des Kindern sichern, *Richter*, RdJB 2000, 112, 119.

[17] Zu dieser Problematik: *Schumann* (Hg.), Das erziehende Gesetz, 2012.

recht und eine dem Kindeswohl verpflichtete Jugendhilfe sind füreinander je wechselseitig Voraussetzung: Ohne diese bestünde für manches Kind die Gefahr der Verwahrlosung, ohne dass ihm geholfen würde; ohne jenes wäre die staatliche Gemeinschaft selbst und unmittelbar zur Pflege und Erziehung der Kinder aufgerufen – dies widerspräche dem staatlichen Wächteramt.

b) Aufgaben von Jugendhilfe

aa) Ziel der Jugendhilfe

Nach § 1 SGB VIII ist **Ziel** von Jugendhilfe: „(1) Jeder junge Mensch hat ein Recht auf Förderung seiner Entwicklung und auf Erziehung zu einer eigenverantwortlichen und gemeinschaftsfähigen Persönlichkeit. (2) Pflege und Erziehung der Kinder sind das natürliche Recht der Eltern und die zuvörderst ihnen obliegende Pflicht. Über ihre Betätigung wacht die staatliche Gemeinschaft." Die Bezugnahme auf Art. 6 II GG hebt den Primat elterlicher Erziehungsverantwortung vor der Jugendhilfe hervor.[18] Weltweit werden Sozialleistungen an Eltern heute unter der Bedingung vergeben, dass sie ihrer Elternpflicht genügen.[19]

573

Erziehungsziel ist nun nicht mehr Tüchtigkeit (§ 1 JWG), sondern – getreu einer idealistischen Pädagogik – **Persönlichkeit**.[20] Dieses Recht steht jedem „jungen Menschen" zu. Darin drückt sich gegenüber dem ursprünglichen Rechtszustand eine zweifache Veränderung aus. Jugendhilfe beschränkt sich nicht mehr auf Kinder und Jugendliche bis zum Erreichen der Volljährigkeitsgrenze, sondern gilt nun für alle „jungen Menschen" (wer noch nicht 27 Jahre ist, § 7 Nr. 4 SGB VIII). Das Gesetz vollzieht ferner in seinem Wortlaut die Veränderungen, die schon das JWG mit Übernahme des Haager Minderjährigenschutzabkommens in deutsches Recht im Jahre 1971 vollzogen hat: Danach galt bereits seither deutsches Jugendhilferecht für alle Kinder und Jugendlichen, die sich gewöhnlich in Deutschland aufhalten[21] (vgl. nun § 6 SGB VIII).

---

[18] BT-Drucks. 11/5948, S. 42: Ziel von Jugendhilfe sei „nicht die Einmischung des Staates in familiale Aufgaben im Sinne einer Vergesellschaftung, sondern partnerschaftliche Hilfe unter Achtung familiärer Autonomie".

[19] *World Bank* (Ed.), Conditional Cash Transfers, 2009.

[20] Insoweit ist das „Recht auf Erziehung" anders als im früheren Recht: *Giese*, ZfS 1976, 73; *von Maydell*, DVBl 1976, 1; *Zacher*, BayVBl 1976, 552; ein subjektives öffentliches Recht; zwar ist „Persönlichkeit zu werden" das Ergebnis der individuellen Reifung; dies kann nicht Inhalt einer staatlichen Leistungspflicht sein, wohl aber die Bereitstellung der hierfür nötigen Mittel.

[21] *Kropholler*, Das Haager Abkommen über den Schutz Minderjähriger, 1977 (2. Aufl.), 46; *Oberloskamp*, Haager Minderjährigenschutzabkommen, 1983.

bb) „Leistungen" der Jugendhilfe

574   Als „Leistungen" der Jugendhilfe kennt das Gesetz: Jugendarbeit, Jugendsozialarbeit oder erzieherischer Kinder- und Jugendschutz (§§ 11–15
SGB VIII), die Förderung der Erziehung in der Familie (§§ 16–21 SGB VIII)
wie in Tageseinrichtungen und Tagespflege (§§ 22–26 SGB VIII) sowie Hilfen zur Erziehung und ergänzende Leistungen (§§ 27–41 SGB VIII). **Jugendarbeit** umfasst alle Aktivitäten außerschulischer Bildungsarbeit (z.B. Pflege
von Kultur, Brauchtum, Sport, Politik, internationale Beziehungen – z.B.
Jugendaustausch).[22] Unter „Jugendsozialarbeit" fallen Maßnahmen, die
sozial oder individuell (z.B. wegen Behinderung) benachteiligten Kindern
oder Jugendlichen den Abschluss einer Schul- oder Berufsausbildung oder
den Eintritt in das Berufsleben ermöglichen oder erleichtern sollen.[23] Unter
„erzieherischem Kinder- und Jugendschutz" sollen Angebote für sozialpä-
dagogische Programme zum Schutze von Kindern und Jugendlichen vor
schädlichen Erziehungseinflüssen (z.B. durch Fernsehkonsum, Spielhallen,
Jugendsekten) verstanden werden,[24] einschließlich der Rückgriffsentzie-
hung.[25]

575   Der öffentlich umstrittene Teil des Gesetzes betraf die Regelung der **Kinderbetreuung** in „Tageseinrichtungen" (= Kindergarten, Kinderhort). Entgegen den ursprünglichen Absichten[26] hatte sich der Gesetzgeber zunächst
nicht dazu verstehen können, für jedes Kind einen Rechtsanspruch auf einen
Kindergartenplatz zu begründen. Ein solcher Anspruch wurde jedoch durch
die Begleitgesetzgebung zum strafrechtlichen Schwangerschaftsabbruch geschaffen.[27] Die Länder und Gemeinden sind danach angehalten, diesen
Rechtsgrundsatz zu verwirklichen[28] (§ 24 SGB VIII). Einen weiteren Impuls
erhielt die politische Diskussion über die Reform der Kinderbetreuungsstruk-
tur durch das Tagesbetreuungsausbaugesetz (TAG),[29] mit dem der Bund die
Finanzierungsgrundlage für den Ausbau der Kindertagesbetreuung bereitet.

---

[22] BT-Drucks. 11/5948, S. 54 f.; 11/6576, S. 85 ff.; Ziel der Jugendarbeit sei Prävention der Gefährdung von Jugendlichen; vgl. *Münder/Tammen*, KJHG/SGB VIII, 2002
(3. Aufl.), 33 ff.; *Schuler-Harms*, Familien-, Kinder-, Jugend- und Ausbildungshilfe, in Eh-
lers/Fehling/Pünder (Hg.), Besonderes Verwaltungsrecht, 2013 (3. Aufl.), § 82 Rn. 91.
[23] BT-Drucks 11/5948, S. 55 f.; *Münder/Tammen*, KJHG/SGB VIII, 2002 (3. Aufl.),
35 ff.
[24] BT-Drucks. 11/5948, S. 56.
[25] *Neubacher*, ZJJ 2009, 106.
[26] Vgl. noch Entwurf JHG 1980, BT-Drucks. 8/2571 vom 14. Februar 1979 (§ 36 I).
[27] Schwangeren- und FamilienhilfeG v. 27.7.1992, BGBl. I S. 1398.
[28] Seit 1.1.1996 besteht danach für jedes 3-jährige Kind ein Rechtsanspruch auf einen
Kindergartenplatz; Neuregelung: ab 2013 besteht für Kinder ab 1 Jahr ein Anspruch auf
Kindergartenplatz – auch überall realisierbar?; *Münder/Tammen*, KJHG/SGB VIII, 2002
(3. Aufl.), 48 ff.
[29] BGBl. I 2004, S. 3852; zu möglichen Ersatzansprüchen bei fehlender Kapazität
Pauly/Beutel, DÖV 2013, 445.

Falls eine Gemeinde den Anspruch eines Kindes ab dem 2. Lebensjahr auf Erziehung, Bildung und Betreuung in einer Einrichtung nicht einlöst, hat das Kind einen Anspruch auf umfassenden Ersatz eines selbstbeschafften privaten Betreuungsplatzes.[30] Es wurde auch ein Betreuungsgeld über 150 € an Eltern gezahlt (§§ 4a ff. BEEG), welche ihre Kinder zwischen ein und drei Jahren nicht in Einrichtungen betreuen lassen. Diese Leistung wurde aber durch das BVerfG[31] aufgehoben worden, weil die Notwendigkeit zu einer bundeseinheitlichen Regelung (Art. 72 II GG) nicht zu erkennen sei und daher die Gesetzgebungsbefugnis des Bundes zu dem Erlass einer solchen Regelung auf dem Gebiet der Fürsorge (Art. 74 I Nr. 7 GG) nicht bestehe.

Die Vorschriften über die Hilfe zur Erziehung bestimmen die Aufgaben   **576** der Erziehungsberatung, der Erziehungsbeistandschaft, der „sozialpädagogischen Familienhilfe" sowie der Erziehung von Kindern in der Vollzeitpflege bei einer **Pflegefamilie**[32] oder im **Heim**. Bei Unterbringung eines Kindes im Heim oder bei Pflegefamilien sollen die Erziehenden mit den Eltern des Kindes zusammenarbeiten (§ 37 SGB VIII). § 38 SGB VIII modifiziert bei Erziehung eines Kindes in einem Heim oder einer Pflegefamilie die **Vertretungsmacht** und das Recht der Eltern auf Personen- und Vermögenssorge (§§ 1629, 1626 BGB) zugunsten derer, die unmittelbare Erziehungsaufgaben wahrnehmen. Danach steht der Heimleitung oder den Pflegeeltern die Vertretungsmacht für den Abschluss von „Rechtsgeschäften des täglichen Lebens" anstelle der Eltern zu. Ferner können sie für das Kind Unterhalts-, Versicherungs- und Sozialleistungsansprüche geltend machen. Werden Kinder in Familienpflege oder im Heim untergebracht, hat das Jugendamt auch den Lebensunterhalt des Kindes sicherzustellen.[33] In diesem Zusammenhang gehört auch der an Kinder bis zum 12. Lebensjahr im Inland bei Alleinerziehenden lebenden Kindern gezahlte **Unterhaltsvorschuss**, falls der Unterhaltspflichtige seiner Unterhaltspflicht nicht nachkommt. Er errechnet sich aus dem Mindestunterhalt (§ 1612a BGB); Kindergeld wird angerechnet. Die Leistung wird höchstens 72 Monate gezahlt. Der Unterhaltsvorschuss wird nicht gezahlt, wenn sich der andere Elternteil weigert, Auskünfte über den zahlungspflichtigen Elternteil zu erteilen oder an der Vaterschaftsfeststellung oder Aufenthaltsermittlung des Vaters mitzuwirken. Zahlt das Jugendamt Unterhaltsvorschuss, geht der nichterfüllte privatrechtliche Anspruch kraft Gesetzes auf das Jugendamt über (§ 7 UnterhVG).

---

30 BVerwG NJW 2014, 1256; BGH – 20.10.2016 – III ZR 278/15.
31 BVerfGE 140, 65.
32 §§ 1630 III, 1632 IV BGB anerkennen Familienpflege, vgl. *Hoch/Lüscher* (Hg.), Familie im Recht, 2002, 111 ff.
33 Nicht selten steht im Mittelpunkt jugendhilferechtlicher Streitigkeiten der Anspruch auf Gewährung wirtschaftlicher Hilfe: vgl. etwa BVerwGE 67, 256, 260; 52, 214; BVerwG FEVS 36, 89; VGH Baden-Württemberg FEVS 27, 248.

cc) „Andere Aufgaben" der Jugendhilfe

577   Unter den „anderen Aufgaben" der Jugendhilfe zählt das Gesetz in § 2 III
SGB VIII insgesamt 13 **Einzelmaßnahmen unterschiedlichen Inhalts** auf
(§§ 41–60 SGB VIII). So darf das Jugendamt etwa Kinder oder Jugendliche
vorübergehend in Obhut nehmen oder Korrekturen bei der Zuweisung von
Jugendlichen in Heime oder Pflegefamilien vornehmen (§§ 42 f. SGB VIII).
Des Weiteren wird das Recht des Jugendamtes zur Aufsicht über Heime und
Pflegeeltern (§§ 44–49 SGB VIII) wie im familien-[34] und jugendgericht-
lichen[35] Verfahren geregelt (§§ 50–52 SGB VIII). Die Aufgaben des Jugendamtes als Beistand, Pfleger oder Vormund[36] werden durch §§ 53–58 SGB
VIII normiert. Schließlich kann das Jugendamt privatrechtliche Ansprüche
von Kindern und Jugendlichen oder Müttern nichtehelicher Kinder gegen
den Vater beglaubigen und beurkunden. Aus diesen vor dem Jugendamt errichteten Urkunden über Unterhalt kann – über die in § 794 I ZPO aufgeführten Titel hinaus – unmittelbar die Vollstreckung betrieben werden (§ 60
SGB VIII).

c) Organisation und Finanzierung

aa) Öffentliche Träger

578   Jugendhilfe ist öffentlichen Trägern überantwortet, die aber keine ausschließliche Zuständigkeit innehaben. Vielmehr betätigen sich dort auch **private** und **kirchliche** Wohlfahrtseinrichtungen. § 3 SGB VIII bekennt sich zu
dieser Vielfalt und gebietet deren Erhaltung und Entfaltung.[37] In der öffentlichen Jugendhilfe ist zwischen örtlichen und überörtlichen Trägern zu unterscheiden. Überörtlicher Träger der Jugendhilfe ist das Land, örtliche Träger
sind Kreise, kreisfreie Städte oder kreisangehörige Gemeinden, falls das Landesrecht sie ausdrücklich zulässt (§ 69 SGB VIII). Jeder öffentliche Träger hat
zur Wahrnehmung der Jugendhilfe ein **Jugendamt** zu errichten. Auf Landesebene ist das Landesjugendamt zu bilden. Das Jugendamt (Landesjugendamt) umfasst neben der Verwaltung den Jugendhilfeausschuss (Landesju-
gendhilfeausschuss) (§ 70 SGB VIII). Der Jugendhilfeausschuss wird von der

---

[34] Vgl. insbesondere die Entscheidung über die elterliche Sorge nach Scheidung und
bei Getrenntleben der Eltern (§§ 1671 f. BGB).
[35] Vgl. hierzu insbesondere § 38 JGG (Jugendgerichtshilfe) und § 24 JGG (Bewäh-
rungshilfe).
[36] *Münder*, Familien- und Jugendhilfe, 2000 (4. Aufl.), 142 ff.
[37] Grundsätzlich bestätigt durch BVerfGE 22, 180. Hier ist der für die Deutung des
Sozialstaatsprinzips (Art. 20, 28 GG) bedeutsame Grundsatz entwickelt worden, daß der
Gesetzgeber verpflichtet sei, eine gerechte Sozialordnung zu schaffen; diese Verpflichtung erlege ihm aber nicht auf, alle Aufgaben der Sozialpolitik durch staatliche Behörden
zu erledigen, vielmehr könne der Staat auch private Träger zur Erfüllung sozialpolitischer
Aufgaben heranziehen.

Gemeindevertretung gewählt. Ihm sollen Persönlichkeiten angehören, die auf dem Gebiet der Jugendhilfe besonders erfahren sind. Vorschläge für die Wahl solcher Persönlichkeiten sind von dem kommunalen Vertretungsorgan sowie den im jeweiligen Gebiet in der Jugendhilfe Tätigen nach einem Schlüssel von 3 zu 2 zu unterbreiten. Der Jugendhilfeausschuss entwickelt die Jugendhilfeplanung und erörtert alle anstehenden Fragen der Jugendhilfe.

bb) Verhältnis öffentliche – freie Träger

Durch **Jugendhilfeplanung** sowie die Erörterung von deren Problemen nimmt der öffentliche Träger seine **Gesamtverantwortung** für die Jugendhilfe wahr[38] (§ 80 II Nr. 2 SGB VIII). Entsprechend dem Nachrang[39] öffentlicher gegenüber privater sozialpolitischer Verantwortung soll öffentliche Jugendhilfe die Arbeit freier Träger fördern und von eigenen Leistungen, Einrichtungen oder Maßnahmen absehen, soweit diese bereits von freien Trägern erbracht, unterhalten oder ergriffen werden (§ 4 SGB VIII). Zu diesem Zweck werden durch Rahmen-, Gesamt- und Einzelverträge zwischen den Trägern der Jugendhilfe und den Einrichtungen Leistungsstandards gesetzt und Vergütungsregelungen getroffen, welche dem Berechtigten Wahlfreiheit unter den Anbietern und den Trägern Qualität und Effizienz sichern sollen.[40]   **579**

cc) Finanzierung

Die – mitunter beträchtlichen – **Kosten** der Jugendhilfe sind von den **Trägern** aufzubringen. Der öffentliche Träger kommt jedoch für die Unterbringung von Kindern in Pflegefamilien oder Heimen auf (§ 91 SGB VIII). Die unterhaltspflichtigen **Eltern** können zu einer **Beteiligung an den Kosten** im Rahmen ihrer Leistungsfähigkeit **herangezogen** werden[41] (§§ 92 f. SGB VIII). So ein Unterhaltspflichtiger pflichtvergessen ist, kann der Träger der Jugendhilfe Vorleistungen an das Kind oder den Jugendlichen erbringen und in Höhe des dem Kinde gegen den Unterhaltspflichtigen zustehenden Unterhaltsanspruchs im Wege der Überleitung (= Parteiwechsel, herbeigeführt durch Verwaltungsakt) auf sich überführen (§ 94 SGB VIII) und damit beim Unterhaltspflichtigen Rückgriff nehmen.   **580**

---

38 BT-Drucks. 11/5948, S. 101.
39 *Schulin*, in Kannengießer/von Maydell (Hg.), Handbuch Sozialpolitik, 1988, 85 ff.
40 *Stähr/Hilke*, ZfJ 1999, 155.
41 Vgl. BVerfGE 97, 332; *Stähr*, in Hauck/Noftz (Hg.), SGB VIII, Loseblattwerk, § 90 Rn. 2 ff.; *Schmid-Obkircher*, in Münder (Hg.), Kinder- und Jugendhilferecht, 2011, 3.4. (Förderung von Kindern in Tageseinrichtungen und in Kindertagespflege); BVerwG DVBl 1994, 818; BVerwGE 107, 188 (Beiträge für Kindergärten); *Becker*, Transfergerechtigkeit und Verfassung, 2001, 274 ff.; *Jestaedt*, DVBl 2000, 1820.

Register

Lesen, was man wissen muss!

Lesen, was man wissen muss!

MOHR LEHRBUCH

Privatrecht

MOHR SIEBECK

MOHR LEHRBUCH